Gianni Rondolino

LUCHINO VISCONTI

Con 13 illustrazioni fuori testo

UTET Libreria - Torino
www.utetlibreria.it

© 1981 Unione Tipografico-Editrice Torinese nella collana Vita
Sociale della Nuova Italia fondata da Nino Valeri

© 2006 UTET S.p.A.

Finito di stampare nel mese di settembre 2006 da:
Tipografia Gravinese, Torino,
per conto della UTET Libreria

Ristampe: 0 1   2 3   4 5   6 7   8 9
            2006   2007   2008   2009   2010

INDICE

INTRODUZIONE

L'interesse per l'opera di Luchino Visconti, anche dopo la sua scomparsa, non è venuto mai meno, anzi è parso crescere col passare del tempo. Biografie e monografie, studi particolari e analisi critiche, convegni e mostre, manifestazioni e rassegne, in Italia e all'estero, hanno contrassegnato soprattutto questi ultimi anni, con risultati, sul piano di una maggiore e più approfondita conoscenza dell'uomo e dell'artista, certamente notevoli. Non soltanto si è indagato sull'ambiente familiare, sulla formazione culturale, sui rapporti tra l'attività cinematografica e quella teatrale, sulla collocazione della sua opera complessiva in un quadro europeo; ma ci si è addentrati nell'analisi particolareggiata di questo o quel film da diversi punti di vista ermeneutici e metodologici. Inoltre sono stati raccolti e schedati (a volte pubblicati) materiali inediti, grazie soprattutto alla donazione all'Istituto Gramsci di Roma, da parte dei familiari, di un ampio archivio personale; sono stati ristampati o restaurati i suoi film: esemplare il caso di *Ludwig*, riportato alla sua lunghezza originaria attraverso un lungo lavoro di ricostruzione. Per tacere delle testimonianze, dei ricordi, delle autobiografie di amici e collaboratori di Visconti che hanno fornito ulteriori informazioni.

Di questo ampio panorama di studi e ricerche Elaine Mancini ha dato un primo esauriente contributo bibliografico nel suo libro *Luchino Visconti: A Guide to References and Resources*, uscito nel 1986[1], a cui si rimanda per un completamento, arricchimento e aggiornamento della bibliografia di questo volume. Quindici anni dopo, nel 2001, è stato pubblicato il primo volume di una bibliografia viscontiana curata da Antonella Montesi con la collaborazione di Leonardo De Franceschi per conto della Scuola Nazionale di Cinema e della Fondazione Istituto Gramsci[2], che è al momento il libro fondamentale di riferimento, con oltre mille voci, per ogni ricerca bibliografica sugli scritti e interviste di Visconti, sui soggetti e sceneggiature dei suoi film, sui contributi storiografici e critici sulla sua opera cinematografica. Anche a scorrere soltanto questi due importanti repertori ci si rende conto della quantità dei lavori italiani e stranieri sull'argomento e, in ultima analisi, dell'attualità di Luchino Visconti.

Non va inoltre trascurato il fatto che, da quando esiste il citato Archivio Visconti presso la Fondazione Istituto Gramsci, facilmente consultabile, gli studi viscontiani hanno avuto nuovo impulso, con risultati spesso di grande rilievo, anche grazie a puntualizzazioni, integrazioni, correzioni prima impossibili.

Tra i frutti più cospicui di questo lavoro di ricerca e scoperta di materiali inediti va segnalata la pubblicazione nel 1993, a cura di René de Ceccatty, del romanzo di Visconti *Angelo*[3], di cui si sapeva vagamente l'esistenza, ma che non era stato possibile sino allora leggere. Al di là del valore letterario del testo, certamente non eccelso, non v'è dubbio che questa scoperta porta un contributo di prima mano, importante, alla conoscenza del primo Visconti e della sua attività giovanile. Così come risulta di grande interesse la sceneggiatura, annotata e illustrata, di *Ludwig*, depositata dalla segretaria di edizione Renata Franceschi presso la Cinémathèque Française, ora consultabile alla Bibliothèque de Film (BiFi) di Parigi, di cui Michèle Lagny, nel

---

[1] E. MANCINI, *Luchino Visconti: A Guide to References and Resources*, G. K. Hall, Boston 1986.
[2] A. MONTESI, *BiblioVisconti*, vol. 1, Scuola Nazionale di Cinema-Fondazione Istituto Gramsci, Roma 2001
[3] L. VISCONTI, *Angelo*, a cura di R. de Ceccatty, Editori Riuniti, Roma 1993.

suo libro su Visconti uscito nel 2002, pubblica 14 pagine[4]. Di altrettanto interesse sono le sceneggiature, uscite rispettivamente nel 1986 e nel 1989, del cosiddetto «progetto Proust», cioè della versione cinematografica della *Recherche du temps perdu*, la prima di Suso Cecchi d'Amico e Luchino Visconti, la seconda di Ennio Flaiano[5]. In quest'ottica può essere utile l'ampio studio di Claude Schwartz e Jean-Jaques Abadie sull'influenza di Proust nell'opera di Visconti[6]. E tra le memorie e le autobiografie un posto particolare occupano il libro di Maria Denis *Il gioco della verità. Una diva nella Roma del 1943*[7], che ricostruisce un periodo alquanto critico e drammatico della vita di Visconti, su cui i giudizi non concordano, e il libro di Suso Cecchi d'Amico *Storie di cinema (e d'altro) raccontate a Margherita d'Amico*[8], di cui non poche pagine sono dedicate agli ultimi anni di Visconti.

I contributi critici e storiografici di questi ultimi anni hanno consentito di rivedere posizioni precedenti o di ripensare alcune questioni accantonate, forse troppo velocemente considerate risolte. Ovvero hanno aperto nuovi spazi alle indagini critiche con risultati spesso illuminanti. Nella ricca bibliografia non pochi sono i libri e gli autori da segnalare, a partire dal lavoro pluriennale di Lino Micciché che, oltre allo studio su *Visconti e il neorealismo* e al volume riassuntivo *Luchino Visconti: un profilo critico*, ha curato i libri dedicati a *La terra trema* e al *Gattopardo*[9]. Utili anche le biografie, le monografie e gli studi di Alessan-

[4] M. LAGNY, *Luchino Visconti*, Durante-BiFi, Courtry 2002.

[5] L. VISCONTI, S. CECCHI D'AMICO, *«Alla ricerca del tempo perduto»: sceneggiatura dall'opera di Marcel Proust*, Mondadori, Milano 1986; E. FLAIANO, *Progetto Proust. Una sceneggiatura per «La Recherche du temps perdu»*, a cura di M. Sepa, Bompiani, Milano 1989.

[6] C. SCHWARTZ, J.-J. ABADIE, *Luchino Visconti à la recherche de Proust*, Findalky, Parigi 1996.

[7] M. DENIS, *Il gioco della verità. Una diva nella Roma del 1943*, Baldini & Castoldi, Milano 1995.

[8] S. CECCHI D'AMICO, *Storie di cinema (e d'altro) raccontate a Margherita d'Amico*, Garzanti, Milano 1996.

[9] L. MICCICHÉ, *Visconti e il neorealismo: «Ossessione», «La terra trema», «Bellissima»*, Marsilio, Venezia 1990; *«La terra trema» di Luchino Visconti: analisi di un capolavoro*, a cura di L. Micciché, Lindau, Torino 1993; *«Il Gattopardo»*, a cura di L. Micciché, Electa, Napoli 1996; L. MICCICHÉ, *Luchino Visconti: un profilo critico*, Marsilio, Venezia 1996.

dro Bencivenni, Claretta Tonetti, Alain Sanzio e Paul-Louis Thirard, Youssef Ishaghpour, Rafael Miret Jorba, Luciano De Giusti, Bruno Villien, Guido Aristarco, Henry Bacon, Peter Buchka, Renzo Renzi, Guglielmo Moneti, Suzanne Liandrat-Guigues[10], Michèle Lagny. Altrettanto utili i contributi di vari autori raccolti da Michel Bouvier, Michèle Lagny, Veronica Pravadelli, Sandro Bernardi, Juan Antonio Pérez Millán e nel catalogo della retrospettiva viscontiana svoltasi a Porto nel 2001[11]. Fondamentali gli atti del Primo Convegno internazionale di studi viscontiani tenutosi a Roma nel 1994, ora raccolti in volume a cura di David Bruni e Veronica Pravadelli[12]. Non meno interessanti e spesso molto utili per conoscere meglio l'opera complessiva di Visconti, ovvero alcuni singoli film, i cataloghi delle mostre e delle manifestazioni curate da Caterina d'Amico de Carvalho in varie occasioni[13] e gli studi particolari su Osses-

[10] A. BENCIVENNI, *Luchino Visconti*, La Nuova Italia, Firenze 1982; 2. ed. agg., Il Castoro, Milano 1994; C. TONETTI, *Luchino Visconti*, Twayne, Boston 1983; A. SANZIO, P.-L. THIRARD, *Luchino Visconti cinéaste*, Persona, Parigi 1984; Y. ISHAGHPOUR, *Luchino Visconti. Le sens et l'image*, Editions de la Différence, Parigi 1984; R. MIRET JORBA, *Luchino Visconti: la razón y la pasión*, Fabregat, Barcellona 1984; L. DE GIUSTI, *I film di Luchino Visconti*, Gremese, Roma 1985; A. VILLIEN, *Visconti*, Calmann-Lévy, Parigi 1986 (trad. it., Vallardi, Milano 1986); G. ARISTARCO, *Su Visconti: materiali per una analisi critica*, La Zattera di Babele, Roma 1986; H. BACON, *Visconti. Explorations of Beauty and Decay*, Cambridge University Press, Cambridge 1988; P. BUCHKA, *Ansichten des Jahrhunderts. Film und Geschichte in zehn Porträts*, Hansel, Monaco 1988; R. RENZI, *Visconti segreto*, Laterza, Roma-Bari 1994; G. MONETI, *Neorealismo fra tradizione e rivoluzione: Visconti, De Sica e Zavattini verso nuove esperienze cinematografiche della realtà*, Nuova Immagine, Siena 1999; S. LIANDRAT-GUIGUES, *Le couchant et l'aurore: sur le cinéma de Luchino Visconti*, Klincksieck, Parigi 1999; LAGNY, *Luchino Visconti*, cit.

[11] *Luchino Visconti*, a cura di M. Bouvier, «Caméra/Stylo», 7, dicembre 1989; *Visconti: Classicisme et Subversion*, a cura di M. Lagny, Sorbonne Nouvelle, Parigi 1990; *Il cinema di Luchino Visconti*, a cura di V. Pravadelli, Fondazione Scuola Nazionale di Cinema, Roma 2000; *Visconti*, a cura di S. Bernardi, «Drammaturgia», 7, 2000; *Luchino Visconti*, a cura di J.A. Pérez Millán, 46. Semana Internacional de Cine, Valladolid 2001; *Violência e paixão: Os filmes de Luchino Visconti*, Porto 2001 SA, Porto 2001.

[12] *Studi viscontiani*, a cura di D. Bruni, V. Pravadelli, Marsilio, Venezia 1997.

[13] *Visconti e il Sud. Immagini tratte da «La terra trema», «Rocco e i suoi fratelli», «Il Gattopardo»*, a cura di C. D'Amico De Carvalho, Centro per la ricerca sui nuovi linguaggi dello spettacolo, Roma 1988; *Visconti e la lirica*, a cura di C. D'Amico De Carvalho, Centro per la ricerca sui nuovi linguaggi dello spettacolo, Roma 1990; *Visconti e il suo lavoro*, a cura di C. D'Amico De Carvalho, V. Marzot, U. Tirelli, Electa, Milano 1995; *Life and Work of Luchino Visconti*, a cura di C. D'Amico De Carvalho,

sione[14], *Giorni di gloria*[15], *La terra trema*[16], *Senso*[17], *Rocco e i suoi fratelli*[18], *Il Gattopardo*[19], *Vaghe stelle dell'Orsa*[20], *Lo straniero*[21], *Morte a Venezia*[22], *Gruppo di famiglia in un interno*[23]. Infine, per conoscere i rapporti fra Visconti e la musica, almeno una citazione meritano i libri di Franco Mannino e di Cristina Gastel Chiarelli[24].

Da quanto si è detto, è evidente che l'interesse per l'opera di Luchino Visconti, e più in generale per la sua figura di artista poliedrico e complesso, non solo non è venuto meno nel corso degli anni, ma si è andato ampliando. Di qui l'opportunità, con la riedizione di questa biografia pubblicata nel 1981, di ripercorrerne la vita, in una prospettiva storiografica e critica che si poneva l'obbiettivo di cogliere nella sua complessità e varietà l'intera opera di Visconti, legandola strettamente alla sua vita privata e pubblica e al contesto storico, sociale, culturale, poli-

---

Cinecittà International, Roma 1997; *Viscontiana: Luchino Visconti e il melodramma verdiano*, a cura di C. D'Amico De Carvalho, Mazzotta, Milano 2001.

[14] E. CASTALDINI, *«Ossessione» allo specchio*, FEDIC, Ferrara 1995.

[15] *Mario Serandrei: gli scritti. «Giorni di gloria»: un film*, a cura di L. Gaiardoni, Scuola Nazionale di Cinema, Roma 1998.

[16] *«La terra trema» di Luchino Visconti: analisi di un capolavoro*, a cura di L. Miccichè, cit.

[17] C. PARTRIDGE, *«Senso»: Visconti's Film and Boito's Novella: A Case Study in the Relation between Literature and Film*, E. Mellen Press, Lewiston-Queenston-Lamperer 1991; M. LAGNY, *«Senso» de Luchino Visconti: étude critique*, Nathan, Parigi 1992.

[18] S. ROHDIE, *«Rocco and his Brothers»*, British Film Institute, Londra 1992.

[19] P. FUMAGALLI, *«Il Gattopardo»: dal romanzo al film: Tomasi di Lampedusa e Luchino Visconti*, Firenze Libri, Firenze 1988; L. SCHIFANO, *«Le Guépard» de Luchino Visconti: étude critique*, Nathan, Parigi 1991; C. ABOUT, CH. DEPUYPER, D. FERRARIS, *Cinéma et enseignement de l'italien: «Il Gattopardo»: roman et film*, Sorbonne Nouvelle, Parigi 1996; *«Il Gattopardo»*, a cura di L. Miccichè, cit.; *Visconti e «Il Gattopardo»: la scena del Principe*, a cura di F. Petrucci, DeAgostini-Rizzoli, Milano 2001.

[20] S. LIANDRAT-GUIGUES, *Les images du Temps dans «Vaghe stelle dell'Orsa» de Luchino Visconti*, Sorbonne Nouvelle, Parigi 1995; *Visconti a Volterra: la genesi di «Vaghe stelle dell'Orsa...»*, a cura di V. Pravadelli, Lindau, Torino 2000.

[21] L. DE FRANCESCHI, *Il film «Lo straniero» di L. Visconti: dalla pagina allo schermo*, Fondazione Scuola Nazionale di Cinema, Roma 1999.

[22] S. NAGLIA, *Mann, Mahler, Visconti: «Morte a Venezia»*, Tracce, Pescara 1995.

[23] O. LARÈRE, *De l'imaginaire au cinéma: «Violence et Passion» de Luchino Visconti*, Albatros, Parigi 1980.

[24] F. MANNINO, *Visconti e la musica*, Akademos & LIM, Lucca 1994; C. GASTEL CHIARELLI, *Musica e memoria nell'arte di Luchino Visconti*, Archinto, Milano 1997.

tico in cui si è svolta. Certamente i più di vent'anni trascorsi
dalla sua prima pubblicazione consiglierebbero un aggiornamento, una revisione in alcuni punti, qualche correzione o
qualche nuova interpretazione di fatti e di opere: lavoro che io
stesso ho potuto svolgere in varie occasioni, occupandomi della
formazione di Visconti fra letteratura e cinema[25], del film *Giorni di gloria*[26], di «Visconti e la musica»[27], di «Venezia nel cinema
di Visconti»[28], della sua opera complessiva[29], e di alcuni aspetti
particolari[30]. Tuttavia credo che l'impianto complessivo di questo libro possa reggere il tempo. Pur con taluni aggiustamenti e
con quelle eventuali integrazioni che l'ampia bibliografia citata
consente, questa biografia può fornire ancor oggi una solida
traccia da seguire per comprendere il valore e il significato del-
l'opera viscontiana. È ciò che pensa l'editore, che ha voluto ri-
pubblicarla, forte anche del giudizio della studiosa Michèle Lagny che, nella sua recente monografia critica su Luchino Visconti, parlando delle biografie finora uscite sul grande regista,
ha scritto che «l'opera di Rondolino, purtroppo non tradotta in
francese, offre ancora l'esempio migliore»[31].

[25] G. RONDOLINO, *La formazione, fra letteratura e cinema*, in *Studi viscontiani*,
cit., pp. 31-48.
[26] ID., *La realtà nel suo farsi*, in *Mario Serandrei: gli scritti. «Giorni di gloria»: un
film*, cit., pp. 25-29.
[27] ID., *Visconti e la musica*, in *Visconti*, a cura di S. Bernardi, «Drammaturgia»,
7, pp. 53-66.
[28] ID., *Venezia nel cinema di Visconti*, in *L'immagine e il mito di Venezia nel cinema*, a cura di R. Ellero, Venezia, Marsilio 1983, pp. 32-37.
[29] ID., *Profilo di Luchino Visconti*, in *Il cinema di Luchino Visconti*, cit., pp. 17-30.
[30] ID., *Storia e storie: da Rossellini a Visconti*, relazione al Convegno "Cinema e
Storia", Istituto Veneto di Scienze, Lettere ed Arti, Venezia 9-11 maggio 2002; ID.,
Cinematografia Viscontiana e storia d'Italia: un percorso, relazione al Convegno "Luchino Visconti", Fondazione Istituto Gramsci, Milano 30-31 maggio 2002.
[31] LAGNY, *Luchino Visconti*, cit., p. 12.

LUCHINO VISCONTI

L'autore ringrazia vivamente la famiglia Visconti per l'autorizzazione a pubblicare gli scritti di Luchino Visconti e gli altri documenti dell'Archivio Visconti raccolti e in massima parte pubblicati da Caterina D'Amico de Carvalho nel catalogo Visconti: il teatro (Reggio Emilia, 1977); Caterina D'Amico de Carvalho per l'autorizzazione a utilizzare le informazioni che le hanno fornito Mario Chiari, Fedele D'Amico, Franco Ferri, Vasco Pratolini, Rinaldo Ricci, Piero Tosi e Antonello Trombadori; Rosetta Flaiano per l'autorizzazione a pubblicare il testo del progetto cinematografico La recherche du temps perdu scritto da Ennio Flaiano e Luchino Visconti; Massimo Mida Puccini per l'autorizzazione a utilizzare il testo di una tavola rotonda da lui coordinata con la partecipazione di Giuseppe De Santis, Dario Puccini e Aldo Scagnetti; Giovanni Testori per l'autorizzazione a pubblicare il testo di due lettere da lui inviate a Luchino Visconti.

L'autore inoltre ringrazia, per le informazioni fornitegli, in primo luogo Ida Visconti Gastel e Uberta Visconti Avanzo, quindi Madina e Nicky Arrivabene Visconti, Claude Beylie, Suso Cecchi D'Amico, Corrado Corradi dell'Acqua, Mario Garbuglia, Pietro Ingrao, Goffredo Lombardo, Franco Mannino, Paolo Micalizzi, Lotte Reiniger (†), Rinaldo Ricci, Francesco Rosi e Antonello Trombadori.

L'autore infine rivolge un ringraziamento particolare a Uberta Visconti Avanzo e a Caterina D'Amico de Carvalho, senza l'aiuto delle quali questo libro non avrebbe visto la luce.

Avvertenza

Il presente volume, fatta salva l'introduzione scritta appositamente per questa edizione, riproduce il testo pubblicato da UTET nel 1981.

L'INFANZIA E LA GIOVINEZZA

C'è una pagina autobiografica scritta da Luchino Visconti presumibilmente nel 1938, e conservata fra le poche carte che sono rimaste a disposizione degli studiosi, che è quasi d'obbligo citare per introdurre la vita e l'opera d'un artista tra i più importanti e significativi del cinema e del teatro italiano di questi ultimi quarant'anni. Scrisse Visconti: « Sono venuto al mondo nel giorno dei defunti per una coincidenza che rimarrà sempre scandalosa, in ritardo di ventiquattro ore forse sulla festività dei santi. Impossibile cominciare la vita senza essere prevenuto. Non mi si accusi mai, in ogni modo, di mal volere. Quella data mi si è attaccata per la vita come un cattivo indizio ».

È fin troppo facile, a distanza di molti anni e in una prospettiva storica che tiene conto dell'intera vicenda umana e dell'opera complessiva dell'artista, leggere queste frasi come una sorta di premonizione e rintracciarne, in senso antifrastico, la promessa d'un destino che condurrà invece Visconti al successo e alla gloria: indizio quindi non già di malasorte, ma di coraggiosa affermazione della propria personalità. Ed è altrettanto facile leggerne il contenuto senza stravolgerne il senso letterale, mettendo l'accento proprio sulla « negatività » dell'opera viscontiana come si è andata manifestando in una serie di film e di drammi in cui spesso l'incombenza della morte o la presenza soffocante del male paiono escludere ogni spiraglio di liberazione e di salvezza. Ma è forse più utile e corretto coglierne il valore di testimonianza al tempo stesso umana e artistica, e vedere in quelle frasi e in quelle che seguono, nel medesimo testo, i segni d'una personalità in via di formazione, incerta sulla strada da seguire e quasi compiaciuta della propria singolarità.

Scrisse ancora Visconti:

« Novembre è un mese a basso regime nella Padana. Nelle strade che son canali di nebbia da coltello si può essere investiti da un volgare ciclista senza onore. Le ferrovie camminano cieche a tastoni sparando petardi. Lo spazio fra terra e cielo si arresta a un limite di nebbia plumbea che par non si debba più smuovere da lì. Ci si dimentica di cercare il cielo e la vita dell'animale terreno si orienta verso la terra. È allora che i porci sguinzagliati fiutano il tartufo nelle terre grasse e umide a filo dei torrenti sotto i boschi immobili e il vento ha sempre odore d'acqua piovana ».

Un brano di buona letteratura, in cui non è difficile riscontrare influenze letterarie e individuare un preciso intento di « letterarietà », che ci dice abbastanza sul suo autore, attento in pari misura a fare della propria vita e della propria esperienza una chiave d'interpretazione della realtà umana e della natura, e a dare a questa interpretazione, venata d'un certo moralismo, i modi e le forme d'una particolare tradizione letteraria e artistica. Ed è un brano che — per la sua collocazione storica (a quel tempo Visconti aveva poco più di trent'anni e solo marginalmente aveva avuto occasione di occuparsi di teatro e di cinema) — ci serve egregiamente per risalire, da un lato, alla sua infanzia e giovinezza e alla sua formazione culturale, dall'altro per seguirne gli sviluppi successivi lungo l'arco d'una vita intensa e produttiva.

1 I Visconti di Modrone

Nato a Milano il 2 novembre 1906, quarto di sette figli, Luchino Visconti ebbe un'infanzia che bene riflesse, nel rigore morale, nella serietà di vita, in una mondanità controllata ed esemplare, l'ambiente dal quale proveniva. Inflessibilità nell'educazione, severità nel comportamento, ma al tempo stesso apertura mentale e curiosità intellettuale e culturale, furono le caratteristiche che in larga misura forgiarono il suo carattere e diedero una particolare connotazione umana e sociale alla famiglia in cui visse e si formò. È come se i genitori (soprattutto la madre) e i fratelli e gli amici, con i quali mantenne un lungo sodalizio, costituissero non già e non solo una realtà « globale » in cui egli si andava a poco a poco riconoscendo accentuando la propria individualità, ma anche e soprattutto una fucina di esperienze continuamente mutevoli ed affascinanti, fra l'impegno costante e diuturno e la libera avventura, lo studio severo e lo spirito curioso e indagatore.

Il padre Giuseppe Visconti, che discendeva dalla nobile famiglia che tenne per un paio di secoli la signoria di Milano e aveva ereditato dal padre Guido il titolo di duca di Modrone, si era sposato nel 1900 con Carla Erba. Questa era figlia di Luigi, musicista di valore, cognato di Giulio Ricordi, fratello di quel Carlo Erba che aveva posto le basi della grande industria farmaceutica che porta ancor oggi il suo nome. Possedendo i Visconti, tra le molte proprietà immobiliari e terriere, una villa a Como, e gli Erba, arricchitisi nel corso di pochi anni, una villa a Cernobbio sul lago di Como, non fu difficile per i giovanissimi Giuseppe e Carla incontrarsi, frequentarsi e innamorarsi l'uno dell'altra. Anche perché li univa, oltre alla simpatia e all'amore, un interesse non superficiale per l'arte e la cultura, soprattutto per la musica e il teatro. Giuseppe frequentava regolarmente la Scala, dove i Visconti avevano un palco fisso, possedeva una robusta voce di baritono e non nascondeva le sue velleità di autore drammatico; Carla, dal canto suo, aveva ricevuto una buona educazione musicale e suonava il pianoforte piuttosto bene. Né si dimentichi, da un lato, che il padre di Giuseppe, il duca Guido, aveva costituito nel luglio 1898 la « Società anonima per l'esercizio del Teatro alla Scala » divenendone il presidente, con Arrigo Boito vice presidente e Arturo Toscanini maestro concertatore e direttore stabile, e pertanto la frequentazione di musicisti e artisti e cantanti era abituale in casa Visconti a Milano; dall'altro, che il padre di Carla, Luigi, essendo musicista e collaboratore della Casa editrice musicale Ricordi, aveva anch'egli molteplici occasioni di conoscere e frequentare l'ambiente teatrale e musicale milanese.

Dal matrimonio di Giuseppe e di Carla, lui poco più che ventenne, lei appena diciannovenne, nacquero sette figli, nell'ordine Guido, Anna, Luigi, Luchino, Edoardo, Ida e Uberta, che ebbero tutti, soprattutto i maschi, un'educazione severa sotto la guida vigile della madre. Di questa educazione si hanno diverse testimonianze, dirette e indirette, che confermano la rigidità del metodo ma anche la sua eccezionale apertura culturale: educazione, fra l'altro, che si inseriva in una pratica di vita che vedeva casa Visconti centro vivissimo di incontri artistici e culturali di cui spesso Giuseppe e Carla erano i protagonisti, e che non poteva escludere i figli, almeno i più grandicelli.

Il palazzo milanese di via Cerva, dove i Visconti vissero per molti decenni, non era soltanto, infatti, una ricca dimora aristocratica e un ambiente accogliente per viverci, dare ricevimenti e organizzare feste, ma possedeva anche un piccolo teatro, fattovi costruire dal duca Giuseppe, sul cui palcoscenico — nemmeno tanto piccolo come dimostra la documentazione fotografica esistente — si potevano allestire spettacoli ai quali partecipavano, in qualità di interpreti, gli stessi coniugi Visconti, gli amici, gli ospiti. E se tutto non usciva forse da un clima di piacevole mondanità, con un pizzico magari di aristocratica goliardia, c'è da dire che l'impegno « professionale » degli organizzatori, in particolare del duca Giuseppe, che spesso scriveva i testi degli spettacoli, era serio e motivato. In altre parole, in casa Visconti la cultura, soprattutto quella musicale e teatrale, ma anche pittorica e più generalmente artistica e letteraria, non era un semplice vezzo mondano, ma una reale esigenza esistenziale, condizionata semmai soltanto da quell'atteggiamento di fondo, che possiamo definire a giusto titolo aristocratico, che considera l'arte e la cultura una sorta di abito da indossare, indispensabile per essere e sentirsi uomini, ma a ben guardare avulse, l'una e l'altra, da un autentico rapporto col reale, nella sua dimensione al tempo stesso umana e sociale.

Né si dimentichi che, se la musica era praticata quotidianamente da donna Carla, coinvolgendo anche, e sempre più, il marito e i figli, la letteratura e la pittura costituivano gli abituali interessi del duca Giuseppe, buon conoscitore della grande narrativa europea e attento lettore delle ultime novità letterarie, nonché fine esperto di pittura e buon pittore egli stesso. C'è al riguardo una illuminante confessione di Luchino Visconti che val la pena riportare. A chi gli chiedeva quando avrebbe realizzato il film tratto dalla *Recherche* di Proust, egli rispose nel 1969:

« È da cinquant'anni che mi interesso a Proust. Mi accostai alla *Recherche* quand'ero giovanissimo. Un giorno vidi mio padre assorto nella lettura d'un romanzo appena arrivato da Parigi. S'era attorno al 1920. Il libro s'intitolava *Du côté de chez Swann*, edizione Gallimard, il solito, sobrio volume color bianco crema, filettato di nero e rosso. Accortosi del mio stupore per tanto suo interesse, egli smise la lettura per un attimo e mi confessò che soffriva ad ogni pagina voltata, pensando che ben presto quel romanzo prodigioso sarebbe arrivato alla fine ».

Quanto poi alla pittura, il duca Giuseppe, che si dilettava a dipingere, curò personalmente il restauro del castello di Grazzano, in provincia di Piacenza, dove la famiglia Visconti passava l'estate, affrescandolo egli stesso.

2 *Una compiuta educazione*

Ma veniamo alla vera e propria educazione e all'istruzione scolastica di Luchino e dei suoi fratelli. A quanto pare donna Carla, all'inizio di ogni anno, compilava l'orario delle lezioni private e degli impegni extrascolastici, giorno per giorno, per ciascun figlio. La sveglia, anche d'inverno, era verso le cinque e mezza; dalle sei alle otto, a turno, si svolgevano le lezioni di pianoforte; poi, dalle otto e mezza all'una e mezza c'era la scuola e, al pomeriggio, due ore di ginnastica, sia nella palestra familiare, sia fuori all'aperto; successivamente si dovevano fare i compiti di scuola, e infine, per Luchino, un'ora e mezza di violoncello (gli altri fratelli studiavano, Guido e Luigi, il pianoforte, Anna e Edoardo, il violino). Sullo sfondo di questa giornata cadenzata dalle ferree leggi di un impegno costante per l'acquisizione di un'educazione completa, che facesse di questi ragazzi, a quanto pare vivacissimi, estrosi e intelligenti, degli uomini forniti delle qualità indispensabili per dominare la realtà e controllare criticamente la propria personalità, si svolgevano poi i giochi, i divertimenti, le intese reciproche che univano strettamente i fratelli e le sorelle. Insomma, senza mitizzare a posteriori una situazione familiare e sociale indubbiamente serena e compatta e dominata da un alto senso del dovere, non v'è dubbio che nella famiglia Visconti si respirava un'aria di forte tensione morale e intellettuale che in certo senso galvanizzava i singoli componenti attorno a una sorta di progetto esistenziale che doveva, più o meno consciamente, riscattare i privilegi di sangue e di censo sul piano di un totale sfruttamento delle risorse intellettuali di ciascuno.

Il momento di verifica di questo progetto — se di progetto si può parlare in senso stretto — avveniva quotidianamente sia all'interno della famiglia, quando ci si trovava tutti insieme per fare musica o per recitare o per giocare, sia all'esterno, nei rapporti sociali, nelle amicizie, in quel contatto con la realtà umana e sociale di cui il palazzo di via Cerva ere soltanto, e non poteva non essere, una parte, sia pure fondamentale e per certi versi coinvolgente. Ma non soffocante, anzi, perché quella severa educazione che non concedeva momenti di requie e poteva sembrare opprimente sì da « soffocare » appunto ogni iniziativa personale, ogni slancio individuale, a ben guardare si rivelava invece foriera di straordinari stimoli creativi, nel senso che forniva a ciascuno i mezzi per esplicare, a poco a poco ma sempre più in profondità, le proprie doti, in una parola la propria personalità.

Non mancano infatti, anzi sono abbondanti, gli aneddoti che riguardano proprio la vivacità, l'indipendenza, lo spirito anticonformistico che i fratelli Visconti dimostrarono di possedere nel corso dei loro anni di scuola e di formazione intellettuale e morale. Fra ricordi, testimonianze, dichiarazioni, si può tentare una ricostruzione di quel periodo che, non si dimentichi, copre il primo ventennio del secolo, fra la guerra di Libia e la prima guerra mondiale, la fine di un'epoca, con l'affermarsi e il consolidarsi dell'industria nazionale, e l'inizio di quella profonda crisi politica e sociale che porterà al fascismo. Su questo sfondo, la *jeunesse dorée* dei fratelli Visconti si andò scontrando con fatti e situazioni di forte drammaticità, sebbene la loro giovane età non gli consentisse di parteciparvi se non nei modi e nelle forme del gioco e dell'avventura (allo scoppio della prima guerra mondiale Luchino non aveva ancora compiuto i nove anni).

Da una lunga conversazione con Luchino Visconti nel 1951 Giorgio Prosperi ricavò molto materiale ine-

dito per ricostruire quella ch'egli chiamò la « vita irrequieta » del regista. Vi possiamo attingere con profitto. Scrive Prosperi, ad esempio, a proposito delle lezioni di ginnastica:

« L'istruttore, un tipo mezzo inglese mezzo italiano, curava
il fisico non meno che il morale: aveva il mandato non solo di
irrobustire i muscoli dei ragazzi ma anche di addestrarli al
coraggio ed alla prontezza; vi adempì con uno zelo a cui a un
certo punto occorse metter riparo. Per anni, in primo luogo, i
ragazzi Visconti ignorarono l'uso delle scale nel palazzo di via
Cerva: salivano e scendevano dal secondo piano con una cor-
da, come i pompieri. Vivevano sui tetti, sicuri e spericolati
come sonnambuli. Finirono per spaventare donna Carla che
proibì codeste ascensioni. Ma, fuori, il maestro di ginnastica
non aveva limiti alla sua ascetica del pericolo: saliva e scende-
va dai tram in corsa stimolando gli allievi a fare altrettanto, li
guidava in spericolate evoluzioni in bicicletta nelle strade più
frequentate, tra uno stridere di freni di automobile e il disperato scampanellare dei conducenti tramviari. Ormai, battuto il
maestro in spericolatezza, la banda s'era fatto un nome per le
vie di Milano: "In i Mudron!" (ecco i Modrone!) si davano
la voce i conducenti all'apparire di quei ciclisti che guizzavano
come pesci nel traffico. E si fermavano e davano il passo come
alle automobili dei pompieri. Per lo più codeste scorribande fini-
vano nelle librerie che i ragazzi saccheggiavano piantando chiodi
a non finire. E ogni tanto si presentava un libraio a Palazzo
Visconti a esigere il saldo degli acquisti. Giuseppe Visconti
brontolava ma lasciava correre: finché son libri... Ma a scuola,
tranne una naturale disposizione che lo faceva primeggiare nelle lettere, Luchino non era un allievo modello; refrattario alle
scienze esatte preferiva passare il tempo destinato a studiarle
nell'architettare romanzi e drammi storici, di ispirazione classica o shakespeariana ».

Di questa vivacità fisica e intellettuale, o, se si vuole, di questa irrequietezza giovanile, sorretta da un impegno costante a primeggiare, si hanno diverse testimo-

nianze. E se lo stesso Visconti, a conferma di quanto riferito da Prosperi, ebbe a dire: « Dovevamo la nostra educazione sportiva a un precettore inglese di cui serberò un ossessivo ricordo finché campo. Aveva la fissazione di addestrarci allo sprezzo del pericolo, alla vita scomoda, alla prontezza di riflessi. Forse era un grande educatore, forse soltanto un maniaco »; altri ci dànno un quadro complessivo delle sue abitudini, dei suoi desideri, del suo modo di vita. Il conte Corrado Corradi dell'Acqua, che di Visconti fu amico carissimo fin dagli anni del ginnasio, ne ricorda l'irrequietezza intellettuale. Come studente certamente si applicava poco, ma il gusto che aveva della lettura era vivissimo: leggeva soprattutto testi di teatro, Shakespeare e Goldoni, ma anche molti romanzi, e amava in pari misura Pirandello e D'Annunzio. Di queste letture, comuni al gruppo di amici che si raccoglievano attorno a Corradi e a Visconti, si discuteva animatamente, ma più ancora ci si dilettava di comporre testi letterari, che poi venivano letti e commentati a turno. Insomma, una sorta di piccolo cenacolo letterario, che aveva i suoi risvolti spettacolari a Palazzo Visconti, quando si organizzavano quelle recite infantili a cui tutti partecipavano.

La musica, certo, dominava in larga misura l'educazione ufficiale di Luchino ed egli, come ricorda anche Corradi, suonava molto bene il violoncello; ma a poco a poco essa cedette il posto al teatro e alla letteratura. E fu soprattutto negli anni del ginnasio e del liceo che la vocazione teatrale di Luchino prese corpo, con la frequentazione assidua non soltanto della Scala ma anche degli altri teatri, e con quelle discussioni fra amici che dovevano rafforzarlo nella sua convinzione di poter diventare un commediografo.

Dell'ottima preparazione musicale di Luchino Visconti si ha, come è noto, una testimonianza coeva apparsa sul quotidiano milanese « La Sera » dell'8-9 giugno 1920, in cui, parlando dei saggi al Conservatorio dei tre allievi di violoncello del prof. De Paolis, l'anonimo articolista scrive: « Il giovanissimo Luchino Visconti di Modrone nei due tempi della Sonata di B. Marcello, eseguiti con bella sicurezza, dà affidamento di riuscire in arte assai più che un dilettante ». Che dilettante non sia mai stato, anche in campo musicale, dopo aver abbandonato la pratica del violoncello ed essersi dedicato ad altre attività, lo hanno confermato a più riprese i suoi diretti collaboratori, in primo luogo Franco Mannino, il cui sodalizio con Visconti è durato alcuni decenni concretizzandosi spesso in una stretta collaborazione musicale e in un continuo scambio di idee e di esperienze.

Ma, come si è detto, furono il teatro e la letteratura ad interessarlo sempre di più, come risulta anche dalla pubblicazione, in una piccola edizione a stampa di pochi esemplari, di una raccolta di atti unici, dal titolo emblematico di *Battute*, scritti da Visconti, da Corradi e dagli altri amici milanesi; o dal « grottesco » in un atto *Il gioco della verità*, che Visconti compose in collaborazione con l'amico Livio dell'Anna probabilmente attorno al 1930 — stando alle informazioni di Caterina D'Amico de Carvalho —, di cui si conserva una copia dattiloscritta con correzioni di pugno di Visconti. Lavori, se si vuole, indubbiamente gracili, non privi di venature goliardiche, ma interessanti per cogliere, sul nascere, una « passione » che si

esplicherà appieno molti anni più tardi, quando il teatro — più ancora del cinema — diventerà la vera
ragione dell'esistenza di Luchino Visconti.

3 *Una natura ribelle*

Tuttavia c'è un altro aspetto della personalità in
formazione di Visconti che non va taciuto. Accanto allo studio severo (almeno per quanto concerne la musica), all'educazione al pericolo, al piacere della lettura
e del teatro, vi si riscontra un ribellismo, una insofferenza alle regole codificate dell'ambiente familiare,
che non pare abbia riscontro negli altri fratelli e sorelle. Questa irrequietezza si manifesta in una serie di
fughe da casa. Come scrive Caterina D'Amico de Carvalho nel suo bel *Album Visconti*:

« Una prima fuga a Roma, per inseguire una ragazza, si
conclude comicamente, perché Luchino incontra quasi subito
suo padre in un ristorante. Il duca Giuseppe commenta bona-
riamente: "Giacché ci sei approfittane per farti una cultura",
e gli permette di rimanere qualche giorno a Roma. La seconda
volta, meno indulgente, il duca manda il primogenito Guido a
riprendere il fuggitivo, e lo rinchiude in un collegio retto dai
padri Calasanziani. Da qui Luchino scappa di nuovo. Allora
il padre lo manda a lavorare in un'azienda familiare. Ma il
risultato non è felice: i dirigenti lo allontanano, sostenendo
che crea un diffuso stato di anarchia ».

Più preciso e dettagliato Giorgio Prosperi scrive:

« La sua naturale vivacità, vitalizzata in abbondanza dall'i-
struttore di ginnastica, unita al temperamento fantastico, lo
spingeva all'avventura: due volte scappò da Milano e una volta dalla campagna per andare a Roma; fu messo in collegio

durante un'estate per riparare una bocciatura, e scappò dal collegio. Scappò un'ultima volta sui diciott'anni per ragioni sentimentali, trasformatesi in una crisi mistica che lo spinse fino a Montecassino. — E più oltre aggiunge: — Quella fu l'età più inquieta di Luchino Visconti: quattro volte, come s'è detto, fuggì di casa in cerca di sognate emozioni; ma la fuga più clamorosa fu quella da un collegio di padri Calasanziani, vicino a Genova, dove il padre aveva voluto assolutamente ficcarlo, vincendo le resistenze e le obbiezioni della madre, per riparare una bocciatura. In poco più di quindici giorni il giovane ribelle riuscì ad organizzare la fuga di una quindicina di allievi, per cui fu definitivamente espulso dall'istituto e messo a lavorare in una azienda di famiglia ».

Di queste fughe, di queste intemperanze si hanno versioni diverse, e non è forse il caso di addentrarci in ricerche particolari, in precisazioni e puntualizzazioni. Ciò che conta è che Luchino, da un lato mal tollerava la disciplina alla quale era sottoposto, e che pure gli consentì di formarsi quella cultura e di temprare quella volontà che tanto gli serviranno molti anni dopo nell'esplicazione del suo lavoro creativo, in teatro come nel cinema; dall'altro sentiva il bisogno di uscire dal chiuso, seppur dorato, mondo in cui viveva per tentare, direttamente, in prima persona, fuori dai condizionamenti familiari, la grande avventura della vita. Come egli stesso ebbe a dire a Aurelio Di Sovico, che ne raccolse e pubblicò confessioni e ricordi: « Da ragazzo mi ribellavo contro qualunque imposizione alla quale dovessi sottostare ».

Questa ribellione, che di volta in volta assunse il carattere dell'anticonfomismo o del coraggio civile, della provocazione intellettuale o, soprattutto negli ultimi anni, d'una sorta di restaurazione artistica e culturale nel clima acceso delle nuove avanguardie, è un elemento fondamentale per comprendere la natura e i limiti non soltanto della personalità umana di Visconti, ma anche e soprattutto della sua arte, continuamente in bilico fra passato e futuro, o, per usare il titolo di uno dei suoi primi rari scritti cinematografici, fra « tradizione ed invenzione ». Ed è in questa apparentemente inconciliabile contrapposizione di gusti e tendenze, di necessità e programmi, che la vita e l'opera di Visconti si è svolta con risultati indubbiamente positivi, quasi a dimostrare che all'interno di quella contraddizione c'era in realtà, più o meno dichiarato e cosciente, un progetto operativo estremamente rigoroso, ancorato a una concezione dell'uomo e dei suoi doveri che derivava da una lunga tradizione di dominio ma anche di servizio, propria della migliore e più antica aristocrazia.

In altre parole, si andava formando nel giovane Visconti, a contatto con i diversi aspetti d'una realtà mutevole, non certo chiusa nei limiti d'una esperienza soltanto familiare, seppure indubbiamente « aperta » e stimolatrice di continue « invenzioni », ma invece protesa alla conquista del mondo esteriore, magari in una prospettiva umana e sociale ben poco ideologizzata e politicizzata, una duplice tendenza che, in certa misura, si stava tuttavia componendo in una superiore unità al tempo stesso etica ed estetica. Era, ancora una volta, il clima effervescente che si respirava in casa Visconti a superare i conflitti, a coniugare conservazione e progresso, tradizione e novità, e soprattutto a mettere il singolo sempre a confronto con se stesso e le proprie capacità fisiche e intellettuali. Confronto che, per Luchino, significò spesso la ribellione aperta, l'insofferenza, la paura di essere schiacciato da una sorta di anticonformismo alla rovescia, cioè da una educazione che, contrapponendosi a quella consueta della media e piccola borghesia, rischiava a sua volta di costituire un modello altrettanto negativo, almeno sul piano dell'imposizione di regole fisse e della coercizione morale.

Non si tratta, tuttavia, di emettere giudizi a posteriori o di ripercorrere l'infanzia e la giovinezza di Visconti alla luce delle testimonianze e dei ricordi suoi e di altri con lo scopo di farne un ritrattino più o meno esemplare; ma piuttosto di individuare nella formazione di un artista — secondo le buone regole della letteratura biografica e agiografica — quegli elementi che, letti criticamente alla luce della vita e dell'opera successiva, possono servire per una migliore comprensione delle medesime, con tutti i rischi, naturalmente, di operazioni del genere, che son poi quelli di cadere, da un lato, in uno psicologismo di bassa lega, dall'altro in un determinismo altrettanto pericoloso. Ma probabilmente non si può uscire da questi trabocchetti, anche quando ci si accontenta soltanto di riferire fatti e opinioni, facendo, come si suol dire, parlare la realtà, sia pure attraverso i ricordi dei protagonisti.

4 *La grande guerra*

Sentiamo allora, ancora una volta, lo stesso Visconti secondo quanto ne riporta Aurelio Di Sovico.

« Appartengo — ricorda il regista — alla costellazione dello Scorpione: decisione, coerenza, lotta contro la distruzione dei sentimenti. Mio padre mi aveva insegnato che non potevo vantare per nascita né diritti né privilegi. Era intelligente, ma

mia madre aveva una personalità ancora più forte ... Ricordo
casa nostra in via Cerva. Da bambino mi andavo spesso a
rifugiare in soffitta quando avevo qualche contrasto con i familiari o con mio padre. Può darsi che questo sia rimasto in me
come un fatto freudiano... Un'opera nuova metteva in subbu-
glio la città. Com'era possibile, per il ragazzo di allora, non
innamorarsi del teatro, il nostro teatro alla Scala, davanti a
tanto entusiasmo? Ricordo il teatro gremito, sfolgorante. E il
rumore fragoroso degli applausi, alla fine di ogni atto. I palchi
erano di proprietà. Il nostro era il quarto, in primo ordine,
proprio sopra l'orchestra. Presto, noi ragazzi, il teatro provam-
mo a farlo in casa, in una stanza-guardaroba. Ero regista e
attore. Il mio ruolo preferito era quello di Amleto. Prima
attrice era la piccola Wanda Toscanini... Avevo una netta
preferenza per le materie letterarie. Passavo notti intere leggendo (a quattordici anni avevo letto tutto Shakespeare) e la mia
camera era un ammasso di libri soprattutto classici francesi ».

I ricordi fluiscono come sgorgassero da un grande
serbatoio della memoria in cui Visconti ha messo fatti
e impressioni, realtà e fantasia, passato e presente, quasi a comporre un ritratto a tutto tondo della propria
esistenza in un momento in cui anche per lui si trattava di fare una sorta di bilancio consuntivo della vita e
dell'opera: il testo di Di Sovico, pubblicato nel 1976,
un paio di mesi prima della morte del regista, raccoglie infatti le conversazioni dell'ultimo anno. Anche
per questo vi si può attingere con profitto, quasi fosse
una sorta di testamento spirituale, in cui contano più
le idee dei fatti, o meglio i modi e le forme del ricordo più del ricordo stesso.

« Non fu nostra la colpa — ricorda Visconti — se
la prima grande guerra fu per noi ragazzi solo un gioco. Le "Fräulein" tedesche si licenziavano o erano
licenziate, e uscivano dalle case signorili. Un giorno
dopo l'altro le fanterie sfilavano allegramente sulle vie

principali e noi esultavamo». Un'esultanza giovanile
che bene coincideva con il patriottismo e col nazionalismo di cui s'era fatta paladina donna Carla in casa
Visconti e fuori. Accesa interventista, animata da uno
spirito risorgimentale che ne faceva un'esemplare «patriota lombarda», si era prodigata durante la guerra
come crocerossina, mentre il marito, il duca Giuseppe,
si era arruolato volontario nella sanità. Come ricorda
Ida Visconti Gastel, sorella di Luchino, per la madre
la guerra era un fatto estremamente importante, bisognava parteciparvi attivamente, profondendovi quelle
doti di carattere, di volontà e di cultura che, in una
diversa situazione storica, nella quiete della pace e del
benessere, erano state rivolte all'arte, alla musica, al
teatro. Profondamente religiosa, d'una religiosità tradizionale ma non bigotta, il suo impegno umano e sociale negli anni del conflitto bellico fu qualcosa di più e
di diverso dal patriottismo e dal nazionalismo: fu ancora una volta l'occasione per mettere a frutto gli insegna-
menti d'una rigida concezione etica della vita, che donna Carla si sforzava di trasmettere ai figli nel suo,
altrettanto rigido, programma educativo.

Ed è proprio questa educazione, al di là dei limiti
intrinseci a ogni tipo di coercizione o dei limiti proprî
di quel particolare modo di pensare e di vivere, a costituire la struttura portante della formazione del carattere di Visconti, dei suoi rapporti con la famiglia ed
anche, paradossalmente, della sua insofferenza e ribellione. È ancora una volta lo stesso Visconti, in una
lunga conversazione con Costanzo Costantini, a riconoscere la validità di quell'educazione e la positività del-
l'ambiente familiare in cui visse per molti anni.

« Sì, è vero, io provenivo da una famiglia ricca — ebbe a dichiarare —, ma mio padre, pur essendo un aristocratico, non era né stupido né incolto. Amava la musica, il teatro, l'arte. Noi eravamo sette fratelli, ma la famiglia è venuta su molto bene. Mio padre ci ha educati severamente, duramente, ma ci ha aiutati ad apprezzare le cose che contavano, appunto la musica, il teatro, l'arte... Mia madre amava molto la vita mondana, i grandi balli, le feste sfarzose, ma amava anche i figli, amava anche lei la musica, il teatro. È lei che si occupava quotidianamente della nostra educazione. È lei che mi fece prendere lezioni di violoncello. Non siamo stati abbandonati a noi stessi, non siamo stati abituati a condurre una vita frivola e vuota, come tanti aristocratici... »

Visconti parla delle cose che i genitori gli fecero apprezzare, la musica, il teatro, l'arte; le cose, come lui dice, che « contavano » e forse, par quasi voglia sottintendere, non contano più. Certo è che, al di là dell'esperienza bellica che vide impegnati i coniugi Visconti in una serie di attività assistenziali, patriottiche, in certo senso « politiche », non pare che in famiglia nascessero discussioni ideologiche o politiche, se non forse all'avvento e nei primi anni del fascismo, quando tra donna Carla, che aveva un sincero spirito nazionalista e si era trovata dalla parte di Mussolini negli anni della guerra, e il duca Giuseppe, aristocraticamente antifascista come capitò a non pochi del suo rango che vedevano nei fascisti non più di un fanatico gruppo di gente rozza e ignorante, potevano sorgere contrasti o qualche polemica. Ma la politica, si sa, era considerata negli ambienti borghesi e aristocratici una cosa sporca, purtroppo necessaria, ma di cui era bene non impicciarsi. Ciò non impediva ovviamente, anzi poteva addirittura favorire, ogni specie di rapporti sul piano pratico, economico e finanziario, in una parola di potere; ma proprio per questo era meglio non parlarne, quasi che il sociale (o il mondano) e il politico fossero due mondi chiusi, incomunicabili.

5 La figura della madre

Sicché, come la prima guerra mondiale fu per il bambino Luchino e per i suoi fratelli « solo un gioco », anche la crisi postbellica e l'avvento del fascismo passarono probabilmente nella coscienza e nell'esperienza intellettuale d'un ragazzo di sedici anni senza lasciare tracce. Anzi, erano proprio quelli gli anni del ginnasio e del liceo, cioè gli anni in cui maggiormente Luchino era attratto dal teatro e dalla letteratura, si immergeva sempre più nella lettura dei classici e dei contemporanei, cominciava a scrivere e forse si sentiva *in nuce* uno scrittore, un commediografo. E sono anche gli anni della crisi familiare, della separazione dei genitori, avvenuta nel 1924, dei lunghi soggiorni del duca Giuseppe a Roma, lontano da casa e dai figli. Quel sistema armonico che era stato alla base della educazione e della formazione etica ed estetica di Luchino e dei suoi fratelli comincia a incrinarsi. Il palazzo di via Cerva, seppure è ancora il centro della mondanità familiare, degli incontri, dell'esperienza artistica e culturale, non è più quello di una volta. E poi la crisi postbellica e l'avvento del fascismo hanno profondamente mutato la società italiana, così come si è andata mutando la struttura politica e sociale dell'Europa e del mondo intero.

La Milano dei primi anni del secolo, tra « prime » alla Scala e feste mondane, ha ceduto il posto a una città percorsa da conflitti politici e sociali, che non possono non ripercuotersi anche negli ambienti dorati dell'aristocrazia e dell'alta borghesia. È su questo sfondo drammatico, reso più grave dalla crisi dei rapporti fra i coniugi Visconti, e per certi aspetti illuminato criticamente dalla progressiva maturazione intellettuale del giovane Luchino, che si collocano le sue fughe, l'insofferenza verso i rigidi schemi d'un comportamento sociale che maschera i conflitti profondi e reali dietro il paravento della rispettabilità e dell'educazione formale. Ed è probabilmente allora che si vanno maggiormente stringendo i legami di Luchino con la madre, alla quale rimarrà quasi morbosamente affezionato sino alla morte di lei, avvenuta a soli cinquantanove anni nel 1939.

Senza fare dello psicologismo volgare o della psicanalisi da rotocalco, è indubbio che la figura della madre — come del resto la famiglia intesa come nucleo sociale indispensabile e indistruttibile — domina in larga misura l'opera di Visconti, e ciò non può che essere il frutto d'una autentica e profonda esperienza esistenziale. Questo amore dichiarato, questa dedizione, questa ammirazione per la madre hanno certamente influito su determinate scelte di vita, su tutta quella gamma di esperienze diverse e contrastanti che hanno caratterizzato vent'anni della sua esistenza, dalla fine della prima guerra mondiale all'inizio della seconda.

Dell'amore reciproco di Luchino per sua madre si hanno molte testimonianze, a cominciare da quelle delle due sorelle Ida e Uberta che hanno ricordato con quale affetto e interesse donna Carla seguisse le vicende e le avventure del figlio, conservasse gelosamente le sue lettere, si preoccupasse d'ogni cosa che lo riguardava; e di come Luchino ricambiasse questo amore con manifestazioni che dimostravano un profondo legame affettivo. Tanto che quando la madre morì egli ebbe una crisi religiosa, tenne per molti mesi il lutto strettissimo, e prese la decisione di lasciare definitivamente Milano. S'era veramente rotto un equilibrio sentimentale e intellettuale che aveva legato per un trentennio queste due esistenze: rottura definitiva e irreversibile che probabilmente segnò anche la definitiva « maturazione » di Luchino, deciso a intraprendere con coraggio e volontà la strada che sarebbe stata la sua propria: il cinema e il teatro. Ma di questo amore suo per la madre si ha anche una testimonianza diretta di Visconti che, per come è formulata, ci apre uno spiraglio sul suo carattere e sulla sua sensibilità. Nella confessione raccolta da Di Sovico si leggono infatti queste parole: « La mamma era, con noi, di una bontà sconfinata. Stabilimmo un patto, io e lei: se fosse accaduto qualcosa di grave, ed io fossi stato lontano, mi avrebbe atteso. Arrivai al suo capezzale in tempo per sentire il mio nome sulle sue labbra ».

6 *Una religiosità profonda*

C'è ancora un altro aspetto della personalità di Visconti che, accentuatosi negli ultimi anni di vita, durante e dopo la malattia, ha in certi momenti dominato la sua formazione e influito sulle scelte successive: un aspetto, apparentemente contrastante con la sua opera cinematografica e teatrale, che non va trascurato e sul quale converrà soffermarsi in seguito, quando si avrà occasione di analizzare i suoi film o certi drammi da

lui messi in scena. Si tratta della religiosità viscontiana, come si è andata manifestando, da un lato, in talune tendenze mistiche o misticheggianti rintracciabili
nelle crisi religiose che ebbe in varie occasioni ed individuabili anche in qualche scritto sparso, memoriale e
letterario; dall'altro, in un profondo senso morale,
non mai tuttavia moralistico, che ha dominato interamente la sua vita e di cui non è difficile riscontrare la
presenza nell'opera.

Si è accennato alla crisi mistica che subì nel 1939
in occasione della morte prematura della madre. Si è
accennato anche, riferendo quanto scrisse Giorgio Prosperi al riguardo, a una precedente crisi che lo spinse
a Montecassino dopo una fuga da casa. I familiari ricordano altri momenti di particolare tensione religiosa,
quando, a esempio, in un gravissimo incidente automo-
bilistico, dovuto forse all'imperizia o all'imprevidenza
del giovane Luchino alla guida della sua auto sportiva,
morì l'autista del padre; ed egli, sentitosi colpevole,
sia pure involontario, fu tormentato da dubbi e sentì
prepotente il richiamo della fede. Si era nel 1929,
Luchino aveva ventitré anni, e il fatto di rimanere ille-
so in un incidente mortale che avrebbe potuto stroncar-
gli la giovane vita, lo spinse ad abbandonare, sia pure
momentaneamente, gli impegni mondani e a intraprendere un lungo viaggio nel Sahara che si concluderà,
pare, con un ritiro spirituale nel monastero di Montecassino. Certamente furono momenti di crisi religiosa,
o forse più propriamente esistenziale, che non mancano, anzi possono anche essere frequenti, nella vita di
un giovane, educato oltre tutto a un forte rispetto per
la tradizione religiosa e a un profondo senso morale
della vita e dell'impegno individuale. Ma in Luchino

Visconti questi momenti paiono più importanti e significativi, ed anche meno legati agli anni dell'infanzia e della giovinezza: quasi un bisogno continuo di confrontarsi con le ragioni ultime dell'esistenza, con il significato spirituale della vita, con la presenza del mistero, dell'irrazionale nella realtà quotidiana, in una parola con il senso di finitudine dell'uomo e il bisogno di trascenderlo fuori dei confini della storia.

Non si dimentichi che in casa Visconti, nonostante la mondanità della vita di relazione, l'apparente frivolezza dei rapporti sociali, accanto alla rigida educazione impartita ai figli non mancò una parallela educazione religiosa, forse meno rigida ma non meno profonda. Donna Carla non era bigotta, ma certamente molto religiosa, e il duca Giuseppe, che si interessava anche di spiritismo, di esperienze occulte e spesso riceveva a palazzo medium noti e importanti, non soltanto aveva rispetto per la religione ufficiale, ma aveva una visione sostanzialmente religiosa della vita: volle i sacramenti in punto di morte, e morì, a quanto pare, esemplarmente. Si dirà che questa religiosità e i modi e le forme della sua manifestazione in pubblico non molto differiscono dal patrimonio culturale della maggior parte della più antica aristocrazia e della migliore borghesia italiana. Ciò è vero e conferma, se ce ne fosse bisogno, il carattere sostanzialmente tradizionale e conservatore dell'educazione ricevuta da Visconti, di cui occorrerà tener conto nell'esame della sua opera per meglio comprenderne le contraddizioni apparenti e la fondamentale unità contenutistica e formale. Ma ciò che è altrettanto vero è il suo modo, tutto personale e originale, di farla propria, di assimilarla o di combatterla alla luce di una visione individuale dell'uomo e della società. In altri termini, non si può trascurare la tensione autenticamente religiosa non soltanto del giovane Visconti in questa o quella circostanza drammatica della sua vita, ma anche e soprattutto dell'uomo Visconti in tutto l'arco della sua esistenza, anche quando, forse, l'impegno ideologico e la militanza politica durante e dopo il periodo della Resistenza parvero negarne la religiosità, e ne erano invece, probabilmente, seppure inconsciamente, una manifestazione sentita e profonda.

Occorre, come si sa, andar cauti nel dar credito incondizionato alle dichiarazioni di principio, alle confessioni e ai ricordi, soprattutto quando sono l'espressione di uno stato d'animo che nasce da una particolare situazione esistenziale. Così, di fronte alle interviste concesse da Visconti negli ultimi anni della sua vita, durante il faticoso decorso della malattia, non si può che essere criticamente sospettosi o almeno guardinghi. Ma un conto è la cautela, un conto l'incredulità o la negazione totale. Ora, a riguardo di quella religiosità di cui si è detto, di quella visione autenticamente religiosa della vita che non è difficile riscontrare, a una attenta e approfondita lettura, in non pochi suoi film, Visconti è stato estremamente chiaro ed esplicito. E bisogna tenerne conto. A Costanzo Costantini, che lo interrogava sull'argomento, rispose:

« Sì, ho sempre creduto, sin da bambino. Sono stato educato cattolicamente. Non sono un baciapile, no, certo. Non sono cattolico in senso osservante. Ma credo in Dio. Credo in una entità, o in qualcosa fuori di noi, o che è dentro di noi, in noi stessi. Credo in una forza misteriosa più grande dell'individuo. Ma non è da escludere che l'individuo sia altrettanto grande che quella forza. In altri termini, non ho la concezione del Dio cattolico. Credo perché se non si credesse sarebbe inutile vivere. — E più oltre: — Non sono ateo. Non lo sono mai stato e non lo sarò mai. Se fossi ateo mi sentirei infelicissimo ».

7 Allevatore di cavalli

Concluso, a grandi linee e pur tra difficoltà e incertezze, il suo apprendistato aristocratico-mondano, ma non concluso il ciclo regolare degli studi a causa di quella insofferenza e irrequietezza che l'avevano portato a trascurare l'insegnamento scolastico e a tentare più volte la fuga, Visconti si trovò sulla soglia dei vent'anni con una buona cultura di base, soprattutto con un grande amore e interesse per il teatro, la musica e la letteratura, ma senza progetti concreti. Sul piano materiale, economico-finanziario, la cosa poteva avere scarsa importanza, data la situazione eccellente della famiglia, ma sul piano personale, d'una ragione di vita, d'una scelta esistenziale, questa incertezza rischiava di essere deleteria. Da qui i tentativi dei genitori, soprattutto del padre, di inserirlo nell'attività industriale e commerciale familiare, come sarà per altri fratelli di Luchino; da qui infine la decisione di anticipare il servizio militare, con la speranza, più o meno confessata, di fare di lui un soldato (e queste erano probabilmente le intenzioni di donna Carla, per la quale il servire militarmente la patria faceva parte dei doveri imprescindibili d'un buon cittadino).

Il 22 febbraio 1926 Luchino Visconti viene arruolato soldato semplice presso il Distretto militare di Milano. Avendo fatto domanda per essere ammesso alla scuola allievi sottufficiali, non potendo accedere al grado di ufficiale essendo sprovvisto di titolo di studio di scuola media superiore, frequenta i corsi dall'aprile al dicembre del medesimo anno e successivamente, nei primi mesi del 1927, è allievo della Scuola d'Applicazione di Cavalleria di Pinerolo. Da qui passa, sempre a Pinerolo, presso il Reggimento Savoia Cavalleria col grado di caporal maggiore e tre mesi dopo, alla fine di settembre, col grado di sergente. Pare che egli sia stato un sottufficiale brillante, secondo le buone regole di quell'impegno costante e quell'autodisciplina che avevano caratterizzato l'educazione ch'egli aveva ricevuto nell'infanzia e nella prima giovinezza. Ma pare soprattutto che fu durante il servizio militare trascorso a Pinerolo che egli cominciò ad interessarsi non superficialmente di cavalli, avendo come istruttore il capitano Montezemolo. Certo è che, tornato a casa nel 1928 col grado di sergente maggiore di cavalleria, la sua nuova grande passione lo spinse a dedicarsi all'allevamento di cavalli da corsa.

È in quel periodo che compra i primi esemplari, e già nel 1929 egli partecipa alle corse invernali di Saint Moritz. Il suo impegno d'allevatore è sin dall'inizio serio e approfondito, e a Saint Moritz il suo cavallo Esturgeon vince, ma non essendo egli iscritto all'albo dei *gentlemen riders* viene squalificato. È così che decide di mettersi su un piano professionale, di trasformare un interesse che poteva sembrare un semplice *hobby* in una vera e propria professione. Nel 1930 chiede e ottiene i colori di bandiera, bianco e verde, e progetta la costruzione di una scuderia a San Siro. Costruita dall'architetto Pietro Necchi secondo criteri di razionalità e di funzionalità, la scuderia è un modello del genere. Visconti vi si dedica totalmente, prende in affitto un appartamento in viale Monterosa per essere più vicino ai cavalli e vi si reca ogni giorno all'alba per seguire personalmente l'allenamento degli animali, che spesso monta egli stesso. Comincia a farsi un nome nell'ambiente equestre, è stimato e giudicato un ottimo intenditore e si afferma internazionalmente aggiudicandosi alcuni premi.

Nel 1931 vende i suoi primi cavalli e ne acquista sette nuovi, tra i quali il famoso Sanzio, comprato, come si può leggere in un suo appunto manoscritto, « alle aste autunnali da Tesio per L. 1500. Allenato e rimesso in sesto durante l'inverno del 1931-32 e vinto con lui diverse corse fra cui: *Il Gran Premio di Milano, Il grande Internazionale d'Ostenda* ». Sono questi importanti riconoscimenti ed altri ottenuti successivamente con altri cavalli, come Lafcadio e Weimar, a fare di Visconti uno dei principali allevatori di cavalli di quel periodo. Egli gode la stima del famoso ippologo Federico Tesio, che gli riconosce competenza ed alta professionalità, e di lui si parla in Italia e all'estero.

Pare insomma che Visconti abbia trovato la sua strada; che nell'allevamento dei cavalli e nell'arte equestre sia riuscito a concentrare, con ottimi risultati, le diverse componenti del suo carattere volitivo e della sua complessa personalità. E sebbene il teatro e la letteratura continuino a suscitare il suo interesse, l'arte e la musica siano pur sempre gli incantamenti del suo spirito, è il suo lavoro quotidiano in scuderia che riempie ormai la sua giornata e la sua vita. Gli amici e i parenti lo ricordano ancora tutto preso dai suoi cavalli, intento a seguire ogni minimo dettaglio dei vari allenamenti e ogni attività pratica connessa con il funzionamento della scuderia con una cura, una precisione, addirittura un accanimento che molti anni dopo, nel suo lavoro in cinema e in teatro, gli riconosceranno i collaboratori. Come scrive Giorgio Prosperi:

« Viveva giorno e notte in mezzo ai cavalli; come alla vigilia di ogni corsa aveva dormito nel box di Sanzio, così ora aveva casa e ufficio a San Siro, tra le scuderie. Si alzava ogni mattina alle tre per dirigere personalmente gli allenamenti, studiava incroci, ogni anno si recava in Inghilterra per acquistare alle famose aste di New Market le rinomate fattrici. D'inverno, da gennaio a marzo, gli allenamenti si trasferivano sulle piste di San Rossore, concesse, per antico privilegio, ai cavalli di gran razza. — E conclude: — Fu davvero una forma di ascetismo quella che lo tenne per quasi cinque anni isolato dal mondo, tra le scuderie, gli ippodromi e i manuali di scienza ippica, perduto in accanite discussioni con Federico Tesio, maestro di un piccolo e selezionato gruppo di intellettuali del cavallo ».

In realtà, come si chiarì ben presto, proprio nel corso di quei cinque anni di « ascetismo » — che tuttavia non impedirono a Visconti di continuare la sua vita mondana, di leggere molto e di frequentare teatri e cinematografi —, egli comprese che la sua curiosità intellettuale, il suo bisogno di esprimersi attraverso la letteratura o il teatro, la sua necessità quasi fisiologica di affermarsi sul piano delle idee e delle forme artistiche, non potevano essere appagate compiutamente dal sia pure alto, intelligente e prestigioso mestiere di allevatore di cavalli. Avvicinandosi ai trent'anni, con un intenso passato di sperimentazioni, di tentativi, di prove nei vari campi dell'arte e della cultura, sia pure in una dimensione dilettantesca, si faceva sempre più impellente il desiderio di diventare, proprio in quei campi, come lo era diventato nell'ippica, un professionista. Anche perché, nonostante il provincialismo della cultura italiana sotto il fascismo, le chiusure ideologiche e politiche, il mutato clima della Milano di quegli anni rispetto ai decenni precedenti, Visconti continuava ad assorbire la cultura del tempo, sia attraverso le sue molteplici letture o la frequentazione dei teatri milanesi — ed è proprio in quegli anni che si accosta direttamente al teatro collaborando a uno spettacolo finanziato dal padre e allestito nel 1928 dalla Compagnia del Teatro d'Arte di Milano, e scrivendo con l'amico Livio dell'Anna il citato *Gioco della verità* —, sia nei suoi viaggi all'estero, soprattutto in Francia e in Gran Bretagna, dove ha occasione di conoscere artisti e intellettuali, vedere mostre d'arte e spettacoli teatrali e musicali, « respirare » l'aria del continente, nelle sue espressioni meno provinciali.

8 *La strada del cinema*

Con il 1934, quando Visconti vende una parte dei cavalli della sua scuderia e a poco a poco perde interesse per l'ippica sino alla definitiva liquidazione di ciò che resta del suo allevamento nel 1941, con la vendita dei suoi due ultimi cavalli, termina quella che possiamo definire la formazione della sua personalità. Il suo lungo apprendistato cultural-mondano, che pareva non trovasse uno sbocco preciso o lo avesse trovato in un campo che non poteva esaurire tutte le possibilità della sua complessa e contraddittoria natura, sfocia in una crisi salutare, nel superamento definitivo del passato, che pure non viene rifiutato, ma anzi costituisce la struttura portante delle nuove scelte. Visconti è maturo per affrontare nuove esperienze, ben più significative e importanti di quelle passate. Ma non sarà un cammino facile né breve, anche perché la cultura acquisita, gli interessi artistici, la grande passione per la letteratura e il teatro si riveleranno, alla prova dei fatti, un patrimonio ricco sì, ma non sufficiente, un termine indispensabile di riferimento ma non ancora una base solida per costruire il proprio futuro.

È probabile che egli si sia accorto — e in questo senso possono essere letti con profitto i suoi scritti di quegli anni, pagine sparse di diario, abbozzi di racconti e di romanzi, brevi testi teatrali — che il passaggio dall'amore e l'interesse per l'arte e la letteratura alla produzione di opere d'arte e di letteratura richiede un lavoro di ricerca e di sperimentazione lungo e difficile, certamente più lungo e difficile di quello occorrente per diventare un buon allevatore di cavalli. Ed è anche probabile che egli cominciasse ad accorgersi, nelle contraddizioni esistenti sul piano culturale, ma anche sul piano politico e ideologico, tra l'Italia fascista e l'Europa democratica, che l'arte e la letteratura, così come le aveva apprese e praticate, non fossero sufficienti a stabilire con la realtà un rapporto autentico, di conoscenza, di interpretazione e di critica. Ci voleva un ripensamento generale dell'educazione ricevuta, una profonda revisione di valori acquisiti, una vera e propria rigenerazione spirituale.

Come si è detto, il cammino di questa rigenerazione — se pure ci fu definitivo e totale — non fu certo breve né facile. Occorsero parecchi anni, molti incontri fondamentali, una serie di esperienze positive e negative. Ma occorse soprattutto, e fu un avvenimento che significò per molti giovani italiani una radicale scelta di campo, la guerra di Spagna prima, la seconda guerra mondiale poi, cioè il precipitare della crisi politica e sociale europea e lo smascheramento dei regimi dittatoriali, in Germania e in Italia. Ciò avvenne nel corso degli Anni Trenta, a fatica, fra incertezze e contraddizioni, quando Visconti, abbandonato quasi definitivamente l'allevamento dei cavalli, intraprese la strada del cinema, un po' per gioco, un po' sul serio.

LA FORMAZIONE PROFESSIONALE

Un titolo pirandelliano, *Il gioco della verità*, segna probabilmente il debutto di Luchino Visconti come drammaturgo. Si è già avuto occasione di dire che questo breve testo teatrale, definito « grottesco in un atto », fu scritto da Visconti in collaborazione con l'amico Livio dell'Anna attorno al 1930, quando la passione per i cavalli l'aveva già totalmente coinvolto nel pesante lavoro di scuderia. Ciò significa che, contrariamente a quanto qualcuno ha scritto o pensato, i suoi interessi per il teatro e la letteratura non si erano minimamente attenuati in quel periodo, anzi, per certi aspetti, parvero persino accentuarsi. È infatti in quegli anni che, stando almeno ai documenti conservati, scritti, appunti, diari, progetti ecc., non sempre di facile datazione ma con ogni probabilità attribuibili al decennio 1930-1940, Visconti intensifica la sua attività « letteraria ». Ciò che conta, in questa prospettiva storico-critica, non è forse l'intrinseco valore di questi testi, che spesso non escono dall'ambito di esercitazioni di buona letteratura, quanto piuttosto il significato che essi hanno in rapporto all'evoluzione complessiva della sua personalità verso una più matura riflessione sulle funzioni e sui compiti da assegnarsi.

Da un lato Visconti prova, attraverso la sua scuderia, di essere capace di affermarsi in un campo non facile, che richiede totale dedizione, grande impegno e uno spirito di sacrificio non comune; dall'altro non trascura quelle che da sempre — più o meno consciamente — sono le sue aspirazioni, che probabilmente egli vorrebbe maggiormente o esclusivamente coltivare per poco che vi si dedicasse con il medesimo impeto che stava dimostrando nell'allevamento dei cavalli. Può sembrare, e in effetti è, una sorta di sfida con se stesso, una dura prova a cui egli sottostà volontariamente; ma è una prova lunga e difficile, non priva di contraddizioni e di delusioni. Anche perché, con ogni probabilità, Visconti è perfettamente cosciente dei suoi limiti come scrittore e drammaturgo, quanto delle sue qualità come fantino e allevatore.

1 La passione del teatro

Può essere utile, per cogliere direttamente questi limiti, ma anche per meglio comprendere i modelli letterari e i contenuti drammatici che il venticinquenne Luchino andava elaborando, attingendo abbondantemente a una certa tradizione culturale, riportare la prima scena del *Gioco della verità*, un breve dramma che non fu mai pubblicato e non ebbe vita sulle scene, ma che nacque al di fuori di quegli intenti ludici che caratterizzarono i primi parti letterari di quando frequentava il ginnasio e il liceo. Leggiamo:

« Pomeriggio d'agosto nella villa del signor Franco Aldous sulla riviera di Toulon. Entra Jimmy solo dalla porta aperta della sala da pranzo. Senza interrompere una conversazione iniziata a tavola, cerca sui mobili la scatola delle sigarette.

J.: ... per essere il primo bambino che hanno (ha) avuto non si potrà dire che non se lo sia(no) meritato. Tanta fatica con questo caldo! È veramente ammirevole!

(Gira per la stanza senza trovare, poi, rivolto alla sala da pranzo da cui giungono le voci disordinate dei commensali chiama:)

J.: Signorina Giulia! Lo sa che non trovo le sigarette?

(Apre qualche scatola)

J.: In ogni modo non vedo la grossa scatola di radica...

(Trova la scatola di radica, l'apre, prende una manciata di sigarette e se le mette in tasca sveltamente, poi riempie il suo portasigarette d'oro)

J.: La prego venga lei, signorina Giulia! »

È il consueto inizio di una commedia borghese, fra Ibsen e Pirandello, o magari fra Giacosa e Giannino Antona Traversi, ma è anche un buon saggio drammaturgico, con quel cogliere abilmente la realtà *in medias res*, e prospettare sin dalla prima scena il carattere del personaggio e l'ambiente in cui si svolgerà il dramma. Ambiente borghese e personaggi fatui, come risulta anche dall'elenco manoscritto, di pugno di Visconti, allegato al testo dattiloscritto, in cui si legge:

« Personaggi per ordine di entrata in scena: Jimmy — 18 anni, è un bel ragazzo elegante, sportivo e simpatico; Signorina Giulia — 28 anni, carina, semplice, discreta, governante in casa del signor Aldous; Franco Aldous — 50 anni, greco, industriale, bell'uomo brizzolato, elegante, raffinato, amante della vita; Anna Manenti — 35 anni, bella donna fiorente, elegantissima, mondana; Aldo Manenti — 40 anni, marito di Anna, mondano, una nullità; Clara Morel — 42 anni, tipo di donna mascolinizzata nel modo di vestire, molto truccata e ingioiellata, di mentalità moderna, un po' poseuse e intellettualoide; Tity — 20 anni, è molto bellina e fresca; La Signora — donna di mezza età dai capelli pepe e sale, tipo di piccola borghese vestita di scuro con molta semplicità, complimentosa e timida ».

È uno « spaccato », fin troppo convenzionale, di quella società che Visconti ben conosceva, non soltanto attraverso le sue letture; ed un dramma che nasce in quella società, di cui tuttavia si riescono a cogliere soltanto gli aspetti esteriori. Tuttavia Visconti è buon osservatore e comincia a mettere a frutto la vasta esperienza mondana che fin da ragazzo si è fatta e ha abbondantemente ampliato e approfondito negli anni del suo ingresso ufficiale nel « gran mondo » internazionale, fra corse ippiche e spettacoli alla moda. Ma soprattutto *Il gioco della verità* dimostra una buona conoscenza delle regole drammaturgiche e una pratica di teatro e di letteratura nient'affatto superficiale. Non c'è dietro soltanto il lungo tirocinio dell'infanzia e della prima giovinezza, con le recite in famiglia, le rappresentazioni allestite nel teatro di via Cerva, le riduzioni dei classici, la continua frequentazione degli spettacoli teatrali; ma anche una lunga consuetudine della società alto-borghese, nelle sue manifestazioni più appariscenti e rivelatrici.

Non si dimentichi che, tra gli inverni passati a Milano nel palazzo Visconti e le estati trascorse nel castello di Grazzano o nella villa di Cernobbio, c'era pure posto per i soggiorni e le vacanze in Engadina o sulle spiagge di Santa Margherita Ligure, di Alassio, di Rimini o di Forte dei Marmi. Amicizie ed amori, spensieratezza e avventura, piacevole e dispersiva vita mondana, temperata soltanto dal duro lavoro di allevatore: è il quadro, persin stucchevole nella sua convenzionalità, di una giovinezza dorata, che tuttavia nasconde, dietro l'apparenza del disimpegno totale, le prime inquietudini della maturità.

Il teatro, come si sa e come *Il gioco della verità* testimonia, continua ad essere la grande passione di Visconti. E se la sua partecipazione attiva all'allestimento di uno spettacolo non più familiare si limitò, nel 1928, all'arredamento scenografico della *Moglie saggia* di Goldoni, messa in scena dalla Compagnia del Teatro d'Arte di Milano finanziata dal padre, diretta da Gian Capo e formata da Lamberto Picasso, Camillo Pilotto, Nicola Pescatori e Andreina Pagnani, che proprio con quella commedia debuttò (la prima si tenne al Teatro Eden il 28 dicembre di quell'anno); alcuni anni dopo, nel 1936 e nel 1938, il suo impegno sul palcoscenico fu molto maggiore: curò la messa in scena di *Carità mondana* di Giannino Antona Traversi, con la Compagnia del Teatro di Milano diretta da Romano Calò, formata dallo stesso Calò e da Andreina Pagnani, Luigi Cimara, Tina Lattanzi, Olga Gentilli, Paolo Stoppa, che andò in scena al Teatro Sociale di Como il 20 ottobre 1936 e fu trasferita a Milano, al Teatro Manzoni, il 28 ottobre ottenendo un buon successo di pubblico e di critica (sul *Corriere della Sera* Renato Simoni scrisse: «Bellissima la scena, che fu applaudita all'aprirsi del sipario»); curò ancora la messa in scena del *Dolce aloe* di Jay Mallory, con la medesima compagnia, che debuttò al Teatro Manzoni di Milano il 5 novembre del medesimo anno (e nuovamente Simoni elogiò lo spettacolo scrivendo: «Assai bella, piena di buon gusto e di sagaci e pittoresche invenzioni la messa in scena di Luchino Visconti»); e infine disegnò la scena, senza firmarla, del *Viaggio* di Henry Bernstein, con la compagnia di Renato Cialente, Andreina Pagnani, Giuseppe Porelli, che fu presentato al Teatro del Casinò Municipale di San Remo il 4 marzo 1938.

2 *Il gusto sicuro dell'ambientazione*

D'altronde il teatro, o meglio la messa in scena, soprattutto come la si intendeva in quel periodo, richiedeva anche, oltreché naturalmente la conoscenza della letteratura drammatica e la assidua frequentazione dei palcoscenici, una buona cultura di ambientazione, un gusto preciso nella scelta degli arredi e dei costumi, in una parola una padronanza assoluta degli ambienti in cui collocare fatti e personaggi. E questa padronanza Visconti l'aveva in sommo grado, abituato egli stesso non soltanto a vivere da lungo tempo in case arredate con raffinatezza e magnificenza, ma anche a contornarsi di oggetti da lui scelti ed acquistati secondo gli intendimenti d'un gusto che possiamo definire infallibile.

Ricorda la sorella Ida che Luchino frequentava assiduamente le mostre d'arte, aveva una vera passione per l'antiquariato, e andava quotidianamente per botteghe e bottegucce. Fu anzi tra i primi in Italia a riscoprire quegli oggetti dell'Ottocento che da tempo erano stati relegati nelle soffitte delle case borghesi, vasi, vetri, scatole, cornici, che solo in seguito furono reimmessi nel mercato antiquario. Poiché, ovviamente, egli non seguiva le mode, ma semmai le anticipava; soprattutto seguiva una sua personale concezione del bello, che doveva essere in perenne sintonia con l'uomo in tutti i momenti della sua vita e del suo lavoro.

Basti pensare all'arredamento delle sue case, in particolare alla villa sulla via Salaria a Roma, in cui passò molti anni della sua vita. Una villa costruita dal padre prima della seconda guerra mondiale in uno stile pseudo-rinascimentale, da lui ereditata e trasformata, nell'interno, secondo i suoi gusti. Ed erano gusti continuamente mutevoli, che seguivano, come ricordano gli amici, di anno in anno gli interessi, le passioni, i desideri, le fantasie di Visconti secondo quell'alto precetto di saggezza quotidiana espresso dallo stesso regista a Hélène Demoriane, che era andata a trovarlo a Roma nel 1961, secondo il quale una casa « è un luogo in cui si può vivere tranquillamente, piacevolmente, con le cose che ci piacciono, ecco tutto ».

La Demoriane, in un articolo pubblicato su « Connaissance des Arts » e dedicato appunto alla casa romana di Visconti, giustamente mette in luce l'apparente incongruenza dell'arredamento, composto dei più differenti e contrastanti oggetti, ma sottolinea altresì la presenza in esso di una forte personalità d'uomo e d'artista, presenza avvertibile

« attraverso gli oggetti che egli ama, che dispone dappertutto e che recano il marchio del suo gusto: mobili lombardi acquistati dagli antiquari di Firenze o di Bologna, collezioni d'ogni sorta e di grande pregio che affluiscono e defluiscono a seconda degli entusiasmi e delle stanchezze — non è raro il caso di trovare dagli antiquari romani oggetti ammirati due mesi prima in via Salaria —, numerosissimi regali di amici e ammiratori. E anche attraverso la variabilità di questi stessi oggetti. C'è stato l'anno dei cani di terra cotta, quello dei porta-parrucche, quello degli Staffordshire, quello dei tori... Quando qualcosa gli piace veramente, è allora che egli compone delle serie. In queste scelte non interviene alcuna ragione di stile: "Amo il disordine — dice —, mescolo tutto ciò che mi piace. Si può mescolare tutto con gusto e misura, i tappeti persiani, i mobili antichi, i quadri moderni. Amo le cose dappertutto, a profusione, gettate qua e là come capita". Finta disinvoltura, disordine apparente, disordine composto, nature morte che suggeriscono il movimento e la vita — "l'essenziale è una casa viva" — e dove si ritrova l'impetuosità accortamente fabbricata delle scene di violenza e di trambusto, vette dell'arte viscontiana ».

Già, l'essenziale è una casa viva, come l'essenziale, in teatro (almeno come lo concepì Visconti nell'arco dell'intera sua carriera artistica), è uno spettacolo vivo, cioè uno spettacolo in cui agiscono personaggi veri in ambienti veri, e questi ultimi, per essere tali, devono possedere quei caratteri che ne fanno una sorta di estrinsecazione e manifestazione della vera natura dei personaggi. Così come gli oggetti di cui si circondava Visconti e che costituivano gli elementi portanti delle sue varie abitazioni erano l'estrinsecazione e la manifestazione della sua più autentica personalità. Anche quando egli viveva in una camera d'albergo, e gli capitò sovente in Italia e all'estero, riusciva — come ricorda l'amico Corradi, che lo conobbe molto bene e lo frequentò per tutta la vita — a creare dopo un po' un ambiente tutto suo, personalissimo, inconfondibile.

Questa straordinaria facoltà di « creare gli ambienti » trovò la sua più naturale applicazione nel teatro e nel cinema, ed è forse anche per questo che egli vi si dedicò con sempre maggiore entusiasmo sino a farne la ragione della sua vita. Una facoltà, che a volte parve quasi degenerare in una sorta di manìa antiquaria, di cui avremo occasione di parlare più distesamente analizzando le sue regìe teatrali e cinematografiche, ma che può essere sin d'ora sintetizzata o enfatizzata da un episodio riferito da Michelangelo Antonioni, che con Visconti collaborò nell'immediato dopoguerra alla sceneggiatura del *Processo di Maria Tarnowska*, un film che poi non si fece. Ricorda Antonioni:

« Un giorno dovevamo sceneggiare appunto la *Tarnowska* al Des Bains, e i camerieri che le servivano la prima colazione. Luchino disse: Avanti, secondo voi cosa c'è sul vassoio? E io: Nessuno può saperlo meglio di te, Luchino. Questa è una scena che devi scrivere tu. Scrisse dodici pagine. Solo un mitteleuropeo aristocratico come lui poteva indicare le porcellane, i toast, il burro e il coltellino da burro, le marmellate, il fiore, gli argenti che c'erano sul vassoio. È sempre stato un grande arredatore. Ma in quel caso tanta meticolosità era essenziale, se sbagliavi gli oggetti sul vassoio sbagliavi il film ».

È probabile che già nei suoi primi lavori teatrali, in particolare nella messinscena di *Carità mondana* e del *Dolce aloe* — stando anche a quanto ne riferisce Renato Simoni e a quanto se ne può dedurre dai documenti fotografici conservati —, il suo impegno nella definizione scenografica degli ambienti e nella caratterizzazione dei personaggi attraverso i costumi fosse totale: uno sforzo cosciente e tenacemente perseguito di dare alla « scena » la dimensione della « realtà ». Non si dimentichi che nel 1936 — come vedremo — Visconti aveva già subito l'influenza determinante del « realismo » di Jean Renoir e aveva alle spalle l'esperienza fondamentale del suo lavoro di costumista e di assistente alla regìa per *Une partie de campagne*. Non si dimentichi soprattutto che prima di allora egli aveva già fatto dei tentativi, sia pure un poco velleitari e dilettanteschi, in campo cinematografico, dove il problema del realismo e la « funzionalità » della scenografia e dei costumi, in rapporto alla verosimiglianza della storia, dei personaggi e degli ambienti, cioè alla loro « credibilità » spettacolare, ha un'importanza fondamentale. E il cinema era tutt'altro che estraneo ai suoi interessi: ne aveva una conoscenza non superficiale, stando almeno alle sue stesse dichiarazioni. Disse infatti Visconti a Jacques Doniol-Valcroze e a Jean Domarchi che lo intervistavano per i « Cahiers du Cinéma » nel 1959: « Quando ero giovane, ero attratto dal cinema più che dal teatro, ma come scenografo piuttosto che come regista », dove si ha un'ulteriore conferma delle sue predilezioni per gli ambienti e per la loro definizione scenografica.

3 *Parigi*

Ma prima di giungere al cinema, o meglio per poter giungere al cinema come professionista, abbandonando a poco a poco il suo lavoro di allevatore di cavalli, Luchino passò alcuni anni sempre più immerso in quella vita cultural-mondana che alcuni suoi amici e parenti conducevano in quei primi Anni Trenta a Parigi e altrove, dimentichi della crisi economica e sociale che stava travolgendo l'intero assetto europeo e mondiale, lontani da quel chiuso mondo fascista che, allargandosi a macchia d'olio dall'Italia alla Germania alla Spagna, avrebbe di lì a poco sconvolto l'Europa in una guerra immane e terribile. Era una società, la loro, quasi fuori del tempo, della storia, tutta dedita alle feste, agli incontri mondani, agli spettacoli, ma soprattutto all'arte e alla cultura, praticate in un clima tra lo snobistico e il divertito. Ma era una società, per i legami che strinse con alcuni dei più significativi arti-

sti e intellettuali del tempo, che si aprì a poco a poco
ai più gravi problemi del momento e fu coinvolta —
chi più chi meno — nella grande esperienza dell'antifascismo europeo e del Fronte Popolare francese.

Torniamo indietro di qualche anno. Luchino e i
suoi fratelli frequentano, come si è detto, i luoghi di
villeggiatura, al mare e in montagna, dove allargano le
amicizie, intrecciano amori e organizzano viaggi e avventure. Nascono anche, e si formano, i primi legami
affettivi seri. Se nel chiuso ambiente di Grazzano, dove pure si tengono feste e si conduce una vita spensie-
rata e libera, Luchino ha una relazione con la giovane
Elsa Bordi, figlia di un affittuario del padre che aveva
sposato un'argentina; a Forte dei Marmi, dove la famiglia Visconti trascorre parte delle vacanze estive, l'amore nasce per Nicoletta Arrivabene che con la sorella
Madina, due bellissime ragazze dell'alta borghesia romana, frequenta da anni quella spiaggia mondana. Ed è
con Nicoletta (Niki) che egli reciterà alla presenza dei
Savoia in una rappresentazione allestita dal padre al
Quirinale. Stando a quanto ne riferisce la sorella Ida,
Luchino, in costume di staffiere, sullo sfondo di arazzi
sontuosi, apriva insieme a un altro staffiere, Bonifacio
Roasio, una finestra da cui proveniva un raggio di sole
che illuminava l'ambiente, e il raggio di sole non era
altri che Niki, splendente di giovinezza, che si esibiva
in un balletto.

Le amicizie e gli amori si tramutano in legami di
parentela, forse non proprio come avrebbe desiderato
Luchino, che in quel tempo è quasi totalmente assorbito dai cavalli. Madina si sposa nel 1929 con Luigi
Visconti, Niki due anni dopo con il fratello Edoardo,
e dal matrimonio nasceranno Eriprando, il futuro regi-

sta, nel 1932 e Violante nel 1935. Ma questi legami di parentela, per certi aspetti, uniscono ancor più Luchino alle sorelle Arrivabene, che frequentano assiduamente il mondo intellettual-mondano francese ed europeo, con lunghi soggiorni a Parigi. Tra una gara ippica e un premio internazionale, l'acquisto di un cavallo e il duro lavoro di allevatore, anche Luchino soggiorna a più riprese a Parigi ed entra in contatto con artisti e intellettuali che gli aprono nuove prospettive culturali, fuori dal mondo alquanto provinciale e chiuso della Milano fascista.

È soprattutto a partire dal 1932 che i viaggi di Luchino in Francia si fanno più frequenti. Come ricordano le sorelle Madina e Niki Arrivabene Visconti, esse lo introducono negli ambienti che normalmente frequentano, fra balli, feste, ricevimenti, prime teatrali, balletti, opera lirica e naturalmente corse di cavalli. Ci sono il visconte Charles de Noailles e la viscontessa Marie-Laure, in certo senso patroni e mecenati dell'avanguardia artistico-letteraria di quegli anni — finanziatore il primo, fra l'altro, per farne dono alla consorte, di tre film d'avanguardia di eccezionale importanza: *Le mystère du château de dés* di Man Ray, *L'âge d'or* di Luis Buñuel, *Le sang d'un poète* di Jean Cocteau —, e c'è Jean Cocteau con le sue bizzarrie, le sue stravaganze mondane, la sua intelligenza provocatoria e gli inseparabili amici Boris Kochno, che era stato segretario di Diaghilev, e Jean Desbordes che lo ferì in una tragica circostanza. Ci sono anche André Gide, con il quale si andava ai balli e alle feste, e il poeta Pierre Reverdy, il conte Etienne de Beaumont e il commediografo Henry Bernstein con la moglie Antoinette, il ballerino Serge Lifar e il musicista Kurt Weill, lo scrittore Pierre de Lacretelle e i musicisti Georges Auric e Francis Poulenc, il pittore spagnolo José Maria Sert con la moglie Misia e Gabrielle Chanel, la famosa Coco.

Luchino era molto amico di Serge Lifar, di Kurt Weill, di Henry Bernstein — per il cui *Viaggio* nell'edizione italiana del 1938 disegnò, come si è detto, la scena —, ma soprattutto di Jean Cocteau, che amava moltissimo sentir recitare le sue poesie con la sua voce incantevole e di cui fece conoscere per primo in Italia *Parenti terribili* in quella memorabile e sconvolgente rappresentazione del 30 gennaio 1945; e più ancora dei coniugi Sert e di Coco Chanel, che s'era innamorata di lui e con la quale mantenne un lungo rapporto d'amicizia. E fu a Parigi che Luchino incontrò probabilmente Marlene Dietrich, che ebbe occasione di meglio conoscere durante il suo soggiorno a Hollywood nel 1938 e che rimase per tutta la vita una sua cara amica, e forse anche Bertolt Brecht in occasione della prima rappresentazione di *Mahagonny*.

E fu ancora a Parigi che, oltre alle prime teatrali e ai cenacoli artistici e letterari, egli conobbe il miglior cinema del tempo, che spesso non riusciva ad ottenere diritto d'ingresso in Italia. Si andava al cinema soprattutto guidati da Cocteau, che allora era reduce dall'esperienza entusiasmante di *Le sang d'un poète*, ma si frequentavano al tempo stesso le sale d'*essai* e i grandi cinematografi dei Champs Elysées. Lo affascinano in pari misura i film interpretati da Marlene Dietrich e diretti da Josef von Sternberg, soprattutto *L'angelo azzurro*, e quelli di Eric von Stroheim, di cui *Sinfonia nuziale* gli rimane a lungo nella memoria. E scopre anche il cinema sovietico, di cui apprezza la forte tensione contenutistica e formale. E sarà soprattutto quest'ultimo, negli anni seguenti, quando tornerà in Francia e collaborerà attivamente con Jean Renoir, a impressionarlo fortemente, come ebbe a dichiarare a Giuseppe Ferrara in una lunga conversazione nel 1963.

« Mi ricordo — egli disse — che allora vidi più film russi che francesi, perché in quel periodo lui [Renoir] andava sempre in un piccolo cinematografo che si chiamava "Panthéon", dove spesso passavano dei film sovietici della prima scuola, film di Ekk, di Pudovkin, di Eisenstein ecc... (mi ricordo di aver visto *Ciapaev*, *Il cammino verso la vita*), che mi hanno probabilmente influenzato ».

4 *Il primo film*

Questi soggiorni parigini trasformarono a poco a poco Visconti, o meglio ne ampliarono gli interessi, ne dilatarono la cultura. In questa nuova prospettiva, anche la passione per i cavalli andò progressivamente scemando, a mano a mano che il teatro, la letteratura, il cinema gli si presentavano sotto una luce diversa, ben più coinvolgente sul piano intellettuale e su quello morale. Soprattutto il cinema dovette sembrargli lo strumento giusto per affrontare direttamente la realtà umana e sociale e darne una rappresentazione prospettica. Anche perché il cinema, da un lato, richiedeva un lavoro continuo, tecnicamente controllato, a contatto con gli altri, in quella dimensione collettiva e compartecipe che egli già aveva sperimentato nel lavoro di scuderia; dall'altro consentiva un contatto diretto col reale, in modi e forme ben più significativi della letteratura o del teatro, attraverso i quali la realtà è filtrata da una serie di convenzioni linguistiche e spettacolari.

Era insomma, il cinema, uno straordinario veicolo per entrare nel vivo dell'esperienza quotidiana e per ricavarne, quasi senza intermediazioni (se non quelle di una tecnica riproduttiva, che poneva ovviamente dei grossi problemi di linguaggio ma che pareva, almeno a un primo esame, del tutto libera dai condizionamenti della « letteratura »), una rappresentazione tanto profonda quanto autentica, tanto coinvolgente quanto « vera ». Sta di fatto, in ogni caso, che dall'esperienza parigina Visconti uscì con la gran voglia di dedicarsi al cinema. Pare che fu allora che acquistò una cinepresa e, verso il 1934, decise di girare un film.

Sul primo film di Luchino Visconti, realizzato in proprio, con scarsi mezzi finanziari ma una buona attrezzatura tecnica, si hanno testimonianze contrastanti né sempre del tutto attendibili. Le sorelle Ida e Uberta, molto più giovani di Luchino, non lo ricordano affatto: in famiglia pare che non se ne parlasse assolutamente e con ogni probabilità, se esso fu conservato in casa, andò distrutto durante i bombardamenti, nella seconda guerra mondiale, quando palazzo Visconti subì gravi danni per un incendio. Tra i suoi amici e futuri collaboratori, alcuni ne ignorano l'esistenza, altri ne hanno un vago ricordo. Francesco Rosi, ad esempio, dice che Visconti parlava a volte di un film da lui girato nel 1934 ma di cui pare non sia rimasto nulla. L'unica testimonianza dettagliata è quella di Niki Arrivabene Visconti, che di quel film fu la protagonista. Sembra anzi che fu proprio Niki a dirgli insistentemente che i cavalli non potevano essere la sua unica occupazione: anche se lo impegnavano totalmente, non potevano soddisfarlo intellettualmente. Egli avrebbe dovuto dedicarsi alla letteratura o al teatro, impegnarsi in un lavoro che poteva sfruttare appieno le sue grandi capacità intellettuali e la sua profonda cultura umanistica. Quando cominciò a realizzare il suo primo film, Luchino le avrebbe infatti detto: « Avevi ragione tu: ho finalmente trovato il mio mestiere ».

La cinepresa che egli acquistò presumibilmente negli anni dei suoi frequenti soggiorni parigini gli era servita per realizzare in casa alcuni filmetti d'amatore, interpretati dai fratelli e dagli amici, spesso di soggetto poliziesco e avventuroso. Era, per certi aspetti, un ritorno alle recite familiari dell'infanzia, quando si scrivevano testi teatrali che poi venivano recitati sul palcoscenico del piccolo teatro di palazzo Visconti. Ora si trattava d'un diverso divertimento mondano, più raffinato e alla moda, ma nella sostanza non si usciva dall'ambito del dilettantismo e del gioco di società. Questi filmetti andarono distrutti nell'incendio di palazzo Visconti, ma non fu, probabilmente, un grave danno. Diverso è invece il caso di quel film vero e proprio, concepito e realizzato su basi professionali, che avrebbe dovuto segnare l'esordio cinematografico di Luchino come regista.

Verso il 1934 appunto, o nei primi mesi del 1935, Luchino volle girare un film di formato normale (in 35 mm., a differenza di quelli che aveva realizzato sino ad allora, tutti in 16 mm.), con una regolare *troupe* cinematografica composta da un operatore, un aiuto-regista e quei pochi tecnici indispensabili alla buona riuscita dell'operazione. I soldi li aveva messi, naturalmente, lui stesso e suo era, ovviamente, il soggetto. Era la storia di un ragazzo, sui sedici anni, che veniva in città e a poco a poco, a contatto con una realtà umana e sociale profondamente diversa da quella del paese d'origine, si traviava sino alla catastrofe finale. In città egli incontrava tre donne, che ne avrebbero determinato il destino: una ragazzina, appena dodicenne, che egli ingravidava e moriva di parto abbandonata; una prostituta — che Luchino voleva fosse autentica, sicché sguinzagliò gli amici a cercarla nei postriboli, ed essi faticarono non poco prima di trovare quella che, secondo lui, era inequivocabilmente « puttana », appariscente e con i capelli rossi — la quale lo avviava verso il vizio; infine una donna bella e intelligente, una specie di « donna ideale », che era interpretata da Niki. La storia si concludeva, dopo diverse traversie, con il suicidio del ragazzo, che ormai aveva perduto ogni ideale e ogni ragione di vita. Il ragazzo, bello, quasi inquietante, era interpretato da un giovane che Luchino aveva incontrato durante una sfilata fascista.

Tutti gli esterni del film furono girati, nell'arco di un paio di mesi o poco più, nella campagna lombarda, non molto lontano da Milano. Luchino era estremamente meticoloso, non soltanto nella scelta delle inquadrature, nella composizione delle scene, nella guida attenta degli attori, ma anche — come si poteva prevedere — nella cura dei costumi dei personaggi e nel loro trucco, che eseguiva egli stesso. Terminati gli esterni, pare che si dovettero interrompere le riprese degli interni a Milano per mancanza di soldi, che Luchino invano chiese alla madre, impossibilitata ad aiutarlo finanziariamente in quel momento, avendo già speso grosse somme per i suoi cavalli. Fu questa, stando alle testimonianze, la causa dell'interruzione del film, che, rimasto incompiuto, finì in qualche cassetto e scomparve, probabilmente, durante la guerra, nell'incendio di casa Visconti.

5 *Un amore a Kitzbühel*

Ma il cinema era ormai entrato nel sangue di Visconti. Più della letteratura certamente, e forse anche più del teatro, esso lo costringeva a fare i conti al tempo stesso con gli attori, persone vive, in carne e ossa, e con la natura, o meglio con la realtà fenomenica, naturale o artificiale che fosse. La macchina da presa poteva non soltanto cogliere gli aspetti mutevoli del reale e fissarli, immediatamente, in una forma chiusa e immutabile, ma anche indagare, nei primi e primissimi piani, la psicologia dei personaggi, quasi denudarli delle loro apparenze esteriori per coglierne i sentimenti interiori. Non si può sapere sin dove il giovane Visconti, alle sue prime esperienze cinematografiche, si sia spinto sulla strada di quel « realismo » che sarà il suo proprio, dopo l'apprendistato con Renoir; né, a ben guardare, il soggetto del suo primo film, intriso di cattiva letteratura e privo di spessore sociale, poteva fornirgli molto materiale per una profonda indagine umana. Ma certamente la necessità di fare i conti con la realtà, di trasferire idee e parole in fatti e immagini, di verificare nel concreto i temi e le forme della sua ispirazione letteraria, che pure egli continuava a coltivare in vari scritti, invero con scarsi risultati, gli servì per acquisire una maggiore coscienza delle proprie capacità e dei propri limiti. Il cinema poteva essere, per lui, una grande scuola di realismo e di concretezza, come di fatti fu.

Stando sempre ai ricordi di Niki Arrivabene Visconti e alle testimonianze delle sorelle e di altri conoscenti, è in quel medesimo periodo — tra l'esperimento incompiuto del film milanese e la stretta collaborazione con Renoir per *Une partie de campagne* — che Luchino, da un lato, tenta la grande avventura del cinema, scrivendo e proponendo soggetti da realizzare; dall'altro, si innamora profondamente di una donna, che avrebbe potuto mutare lo svolgimento della sua vita futura.

A quanto pare, i fatti si svolsero sullo sfondo delle montagne innevate di Kitzbühel, famosa stazione di sport invernali, dove i Visconti avevano affittato una villa per passarvi le vacanze. C'era la famiglia quasi al completo, fratelli, sorelle, cognate, nipotini. I giorni trascorrevano secondo i ritmi consueti delle vacanze altoborghesi, fra discese in sci, feste, incontri con i soliti amici. È qui che nacque l'amore di Luchino per Irma (Pupe) Windisch-Grätz, che proveniva da una ricca famiglia aristocratica austriaca. L'amore avrebbe dovuto concludersi con un matrimonio — che, tra l'altro, avrebbe risolto una situazione spiacevole, dato che Luchino pare fosse innamorato della bellissima cognata Niki —, ma invece le cose andarono diversamente. Il padre di Pupe non acconsentì al matrimonio perché Luchino, nonostante fosse ricco e aristocratico, non possedeva un « mestiere » e non poteva garantire, secondo la sua prospettiva conservatrice e piccolo borghese, un avvenire solido alla figlia. Luchino troncò allora — com'era sua abitudine fare quando si trattava di prendere decisioni importanti — ogni rapporto con Pupe, la quale si sposò in seguito con Franz Weikersheim e rimase, tuttavia, buona amica del regista nei decenni seguenti.

Su questo amore di Visconti per Pupe Windisch-Grätz sono state scritte non poche pagine, arricchite il più delle volte da aneddoti romanzeschi o illazioni romantiche, secondo le buone regole dei rotocalchi scandalistici o pettegoli. Non è il caso ovviamente, in questa sede, di riprendere quei discorsi o di utilizzarli per inserirli in un quadro di riferimento che voglia, in certo senso, mettere in rapporto l'opera viscontiana con fatti e persone della sua vita. Ma va comunque detto che, stando anche alle testimonianze dei famigliari e degli amici intimi, quell'amore influì notevolmente sulla vita di Visconti e lasciò una traccia non superficiale, se è vero, come è vero, che a distanza di oltre venticinque anni egli dedicherà indirettamente a Pupe il breve film *Il lavoro* — che è un episodio del film antologico *Boccaccio '70* — la cui protagonista si chiama appunto Pupe ed è interpretata da Romy Schneider, un'attrice austriaca che, secondo lo stesso Visconti, somigliava molto alla Pupe Windisch-Grätz ch'egli aveva conosciuto in gioventù. Si aggiunga, a conferma del contenuto in larga misura autobiografico e memoriale del film, sia pure in una dimensione che possiamo definire metaforica, che nel *Lavoro* — che narra dei conflitti sentimentali fra un giovane aristocratico italiano e la moglie altoborghese straniera — la protagonista Pupe indossa abiti firmati Coco Chanel, la quale era stata, proprio in quegli anni, intima amica di Luchino, e alla quale anche, pertanto, il film è dedicato.

Il soggiorno invernale a Kitzbühel non fu soltanto l'occasione per un innamoramento e, successivamente, per una rottura sentimentale, ma anche — stando almeno alla testimonianza di Niki Arrivabene Visconti — il punto di partenza per una nuova esperienza cinematografica che avrebbe, nonostante il suo fallimento, condotto Visconti al grande passo della nuova carriera artistica da intraprendere. Fu allora infatti che Luchino e

Niki, la quale desiderava ardentemente fare del cinema, decisero di andare a Vienna per sottoporre a Gustav Machaty il progetto di un film sulla tragedia di Mayerling, che Niki avrebbe dovuto interpretare. Pare che a Vienna ebbero un incontro con il regista — allora molto famoso dopo il successo ottenuto nel 1934 con *Estasi* —, il quale fece anche un provino a Niki. Ma poi non se ne fece nulla.

In ogni caso, fra progetti, tentativi, esperimenti, soggetti scritti e non realizzati, il cinema era ormai per Visconti una cosa da prendere sul serio, una passione che richiedeva l'impiego di tutte le sue energie fisiche e intellettuali. Soprattutto occorreva un severo apprendistato, che gli consentisse di acquisire tutte quelle informazioni e quelle esperienze che, sole, gli avrebbero permesso di affermarsi nel settore. Era, ancora una volta, una battaglia con se stesso e con la propria volontà, una sfida che lanciava, da raccogliere e da vincere.

6 *Con Renoir*

In quel medesimo inverno 1935-36 si presentò un'altra occasione di fare professionalmente del cinema. Scrive Giorgio Prosperi nella sua *Vita irrequieta di Luchino Visconti*:

« Poi, come accade, chiodo scaccia chiodo: negli intervalli tra un allenamento e l'altro, esauritasi in parte la carica di passione iniziale, aveva cominciato a scrivere soggetti per il cinema. Un giorno era di passaggio per Milano Gabriel Pascal, commesso viaggiatore in grande stile del cinema internazionale, e gli parlarono di uno di codesti soggetti. Pascal sembrò interessarsene, disse che Visconti lo raggiungesse a Montecatini, dove si recava per la cura delle acque. E Visconti si mise il copione sotto il braccio e partì. Trovò Montecatini deserta, fuori stagione, le strade desolate, gli alberghi vuoti. Nell'albergo di Pascal non c'erano altri ospiti che il produttore francese, avvolto in un asciugamano colorato, seduto sul terrazzino come un Buddha a prendere il sole. Ascoltò la lettura del soggetto che giudicò bellissimo e invitò Visconti a raggiungerlo a Londra. Comperasse intanto *Novembre* di Flaubert, che aveva qualche affinità col soggetto ».

E lo stesso Visconti, nella citata intervista a Doniol-Valcroze e a Domarchi, ricorda:

« Mi propose di realizzare in Inghilterra un film tratto da un racconto di Flaubert, *Novembre*, e quella storia mi interessò molto. Ma, una volta a Londra, da Alexander Korda con il quale avevo un appuntamento ebbi subito l'impressione che Pascal lavorasse nel vuoto, senza la minima base. Ciò mi spaventò un poco; mi recai quindi a Parigi, per vedere gli amici. Fra gli altri c'era Coco Chanel, che mi disse: "Se vuoi conoscere una persona molto seria che si occupi di cinema te la farò conoscere io. È un mio amico, si chiama Jean Renoir". Io non lo conoscevo, non avevo visto *La chienne*, né gli altri suoi film. Renoir stava preparando *Une partie de campagne*. Fui il suo terzo assistente. Gli altri due erano Jacques Becker e Henri Cartier-Bresson. Venni anche incaricato di occuparmi dei costumi ».

Ma su questo nuovo soggiorno parigino di Visconti, che fu per molti versi determinante per le sue scelte future e fondamentale per la sua maturazione, è necessario soffermarsi un poco.

Esistono diverse versioni dell'incontro di Visconti con Renoir. Lo stesso Visconti, in varie interviste, ne ha accennato in termini non sempre coincidenti, confermando tuttavia che solo nel 1936, attraverso la comune amica Coco Chanel, egli lo conobbe e ne divenne amico. Tuttavia esistono altre testimonianze che metterebbero in dubbio quest'affermazione. Risulterebbe, ad esempio, che Visconti fu assistente di Renoir già nel 1934 per il film *Toni* (che egli invece disse di non aver visto), e ciò si ricaverebbe, a detta di Claude Beylie, dai documenti di lavorazione del film conservati dal produttore. Sul termine « assistente » si dovrebbero fare alcune precisazioni (e infatti Beylie lo definisce, nella filmografia renoiriana, *stagiaire*, e, per quanto riguarda la sua collaborazione a *Une partie de campagne*, *stagiaire-accessoiriste*), in quanto Renoir aveva un modo di lavorare che non prevedeva una gerarchizzazione dei ruoli. Come scrisse in proposito François Truffaut: « Un'*équipe* riunita attorno a Renoir non costituisce pertanto un gruppo gerarchizzato ma piuttosto una piccola brigata, e d'altronde lo stesso Renoir ha detto di preparare un film "come si prepara un colpo: contornandosi di bravi complici" ». In questo senso, la partecipazione di Visconti alla lavorazione di *Toni* si sarebbe limitata ad assistere alle riprese, che si svolsero nell'estate del 1934, o a parte di esse, con funzioni del tutto marginali.

L'importante è tuttavia osservare che, se è vero che egli fu presente sul *set* di *Toni* (e magari poi non vide il film finito sugli schermi parigini, come ebbe occasione di dire), la sua conoscenza di Renoir data da quell'epoca, per il tramite probabilmente della stessa Coco Chanel che era amica di ambedue, e che Visconti conosceva bene già da alcuni anni, frequentando con le cognate Arrivabene quella società cultural-mondana di cui si è detto. Se così stanno le cose, meglio si spiega l'improvvisa passione di Visconti per il cinema: passione che non nascerebbe soltanto dalla frequentazione di certe sale cinematografiche di Parigi in cui passavano film inediti in Italia, ma anche, e forse soprattutto, dalla partecipazione, sia pure in veste di curioso osservatore, alla realizzazione di un film, e di quale film! Si ricordi che è proprio nel 1934, al suo ritorno in Italia, che egli decide di girarne uno vero e proprio, fuori cioè dell'angusto ambito cineamatoriale.

Il nuovo incontro con Renoir nel 1936, dopo la fallita esperienza britannica con Gabriel Pascal, assume tuttavia un'importanza ben maggiore, non soltanto perché la sua partecipazione alla lavorazione di *Une partie de campagne* fu più impegnativa, se è vero, come parrebbe vero, che egli si occupò dei costumi e svolse una reale funzione di assistente; ma anche perché, da un lato, ebbe lunghe conversazioni con Renoir che gli aprirono non pochi orizzonti sul cinema come linguaggio e arte di collaborazione, dall'altro entrò in stretto contatto con rappresentanti di quella intellettualità antifascista che stava vivendo in quel periodo l'esaltante esperienza del Fronte Popolare. Fu, in altre parole, un'esperienza doppiamente importante, sul piano professionale e di scelta del proprio futuro, e sul piano ideologico, di apertura verso una realtà sociale e politica di cui, sino ad allora, egli si era interessato poco o nulla.

Alcuni hanno tentato di ridimensionare notevolmente le funzioni che Visconti svolse come collaboratore di Renoir per *Une partie de campagne*. La filmografia « ufficiale » di Renoir lo colloca al sesto posto fra gli assistenti, dopo Jacques Becker, Claude Heymann, Jacques B. Brunius, Yves Allégret, Henri Cartier-Bresson, e lo definisce, come si è detto, *stagiaire accessoiriste*, vale a dire praticante e trovarobe. Giuseppe De Santis, che fu molto vicino a Visconti negli anni tra il 1940 e il 1943, ricorda che, come gli aveva detto Luchino, non era mai stato assistente di Renoir, ma soltanto, appunto, un trovarobe. Ma, anche a non voler tener conto di quanto invece ebbe a dichiarare in varie occasioni lo stesso Visconti, non v'è dubbio che la sua partecipazione alla lavorazione di *Une partie de campagne* non fu né secondaria né marginale. Esiste, tra le carte viscontiane, la sua copia della sceneggiatura del film con diverse annotazioni, appunti e segni a matita, nonché un paio di schizzi di suo pugno, che testimoniano di un lavoro attento e partecipe, non limitato al ruolo di praticante e di trovarobe. Ci fu insomma, da parte sua, una effettiva collaborazione in tutta la fase delle riprese che si svolsero nei mesi di luglio e di agosto e dovettero essere interrotte a causa del cattivo tempo e di varie traversie.

Diversa è la questione relativa alla sua partecipazione a due altri film di Renoir, *Les bas-fonds* e *La grande illusion*, che furono girati rispettivamente fra l'agosto e l'ottobre del 1936 e nell'inverno 1936-37. In quel periodo Visconti era già tornato in Italia e lavorava alla messinscena di *Carità mondana* e di *Il dolce aloe*, le cui prime teatrali furono appunto il 20 ottobre e il 5 novembre di quell'anno. A riguardo di *Les bas-fonds* Pio Baldelli sostiene, sulla base di una lettera inviatagli dallo stesso Visconti e di una testimonianza di Giuseppe De Santis, che egli fu assistente di Renoir; ma l'affermazione è dubbia. Non soltanto infatti, nel corso delle attentissime ricerche che alcuni studiosi francesi fecero per stabilire definitivamente una filmografia renoiriana esatta e completa, non compare mai il nome di Luchino Visconti nei documenti relativi a *Les bas-fonds* (e nemmeno in quelli che si riferiscono a *La grande illusion*), ma lo stesso Visconti ha negato in varie occasioni questa collaborazione diretta, limitandosi ad accennare a vaghi progetti e discussioni preliminari. A Giuseppe Ferrara, che lo interrogava in proposito, egli ebbe a dire:

« Avevo anche un po' partecipato alla preparazione di *Les bas-fonds*, il film che [Renoir] fece subito dopo e, in una certa misura, ugualmente a quella de *La grande illusion*, perché a quell'epoca Renoir preparava già quel film. Mi ricordo che a casa sua, durante qualche riunione — ero esattamente l'ultima ruota del carro e ascoltavo molto —, si parlava già di un film sui prigionieri francesi in Germania durante la guerra del 1914, e questi discorsi furono il primo germe de *La grande illusion*. Non partecipai direttamente alla lavorazione de *Les bas-fonds* e in cambio presi parte alla stesura de *Une partie de campagne*, film per il quale feci anche i costumi. I costumi erano pochi, modestissimi, ma furono la mia prima opera di costumista cinematografico ».

Sta di fatto che i contatti personali con Renoir, prima marginalmente sul *set* di *Toni*, poi in maniera ben più coinvolgente nel lavoro di *Une partie de campagne* e nei discorsi relativi a *Les bas-fonds* e a *La grande illusion* — Renoir nella sua autobiografia ricorda Visconti dicendo che « lo aveva aiutato in parecchi film, tra cui *Une partie de campagne* » —, costituirono le solide basi di quella preparazione professionale che egli avrebbe approfondito in seguito durante il suo viaggio negli Stati Uniti e il suo soggiorno a Hollywood, la sua partecipazione come assistente di Renoir e poi di Carl Koch nella realizzazione della *Tosca*, l'assidua frequentazione del gruppo di giovani critici che si raccoglievano attorno alla rivista « Cinema », e che sfocerà nella grande impresa di *Ossessione*, esordio cinematografico di Visconti ma al tempo stesso frutto maturo di un lungo apprendistato tecnico e artistico, intellettuale e morale, ideologico e politico.

Avremo occasione di tornare sull'influenza che Jean Renoir ebbe sulla formazione di Luchino Visconti, analizzando *Ossessione* e riscontrandovi modi e forme che chiaramente derivano dal cinema renoiriano. Qui ci basti dire che, nell'ambito del cinema francese degli Anni Trenta, l'opera di Renoir si colloca in una posizione centrale e la sua lezione fu determinante anche per l'orientamento delle nuove generazioni all'indomani della seconda guerra mondiale. Ma soprattutto la sua presenza nella Francia di quegli anni, il suo impegno costante, la sua grande umanità, l'alto professionismo costituirono per tutti quelli che lo conobbero e collaborarono con lui, e quindi anche per Visconti, un grande ammaestramento. Il sodalizio con Renoir, anche se di breve durata e limitato forse meno a una stretta collaborazione tecnica e professionale che a un rapporto intellettuale e ideologico, fu indubbiamente il punto di non ritorno dell'esperienza esistenziale di Visconti, il suo passaggio dal dilettantismo al professionismo. Ed è lo stesso Visconti che lo riconosce quando ricorda:

« Renoir ha esercitato su di me un'enorme influenza. S'impara sempre da qualcuno, non si inventa mai niente. O forse s'inventa, ma si è sempre terribilmente influenzati, soprattutto quando si lavora all'opera prima. Non è che *Ossessione* sia

stato, come si dice, influenzato dal cinema francese in generale, ma è Renoir che mi ha insegnato il modo di lavorare con
gli attori. Quel breve contatto di un mese è stato sufficiente,
tanto la sua personalità mi aveva affascinato. — E altrove
precisa: — Le conversazioni con Renoir sono ciò che mi ha
più influenzato. Il fatto di essere vicino a lui, di seguirlo, di
vederlo lavorare ».

7 Francia, esperienza di vita

Ma il soggiorno francese del 1936 non fu soltanto
una grande lezione di cinema. Come scrive Giorgio Prosperi in quella *Vita irrequieta di Luchino Visconti* che
abbiamo più volte citato:

« Fu indubbiamente una grande scuola, quella di Renoir,
ma fu soprattutto una grande esperienza di vita quella che
Visconti condusse a contatto con la sinistra artistica parigina
in un periodo oltremodo difficile per un italiano oltre i confini
della patria. Era infatti il momento della guerra etiopica e
delle sanzioni e in un primo tempo le diffidenze della troupe
per il "fascista" furono pesanti, confinarono Visconti, che
pure non aveva mai avuto rapporti neppure occasionali con il
regime, in una solitudine piena di rancori; quanto a lui, vissuto fino allora in Italia in ambienti che poco avevano a che fare
col problema sociale, quel salto in pieno ambiente comunista
non fu privo di attriti interiori e di ripensamenti. Ma in breve
il ghiaccio cominciò a incrinarsi, poi si fuse del tutto. Vivendo
nella troupe come un operaio (come tutti del resto, da Renoir
all'ultimo dei macchinisti), mensa comune oltre che lavoro comune, cominciò a sentirsi stranamente a suo agio, a riflettere
su pensieri ed impressioni finora oscure, che ora gli si chiariva-
no in discussioni appassionate, in fervide letture, condotte con
la stessa metodica furia, con la medesima passione degli alleva-
menti di cavalli. Solo che qui si toccavano problemi che l'asse-
diavano con maggiore o minore urgenza fin dall'infanzia, a
volte rinviati, a volte trasferiti, ragioni non ultime di quell'in-

quietudine che aveva movimentato fino alla turbolenza gli an-ni adolescenti ».

E Visconti riconosce, anche su questo piano più generale di maturazione ideologica e politica, l'influenza di Renoir e l'importanza della sua esperienza in *Une partie de campagne* quando dichiara:

« Furono proprio il mio soggiorno in Francia e la conoscenza di un uomo come Renoir che mi aprirono gli occhi su molte cose. Capii che il cinema poteva essere il mezzo per avvicinarsi a certe verità da cui eravamo lontanissimi, specialmente in Italia. Ricordo che *La vie est à nous* di Renoir, che vidi appena arrivato in Francia, mi fece una profonda impressione. È un film che si può avvicinare alla stessa vena di *Roma, città aperta*. Durante quel periodo ardente — era quello del Fronte Popolare — aderii a tutte le idee, a tutti i principi estetici e non soltanto estetici, ma anche politici. Il gruppo di Renoir era schierato nettamente a sinistra e Renoir stesso, anche se non era iscritto, era certamente molto vicino al partito comunista. In quel momento ho veramente aperto gli occhi: venivo da un paese fascista dove non era possibile sapere niente, leggere niente, conoscere niente, né avere esperienze personali. Subii uno *choc*. Quando tornai in Italia, ero veramente molto cambiato ».

Questa improvvisa maturazione politica e ideologica, che sarebbe avvenuta, stando a Visconti, nel corso di un mese o poco più, lascia per lo meno increduli se non sospettosi. Certamente l'effervescente ambiente francese che egli frequentò in quella calda estate del 1936 — non si dimentichi che proprio in luglio ci furono le prime avvisaglie della guerra civile spagnola e l'intellettualità antifascista francese si stava mobilitando — influì notevolmente sul suo carattere e modificò sensibilmente le sue convinzioni, o meglio gli aprì nuove prospettive d'impegno sociale che forse non aveva immaginato. Ma è poco credibile, come invece tende a far credere lo stesso Visconti, che quel fatidico mese trascorso con Renoir e la sua *troupe* sia stata la causa di un radicale cambiamento (anche perché, da un lato, non è vero che nel paese fascista da cui proveniva non gli era possibile conoscere ciò che accadeva fuori; dall'altro egli, da non pochi anni, aveva avuto l'occasione di frequentare ambienti e circoli artistici e culturali che, sebbene non dichiaratamente impegnati sul piano politico, gli avevano aperto non poche prospettive ideologiche e culturali). È forse meglio dire che il breve sodalizio con Renoir e l'intensa ma brevissima esperienza esaltante del Fronte Popolare contribuirono a far maturare una serie di problemi rimasti insoluti o appena impostati, che Visconti avrà occasione in seguito di approfondire a contatto con un gruppo di giovani ben altrimenti preparato politicamente in una situazione storica ben altrimenti drammatica: pensiamo all'incontro con Giuseppe De Santis, Gianni Puccini, Mario Alicata, Pietro Ingrao e altri — tutti appartenenti al partito comunista italiano clandestino — e al loro lavoro cinematografico negli anni fra il 1940 e il 1943.

In questo senso ha forse più ragione De Santis a limitare l'influenza ideologico-politica che ebbe su Visconti la frequentazione di Renoir e del gruppo di artisti e intellettuali legati al partito comunista francese, e ad esaltare invece lo spirito genericamente libertario e il clima di grande tolleranza che egli incontrò in Francia allora; a differenza di Ingrao che indica senza equivoci nell'esperienza francese il vero laboratorio della formazione ideologica e politica di Visconti. De Santis, infatti, sottolinea questa sorta di « ricerca della libertà », soprattutto sul piano personale, che Visconti andò sperimentando in una serie di rapporti estremamente liberi e anticonformistici, e accenna esplicitamente alla questione dell'omosessualità che, tollerata se non addirittura esaltata in Francia (basti pensare agli ambienti di Cocteau e di Gide che Visconti aveva frequentato), era invece rigidamente condannata nell'Italia clericale e fascista. E Visconti, in quegli anni, aveva già provocato qualche scandalo per il suo comportamento omosessuale, che non gli vietava tuttavia di stabilire con l'altro sesso — come si è visto — dei rapporti amorosi normali. È nel 1935, tra l'altro, come risulta da testimonianze, che Visconti ebbe quell'avventura sentimentale a Parigi con il giovane Umberto Monaldi, il cui sviluppo fu bruscamente interrotto perché il precettore di Monaldi si precipitò nella capitale francese a riprendere la coppia e a ricondurla in Italia. Ma di omosessualità, in relazione alle varie componenti dell'opera viscontiana, avremo ancora occasione di parlare.

Pietro Ingrao, che di Visconti fu amico e collaboratore negli anni che precedettero la realizzazione di *Ossessione*, dà invece dell'esperienza francese un'unica interpretazione che, se pure contiene elementi indubbiamente corretti, pare un poco sforzata e unilaterale. Scrive infatti Ingrao:

« Visconti ha fatto dichiarazioni assai precise sull'orientamento comunista che egli respirò nel "clan" di Renoir, al momento della sua esperienza parigina e del suo primo avvicinamento al cinema. Non è una forzatura retrodatata. Anzi, per intendere bene che cosa fu per intellettuali come Visconti l'adesione al comunismo — e anche i caratteri che essa ebbe —, bisogna mettere una data precisa. Adesione al comunismo significò prima di tutto una chiave di lettura del fascismo, come imbarbarimento della società su una motivazione di classe; e ricerca di una risposta adeguata alla violenza inaudita e al potere di classe che il fascismo esprimeva ».

L'adesione al comunismo, attraverso il lungo sodalizio con gli intellettuali romani durante gli anni della seconda guerra mondiale, fu certamente per Visconti una scelta precisa, un punto di non ritorno — sebbene con involuzioni ideologiche, ripensamenti e tentennamenti nel corso della sua vita e del suo lavoro —, ma c'è da dubitare fortemente che l'esperienza francese, estremamente produttiva sul piano della sua preparazione professionale, lo sia stata altrettanto sul piano della sua maturazione politica.

In ogni caso, gli anni che seguirono, stando almeno ai documenti e alle testimonianze in nostro possesso, non indicano precise scelte di campo. La guerra civile spagnola, la mobilitazione internazionale dell'antifascismo, le inquietudini politiche e ideologiche che precedettero lo scoppio della seconda guerra mondiale passarono sostanzialmente senza lasciare visibile traccia su Visconti, il quale, tornato in Italia, riprese a fare la sua vita di aristocratico colto e curioso, con la passione, non certo diminuita, per il teatro e la letteratura ed in parte anche per i cavalli — solo nel 1941 liquiderà definitivamente la sua scuderia —, e una gran voglia di viaggiare, di uscire dal chiuso mondo milanese, come d'altronde aveva già fatto negli anni precedenti. Non pare insomma che le lunghe discussioni con il « comunista » Renoir (se pure ci furono) portarono, almeno immediatamente, dei frutti significativi. E mentre Renoir, nei suoi articoli settimanali sul quotidiano « Ce Soir » pubblicati dal marzo 1937 all'ottobre 1938, affronta temi e argomenti politici dichiarando esplicitamente il suo antifascismo e il suo filocomunismo, Visconti riprende le sue esercitazioni letterarie e teatrali totalmente apolitiche e compie i suoi viaggi.

Se così andarono realmente le cose, e tutto ci fa credere che andarono così, ci pare un po' forzato quanto sostiene Caterina D'Amico de Carvalho nel suo *Album Visconti*, laddove scrive:

« Il contatto con i collaboratori di Renoir, tutti più o meno legati al Partito Comunista Francese, ha fatto scoprire a Visconti la dimensione politica della realtà... Anche i viaggi in Grecia e negli Stati Uniti che Visconti fa tra il 1937 e il 1938 non sono più semplici viaggi di piacere, ma occasioni di conoscere o di approfondire realtà, panorami, culture diverse e stimolanti ».

Che ciò sia un allargamento di esperienze è evidente, che i suoi viaggi non siano di puro piacere (ma non lo erano mai stati: anche il lungo viaggio nel Sahara dell'autunno 1929 era stato la conseguenza di una profonda crisi esistenziale) è altrettanto evidente, per poco che si conosca l'impegno totale che egli metteva in ogni sua attività, anche apparentemente ludica; ma non pare che vi si possa rintracciare un interesse politico, un bisogno di approfondimento ideologico: è ancora una volta il desiderio, tutto individuale e « aristocratico », di arricchire la propria esperienza personale.

8 *In Grecia e negli Stati Uniti*

Basti leggere, in proposito, le pagine del diario di Grecia che sono state conservate, in cui non è difficile rintracciare tutti quegli elementi letterari — sull'esempio della raffinata letteratura di viaggio allora in voga, come *Et in Arcadia ego* di Emilio Cecchi, uscito, guarda caso, nel 1936 —, che si riscontrano in altri scritti viscontiani, in larga misura estranei a una approfondita indagine del reale nelle sue diverse componenti umane e sociali. Altro che impegno ideologico e politico! Leggiamo:

« La via lattea percorre come una gran vena, interrotta da soluzioni d'ombra e raggrumi fitti di diamanti, il mondo delle stelle; fiocchi chiari come nebulose viaggiano solitari su altre strade. E tutto insieme quell'infinito è un gran pacchetto liquido che ondeggia appena sopra di noi. Ecco il Pireo, orribile termitiera sul mare, ammonticchiamento d'ossa dove comignoli neri, ritti in piedi, fumano lunghe sciarpe da lutto. Una cenere leggiera di cotto piove perpetua intorno a quel pane gonfio, e ne annebbia la sagoma. — E altrove: — *Tinos*. Ricordo l'interminabile scalea mondata di sole a vasti gradini distanti che conduce al Santuario. Nella corte centrale, quattro enormi cipressi, tarchiati e neri, vigilano una fontana senz'acqua. Sono salito due volte nella giornata implacabile, fermandomi ai banchetti di vendita, fitti lungo tutta la salita, per barattare icone d'argento e conchiglie decorate nel guscio a soggetti sacri con una vernice lucida e calda piacevolissima. — E ancora: — *Mikonos*. Mikonos non è un drago dalla lunga coda squamosa, dalle fauci di fuoco sdraiato sul lido di un'isola a guatare i naviganti sperduti. Mikonos non esige soluzioni di enigmi e non vive di carni umane. Mikonos è un breve seno irregolare, un palmo d'acqua verde, coronato candidamente di case tronche, a terrazza, snodate su per un pendio sino al pennacchio di un mulino a vento. Sulle falde della collina chiara pascono armenti, sparsi come fasci di fieno fresco, in disordine ».

È fin troppo facile individuare in queste pagine le ascendenze letterarie, le ingenuità, il proposito, non sempre conseguito, di fare « letteratura » anche quando si tratta di stendere degli appunti di un viaggio estivo (questo sì quasi soltanto di piacere), organizzato da Visconti con l'amico Corrado Corradi e forse un altro comune amico tedesco. Un viaggio di una quindicina di giorni nelle isole dell'Egeo con un vecchio peschereccio preso a nolo ad Atene, per ammirare le bellezze della natura e le vestigia della storia: certamente nuove esperienze, ma al di fuori, evidentemente, di ogni interesse sociale o politico. Piuttosto c'è da osservare che questa letterarietà del testo conferma le intenzioni di Visconti, non ancora sopite, di diventare scrittore, come inducono a credere anche gli altri scritti conservati tra le sue carte o i pochi pubblicati, fra cui non mancano racconti e progetti di romanzi. Tra il cinema praticato in Francia al seguito di Renoir e il teatro sperimentato in Italia nell'autunno del 1936, pare che la letteratura abbia ancora il sopravvento negli interessi artistici e culturali di Visconti, sebbene alcuni amici e collaboratori abbiano in seguito messo in dubbio le capacità letterarie sue, negando addirittura la paternità di alcuni suoi scritti.

Sul lungo viaggio negli Stati Uniti, compiuto nell'inverno 1937-38, si hanno pochi elementi, al di fuori di qualche appunto di suo pugno, delle testimonianze dei familiari e, probabilmente, delle lettere inviate da Luchino alla madre, per il momento inaccessibili. È credibile che, alla curiosità di conoscere un paese e una società tanto diversi dall'Italia di quegli anni, propagandati dal cinema e dalla letteratura in modi e forme che costituivano, soprattutto per i giovani, una sorta di contraltare al mondo asfittico dominato dalla rettorica del fascismo, si aggiungesse in Visconti il desiderio di osservare da vicino il funzionamento della grande macchina cinematografica hollywoodiana, o anche soltanto di provare una nuova sensazione di libertà totale a contatto con un gruppo sociale che si diceva fosse estremamente anticonformista nei costumi e nelle scelte di vita. Certamente il viaggio negli Stati Uniti non fu soltanto una piacevole vacanza come il viaggio in Grecia; ma ancora una volta gli appunti di Visconti denunciano un interesse più letterario che sociale, più intellettualistico ed estetico che autenticamente umano: in ogni caso, nient'affatto politico e ideologico.

Scrive, fra l'altro, Visconti, che conosceva abbastanza bene l'inglese e lo poteva confrontare con quello parlato negli Stati Uniti:

« Musicalità di una parlata liquida. L'inglese degli americani fonda il suo fascino armonioso sulla modulazione della frase, sul canto in bemolle del periodo, come un tema di liturgia, ripreso incessantemente sopra in mezzo e sotto le righe, secondo il registro delle voci. La voce emessa si riunisce in gruppi di biscrome, si distende in pedale tra gola palato e naso, si arrotonda morbida secondo un congenito lavoro di lisciatura e di politura che amalgama durezze e dolcezze di un'unica superficie arabescata ma liscia come la caduta del miele ».

Che è magari un attento saggio di analisi linguistica e fonetica, non sappiamo fino a che punto esatta, ma che è soprattutto un ulteriore esempio di quella letterarietà degli scritti di Visconti che, mescolata qui con la sua cultura musicale, ottiene i risultati un poco accademici e stucchevoli della « prosa d'arte ». Quanto poi alla descrizione dei luoghi visitati e alle impressioni che destarono in lui, al di fuori di ogni coinvolgimento profondamente umano e sociale, ritroviamo le belle ma forzate immagini letterarie del suo taccuino di viaggio in Grecia. Come in questa descrizione raffinata:

« New York si fasciava il viso con una sciarpa di nebbia, si nascondeva alla mia vista dalla cintola in su. Non ne vedevo che le basi piantate sulla terra, come le caviglie di titani. — O in quest'altra, altrettanto ricercata: — La città è come un immenso organo. Il vento urla e sibila nella foresta irregolare delle sue monumentali canne sonore. C'è una maestà di cattedrale gotica di pietra grigia e severa. L'elevatezza degli edifici avvicina il cielo alla terra anziché distanziarlo, quasi che l'azzurro si infiltrasse nei corridoi alti in bande di un tessuto ritagliato, fra gigante e gigante, fra diga e diga, traforato dalle loro vette, sbrindellato verso la terra in ritagli morbidi ».

Non ci sembra, insomma, che i viaggi che Visconti compì nel corso del 1937 e del 1938 e le letture che probabilmente fece in quel periodo o gli incontri che ebbe allora, al di fuori della solita società mondana che continuava a frequentare, del mondo delle corse ippiche o dei divi e delle dive che ebbe occasione di incontrare a Hollywood, approfondissero e ampliassero quella « dimensione politica della realtà » che egli aveva scoperta, a detta sua e di altri, nel mese trascorso in compagnia di Renoir e della sua *troupe* cinematografica. Ancora troppa cultura letteraria, troppo gusto aristocratico, troppa curiosità epidermica e forse non pochi dubbi e incertezze lo separavano da una reale presa di coscienza della situazione politica e sociale che stava, comunque sia, vivendo in quegli anni. In altre parole, egli rimase sostanzialmente estraneo alla più autentica cultura antifascista dell'epoca — che conobbe soltanto marginalmente e casualmente — e tentò invece di approfondire, nella pratica dello scrivere e dell'osservare, la sua preparazione letteraria nel tentativo, perseguito per anni, senza tuttavia entrare nel giro dei circoli letterari o mantenere contatti con giornali e riviste o editori, di affermarsi come scrittore.

Scrive Caterina D'Amico de Carvalho: « Al periodo tra la fine degli anni trenta ed il principio degli anni quaranta vanno fatti risalire numerosi tentativi letterari di Visconti, tuttora inediti, alcuni dei quali di grande interesse per la presenza di temi ed atmosfere che si troveranno poi sviluppati nei suoi films ». Sono gli anni appunto dei viaggi in Grecia e negli Stati Uniti; del biennio 1938-39 trascorso parte in Francia parte a Milano, su cui si sa poco, drammaticamente interrotto dall'improvvisa ed immatura morte, avvenuta a Cortina d'Ampezzo il 16 gennaio 1939, di donna Carla Visconti di Modrone Erba, a cui, come si è detto, Luchino era affezionatissimo; del suo trasferimento, nell'aprile del medesimo anno, a Roma, dove risiederà per il resto della sua vita; del nuovo sodalizio con Jean Renoir, venuto in Italia nell'estate di quell'anno per realizzare il film *Tosca*; del suo incontro e dell'amicizia con il gruppo di giovani intellettuali comunisti che facevano capo alla rivista « Cinema »; infine della morte del duca Giuseppe, avvenuta nel dicembre del 1941, che segna la chiusura definitiva di quell'ampio capitolo dell'esistenza di Visconti che lo vide molto legato, pur fra contrasti e ribellioni, al padre e alla madre. Sono gli anni che sfoceranno nella grande esperienza di *Ossessione*, fondamentale per l'intero sviluppo della vita e dell'opera sua.

9 *Attività letteraria*

Il filo conduttore dell'attività letteraria di Visconti pare sia stato, secondo le testimonianze degli amici e dei parenti, il romanzo incompiuto *Angelo*, di cui rimangono alcune pagine, che probabilmente fu soltanto abbozzato, scritto e ripreso in questa o quella circostanza lungo l'arco della sua vita. Doveva essere la storia di un ragazzo, che Visconti tratteggiò letterariamente con precisione, le cui avventure forse avrebbero avuto un carattere genericamente autobiografico. Tra le carte conservate c'è l'episodio del ritorno del protagonista a casa, dalla sorella, in occasione del funerale di un vicino. È certamente poco per trarne delle conclusioni, ma il tema dell'adolescenza e della giovinezza — che già era stato alla base del suo film incompiuto girato a Milano fra il 1934 e il 1935 — ritorna in altri scritti, come anche quello dell'amore più o meno corrisposto, con valenze implicitamente seppur allusivamente omosessuali, e costituirà uno degli aspetti della sua opera successiva, cinematografica e teatrale. C'è insomma una componente, metaforicamente autobiografica, che non è difficile riscontrare in questi scritti e abbozzi, la quale troverà in seguito, in una differente e più matura dimensione artistica e culturale, la giusta espressione.

In questa prospettiva risulta di notevole interesse il romanzo *I tre* ovvero *L'esperimento*, rimasto anch'esso incompiuto o meglio di cui esiste, manoscritto, il primo «tracciato conduttore». Si tratta di un romanzo che possiamo definire fantastico, o fantascientifico, che dovrebbe dimostrare la falsità delle tesi espresse da uno dei protagonisti, un professore di biologia, secondo il quale, per usare le parole di Visconti, «l'uomo è essenzialmente animale. La sua natura non può staccarsi ed evadere dalle leggi biologiche. Ogni manifestazione della sua personalità è manifestazione naturalistica-materialistica. Solamente la scienza può portare un lume nella materia oscura, e questo è la conoscenza. Lo spirito non esiste che intellettualmente ».

Il romanzo narra appunto di questo scienziato, dedito interamente ai suoi esperimenti biologici, di sua moglie, molto più giovane di lui, « una creatura di pura carne, bella, vuota, fragile, senza volontà, sottomessa alla tirannia austera del marito », e di un giovane assistente, « fresco di membra e di mente, intelligente, volonteroso, entusiasta come la sua giovane età lo richiede ». È quasi d'obbligo che il giovane « senta » la presenza della donna, la veda e se ne innamori, e che ella ricambi dello stesso amore. La novità consiste nel fatto che l'adulterio serve di pretesto allo scienziato per fare un nuovo esperimento. Egli si domanda: « Credono essi di amarsi? Credono essi che esista un sentimento, puramente astratto, spirituale, più forte e più duraturo del loro istinto fisico? Lo vedranno loro stessi ». E così li rinchiude in un sotterraneo e li osserva giorno dopo giorno, sino al momento in cui « essi urleranno il loro torto, di aver creduto a teorie inesatte, inesistenti sulla esistenza dell'animo ». Ma gli intenti dello scienziato sortiranno l'effetto contrario. L'amore potrà più della ragione e trionferà sulla morte. Il « tracciato conduttore del romanzo » così termina:

« Passano mesi e mesi. Il vecchio maniaco riesce con ogni sorta di stratagemmi ad allontanare qualsiasi sospetto sulla scomparsa dei due, se qualcuno si arrischia sino alla vecchia dimora. La vecchia governante lo asseconda. Ma il suo mondo teorico comincia a vacillare. La sua scienza non è più così convincente. La follia penetra subdola nel suo cervello. Sinché una notte egli sente per la prima volta degli urli laceranti venire dal sotterraneo. Egli si alza in preda al terrore. Quegli urli di bestia lo agghiacciano pur dandogli alfine una prova delle sue credenze. Ma egli è preso da angoscia, e non si rende conto del perché. Scende con un lume sino alla tomba dei due murati vivi. E mettendo l'occhio alla finestrella che gli serve d'osservatorio egli rimane agghiacciato d'orrore. In un lago di sangue, distesa, quasi squartata, giace la donna senza vita. Vicino al cadavere inebetito è il ragazzo. Ma fra le sue braccia, come una prova vivente della falsità dell'errore della criminalità delle sue teorie, la fine di tutto un universo di studio, di scienza, di fede, sta un neonato chiaro luminoso che del suo vagito rischiara tutta l'ombra del sotterraneo. Il vecchio si uccide ».

È un tema esistenziale, venato da una sorta di misticismo laico, trattato secondo i moduli e le forme di certa letteratura « gotica » e di certo cinema dell'orrore di marca hollywoodiana, che non ha nulla a che fare con l'impegno ideologico e politico. Sicché si è tentati di datare il romanzo a parecchi anni prima, al periodo delle sue prime crisi esistenziali e dei suoi fermenti spirituali giovanili. Ma è un tema, quello della forza dei sentimenti contro i dettami della ragione, del contrasto fra giovinezza e vecchiaia, che ritroveremo in non pochi film di Visconti, da *Ossessione* a *Gruppo di famiglia in un interno*, segno della persistenza in lui di forti conflitti personali, d'un autentico tormento morale e spirituale che non potrà assolutamente placarsi nell'adesione, invero alquanto contraddittoria e non certo totale, a una teoria e a una prassi politica che gli rimasero sostanzialmente estranee.

Un tema per certi versi analogo, ma sotteso da una più pacata visione dei rapporti umani e da una più attenta analisi dei sentimenti, lo si può trovare nel racconto *Il cappello di paglia*, pubblicato sulla terza pagina del « Corriere Padano » il 5 aprile 1942. Qui Visconti non teorizza più sui rapporti ragione-sentimento, ma analizza con un certo acume e una vena malinco-

nica espressa in un linguaggio letterariamente elaborato, l'incrinarsi d'una amicizia, il sopraggiungere d'una
situazione nuova che viene a modificare un equilibrio
faticosamente raggiunto, fra amore, amicizia, protezione, educazione alla vita. E c'è il tema, nemmeno tanto
velato, dell'omosessualità, e un taglio narrativo, con
l'uso della prima persona, che tende a configurare il
testo del racconto come una sorta di diario intimo,
autobiografico.

Il protagonista fa la conoscenza, attesa e temuta,
della fidanzata del suo giovane amico Mario, e questo
incontro non potrà che essere la prova della fine d'un
rapporto, in un succedersi di piccoli fatti, di parole e di
gesti, che suggelleranno definitivamente il distacco. È
un progredire di sensazioni che Visconti coglie molto
bene, come dimostra questo brano:

« Mario, intanto, girava per casa. Senza volerlo, il mio orecchio avvertiva il suo passo nelle stanze lontane: gli tenevo
dietro mio malgrado e sapevo che egli conosceva dove mettere
i piedi come fosse veramente di casa. Lei sapeva della nostra
amicizia. Mario le aveva confidato come si sentisse legato a me
e lei desiderava che il nostro legame continuasse. Fui allora
certo che un giorno l'avrei perduto. Un giorno non troppo
lontano: fra un anno, due anni al più. Che breve tempo e
come arriverebbe presto. La sua partenza avrebbe fatto un
gran vuoto. Lo temevo: nella mia casa, nella mia vita. Mario
sarebbe stato felice di una felicità quieta e duratura ».

E il racconto finisce con una confessione, con la
rassegnata accettazione d'una nuova situazione che
non poteva non verificarsi: « Ma sinora non ho avuto
notizie né di lei né di Mario. Mario non lo rivedrò.
Ed era un'amicizia sino ad oggi savia, senza ansietà.

Mario conosceva tutto, me, la casa e tutte le cose mie».

A prendere alla lettera il racconto e a leggerlo in chiave esclusivamente autobiografica, è come se Visconti avesse ormai raggiunto una maturità non già ideologico-politica ma genericamente esistenziale. Giunto oltre la metà della sua vita — Visconti aveva allora più di trentacinque anni — egli si raccoglie quasi a riconsiderare il passato e ad analizzare il presente con notevole distacco. Il suo atteggiamento nei confronti della realtà — come dimostrerà ampiamente *Ossessione*, che sta preparando proprio in quei mesi — si è fatto oltremodo maturo, critico, nient'affatto coinvolgente. Il suo sguardo si posa su uomini e cose, e anche su se stesso, per indagarne la vera natura, senza tuttavia commuoversi, ma senza neppure rimanere indifferente. È una sorta di giusto equilibrio fra rappresentazione e partecipazione, descrizione e coinvolgimento: il suo stile si fa più secco, meno «letterario», e la realtà umana e sociale, in questa nuova dimensione formale, appare più autentica e vera.

10 «*Tosca*»

Di questa autenticità e di questa verità non si ha traccia, invece, nel lavoro cinematografico che Visconti, trasferitosi a Roma nell'aprile del 1939, riprende a fatica, forse con non grande impegno. Ma sarà tuttavia questo nuovo lavoro, in particolare la collaborazione con Renoir per il film *Tosca*, ad aprirgli le porte del cinema professionale e a porre le basi per la sua stretta collaborazione con i giovani intellettuali comunisti, di cui si è detto, che lo porteranno alla realizzazione di *Ossessione*. Sarà un cammino ancora lungo e incerto, ma sarà — questo sì — il vero punto di non ritorno, il crogiolo della sua più autentica e profonda maturazione ideologica e politica.

Della genesi di *Tosca* conviene dire qualcosa, perché è l'occasione per Visconti di tornare a lavorare con Renoir, e sebbene quest'esperienza, a causa dello scoppio della guerra, non avrà l'esito voluto, sarà questo un ottimo banco di prova, sul piano professionale, per abbandonare definitivamente la letteratura e dedicarsi interamente al cinema. Del film s'era parlato, sui giornali, nei primi mesi del 1939: sarebbe stato prodotto dall'Era Film, per la regìa di Augusto Genina e l'interpretazione di June Astor e probabilmente di Amedeo Nazzari. Poi le cose mutarono, per l'indisposizione di Genina, della Astor e dello stesso Nazzari; impegnati altrove; e il produttore decise di rivolgersi ad altri. Come scrive Claud Beylie nella sua monografia su Renoir:

« La genesi del film risale al 1939. Molto scosso per il fiasco de *La règle du jeu*, Renoir si dichiara disposto a girare qualsiasi cosa. Un produttore italiano che da due anni sogna di portare sullo schermo il dramma di Sardou, lo prende in parola. Renoir non prende la cosa molto sul serio, arrivando addirittura a dichiarare (se dobbiamo prestar fede ad un articolo della rivista "Match"): "Il bello della *Tosca* è che si potrebbe farne un giallo di prim'ordine, con gli inseguimenti e tutto il resto...". Sembra deciso a puntare sul "melodramma spettacolare", a base di colpi di scena e di cappe svolazzanti, il tutto rinforzato dall'enfasi della musica pucciniana ».

Nell'estate del 1939 Renoir viene in Italia con l'assistente Carl Koch e prende contatti con Luchino Visconti, che si dichiara disposto a collaborare con lui nella stesura della sceneggiatura e come aiuto-regista: è un'occasione da non perdere. Ma la situazione internazionale precipita. Scoppia la seconda guerra mondiale e Renoir è richiamato in patria. Di quel primo soggiorno romano esiste una affettuosa cartolina di Renoir a Visconti che conviene riprodurre. È datata sabato 16 settembre e dice:

« Caro amico. Ho appena ricevuto la vostra lettera. Non è molto allegra, eppure è stata come un raggio di sole in questo mese di settembre così grigio. Ho rivisto la nostra passeggiata a Villa Adriana, quando pensavamo di girare "La Tosca" in mezzo a quelle rovine romane. Caro Luchino, non ho perso tutte le speranze e credo ancora che faremo dei film. I miei pensieri migliori e più affettuosi ».

Ma il distacco non è lungo. Dopo alcuni mesi di servizio militare come tenente di riserva presso il Servizio Cinematografico dell'Esercito, Renoir è dimesso e può tornare in Italia — che, come si sa, era per il momento fuori dal conflitto bellico — a riprendere il lavoro interrotto. Come egli stesso dirà in un'intervista: « Ho potuto avere un anno di licenza perché sono stato gravemente ferito nell'altra guerra. Ed eccomi qua, ad assolvere il mio impegno italiano ».

Ai primi di gennaio del 1940 egli è alla Scalera Film, coproduttrice del film insieme alla Era, e riprende, con Koch e Visconti, la preparazione della *Tosca*. Le cose tuttavia vanno un po' per le lunghe. Un mese dopo dichiara: « È inteso che *Tosca* andrà in cantiere fra pochi giorni, ma ci vorrà forse un po' di pazienza perché gli attori non sono ancora sottomano e, quindi, i costumi non sono ancora stati ordinati. Intanto dò gli ultimi ritocchi alla sceneggiatura. Non si finirebbe mai di metterci le mani, in certi lavori ». Soltanto a maggio, tuttavia, cominciano le riprese con gli esterni girati a Palazzo Farnese e a Castel S. Angelo. Poi, il 10 giugno, l'Italia entra in guerra e Renoir, come francese, è costretto a riattraversare la frontiera. La lavorazione del film proseguirà, fra alterne vicende, sotto la guida di Carl Koch che, come tedesco, può rimanere (e infatti vi rimarrà, insieme alla moglie Lotte Reiniger, la famosa realizzatrice di film di *silhouettes*, per un paio d'anni, prima di far ritorno in patria). Anche Visconti rimane al fianco di Koch come assistente, ma il lavoro prosegue senza quell'estro, quella fantasia, quella sperimentazione continua e quell'improvvisazione che erano e saranno anche in seguito le caratteristiche peculiari del modo di far cinema di Jean Renoir.

Il film uscirà soltanto nel gennaio del 1941, in piena guerra, e avrà una critica abbastanza severa. Nei titoli di testa il nome di Luchino Visconti appare come aiuto-regista, mentre come sceneggiatore c'è Alessandro De Stefani (che invece si era limitato a tradurre i dialoghi della sceneggiatura renoiriana). Ma sull'*Almanacco del cinema* il nome di Visconti, come sceneggiatore, compare a fianco di quello di De Stefani. Gianni Puccini, nel farne la recensione su « Cinema », ne apprezzò lo stile di ripresa, il gusto severo nella scelta delle inquadrature, non estetizzante ma parsimonioso, e scrisse, fra l'altro: « La firma di questo regista sono i movimenti di macchina, d'una scioltezza e d'una euritmìa rare: vi sono piani lunghissimi, della durata di più d'un minuto, durante i quali accadono cose e cose, compiuti senza staccare un momento la camera ». Era una tecnica di ripresa, in parte renoiriana, di cui certamente si ricordò Visconti quando cominciò a girare e poi a montare *Ossessione*, cadenzato appunto su lunghe inquadrature e su piani-sequenze.

Non sappiamo se *Tosca* piacque a Visconti (non piacque comunque al duca Giuseppe che non poté certo gloriarsi del lavoro svolto dal figlio), né se fu soddisfatto di quell'esperienza cinematografica. Sappiamo tuttavia che quella fu l'occasione per farsi notare nell'ambiente cinematografico romano, ed è a lui, come vedremo, che si rivolgeranno i « giovani turchi » della critica cinematografica italiana per realizzare quello che può essere definito il primo film, almeno nelle premesse e nelle intenzioni, autenticamente antifascista: *Ossessione*.

III.

«OSSESSIONE»

C'è un articolo di Gianni Puccini, che traccia brevemente la storia della rivista « Cinema », in cui si descrive l'incontro di Luchino Visconti con Giuseppe De Santis: un incontro che mise in contatto l'assistente di Renoir con quella intellettualità romana che, proprio dalle colonne di quella rivista andava propugnando un cinema italiano realistico, fuori degli schemi consunti della commedia cinematografica cosiddetta dei « telefoni bianchi », immerso in una visione e rappresentazione della realtà che tenesse conto, in pari misura, della tradizione letteraria del naturalismo e del verismo — oltreché del grande romanzo europeo dell'Ottocento — e del cinema francese e americano, soprattutto nei modi e nelle forme in cui il realismo vi si era manifestato, da Vidor a Renoir. E fu un incontro indubbiamente importante e significativo, perché il sodalizio di Visconti con De Santis durò parecchi anni e, attraverso quella amicizia e collaborazione, egli approfondì sul piano professionale e su quello politico e ideologico la sua cultura ben oltre i limiti e le aperture che pure c'erano stati negli anni precedenti.

Scrive Puccini:

« Erano le vacanze di Pasqua del 1940, c'era già la guerra in Europa, era finita un anno prima quella di Spagna e poco dopo l'incendio s'era riacceso più vasto ancora. Per il momento, l'Italia era "non belligerante", secondo una formula ambigua che, all'ombra delle illusioni "lampo" mascherava l'agguato imminente dello sciacallo fascista. Pure, si viveva; pure, c'erano ancora vacanze. C'erano ancora vacanze, e sul vaporetto di Capri, in un giorno d'aprile prima o dopo che l'Olanda e la Danimarca erano state invase da Hitler, tra la gente viaggiavano due giovani, uno sui trentaquattro l'altro sui ventitré. Non si conoscevano, ma fecero presto ad attaccare discorso durante la traversata, prestissimo a sentirsi congeniali e a diventare amici. Non parlarono solo di cinema, parlarono forse soprattutto della guerra e dell'ansia, ed era molto importante per tutt'e due parlarne e capirsi. Uno, il più anziano, era alto, bruno, con due occhi magnetici nel mezzo d'un rostro tormentato e cinquecentesco, da monumento equestre, le mani simili a due ali, un passo singolare, pesante e leggero a un tempo, una di quelle andature che svelano un carattere, e qui si capivano forza ponderata, slancio trattenuto, morbida fermezza; l'altro, biondo, l'esiguità della corporatura corretta da una mascella improvvisa e aspra sotto uno sguardo attento e ironico insieme, con una punta perenne di diffidenza sottile e contadina, un puntino appena nella pupilla. Il primo aveva fatto il bohémien, ribellandosi a un avvenire tracciato e a un presente giudicato monotono, l'allevatore di cavalli, il regista dilettante di teatro, l'assistente cinematografico, sempre cercando febbrile la sua strada; aveva perfino scritto un romanzo, finito poi in fondo a un cassetto; il secondo inventava racconti pieni di bizzarra malinconia, ambientati in un paesaggio favoloso e larghissimo, e stava per diventare il critico cinematografico che più avrebbe avuto influenza sul cinema italiano d'allora. Si capirono subito, strinsero un patto di fervido lavoro insieme, a Capri imbastirono e poi a Roma scrissero, dimenticando tutto, il mare, la gente, le vacanze, una riduzione del *Grand Meaulnes* che non diventò mai un film. Così si incontrarono

Luchino Visconti e Giuseppe De Santis. Fu un incontro senza del quale non è pensabile la nascita di *Ossessione*».

1   *Il gruppo di «Cinema»*

Di questo incontro, e delle conseguenze che ebbe, si hanno tuttavia altre versioni. Lo stesso De Santis disse che lui e Gianni Puccini conobbero Visconti a Roma in casa di Carl Koch e di Lotte Reiniger, in via Settembrini, durante la lavorazione di *Tosca*. « Trovammo questo signore — egli ricorda — che ci presentò Koch e con il quale simpatizzammo immediatamente... E lui ci disse in quell'occasione che avrebbe voluto debuttare nel cinema, che si stava preparando per fare il regista, e se volevamo lavorare con lui ». Ma poi non lo rividero più, se non casualmente, e la cosa per il momento finì lì. Aggiunge tuttavia De Santis: «...io lo incontrai sul vaporetto che andava a Capri. Io allora ero fidanzato con Giovanna. E passammo tutto il viaggio a parlare. Luchino era circondato da vari omosessuali, e li sfotteva, li prendeva in giro, come faceva sempre lui ». Anche Lotte Reiniger, interpellata in proposito, ricorda che fu a casa sua e di Koch che essi vedevano sovente Visconti e fu in quelle occasioni che stabilirono rapporti con i giovani della rivista « Cinema ». Mario Alicata, dal canto suo, ricorda:

« Noi ci siamo incontrati perché eravamo antifascisti, quindi l'elemento ideologico c'entra e in modo preciso. Io personalmente ho conosciuto Luchino una sera che ero stato invitato a salutare Renoir, il quale appunto era espulso dall'Italia, non perché fosse scoppiata la guerra fra l'Italia e la Francia. Si era nel periodo della cobelligeranza. Era il novembre 1939; c'era un gruppo ristretto di intellettuali antifascisti, che salutava questo intellettuale democratico costretto a lasciare il nostro paese. Io ho conosciuto quella sera Luchino: una sera del novembre del 1939 ».

Come sappiamo Renoir partì dall'Italia ai primi di settembre a causa dello scoppio della guerra fra la Francia e la Germania. I ricordi di Alicata sono evidentemente un poco offuscati dalla memoria labile e più ancora dal tentativo di fare di quell'incontro e di quel saluto d'addio un episodio esemplare, agiografico, da collocare sullo sfondo di quella ricostruzione un poco mitica dell'antifascismo di Renoir e di Visconti, come costante di tutta la loro opera, che per molti anni e in gran parte ancora oggi costituisce uno degli elementi fondamentali dell'interpretazione critica della loro *Weltanschauung*. Ciò che qui interessa osservare è che fu la presenza a Roma di Renoir e di Carl Koch, un tedesco democratico e antinazista, non soltanto a fare incontrare Visconti con De Santis e Alicata, ed anche con i fratelli Puccini (Gianni, Dario, Massimo) e il loro padre, lo scrittore Mario, nonché con Pietro Ingrao, con Umberto Barbaro — che era stato per questi giovani, al Centro Sperimentale di Cinematografia e altrove, un severo maestro — e con Rudolf Arnheim, anch'egli, in quegli anni, nume tutelare della teoria cinematografica italiana: ma anche a porre le basi per quel proficuo lavoro, non solo critico e teorico, ma pratico, che diede origine a una serie di interessanti progetti cinematografici, rimasti sulla carta, e all'esperienza di *Ossessione*.

Occorre, a questo punto, accennare sia pure brevemente al gruppo che riuniva insieme giovani come Ingrao e Alicata, De Santis e i fratelli Puccini. Si è già detto della rivista « Cinema », un quindicinale di divulgazione cinematografica diretto da Vittorio Mussolini, che sulla fine degli Anni Trenta tentava di fare un poco di fronda all'interno della struttura sostanzialmente fascista dell'industria e della cultura cinematografica italiana. Un discorso, se si vuole, timido e contraddittorio, tra impegno e disimpegno, conformismo e qualche barlume di eversione, che tuttavia si fa più puntuale e più approfondito a partire dal 1940-41, quando appunto vi collaborano a più riprese Gianni Puccini, Mario Alicata e soprattutto Giuseppe De Santis, che vi tenne poi, sino al 1943, la rubrica di critico ufficiale. Questi giovani provenivano da studi regolari, in particolare filosofici e letterari, condotti con rigore, e alcuni, come Gianni Puccini, De Santis e Ingrao, avevano anche frequentato il Centro Sperimentale di Cinematografia. E già al liceo, come più tardi all'Università, avevano avuto modo di approfondire la loro cultura sul versante politico e ideologico. È soprattutto Pietro Ingrao, che conosceva da lunga data Giuseppe De Santis e avrebbe conosciuto nel 1935 Gianni Puccini al Centro Sperimentale di Cinematografia e successivamente Mario Alicata all'Università di Roma, ad avviare alla politica questo gruppo di giovani intellettuali. L'amore per il cinema, coltivato sin dagli anni del liceo, la passione per la letteratura e per la storia, l'insofferenza per il conformismo imperante e il provincialismo culturale del fascismo, li portò ad unirsi e a discutere fra loro; ma fu soprattutto la guerra d'Etiopia e la guerra civile spagnola, cioè quella che può essere definita la profonda crisi di identità politica e ideologica della gioventù intellettuale italiana negli anni della massima espansione totalizzante del fascismo, a spingerli sempre più verso la militanza attiva antifascista, e più tardi il partito comunista clandestino.

Come ricorda Ingrao, in una intervista ad Albertina Vittoria:

« Secondo me, tra il '36 e il '38, a parte il gruppo di Lombardo Radice, Natoli, Pietro Amendola, Bufalini, che già era — diciamo così — parte di un lavoro di partito, ci sono una serie di gruppi che si formano attorno a ciascuno di noi, che sono gruppi al limite tra interessi letterari storici e filosofici e tra gli interessi politici, in cui ciascuno di noi fa opera di proselitismo antifascista, di sinistra e filocomunista, in cui facciamo molte discussioni di programma politico, di teoria, di ideologia, però già con questa azione di proselitismo. Il '39 è l'anno in cui questi diversi gruppi — che secondo me già avevano contatti tra di loro — cercano di arrivare a una struttura unica... Il '39 è per noi — mi riferisco a me e ad Alicata soprattutto — molto importante perché cominciamo a considerarci ormai un gruppo organizzato. Cioè cominciamo ad avere delle discussioni che non sono più soltanto discussioni di pensiero, ma anche di cospirazione e di azione. In pratica nel '39 noi cerchiamo di gettare le basi di una vera e propria organizzazione, diciamo così, comunista ».

Su questo sfondo di militanza politica e di accese discussioni ideologiche, ben al di là degli interessi puramente artistici e letterari, o cinematografici, si colloca l'incontro di Luchino Visconti con il gruppo dei giovani intellettuali romani di sinistra. E il 1940, l'anno del suo lavoro di collaborazione con Renoir e con Koch per la *Tosca*, e della sua stretta amicizia con De Santis e con Puccini, segna veramente una svolta, a nostro avviso ben più profonda e significativa di quella avvenuta in Francia nel 1936. Si tratta infatti di un sodalizio non casuale né breve, in cui i problemi cinematografici si intrecciano con quelli ideologici, e le discussioni artistico-letterarie si tingono sempre più dei colori della politica. L'entrata in guerra dell'Italia nel giugno di quell'anno, la semiclandestinità in cui cominciano a operare politicamente Ingrao e Alicata, l'assidua collaborazione di De Santis alla rivista « Cinema » che, proprio a partire dal 1940, comincia ad aprirsi ai contributi teorici e critici di questi giovani — oltre a De Santis e Puccini vi troviamo Alicata, Antonioni, Rosario Assunto, Massimo Mida (Puccini), Domenico Purificato, Aldo Scagnetti, Glauco Viazzi, Ugo Casiraghi e altri provenienti da altri gruppi, ma altrettanto interessati a « svecchiare » il cinema italiano —, sono tutti fatti che contribuiscono a porre Visconti su un piano di maggiore consapevolezza ideologica. La Roma di quegli anni risulta, se non più « esaltante », certamente più costruttiva della Parigi del Fronte Popolare per un Visconti ancora in gran parte racchiuso nel suo mondo cultural-mondano e nel suo ribellismo individualistico e apolitico: la sua maturazione non soltanto politico-ideologica ma anche culturale si compie allora.

Proprio su « Cinema » si va sviluppando in quegli anni una tendenza che tende a valorizzare un cinema « realistico », ancorato ai fatti e agli ambienti della vita quotidiana, un cinema che riscopra una realtà italiana più autentica e vera di quella che si può scorgere nelle immagini dei film magniloquenti — come *Scipione l'Africano* di Carmine Gallone, uscito nel 1937 — o in quelle dei film comico-sentimentali o melodrammatici che costituivano l'asse portante dell'industria cinematografica nazionale. Si apprezza naturalmente il cinema francese di Renoir, di Carné e di Duvivier e, contemporaneamente, il cinema americano di Vidor, di Ford, dei grandi spazi ma anche delle metropoli e della vita intensa che vi si svolge. Per quanto riguarda la produzione italiana si fanno voti perché la lezione di quelle cinematografie sia appresa, ma soprattutto si invitano i registi, da un lato, a guardarsi attorno attingendo ai fatti e ai problemi della vita quotidiana gli spunti per i loro film; dall'altro, a richiamarsi alla tradizione letteraria nazionale, del naturalismo e del verismo, che potrebbe opportunamente far uscire il cinema italiano dalle secche della magniloquenza e della banalità.

Scriveva Domenico Purificato nel 1939:

« Ogni vicenda, non è superfluo ripeterlo, prende vita, vigore e verosimiglianza dal tono giusto dell'atmosfera e dell'ambiente in cui essa si svolge; e ogni finzione non può che nuocere alla sua efficacia ».

Gli faceva eco, qualche mese dopo, Umberto De Franciscis, con queste parole:

« Il paesaggio è soprattutto in certi aspetti di una Italia meno nota, nelle vie in cui passiamo tutti i giorni, in certe piazzette che sembrano addormentate da qualche secolo, in certe strade dei quartieri periferici in cui le case al margine della città sembra addentino la campagna, in alcuni dettagli di edifici e borgate industriali che esistono anche in Italia ».

E Giuseppe De Santis nel 1941 ammoniva:

« Come altrimenti sarebbe possibile intendere e interpretare l'uomo, se lo si isola dagli elementi nei quali ogni giorno egli vive, con i quali ogni giorno egli comunica, siano essi ora le mura della sua casa — che dovranno recare i segni delle sue mani, del suo gusto, della sua natura in maniera inequivocabile —; ora le strade della città dove egli si incontra con gli altri uomini, e tale incontrarsi non dovrà essere occasionale ma sottolineato dai caratteri speciali che un simile atto porta con sé; ora il suo inoltrarsi timoroso, il suo confondersi nella natura che lo circonda e che ha tanta forza su di lui da foggiarlo a sua immagine e somiglianza ».

Non si trattava di una semplice ricerca di «autenticità», di un bisogno, sentito da molti allora anche in ambiente fascista, di riscoprire attraverso al cinema l'Italia popolare e genuina; si trattava di entrare più a fondo nella realtà umana e sociale, di sviluppare un discorso non soltanto estetico, ma anche e soprattutto «politico», nel senso non già, ovviamente, di un dichiarato impegno antifascista, ma tuttavia di una ricerca costante e approfondita delle ragioni di una situazione nazionale, che toccava in pari misura i problemi generali e quelli particolari, d'ogni giorno.

2 La lezione di Verga

Da qui l'esigenza, per questi giovani che, come si è detto, militavano nel partito comunista clandestino o vi erano molto vicini, di proporre un cinema *corale*, profondamente radicato nella realtà del popolo e ancorato a una visione critica dell'ambiente; da qui la necessità, almeno in questa prima fase operativa, di richiamarsi alla grande lezione di Giovanni Verga, uno scrittore riscoperto alla luce di quell'impegno politico e ideologico che li aveva fatti incontrare. A chiusura di un suo articolo su «Cinema» del 1941, De Santis scriveva: «Un cinema "corale", dunque, che vada di pari passo con i problemi, le aspirazioni del nostro animo: sia esso la spietata critica di un mondo grasso e borghese, sia esso un mondo dove la solitudine e le oppressioni deturpano e viziano l'uomo». Ma già un paio di mesi prima, in un ampio articolo scritto insieme a Mario Alicata, egli aveva affrontato di petto la questione dei rapporti con la tradizione della letteratura veristica e in particolare con l'opera di Verga. Vi si legge:

« Giovanni Verga non ha solamente creato una grande opera di poesia, ma ha creato un paese, un tempo, una società: a noi che crediamo nell'arte specialmente in quanto creatrice di verità, la Sicilia omerica e leggendaria dei *Malavoglia*, di *Mastro don Gesualdo*, dell'*Amante di Gramigna*, di *Jeli il pastore*, ci sembra nello stesso tempo offrire l'ambiente più solido e umano, più miracolosamente vergine e vero, che possa ispirare la fantasia di un cinema il quale cerchi cose e fatti in un tempo e in uno spazio di realtà, per riscattarsi dai facili suggerimenti di un mortificato gusto borghese... I racconti di Giovanni Verga ci sembrano indicare le uniche esigenze storicamente valide: quelle di un'arte rivoluzionaria ispirata ad una umanità che soffre e spera ».

E perché la proposta di Verga come ispiratore di un nuovo cinema italiano non suonasse « letteraria » e un poco accademica, i due autori si affrettano a precisare, a seguito di altri interventi sull'argomento, che essi intendono la lezione verghiana come un invito a scendere in mezzo alla gente. Scrivono infatti: « Vogliamo portare la nostra macchina da presa nelle strade, nei campi, nei porti, nelle fabbriche del nostro paese: anche noi siamo convinti che un giorno creeremo il nostro film più bello seguendo il passo lento e stanco dell'operaio che torna alla sua casa, narrando l'essenziale poesia di una vita nuova e pura, che chiude in se stessa il segreto della sua aristocratica bellezza ».

Sarà proprio Verga uno degli autori su cui più a lungo lavoreranno De Santis, Alicata, Puccini e Ingrao nella loro collaborazione con Luchino Visconti, e sarà l'opera di Verga che essi faranno scoprire a Visconti, i cui amori letterari spaziavano soprattutto nell'area del grande romanzo europeo dell'Ottocento, dai francesi ai russi, ignorando quasi del tutto gli scrittori italiani. E sarà ancora una volta l'incontro con Verga e le lunghe e accese discussioni che nasceranno a proposito della sua opera, in particolare nella casa dei fratelli Puccini il cui padre, Mario, aveva conosciuto lo stesso Verga e ne apprezzava profondamente gli scritti, a spingere vieppiù Visconti sulla strada di quel realismo integrale che l'apprendistato con Renoir aveva soltanto suscitato in lui. Anche se, forse, egli vedeva nei romanzi verghiani maggiori suggestioni estetiche e linguistiche di quante indicazioni contenutistiche non ne vedessero i suoi amici e compagni, ben altrimenti impegnati sul piano politico e sociale.

Tra i pochi scritti d'argomento cinematografico pubblicati da Visconti ve n'è uno, uscito nel 1941, che è illuminante al riguardo. Vi si legge:

« Girando un giorno per le vie di Catania e percorrendo la Piana di Caltagirone in una mattinata sciroccosa, m'innamorai di Giovanni Verga. A me, lettore lombardo, abituato per tradizionale consuetudine al limpido rigore della fantasia manzoniana, il mondo primitivo e gigantesco dei pescatori di Aci Trezza e dei pastori di Marineo era sempre apparso sollevato in un tono immaginoso e violento di epopea: ai miei occhi lombardi, pur contenti del cielo della mia terra che è "così bello quand'è bello", la Sicilia di Verga era apparsa davvero l'isola di Ulisse, un'isola di avventure e di fervide passioni, situata immobile e fiera contro i marosi del mare Jonio. Pensai così ad un film sui *Malavoglia*. Da quando ho deciso di non scartare questo pensiero come il frutto improvviso di una commozione solitaria, ma di cercare in tutti i modi di realizzarlo, gli intimi dubbi, i suggerimenti della prudenza, il conto delle difficoltà hanno sempre ceduto dinanzi all'entusiasmo di poter dare una realtà visiva e plastica a quelle figure eroiche che hanno del simbolo tutta la forza allusiva e segreta senza averne l'astratta e rigida freddezza.

Poi, mi ha confortato il pensiero che anche al lettore comune, anche ad un primo contatto superficiale, la potenza e la suggestione del romanzo verghiano appaiono tutte appoggiate sul suo *intimo e musicale ritmo*; e che la chiave di una realizzazione cinematografica dei *Malavoglia* è forse tutta qui, cioè nel tentare di risentire e di cogliere la magìa di quel ritmo, di quella vaga bramosia dell'ignoto, di quell'accorgersi che non si sta bene o che si potrebbe star meglio, che è la sostanza poetica di quel giuoco di destini che si incrociano senza incontrarsi mai, dalla tragica beffa dei lupini marci all'amore senza speranza di comare Mena, alla morte senza giustizia di Luca, all'ultimo disperato abbandono di 'Ntoni. Un ritmo che dà il tono religioso e fatale dell'antica tragedia a questa umile vicenda della vita d'ogni giorno, a questa storia fatta apparentemente di scarti, di rifiuti, di cose senza importanza, a questo brano di "cronaca" paesana, incorniciato fra il rumore monotono delle onde che si abbattono sui Faraglioni e il canto incosciente e beato di Rocco Spatu che è sempre il primo ad incominciare la sua giornata perché è l'unico ad aver carpito il segreto di non pagare in sofferenze, in lagrime e sudore l'esistenza che gli è stata assegnata dal destino. Non sembri strano che, parlando di una eventuale realizzazione cinematografica, io insista tanto su elementi sonori quali il fragore del mare, il suono della voce di Rocco Spatu, o l'eco del rumore del carro di compare Alfio che non si ferma mai: perché voglio subito avvertire che se un giorno avrò la fortuna e la forza di realizzare il film sognato sui *Malavoglia*, la giustificazione più valida per il mio tentativo sarà certo l'illusione che in un'ora lontana toccò il mio animo dandomi la convinzione che per tutti gli spettatori come per me stesso il solo suono di quei nomi — padron 'Ntoni Malavoglia, Bastianazzo, la Longa, Sant'Agata, "La Provvidenza" — e di quei luoghi — Aci Trezza, il Capo dei Mulini, il Rotolo, la Sciara, — servirà a spalancare uno scenario favoloso e magico dove le parole e i gesti dovranno avere il religioso rilievo delle cose essenziali alla nostra umana carità ».

Questa lunga citazione è più illuminante di qualsiasi commento vi si possa fare. Visconti, da un lato, è ancora visibilmente ancorato a una visione sostanzial-

mente letteraria della realtà, dall'altro non riesce ad
andare al di là delle apparenze, non sa ancora cogliere
la complessità delle situazioni drammatiche. Il suo avvicinamento al mondo poetico di Verga, o meglio la sua
scoperta del grande scrittore — stando alle testimonianze egli non l'aveva mai letto, e ciò contrasterebbe
con quello che egli stesso ha affermato —, avvengono
ancora in una dimensione privata, colta, persino un poco aristocratica. Manca non soltanto una piena adesione intellettuale e morale al dramma umano e sociale
dei pescatori di Aci Trezza, ma anche e soprattutto
una sorta di attualizzazione di quel dramma, fuori dei
confini di una pura e semplice trascrizione filmica. Questo atteggiamento, che possiamo definire estetizzante,
rimarrà una delle costanti dell'arte viscontiana — e se
ne avrà una prova illuminante anche nella *Terra trema*
che è, come si sa, un film in gran parte ispirato ai
Malavoglia —, sebbene nel corso degli anni esso subi-
rà profonde trasformazioni, sino ad integrarsi totalmente col suo modo di vedere e di pensare ed affermarsi
non più nelle sue valenze limitative e negative, ma in
un controllo formale della materia drammatica, con risultati artistici indubbiamente notevoli.

L'accostamento a Verga, tuttavia, non avviene immediatamente. Anche nelle conversazioni con De Santis e Puccini e nei primi progetti cinematografici si
fanno altri nomi. Nel corso del 1940, a fianco del
lavoro di collaborazione con Carl Koch per la *Tosca*,
le cui riprese terminano entro la fine dell'anno, collaborazione che si concreterà anche, nel gennaio del 1941,
in un soggetto cinematografico scritto insieme, dal titolo *Don Giovanni* ovvero *Ballo di paese*, che non sarà
realizzato, Visconti prepara altri progetti, si accosta ad

altre fonti letterarie. Di ritorno da Capri, ricorda De Santis, lui e Visconti cominciarono a lavorare a fianco a fianco, con la partecipazione anche di Gianni Puccini. Tra i primi soggetti da realizzare c'è *Le grand Meaulnes* di Alain-Fournier, un romanzo memoriale, legato alla adolescenza e ai suoi problemi sentimentali e morali, molto amato tanto da De Santis quanto da Visconti: e siamo, ovviamente, molto lontani dal mondo adulto, duro e violento nelle sue implicazioni sociali, dei grandi romanzi verghiani. Se ne fa una riduzione cinematografica, ma poi non se ne ottengono i diritti, forse anche perché gli eredi di Jacques Rivière, cognato di Alain-Fournier e a sua volta suo erede, non si fidano di un debuttante come Visconti per realizzare un film che avrebbe dovuto mantenere intatto l'incanto letterario del romanzo.

Al piccolo gruppo di amici si aggiungono, come si è detto, Alicata e Ingrao, e le discussioni si fanno più ampie, implicano esplicitamente questioni politiche e sociali. È in questa nuova prospettiva che l'opera di Verga balza in primo piano, come banco di prova per un cinema realistico, che affronti direttamente, sia pure attraverso la mediazione della letteratura e della storia, i problemi umani e sociali di quegli anni in una chiave implicitamente politica e ideologica. Visconti acquista un'opzione per la riduzione cinematografica di tre testi verghiani, *Jeli il pastore, L'amante di Gramigna, I Malavoglia,* e con i suoi nuovi amici si mette al lavoro per farne delle sceneggiature, con la consulenza di Mario Puccini e l'apporto considerevole di Alicata, che a Verga si era accostato con profondo interesse. È appunto allora che Visconti scrive il suo articolo *Tradizione e invenzione* che abbiamo citato, e De Santis e

Alicata firmano su « Cinema » i loro interventi verghiani. Ma accanto a Verga altri autori si fanno strada, la
rosa dei progetti cinematografici è abbastanza ampia e
tocca vari settori della letteratura mondiale. Si va da
Adrienne Mesurat di Julien Green, di cui Aldo Scagnetti fece per conto di Visconti un riassunto rivisto
poi da De Santis; a *Disordine e dolore precoce* di
Thomas Mann, al cui trattamento cinematografico collaborarono De Santis, Massimo Mida (Puccini), Antonio
Pietrangeli, Umberto Barbaro (pare che di Mann si
facesse anche un trattamento di *Cane e padrone*, e
Mann era uno degli autori prediletti di Visconti); a *La
signora delle camelie* di Dumas, di cui scrissero probabilmente un trattato Visconti e Alicata; a *Les tombales* di Maupassant, per il quale progetto fu interessato
anche Cesare Zavattini, sia pure contro la volontà di
Visconti, ma a cui lavorarono soprattutto Alicata, De
Santis e Puccini; a *La professione di Cashel Byron* di
George Bernard Shaw, un romanzo che ha come protagonista un pugile, cui fa cenno in una lettera dal carcere del 1° febbraio 1943 Mario Alicata; a *Billy Budd*
di Melville, un progetto lungamente accarezzato, ma
anch'esso abbandonato, a quanto pare proposto da Ingrao e fatto proprio soprattutto da Alicata, il quale ne
ha lasciato una traccia per una riduzione cinematografica nei suoi taccuini dal carcere.

Ma è Verga, come si è detto, che, dopo altri progetti o parallelamente a essi, attira il maggiore interesse
del gruppo e dello stesso Visconti. E sarà di Verga
L'amante di Gramigna a costituire il soggetto della prima vera e propria sceneggiatura presentata al Ministero affinché concedesse l'autorizzazione a girarne un
film. Come ricordò Gianni Puccini:

« I primi dialoghi di *Gramigna* ce li buttò giù mio padre...
Più tardi Mario Alicata e Rosario Assunto li "sicilianizzaro-
no". *L'amante di Gramigna* fu la nostra prima sceneggiatura, le
basi per il film erano gettate, la Peppa doveva essere Luisa
Ferida, Gramigna Girotti. Quando le cose erano già a buon
punto, a me capitò sott'occhio, al Ministero, il copione con
un'annotazione a matita rossa di Pavolini: "basta con questi
briganti" era scritto trasversalmente sulla copertina. Luchino
prese il coraggio a due mani, si fece ricevere dal ministro. "Il
ministro sta provando un vestito", gli disse l'usciere, e di lì a
poco uscì il tagliatore di Caraceni, Pavolini s'era misurato un
abito bianco estivo. Mentre Luchino parlava, Pavolini si convin-
ceva, così parve. Ma l'annotazione non fu mai cancellata. Fu un
colpo duro. Avevamo lavorato con impegno entusiasta, ricordo,
il film ci stava a cuore, eravamo arrivati fino ai sopraluoghi, che
Luchino Peppe [De Santis] e io facemmo tra Fondi e Itri, là
pensavamo di figurar la Sicilia, suppongo per motivi economici.
Com'era la nostra sceneggiatura? Un po' letteraria, credo, ma
per noi significava qualcosa, qualcosa che poi si chiamò *Ossessione*. Tre mesi di lavoro buttati via... ».

Anche di *Jeli il pastore*, a quanto pare, Ingrao e
Alicata buttarono giù in poco tempo una sorta di trattamento nella speranza di farne qualcosa, perché il racconto piaceva molto ai due e anche a Visconti, ma
tutto finì lì. Non diversa fu la sorte dei *Malavoglia*, di
cui Massimo Mida (Puccini) fu incaricato da Visconti
di fare un riassunto. Questo, a parte *L'amante di Gramigna*, fu il progetto verghiano che più stava a cuore,
non soltanto a Visconti — come risulta dall'articolo
citato —, ma anche e forse soprattutto a Ingrao, Alicata, De Santis e Puccini. Purtroppo le trattative per
l'acquisto dei diritti di riduzione cinematografica del
romanzo, condotte con gli eredi di Verga, furono lunghe e difficili, e il progetto fu accantonato. La cosa
tuttavia era di dominio pubblico e se ne dava già l'an-

nuncio ufficiale, come si può leggere in questo trafiletto pubblicato nel gennaio 1942 sulla rivista «Cinema»: «Si dà come per certo l'imminente inizio del film *I Malavoglia* di Giovanni Verga. Trasportato sullo schermo per opera del nostro amico e collega Luchino Visconti, che ne sta curando il trattamento insieme all'amico Mario Alicata, il nostro Giuseppe De Santis e Gianni Puccini, attualmente capo dell'ufficio stampa della Direzione Generale per la Cinematografia».

Che il progetto di trarre un film dai *Malavoglia* fosse di grande importanza sia per Visconti — che infatti vi tornerà nel 1947 quando avrà l'occasione di realizzare *La terra trema* — sia per Alicata, che del gruppo era probabilmente il più «verghiano», si hanno ampie indicazioni nelle lettere che Alicata scrisse dal carcere alla moglie Giuliana, un anno dopo l'annuncio ufficiale della lavorazione del film pubblicato su «Cinema». Segno che, anche dopo *Ossessione*, che fu girato nel corso del 1942 e terminato in fase di montaggio nei primi mesi del 1943, quando Alicata era già stato arrestato (il 29 dicembre 1942) per attività sovversiva, l'intenzione di riprendere in mano il progetto dei *Malavoglia* obbediva a un interesse profondo, a una necessità artistica e culturale non passeggera. Anche perché, nel frattempo, tanto in Visconti quanto in Alicata — anzi soprattutto in quest'ultimo, il cui impegno politico e sociale l'aveva portato a militare attivamente nel partito comunista clandestino — l'amore per Verga e in particolare per *I Malavoglia* si era arricchito di componenti ideologiche e di una forte carica umanitaria, alla ricerca del sostrato sociale della storia dei pescatori di Aci Trezza, che un paio d'anni prima erano parse sommerse da interessi per lo più letterari ed estetici.

Si confronti, a esempio, il testo liricheggiante dell'articolo citato di Visconti con questo brano di Alicata, tratto da una sua lettera dal carcere, ben più concreto e ricco di indicazioni sociali esplicite:

« È chiaro che nel film occorre una linea psicologica chiara semplice e netta. Quindi secondo me, almeno a tutt'oggi, sussiste la necessità di uscire dalla "casa del nespolo" per andare a scoprire *in loco* le vicende di 'Ntoni dalle quali nascono le sue due crisi: cioè il periodo della vita militare dal quale egli riporta in paese quella smania, quel non so che d'irrequietudine e scontentezza che alla fine lo spinge alla partenza, e poi appunto questo periodo di vagabondaggio sfortunato che lo ricaccia in paese, ma mutato; pronto questa volta a darsi al bere, e a finire contrabbandiere e feritore di Don Michele. Individuare i punti di questa crisi e metterli in evidenza, mi sembra il vero centro del libro, quello a cui bisognerà stare attaccati nel film, senza lasciarsi prendere da troppo compiacenze "liricheggianti" un po' all'*Uomo di Aran*. Il rumore dei marosi, il rumore dei carri, il canto di Rocco Spatu (che tante volte anch'io ho indicato come i motivi tematici del romanzo) son certo elementi fondamentali, specialmente (è qui l'altra difficoltà da risolvere nel trasporto a film del romanzo) nel determinare quel sublime "tempo" narrativo (del tutto fuori del tempo naturale) in cui Verga ha sciolto il dramma dei suoi personaggi: ma appunto c'è anche un dramma, e ci sono anche dei personaggi, e quali personaggi! scavati fino al fondo della loro umanità tanto che in loro ogni gesto, ogni parola è una illuminazione sempre più fantasiosa e larga di loro stessi: ed è questi personaggi che bisogna costruire, nel racconto cinematografico, prima di ogni altra cosa ».

È evidente una sorta di risposta, un poco polemica, all'articolo di Visconti, il quale tuttavia nel frattempo, attraverso l'esperienza fondamentale di *Ossessione* — che si tradurrà nel 1943 in quella dichiarazione di fede «realistica» che è l'articolo *Cinema antropomorfico* su cui torneremo — aveva acquisito una visione critica ben altrimenti profonda e problematica della realtà umana e sociale da rappresentare nei suoi film. Alicata, nella sua lettera, sembra quasi preoccupato che Visconti possa sfuggire a una lettura del romanzo verghiano profondamente ancorata a un'analisi critica del reale, tanto da scrivere alla moglie: «Di' a Luchino che continuerò a pensare molto al film; ed anche a buttar giù degli appunti (quantunque è assurdo ch'io pensi ad una sceneggiatura intera, o magari ad un *treatment*) con la speranza che ad un punto qualsiasi del suo lavoro, anche queste mie riflessioni gli possano servire a qualcosa».

3 *Progetti e prove*

Sull'intensa attività cinematografica di Visconti e dei suoi amici e collaboratori prima della realizzazione di *Ossessione*, si hanno molte testimonianze. Come si è detto, si trattò soprattutto di progetti non realizzati, di discussioni, di soggetti e sceneggiature lasciate a mezzo, a causa delle varie difficoltà incontrate, d'ordine censorio o economico. Ma fu un'attività, al di là degli scarsi risultati ottenuti, per molti versi determinante per la formazione, non già professionale, ma umana e politica di Visconti. È in quegli anni che egli entra in contatto diretto e profondo con alcuni militanti del partito comunista, è con loro che discute di problemi non soltanto letterari e cinematografici, ma anche politici e ideologici, è attraverso questo lungo sodalizio che stringe una serie di amicizie che duran-

te la Resistenza e all'indomani della liberazione di Roma e della fine della seconda guerra mondiale gli con-
sentiranno di partecipare in prima persona alla lotta politica antifascista e al dibattito ideologico successivo.
Ma su questo periodo di formazione e di maturazione
è bene spendere ancora qualche parola.

Come ricorda Pietro Ingrao — che nel 1942 si
autodefiniva ufficialmente « pubblicista, attualmente
scritturato come sceneggiatore dal produttore Visconti » — queste collaborazioni cinematografiche servivano spesso per mascherare l'attività politica sua e di
Alicata in particolare. Se è vero, com'è vero, che il
loro sodalizio con Visconti nacque dal comune interesse per il cinema ed anche dalla forte suggestione di
quell'uomo imperioso — sul fascino quasi magnetico
di Visconti si hanno innumerevoli testimonianze di parenti, amici e collaboratori —; è altrettanto vero che
il lavoro cinematografico poteva costituire un utile paravento per l'azione politica vera e propria, secondo la
buona regola della cospirazione che un buon militante,
per non destar sospetti, deve avere un lavoro regolare
e ufficiale. Non che i progetti elaborati fossero soltanto un pretesto, dal momento che i romanzi proposti
per la riduzione cinematografica interessavano realmente Ingrao, Alicata e gli altri — e Ingrao ricorda anche
un altro testo di Melville, *Benito Cereno*, di cui si
parlò allora, e le discussioni che si fecero circa la possibilità di ridurre *Uomini e topi* di Steinbeck e probabilmente altri romanzi americani, certamente qualcosa di
Caldwell —; ma indubbiamente quei lavori sottinten-
devano un più vasto impegno politico, potevano costituire un utile banco di prova per la trasposizione in
modi e forme spettacolari, cioè rivolti a un vasto pub-

blico, di quei temi e problemi che erano dibattuti in seno al partito e nelle discussioni con i compagni di lotta politica.

Da qui l'interesse per certi romanzi americani — come sarà in seguito per *Il postino suona sempre due volte* di James Cain che divenne il soggetto di *Ossessione* — non privi di risvolti sociali; per certi classici della narrativa ottocentesca e novecentesca che consentivano qualche ampliamento tematico sul versante dell'attualità politica; e naturalmente per l'opera di Verga, il cui realismo era letto in chiave decisamente antifascista. Si veda, ad esempio, a proposito della riduzione di *Les tombales* di Maupassant, ciò che disse Alicata:

Anche nel film ispirato alla novella di Maupassant tentammo di introdurre conflitti di classe, addirittura in una forma più avanzata che in *Ossessione*. Rammento che Zavattini aveva inventato la figura di un grande capitalista, venditore di una spazzola speciale, che bisognava introdurre in tutti i mercati italiani e del mondo intero. L'ambiente del film non concerneva il proletariato, ma la piccola borghesia, la gente semplice, la gente del popolo, senza contare che in quella sceneggiatura il protagonista rappresentava il fascismo, mentre gli altri erano quelli che il fascismo lo subivano e se ne lamentavano ».

E sebbene De Santis sostenne più tardi che a loro non sembrava quello « il modo migliore per debuttare con un film tratto da un racconto che bene o male era disimpegnato, che non aveva quegli sbocchi ideali » che loro cercavano, furono proprio gli elementi « antifascisti » e « progressisti » introdotti qua e là nelle pieghe del racconto — sia nella sceneggiatura di *Les tombales* sia in altre sceneggiature basate su altri romanzi e racconti — a fare di questi lavori con Visconti o finanziati da Visconti un grande apprendistato al tempo stesso tecnico e politico, sul duplice versante del cinema e dell'ideologia.

Ciò che inoltre va osservato è che, in tutti i progetti cinematografici di Visconti e dei suoi amici e collaboratori, si parte sempre da un precedente testo letterario, mai da un soggetto originale. La cosa può sembrare abbastanza naturale, dal momento che Ingrao, Alicata, Puccini, De Santis, lo stesso Visconti erano in ultima analisi dei letterati, abituati a confrontarsi con la parola scritta, con le strutture narrative del romanzo, con un linguaggio verbale di cui poteva essere interessante e stimolante individuare i corrispettivi visivi e dinamici. Ma è per lo meno curioso che questi giovani che al cinema credevano profondamente come a un mezzo straordinariamente efficace per rappresentare criticamente la realtà contemporanea vi si siano poi accostati come semplici « riduttori » di testi letterari, quasi che il cinema fosse invece uno strumento riproduttivo d'una realtà preesistente o dovesse assolvere una funzione puramente illustrativa.

La spiegazione di questo apparente paradosso sta soprattutto nel fatto che, da un lato, la povertà contenutistica della maggior parte dei film italiani di quegli anni risiedeva proprio nella mancanza di solide strutture letterarie e drammatiche, e per potervi in qualche modo contrapporre un cinema diverso, da parte di questi giovani cineasti *in fieri*, poteva essere opportuno attingere alla grande tradizione del romanzo; dall'altro che, in questa fase di sperimentazione e di apprendistato tecnico, il basarsi su un precedente testo con una struttura narrativa e drammatica solida e collaudata costituiva indubbiamente una sorta di garanzia per riuscire bene. È lo stesso Visconti, nel citato articolo *Tradizione e invenzione*, a chiarire la questione.

« Una recente polemica sui rapporti tra letteratura e cinematografo — egli scrive — mi ha trovato spontaneamente nella schiera di coloro che hanno fede nella ricchezza e nella validità, per il cinema, di una ispirazione "letteraria". Confesso che avendo intenzione di iniziare una attività cinematografica, una delle maggiori difficoltà che mi sembrano fare ostacolo al mio desiderio e alla mia ambizione di intendere il film solamente come un'opera di poesia, sia la considerazione della banalità e, mi si passi il termine, della miseria che sono tanto spesso alla base della comune soggettistica. Sembrerà magari ovvio, ma mi sono chiesto più volte perché, mentre esiste una solida tradizione letteraria la quale in cento diverse forme di romanzo e di racconto ha realizzato nella fantasia tanta schietta e pura "verità" della vita umana, il cinema, che nella sua accezione più esteriore di questa vita parrebbe dover essere addirittura il documentatore, si compiaccia di avvezzare il pubblico al gusto del piccolo intrigo, del retorico melodramma dove una meccanica coerenza garantisce oramai lo spettatore anche dal rischio dell'estro e dell'invenzione. In una tale situazione viene naturale, per chi crede sinceramente nel cinematografo, di volgere gli occhi con nostalgia alle grandi costruzioni narrative dei classici del romanzo europeo e di considerarli la fonte oggi forse più vera d'ispirazione. È bene avere il coraggio di dire più vera, anche se taluno taccerà questa nostra affermazione di impotenza o almeno di scarsa purezza "cinematografica" ».

Avremo occasione di tornare sulla presunta letterarietà dei film di Visconti, il quale — come vedremo — attingerà abbondantemente alla letteratura narrativa e alla tradizione del romanzo ottocentesco nell'elaborazione dei suoi soggetti. Qui basti osservare che, in rapporto anche a quella che sarà l'attività teatrale viscontiana, la questione di fondo, non sempre o non compiutamente risolta, verterà essenzialmente sulla natura del mezzo impiegato — cinema o teatro — e sulle possibilità di fare spettacolo, trasformando la materia di base, attori, scenografie, ambienti naturali, parole e suoni, in segni e simboli d'un discorso ampio e articolato. È come se Visconti, sin dagli anni del suo apprendistato artistico, si fosse convinto, una volta per sempre, del carattere eminentemente riproduttivo del cinema: riproduttivo di una realtà preesistente opportunamente scelta e predisposta dal regista, che sola può conferire all'opera quel valore e quel significato che si vuol dare. Ed è su quella realtà — realtà « scenica » non direttamente ricavata dalla quotidianità e dall'attualità, ma costruita secondo un progetto spettacolare preciso — che il regista-autore deve lavorare servendosi della macchina da presa per mostrarla sullo schermo, semplicemente, quasi naturalmente, sebbene in modi e forme opportunamente selezionati e controllati. Da qui la necessità di un testo di base solido, ben strutturato narrativamente e drammaturgicamente; ma da qui anche la necessità di un attento lavoro con gli attori, che quel testo devono « interpretare » e rappresentare nella vasta gamma dei personaggi, e un altrettanto meticoloso lavoro sugli ambienti — naturali o artificiali poco importa — che di quella storia e di quei personaggi non possono essere soltanto lo sfondo, ma anche e soprattutto la dimensione spaziale, il luogo scenico in cui la finzione del dramma assume i caratteri della realtà, nel suo svolgimento verosimile e coinvolgente.

Già fin da allora Visconti aveva elaborato un proprio progetto di cinema « realistico », attraverso le discussioni con gli amici, le sceneggiature scritte in collaborazione, la precedente esperienza di regista dilettante e di aiuto-regista di Renoir e di Koch, che si andava configurando come un cinema della « constatazione ». Non già tuttavia di una pura e semplice constatazione della realtà fenomenica — come in parte saranno i presupposti etici ed estetici del neorealismo di Rossellini e di De Sica e Zavattini —, quanto piuttosto dell'osservazione e della riproduzione schermica di una realtà totalmente riscostruita secondo schemi formali che possiamo definire letterari nel senso che in essi è presente e indispensabile il passaggio dall'osservazione alla trascrizione del reale in un linguaggio formalizzato. Questa formalizzazione la si ottiene nel cinema attraverso un controllo rigoroso di tutti gli elementi della composizione di un film. In primo luogo la scelta e la disposizione spaziale di ciò che è definito il profilmico, cioè di ogni elemento della realtà fenomenica che troverà sullo schermo una sua collocazione; poi il taglio delle inquadrature e i movimenti della macchina da presa in rapporto alle azioni dei personaggi e alla disposizione degli oggetti negli ambienti; infine la durata delle riprese e il loro successivo montaggio, indispensabili per conferire al tutto quel « ritmo » spettacolare che deve coinvolgere lo spettatore.

Questo « realismo » di ispirazione e di impostazione del proprio lavoro artistico, e quindi anche quest'esigenza di ricavare dalla presenza dell'attore sullo schermo ogni possibilità drammatica in direzione di un'autenticità e verosimiglianza di comportamento, appunto « realistico », li troviamo esplicitamente dichiarati in un articolo firmato da Visconti, pubblicato sulla rivista « Cinema » nel 1943, che può essere considerato una sorta di programma poetico ed estetico, addirittura di dichiarazione di principî. Con il titolo emblemati-

co di *Cinema antropomorfico* esso affronta chiaramente il problema dell'attore cinematografico e della sua
funzione in un cinema che vuole essere non già lo specchio del reale ma la sua rappresentazione critica. Vi si
legge:

« Al cinema mi ha portato soprattutto l'impegno di raccontare storie di uomini vivi: di uomini vivi nelle cose, non le cose
per se stesse. *Il cinema che mi interessa è un cinema antropomorfico.* Di tutti i compiti che mi aspettano come regista, quello
che più mi appassiona è dunque il lavoro con gli attori;
materiale umano con il quale si costruiscono questi uomini
nuovi, che, chiamati a viverla, generano una nuova realtà, la
realtà dell'arte. Perché l'attore è prima di tutto un uomo.
Possiede qualità-chiave. Su di esse cerco di basarmi, graduando-
le nella costruzione del personaggio: al punto che l'uomo-attore
e l'uomo-personaggio vengano ad un certo punto ad essere uno
solo... L'esperienza fatta mi ha soprattutto insegnato che il peso
dell'essere umano, la sua presenza, è la sola "cosa" che
veramente colmi il fotogramma, che l'ambiente è da lui creato,
dalla sua vivente presenza, e che dalle passioni che lo agitano
questo acquista verità e rilievo; mentre anche la sua momenta-
nea assenza dal rettangolo luminoso ricondurrà ogni cosa a un
aspetto di non animata natura. Il più umile gesto dell'uomo, il
suo passo, le sue esitazioni e i suoi impulsi da soli danno poesia
e vibrazioni alle cose che li circondano e nelle quali si inquadra-
no. Ogni diversa soluzione del problema mi sembrerà sempre un
attentato alla realtà così come essa si svolge davanti ai nostri
occhi: fatta dagli uomini e da essi modificata continuamente ».

Senza entrare nel merito della paternità di questo
scritto — secondo De Santis *Cinema antropomorfico*
lo scrisse Gianni Puccini —, ciò che si deve osservare
è, da un lato, il carattere riassuntivo del testo, che
tiene conto dell'esperienza di *Ossessione* e di tutto
quanto era stato discusso all'interno del gruppo nei
mesi e negli anni precedenti; dall'altro, la proposta

di un modello di cinema che, sia pure in modi e forme diverse, sarà quello neorealistico, cioè strettamente legato all'azione quotidiana dell'uomo, all'ambiente in cui vive, osservati e rappresentati senza forzature drammatiche. Ciò è per certi aspetti curioso — in tal senso l'attribuzione dello scritto a Puccini troverebbe una conferma — perché è proprio contro questo neorealismo che Visconti combatté sempre, rivendicando la necessità di una mediazione fra la realtà fenomenica e la sua rappresentazione, non contentandosi, in altre parole, di osservare le azioni degli uomini senza intervenirvi drammaturgicamente. Sicché non è certamente « il più umile gesto dell'uomo » a conferire alle cose ·e agli ambienti poesia e « vibrazioni », ma invece — secondo il più vero Visconti, come appare dai suoi film, più che dalle sue presunte dichiarazioni —, il « gesto » predisposto, controllato, suggerito al fine di ricavarne un senso preciso, nel tentativo sempre perseguito, sebbene non sempre riuscito, di fare dell'uomo-attore e dell'uomo-personaggio una sola entità.

4 Preparando «Ossessione»

Siamo così giunti a Ossessione, il film che non soltanto segna il vero esordio di Visconti nella regìa cinematografica, ma anche l'esempio concreto di una teoria e di una pratica del cinema che il gruppo dei giovani intellettuali romani comunisti o antifascisti era andato elaborando, approfondendo e sperimentando nel corso di alcuni anni estremamente significativi e produttivi. Che il film sia stato per tutti quella prova che essi cercavano, il punto d'arrivo d'un progetto cinematografico globale in cui confluivano esigenze culturali e politiche, artistiche e ideologiche, e che per certi versi la presenza di Visconti sia stata l'occasione propizia perché questo progetto si realizzasse, è un fatto comunemente riconosciuto dagli stessi protagonisti e documentato in molteplici testimonianze e dichiarazioni. Anzi, da più parti si è cercato di ridurre il contributo viscontiano, restringendolo all'ambito più propriamente tecnico e artistico, cioè di esecuzione filmica di un progetto non suo; ovvero di denunciarne i limiti ideologici e politici attribuendo a Visconti variazioni tematiche e scorrette interpretazioni contenutistiche. Alicata, in una lettera dal carcere del 1° giugno 1943 indirizzata alla moglie, scrive:

« Non mi convincono affatto le tue lodi di *Ossessione*. Né mi convincono le lodi degli altri: *ora so* che quel film "è falso", anche se come prodotto "industriale-commerciale" (ricordati il discorso che ti feci sulla poesia e non poesia, un po' di tempo fa) è certo superiore a tutti o quasi tutti i film italiani d'oggi. Personalmente io lo considero il segno della mia incoerenza e insincerità di prima. Come i miei articoli ecc. — E più oltre: — La mia "vergogna" non è d'aver fatto quel film in quel modo invece che in un altro. Ma è d'averci "creduto", e specialmente d'essere stato orgoglioso di quel lavoro ».

Come a dire, e a sottolineare, che il film era in gran parte, se non totalmente, opera sua, in cui egli aveva messo tutto se stesso.

È pur vero che molti anni dopo Alicata, in una lettera indirizzata a Pio Baldelli e pubblicata nel 1965, corregge ovviamente il tiro e attribuisce la paternità di *Ossessione* a tutti quelli che vi lavorarono, ma anche allora accentua significativamente le distanze e le incomprensioni che ci furono tra Visconti e il gruppo di «Cinema», di cui egli faceva parte. Scrive Alicata:

« Luchino propose di "rifare in italiano" *Il postino suona sempre due volte*, che egli aveva visto ridotto in francese (tutti gli altri di noi non conoscevano il film). Leggemmo il romanzo, chi più chi meno. Poi, insieme, ne ricavammo il tema centrale: una bella giovane, sposa di un marito anziano e brutto, che si innamora di un giovane capitato per caso nel loro esercizio, e poi l'assicurazione, l'assassinio e la morte per incidente durante la fuga. E sempre insieme ci cominciammo a lavorare, con un comune apporto alla questione dell'"ambiente italiano", con un maggiore apporto di Luchino alla scelta del "paesaggio" (la pianura padana alla quale Gianni Puccini — marchigiano — fece aggiungere Ancona) e con un maggiore apporto di De Santis, Puccini e mio ai riferimenti "politici" ("lo spagnolo", ecc.). Bada che nel soggetto e nella sceneggiatura "lo spagnolo" era però tutt'altro personaggio di quello che poi Luchino finì col creare nel film, e che questo vale un po' per tutto il film, che, nella sceneggiatura, era meno *sfatto*, anche se forse non meno *immotivato* in tante sue parti. Credo che i limiti del film non sfuggivano a nessuno di noi: ma credo che in tutti noi c'era la consapevolezza che si trattava per l'Italia, di un film nuovo che noi (Puccini, De Santis, io) sentivamo fortemente legato alla polemica che conducevamo allora su *Cinema* per un ritorno alla *verità italiana* ».

Cioè, ancora una volta, una sorta di frattura fra gli intenti e la realizzazione, un attribuirsi — a De Santis e Puccini, oltreché a se stesso — la vera paternità di un'opera, sul piano ideologico e drammaturgico, che fu in parte snaturata durante la sua trasposizione filmica.

Insomma, *Ossessione* doveva essere prima di tutto un «manifesto» del nuovo cinema antifascista, con tutti i limiti che gli venivano dalla mancanza di libertà politica in cui agivano i suoi giovani realizzatori. In questa prospettiva, più della realizzazione contò la preparazione, più dello stile di Visconti il lungo lavoro di sceneggiatura. Ciò naturalmente, se lo si osserva dal punto di vista degli intellettuali che scrivevano su « Cinema », molto meno se lo si analizza in rapporto all'opera successiva di Visconti, il quale già dimostrava di essere sufficientemente libero e irrequieto da non accettare le imposizioni del testo scritto, spesso usato soltanto come un pretesto per fare uno spettacolo in cui meglio si esplicavano i suoi interessi drammaturgici, la sua più autentica visione del mondo. Ma forse è più giusto sottolineare non già la frattura fra sceneggiatori e regista, quanto piuttosto l'obbiettiva diversità di ciascuno, il quale si portava dietro, nonostante una tendenza ideologica e politica sostanzialmente unitaria, il proprio passato, la propria cultura. Il gruppo, in altre parole, non era poi così omogeneo come poteva sembrare: la stessa varietà dei temi e dei soggetti da trattare per ricavarne delle sceneggiature dimostra varietà di interessi, di gusti, di idee. Come ha scritto giustamente Pietro Ingrao:

« Dentro questi "paesaggi" ideali, naturalmente agivano umori personali, assai vari: il populismo poetizzante con cui alcuni di noi tendevano a riscattare la mediocrità della provincia contadina in cui erano cresciuti [allude a se stesso e a De Santis]; le forzature tipologiche con cui uno come Alicata cercava di dare forma rappresentativa ad uno storicismo materialista; la spinta ricorrente di Visconti a ripiegare verso l'analisi del mondo da cui veniva (ci propose di fare un film sulla *Signora delle camelie*, e noi non capimmo) ».

Il quale Ingrao, riprendendo le posizioni che erano quelle del gruppo e in particolare di Alicata e De Santis, sottolinea con grande forza non soltanto l'ispirazione antifascista del film, ma anche la consapevolezza di tutti loro di sperimentare con *Ossessione* quel modello di cinema «rivoluzionario» che doveva consentire una presa di coscienza politica, di chiara matrice comunista. Scrive infatti:

« L'operazione era consapevole. Bisogna ricordare che Alicata e De Santis, quando nel 1941 domandavano su "Cinema" "un'arte rivoluzionaria ispirata ad una umanità che soffre e che spera", non intendevano parlare di una rivoluzione generica; erano dirigenti e militanti di una organizzazione clandestina comunista. Parlavano della rivoluzione socialista. È da vedere quanto fosse esatta allora la loro concezione della rivoluzione. Ma quello era il tema. La via che veniva tentata con *Ossessione* era quella di una cultura che riqualificasse se stessa in rapporto ad un nuovo soggetto della storia che era stato riconosciuto attraverso un lungo travaglio, politico e intellettuale, cominciato nella seconda metà degli anni trenta. L'"umanità che soffre e che spera" era il nome cifrato che alludeva alla classe operaia. Quegli scritti su "Cinema" erano un aspetto di una lotta, che trovava il suo sbocco culminante nella cospirazione politica ».

A vedere il film oggi — ma anche allora, stando alle recensioni positive e negative e all'accoglienza del pubblico e delle autorità civili e religiose — l'aspetto implicitamente ideologico e politico può sembrare molto tenue, quasi inavvertibile, rispetto all'esplicito contenuto «immorale» della storia e dei personaggi. Eppure è proprio su quella «immoralità» che si volle costruire un'opera che, almeno agli occhi dei suoi artefici, doveva fornire chiare indicazioni di antifascismo militante. Per usare ancora una volta le parole di Ingrao:

« In essa non c'è (perché non ci poteva essere) la parola antifascista esplicita: ma c'è — per la prima volta — una lettura della società italiana che è antitetica al fascismo: per il modo con cui venivano colpiti la nozione di famiglia, l'immagine tradizionale dell'operaio, la rappresentazione dei rapporti sociali, lo stesso ambiente materiale, fisico della vita italiana ».

Possono sorgere alcuni dubbi su questa interpretazione forse un poco tendenziosa del contenuto reale di *Ossessione* — e la critica recente non ha mancato di sottolineare la sostanziale « apoliticità » del film —, così come si può discutere sul « realismo », presunto o autentico, dello stile viscontiano, in larga misura debitore, in *Ossessione* del naturalismo francese; ma non v'è dubbio che confluirono in questa esperienza per molti versi coraggiosa e indubbiamente anticonformista una serie di istanze che non possono essere schematicamente riassunte, da un lato, nell'impegno ideologico e politico, dall'altro nell'affermazione di una forte personalità di regista, ma piuttosto in una sorta di simbiosi delle une e delle altre, che diede origine — come l'analisi di *Ossessione* può mettere in evidenza — a un'opera sostanzialmente ambigua e irrisolta, ma al tempo stesso straordinariamente originale e ricca di elementi contenutistici e formali che troveranno in seguito, nel corso della lunga attività cinematografica di Visconti, sviluppi più complessi e maturi ed anche una maggiore formulazione linguistica. Ciò vale per Visconti, non certo per gli altri collaboratori — chi, come De Santis e Puccini, passò alla regìa cinematografica non seppe mai più raggiungere l'alto livello espressivo di *Ossessione* —, ad ulteriore dimostrazione della quasi totale paternità viscontiana del film. Il quale ebbe una genesi e uno sviluppo produttivo alquanto complessi che è bene, sia pure brevemente, illustrare per meglio cogliere la situazione del momento, fra libertà e censura, e i modi e le forme della sua realizzazione.

Pare che Jean Renoir avesse dato a Visconti una traduzione francese del romanzo di James Cain *Il postino suona sempre due volte* per farne eventualmente un film, dato che né lui né Julien Duvivier, al quale era stato offerto, erano interessati al progetto. Nel 1939 tuttavia Pierre Chenal ne aveva ricavato *Le dernier tournant*, secondo i moduli caratteristici del cinema francese d'allora, un film modesto che, a quanto sembra, Visconti aveva visto. A quel romanzo e a quel film, come ebbe occasione di ricordare molti anni dopo Alicata, lui e i suoi giovani amici si ispirarono, cercando finalmente di superare gli ostacoli finora incontrati per giungere alla regìa. La sceneggiatura fu scritta verosimilmente nell'inverno del 1941-42 da Visconti, Alicata, Puccini e De Santis, ma all'elaborazione del progetto parteciparono, in diversa misura, altri amici e colleghi, da Antonio Pietrangeli e Sergio Grieco, che seguirono parte delle riprese come aiuto-registi, a Ingrao, da Massimo Mida (Puccini) ad Aldo Scagnetti a Libero Solaroli, che ne fu il direttore di produzione. E ci fu anche Alberto Moravia che rivide i dialoghi, e forse Rosario Assunto e, per certi aspetti, Giorgio Bassani che possedeva una copia dell'edizione originale del romanzo e la diede a De Santis che era andato a trovarlo a Ferrara per conto di Visconti.

Il soggetto, definito nelle sue grandi linee narrative e drammaturgiche, fu presentato al Ministero della cultura popolare per ottenerne il visto di censura. Aveva per titolo *Palude*, che nel corso della lavorazione del film fu mutato in *Ossessione*, probabilmente per non confonderlo col dramma di Diego Fabbri *Paludi* uscito in quel medesimo anno.

Il parere favorevole del Ministero, « salvo concessione del nulla osta di lavorazione », fu trasmesso il 26 gennaio 1942 alla non meglio precisata società Arno Film con sede in Roma (da non confondersi con l'omonima ditta cinematografica di Pisa) che l'aveva richiesto. In realtà il film fu poi prodotto dalla I.C.I., ma solo come copertura ufficiale. Ricorda infatti Libero Solaroli: « Il film era formalmente prodotto dalla I.C.I., ma, in realtà, la I.C.I. aveva solo dato le cambiali del minimo garantito da scontarsi alla Banca del Lavoro, la differenza tra il ricavato e lo sconto delle cambiali ed il costo effettivo del film sarebbe stato coperto dalla società di cui Luchino era il principale azionista ». In altre parole si trattava di una produzione in proprio, in massima parte finanziata dallo stesso Visconti.

5 Un film discusso

Ottenuto il parere favorevole del Ministero e completata nel giro di alcuni mesi la sceneggiatura, che in larga misura — come sottolineò in un attento studio Lino Micciché — seguiva pedissequamente, almeno nella prima parte, il romanzo di Cain, si fecero i sopralluoghi, che già erano stati iniziati da Visconti, De Santis e Puccini nel dicembre 1941, quando li sorprese la notizia dell'improvvisa morte del padre di Luchino. Il 15 giugno 1942 iniziarono le riprese che proseguirono, fra alterne vicende, sino al 10 novembre, fra gli esterni girati a Ferrara, Ancona e nelle valli di Comacchio e gli interni girati a Ferrara. Il film avrebbe dovuto essere interpretato da Anna Magnani, la quale dovette abbandonare la lavorazione, che si sarebbe protratta per parecchi mesi, poiché era in attesa di un figlio. Scartata Maria Denis, che avrebbe molto desiderato recitare sotto la guida di Visconti che lei conosceva, fu scritturata Clara Calamai, reduce dal successo della *Cena delle beffe* di Blasetti. Gli altri attori erano Massimo Girotti, Juan de Landa, Dhia Cristiani, Elio Marcuzzo, Vittorio Duse.

Assistito da De Santis che, essendosi diplomato in regìa al Centro Sperimentale di Cinematografia, si riteneva il più preparato del gruppo di « Cinema » — di cui, come si è detto, *Ossessione* doveva costituire una sorta di manifesto programmatico —, Visconti si mise al lavoro con quell'impegno e quella costanza che tutti gli riconobbero, ma soprattutto dimostrando una competenza tecnica e un mestiere sicuro di cui tutti avevano sino all'ultimo dubitato. Se le riprese, grazie anche all'impegno costante di Solaroli come direttore di produzione e al finanziamento di Visconti (che, com'egli disse, fu costretto a vendersi i gioielli di sua madre), poterono essere ultimate secondo i piani prestabiliti, o quasi; non poche traversie si ebbero in seguito, nella fase del montaggio. Alla fine di dicembre fu arrestato Alicata, ma già il 2 dello stesso mese c'era stata una prima ondata di arresti che aveva colpito, fra gli altri, i fratelli Dario e Gianni Puccini. Il gruppo s'era assottigliato ed era sotto la mira della repressione fascista. A Roma Visconti e De Santis procedettero, con l'aiuto del montatore Mario Serandrei, a un primo montaggio del film. Non mancarono attriti e incomprensioni, soprattutto perché Visconti voleva dare a *Ossessione* un ritmo particolare, fatto di lunghe inquadrature, di « tempi morti », in contrasto con la pratica abituale del cine-

ma d'allora e con l'esperienza di montatore di Serandrei (il quale, tuttavia, divenne in seguito il collaboratore di tutti i film viscontiani, sino al 1966, anno della sua morte).

Il tempo passava, tra discussioni, prove, rifacimen-
ti, con poco costrutto. Come ricorda De Santis:

« Così Serandrei convinse Luchino e il nostro gruppo a
chiamare Blasetti per fargli fare un montaggio di un certo tipo.
Luchino accettò perché Blasetti era tra noi l'unico fra i
registi italiani stimato... Blasetti fece un bel montaggio di
questa *Ossessione* con tempi sufficientemente grinzosi. Però non
era il film di Luchino. E lui lo rimontò da capo, con santa
pazienza, e di questo montaggio di Blasetti non rimase neppure
l'ombra ».

Ma non mancarono neppure interferenze politiche.
Dopo l'arresto di Alicata e Puccini, infatti, la polizia
tenne sotto controllo Visconti e il suo gruppo nei mesi
in cui si procedeva all'edizione definitiva del film. Ulti-
mata la quale, le difficoltà continuarono, anzi, per certi aspetti, si accentuarono.

Le testimonianze sulla prima proiezione di *Ossessione* a Roma nella primavera del 1943 divergono
l'una dall'altra. Essa si tenne, per iniziativa della
rivista « Cinema », diretta da Vittorio Mussolini, nella saletta dell'Arcobaleno, un locale occupato dai Ma-
gazzini CIM. L'occasione fu il ritrovamento su una nave di alcuni film americani destinati alla Svizzera, film
naturalmente inediti in Italia, che furono pertanto
proiettati, su iniziativa di Vittorio Mussolini, in una
rassegna cinematografica ad inviti: Visconti vi colse
l'opportunità di inserire, alla fine della rassegna, il suo
Ossessione, con l'intento di rimuovere alcuni intoppi
della burocrazia e della censura. De Santis sostiene

che il film, che Visconti era riuscito a far vedere al Duce, piacque enormemente al dittatore che ne permise l'uscita sugli schermi, e ricorda in questi termini la serata all'Arcobaleno: « Era presente quasi tutta l'intellettualità non solo romana, scrittori come Moravia, Longanesi, eccetera, ma anche gente venuta da fuori, da Milano, da Torino, da Firenze, e fu un vero trionfo, un enorme successo, e mi ricordo che Luchino si fermò a parlare del suo film con Vittorio Mussolini, e Vittorio gli espresse, anche lì, il parere del padre ». Visconti, dal canto suo, ebbe invece a dire: « Un mezzo disastro. Io stavo in piedi in fondo alla sala e vedevo le signore impellicciate che reagivano scandalizzate. "Che schifo" dicevano ».

Aldo Scagnetti, correggendo a sua volta De Santis, precisa: « Entusiastici applausi a scena aperta e alla conclusione del film accolsero la proiezione. Appoggiati al muro, in fondo alla saletta, semiasfissiati dalla calura e dall'emozione, assistevamo alla primissima. C'era anche Visconti. "Vi" [Vittorio Mussolini], quando la luce tornò, sbatté la porta, rabbiosamente a voce alta, rapidamente, proprio come papà, pronunciò la frase storica: "Questa non è Italia!". Luchino, frattanto, stringeva mani e mani commosse e sbalordite ».

Sta di fatto che il film non uscì a Roma nelle sale cinematografiche pubbliche ed ebbe una vita molto difficile. Che tuttavia ci fosse grande attesa per l'avvenimento, che il pubblico attendesse con molta curiosità questo esordio cinematografico di Visconti, è indubbio. Non soltanto le riviste cinematografiche — a partire naturalmente da « Cinema » — ne avevano seguito a passo a passo la lavorazione, anticipando, con articoli, annunci e fotografie il carattere del film, ma anche i normali organi di stampa se ne occuparono. Prima ancora che *Ossessione* fosse ultimato Antonio Pietrangeli ne scrisse, oltreché in un articolo su « Cinema », anche in un ampio saggio su « Bianco e nero », in cui diceva:

« Avremo lo sfondo di un paesaggio nostro, profondamente e umanamente indagato, quasi scavato. E su questo sfondo, tutta la vita e le cose vere che lo ombreggiano con la loro irrimediabile e patetica presenza: ritroveremo il sapore acre e polveroso delle nostre strade, le autocisterne e i camion che graffiano il suolo italiano, dove un distributore di benzina può essere un orizzonte e una meta per tanta gente, e un'osteria fuori mano, una bettola, una birreria, contenere l'inferno e il paradiso, il limbo del nostro popolo per il quale il male inevitabile vive come vittima e sostegno del bene ».

Contemporaneamente Aldo Scagnetti, dalle colonne di « Cinema », sentenziava:

« ... quell'*Ossessione* di Luchino Visconti, del quale oggi, in anticipo sulla realizzazione compiuta del tutto, possiamo scorgere la violenta capacità di superare gli schemi e le convenzioni, di scoprire nella natura e nel mondo morale nuovi rapporti e nuovi motivi, di aderire con le lagrime e con la gioia alla realtà di tutti i giorni, vissuta da personaggi di tutti i giorni innalzati all'universale ».

Persino sul periodico fascista « Primi piani » Emilio Villa scriveva nel gennaio 1943:

« Film che dà credito a tutte le speranze, anche perché ha richiesto e subito una maturazione lentissima, un giro lunghissimo di tentativi e di esperimenti, alla ricerca di quello che noi pensiamo essere, appunto, una idea sensibile di popolo, nel senso che abbiamo definito. E la pianura ferrarese con la malinconia grossa, umida, infinita, che la raccoglie in un guscio di terrestre calore, doveva essere il fondale originale e sincero su cui succede quello che *deve* succedere, e che interpreta da vicino quella popolarità del cinema, che è una tentazione comune della nostra più intelligente e sincera generazione. E si spera che così il popolo cesserà di stare ad aspettare quello che il cinema gli deve, e potrà finalmente vedersi, sentirsi ».

D'altronde l'interesse suscitato da *Ossessione* era anche dovuto a quello che si pensava dovesse essere il suo stile, estremamente calibrato in una dimensione realistica di grande suggestione formale, che sapeva riscattare ambienti e personaggi dai vuoti e superficiali schemi del cinema italiano di quegli anni. Tanto che un pittore come Filippo De Pisis poteva ammirare nel film di Visconti « questo valore chiaro e scuro, di ombre e luci, di "messa in pagina" di una scena, preoccupandosi soprattutto di un effetto plastico ancor prima di quello emotivo ». E persino il Centro Cattolico Cinematografico, che ne condannò severamente l'immoralità, riscontrò in *Ossessione* « un impegno nella ricerca minuziosa di particolari e nella creazione dell'atmosfera ».

Insomma si trattò di una campagna propagandistica e pubblicitaria attentamente orchestrata, impostata sui diversi piani dell'informazione, del commento, delle anticipazioni, con risvolti a volta a volta politici, culturali, estetici ecc., senza mai accennare, da un lato, all'origine letteraria del film e quindi al romanzo di Cain, dall'altro al precedente cinematografico di *Le dernier tournant* di Chenal. Doveva essere in sostanza un film esclusivamente « italiano »: e si ebbe buon gioco di utilizzare la presunta « italianità » della storia, dei personaggi, del paesaggio — tanto cara alla cultura fascista — per contrabbandare un'opera, almeno nelle intenzioni, profondamente antifascista. Ma questa campagna propagandistica suscitò anche delle reazioni, come quella di un lettore torinese della rivista « Cinema » che si lamentò scrivendo:

« In questi giorni si sta facendo un gran chiasso intorno al film *Ossessione*. Possibile che nessuno ricordi più il film francese di tre anni fa *L'ultima curva* (*Le dernier tournant*) con Fernand Gravey, Corinne Luchaire, Michel Simon, di cui la rivista "Tempo" riportò due pagine di fotografie? Soggetto identico, personaggi identici e per di più identico lo spirito della trama, tipico del film francese di allora ».

Come si è detto, *Ossessione*, nonostante il giudizio favorevole di Benito Mussolini e il successo della prima romana, non soltanto non uscì nella capitale, ma ebbe vita difficilissima anche in alcune città in cui fu programmato. Segno evidente che il film era osteggiato e perseguitato non tanto e non solo per ragioni morali — proprio nel maggio 1943 era uscito sugli schermi *La statua vivente* di Camillo Mastrocinque, « vietato ai minori di 16 anni », che aveva scandalizzato molto di più e suscitato le proteste di non pochi spettatori benpensanti —, quanto invece per ragioni più propriamente politiche e ideologiche. Come ricorda Gianni Puccini:

« Ma una volta visionato il film, Polverelli, il ministro succeduto a Pavolini, convocò riunioni indignate, *Ossessione* fu ufficialmente boicottato ma lasciato uscire, col proposito sottinteso però di rendergli la strada pressoché impossibile. Dappertutto si fece in modo che gli esercenti lo maltrattassero, a Bologna fu ritirato d'autorità, e l'esempio fu seguito da federali o prefetti o questori, probabilmente qua gli uni là gli altri, in molte altre città. Credo che in nessun luogo il film sia stato veduto in santa pace e tanto meno « lanciato » a dovere. A Salsomaggiore l'Arcivescovo benedisse la sala dov'era stato proiettato ».

A Ferrara, dove il film era stato in gran parte girato, il «Corriere Padano» lo annuncia il 16 maggio 1943 con queste parole: «Da domani all'Apollo l'attesissimo film realizzato a Ferrara *Ossessione* con Massimo Girotti, Clara Calamai, Juan de Landa». Esso viene proiettato in contemporanea anche al Teatro Verdi, ma per pochissimi giorni. Ritirato dalla circolazione per ordini superiori il 21 maggio, solo il 7 giugno riprende le proiezioni regolari, e il giorno dopo viene recensito positivamente sul medesimo giornale da Guido Aristarco. Ma gli attacchi, sulla stampa quotidiana e periodica, non si fanno attendere. La proiezione del film a Ferrara offre l'occasione a un anonimo recensore di «Il Periodico» di scrivere: «Ora questo film non sembra avere alcun significato, non sembra rappresentare alcun valore umano e si riduce, come inequivocabilmente appare da tutto il suo complesso, alla cronaca di un delitto determinato da motivi sudici ed a quella della successiva paura di coloro che l'hanno commesso». Le stroncature rimbalzano da un giornale all'altro, da «Il Nuovo Cittadino» di Genova, all'«Italia Giovane» di Novara; da periodici cinematografici quali «Cine Illustrato», «Si Gira», «Film», al «Bertoldo», con un articolo critico di Pietro Bianchi; per giungere al violentissimo attacco del cattolico «Avvenire d'Italia» di Bologna che non si perita di scrivere:

«Additiamo alle autorità competenti il caso di un film che già rifiutato o ritirato dalle sale di proiezione di altre città, ha fatto ora apparizione in un cinema cittadino. E vogliamo una volta tanto prescindere da considerazioni estetiche, che ci porterebbero a vedere nel film una banale, raffazzonata imitazione di quel certo verismo filmistico francese che non trova qui in Italia adeguate esigenze ed ambientazione conservando di quelle esperienze estranee solo l'immoralità morbosa ed esasperata, una crudezza di linguaggio malcelato da ipocrita e stagionato trucco letterario di un naturalismo retorico appunto per certe sue ambizioni di verità ».

Non mancarono ovviamente le recensioni positive, in tutto o in parte, come quelle di Aristarco, di Mario Landi, di Antonio Marchi, di Enzo Biagi e altri, per lo più giovani e giovanissimi; ma nel complesso gli attacchi della stampa, uniti agli interventi censori del potere politico, impedirono a *Ossessione* di giungere nelle principali città italiane o di rimanervi per qualche tempo. Ad esempio, a Milano, Torino, Firenze e altrove il film uscì soltanto nell'autunno e nell'inverno del 1943-44, quando l'Italia settentrionale era sotto l'occupazione tedesca, in una edizione estremamente mutilata, quasi irriconoscibile. A Roma esso fu presentato soltanto nell'aprile del 1945, poco prima della fine della guerra. Ci fu, è vero, una seconda proiezione privata dopo quella dell'Arcobaleno, ma con esiti disastrosi. Come ricorda Mario Verdone: « Un giorno del luglio 1943, lo stesso Cine-Guf di Roma ci invitò a vedere a Palazzo Braschi il primo film di Visconti. Ma diventò una specie di tranello perché poco dopo l'inizio del film, la proiezione fu arrestata e tutti i nomi degli spettatori furono presi dai poliziotti ». Marcello Bollero, che era uno degli organizzatori del Cine-Guf di Roma, precisa che « nello stesso periodo in cui fu proiettato *Ossessione* a Palazzo Braschi e forse proprio in conseguenza di questo fatto, venne ordinata una perquisizione poliziesca nella sede del Cine-Guf e furono trovati decine di opuscoli di propaganda comunista e di giornali che erano stati messi lì da Mario Calzini e Carlo Lizzani ». Come a dire che la proiezione di *Ossessione* costituì realmente un'occasione di aggregazione politica, un punto di incontro e di verifica dei giovani intellettuali antifascisti. Esso fu, in altre parole, un manifesto etico ed estetico, ideologico e politico, non soltanto per il gruppo di «Cinema», ma anche per tutti quelli che, attraverso il cinema, si erano accostati alla politica attiva, alla militanza partitica e all'impegno ideologico.

Si trattò, insomma, di un attacco violento e generale condotto con i mezzi della stampa e con quelli della repressione poliziesca, come non si era mai visto prima, né si vedrà dopo: quasi che un film, sia pure atteso come *Ossessione*, potesse influenzare così negativamente il pubblico, rispetto all'ottimismo della propaganda ufficiale, da vietarne la proiezione, nonostante esso non contenesse alcun accenno esplicitamente antifascista. Ma questo attacco lo si può pienamente comprendere se lo si considera nel contesto del momento storico, come decisa volontà del regime fascista di annientare, anche sul piano dell'arte e dello spettacolo, ogni pur larvata opposizione interna. E *Ossessione* — al di là del profondo pessimismo della storia che si contrapponeva all'ottimismo superficiale di cui s'è detto — poteva essere l'occasione propizia per assestare un altro colpo, dopo i numerosi arresti dei mesi precedenti, all'opposizione comunista, in un momento in cui gli insuccessi bellici e la crisi politica e istituzionale del fascismo (che doveva portare di lì a poco alla caduta di Mussolini il 25 luglio) rischiavano di far precipitare la situazione, come di fatto avvenne. Su questo sfondo di profonda inquietudine e lacerazione del tessuto politico e sociale dell'Italia, il caso di *Ossessione* può apparire persino ridicolo, e certamente sproporzionato alla effettiva portata «rivoluzionaria» del film.

Tanto che appare persino patetica l'appassionata difesa che ne fece Massimo Mida (Puccini) sulle colonne di « Cinema », attaccando a sua volta i recensori che l'avevano stroncato con queste parole:

« Forse è proprio il contatto continuo ed inesorabile con una produzione basata in gran parte sulle commedie comico-sentimentali... a far perdere la bussola a codesta critica, che oggi si ribella, ed in maniera inconsueta e piuttosto violenta, proprio a quell'unico film che ha osato in modo radicale e decisivo indicare al nostro cinematografo quella strada che è la sola che può condurre alla conquista di uno stile e di un carattere originale che finora ci sono purtroppo mancati ».

6 Un'opera nuova

Se ora sappiamo, dai documenti coevi e dalle testimonianze dei protagonisti, che cosa *Ossessione* fu e rappresentò nel periodo, alquanto lungo, della sua gestazione, preparazione, realizzazione e breve vita sugli schermi; ci interessa in questa sede sapere anche in che misura esso si inserisce nell'opera complessiva di Visconti, anticipandone temi e forme, e quale può essere il suo valore artistico in una prospettiva critica attuale, che, almeno in parte, prescinda dai condizionamenti politici e ideologici di allora. Non si tratta, come è stato fatto da certi critici antiviscontiani col gusto della provocazione anticonformistica e il piacere del « gioco di massacro », di astrarre il film dal suo contesto storico, quanto piuttosto di individuarne taluni elementi costitutivi che ci paiono fondamentali per comprenderne appieno il significato in rapporto ai film successivi e al di fuori del momento particolare in cui fu realizzato.

Ossessione, che mantiene del romanzo di James Cain da cui è tratto sostanzialmente inalterati storia e personaggi, si presenta, già dalle prime sequenze, come un dramma passionale che ruota attorno al tradizionale triangolo formato da una donna e due uomini. Il luogo dell'azione è la bassa padana, o meglio una trattoria isolata ai margini di una strada camionabile, in cui vivono Giovanna, una bella e giovane donna dal passato torbido, e Giuseppe Bragana, suo marito, molto più vecchio di lei, che la « usa » più come serva che come moglie. In questo ambiente alquanto sordido e al tempo stesso banale e quotidiano capita improvvisamente un vagabondo, Gino Costa, di cui si invaghisce Giovanna e con cui vorrebbe fuggire. In realtà ella ama troppo la tranquillità economica e la sicurezza sociale per rischiare l'avventura, e lui è troppo incostante, debole e appunto « vagabondo » per accettare una diversa soluzione. Da questo spunto drammatico e ambientale, illustrato nelle prime sequenze del film, si sviluppa un racconto ben più complesso e articolato che vede, a poco a poco, i due protagonisti coinvolti prima nell'omicidio del Bragana, poi nei sospetti reciproci e nella fuga finale, una volta che il delitto è stato scoperto e i sospetti si sono appuntati sulla coppia, e in particolare su Gino. La chiusa del film, con la morte accidentale di Giovanna e l'arresto di Gino, imputato probabilmente di un duplice omicidio, non fa che suggellare negativamente e tragicamente una vicenda che era nata e si era sviluppata proprio all'insegna della negatività e della tragedia.

Depurato di tutti gli elementi drammaturgici che ne costituiscono la struttura formale e conferiscono ai fatti, agli ambienti e ai personaggi un significato profondo, il film può sembrare fin troppo debitore di un cinema e di una letteratura che hanno utilizzato e sfruttato sino alle estreme conseguenze narrative e spettacolari tale materia. Da qui le facili accuse rivolte a *Ossessione* e ai suoi autori di aver largamente attinto a quel cinema e a quella letteratura, copiando da un lato i film francesi degli Anni Trenta (Renoir, Duvivier, Carné), dall'altro i romanzi americani coevi (Cain appunto e altri). Da qui anche l'accusa di immoralità, di disfattismo, di pessimismo; o di superficialità e di insincerità, nel senso d'una operazione puramente imitativa e di riporto nei confronti di una realtà umana e sociale ben altrimenti interessante e degna di una interpretazione originale. Accuse e critiche che toccano solo marginalmente l'opera e possono facilmente essere ribaltate — come di fatto accadde — per poco che la si analizzi sul terreno più proprio del suo reale contenuto drammaturgico.

Innanzi tutto i personaggi, che pure sono debitori dei modelli d'oltr'Alpe, sono costruiti tenendo conto, da un lato, della « quotidianità » della storia, depurati pertanto di quelle sovrastrutture letterarie e simboliche che furono invece le caratteristiche dominanti di tanti eroi ed eroine del cinema francese; dall'altro, cercando di inserirli in un paesaggio prettamente italiano che ne determinasse modi e forme di comportamento, gesti e parole. Poi, appunto, il paesaggio, inteso non già come anonimo sfondo dell'azione, ma autentico luogo scenico per la rappresentazione di un conflitto drammatico che vede la campagna e la città, le case e le strade, gli oggetti domestici e i rumori quotidiani quali elementi fondamentali del dramma, parti integranti di un discorso che, più che sui fatti, si appunta sui luoghi e sulle situazioni. Infine i momenti di stasi narrativa, i cosiddetti «tempi morti», in cui l'azione lascia il posto alla contemplazione, all'analisi dei sentimenti, alla pura e semplice constatazione di ciò che accade: una sorta di passività dello sguardo, riscattata tuttavia dalla precisa scelta dei campi visivi, dall'intenzione dichiarata di intervenire sul reale nella disposizione degli elementi compositivi all'interno d'ogni inquadratura.

Ciò che più colpisce infatti, in questo film per molti aspetti diverso dalla maggior parte dei film italiani di quegli anni, è non tanto o non solo la cura nella composizione delle immagini, nel taglio delle inquadrature, nel montaggio calibrato e anticonvenzionale, quanto piuttosto e soprattutto la «freddezza» dello sguardo, l'impassibilità della macchina da presa, che scopre a poco a poco una realtà umana e sociale, naturale e ambientale, mettendone in luce gli aspetti inconsueti, le contraddizioni, i conflitti. Al di là della struttura narrativa e drammatica della storia e della caratterizzazione psicologica dei personaggi, sui cui limiti si può discutere a lungo e dei cui debiti nei confronti d'una precisa tradizione letteraria e cinematografica si è scritto da più parti, il valore e l'originalità di *Ossessione* stanno proprio in quella che comunemente viene chiamata la «messinscena», cioè i modi e le forme della realizzazione filmica d'un testo letterario, quale può essere una sceneggiatura. Come a dire che è la regìa di Visconti a fare di questo dramma della passione, del delitto e della morte, non molto diverso da altri drammi analoghi, un'opera realmente nuova e innovatrice.

S'è accennato al paesaggio. Sin dalle prime inquadrature del film, con l'arrivo di Gino, nascosto nel cassone di un autocarro, alla trattoria del Bragana, la macchina da presa assolve la funzione d'uno sguardo meccanico prima osservatore, poi indagatore del reale. Non ci sono visioni soggettive, non c'è partecipazione diretta dei personaggi: tutto accade nel distacco « oggettivo » d'una rappresentazione lucida e razionale. Ciò vale per la bassa pianura padana, per la strada desolata, per le vie e le piazze di Ferrara o di Ancona, come per gli interni squallidi e disadorni: la trattoria, la cucina ingombra di piatti sporchi, la camera da letto, l'alberghetto di Ancona, l'abitazione di Anita (la giovane ballerina prostituta), il commissariato di polizia. Non ci sono compiacimenti formali, né si avverte il gusto per il « colore locale »: Visconti mira al sodo, usa gli oggetti, pochi ed essenziali, per determinare immediatamente un ambiente, fa muovere la sua macchina da presa con lo scopo preciso di mostrare la realtà che ha attentamente predisposto, introduce a poco a poco lo spettatore nel vivo del dramma senza tuttavia farlo partecipare in prima persona. È come se tutto fosse vero, autentico, naturale, e al tempo stesso artefatto, pazientemente costruito, irreale. E ciò è avvertibile ancor più nella caratterizzazione dei personaggi che nella rappresentazione degli ambienti.

S'è accennato al « trio » dei personaggi principali, Gino, Giovanna, il Bragana. Sono essi, naturalmente, a focalizzare l'attenzione dello spettatore, con la loro presenza, i rapporti reciproci, le differenze e le affinità psicologiche, ma ciò che più colpisce è lo scarto tra il realismo della loro caratterizzazione — che non è difficile far risalire alla lezione di stile di Jean Renoir — e la freddezza dello sguardo con cui sono seguite e mostrate le loro azioni. Uno scarto che, a ben guardare, costituisce la cifra stilistica non soltanto di *Ossessio-ne*, ma dell'intera opera cinematografica di Visconti, sviluppatasi tutta all'insegna di una rappresentazione del reale che si colloca fuori da esso, in posizione distaccata, mai totalmente partecipe.

Ma attorno ai personaggi principali si dipana un'ampia serie di rapporti e relazioni che prendono a volte il sopravvento sugli stessi protagonisti della vicenda. Il meccanismo della storia, fra il narrativo e il drammaturgico, mette continuamente in scena personaggi minori che assumono, nel corso del film, funzioni drammatiche o simboliche importanti. A cominciare da Giuseppe Tavolato detto «lo spagnolo», via via sino al prete don Remigio, al poliziotto in borghese, alla ballerina Anita e soprattutto alla piccola Elvira, bambina-serva nella trattoria, nei cui occhi sgranati, nel volto smunto, nel corpicino esile e denutrito, nelle poche parole dette a Gino, si avverte la presenza d'un commento «moralistico» di Visconti in margine a un dramma dell'esistenza, di cui egli ha voluto cogliere — in contrasto con i suoi sceneggiatori Alicata, Puccini e De Santis — più i risvolti umani e psicologici che quelli sociali e politici.

In questo senso è esemplare la figura dello «spagnolo» che, secondo le intenzioni degli autori citati, avrebbe dovuto chiaramente significare (pur nei limiti imposti dalla censura fascista) l'indicazione politica del film in senso antifascista, addirittura comunista. Come ebbe a dire Alicata:

« Lo spagnolo, che cosa voleva significare nelle nostre intenzioni abbastanza ingenue? Era un proletario, il quale aveva fatto la guerra di Spagna dalla parte giusta naturalmente, non dalla parte dei fascisti. Un proletario che era tornato in Italia, faceva il vagabondo per propagandare le idee del socialismo, le idee dell'antifascismo, le idee del comunismo. Lui doveva essere il personaggio positivo del film: non è riuscito ad esserlo e questo forse non è solo colpa della censura... Egli, a tratti, ha la fisionomia di un personaggio molto equivoco, mentre invece doveva essere la coscienza critica del film ».

A noi pare che la coscienza critica del film sia la piccola Elvira, la quale, alla domanda che le rivolge Gino: « Senti Elvira... credi che io sia cattivo? », risponde semplicemente e icasticamente: « No », a significare da un lato l'innocenza del protagonista, nonostante l'assassinio compiuto, dall'altro l'ineluttabilità d'un destino che richiama, per certi aspetti, la presenza del fato nella tragedia classica.

In questa prospettiva critica, anche lo « spagnolo », come Anita, acquistano una funzione di integrazione e di chiarificazione del personaggio di Gino, che appare ben più complesso, problematico e simbolico di quanto non sembri. All'interno di una struttura drammatica che attualizza gli schemi del teatro greco antico, mantenendo tuttavia i personaggi in una dimensione fatalistica incombente, Gino rappresenta le contraddizioni della vita contemporanea, i disagi morali, le difficoltà esistenziali, con valenze addirittura autobiografiche, nel senso di una rilettura personale e persino intima, da parte di Visconti, di una sceneggiatura che tendeva a privilegiare l'aspetto umano e sociale del dramma. L'incertezza, l'ingenuità, il candore di Gino, in rapporto non soltanto all'aggressività di Giovanna, ma anche alla realtà circostante in tutte le sue manifestazioni, come fossero continue « scoperte », trovano nel « socialismo » dello « spagnolo » e nella profonda umanità di Anita i due poli attorno ai quali essi dovrebbero concretizzarsi in un progetto maturo e razionale di vita, quasi che l'incertezza, l'ingenuità e il candore si coagulassero alla fine nel superamento delle contraddizioni, nel raggiungimento della maturità.

Ciò non accade, e Gino non può che soccombere al fato in un groviglio di cause ed effetti che vede protagonisti della sua sconfitta al tempo stesso il sagace poliziotto (evidente simbolo del destino, secondo una tradizione cinematografica più di Carné che di Renoir) e lo « spagnolo », deluso e amareggiato dal « tradimento » del compagno. È questa complessità di rapporti, col Bragana, con Giovanna, con lo « spagnolo », con Anita, con Elvira, a tessere attorno a Gino una rete che alla fine lo avvolgerà totalmente; ma la sconfitta sua, come di molti altri protagonisti dei film successivi di Visconti, apparirà come un sacrificio, o meglio converà il duplice aspetto dell'una e dell'altro, in una visione e rappresentazione critica dell'ambiguità dell'esistenza e dei rapporti umani, che sarà una delle costanti tematiche della poetica viscontiana.

7 Un manifesto?

Osservato sotto questa luce, Ossessione appare alquanto diverso dal film che il gruppo di « Cinema » aveva intenzione di realizzare come manifesto politico-ideologico del gruppo stesso, ancorato cioè a una visione critica della realtà italiana contemporanea e basato su una concezione del cinema come linguaggio « realistico » per eccellenza, secondo una proficua tradizione letteraria e figurativa, in larga misura identificabile con la cultura dell'Ottocento. Molto lontano, ovviamente, dal verismo di Verga ma vicino al naturalismo critico di Renoir, *Ossessione* sfugge a quella classificazione contenutistica e formale che, allora e in seguito, la critica di sinistra e l'intellettualità antifascista aveva elaborato per l'occasione. Esso riflette chiaramente non soltanto le intenzioni poetiche di Visconti, che possono essere rintracciate negli anni della sua formazione, negli esordi e nei progetti letterari e cinematografici, nelle molte letture e in un certo moralismo di fondo; ma anche il suo bisogno di affrontare temi e problemi della sua personale esperienza di vita.

Le ambiguità del testo, in parte dovute ai tagli della censura, fanno in realtà parte integrante del contenuto dell'opera, oscillante fra una rappresentazione « oggettiva » dei fatti e una loro interpretazione metaforica. Lo « spagnolo » è sì portatore d'una visione socialista della vita (forse più anarchica che socialista), ma è soprattutto il simbolo d'una differente gamma di rapporti interpersonali, in cui l'omosessualità alquanto esplicita è una componente essenziale. L'amicizia fra i due uomini, la cui rottura è causa della delazione dello « spagnolo » e del successivo arresto di Gino, si colloca nell'orizzonte più vasto dei rapporti umani e sociali (con Giovanna, col Bragana, con Anita) come un termine di riferimento obbligato, una chiave di lettura dell'intera realtà vissuta e rappresentata. Sicché l'ambiguità — se di ambiguità si può parlare — costituisce la caratteristica stessa del personaggio di Gino, incerto sulla strada da seguire, attratto contemporaneamente dai due sessi e dai modelli di vita di relazione che essi rappresentano, vagabondo non già per scelta (come invece è per lo « spagnolo ») ma per passiva accettazione delle difficoltà dell'esistenza. In questa luce, il dramma di *Ossessione* risulta caratterizzato da una ribellione individuale non realizzata, dal fallimento non già d'una precisa scelta di vita, quanto piuttosto di una non-scelta, d'una rinuncia alla lotta, o, se si vuole, d'una tardiva e vaga presa di coscienza. Su questa linea interpretativa, il personaggio di Gino si lega, da un lato, al protagonista del film incompiuto girato da Visconti nel 1934-35 e probabilmente al protagonista del romanzo anch'esso rimasto incompiuto o solo abbozzato; dall'altro, anticipa i successivi personaggi inquieti e inquietanti dei film che Visconti realizzerà dopo la seconda guerra mondiale, votati chi più chi meno al fallimento, dal 'Ntoni della *Terra trema* su su sino al Meursault dello *Straniero* e al Tullio Hermil dell'*Innocente*.

Ciò che va tuttavia osservato, a fianco di questa linea di sviluppo del film, è che ambienti e personaggi sono talmente « presenti » sullo schermo nella loro materialità, al di là della chiave autobiografica o simbolica in cui possono essere interpretati, che quell'intento realistico esplicitamente dichiarato sulle pagine di « Cinema » dagli amici e collaboratori di Visconti e dallo stesso Visconti risulta pienamente realizzato. C'è insomma in *Ossessione* una « verità » rappresentativa, nel senso della verosimiglianza di personaggi « reali » in ambienti « reali », che si impone come tale, conferendo alle immagini, così calibrate, così sapientemente montate, quasi « false » nella loro evidenza plastica, un impatto sullo spettatore inconsueto, almeno rispetto ai film italiani di quegli anni. È come se lo stile rigoroso di Visconti giocasse sui due piani complementari della individuazione degli elementi realistici della storia e della loro presentazione nei modi e nelle forme d'uno spettacolo al tempo stesso coinvolgente e distaccato. Il realismo di Visconti, come si manifesterà maggiormente nelle regìe teatrali e nei film del decennio successivo, ha già qui la sua formulazione più esatta: un realismo critico che non si ferma alla semplice osservazione della realtà, ma, da un lato, la costruisce secondo un preciso progetto formale, dall'altro la rappresenta con i mezzi proprî d'un cinema e d'un teatro d'attore e d'ambiente, cioè basato sull'interdipendenza di recitazione e di scenografia, nel più vasto significato dei termini.

È questo realismo che fu giudicato allora ideologicamente « antifascista », nel senso di una chiara opposizione alla magniloquenza rettorica dei film storico-patriottici e alla banalità superficiale delle commedie di costume; ma anche di una diversificazione dal realismo documentaristico d'un Francesco De Robertis o d'un Roberto Rossellini che in quegli anni andavano realizzando i loro film bellici. Un realismo, quello di *Ossessione*, che si basava non sulla semplice osservazione dei fatti o sulla presunta « obbiettività » della macchina da presa, ma su una attenta indagine del reale e una successiva formalizzazione della materia drammatica. Sotto questa luce si potevano recuperare a una interpretazione ideologica e politica anche le situazioni più consuete, quotidiane, anche i personaggi e gli ambienti socialmente indefiniti o non sufficientemente approfonditi. Sicché Gino, Giovanna, il Bragana, lo « spagnolo », Anita divennero i simboli d'una realtà italiana, umana e sociale, finalmente « autentica » dopo anni di mascheramenti e idealizzazioni, e quindi portatrice di una visione critica, sul piano ideologico e politico, che minava alla base la cultura del fascismo. E più ancora il paesaggio — come rilevarono allora anche critici di parte fascista — si mostrò nella sua più genuina natura, in stretto rapporto con i personaggi, quasi proiezione esterna del loro dramma esistenziale: un paesaggio che scopriva, forse per la prima volta nel cinema italiano, gli impercettibili legami che uniscono la vita dell'uomo alla natura e alla storia.

Ossessione fu per Visconti, in conclusione, non soltanto la grande occasione che aspettava da anni, la prova generale delle sue capacità registiche e delle sue intenzioni drammaturgiche, ma anche e soprattutto il punto d'arrivo d'una lunga maturazione umana e artistica e il punto di partenza d'un ancor più lunga carriera che, a ben guardare, è già in larga misura preannunciata, nelle forme e nei contenuti, da questo film esemplare. Ma, come si è detto, *Ossessione* fu anche un grande scandalo, suscitò polemiche accese, troncò sul nascere quella carriera i cui inizi erano stati salutati con grande attesa ed entusiasmo. In realtà, non furono soltanto le critiche severe, gli interventi censori, i sequestri a bloccare, per il momento, la futura attività di Visconti. Si era nell'estate del 1943, fra la caduta del fascismo e la firma dell'armistizio, con le conseguenze sul piano politico e sociale che tutti conosciamo. La guerra incalzava, l'Italia stava per essere divisa in due parti, l'una contro l'altra armata, i movimenti antifascisti si stavano riorganizzando: il cinema era, naturalmente, l'ultima cosa a cui si pensava. Eppure quelle critiche, interventi e sequestri lasciarono una traccia, contribuirono a bloccare una serie di iniziative cinematografiche non soltanto di Visconti, ma del gruppo di «Cinema» nel suo complesso.

Scriveva nel giugno 1943 un anonimo articolista di

« Cine Illustrato » nel tracciare un ritratto di Visconti: « Ora Luchino Visconti sta studiando la possibilità di girare un film dai *Malavoglia* di Verga. È da augurarsi che il contatto con un soggetto veramente italiano lo allontani da tutto ciò che è spurio ed artificioso, dandogli modo di valorizzare la sua indubbia preparazione ».

Sulla medesima rivista, un paio di mesi dopo, Eugenio Giovannetti concludeva la sua stroncatura di *Ossessione* con queste parole:

> « So che il regista Visconti, signore ed uomo di mondo, è molto contento del suo film. Non me ne meraviglio. Egli s'è certo regalato un piacere da intellettuale di gran lusso, e può andarne fiero nei salotti aristocratici, dove tutti oggi, dame comprese, parlano di primi piani e di carrellate, come una volta si parlava d'automobili e di cavalli. Ma che questa d'*Ossessione* debba essere una grande rivoluzione, una grande novità, o semplicemente un buon esempio per nostro cinema, ah, no, non ce lo lasciamo dire ».

In realtà *Ossessione* non fu allora né poteva essere, data la scarsa circolazione che ebbe, una grande rivoluzione e nemmeno un buon esempio per il cinema italiano. Fu e rimase, per parecchi anni, un film « maledetto », più citato che visto: il manifesto d'un cinema che non ebbe seguito, se non a guerra finita, in situazioni politiche, economiche e sociali profondamente differenti. Visconti, d'altronde, non fece i *Malavoglia*, né poté realizzare quegli altri progetti che lui e i suoi amici e collaboratori andavano elaborando. La rivista « Cine Magazzino » scrisse addirittura nel luglio 1943: « Dopo *Ossessione*, Clara Calamai, già impegnata sino alla cima della sua bella fronte, interpreterà *Santuario* di Faulkner e *Furore* di Steinbeck, sempre per la regìa di Luchino Visconti»; ma la notizia, non confermata, rimase tale: una semplice informazione giornalistica alquanto inattendibile. Anche il *Billy Budd* di Melville, che nel marzo del medesimo anno Mario Alicata stava riducendo per lo schermo, nel carcere di Regina Coeli, rimase allo stadio di progetto. La situazione generale, sul fronte interno e su quello esterno, stava veramente precipitando. Anche Visconti, come i suoi amici comunisti e antifascisti, doveva prendere una decisione radicale; e fu naturalmente la lotta aperta al fascismo, la Resistenza, il carcere.

8 L'8 settembre e la Resistenza

L'articolo firmato da Luchino Visconti *Cinema antropomorfico* comparve sul numero 173-174 della rivista «Cinema», che porta la data 25 settembre-25 ottobre 1943, cioè nel momento cruciale della «scelta di campo», in una Roma già diventata sfondo drammatico della lotta clandestina. Visconti, che si era molto esposto nei quaranta giorni compresi fra il 25 luglio (arresto di Mussolini) e l'8 settembre (armistizio), con dichiarazioni e atteggiamenti apertamente antifascisti e la partecipazione attiva al comitato per l'assistenza dei prigionieri politici — come risulta da molteplici testimonianze di amici e conoscenti —, decise di darsi all'azione. Sempre più stretti si fecero in quel periodo i contatti con militanti antifascisti, la sua casa divenne sempre più un centro di incontri e discussioni politiche e, successivamente, un posto sicuro per rifugiarsi, nascondere armi, coprire attività sovversive. Anche per lui, come per altri, la politica stava prendendo il sopravvento sui precedenti interessi cinematografici e letterari, culturali: il momento storico richiedeva un impegno totale.

Pochi giorni dopo l'8 settembre, probabilmente il 12 o il 13 — a quanto ricorda Mario Chiari che conobbe Visconti nel 1942, ne divenne amico e fu, in seguito, suo scenografo e costumista in parecchi spettacoli teatrali e film — si prese la decisione di passare la linea del fronte e di aggregarsi alle forze armate italiane che, con i nuovi alleati, stavano risalendo la penisola combattendo contro tedeschi e fascisti. Insieme a Chiari e a Basilio Franchina — un amico giornalista e documentarista, aiuto-regista di De Santis nel dopoguerra —, Visconti lascia Roma alla volta di Tagliacozzo per raggiungere Verrecchie, un piccolo paese dell'Aquilano dove la sorella Uberta, che aveva sposato il barone Renzo Avanzo, si era rifugiata col figlio in tenera età. Il 27 ottobre riprendono il viaggio verso sud, nella speranza di passare il fronte, ma incontrano non poche difficoltà. Di questo viaggio avventuroso lo stesso Visconti ha lasciato pagine illuminanti, a metà strada fra la contemplazione estetica e letteraria e l'impegno umano e ideologico. Scrive in una pagina d'un suo quaderno di appunti:

« Sono soddisfatto di me. Senso di serenità nello staccarmi da tutto ciò che rappresenta il passato. Staccarmi vuol dire fare il punto — in tutto. Soprattutto, subito, coscienza della libertà sin dalla prima mezza ora di strada. Arriviamo alla croce. Saluto Verrecchie dove sono rimasto quindici giorni o più. Il paese disteso dorme nella poca nebbia, un occhio sempre aperto, si direbbe, a vigilare l'imbocco della vallata di Cappadocia. La casa della signora Paolina in fondo, sulla strada, dove c'è Uberta. Su in alto l'aja, e i praticelli verdi, la casetta rosa e le pietre dell'acciottolato che si distinguono anche da quassù, lucide.

Adesso per me — libertà di ore — di azione — e nessun dolore per il distacco — anzi una gioia viva e giovanile ».

L'impresa si presenta tuttavia più difficile del previsto. Visconti, Chiari e Franchina incontrano un gruppo di nove militari inglesi vestiti da contadini e con loro proseguono il cammino. Ma la guerra infuria, sono costretti a rallentare la marcia, a fermarsi e rimanere inattivi. In data 5 dicembre 1943 Visconti scrive nel suo quaderno.

« Inizia la quinta settimana di Settefrati. Altri sette inquietanti giorni di inazione, di attesa, di alternativa, di speranza e delusioni, per quanto un'intima intuizione mi dica che questa è l'ultima. Rimane lo scontento di aver dovuto rimaner qui sul posto aspettando anziché tentare, affrontare il rischio con tutte le sue incognite. La coscienza mi dice però che così era giusto che fosse fatto — non tanto per noi — ma per garantire agli amici la sicurezza della riuscita. Infatti questa prudenza che mi dà un po' di amarezza fu ed è dettata solamente dalla necessità di portare a buon fine per gli amici l'impresa ».

Si tratta di consentire agli inglesi di mettersi in salvo. Per questa attività a favore degli alleati e per altre imprese analoghe svolte da Visconti e dai suoi due compagni durante il periodo trascorso in montagna, egli riceverà due certificati da parte delle autorità militari statunitensi e britanniche in cui lo si ringrazia per l'aiuto dato allora ai soldati, marinai e aviatori alleati « which enabled them to escape from, or evade capture by the enemy ».

Nel febbraio 1944, dopo lo sbarco delle truppe alleate ad Anzio, essi decidono di rientrare a Roma e riprendere la lotta in altre forme e modalità. Visconti riallaccia i rapporti con gli amici romani, la sua casa di via Salaria ritorna ad essere un luogo per incontrarsi e nascondere armi e materiale propagandistico. In quel periodo ha contatti con Ingrao, con Scoccimarro, che nasconde in casa sua, con altri militanti comunisti. Pare che abbia chiesto di entrare nei G.A.P. (Gruppi di azione patriottica), che a Roma erano organizzati da Antonello Trombadori, ma quest'ultimo lo esclude categoricamente. È certo invece, come riferisce Fedele D'Amico, che egli chiese, per il tramite di Gerardo Guerrieri, di entrare a far parte del movimento clandestino dei Cattolici comunisti, ma la sua richiesta non fu presa in considerazione data la sua fama di omosessuale. In ogni caso, si adoperò molto per nascondere e proteggere resistenti e militanti antifascisti, non ultimi un gruppo di sardi che avevano combattuto in Spagna nelle Brigate internazionali, assunti da Visconti come giardinieri.

Questa attività clandestina non passò inosservata. Secondo la testimonianza di Mario Chiari, un giorno del marzo 1944 tre militari delle SS tedesche fecero irruzione nella villa di via Salaria, mentre vi si trovavano, oltre a Chiari, Renato Guttuso, Giuseppe De Santis, Rinaldo Ricci, Roberto Venditti. La perquisizione fu alquanto sommaria, non fu trovato nulla di compromettente (nonostante ci fossero copie dell'« Unità » e altro materiale clandestino nella stanza da letto di Luchino): pare che i tedeschi cercassero soprattutto gli antifascisti sardi, che non trovarono; ma in quella occasione fu arrestato, per puro caso, uno di loro, Paolo Mocci, un combattente della guerra di Spagna che morì poi alle Fosse Ardeatine. Anche la villa di Visconti non era più sicura, gli amici si sparpagliarono, gli incontri si facevano in posti sempre diversi. Ma dopo il 23 marzo, giorno dell'attentato di via Rasella, la situazione si fa estremamente pericolosa, gli arresti e le perquisizioni sono quotidiani. È ancora Mario Chiari a ricordare che, proprio il 23 marzo, egli si trovò in via Veneto con Visconti e Gianni Puccini e, avendo avvertito la pericolosità del momento, si divisero. Chiari fu arrestato quella notte in casa di Visconti, dove era andato a prelevare le sue cose, da una pattuglia fascista che ricercava Luchino, il quale invece si trovava in casa della sorella Uberta, da cui fuggì immediatamente non appena comprese, quella stessa notte, il pericolo che stava correndo. Anche Gianni e Dario Puccini finirono in carcere, a Regina Coeli.

Col falso nome di Alfredo Guidi, Visconti riuscì per alcuni giorni a far perdere le tracce di sé, spostandosi da una casa all'altra, da un amico all'altro. Ma anche queste case e questi amici erano sotto il tiro della polizia. Rinaldo Ricci riuscì, per puro caso, a sfuggire all'arresto mentre i tedeschi perquisivano la sua casa, trovandovi armi, munizioni e materiale di propaganda. Visconti, rifugiatosi in casa di Carlo Novaro, fratellastro di Ricci, in viale Eritrea, vi fu arrestato il 15 aprile e condotto alla Pensione Jaccarino, dove già era rinchiuso Franco Ferri, che faceva parte del gruppo degli amici antifascisti di Visconti. Insomma, nel giro di pochi giorni, la maggior parte di costoro furono arrestati, tanto che lo stesso Ferri insinua che forse ci fu una « soffiata ».

Alla Pensione Jaccarino, in via Romagna, sede della « banda » di Pietro Koch, che prima era alloggiato alla Pensione Oltremare di via Principe Amedeo, e poi — dopo la liberazione di Roma — si trasferirà a Firenze e in seguito a Milano, compiendo quelle efferatezze per le quali sarà processato e condannato a morte, Luchino Visconti rimarrà pochi giorni, perché sarà ben presto trasferito al carcere di San Gregorio, dove già si trovava Mario Puccini, padre di Gianni, Dario e Massimo. Su questo trasferimento, che consentì a Visconti di trascorrere le settimane di cattività, sino alla liberazione di Roma avvenuta il 4 giugno 1944, in relativa tranquillità, si hanno motivazioni differenti. Pare che si siano mosse persone influenti per tirarlo fuori dalle « grinfie » di Koch: certamente la baronessa Avanzo, suocera di Uberta Visconti, come si può anche desumere dai biglietti che Luchino scrisse dal carcere. In uno di essi, non datato, inviato come gli altri, alla cameriera Maria Cerutti e firmato, naturalmente, Alfredo Guidi si legge, fra l'altro: « I soldi: ho avuto L. 4000 dalla baronessa... »; in un altro: « Ricordati di far riavere le L. 4000 alla *Baronessa* », e più oltre: « Intanto per fortuna che ci sei tu... e la signora Rica che si è interessata a me (e la baronessa) ».

Probabilmente anche l'attrice Maria Denis, che godeva dei favori d'un alto gerarca fascista, intervenne personalmente in aiuto di Luchino, di cui pare fosse innamorata e che rimase, anche in seguito, sua buona amica (nel 1942 aveva cercato invano di interpretare, al posto di Anna Magnani e poi di Clara Calamai, la parte di Giovanna in *Ossessione*). Oppure fu lo stesso Koch che volle trattare con riguardo un personaggio come Luchino Visconti, non gravemente implicato nelle trame antifasciste e invece legato strettamente all'alta società, il quale gli avrebbe potuto rendere qualche favore se ne avesse avuto bisogno. Come di fatto avvenne in occasione del processo contro Koch che si svolse a Roma il 4 giugno 1945. Convocato dalla difesa, e

con l'approvazione dei compagni antifascisti, Visconti
si presentò come teste a discarico. Sennonché la sua
deposizione fu un altro elemento di accusa perché Visconti riferì, a quanto pare, ciò che poté vedere e sentire nei giorni della sua permanenza alla Pensione Jaccarino, cioè le percosse e le torture dei prigionieri.

Sta di fatto che le settimane della sua detenzione
in carcere trascorsero in modi e in forme non certo
drammatiche, a parte la continua paura che la situazione potesse aggravarsi e la prigionia trasformarsi in
una condanna capitale. Dai biglietti che Visconti inviò
alla fidata Maria Cerutti, alcuni dei quali scritti infantilmente e con errori di ortografia per allontanare i sospetti sulla vera identità di Alfredo Guidi, si ha la
sensazione che egli godesse di qualche favore e si potesse permettere qualche agio. Riesce a farsi mandare molto denaro, parecchie migliaia di lire; può scrivere e
leggere (chiede un romanzo di Green, un volume di
Diderot, i *Ricordi del Teatro Libero* di Antoine); si fa
lavare la biancheria; riceve cibi e bevande, profumi e
medicine; gli può far visita, sia pure saltuariamente, la
sorella Uberta. È insomma un prigioniero ben trattato.

Finalmente, il 4 giugno 1944, gli anglo-americani
entrano in Roma. È la liberazione. Anche Visconti,
come molti suoi amici e compagni, esce di prigione.
Comincia allora un nuovo periodo della sua vita e della sua attività artistica: un periodo di straordinaria
creatività e impegno, in cui egli ha modo di esplicare le
sue più vere e genuine qualità poetiche.

IV.

VERSO UN TEATRO TOTALE

« Il periodo più interessante della mia vita — confessò Visconti a Costanzo Costantini che lo intervistava nel 1973 — è quello della Resistenza, quel poco che ho potuto dare al movimento della Resistenza, quello mi pare il periodo migliore ». E nella medesima intervista ci tenne a precisare: « Sin dalla Resistenza io ho cominciato a legarmi con amici comunisti. Sin da allora sono stato comunista. Le mie idee al riguardo non sono mai cambiate ». Quasi a voler dire e ribadire che furono i mesi della clandestinità e della prigionia, quando la posta in gioco era la propria vita e l'azione da compiere era diretta, immediata, con effetti sul piano della realtà contingente, quotidiana, e non nella sfera dell'immaginario e del fantastico, quando — in altre parole — la battaglia contro il fascismo si combatteva con le armi e non con i film, furono quelli i mesi della autentica e profonda maturazione ideologica e politica, della vera presa di coscienza d'una realtà sociale che andava indagata in tutte le sue componenti storiche.

1 *In Roma liberata*

Con la liberazione di Roma ai primi di giugno del
1944 e la fine della clandestinità, questa grande lezione politica e morale, vissuta giorno per giorno nel chiuso del carcere di San Gregorio, poteva finalmente dare
i suoi frutti. Visconti, insieme agli amici e collaboratori, anch'essi usciti dal carcere o tornati liberamente in
circolazione, poteva di nuovo riprendere la sua attività
di cineasta, questa volta senza quegli impedimenti censori che l'avevano violentemente contrastata negli anni precedenti, con ben maggiore chiarezza ideologica,
anche se con ben minori possibilità economiche e tecniche. Anzi, furono proprio le difficoltà economiche e
tecniche a impedire, ancora una volta, la realizzazione
dei progetti cinematografici che egli e gli amici andavano elaborando.

La situazione del cinema italiano, in quell'estate
del 1944 che era ben lungi dal segnare la fine della
guerra, con un'Italia spaccata in due e ancora molti
mesi di lutti e di distruzioni, non si poteva dire certamente florida. Le strutture produttive, le attrezzatu-
re tecniche, erano state trasferite, in larga misura, al
Nord, a Venezia, sotto la protezione politica della Repubblica di Salò. Alcuni registi, attori, tecnici, produt-
tori avevano seguito i fascisti nella loro ritirata o avevano soggiaciuto alle pressioni, alle lusinghe o agli ordini che venivano dall'alto. Quelli che si erano opposti
o avevano già fatto una scelta di campo schierandosi
contro il regime, avevano dovuto abbandonare ogni attività, e ora si ritrovavano senza mezzi, con gli studi
cinematografici sguarniti; senza maestranze, in condizio-

ni precarie. Ciò che si poteva fare, nell'attesa di riprendere la produzione, era un po' d'ordine, ristabilire i contatti, elaborare progetti, e soprattutto — per Visconti e i suoi compagni — approfondire l'analisi della realtà contemporanea alla luce sia dei presupposti etici ed estetici che erano sfociati nell'esperienza fondamentale di *Ossessione*, sia dei nuovi contenuti umani e sociali che la Resistenza e la lotta clandestina avevano prodotto, sia infine di una militanza politica che richiedeva ora una continua elaborazione ideologica e una attenta progettualità concreta.

Pochi giorni dopo la liberazione di Roma, l'ammiraglio Stone aveva disposto la requisizione degli stabilimenti di Cinecittà, trasformando questa « città del cinema » voluta da Mussolini in un campo di profughi. Era impossibile riprendere una qualsivoglia attività cinematografica regolare. Non solo, ma, come ricorda Lorenzo Quaglietti, lo stesso Stone presiedette una riunione nella sede della Commissione militare alleata, alla quale parteciparono anche Alfredo Guarini e Alfredo Proja in rappresentanza, rispettivamente, dei lavoratori dello spettacolo e degli industriali del cinema italiano, in cui disse esplicitamente:

« Il cosiddetto cinema italiano è stato inventato dai fascisti. Dunque, deve essere soppresso. E devono essere soppressi anche gli strumenti che hanno dato corpo a questa invenzione. Tutti, Cinecittà compresa. Non c'è mai stata un'industria del cinema in Italia, non ci sono mai stati degli industriali del cinema. Chi sono questi industriali? Degli speculatori, degli avventurieri ecco chi sono! Del resto l'Italia è un paese agricolo, che bisogno ha di un'industria del cinema? »

Il che significava la liquidazione totale di una produzione che aveva avuto, invece, un passato glorioso, e la definitiva conquista del mercato italiano da parte del cinema straniero, soprattutto statunitense.

In realtà le cose andarono un po' diversamente da come l'ammiraglio Stone voleva che andassero. Già nei mesi che precedettero la liberazione della città,

« mentre per Roma scorrazzavano ancora le truppe naziste — ricorda Quaglietti —, alcuni uomini si riunivano di nascosto per parlare dell'avvenire del cinema. Non erano industriali, che in quel momento non sapevano proprio dove sbattere la testa, da una parte pressati perché si trasferissero al nord (cosa che alcuni avevano fatto), dall'altra spaventati di tutto e timorosi di prendere qualsiasi iniziativa ».

Si trattava di uomini di cinema, di cultura, di resistenti incaricati dai rispettivi partiti di salvare il cinema italiano dallo sfacelo: erano Alfredo Guarini per il Partito comunista, Olindo Vernocchi per il Partito socialista, Aldo Vergano per il Partito d'azione e Fedele D'Amico per il Movimento dei cattolici comunisti. Sulla base di questi progetti, un piccolo fronte « antiamericano » si cominciò a costituire, ponendo le basi, contro l'invadenza statunitense, per una timida rinascita del cinema italiano antifascista. Ma il cammino doveva essere lungo e difficile, tra opposizioni e scogli d'ogni tipo. Tuttavia lo stesso governo italiano, a liberazione avvenuta, prende atto della situazione critica in cui versa la produzione cinematografica italiana e decide di intervenire, almeno sul piano dell'esercizio, con una lettera del 13 settembre 1944 all'ammiraglio Stone, presidente della Commissione alleata di controllo, firmata dall'On.le Bonomi, capo del governo. Si vuole insomma riprendere una regolare attività cinematografica, sia pure tra le gravi difficoltà del momento.

In attesa che la situazione si vada normalizzando,

nascono i nuovi progetti e si fa politica attiva. In seno alla Unione Lavoratori dello Spettacolo, il nuovo organismo sorto sulle ceneri della Federazione Nazionale Fascista dei Lavoratori dello Spettacolo, si costituisce una commissione di epurazione, di cui Luchino Visconti è nominato a far parte, insieme a Umberto Barbaro, Mario Camerini, Mario Chiari e Mario Soldati, per la categoria « Registi, aiutoregisti, sceneggiatori e autori del cinema ». Si procede alle prime liste di proscrizione, si denunciano i cineasti compromessi col regime fascista, si cerca di dare al nuovo cinema italiano, che dovrebbe nascere dall'esperienza resistenziale e antifascista, una nuova fisionomia. Anche Visconti, come altri suoi colleghi, e come già aveva fatto nei quaranta giorni compresi tra il 25 luglio e l'8 settembre 1943, si espone in prima persona, partecipa all'attività politica e amministrativa, vuole impegnarsi non soltanto nell'àmbito strettamente artistico e culturale. Anche per lui, come per i suoi compagni comunisti, si va meglio precisando e imponendo il problema fondamentale dell'« intellettuale organico », dei rapporti fra l'artista e il partito, del nuovo impegno artistico e intellettuale da svolgere all'interno di una società che deve essere costruita su basi radicalmente diverse da quelle precedenti: una società, almeno tendenzialmente, socialista.

In quel medesimo giugno 1944, che vide la liberazione di Roma, Palmiro Togliatti fonda a Napoli la rivista « La Rinascita », divenuta poi « Rinascita », organo del Partito comunista italiano, con lo scopo preciso di « presentare agli uomini di cultura in genere una *summa* ragionata delle idee e delle parole d'ordine che il Pci aveva elaborato durante i quasi vent'anni di emarginazione dalla vita pubblica; e offrire agli intellettuali già in via di diventare "organici" una palestra apparentemente spregiudicata perché potessero rinforzare la loro adesione al partito e persino dibatterne i motivi », come bene ha scritto Nello Ajello. Vi collaborano ovviamente i più noti intellettuali comunisti, giovani e meno giovani, e vi si viene elaborando a poco a poco una linea di politica culturale, che avrà molto peso nello sviluppo seguente dell'intellettualità di sinistra, in tutte le sue manifestazioni, quindi anche nel cinema, sebbene solo saltuariamente e occasionalmente vengono affrontati e discussi argomenti cinematografici. La questione centrale, sul piano culturale, sarà ben presto il cosiddetto « realismo socialista », con tutte le implicazioni sul piano ideologico e politico, estetico ed etico, che esso comporta. E se pure la posizione dei comunisti italiani, e dello stesso Togliatti, sarà al riguardo molto articolata e in larga misura indipendente — soprattutto in quegli anni — dai rigidi schemi sovietici secondo la linea imposta da Andrej Zdanov, è nella prospettiva d'un'arte e d'una cultura « socialiste », debitrici della grande tradizione ottocentesca, che si articola il dibattito. Anche per gli artisti del cinema, per militanti come De Sanctis, Puccini e il vecchio gruppo di « Cinema », la « questione del realismo », che già era stata da loro aperta e approfondita sulle pagine della rivista, ritorna non soltanto d'attualità, ma costituisce la base per l'elaborazione d'un progetto cinematografico nuovo, finalmente libero dai condizionamenti della censura.

Su questo sfondo di ricerche, dibattiti, sperimentazioni teoriche, iniziative individuali e collettive, si muove Visconti, tutto intento a riprendere il cammino forzatamente interrotto, a fare di *Ossessione* e della sua precedente esperienza cinematografica il punto di partenza per una nuova attività che lo impegni totalmente. Ma questa attività, che avrebbe dovuto svolgersi naturalmente nel cinema, per le ragioni storiche cui abbiamo fatto cenno si esplicherà invece in un altro settore dello spettacolo, il teatro, al quale egli dedicherà un biennio intensissimo e straordinariamente interessante. E sarà proprio il teatro, paradossalmente, a fornire a Visconti quella varia gamma di spunti e possibilità espressive che il cinema, almeno allora, non gli diede. Anzi, sarà proprio la sua attività teatrale ad imporlo prepotentemente all'attenzione del pubblico e della critica per la forza e la novità delle sue regìe. E pensare che il lavoro sul palcoscenico non fu altro che un'occasione fortuita, non certo il frutto di una scelta o d'una tendenza da seguire: fu la conseguenza, impensata, del fallimento di una serie di progetti cinematografici, che Visconti elaborò e propose invano.

2 «Pensione Oltremare»

L'esperienza degli ultimi mesi, la Resistenza, il carcere, le azioni partigiane sono evidentemente i primi soggetti da realizzare. Il recente passato è troppo importante e significativo per non affrontarlo nei modi e nelle forme d'un cinema «impegnato», in cui i fatti e le loro cause e spiegazioni acquistino la dimensione d'un dramma realistico, a forti tinte, coinvolgente. Il gruppo di «Cinema», in particolare Giuseppe De Santis, Gianni Puccini, Aldo Scagnetti, insieme a Mario Socrate e con la collaborazione di Franco Calamandrei e Antonello Trombadori, scrivono un soggetto dal titolo *G.A.P.*, pensato ed elaborato prima ancora della liberazione di Roma, che descrive le azioni dei Gruppi di Azione Patriottica secondo le testimonianze e i ricordi degli stessi protagonisti. Sarebbe stato probabilmente il primo film italiano sulla Resistenza, ma purtroppo non se ne fece niente: pare che il produttore Carlo Ponti, al quale fu presentato, abbia rinunciato a realizzarlo poiché il regista del film, Giuseppe De Santis, non gli dava fiducia, essendo alla sua prima prova cinematografica.

Dal canto suo, Luchino Visconti, insieme a Mario Chiari, Franco Ferri e Rinaldo Ricci — basandosi anch'egli sulla propria esperienza carceraria — elabora il progetto di un film sulla « Pensione Oltremare », che fu sede, come si è già detto, della banda Koch. *Pensione Oltremare*, di cui esiste un trattamento sufficientemente ampio e dettagliato, descrive la storia tragica di un giovane, arrestato casualmente a Roma dalla polizia fascista, rinchiuso nella Pensione Oltremare a contatto con resistenti e antifascisti, ai quali vengono inflitte torture d'ogni genere, che acquista a poco a poco una coscienza politica che gli consente di comprendere la logica aberrante secondo la quale egli sarà trucidato alle Fosse Ardeatine. È il tema non nuovo della conquista progressiva di una maturità, qui trattato tuttavia nei termini di un forte dramma resistenziale, in cui già compaiono i caratteri e le situazioni che saranno proprî di tal genere di film, da *Roma città aperta* al *Generale Della Rovere*, con la raffigurazione dei nazisti corrotti e corruttori, fra sesso e violenza, e dei collaborazionisti meschini e ributtanti.

Si veda in proposito l'ampia sequenza dell'Albergo Bernini in cui si svolge un ricevimento privato organiz-

zato dal fascista commendatore Lai, « industriale pie-
montese trasferitosi a Roma per ragioni di affari ». Ci
sono naturalmente, fra ballerine e bellimbusti, due uf-
ficiali tedeschi, uno della Luftwaffe, « giovane e già in
stato di completa ubriachezza », l'altro delle SS, « freddo, secco e compassato, che ha la mano destra di legno, dura e rigida, inguantata di nero lucido »: un personaggio alla Erich von Stroheim in sedicesimo, come
se ne vedranno molti nei film antinazisti.

« L'ufficiale delle SS, intanto — si legge nel testo —, s'è
avvicinato alla ragazza che canta nel centro della sala. Questa
ora è rimasta quasi completamente nuda, portando solamente
un paio di leggere e trasparenti mutandine. Egli rimane a
contemplarla, muto e con un duro e freddo sorriso sulle labbra. Finalmente le si avvicina e con la mano rigida e inguantata di nero, le accarezza lentamente una spalla e il seno. La
ragazza lancia un grido di ribrezzo e corre a rifugiarsi su un
divano, distendendosi voluttuosamente ».

È un brano da film d'appendice, ma anche rivelatore al tempo stesso d'un intento « provocatorio » nei
confronti d'un cinema edulcorato come quello italiano
di allora, fra drammi leggeri o passionali e film docu-
mentaristico-bellici, e d'una tendenza a mescolare i vari livelli della rappresentazione — melodramma, tragedia, dramma borghese; impegno sociale, conflitti psicologici, contemplazione estetica — che sarà propria del
Visconti maturo, regista di cinema e di teatro.

Pensione Oltremare rimase tuttavia, come si è detto, allo stadio di progetto e di trattamento cinematografico, anche perché, nel luglio 1944, Rinaldo Ricci e
Franco Ferri si arruolarono nell'esercito di liberazione
nazionale, abbandonando il lavoro. Pare comunque
che Visconti non rinunciasse a realizzarlo se ancora in

ottobre, intervistato da Silvano Castellani, dichiarava: « Sto preparando un film intitolato *Pensione Oltremare*, che avrà un carattere nettamente realistico, contenuto drammatico e piscologico, nonché significato polemico. Il racconto è ambientato a Roma durante il periodo della più crudele oppressione nazifascista ».

I temi resistenziali compaiono anche in un altro progetto di film non realizzato, di cui purtroppo non è rimasta traccia: o forse in due diversi progetti, dato che le testimonianze al riguardo sono imprecise e contraddittorie. Vasco Pratolini, che conobbe Visconti subito dopo la liberazione di Roma, ricorda di avere collaborato con lui e con Michelangelo Antonioni e Antonio Pietrangeli a un soggetto cinematografico commissionato e pagato dal produttore Alfredo Guarini. Il film, che avrebbe dovuto essere interpretato da Isa Miranda, moglie di Guarini, era articolato in vari episodi, in cui le esperienze e i ricordi di partigiani e di amici antifascisti si articolavano in fatti e situazioni drammatiche. L'episodio centrale, interpretato dalla Miranda, era ispirato vagamente a *Boule de suif* di Maupassant. Antonioni, in un'intervista a Lietta Tornabuoni, ricorda invece di aver lavorato con Visconti alle sceneggiature di due film non realizzati, il primo dei quali era la « storia di una orchestrina femminile che andava al fronte a suonare per i soldati » e precisa:

« Ci lavoravano Vasco Pratolini, Gianni Puccini e io. Al mattino andavamo in casa di Visconti, in via Salaria a Roma. Ci riunivamo in una stanza nella torretta. C'era il caminetto acceso e un gran tavolo da consiglio d'amministrazione, con blocchi di carta e matite. Luchino sedeva a capotavola. Diceva: sentiamo le idee. Era un po' come essere a scuola, quando non si è preparati all'interrogazione, e io venivo considerato dagli altri un crumiro perché al mattino mi svegliavo presto ed ero quindi meno imbambolato di loro. Dopo due mesi di lavoro, un pomeriggio Luchino disse: Ragazzi, ho letto questo vostro parto, diciamo che fin qui abbiamo scherzato. E sotto i nostri sguardi inorriditi buttò il copione nel caminetto, bruciandone l'unica copia ».

L'altro film cui fa cenno Antonioni è *Il processo di Maria Tarnowska*, sul quale torneremo fra poco.

Franco Ferri, che dovette abbandonare il lavoro di sceneggiatura di *Pensione Oltremare*, perché si era arruolato nell'esercito di liberazione, ricorda che Visconti in quel periodo accennò alla possibilità di una riduzione cinematografica della *Certosa di Parma* di Stendhal, precisando anche che la parte di Fabrizio Del Dongo avrebbe dovuto interpretarla lo stesso Ferri. Fu pure annunciato successivamente il film *Furore* per la regìa di Luchino Visconti — esiste anzi un contratto firmato con la Lux nel maggio del 1945; alla sceneggiatura avrebbero dovuto collaborare De Santis, Alicata e Pietrangeli —, ma non ne sono rimaste tracce. Forse si trattava di una elaborazione del progetto del film, o dei film, di argomento resistenziale di cui s'è detto. Insomma, progetti se ne fecero, e Visconti riprese gli stretti contatti sia con gli amici di « Cinema », sia con nuovi amici, nel tentativo insistentemente perseguito, ma purtroppo continuamente fallito, di proseguire il cammino d'un cinema realistico e problematico, ancorato alla realtà contemporanea, vista con occhi disincantati e critici, su cui s'era mosso quando aveva realizzato *Ossessione*.

Date le molteplici difficoltà del momento, la sostanziale impossibilità di riprendere una regolare attività produttiva nel campo del cinema, anche da parte degli industriali ci si orienta su altri progetti, si tentano diverse strade. Il produttore Riccardo Gualino, ad esempio, si improvvisa impresario teatrale e offre a Visconti, alla fine del 1944, la possibilità di esordire sul palcoscenico come regista di *Parenti terribili* di Jean Cocteau, un dramma che per il contenuto scabroso e più ancora per la messinscena audace e originale, segnò una tappa fondamentale nella storia della scena italiana, costituì un punto di riferimento per ogni ulteriore discorso sulla funzione della regìa teatrale (almeno in Italia) e sollevò non poche discussioni fra il pubblico e la critica. Sarà proprio questo spettacolo a dare l'avvìo alla carriera teatrale di Visconti, che per più di due anni sarà ininterrotta ed esclusiva, con risultati indubbiamente significativi. Di ciò si dovrà parlare a lungo, perché anche e soprattutto attraverso il lavoro teatrale la poetica e l'estetica viscontiane si andranno approfondendo e modificando sensibilmente, sino all'elaborazione di un ampio progetto spettacolare in cui confluiranno, integrandosi, i diversi elementi drammaturgici proprî del cinema, del teatro e successivamente dell'opera lirica.

3 Altri progetti. «Giorni di gloria»

Ma intanto il cinema, nonostante le difficoltà, continua ad essere un obbiettivo da raggiungere, addirittura primario rispetto alle altre possibilità di rappresentare drammaticamente la realtà contemporanea. Visconti e i suoi amici e collaboratori non rinunciano a proporre soggetti, ad elaborare progetti, ad accettare proposte. Si tratta di non interrompere il contatto con il pubblico più vasto, di potere finalmente utilizzare uno strumento così efficace per documentare e interpretare il reale in modi e forme di immediata fruizione, che durante gli anni del fascismo non era stato possibile usare correttamente. Non importa se i temi o i soggetti da trattare siano strettamente contemporanei: l'importante — come già era accaduto per *Ossessione* — è riprendere a lavorare. Così è ancora una volta Alfredo Guarini a finanziare un progetto di film, ed è ancora una volta l'avversa fortuna a impedirne la realizzazione. Si tratta del citato *Il processo di Maria Tarnowska*, di cui sarebbe dovuta essere protagonista Isa Miranda.

Già annunciato nel 1943 (avrebbe dovuto dirigerlo Renato Castellani), il film fu nuovamente annunciato nel marzo del 1945, questa volta per la regìa di Visconti. Il lavoro di trattamento e di sceneggiatura, che si protrasse presumibilmente per alcuni mesi e forse più, fu svolto da Visconti in collaborazione con Michelangelo Antonioni, Guido Piovene e Antonio Pietrangeli. Esistono una sceneggiatura completa e una serie di fotografie di sopralluoghi al Lido di Venezia e altrove, dove Visconti pensava di girare alcune sequenze del film, ma poi non se ne fece nulla. Dalle testimonianze e dalle stesse fotografie si può collocare la preparazione del film verso la fine del 1945 e nei primi mesi del 1946, ma forse anche più tardi. Come ricorda Antonioni, il soggetto — tratto dalle cronache del famoso processo della Tarnowska che scandalizzò la società mondana del primo Novecento — stava molto a cuore a Visconti, il quale vi « continuò a pensare fin quasi alla sua morte ».

« Con lui — dice Antonioni —, Guido Piovene, Antonio Pietrangeli e io avevamo scritto una sceneggiatura veramente molto bella. Molto faticata, anche. In quel periodo, non so perché, Luchino era senza soldi. Aveva dato in affitto la sua casa di via Salaria e preso due appartamenti (uno per sé, uno per i camerieri) all'Hotel San Giorgio, un albergo molto tetro in una di quelle squallide vie intorno alla Stazione Termini. Un posto terrorizzante. Andavamo lì al mattino, i pasti ci venivano serviti in camera, e quando Luchino doveva uscire ci chiudeva dentro a chiave per costringerci a lavorare. Ci sentivamo come bestie in gabbia. Dalla noia Piovene s'affacciava alla finestra e sputava in testa a tutti i passanti calvi. Per fortuna arrivò la primavera e ci trasferimmo a Ostia, sulla spiaggia. Partivamo in grande spedizione noi, Visconti, un suo amico che era un po' un maestro di cerimonie in casa sua, il suo scenografo Mario Chiari. Ci fermavamo in una trattoria, dalla Gina, a caricare una cesta di cibi, lavoravamo sulla spiaggia sino al crepuscolo: era tutto molto bello, il mare, la sabbia allora pulita, Luchino e il suo amico che parlavano tra loro in francese, le chaises-longues, le tovaglie bianche... tutto quasi come nei picnic di bagnanti eleganti sulla spiaggia del Des Bains al Lido in *Morte a Venezia* ».

Una descrizione, questa, che molto ci illumina non soltanto sulle tecniche del lavoro con Visconti, ma anche sulla natura stessa del film — se fosse stato realizzato —, in cui quegli elementi contenutistici e formali che troveremo nell'ultimo Visconti, chiaramente esplicitati, avevano qui probabilmente una prima formulazione.

Altri progetti, intanto venivano elaborati, fra un impegno teatrale e l'altro. Si parlò di una riduzione cinematografica dell'*Otello* di Shakespeare, che avrebbe dovuto interpretare Louis Jouvet. Si parlò anche di un film tratto dal romanzo *Uomini e no* di Elio Vittorini che Visconti avrebbe dovuto girare alla fine del 1945 e di altre regìe non meglio identificate. « Il Dramma », ad esempio, in quello scorcio d'anno scriveva: « Luchino Visconti, dopo aver assistito a Milano la compagnia di Laura Adani per l'andata in scena di *La via del tabacco* e *Adamo*, è ritornato a Roma dove, con la sua regìa, dovrà produrre tre pellicole cinematografiche, la prima delle quali è il rifacimento del romanzo di Vittorini: *Uomini e no* ». Lo stesso Vittorini gli scriveva in proposito:

« Caro Visconti, io mi considero impegnato con te, già te l'ho fatto sapere attraverso le persone che mi mandasti, ma sarei proprio contento se tu decidessi di fare il lavoro per conto dell'*Anpi* anziché d'una qualunque società capitalistica del cinematografo... A me resta solo da aggiungere la mia preghiera personale perché il tuo progetto e il desiderio dell'*Anpi* (Associazione Nazionale Partigiani) possa avere un'unica realizzazione, e presto, questo stesso inverno ».

C'è infine un dettagliato progetto per un film da sottoporre alla Lux, firmato da Visconti e da Pietrangeli, conservato fra le carte viscontiane, che può essere datato — secondo le ipotesi di Caterina D'Amico — tra il 1946 e il 1951, ma che con molta probabilità va collocato in questo periodo, tra la fine del 1945 e la fine del 1946, sul quale è bene spendere qualche parola.

Sotto il titolo *Proposta di un soggetto per un film (sulla) borghesia milanese per la Lux*, il testo sintetizza una situazione drammatica che è chiarita in apertura con queste parole: « Questo soggetto dovrebbe narrare la storia d'una famiglia di industriali lombardi attraverso le ultime tre generazioni: la prima quella che fiorì sul finire del secolo scorso, la seconda quella compresa tra le due guerre, e la terza quella attuale.

La storia ha inizio nel momento in cui la prima generazione crea l'industria alla quale rimarranno legati, da
allora, il nome e la fortuna del casato». Doveva essere un film al tempo stesso corale e costruito su poche
figure emblematiche, un po' come saranno *La terra trema*, *Rocco e i suoi fratelli*, *La caduta degli dei*, in cui
le vicende di una famiglia si intrecciano con la storia
sociale e politica di una nazione, e i singoli membri si
stagliano sullo sfondo come simboli d'una condizione
umana. Ma, a differenza di questi film, quello sulla
borghesia milanese avrebbe avuto una dimensione temporale ben più ampia, abbracciando oltre cinquant'anni di storia patria: tre generazioni di industriali attraverso le quali fatti pubblici e privati, personaggi della
storia e della finzione, ambienti sociali di ieri e di oggi
si sarebbero intrecciati a costituire un grande affresco
sotteso da una visione critica del reale e dall'intento
dichiarato di rappresentarlo in modi e forme al tempo
stesso coinvolgenti e distaccati.

Naturalmente la crisi che colpirà l'industria nel corso del tempo, nel periodo tra le due guerre, sarà strettamente connessa con la crisi interna al nucleo familiare,
nel passaggio dalla prima alla seconda generazione. Dice il testo:

« Ma non è solo una crisi esterna ad insidiare le sorti
avvenire della nostra famiglia. I germi della crisi sono già
nell'interno della stessa famiglia dove la ricchezza, l'educazione sbagliata dei figli, il peso e l'orgoglio d'una tradizione d'opu-
lenza, cominciano a minare i rapporti tra i familiari, e a creare
un pericoloso distacco tra gli avvenimenti nuovi del mondo e i
nostri personaggi. Ormai la supremazia e la sopravvivenza stessa della fabbrica non sono più tanto affidate alla capacità dei
dirigenti, alla volontà di lavoro, ai continui perfezionamenti

tecnici. Ma ogni sforzo si dirige e scade sul piano del compromesso, dell'intrigo politico, del gioco delle speculazioni ».

Sullo sfondo di questo sfacelo, più morale che economico — come avverrà ai protagonisti della *Caduta degli dei* —, si staglierà la figura dell'ultimo rampollo del casato, incapace di sostenere il ruolo affidatogli dalla tradizione familiare. La descrizione che ne fanno Visconti e Pietrangeli è precisa e sintomatica:

« L'erede diretto sembra che abbia ereditato soltanto le tare dei suoi antenati: è una creatura fragile, con un'impulsività senza scopi, una sensibilità troppo raffinata che lo sconvolge e lo rende inetto a sopportare il peso sempre più grave della mastodontica industria. Nato da un famiglia diversa, in un ambiente diverso, forse le sue doti naturali ne avrebbreo fatto un artista. Così, invece, riesce solo ad essere il fantasioso ragazzo-prodigio che si esaurisce in impossibili sogni, in assurdi progetti: una meteora che passa senza lasciare altra traccia che il suo effimero luccichìo ».

Ma al crollo definitivo della famiglia, attraverso quest'ultimo rappresentante, il film contrappone nel finale un nuovo personaggio, positivo, « un giovane d'un ramo laterale », il quale, « lasciandosi alle spalle tutto il passato... inizia il cammino per ritrovare un contatto con la realtà e con gli uomini, quegli uomini che la sua famiglia, da quando s'era chiusa nel suo egoismo dinastico, aveva disconosciuto o ignorato ».

Anche a non volere attribuire a questo soggetto un significato fondamentale per lo sviluppo del cinema di Visconti, è chiaro che in esso si trovano quegli elementi che costituiranno il tessuto connettivo delle sue storie e dei suoi personaggi, fra osservazione distaccata della realtà sociale e compiacimento nella descrizione dello sfacelo morale dei protagonisti, fra spinte progressiste e intenti drammaturgici tradizionali. Né manca, da un lato, un certo autobiografismo ideale; dall'altro, il gusto dell'ambientazione storica: l'uno e l'altro intrecciati attorno al filo d'un ripensamento memoriale del passato che si scontra col presente, di cui si dà una rappresentazione incerta fra il pessimismo di fondo e l'ottimismo di superficie.

Anche questo progetto, come gli altri cui si è fatto cenno, non andò in porto. Visconti continuò a occuparsi di teatro, ma non rinunciò, nel 1945, a partecipare alla realizzazione di un film documentario sulla Resistenza, che fu il suo solo lavoro cinematografico di quel periodo, prima che, a metà del 1947, non gli offrissero l'occasione di riprendere il vecchio progetto dei *Malavoglia* verghiani e di attualizzarlo e ampliarlo nel soggetto che avrebbe costituito la struttura portante della *Terra trema*: un film che non soltanto segna una cesura importante e significativa — anche per le conseguenze che ebbe — nella sua carriera teatrale (che riprenderà nell'autunno del 1948), ma anche indica la strada maestra d'un cinema « realistico » (in una particolare accezione, su cui torneremo), al quale Visconti rimarrà sostanzialmente fedele negli anni seguenti.

Il film documentario sulla Resistenza, *Giorni di gloria*, realizzato parte con materiale cinematografico di repertorio (di provenienza americana e altra), parte con riprese dirette di fatti contemporanei (quelle di Visconti sul processo al questore di Roma Pietro Caruso e quelle di Marcello Pagliero sulle Fosse Ardeatine), fu coordinato da Mario Serandrei e da Giuseppe De Santis nei primi mesi del 1945 e terminato nell'estate del medesimo anno. Presentato nelle sale pubbliche in ottobre, *Giorni di gloria* voleva essere, come scrisse Antonio Pietrangeli recensendolo su « Star »:

« La esposizione cinematografica della lotta partigiana e degli avvenimenti d'Italia dall'8 settembre sino alla liberazione del Nord: l'occupazione nazifascista e la nascita delle brigate partigiane, gli atti di sabotaggio, la stampa clandestina e l'eccidio delle Fosse Ardeatine, i processi e la fucilazione di Caruso, Koch e Scarpato, gli episodi di guerra aperta nell'alta Italia, la fine di Mussolini, la liberazione di Milano, l'inizio faticoso della ricostruzione ».

Senza entrare nel merito del film, che fu accolto da pubblico e critica disparatamente ma che, in ogni caso, costituisce uno dei testi più interessanti e significativi di cinema resistenziale, fra documento e ricostruzione storica, intento didascalico e impegno politico, c'è da osservare che le parti girate da Visconti — cioè il processo a Caruso e il linciaggio di Carretta, già direttore del carcere di Regina Coeli, nonché l'esecuzione di Caruso e di Pietro Koch — costituiscono all'interno di *Giorni di gloria* un capitolo a sé stante. Nel senso che il carattere documentaristico delle sequenze si carica progressivamente d'una drammaticità che gli viene dallo sguardo acuto con cui Visconti osserva fatti e personaggi, quasi fossero elementi d'una grande rappresentazione scenica. Non è che la realtà diventi spettacolo, né che la finzione assuma il carattere della realtà; ma la cronaca del processo e la rappresentazione della condanna e dell'esecuzione diventano sullo schermo immagini e suoni d'una tragedia che si dilata sino ad assumere significati non contingenti. I primi piani, le inquadrature mosse della folla agitata, le insistenze con cui la cinecamera si sofferma sui volti, sui particolari ambientali, il montaggio di largo respiro, punteggiato qua e là dagli improvvisi soprassalti del fatto inconsueto o casuale, costituiscono un tessuto spettacolare così intenso, coinvolgente, drammatico, da suggerire, al di là delle informazioni storiche fornite, idee e sentimenti che portano lo spettatore ad assumere un atteggiamento partecipe e distaccato al tempo stesso, quasi fosse contemporaneamente testimone dei fatti e loro interprete.

Con una materia così incandescente e con immagini e sequenze tratte direttamente dalla cronaca, senza preventive manipolazioni, Visconti ha saputo costruire uno spettacolo che trova forza e significato dal modo in cui quelle immagini e sequenze sono costruite e montate. Il documentarismo si fa drammaticità, il cinegiornale d'attualità tragedia: fatti e personaggi si dispongono sullo schermo quasi fossero materiale plastico e situazioni drammaturgicamente elaborate. Anche nella semplice registrazione del reale Visconti riesce a introdurre gli elementi d'una spettacolarità congenita, il bisogno di intervenire nella cronaca per metterne in luce i risvolti profondi, la storia. Dietro l'episodio viscontiano di *Giorni di gloria* c'è infatti non soltanto la precedente esperienza di *Ossessione* basata sulla teorizzazione del « cinema antropomorfico », ma anche la contemporanea attività teatrale, in cui il problema dell'attore e del personaggio dalla sfera dell'invenzione e del testo letterario si cala nel vivo d'una rappresentazione che — secondo Visconti — deve avere i contorni della realtà, la pregnanza dei fatti concreti. È il teatro, insomma, nella più vasta accezione del termine, a mediare la rappresentazione cinematografica del reale, a fornire quella dimensione spettacolare al documento che rimase una delle costanti dell'arte viscontiana.

4 *«Parenti terribili»*

Si è detto il teatro. Esso fornisce probabilmente la
migliore chiave di lettura dell'opera complessiva di Visconti, perché è il rapporto con gli attori da un lato, la
lettura scenica d'un testo dall'altro, a costituire la struttura portante d'una interpretazione della realtà umana
e sociale — sentimenti, passioni, situazioni, idee, fatti, problemi ecc. — che troverà, sia sul palcoscenico
sia sullo schermo, la giusta dimensione formale del
« grande spettacolo del mondo », di quella integrazione di realtà e finzione che ha dato a Visconti la patente di regista « realista », nel senso proprio di creatore
di spettacoli in cui il naturalismo, la cura meticolosa
della ricostruzione ambientale, una recitazione calibrata sulla quotidianità ma al tempo stesso forzata verso
il superamento della naturalezza, sono i diversi tasselli
d'un mosaico che colpisce appunto per il suo dichiarato e incombente realismo.

Il primo lavoro teatrale di Visconti, *Parenti terribili* di Jean Cocteau, andò in scena il 30 gennaio 1945
al Teatro Eliseo di Roma, e fece scandalo presso il
pubblico ed anche presso la critica; ma fu un successo
veramente strepitoso: 14 chiamate al primo atto, 16
al secondo, 20 al terzo, come riferì G. Di Brizio su
« Il Giornale del Mattino », aggiungendo: « Nella lunga ed oziosa questione di una necessità della regìa nel
teatro, questa di Visconti è una parola decisiva, un
argomento che taglia corto ». Umberto Barbaro scrisse:

« Da questa minuziosa e attentissima regìa, di ascendenza
cinematografica, è risultato uno spettacolo in cui finalmente il
fatto figurativo ha preso forte rilievo ed è venuto in primo

piano, affidato non solo alla scenografia, all'arredamento e al costume, ma anche e soprattutto alla recitazione, calcolatissima anch'essa, nel suo aspetto formale, oltre che verbale: calibrata cioè in ogni atteggiamento, in ogni gesto, in ogni espressione, in ogni sguardo a comporre armonia di visione ».

E Massimo Bontempelli:

« Credo che il successo sia dovuto il novanta per cento alla stupenda esecuzione e il dieci per cento alla qualità — di genere inferiore — del dramma... Non si loderà mai abbastanza la precisa, gelosa, sagace regìa di Visconti, sia per l'originalità dei due scenari a contrasto, sia per l'armonica impostazione dei movimenti, delle gradazioni delle voci, di ogni particolare della interpretazione realizzante del lavoro ».

Infine Silvio D'Amico:

« Sarebbe interessante chiedersi, davanti allo strepitoso successo riportato or ora dai *Parents terribles* all'Eliseo, cos'abbia veramente gustato in questo dramma un pubblico, fra cui il novanta se non il novantacinque per cento di certo non conosceva neanche per sospetto l'arte del Nostro [Cocteau]; chiedersi come e perché cotesto pubblico abbia prodigato a lui i consensi che, negli ultimi mesi almeno, aveva misurato con avarizia ad autori non meno eleganti, o più autentici, di lui »;

rispondendo che certamente la ragione andava ricercata nello spettacolo, in quel realismo che scandalizzò e attrasse al tempo stesso, soprattutto nella

« sua atmosfera torva: ambienti di naufraghi nel disordine, semioscurità *maladives*, cataste di panni sudici, sentore di droghe eccitanti, luci sinistre che arrivan dalle case di faccia (tutte cose a cui la regìa di Visconti, pur così giustamente apprezzata, avrebbe forse potuto avviarci con sfumature anche più accentuate); e femmine che passano la vita in vestaglia, e ragazzi sperduti in un clima che li soffoca ».

Visconti, in altre parole, aveva portato sul palcoscenico quel verismo crudo e tagliente che, in un differente contesto drammatico, aveva già ampiamente sperimentato in *Ossessione*, servendosi questa volta del dramma di Cocteau — il Cocteau che aveva conosciuto, frequentato e ammirato negli anni della sua gioventù — in cui cinque personaggi si dilaniano reciprocamente nel chiuso d'un interno familiare che è peggio d'una gabbia o d'una prigione. Ed è il realismo della messinscena, in contrasto con la letterarietà del testo, così intriso di luoghi comuni e di situazioni drammaturgiche derivate dal teatro borghese, riscattate qua e là da un certo sarcasmo e da qualche cattiveria, a capovolgere i significati, o meglio ad arricchirli di valenze segniche inconsuete ed attuali. Nelle mani di Visconti, *Parenti terribili* — si noti la dilatazione semantica del termine « parenti » rispetto all'originale *parents* = genitori nel contesto di una traduzione, dovuta a Rinaldo Ricci, che ne accentua il realismo e la quotidianità — diventa il manifesto di un teatro violentemente aggressivo, che pone lo spettatore nel vivo del dramma, costringendolo a prendere posizione, coinvolto in pari misura dalle parole e dai gesti, dagli ambienti e dalle azioni dei personaggi: un teatro che tende a diventare un'esperienza totale e totalizzante.

E dire che, anche questa volta, Visconti esordì nel teatro, come prima nel cinema, con poca esperienza, con scarsa conoscenza della tecnica: un esordio che non soltanto lo indicò come il più significativo regista italiano del tempo, ma anche segnò una svolta radicale nel modo di realizzare in Italia uno spettacolo teatrale, contro le convenzioni tradizionali. Come ricordò lo stesso Visconti in un'intervista rilasciata nel 1962 ad Alessandro D'Amico e Fernando Di Giammatteo:

« Non so perché fece questa impressione la regìa dei *Parenti terribili*. Probabilmente perché era semplificata, tutto veniva portato su un piano di verità e di realismo, cosa che allora si cercava di sfuggire un po': anche perché, forse, in tutto il periodo precedente, il teatro italiano si era rifugiato nell'evasione, in testi che non toccassero certi argomenti... »

In realtà non tutto il teatro italiano precedente si era rifugiato nell'evasione o aveva totalmente ignorato gli autori stranieri contemporanei, americani soprattutto. Per tacer d'altri, basti ricordare che al Teatro delle Arti di Roma, fondato da Anton Giulio Bragaglia nel 1937, furono rappresentate opere quali *Piccola città* di Thornton Wilder, *Sotto i ponti di New York* di Maxwell Anderson, *Il lutto si addice ad Elettra* di Eugene O'Neill, tra il 1939 e il 1941. Tuttavia, al di là dei temi trattati, i modi dello spettacolo seguivano altre vie, si richiamavano esplicitamente a un'idea di teatro come finzione che contrastava violentemente con il realismo integrale che di lì a pochi anni, per opera di Visconti, avrebbe sconvolto la scena italiana. Anzi, sarà proprio Bragaglia che polemizzerà con Visconti a proposito della natura stessa del teatro e della sua funzione spettacolare: a ulteriore dimostrazione dello « scandalo » che le regìe viscontiane avevano suscitato tanto nel pubblico quanto negli addetti ai lavori (critici e teatranti).

In occasione di *La via del tabacco* di John Kirkland, tratta dall'omonimo romanzo di Erskine Caldwell, andata in scena con la regìa di Visconti a Milano il 4 dicembre 1945, scrisse infatti Bragaglia:

« C'è giunta notizia delle sue pretese di realismo alla Antoine, nella messinscena di *Via del tabacco* e, anche in queste, non riusciamo a consentire con lui come vorremmo. È proprio fenomeno di questi giorni l'applicazione di criteri cinematografici al teatro, causati dalla sopravvenuta collaborazione dei cineasti alla vecchia scena. Visconti è giunto a pretendere dagli attori di *Via del tabacco*, che si facessero crescere barba e capelli al naturale, per apparire incolti. Ma, in tutti i tempi, il teatro è stato mascheratura; e tale dev'essere oggi, e sempre se non vuol tradire la essenza della sua bravura. Tanto più è bella la maschera, quanto più è somigliante, ma ha da essere maschera. Il pollo di cartone dev'essere ognora il Re della scena e, se è un nobile pollo teatrale, deve risultare appetitoso come vero. Altrimenti dove finisce l'abilità della finzione? E finzione deve restare, se vuol restare arte ».

Proprio contro questa idea di teatro Visconti realizzò in quegli anni i suoi spettacoli, puntando tutto, da un lato sul realismo delle scenografie e dei costumi, dall'altro sulla verosimiglianza dei gesti e delle parole, che dovevano concretizzarsi in una recitazione in cui l'attore tendeva a identificarsi col personaggio e questo con quello, in una simbiosi « antropomorfa » che derivava in linea retta dalla sua precedente esperienza cinematografica. Ciò avvenne, in varia misura e con risultati differenti, tanto nei *Parenti terribili* — che, per essere stato il primo della serie, scandalizzò maggiormente e suscitò discussioni a non finire —, quanto nei lavori messi in scena nei mesi seguenti: *Quinta colonna* di Ernest Hemingway (23 marzo 1945 al Teatro Quirino), *La macchina da scrivere* di Jean Cocteau (2 ottobre 1945 al Teatro Eliseo), *Antigone* di Jean Anouilh e *A porte chiuse* di Jean-Paul Sartre (18 ottobre 1945 al Teatro Eliseo), *Adamo* di Marcel Achard (30 ottobre al Teatro Quirino) e la citata *Via del tabacco*.

5 Rivoluzione teatrale

Non si pensi, tuttavia, che la formula del « realismo integrale » costituisse per Visconti una sorta di regola fissa, coercitiva, inderogabile. Evidentemente, a seconda dei testi scelti, la regìa richiedeva particolari soluzioni formali: il gioco degli attori, i costumi, le scene, dovevano integrarsi secondo un progetto compositivo che teneva conto in pari misura delle suggestioni spettacolari del testo, della sua collocazione storica, della sua lettura critica, del suo significato attuale. Ciò che va rilevato è che proprio dalla scelta dei testi, tutti contemporanei e di autori francesi e statunitensi variamente impegnati nell'affrontare e discutere problemi di natura politica, sociale, morale, si può indicare una linea di tendenza che non molto differisce da quella perseguita dal Visconti autore di cinema (come la si può rintracciare nell'unico film realizzato, *Ossessione*, e nei molti progetti rimasti tali). Una tendenza che, schematicamente, si può definire quella d'un realismo di rappresentazione che tende a portare alla luce, attraverso testi polemici o problematici, le tensioni, i drammi, i conflitti d'una società in crisi, incerta fra tradizione e rinnovamento, fra passato e futuro, fra conservazione e progresso. Dal « nodo di vipere » della famiglia borghese dei *Parenti terribili* al dramma politico e sociale della guerra civile spagnola di *Quinta colonna*; dall'universo concentrazionario, ancora una volta borghese e sordido, di *La macchina da scrivere* e di *A porte chiuse* alla rilettura « ideologica » di *Antigone*; dalla situazione « scandalosa » e provocatoria di *Adamo* alla tragedia della « depressione » di *La via del tabacco*, è un panorama vario e complesso della società contemporanea percorsa dai fremiti del nuovo ma profondamente ancorata al vecchio: un panorama rappresentato nei modi e nelle forme di uno spettacolo che vuole sconvolgere lo spettatore sul piano emotivo e razionale al tempo stesso, e attraverso questo sconvolgimento trasmettere una visione critica del reale.

Per *Quinta colonna* Giorgio Prosperi parlò delle « sprezzature del linguaggio "realista" gagliardamente accentuato dalla regìa di Luchino Visconti »; e Silvio D'Amico, criticando il testo più ancora dello spettacolo, accennò alla « realtà grigia, trita, impoetica, spezzettata e smozzicata in tante scenette e macchiette e dialoghi di cruda monotonia, da cui non s'esprimevano né caratteri né dramma ». Di *La macchina da scrivere* Vito Pandolfi scrisse:

« Oscure e confuse stanze di soggiorno: rosso e celeste. Lampadari velati, un arredamento strascicato e sensuale, in stile, a tinte di fiamma e di cobalto. Chiusi e murati dall'esterno vi si divincolano e vi si macerano alcuni personaggi casuali di un'assopita e difforme cittadina della provincia francese. Basta lacerare tendaggi e alcove, la cenere del silenzio, per giungere a un fuoco distruttore ».

E D'Amico aggiunse: « Luchino Visconti tenne tutto lo spettacolo sopra toni di esasperata frenesia, che non furono ultima causa della tensione del pubblico, almeno fin dove fu possibile ». Se di *Antigone* Ermanno Contini criticò la regìa che « riducendo lo spettacolo sul piano di una lettura col non chiudere la scena in limiti precisi e col far sedere gli attori, durante le pause delle loro azioni, su due banchi laterali come durante le prove, ha accentuato questo tono letterario svuotando, per così dire, di suggestione teatrale la rappresentazione »; di *A porte chiuse* gli elogi furono molteplici. Pandolfi scrisse entusiasta:

> « Un realismo così aspro, schietto, denso, può essere oggi forse lo strumento migliore della nostra coscienza. Per dire e sentire tutto questo, doveva essere posto in luce, evocato quanto sorge nell'animo umano: la sua natura, ogni passione, ogni ripiegamento, ogni slancio, ogni riflessione. La scena era percorsa da pianti e grida, da risa e ragionamenti: in modo sconcertante, impetuoso, sconvolgente. Com'è nella vita ».

E il pubblico, come riferiscono le cronache del tempo, accorse interessato e partecipe a una serie di repliche che si protrassero per una quindicina di giorni.

Per *Adamo* e per *La via del tabacco* le cose andarono diversamente. Lo scandalo provocato sia dai testi sia dalle regìe viscontiane, che già in precedenza avevano sollevato discussioni accese e proteste, ora si allarga a macchia d'olio e percorre tutta l'Italia, nuovamente riunita dopo la liberazione del Nord e la fine della guerra. Le polemiche rimbalzano da Roma a Milano e altrove, i giornali e le riviste intervengono per condannare o per assolvere, il potere pubblico non rimane in disparte. Sembra essere tornati ai tempi di *Ossessione*: è l'immoralità dei soggetti e dei temi, rispetto alla morale corrente, e più ancora il realismo degli spettacoli a sconvolgere il pubblico benpensante. Come già in *Ossessione* e come poi, quindici anni dopo, in *Rocco e i suoi fratelli*, gli interventi cènsori vogliono colpire non soltanto gli aspetti giudicati immorali o scandalosi, ma anche (e forse soprattutto) le implicazioni ideologiche e, per estensione, politiche che quegli spettacoli — concepiti e realizzati da Visconti secondo un progetto teatrale che non trascura, anzi evidenzia, i complessi rapporti sociali che stanno dietro ai conflitti senti mentali o morali — diffondono, coinvolgendo il pubblico e obbligandolo a prendere posizione.

Adamo di Achard scandalizza in primo luogo per il contenuto: vi si parla infatti di omosessualità in modo esplicito, la commedia anzi ruota tutta attorno a questo tema. Visconti naturalmente si difende e contrattacca in un'intervista concessa alla rivista « Dramma », che aveva assunto e ancora assumerà nei suoi confronti una posizione di alta considerazione e di aperto sostegno. Dice:

> « L'omosessualità esiste, non dobbiamo tapparci gli occhi e fingere di non accorgersene: oltretutto i casi che la riforniscono d'attualità sono noti anche per Roma, l'argomento che una volta era abolito dalle conversazioni dilaga sui giornali, e alcuni di essi gli dedicano paginoni, prime pagine, titoli su otto colonne, illustrazioni, eccetera. Esiste come argomento letterario, ne hanno scritto Gide Proust Zweig Mann e altri, come tutti sanno, e ne sono state fatte commedie, è finito sul teatro, secondo era il suo destino... Il discorso sul teatro e le sue finalità, il moralismo e la morale corrente, non è qua il caso di sfiorarlo nemmeno, in questo momento io faccio soltanto il regista ».

Lo spettacolo va in scena a Roma il 30 ottobre 1945 e vi rimane sino all'11 novembre. Quando passa a Milano, al Teatro Olimpia il 14 dicembre, la polemica esplode, interviene la polizia, e se ne impediscono le repliche; ciò accade anche a Venezia, dove è presentato al Teatro Goldoni il 14 gennaio 1946: per intervento del Patriarca di Venezia esso è sospeso il giorno dopo. Soltanto il 18 febbraio si riprenderanno le rappresentazioni al Teatro Carignano di Torino. Intanto si è mossa anche l'ambasciata di Francia, con sue rimostranze, e il testo di Achard, che doveva essere pubblicato su «Dramma», rimane per il momento in bozze.

Ricorda Visconti: «A Milano mandarono la Celere in teatro: la prima sera successe un pandemonio»; e Paolo Grassi, allora critico dell'«Avanti»: «Un pubblico enorme ha calorosamente applaudito la commedia dopo ogni atto, mentre vari dissidenti, con intenzioni polemicamente puritane, cercavano più volte, ma invano, di interrompere la recita». Una cosa del genere era d'altronde successa a Roma, come riferì Silvio D'Amico: «La cosa più importante da notare nella rappresentazione dell'*Adamo* di Achard al Quirino è stato il violento scontro fra una minoranza di gagliardi fischiatori, irritati per ragioni morali, e una acconcia maggioranza di plaudenti, decisi a difender le ragioni dell'arte, con tonanti applausi a scena aperta, e con un conto finale di sessanta e passa chiamate complessive». Infine Federico Zardi denunciò il sequestro dello spettacolo a Venezia avvenuto «dopo una prima rappresentazione davanti a un teatro esaurito in cui le squadrette del buoncostume (che si erano fatte precedere da lettere e telefonate minatorie), sparpagliate in ogni ordine di posti con il proposito di sollevare il disordine che avrebbe giustificato l'intervento della polizia, invano avevano atteso la situazione o la battuta su cui scatenare la gazzarra».

Anche *La via del tabacco*, data in prima a Milano, scatenò le reazioni dei benpensanti e suscitò interventi censori. Il realismo della rappresentazione, in cui non è difficile riscontrare, nella composizione scenografica e nella caratterizzazione dei personaggi, le influenze dell'omonimo film di John Ford, bene sottolineava, evidenziava, quella che venne definita la «disumanità», la «brutalità» del testo di Caldwell, sostanzialmente inalterato nella riduzione scenica fatta da Kirkland. Ma questa volta il realismo della messinscena, come notò acutamente Paolo Grassi, si discostava dal verismo del testo, trasferendo personaggi e ambienti su un piano intellettuale, « di un intellettualismo raffinato e decadente, scarnificante ogni sentimento nelle sue componenti, aggiungente ad ogni atto una carica di subcosciente ». Era tuttavia la materia drammatica a scandalizzare, questa umanità alla deriva, questi rapporti interpersonali contorti o abbietti, questa animalità di fondo, che dava alla miseria, in cui i protagonisti della storia affondavano sempre di più, una dimensione addirittura metafisica. La regìa di Visconti non faceva che accentuare, spostandola ad un livello di giudizio critico e di partecipazione più razionale che emotiva, questa miseria, al tempo stesso fisica e morale, coinvolgendo nella rappresentazione anche un giudizio politico e ideologico, un sottofondo esplicitamente economico e sociale. Come notava, un po' polemicamente, Arrigo Benedetti: « Forse la regìa di Luchino Visconti, così accurata nella tecnica della recitazione, delle luci, ha spostato l'accento dal motivo religioso, preponderante nel testo, a quello politico che nel testo è accessorio. Luchino Visconti è comunista e ci ha dato una regìa comunista ».

Forse anche per questo, per questo risvolto politico dello spettacolo, oltreché naturalmente per il tema « scandaloso » e il profluvio di parolacce — presenti nel romanzo di Caldwell, ma molto più « violente » e magari intollerabili se dette ad alta voce, in pubblico, su un palcoscenico —, le rimostranze di una parte di spettatori ottennero la sospensione, temporanea, delle recite. Ma *La via del tabacco* ebbe, nonostante queste rimostranze, o forse proprio per lo scandalo suscitato, uno straordinario successo di critica e di pubblico in tutta Italia, da Milano a Venezia, da Torino a Firenze, da Roma a Napoli a Genova, in una lunga *tournée* che occupò la compagnia dal dicembre 1945 al maggio 1946. Fu insomma uno spettacolo di notevole importanza — anche perché era la prima europea e si poneva su un livello formale non certo inferiore alle migliori messinscene straniere — e significò per il teatro italiano, più ancora delle precedenti regìe viscontiane, una tappa fondamentale, una sorta di punto di non ritorno. Lo stesso Visconti tenterà successivamente altre strade, quasi avesse esaurito, con la grande prova offerta dalla *Via del tabacco*, tutta un'area di ricerca in direzione di quel realismo integrale, ma al tempo stesso critico e « straniante », che era stata, in cinema e in teatro, la strada che aveva intrapresa con coraggio e perseveranza. Parte del pubblico poteva anche protestare, la censura intervenire, ma il nuovo teatro, allora, era quello propugnato da Visconti. Come scrisse la rivista « Dramma »:

I dissensi degli spettatori — che hanno ad un certo punto fatto interrompere la recita, ed ai quali Laura Adani ha rivolto alcune parole di rammarico, chiedendo di essere ascoltata e che si lasciasse finire la commedia — non sono valsi a diminuire il profondo significato dell'opera, la magnifica interpretazione della Compagnia, che in una alla regìa di Luchino Visconti ha presentato uno spettacolo degno di qualsiasi Nazione, assai più progredita della nostra, e non soltanto in fatto di pubblico e di teatro ».

Mentre ancora duravano le polemiche attorno alla *Via del tabacco* e il cammino trionfale dello spettacolo si snodava di città in città sollevando gli entusiasmi del pubblico e della critica più avveduta, Luchino Visconti poneva fine alle lunghe e laboriose prove del *Matrimonio di Figaro* di Beaumarchais, con la Compagnia Spettacoli « Effe » diretta da Oreste Biancoli, una nuova formazione teatrale che comprendeva attori quali Nino Besozzi, Lia Zoppelli, Vittorio De Sica, Vivi Gioi e quel gruppo di giovani che si sarebbero affermati negli anni seguenti (Vittorio Caprioli, Maria Mercader, Antonio Pierfederici, Adolfo Celi, Alberto Bonucci, Marcello Moretti, Achille Millo ecc.). Era il primo « classico » che egli affrontava, dopo le incursioni spregiudicate e provocatorie nel campo del teatro contemporaneo. Un classico tuttavia, Beaumarchais, che gli avrebbe consentito — come di fatto gli consentì — di introdurre fra le pieghe del testo quegli elementi di critica sociale e di interpretazione attuale e problematica della storia, che egli svilupperà in seguito, in cinema e in teatro, ogniqualvolta affronterà temi e soggetti d'argomento storico. Anche per questo, *Il matrimonio di Figaro* riaccese le polemiche intorno al lavoro registico di Visconti, sul versante questa volta non già del contenuto scandaloso dello spettacolo, quanto piuttosto della sua interpretazione e realizzazione anticonvenzionale, e per molti illegittima. In altre parole, era ancora uno scandalo, ma di natura culturale, che divise il pubblico e la critica fra le due fazioni dei conservatori e degli innovatori (che tuttavia non necessariamente coincidettero con i reazionari e i rivoluzionari, ideologicamente e politicamente parlando).

Fu lo stesso Visconti, in fase di prove e di allestimento dello spettacolo, a fornirne la giusta chiave di lettura, l'interpretazione che egli intendeva dare al testo di Beaumarchais. Disse in un'intervista rilasciata all'«Eco di Roma»: «Mi riprometto di sottolineare il singolare valore polemico di questa opera accentuando quei caratteri di satira sociale che in essa fanno spicco. Sì che, nelle tinte caricate, nei costumi inverosimili, si riveli d'improvviso il mostruoso ed il grottesco e si intravveda così un chiaro presagio del crollo di una società in disfacimento: l'aristocrazia». Era un tema che gli era caro e che egli riprenderà e approfondirà, sul versante tuttavia di un «realismo integrale», in alcuni film della maturità — quali *Senso* e *Il gattopardo* —; ma che qui gli forniva l'estro di un radicale mutamento stilistico, di un capovolgimento delle istanze realistiche, di verosimiglianza naturalistica, in una deformazione che doveva mettere in luce appunto il mostruoso e il grottesco di una situazione storica e sociale.

Lo spettacolo, con il contributo fondamentale per le scene e per i costumi di Veniero Colasanti — negli spettacoli precedenti lo stesso Visconti aveva curato la scenografia o l'aveva affidata a Mario Chiari (*Antigone* e *A porte chiuse*), a Cesare Pavani (*La via del tabacco*), a Renato Guttuso (*Quinta colonna*) —, si impose in primo luogo per la novità e l'originalità dell'allestimento, per quella rivoluzione formale della messinscena che doveva rivelare, nelle intenzioni di Visconti, il sottofondo «rivoluzionario» del testo di Beaumarchais. Trasformando la commedia in balletto, accentuandone i motivi satirici e grotteschi sia con la forte caratterizzazione dei personaggi (una recitazione sopra il rigo) sia con la stilizzazione farsesca dell'ambiente e dei costumi — fra ricostruzione fedele della società settecentesca e sua trasfigurazione fantastica —, egli seppe dare allo spettacolo una dimensione al tempo stesso coinvolgente e distaccata, raffinata e plebea (rivistaiola), divertente e impegnata. Tanto da sollevare, proprio per questo apparente stravolgimento interpretativo del testo di Beaumarchais, non poche critiche, ma anche non pochi entusiasmi.

Come riferì un giornale del tempo:

« Le linee del lavoro di Beaumarchais si rincorrono si ritrovano e si rinchiudono continuamente come gli anelli di una catena. Il senso circolare domina. E questo ha inteso il regista Luchino Visconti. Ha presentato sul palcoscenico una specie di palazzo, abbracciato da due scale in salita, e da cui si protendono verso la platea due muri come braccia entro cui si svolgono le scene d'interno, fortemente illuminate da lampadari tutti accesi. Quando le luci si spengono, in alto sopra la terrazza s'illuminano le finestre e il palazzo è cupo, digradante lentamente sul davanti, nella notte che avvolge il giardino. La piccola orchestra è situata in alto sulla terrazza. I movimenti degli attori sono quasi sempre perfettamente circolari, ritmati il più possibile, assumono la caratteristica del balletto, che a volte poi si spiega con canti e musica in cortei su e giù per le scale e sul davanti del palcoscenico, o nella danza rigida dei burattini negli intervalli tra una scena e l'altra ».

Si trattò, insomma, non soltanto di una interpretazione anticonvenzionale e coraggiosa o arrischiata di un testo del teatro classico, ma della proposizione di un modello spettacolare autonomo, in cui il lavoro del drammaturgo veniva in certo senso assorbito, fatto proprio e opportunamente attualizzato dal regista, quasi fosse quest'ultimo il vero e unico autore dello spettacolo.

In questa prospettiva meglio si comprendono e si giustificano le forzature del testo, le innovazioni, le invenzioni registiche, che suscitarono le critiche più severe. Come disse Visconti: « Nacquero moltissime polemiche sulla maniera che avevo tenuto per interpretare Figaro, specialmente nel finale, in cui si sentiva la Carmagnola cantata dietro le scene, per quel famoso balletto mascherato durante il quale, levandosi le maschere, si scopriva che erano degli scheletri, una specie di annuncio della Rivoluzione francese, del Terrore addirittura ». Se si vuole, anche un omaggio al maestro Jean Renoir e al suo film *La règle du jeu*, che è una sorta di attualizzazione di Marivaux con aristocratici insulsi, intrighi interclassisti, ed anche scheletri e fantasmi, simbolicamente esemplari.

In questa dichiarata supremazia del regista, non soltanto sugli attori, ma anche sull'autore del testo, nel senso più sopra indicato, Visconti operava veramente quella « rivoluzione teatrale » che, iniziata nel gennaio 1945 non certo in sordina, anzi prepotentemente e coraggiosamente, ma ancora nei confini d'un rispetto totale del testo, avrebbe dominato in larga misura il teatro italiano dei decenni seguenti, sebbene spesso in direzioni contenutistiche e formali molto differenti, addirittura opposte. Lo spettacolo sul palcoscenico assumeva il carattere di un'opera compiuta, inscindibile, estremamente compatta e originale; non già quello di una « rappresentazione » di qualcosa d'altro, della « messa in scena » di una precedente opera letteraria, anch'essa compiuta, inscindibile, compatta e originale. Quest'ultima anzi doveva essere intesa proprio come incompiuta, scindibile, disarticolata, in modo da fornire il materiale di base per una nuova costruzione, che dell'originale possedeva ovviamente le caratteristiche fondamentali, ma il cui significato profondo poteva anche essere diverso. In questo senso *Il matrimonio di Figaro* diventava opera di Visconti più che di Beaumarchais, e come tale andava giudicata, in quello stretto rapporto che egli andava instaurando fra parola e gesto, considerazioni e azioni, ambienti e personaggi, passato e presente, nello sforzo continuo di fare del teatro (e del cinema) uno strumento di conoscenza della società contemporanea nelle sue contraddizioni, conflitti, crisi e prospettive future: uno strumento che, tuttavia, non rinunciava ad essere — come doveva essere secondo una lunga tradizione spettacolare accettata e fatta propria da Visconti — momento di totale coinvolgimento dello spettatore, luogo (fisico e mentale) in cui si consumava il rito, sempre rinnovato, del « teatro », cioè della duplicazione fantastica del reale e della sua manifestazione specularmente deformata.

6 Teatro e politica

Sotto questa luce assumevano un particolare significato le indicazioni ideologiche, ed anche politiche, che gli spettacoli viscontiani fornivano in un momento storico in cui, dopo i mesi esaltanti della lotta di liberazione nazionale e la formazione del governo di solidarietà presieduto da Ferruccio Parri, cominciavano a riaffiorare i reali conflitti politici e sociali. Ed erano indicazioni, quelle di Visconti, che non si limitavano a contrapporre la violenza del suo « realismo » scenico alle convenzioni del teatro borghese, a suscitare lo scandalo fra i benpensanti e a provocare l'intervento della censura; ma ponevano problemi di interpretazione critica della realtà umana e sociale, della storia e della società, di ieri e di oggi: sollevavano, in altre parole, non poche questioni, alle quali egli dava una risposta ideologicamente precisa, e spesso politicamente non equivoca. Da qui l'accusa di comunismo; da qui anche l'adesione e il sostegno delle forze di sinistra e, più diretta-

mente, del partito comunista italiano che vedeva in lui
e nella sua opera un mezzo efficace di rivoluzione
intellettuale e morale. Come si può notare, ancora tren-
t'anni dopo, da queste righe pubblicate dall'« Unità »
il 18 marzo 1976, il giorno successivo alla sua morte:

> « Forse il capolavoro registico del "primo Visconti" è pe-
> rò *Il matrimonio di Figaro*: dove la rilettura della grande
> commedia rivoluzionaria di Beaumarchais, senza che vi inter-
> venga nessuna manipolazione, ed anzi nel rispetto dell'amabile
> involucro entro cui lo scrittore francese aveva avvolto il suo
> messaggio, acquista uno sferzante valore di attualità. Chi ab-
> bia avuto la fortuna di vedere e di ascoltare, in quell'ormai
> lontano gennaio 1946, l'arrivo dei sanculotti che, coi loro inni
> travolgenti, interrompono e quasi paralizzano la pacificatrice fe-
> sta conclusiva del *Matrimonio di Figaro*, non potrà certo dimen-
> ticare una tale invenzione registica, che era anche una lampan-
> te attestazione di fede ».

Questa attestazione di fede comunista, di impegno
politico dichiarato, di presa di posizione netta e precisa nei confronti della situazione politica italiana, Visconti la darà pubblicamente proprio nel 1946, quando, in occasione del referendum istituzionale e delle
elezioni per l'Assemblea Costituente del 2 giugno, di-
chiarerà il suo voto dalle colonne de « L'Unità » del
12 maggio: « Siccome noi ci avviamo verso una forma
di Stato, che non può, per un cumulo di ragioni storiche, economiche, politiche, non essere di tipo socialista, ed essendosi l'istituto monarchico dimostrato nien-
t'altro che l'ultimo "veicolo" dei germi fascisti, ecco
che io scelgo: repubblica e repubblica parlamentare,
così come la propose nel suo chiaro programma il Partito Comunista ». E, a conclusione del suo intervento,
farà anche una dichiarazione di politica e di poetica,

che in certo senso sintetizza non soltanto la sua posizione di allora, ma anche la struttura portante della sua concezione dell'arte e della vita, così come si era manifestata e si manifesterà nella sua opera cinematografica e teatrale:

« È un programma, quello comunista, che si accorda con una visione della vita e aspirazioni che porto in me da molto tempo: di giustizia, di onestà, di equità, di rapporti umani, di diritto alla vita attraverso il lavoro. Queste aspirazioni, che in verità sono di molti, isolate, si sperdono, raccolte, coalizzate intorno a un programma preciso diventano una forza, la garanzia di una lotta feconda che la realizzi. A questa lotta credo di collaborare, per quello che è nel mio àmbito, col mio lavoro, e così intendo continuare nel futuro. Con questo non si pensi che io creda in un'arte di propaganda, in senso stretto, che enunci cioè e volgarizzi dogmi politici. Al contrario ritengo che ogni forma d'arte debba essere liberamente sincera, e il suo più alto scopo sia di chiarire la posizione e i sentimenti dell'uomo in mezzo agli altri, di rafforzare la loro solidarietà attraverso la conoscenza delle loro passioni. Io vedo per l'arte, nel comunismo, una grande occasione di umanità e di libertà e mi batto per l'una e per l'altra. Non credo affatto che occorre essere piatti e rigidi in un ossequio formale alla dottrina. Sento anzi vivo il lievito del comunismo a spingere l'artista verso la realtà, a cogliere la vita più vera, e conoscere ed esaltare le sofferenze dell'uomo. Questo per me è l'arte: messaggio di vita agli uomini, ed è in una società di uomini liberi che essa troverà la garanzia di un fecondo fiorire ».

Avremo occasione di tornare sul « comunismo » di Visconti, sul suo impegno politico non tanto all'esterno del suo concreto lavoro di regista cinematografico e teatrale — con dichiarazioni, sottoscrizioni, appelli ecc. —, quanto proprio nel contenuto stesso dell'opera, nell'interpretazione che egli volle o seppe dare della realtà umana e sociale. Qui vogliamo soprattutto soffermarci sulla sua adesione totale, persino ingenua nella sua disarmata e disarmante fiducia nel comunismo, a una idea di arte e di cultura — quindi di teatro e di cinema — profondamente radicata in una visione progressista della società, venata da un rivoluzionarismo più romantico che marxista, sorretta da una autentica partecipazione alle lotte del momento. Ancora una volta Visconti si buttava nel vivo della battaglia politica, e ancora una volta vi affiorava la sua posizione sostanzialmente aristocratica — d'una aristocrazia dello spirito — nei confronti dei modi e delle forme di questa stessa battaglia, da combattere ovviamente con gli strumenti suoi proprî: il palcoscenico e lo schermo.

Rinnovando profondamente la tradizione del teatro e del cinema italiano, col recupero di una diversa tradizione realistica, di marca francese e statunitense soprattutto, senza tuttavia porsi il problema radicale del nuovo pubblico, e quindi anche dei nuovi luoghi scenici, egli evidentemente fece opera di svecchiamento, impose alla cultura italiana — dopo vent'anni di autarchia fascista — la questione centrale di un «nuovo realismo»; ma si precluse forse la possibilità di superare questo stesso realismo in una diversa e più problematica concezione dello spettacolo, e quindi anche dello spettatore. Anzi, per certi aspetti, egli accentuò la sudditanza del pubblico, chiamato in primo luogo a subire lo spettacolo, ad esserne coinvolto, non già a stabilire con esso un rapporto dialettico. Ma ciò derivava ovviamente, non tanto e non solo dalla sua cultura, da una tradizione letteraria e teatrale che egli aveva fatto propria rinnovandola dall'interno senza contestarla, ma anche e soprattutto da una più generale situazione culturale italiana (e non solo italiana) che in quegli anni — da parte delle forze progressiste — vedeva nel realismo, secondo la grande lezione dei romanzieri, dei drammaturgi, dei pittori dell'Ottocento, l'unica strada da percorrere per affrontare criticamente i problemi contemporanei e prospettarli in forme e modi efficaci e significativi, in particolare per le classi emergenti. In questa prospettiva, in altre parole, non rientrava né l'esperienza storica delle avanguardie artistiche e letterarie, teatrali e cinematografiche, né le nuove acquisizioni del teatro di Bertolt Brecht, che pure il problema del « realismo » aveva affrontato e risolto in termini ideologici e politici non certo ambigui o « regressivi ».

Visconti, quando volle allargare e diversificare il suo pubblico, uscire da quella sorta di ghetto culturale che era il teatro borghese per un pubblico borghese — per il quale sino ad allora aveva lavorato e continuerà sostanzialmente a lavorare anche in seguito —, pensò in primo luogo a una propria compagnia, a un'impresa teatrale autonoma, da lui controllata e diretta, ed anche a una serie di facilitazioni per il pubblico popolare, da coinvolgere in questa sua coraggiosa opera di rinnovamento; non già tuttavia a una diversa forma di teatro, a una radicale modificazione delle convenzioni sceniche. Ma si trattava, allora, di affermarsi con la violenza dei suoi spettacoli nel vecchio mondo del teatro italiano, di fare del palcoscenico tradizionale anche un podio o una tribuna da cui lanciare messaggi provocatori, polemici, progressisti. O forse soprattutto di imporre la sua forte personalità, la sua concezione totalizzante dello spettacolo, non certo occasione di svago e di divertimento, ma esperienza concreta di vita, luogo d'incontro e di scontro sui vari piani dell'esistenza.

In questa prospettiva acquista un significato particolare proprio il lavoro di regìa, la serietà professionale, la lunga e meticolosa preparazione degli spettacoli, il proficuo e intenso lavoro con gli attori. Non fu soltanto un nuovo modo, almeno per l'Italia, di fare teatro, ma anche la sperimentazione e la realizzazione di un vasto progetto artistico e culturale in cui lo spettacolo doveva assumere la funzione e il significato di una vera e propria « concezione del mondo ». In questo senso, come già si è accennato, il suo teatro fu interamente « suo », frutto di una propria visione del reale, e le scelte dei testi, nella maggior parte dei casi, seguirono i piani di un progetto sufficientemente preciso e articolato. In questo senso, la sua non fu già una nuova « scuola » teatrale, ma un'opera autonoma, irripetibile: non ebbe, in altre parole, allievi, né aprì sostanzialmente strade percorribili.

Di ciò si discusse fin d'allora in termini critici con molta chiarezza e preveggenza, come risulta anche da un interessante dibattito sul teatro organizzato dall'Unione Culturale di Torino il 15 febbraio 1946 (in occasione della presentazione di *La via del tabacco* al Teatro Carignano) al quale parteciparono Vincenzo Ciaffi, Paolo Grassi e Vittorio Gassman. Quest'ultimo disse in quell'occasione:

« Visconti è il più delineato nelle sue tendenze: già quasi gli si può attribuire una sigla assoluta, che chiaramente si inquadra nell'odierno ritorno al realismo veristico... Il suo metodo è metodo solo in quanto ha appunto un'unicità di scopi massimi. Ma ancora, di fronte alle singole battute, cioè alla vera carne della composizione interpretativa, il criterio che lo sostiene è vago: verismo è tuttora termine troppo vasto, troppo poco inchiodato da coordinate di timbri e volumi e toni e velocità. Questo non è tanto grave oggi — oggi, per intenderci, che Visconti risolve caso per caso con il suo alacre intuito suggerendo all'attore con altissima percentuale di ragione e di rendimento ciò che egli intravede e presente (tanto è vero che la sua proposta non è quasi mai imprescindibile, piuttosto allusiva e di solo accennata chiarificazione). Ma il sistema è palesemente chiuso... Nessun allievo, ché Visconti non fa scuola, lavora solo, sui suoi e coi suoi nervi, colla sua materia sensibile che reca spesso uno stampo pressoché indecifrabile, commista com'è delle civiltà di troppi movimenti ed esperienze ».

Giudizio forse troppo esclusivo — espresso tuttavia da un attore che con Visconti aveva lavorato nella *Macchina da scrivere*, in *Adamo*, nella *Via del tabacco* e ancora lavorerà in *Rosalinda*, in *Un tram che si chiama desiderio*, in *Oreste*, in *Troilo e Cressida*, tra il 1948 e il 1949 —; ma giudizio che conferma il carattere del tutto originale, autonomo e onnicomprensivo nella sua peculiarità, degli spettacoli di Visconti. Il quale, come si è detto, volendo gestire in proprio l'intera macchina teatrale, progettò nell'estate del 1946 la costituzione di una compagnia di prosa che, nell'uniformità e continuità della formazione tecnica ed artistica, consentisse di proseguire quel lavoro di ricerca che egli aveva sviluppato precedentemente affidandosi alla collaborazione di attori e tecnici provenienti da diverse compagnie: quella gestita dalla « Società del Teatro di Roma », con Andreina Pagnani, Lola Braccini, Rina Morelli, Gino Cervi, Antonio Pierfederici, per *Parenti terribili*: quella composta da Carlo Ninchi, Olga Villi, Dhia Cristiani, Giuseppe Pagliarini, Arnoldo Foà per *Quinta colonna*; quella di Laura Adani, Ernesto Calindri, Vittorio Gassman per *La macchina da scrivere*; quella con Mario Pisu, Rina Morelli, Olga Villi, Giorgio De Lullo, Camillo Pilotto per *Antigone* e con Paolo Stoppa, Rina Morelli e Vivi Gioi per *A porte chiu-*

se; quella con Laura Adani, Vittorio Gassman, Ernesto Calindri, Tino Carraro per *Adamo*; quella con Ernesto Calindri, Renata Seripa, Vittorio Gassman, Lida
Ferro, Laura Adani, Tino Carraro, Antonio Battistella
per *La via del tabacco*; e infine la citata Compagnia
Spettacoli « Effe » diretta da Oreste Biancoli per *Il
matrimonio di Figaro*.

7 *Una ragione di vita*

Il 23 settembre 1946, con una lettera indirizzata
al commendator Amedeo Tosti, Direttore Generale
del Teatro, con la quale chiede allo Stato aiuti e sov-
venzioni, Visconti annuncia ufficialmente la costituzione della nuova compagnia, di cui precisa alcune caratteristiche peculiari: « In primo luogo, e a differenza di
pressoché tutte le altre formazioni previste per l'anna-
ta ventura, essa ha intenti esclusivamente d'arte, cosa
che provano abbondantemente il suo repertorio e la
qualità dei suoi attori; in secondo luogo, ha il carattere di una compagnia stabile permanente ». Nel presentare inoltre il programma di massima, con novità italiane e straniere, e riproposizione di classici, egli scrive:

« Mi avvarrò, per la messa in scena, della collaborazione
dei migliori pittori, figurinisti, architetti, e musicisti italiani,
intendendo, anche qui, contribuire ad un rinnovamento totale
del gusto della scenografia teatrale. Non risparmierò nulla perché gli spettacoli della mia compagnia raggiungano come repertorio, gusto, recitazione, rifinitezza e risonanza, uno stile definito e rigoroso, che oltre a distaccarli dal teatro abituale, e farne
una ricerca d'arte, porti il teatro Italiano a livello delle grandi
scene Europee e mondiali. Aggiungerò che perché questi spettacoli d'arte non siano soltanto alla portata di una cerchia purtroppo ristretta di spettatori quale quella del teatro d'oggi, ho

allo studio un sistema di rotazione settimanale per cui particolari spettacoli verranno riservati a un pubblico di operai, a prezzi ridottissimi. Con questo intendo altresì contribuire al rinnovamento del pubblico e al suo allargamento, problema che è alla base della vita del nostro teatro ».

Che è, come si vede, una dichiarazione di intenti, un preciso programma artistico e culturale, un progetto interessante e nuovo (per quei tempi) di « democratizzazione » teatrale, secondo quei princìpi etici ed estetici, quell'idea di teatro come fatto globale, cui abbiamo accennato.

La « Compagnia italiana di prosa » diretta da Luchino Visconti, che esordì il 12 novembre 1946 al Teatro Eliseo con *Delitto e castigo* di Dostoevskij nell'adattamento scenico di Gaston Baty, era composta da Rina Morelli, Paolo Stoppa, Mariella Lotti, Giorgio De Lullo, Tatiana Pavlova, cui si aggiunsero di volta in volta attori quali Memo Benassi, Massimo Girotti, Arnoldo Foà, Franco Interlenghi, Antonio Gandusio, Achille Millo, Alberto Bonucci e altri. Regista abituale era naturalmente Visconti, cui fu aggiunto Gerardo Guerrieri (che diresse *Vita col padre*) e, nel programma iniziale, anche Vito Pandolfi e Mario Chiari, il quale curò la scenografia di *Delitto e castigo*, *Zoo di vetro*, *Euridice*, *Oreste* e *Il seduttore*. Il repertorio doveva comprendere, oltre ai lavori citati, anche *Le mosche* e *I vincitori* di Sartre, *L'equivoco* di Camus, *L'anitra selvatica* di Ibsen, *I capricci di Marianna* di De Musset, *Giovanni e Annabella* di Ford, *La signora delle camelie* di Dumas, nonché, per il teatro italiano, *I falsi redentori*, appositamente scritta da Guido Piovene, *Cavalleria rusticana* di Verga, *L'uomo dal fiore in bocca* di Pirandello e due altri lavori inediti. Può sem-

brare, e in parte è, un programma eclettico, ma a ben
guardare riprende e sviluppa quel discorso sul teatro
come spettacolo e occasione di indagine della società
contemporanea e di rilettura del passato alla luce del
presente, che Visconti aveva iniziato e intendeva proseguire con costanza e impegno. La scelta dei testi, in-
fluenzata da Guerrieri, non obbediva soltanto al bisogno di variare il repertorio, di articolarlo secondo i
vari aspetti e momenti del teatro di ieri e di oggi; ma
anche alla necessità, da un lato, di sperimentare nuove
forme di regìa e di recitazione in contesti drammaturgici differenti e spesso contrastanti, dall'altro, di sviluppare una sorta di dialogo col pubblico che doveva
articolarsi in capitoli continuamente mutevoli, seppure
legati l'uno all'altro da un atteggiamento fondamentalmente costante nei confronti della realtà umana e
sociale.

Senza entrare nel merito di ogni singolo spettacolo,
che riscosse, qual più qual meno, i medesimi successi
di critica e di pubblico che avevano accompagnato le
precedenti rappresentazioni, è opportuno forse segnalare quegli aspetti di novità — tematica e stilistica —
che si riscontrarono allora, contrapponendosi direttamente o indirettamente a quella che già alcuni critici
di Visconti avevano definito come il suo piacere dello
« spettacolo per lo spettacolo ». Alludiamo in particolare a una certa quale angoscia morale che aleggiò sulla
rappresentazione di *Delitto e castigo*, accentuata da
una scenografia soffusa di ombre e di scorci oscuri e
tenebrosi; a una tristezza e melanconia profonde e autentiche che non pochi riscontrarono nella regìa de *Lo
zoo di vetro* di Tennessee Williams; a una inquietudine esistenziale che sorresse la rappresentazione di *Euri-*

dice di Jean Anouilh. Non è che precedentemente mancassero, nei testi scelti e nei modi e forme della rappresentazione, accenni, indicazioni, proposte d'una sorta di malessere, di crisi dell'individuo, anche con accenti personali, di fronte alle difficoltà del vivere; ma ora, quegli aspetti si andavano imponendo maggiormente, uscivano in primo piano dallo sfondo generico in cui erano collocati, sino a occupare, a volte, tutta la scena.

È interessante notare che, negli anni seguenti e soprattutto in quelli della piena maturità e della vecchiaia, Visconti attingerà sempre più a questo universo che possiamo definire schematicamente del disagio esistenziale, sia nella sua opera teatrale, sia soprattutto in quella cinematografica: basti pensare a film come *Le notti bianche*, da Dostoevskij; *Vaghe stelle dell'Orsa*; *Lo straniero*, da Camus; *Morte a Venezia*, da Mann; *Gruppo di famiglia in un interno*; *L'innocente*, da D'Annunzio. Un disagio esistenziale che lo stesso Visconti definì, un anno prima di morire, il dramma della solitudine. « È il dramma della solitudine — disse a proposito di *Gruppo di famiglia in un interno* — in cui si dibatte la mia generazione. È il tentativo fallito di ritrovare un possibile equilibrio fra morale e politica. È una prova della frattura radicale che si è prodotta nella società odierna fra giovani e adulti, o fra una generazione e l'altra ». E se pure alludeva a una situazione ben diversa da quella da lui vissuta negli anni dell'immediato dopoguerra — in cui invece pareva che si fosse finalmente integrata la morale nella politica —, non v'è dubbio che quel dramma della solitudine, in senso genericamente esistenziale, si faceva già allora strada nei risvolti dei drammi sociali.

Ma nel 1946 e nel 1947, prima di tornare dietro

la macchina da presa per la realizzazione della *Terra trema*, quando la fondazione della sua compagnia stabile di prosa lo spingeva ancor più verso una totale dedizione al teatro, era questo, con i suoi problemi tecnici e teorici, a occuparlo al di là degli stessi problemi politici e morali, in una parola esistenziali. Il teatro infatti significò per Visconti, allora e in seguito — ma soprattutto allora, negli anni della sua formazione e affermazione in palcoscenico — la vita stessa, la ragione della propria esistenza, la soluzione pratica dei molteplici aspetti della questione fondamentale del vivere *hic et nunc*. Fu anzi l'esperienza teatrale, il lavoro quotidiano con gli attori, le prove estenuanti, la scelta dei costumi, delle scenografie, degli oggetti, delle musiche, a costituire il tessuto connettivo di una serie di riflessioni critiche sulla realtà, che lo portarono, in quegli anni, a una radicale revisione dei valori, sul piano estetico, politico, morale. Fu una maturazione continua e continuamente altalenante fra il richiamo del passato, della tradizione, e le suggestioni del presente, le speranze del futuro: una maturazione che si concretizzò in una attività addirittura febbrile, che può sembrare oggi, in prospettiva storica, alla luce di quello che egli fece durante la vecchiaia, quasi una malattia, una malattia del vivere, sintomo forse di una fondamentale insicurezza.

Non sarà inutile allora, per meglio comprendere questa « malattia », questo sforzo continuo a fare del teatro la propria ragione di vita e della regìa teatrale un'attività altamente « creativa », laboratorio straordinario di manipolazione dell'uomo e dell'ambiente, leggere quanto lo stesso Visconti ebbe a dichiarare in proposito.

« Io faccio delle lunghissime prove a tavolino, 10-15 giorni, secondo le necessità — dichiarò in un'intervista —: prove durante le quali ciascuno prende possesso del suo personaggio e del suo testo, che viene corretto, ricorretto, tagliato, messo a punto. Lascio a tutti la libertà di lavorare a fondo il personaggio, guidandoli naturalmente verso la direzione giusta... Ognuno ha il suo punto di vista, certo. Ma, siccome il lavoro è il mio, lo commento e lo conduco nella mia direzione, perché io parto da un certo progetto e, in fondo, sono io che ho la responsabilità dello spettacolo. Un attore può anche avere dei dubbi sopra una certa cosa, per esempio sull'interpretazione di un dettaglio, di una scena, di una battuta. Ma io lo convinco che quella scena vista nell'insieme, così come io l'ho concepita, deve essere così e non cosà, altrimenti sarebbe un controsenso, non sarebbe in armonia col resto... Ogni giorno si lavora un atto, ma neanche; delle volte mezzo atto, non si va più in là. Naturalmente, sul proprio copione, ogni attore prende appunti: sono i chiarimenti che io dò di volta in volta sopra una battuta, una parola, magari una pausa, un silenzio perché ci deve essere... Ogni cosa è precisata, niente è lasciato al caso, mai. Nulla, d'altronde, viene imposto meccanicamente. Certo, in qualche caso, se un attore non riesce a dir bene la battuta io gli dò l'intonazione e se lui la sente, se ha orecchio, la prende; se non ha orecchio, non c'è niente da fare, non puoi dargliela così; devi spiegargli le ragioni, devi farle trovare a lui le ragioni, e lui le troverà. Insomma, vi sono diverse vie per le quali un attore arriva al personaggio. Vi sono, diciamo anche, molti sistemi dal punto di vista psicologico. Con certi attori, per esempio, devi essere un po' più duro, inflessibile; con altri puoi essere molto più morbido, più semplice, perché sai che, avendo un loro talento, una loro sensibilità, se non ci arrivi per questa strada ci arrivi per un'altra. Devi capirli. Devi capirli come si capirebbe un cavallo. Ho sempre detto che gli attori assomigliano ai cavalli. Un cavallo ha bisogno di fare 2000 metri ogni mattina; un altro ha bisogno di fare una passeggiata, semplicemente. Bisogna che tu capisca. Se fai fare 2000 metri a quello della passeggiata sei fregato ».

In questa dichiarazione di fede quasi taumaturgi-
ca del regista, in questo impegno totale nel lavoro di
preparazione e poi di realizzazione dello spettacolo risiede il carattere fondamentale del Visconti uomo e
artista. Ed è una dichiarazione questa che direttamente si richiama all'articolo del 1943 *Cinema antropomorfico*, in cui si parlava esplicitamente della « capacità
rabdomantica del regista », in grado di scoprire e mettere a fuoco le diverse personalità degli attori, in stretta simbiosi con i personaggi che devono interpretare.
In teatro ciò avviene forse in maniera più diretta, immediata — o almeno così pare allo spettatore in platea —; ma nel momento delle prove, dell'analisi e del-
l'interpretazione del testo, sia esso una commedia o
una sceneggiatura, è probabile che non ci siano sostan-
ziali differenze, soprattutto per un autore come Visconti per il quale il cinema ha sempre avuto una funzione
eminentemente riproduttiva di una precedente realtà
scenica e spettacolare: i dialoghi, gli ambienti, i costumi, le azioni dei personaggi ecc. Anche perché, come
ebbe a dichiarare egli stesso, cinema e teatro in larga
misura si equivalgono. Scriveva infatti nel 1966 in un
ampio articolo riepilogativo della sua carriera:

« Sono passati ventiquattro anni da quando feci il mio primo film, quell'*Ossessione* che adesso nei panorami storici del
cinema segna la nascita del neorealismo. Ne sono passati ventu-
no dal mio primo spettacolo di prosa, e dodici dalla mia prima
regìa nel teatro d'opera. Sembrano tre attività molto diverse
fra loro, e capita spesso che qualcuno mi chieda quale, delle
tre, io preferisca. Non lo so, a dire la verità. Cinema, teatro,
lirica: io direi che è sempre lo stesso lavoro. Malgrado l'enorme diversità dei mezzi usati, il problema di far vivere uno
spettacolo è sempre uguale ».

V.

«LA TERRA TREMA»

Scriveva Luchino Visconti alla fine del 1947 al suo montatore Mario Serandrei, durante la lavorazione della *Terra trema*: « È vero, come tu dici, che non potevo scegliere niente di più difficile come ritorno al cinema. Ma d'altra parte non si sta lontani dal cinema quasi sei anni per ritornarvi, senza *proporsi* di dire qualche cosa di nuovo. Proporsi, dico. Riuscire a dirlo, è un altro affare. Vedremo dopo ». Questo ritorno al cinema, maturato per una serie di circostanze favorevoli nel corso del 1947, mentre perdurava ancora l'eco e il successo di critica e di pubblico di *Euridice* di Anouilh — che da Firenze, dove aveva esordito al Teatro La Pergola il 28 febbraio, si era trasferita a Milano, a Roma, altrove —, fu per Visconti un'esperienza di straordinaria importanza e significato. Non solo, ma costituì un termine di riferimento obbligato per le discussioni, le analisi, i programmi, le teorizzazioni che in quel periodo accompagnarono criticamente l'affermarsi del cosiddetto neorealismo cinematografico italiano. Anche per questo, *La terra trema* si colloca in una posizione che potremmo definire di spartiac-

que, nel senso che indica un punto d'arrivo d'una ricerca contenutistica e formale che coinvolse in primo luogo Visconti e i suoi amici e collaboratori, in secondo
luogo un po' tutto il miglior cinema italiano di quegli
anni; e contemporaneamente segna una frattura, sul
piano estetico e su quello politico, in un momento in
cui, dopo la vittoria delle forze moderate nelle elezioni del 18 aprile 1948, la società italiana si avviava ad
attraversare un lungo periodo di restaurazione ideologica e di imposizione di una pace sociale, che nascondeva o cercava di nascondere i veri conflitti di classe.

1 *Una vicenda avventurosa*

La storia del film è per certi aspetti curiosa e avventurosa e bene esemplifica le difficoltà del momento,
non soltanto di natura tecnica e finanziaria, ma più
genericamente politica. Scrisse Francesco Rosi, che fu
assistente di regìa insieme a Franco Zeffirelli ne *La
terra trema* e fu incaricato di redigere giorno per giorno i vari diari di lavorazione del film:

« In principio, Visconti aveva intenzione di fare non uno,
ma tre film; anzi, diceva, tre documentari: uno sui pescatori,
uno sui contadini e uno sui minatori. Tutti e tre in Sicilia,
sulla Sicilia. Tutti e tre, aspetti diversi della stessa lotta di
esclusi contro le avversità degli uomini e delle cose. L'intenzione di portare a termine gli episodi della trilogia sul mare,
sulla terra e sulla miniera di zolfo effettivamente c'era in Visconti; ma quello che io credo è che sicuramente prima di
tutto desiderasse fare un film da *I Malavoglia* di Verga. E
siccome il tema di quel romanzo coincideva con quello che
sarebbe stato l'episodio del mare nella trilogia, partì comunque, nel 1947, per girare il documentario sui pescatori, ad Aci
Trezza, paese di 'Ntoni e dei vinti di Giovanni Verga. I soldi

erano pochi, pochissimi: sei milioni finanziati dalla società Ar-
tea di Alfredo Guarini, per conto del Partito Comunista Italiano su proposta di Antonello Trombadori. Quindi la composizione della troupe era quella per un documentario. Non c'erano
scenografo, costumista, arredatore, script, aiuti e assistenti dei
vari reparti. Non c'erano segretarie e segretari. Non c'erano
gru, né dolly, ma una Debrie 300 e pochi metri di carrello e
una Ascania a chassis di 30 metri, una vecchia macchina di
legno, con il marchio della gloriosa casa di Torino, un'aquila
ad ali spiegate, un cimelio dei mezzi per il cinema. In più, dei
pochissimi elementi che componevano la troupe, per lo meno
un terzo non aveva mai fatto cinema: il direttore della fotografia, gli aiuto-registi, l'ispettore di produzione ».

Antonello Trombadori — che conobbe Visconti
nei giorni seguenti al 25 luglio 1943 e ne divenne
amico e consigliere dopo la liberazione — fornisce ulteriori dati e precisazioni in un'intervista che rilasciò a
Caterina D'Amico. Fu il partito comunista che propose a Visconti di girare un documentario sui pescatori
siciliani che potesse servire come materiale di propaganda da usare nella campagna elettorale della primavera del 1948, e per questo gli diede 6 milioni di lire. I
sopralluoghi in Sicilia, in particolare ad Aci Trezza e
nel catanese, che Visconti fece nel 1947, dovevano servire allo scopo. Il progetto in realtà si andò modificando e ampliando nel corso del lavoro di preparazione e
di realizzazione. I documentari divennero tre, come riferì Rosi, o meglio si articolarono in tre diversi episodi di un ampio film narrativo-documentario, o addirittura in un unico film estremamente complesso in cui
gli episodi si intrecciavano, si sovrapponevano, sviluppando dall'interno una triplice storia di sfruttati e
sfruttatori, come si può desumere dagli *Appunti per
un film documentario sulla Sicilia*, che Visconti elabo-

rò in quei mesi e servirono come prima traccia di lavorazione. Quando tuttavia i soldi finirono, pare che Luchino proseguisse le riprese rimettendoci di tasca propria, dal momento che il partito comunista non poteva
ulteriormente finanziare l'impresa. Esso si preoccupò
tuttavia di coinvolgere nell'operazione finanziario-pro-
duttiva Alfredo Guarini, per portare a termine il film,
che ormai si presentava come un'opera narrativo-spetta-
colare tutta incentrata sull'episodio del mare, chiaramente ispirato a *I Malavoglia*. Fu a questo punto che,
perdurando le difficoltà economiche, intervenne Salvo
D'Angelo, che era produttore presso la Universalia, e
La terra trema poté finalmente essere terminato. Secondo la testimonianza di Trombadori, Visconti, finito il
film, restituì i 6 milioni al partito comunista.

Rosi ricorda quelle gravi difficoltà con un pizzico
d'ironia e di colore locale:

« E così andò avanti fin quando ci furono i soldi. Poi i sei
milioni finirono e Visconti dovette trovarne degli altri, e questa volta non più dal Partito Comunista. Ne trovò un po' e
continuammo. Poi finirono anche quelli e cominciammo a strin-
gere le cinghie, a rimandare qualche settimanale di paga, fino
a quando fu necessaria un'altra partenza di Visconti. Noi tutti
a Catania consegnati in albergo per pegno contro i conti non
pagati, e lui in giro a Milano e a Roma per banche a vendere
azioni e gioielli di sua proprietà. Tornò e anche quelli finirono. Il film era un pozzo senza fondo, come tutti i film, e
questa volta si rischiava veramente di fermarci per sempre. E
allora fu la volta del salvatore, nella persona dell'architetto
Salvo D'Angelo, produttore per la Universalia Produzione, un
uomo dai progetti prestigiosi, ambizioso e a suo modo non
privo di fascino ».

Ma le traversie non finirono qui. Terminata la lavorazione, che si protrasse dal 10 novembre 1947 al 26

maggio 1948, e concluso successivamente il lungo lavoro di montaggio a Roma, *La terra trema* fu presentata
alla Mostra internazionale d'arte cinematografica di Venezia (dove vi ottenne un premio internazionale « per
i suoi valori stilistici e corali ») suscitando forti reazioni da parte del pubblico e della critica. Si scatenò una
vera e propria *bagarre* — come ai tempi di *Ossessione*
— con interventi e pressioni affinché il film non uscisse nelle sale cinematografiche. Solo un paio d'anni dopo, nel maggio del 1950, esso entrò nel circuito cinematografico italiano, sia pure in una edizione ridotta e
doppiata in lingua, ma ebbe vita breve e scarsissimo
successo. Si trattò, insomma, di una vera e propria
battaglia politico-ideologica che vide schierati, dalle
due parti, i rappresentanti della cultura progressista e
di quella conservatrice o reazionaria, con lo scopo, più
o meno dichiarato, di fare del film di Visconti un *casus belli.*

È ancora Rosi a ricordare la prima veneziana:

« Visconti e D'Angelo erano vestiti di lino bianco, ma le
loro facce erano più bianche ancora dei loro abiti. Visconti per
l'emozione di come sarebbe stata accolta la sua opera; D'Angelo, perché sicuramente pensava al Banco di Sicilia, fonte di
finanziamenti dell'Universalia Produzione, e a quello che avrebbe detto e deciso in seguito a quel film. Erano i momenti in
cui i governanti democristiani si scagliavano contro il cinema
italiano perché, anziché lavare i panni sporchi in casa, li portava fuori, alla luce del sole e all'estero... Il film provocò un
putiferio. Urla, fischi, proteste di ogni genere e insulti personali a Visconti. Perché? È l'eterna storia del pubblico dei Festival, ma era anche la storia di un "borghese" degenere che
aveva dirazzato e tradito ».

Al di là dell'aneddoto e delle considerazioni a posteriori, è indubbio che ci fu una vera campagna denigra-

toria nei confronti della *Terra trema*, alimentata dalla mutata situazione politica e da quel processo di restaurazione in atto che avrebbe prodotto, soprattutto negli anni seguenti — ed anche nei confronti di altre opere di Visconti —, una reazione violenta e spesso anche provvedimenti censori, divieti, sequestri.

2 *Struttura composita e lineare*

Ci siamo dilungati un poco sulla lavorazione del film e sulla sua accoglienza veneziana, perché — come già si è accennato — *La terra trema*, al di là del suo valore intrinseco o dei suoi limiti contenutistici e formali, è un'opera per molti aspetti capitale, la cui genesi può fornire elementi di giudizio, oltreché di informazione, importanti e significativi. Se da un lato essa segnò il ritorno di Visconti al cinema, e quindi in certa misura si rifece alla precedente esperienza di *Ossessione*, non foss'altro sul piano tecnico-espressivo; dall'altro, essa nasceva non già da quella lontana prova cinematografica, o non soltanto da quella, ma soprattutto dal lavoro teatrale di Visconti, dal rapporto quotidiano con gli attori, da una pratica spettacolare condotta con estremo rigore, in cui gesti, parole, movimenti erano controllati nei minimi dettagli in vista di una composizione armonica e unitaria dell'insieme, che doveva trasformare lo spettacolo in analisi approfondita e problematica della realtà, e questa in fonte inesauribile di spettacolo. E naturalmente nasceva, l'esperienza de *La terra trema*, dal nuovo clima del neorealismo cinematografico italiano, in cui si inseriva pur rimanendone, a ben guardare, sostanzialmente estranea: un nuovo clima che, attraverso i film di Roberto Rossellini, di Vittorio De Sica e Cesare Zavattini e di molti altri minori, si era andato materializzando in un rifiuto della «finzione» cinematografica e delle sue convenzioni spettacolari e in un recupero, sia pure nell'àmbito del cinema narrativo e drammatico, di quella esigenza di «verità» che, fin dalle origini, aveva costituito l'asse portante della funzione tecnica del cinema come mezzo riproduttore del reale.

Come scrisse allora Visconti dalla Sicilia:

« Il film è tutto girato non solo con personaggi veri ma su situazioni che si creano lì per lì, di volta in volta, seguendo io soltanto una leggera trama che si viene, per forza di cose, modificando man mano. I dialoghi li scrivo a caldo, con l'aiuto degli stessi interpreti, vale a dire chiedendo loro *in quale maniera istintivamente esprimerebbero un determinato sentimento*, e quali parole userebbero. Da questo lavoro nascono dunque i dialoghi ed il testo mantiene di conseguenza un tono letterario e autentico che mi sembra assai prezioso. — E ancora: — Il soggetto esiste e come! È la vita di questa gente — le loro difficoltà — la loro lotta che si chiude quasi sempre in perdita — la loro rassegnazione. *Che soggetto!* Non ne voglio altri. Niente sceneggiatura, è vero. Ma qualche volta penso con raccapriccio a quello che sarebbe se questi miei personaggi pronunciassero battute scritte, anche con estrema maestria, in un salottino romano... No, no. Non è possibile concepire niente di simile. Perciò i dialoghi sono quelli che sono — veri — e magari ingenui — ma proprio insostituibili. La sceneggiatura esiste, perché quello che fanno questi personaggi è già sceneggiato e serve solo seguirli, guardarli con la macchina. E girare con estrema semplicità e dimenticarsi di saper fare ghirigori e arabeschi con una macchina da presa ».

In realtà le cose non andarono proprio così. Certamente Visconti dava molto spazio, se non all'improvvisazione, alla partecipazione attiva degli attori, che era-

no gli stessi pescatori di Aci Trezza. Il suo bisogno di
« verità », di realismo integrale, di documentarismo,
lo spingeva non soltanto a girare nei luoghi stessi del-
l'azione drammatica, fuori dai teatri di posa, ma anche
ad impiegare il dialetto locale, e quindi a trasformare
dialoghi e battute, letterariamente elaborati, o almeno
preordinati, in manifestazioni spontanee e genuine d'un
linguaggio autenticamente popolare. Ma per ottenere
questo « cinema-verità » *ante litteram*, che sul piano
della realizzazione pratica comportò un differente metodo di lavoro con gli attori-non attori e un loro diverso
coinvolgimento nella storia e nel dramma, Visconti
non si basò affatto sulla pura e semplice osservazione
del comportamento degli abitanti di Aci Trezza, non
si limitò a seguirli e a guardarli con la macchina da
presa, non rinunciò a quelli che definì « ghirigori e
arabeschi ». Tutt'altro. Aveva un chiaro progetto cinematografico, una storia da narrare, un romanzo da interpretare in chiave attuale, e una serie di situazioni
drammatiche da evidenziare secondo la sua visione critica non soltanto dei problemi politici e sociali del
tempo (in rapporto alla condizione dei pescatori siciliani), ma anche e soprattutto del carattere e delle funzioni del cinema come spettacolo. Egli parla infatti dei
suoi personaggi, dei *suoi* dialoghi, sia pure elaborati
con l'aiuto degli interpreti locali, cosciente che la sua
funzione di regista — com'era sempre avvenuto anche
in teatro — non si limitava al semplice coordinamento dei gesti e delle parole altrui, ma doveva costituire
la struttura portante dell'opera, della *sua* opera.

Se non ci fu una sceneggiatura, ci fu da un lato un
soggetto sufficientemente elaborato e preciso nei suoi
elementi drammatici fondamentali — quegli *Appunti*

per un film documentario sulla Sicilia, cui abbiamo fatto cenno e su cui torneremo —, dall'altro, il romanzo *I Malavoglia* di Verga, alla cui « riduzione » cinematografica Visconti, come si sa, aveva pensato a lungo, sin dal 1941. Anzi, a dire il vero, anche il soggetto originale era in gran parte debitore dell'opera verghiana: non è difficile riscontrarvi, nella caratterizzazione dei personaggi e nell'elaborazione delle singole storie, gli influssi non soltanto dei *Malavoglia*, ma anche di *Jeli il pastore* e di *Rosso Malpelo* e in genere della novellistica verghiana. Una Sicilia, in altre parole, alquanto « letteraria », nel senso di una mediazione tra l'osservazione « documentaristica » della realtà naturale, umana, sociale, e la sua rappresentazione nei modi e nelle forme d'un cinema narrativo. Quella Sicilia, appunto « letteraria », che aveva entusiasmato — come si ricorderà — il Visconti trentacinquenne, quando, visitando Catania e la piana di Caltagirone, aveva pensato di poter realizzare un film tratto dai *Malavoglia*. Il soggetto de *La terra trema*, insomma, non fu genericamente « la vita di questa gente — le loro difficoltà — la loro lotta che si chiude quasi sempre in perdita — la loro rassegnazione », come scrisse Visconti, ma appunto il romanzo di Verga, in cui quella vita, quelle difficoltà, quella lotta e quella rassegnazione avevano trovato i giusti toni d'un racconto tutto costruito su personaggi corposi, dialoghi, descrizioni paesaggistiche, nodi narrativi e drammatici, ai quali non era difficile attingere a piene mani per trarne il materiale per un film perfettamente costruito secondo le buone e collaudate regole del cinema narrativo e drammatico.

Il soggetto originale, o meglio il primo progetto della trilogia, si apre con queste parole:

« Tre ambienti tipici di lavoro in Sicilia. Tre aspetti di una
stessa lotta contro le difficoltà degli uomini e delle cose, che
trovano nel loro sviluppo affinità ritmiche e concettuali. Per le
quali affinità le storie si mescolano e si complementano a vicenda in un crescendo che, partendo dal primo nucleo disordinato
e disperso di una famiglia di pescatori, sposta il problema in
una miniera e poi nella terra, ampliandolo sino a fargli assumere la grandezza del coro. È ovvio sottolineare che i presenti
appunti valgono come pura indicazione, e che l'autore del film
si riserva di trovare, nella mescolanza dei tre episodi, nuovi
punti di contatto e di raccordo che meglio varranno a rappresentare l'unità ideologica e ritmica dell'insieme ».

Come a dire che, da un lato, la mescolanza degli
episodi, cioè la trattazione parallela dei tre ambienti e
delle tre situazioni sociali ed economiche descritte, deve confluire in un unico discorso ideologicamente chiaro e politicamente impegnato sul versante del riscatto
umano e sociale; dall'altro, che questo parallelismo narrativo e drammatico, questa integrazione formale di
differenti momenti drammaturgici, non possono non costituire una struttura artistica rigorosa e conseguente,
basata sulle affinità « ritmiche », cioè sulle regole della composizione dinamica della storia e della sua rappresentazione.

Il primo episodio, come si è detto, è visibilmente
ispirato ai *Malavoglia* e costituirà, nella versione definitiva del film, la traccia lungo la quale si svilupperanno
fatti e situazioni attinti abbondantemente al romanzo
verghiano.

« È l'alba, nella marina di un paesetto della provincia di
Catania — si legge nel soggetto —. I pescatori rientrano con
le barche dopo una notte di magra pesca... Sulla riva — pronti come falchi — attendono i grossisti del pesce salato, i quali
comprano per niente l'enorme quantità di pesce che il mercati-

no paesano non riuscirebbe a smaltire e che i pescatori, poveri come sono, non riescono a sfruttare industrialmente».

È esattamente l'inizio del film, la prima sequenza, che si apre con un carrello-panoramica da sinistra a destra che scopre le case del paese ancora immerse nel buio della notte: le prime, livide, avvisaglie di un conflitto di classe che scoppierà di lì a poco, sulla spiaggia, quando 'Ntoni e i suoi amici e compagni decideranno di opporsi alle vessazioni dei grossisti di pesce. Da questo conflitto matura la decisione di 'Ntoni (Antonio, nel soggetto) di mettersi in proprio; ma le cose vanno male, una tempesta di mare si porta via la sua barca, egli è costretto a tornare a lavorare per i grossisti, e intanto la sua famiglia si è disgregata. Come nel finale del film « Antonio riprende il mare. È un vinto, un isolato; e forse soltanto adesso l'esperienza potrà suggerirgli che ha perso perché era un isolato ».

Il secondo episodio — più semplice sul piano narrativo — si contrappone al primo per un maggior « ottimismo », per quella speranza che nasce negli oppressi dall'essersi ribellati e dall'aver costituito — ciò che Antonio non riuscì a fare — una vera solidarietà di classe. Il protagonista della storia è Cataldo, un giovane minatore, che — di fronte alla chiusura forzata e ingiustificata della miniera di zolfo presso cui lavorava — riesce a creare una cooperativa di minatori che gestirà, fra speranze e delusioni, una miniera abbandonata. E se pure questa, esaurendosi, rischierà di far fallire l'impresa « sotto il maligno sguardo di gioia del Direttore della miniera » che era stata chiusa, la scoperta di una nuova falda riaccenderà le speranze. Come si legge nel testo:

« Essi sanno che la nuova vena non significherà la vittoria, non significherà la scomparsa della schiavitù (affitto e debito con la banca) che pesano su di loro. Continueranno la loro dura vita di lavoro esattamente come prima: ma lavoreranno con una speranza: la speranza di un domani che li renda indipendenti. Questo conseguiranno con il rinvenimento della nuova vena. E questo è già molto per loro, moltissimo per uno zolfataro siciliano abituato da secoli a curvare la schiena. La mina brilla. La gioia è nei volti di tutti. Anche il dramma sentimentale di Cataldo appare ormai al giovane in una luce ottimistica ».

Il terzo episodio infine — quello della terra — è decisamente « corale » e fa da contraltare agli altri due sul piano appunto di questa coralità che annulla i momenti individuali del dramma per metterne in luce gli aspetti collettivi, di massa. Il tema è quello dello sfruttamento dei contadini da parte dei latifondisti, dell'occupazione delle terre, della presa di coscienza dei braccianti — attraverso l'opera politica del « Saracino », un nuovo coraggioso organizzatore contadino — che viene violentemente contrastata dalle forze conservatrici, politiche e agrarie, con la strage sanguinosa dei rivoltosi durante una gande festa di popolo (con esplicito riferimento alla strage di Portella della Ginestra, compiuta dal bandito Salvatore Giuliano il 1° maggio 1947 durante una analoga festa popolare per l'occupazione delle terre). Ma la reazione questa volta è diversa. I funerali delle vittime — « innocenti donne e bambini » e « contadini rei di aver alzato la testa dalla loro millenaria schiavitù » — sono imponenti, si trasformano in una manifestazione di massa, si concludono con l'occupazione del feudo incolto. Invano gli agrari, le forze della polizia, tentano di farli desistere:

gli occupanti, sorretti dall'aiuto di tutta la popolazione, resistono.

« Resisteranno? — si legge nel testo — La minaccia più grave alla loro azione è costituita dal ricatto fatto dai padroni sulle sementi. Fra poco sarà tempo di seminare, il tempo urge: avrà avuto, la disperata lotta dei contadini, un risultato concreto? Tutto è lì: poter seminare. Resisteranno? Arriveranno in tempo? Come falchi rabbiosi ma impotenti, padroni e campieri stanno a guatare. Le trattative con gli enti investiti d'autorità governativa vanno per le lunghe. Resisteranno, gli assediati? Ed ecco il miracolo. Le città, le campagne si mobilitano per sostenere questi contadini che hanno ingaggiato battaglia contro il millenario "tabù". La battaglia è vinta mercé la solidarietà di tutti gli altri lavoratori dell'isola (pescatori, braccianti, operai, ecc.); il Governo è costretto ad intervenire per risolvere la vertenza ».

Un finale grandioso, come si può vedere, secondo le regole codificate e la rettorica del « realismo socialista »; un finale che, ricapitolando i precedenti momenti narrativi e drammatici, nei loro risvolti ideologici e politici, tende a unificare le lotte — espresse e rappresentate negli altri episodi attraverso vicende individuali che si inseriscono a diversi livelli nei tessuti sociali — nel grande spettacolo della solidarietà di classe, in modi e forme che si richiamano sia alla tradizione del cinema sovietico rivoluzionario, sia a certa pittura ottocentesca di chiaro significato sociale (basti pensare, ovviamente, al *Quarto stato* di Pellizza da Volpedo: al quale si richiamerà esplicitamente Bernardo Bertolucci in *Novecento*, che, per certi aspetti formali, può essere considerato una elaborazione e un ampliamento di questo terzo episodio della *Terra trema* di Visconti).

Questo finale grandioso, in cui l'elemento propagandistico e tribunizio aveva il sopravvento sugli altri ele-

menti drammaturgici presenti nel film, doveva appunto concludere unitariamente un'opera che si presentava in una forma alquanto inconsueta, spezzettata com'e-
ra in scene e sequenze legate l'una all'altra dal sottile
filo delle assonanze e dei contrasti, più di forme che di
contenuti. Quell'« unità ritmica », alla quale accennava Visconti, nasceva proprio da questi raccordi che,
almeno sulla carta, appaiono tanto suggestivi ed efficaci, quanto elementari e persino scolastici. La sequenza
dell'assalto al motopescereccio del primo episodio si
conclude con una furibonda rissa tra l'equipaggio e i
pescatori, cioè con una scena di massa, e quella iniziale del secondo episodio si apre con « una folla di circa
cento uomini in tumulto dinanzi al Palazzo della Prefet-
tura di Caltanissetta ». Quando Cataldo, il protagonista, si trova una mattina con la fidanzata Angela davanti a una miniera disattivata, « risuona, a questo momento, il colpo di una doppietta », ed ecco il raccordo col
terzo episodio: « Nella vallata risuona l'eco del colpo
di fucile, subito seguito da un altro colpo. L'eco corre
di valle in valle, dalla miniera spenta ai vasti appezza-
menti di terra che schiere di braccianti contadini colti-
vano ».

Così di seguito, di sequenza in sequenza, di episodio in episodio: i contadini sono terrorizzati, « riprendono
la loro vita di miseria e di schiavitù senza speranza », e il pescatore Antonio, arrestato per i tumulti, è
rilasciato al commissariato; egli si mette in proprio,
« le più alte speranze alimentano il coraggioso tentativo della famiglia di Antonio », e nella miniera spenta
Cataldo « è riuscito a convincere e ad associare alla
sua idea una sessantina di minatori »; egli deve risolvere i suoi problemi sentimentali, i rapporti con Angela

che aspetta da lui un figlio, nella nuova prospettiva della cooperativa e del lavoro autonomo, e in campagna « da un feudo all'altro corrono nuove intese fra i contadini e i garzoni »; il « Saracino » è pronto con i compagni a sfidare i « tabù » padronali occupando le terre (ma già si sente l'approssimarsi della tempesta), e sul mare, appunto, vediamo « la barca di Antonio sotto i colpi di una terribile tempesta al largo del golfo »; egli torna disperato a riva, con la barca distrutta, le reti spezzate e vuote, ed ecco che nella miniera riattivata « la vena si è impoverita a poco a poco, sta per esaurirsi »; con l'aiuto di un ingegnere nasce tuttavia la speranza di una nuova vena di minerale, ma « nelle campagne la mafia padronale è in allarme e prepara le armi »; si decide di organizzare una grande festa contadina a dimostrazione dell'unità della classe, e intanto la barca di Antonio, in cantiere, « va inghiottendo tutti i risparmi e l'attrezzatura della piccola industria familiare »; Antonio riprende, sconfitto, il suo lavoro di pescatore sotto padrone, e i minatori « si accingono a far brillare una mina nel posto dove si aprirà la nuova vena »; la mina brilla, la gioia è nei volti di tutti, mentre « la festa dei contadini, in una vasta aia in prossimità di una strada, è al culmine ».

È una struttura cinematografica, come si è detto, composita e lineare al tempo stesso, nel senso di una continuità tematica e di un rapporto elementare, quasi didascalico, fra le parti, che non consentono digressioni o approfondimenti. In questo appiattimento prospettico, in questo livellamento formale, in questa sostanziale assenza di chiaroscuri e di mezze tinte, con la schematica contrapposizione delle forze in campo, buoni e cattivi, secondo una interpretazione manichea della realtà umana e sociale, *La terra trema*, secondo il progetto iniziale, parrebbe risolversi in un'opera fondamentalmente rettorica, magniloquente, propagandistica. La coralità dell'assunto sembra tendere a una sorta di spettacolarizzazione del reale nei modi e nelle forme di un grande affresco semovente, multicolore, affascinante, ma, a ben guardare, bidimensionale. Una composizione di massa, in cui l'individuo tenderebbe a scomparire con i suoi conflitti esistenziali, i suoi drammi personali, per lasciar posto a conflitti e drammi non tanto o non solo sociali, quanto soprattutto ideologici e politici. Un progetto, in ultima analisi, poco « viscontiano », molto più vicino alle posizioni teoriche del gruppo di « Cinema », di De Santis e Alicata in particolare, o a quelle di Antonello Trombadori, il quale, come si è detto, fu in quegli anni molto vicino a Visconti, ne influenzò le scelte politiche e ideologiche, ebbe un peso non indifferente nella preparazione e nella realizzazione proprio della *Terra trema*.

3 *Realismo viscontiano*

Se è vero, come lo stesso Trombadori ebbe a dichiarare a Nello Ajello, che la didascalia iniziale del film, che compare dopo i titoli di testa, fu da lui compilata, sia pure d'accordo con Visconti, non v'è dubbio che l'impostazione generale del progetto — indipendentemente da ciò che il film in realtà fu e dai significati molteplici che vi si possono attribuire — è debitrice in larga misura di quel « realismo socialista » che, teorizzato e praticato dagli artisti e intellettuali comunisti in quegli anni, risultò invece sostanzialmente estraneo alla più genuina arte viscontiana. La didascalia dice:

« I fatti rappresentati in questo film accadono in Italia e precisamente in Sicilia, nel paese di Acitrezza, che si trova sul Mare Ionio a poca distanza da Catania. La storia che il film racconta è la stessa che nel mondo si rinnova da anni in tutti quei paesi dove uomini sfruttano altri uomini. Le case, le strade, le barche, il mare, sono quelli di Acitrezza. Tutti gli attori del film sono stati scelti tra gli abitanti del paese: pescatori, ragazze, braccianti, muratori, grossisti di pesce. Essi non conoscono lingua diversa dal siciliano per esprimere ribellioni, dolori, speranze. La lingua italiana non è in Sicilia la lingua dei poveri ».

Una dichiarazione programmatica, una sorta di prefazione per la corretta lettura e interpretazione del film, che meglio si adattava al progetto iniziale, alla trilogia semi-documentaria sulla Sicilia, che non alla *Terra trema*, così come fu realizzato. Il film infatti, restringendo il tema alla sola vicenda della famiglia di 'Ntoni e allargandone la prospettiva con implicazioni psicologiche, esistenziali, personali, tendeva a essere — ed è — un romanzo secondo la migliore tradizione narrativa ottocentesca, in cui fatti umani e fatti sociali si integrano al di fuori di ogni preoccupazione ideologica esplicita.

C'è da dire innanzi tutto che, nonostante nei titoli di testa del film non compaia il nome di Giovanni Verga né alcun accenno al romanzo *I Malavoglia* — anzi vi si dice esplicitamente « Soggetto e regìa di Luchino Visconti », senza altra specificazione —, *La terra trema* è evidentemente, nella scelta dei luoghi, dei personaggi, dei fatti principali, degli stessi nomi di alcuni personaggi, un'opera costruita pazientemente sulla struttura narrativa e drammatica del testo verghiano. C'è una testimonianza di Giuseppe Patroni Griffi, che

fu molto amico di Visconti e per il quale scriverà il
soggetto e la sceneggiatura de *La strega bruciata viva*,
un episodio del film antologico *Le streghe*, che è estremamente rivelatrice a riguardo della genesi e della meticolosa preparazione della *Terra trema*. Egli ricorda:

« Alla fine dell'estate del '47, Luchino se ne stava sotto la
pergola della sua casa a Ischia (una casa che allora affittava,
giardino e spiaggia, in una Ischia disabitata e senza "ville"
ancora tutta verde) il giorno intero a scrivere fogli e fogli di
appunti, in gran segreto, nessuno che osasse chiedergli che
cosa stesse combinando, intorno a quali progetti stava prendendo fuoco... Che cosa maturava in lui in quelle giornate di
incipiente autunno ischiano? Stavano prendendo corpo i Valastro, i moderni Malavoglia, la prima delle grandi saghe di
famiglie che spiccano nell'opera di Visconti. Chiusa la casa
dell'estate, lasciammo tutti l'isola e appena ritornati a Roma
egli partì subito, questa volta quasi solo con lo scartafaccio
degli appunti, alla scoperta della Sicilia ».

A testimonianza che il progetto di fare un film in
Sicilia era per Visconti strettamente legato a una rilettura attenta dei *Malavoglia*, a una loro interpretazione
attuale, Patroni Griffi riferisce di una lettera inviatagli
da Luchino, datata Catania 26 settembre 1947, in cui
si legge: « La consuetudine rettorica vuole che si evo-
chino almeno i Malavoglia. Per me non è rettorica ma
il cuore che parla nel paese di 'Ntoni ».

Insomma, con *La terra trema* Visconti volle darci
quella personale interpretazione della Sicilia, filtrata attraverso la lettura di Verga, che da anni covava in sé,
e al tempo stesso comporre un grande affresco sulla
famiglia, come cellula principale dell'ordinamento sociale, luogo di incontri e di scontri sui diversi piani

dell'esistenza, nucleo attorno al quale ruotano le passioni e i conflitti, microcosmo che riflette la società nel suo complesso: affresco che egli amplierà e approfondirà, in differenti contesti storici e sociali, nelle opere successive.

Il film doveva essere certamente un testo «politico», non soltanto perché nasceva da un progetto cinematografico chiaramente finalizzato all'azione politica, ma anche perché, dietro il discorso sulla famiglia, premeva mettere in luce la complessità dei rapporti sociali, i conflitti di classe, sullo sfondo dei quali il dramma familiare trovava una giustificazione storica e un'interpretazione critica. Tuttavia il film voleva essere una tragedia dell'esistenza, i cui protagonisti dovevano assumere la funzione simbolica dei grandi personaggi mitici, del teatro antico o dei poemi omerici. In altre parole, una sorta di recupero della Sicilia come luogo privilegiato del mito, «l'isola di Ulisse — come aveva scritto lo stesso Visconti nel 1941 —, un'isola di avventure e di fervide passioni, situata immobile e fiera contro i marosi del mare Jonio». Certo anche la Sicilia contemporanea, interpretata attraverso Verga e forse Gramsci (di cui proprio allora si andavano pubblicando prima le *Lettere dal carcere* poi i *Quaderni*), ma in primo luogo la tragedia di una famiglia siciliana, il contenuto tragico della lotta per la vita, il coacervo delle passioni e delle tensioni, ed anche l'amarezza per la distruzione del mito, per la fine d' un mondo, terribile ma affascinante, e la tenue e incerta apparizione d'un altro, più giusto ma forse anche più anonimo.

Tra il fascino del passato, rivissuto letterariamente e artisticamente in un intenso rapporto con la scrittura verghiana e con il paesaggio siciliano, e la speranza del futuro, secondo una visione alquanto schematica e marxisticamente elementare, Visconti va componendo la sua opera che, pur abbandonando progressivamente il testo dei *Malavoglia*, non diventa affatto quel « dramma che si crea da sé » semplicemente guardando i protagonisti parlare ed agire, che era, se non nelle più vere intenzioni, certamente nei propositi suoi. A una osservazione non superficiale della *Terra trema* non è difficile infatti smentire Visconti sia per quanto concerne l'assenza di una sceneggiatura o la non dipendenza dal romanzo di Verga, sia per quanto concerne la collaborazione degli interpreti, il loro intervento diretto, creativo, nella costruzione dei personaggi e della storia.

Come aveva già osservato Giuseppe Ferrara nel 1957, i rapporti tra film e romanzo, proprio sul piano della narrazione e della descrizione ambientale e su quello dei dialoghi, sono molto più stretti di quanto non appaia, o non era apparso quando il film uscì, e comunque ben al di là di quanto lo stesso Visconti non avesse riconosciuto quando dichiarò in un'intervista: « Penso che *La terra trema*, pur affrontando problemi più attuali, dimostri di avere molto di Verga, come atmosfera e profumo ». In realtà non si tratta soltanto di atmosfera e profumo, ma proprio di trascrizione fedele di situazioni, fatti, parole, a dimostrazione che egli utilizzò il romanzo come canovaccio, quasi una sceneggiatura già pronta, che andava soltanto sfoltita, corretta qua e là, e aggiornata per quel tanto che la mutata situazione storica suggeriva.

Quanto alla collaborazione attiva della gente di Acitrezza, non v'è dubbio che il dialetto siciliano del film è il loro, che quelle parole, quegli accenti, quelle espressioni sono loro, frutto di una autentica esperienza di vita e di lavoro. Ma chi tira le fila dello spettacolo è pur sempre Visconti, che interviene di continuo, suggerisce, impone, corregge, prova e riprova, sino a trovare quelli che egli ritiene i giusti connotati d'un gesto, d'un dialogo, d'una azione: sino a raggiungere — come era abituato a fare in teatro — la perfetta simbiosi del personaggio e dell'attore (e poco importa che in questo caso si tratti di non-attori). È lo stesso Visconti, in un'intervista del 1959, a Jacques Doniol-Valcroze e Jean Domarchi, a chiarire la natura di questo rapporto di assoluto dominio:

« Ho passato ore e ore con i miei pescatori de *La terra trema* per far loro ripetere una piccola battuta. Volevo ottenere da loro lo stesso risultato che può dare un attore. Se avevano del talento, e ne avevano (avevano soprattutto una dote straordinaria: nessun complesso davanti alla macchina da presa), potevano arrivarvi molto presto. Il lavoro vero, con gli attori, consiste nel far loro vincere i complessi, il pudore. Ma quella gente non aveva pudori; ottenevo da loro quanto avrei ottenuto in un tempo molto più lungo dagli attori ».

E sebbene, poco oltre, precisi che « la sceneggiatura non era prestabilita; la affidavo a loro stessi », noi sappiamo che il canovaccio offerto dai *Malavoglia*, sia pure integrato e modificato sul *set* a contatto con la viva realtà di Acitrezza e dei suoi abitanti, era e rimaneva la struttura portante dell'intera costruzione drammatica, anche in molti particolari e situazioni precise.

D'altronde, anche per questo film, anzi soprattutto per questo, l'impegno di Visconti nell'elaborazione di ogni singola inquadratura, di ogni sequenza, e quindi anche dei movimenti dei personaggi e delle loro espressioni mimiche e verbali, fu totale. Francesco Rosi era incaricato di tenere ben quattro registri di lavorazione. Nel primo « veniva documentata minutamente la giornata lavorativa: un vero e proprio giornale di bordo per tutti gli usi, compreso quello di potere, all'evenienza, calcolare il tempo da addebitare al regista nella scelta, preparazione e ripresa dell'inquadratura e quello da addebitare agli altri, ognuno per il suo settore di lavoro ». Nel secondo « veniva redatto il "bollettino": cioè la memoria degli obbiettivi adoperati per una inquadratura, le distanze focali, i movimenti di macchina, l'altezza della stessa, il metraggio di negativo girato, le annotazioni ». Il terzo « serviva per la sceneggiatura che si sarebbe dovuta scrivere a film finito. Ogni inquadratura doveva esservi descritta e raccontata ». Il quarto infine « era dedicato alla continuità del lavoro in sequenza, cioè ai "raccordi". Ogni inquadratura veniva disegnata e tutto ciò che ne faceva parte minuziosamente annotato allo scopo di poter riprendere la sequenza, magari interrotta per ragioni atmosferiche o altri motivi, anche a distanza di settimane o di mesi. I raccordi non erano solo di scena (scenografia ed arredamento) o di costume (abiti, taglio capelli e barba), ma soprattutto di azioni e gesti ».

Come si può notare, da questa breve descrizione fatta da Rosi, tutto era calcolato nei minimi particolari in modo da fornire a Visconti l'insieme degli elementi compositivi, sul piano tecnico e su quello espressivo, di linguaggio. Il controllo sul materiale poteva essere da parte sua totale, assoluto: ogni inquadratura, sebbene elaborata eventualmente con il contributo degli interpreti, possedeva il suo marchio, era, e non poteva non essere, « viscontiana ». Ciò in evidente contrasto con le intenzioni — se tali in realtà erano — da lui espresse in varie occasioni, di volere cioè limitarsi a guardare i personaggi agire e rappresentarli nelle più genuine manifestazioni del loro essere. Visconti non era evidentemente, né poteva essere, un regista « neorealista », almeno secondo l'accezione che al termine davano Rossellini o Zavattini e De Sica.

Si parlò allora di superamento del neorealismo, di passaggio dalla cronaca alla sua interpretazione, di acquisizione, da parte del neorealismo, di uno « stile », intendendo con ciò essenzialmente una maturazione espressiva, un controllo formale del materiale documentario, secondo indicazioni fornite dallo stesso Visconti. *La terra trema*, anzi, costituì il cavallo di battaglia d'una polemica culturale che vide coinvolti esponenti dell'intellettualità di sinistra e della politica culturale del partito comunista italiano. Ma si parlò anche, dalle medesime file politiche, di formalismo, di estetismo, di fuga dalla vera realtà umana e sociale verso i compiacimenti, appunto, dello « stile ». Se Ugo Cariraghi, dalle colonne de « L'Unità » all'indomani della prima veneziana, scrisse che *La terra trema* era *il* film realista per eccellenza, superando radicalmente ogni limite neorealistico, e su posizioni analoghe, con qualche sfumatura, si posero critici come Guido Aristarco o Antonio Pietrangeli; Glauco Viazzi denunciò: « Il formalismo pittorico, la lunghezza "anticommerciale" del film, lo snobismo del dialogo in dialetto siciliano, l'assenza delle organizzazioni d'avanguardia politiche e sindacali del popolo italiano: questi difetti artistici pesano gravemente sul suo film »; e Renzo Renzi scrisse un saggio illuminante sulla presenza del mito nella struttura compositiva de *La terra trema*, definendolo addirittura una sorta di « mistero marxista », se-

condo talune affinità formali con i misteri cristiani me-
dievali. Scrisse fra l'altro: « Luchino Visconti, quando
ebbe terminato di girare il suo film, disse che aveva
tentato di dare uno stile al neorealismo italiano. Egli
aveva tentato uno stile in una precisa impostazione contenutistica e formale, cercando un'intima rispondenza
tra questa e quella: e si potrebbe dire che il suo tentativo sarebbe riuscito se non si fosse risolto in un atteggiamento, come premeditata ricerca di poesia nel mito ».

4 *Rapporti col neorealismo*

Ritorna a questo punto in primo piano la questione
del realismo in generale e di quello viscontiano in particolare, alla luce non soltanto delle precedenti opere di
Visconti, in cinema e in teatro, ma anche della teoria
e della pratica del neorealismo, come si era andato
affermando nel cinema italiano di quegli anni. Da un
lato c'era evidente il bisogno di uscire dal chiuso dei
teatri di posa, di riscoprire una realtà autentica che
non fosse quella artificiale del cinema come spettacolo, di usare anzi il cinema come strumento rivelatore
del reale quotidiano; dall'altro, tuttavia, non si poteva
trascurare la « finzione » insita nel cinema come linguaggio artistico, cioè le sue capacità di trasformare la
realtà fenomenica in segni e simboli d'uno spettacolo
che si sarebbe svolto sullo schermo e come tale sarebbe stato recepito dal pubblico. Due esigenze che potevano entrare in conflitto, o trovare invece un giusto
equilibrio contenutistico e formale, ma che non potevano essere eluse, in un momento in cui la lotta politica,

anche nel cinema, stava raggiungendo un alto livello
di conflittualità, e occorreva pertanto prendere posizione, schierarsi da una parte o dall'altra. Tanto che, in
questa prospettiva storica, la battaglia per il neorealismo, prima, per il realismo, poi, andò acquistando un
significato ideologico e politico non equivoco, l'uno e
l'altro essendo allora gli obbiettivi artistici e culturali
delle forze progressiste contro la restaurazione e la reazione.

Il superamento del neorealismo *tout court*, che
poteva anche sembrare un gioco di parole o una non
del tutto chiara catalogazione artistica e letteraria, pre-
supponeva invece un ampliamento dell'intervento del-
l'artista nell'analisi della realtà, un suo maggior controllo sulla pura e semplice registrazione dei fatti, ma anche, sotto certi aspetti, una ancora più totale accettazione della « materialità » dei fenomeni, della loro genui-
nità, senza manipolazioni di sorta. Almeno, in questo
senso parve intenderlo Visconti che, tra le accuse che
mosse al neorealismo, denunciò soprattutto certe « infe-
deltà » che taluni registi si prendevano nei confronti
della veridicità della rappresentazione della realtà quotidiana. A Michele Gandin che, nel 1951, lo intervistava in proposito, egli disse: « Io giro sempre in diretta.
De Sica, è vero, fa doppiare i suoi attori. Ma allora
tutto è finito. Tutto perde di senso ». E alla precisa
domanda: « Molti critici lo accusano di formalismo,
specie in *La terra trema*. Cosa può rispondere? », egli
disse: « Rispondo che sbagliano. Io non elaboro mai
l'inquadratura. Non ho mai pensato all'inquadratura
di per se stessa. Ogni inquadratura è la conseguenza
della precedente: la naturale conseguenza. *La terra trema* è stato girato con grande modestia. C'è stata sem-

mai la preoccupazione contraria: di una assoluta nudità ». Infine, all'accusa che nel film non si fa cenno all'esistenza di partiti e sindacati, la sua risposta è perentoria: « Appunto perché non volevo alterare la situazione reale. E il panorama politico di Acitrezza mentre giravo il film era questo: cinque qualunquisti e il resto indifferenti. Non esistevano partiti e tantomeno sindacati. Del resto, anche uomini politici mi hanno fatto questa domanda, me l'ha fatta Togliatti stesso. E io ho risposto che non c'era altro da fare che occuparsi di più di Acitrezza ». Per concludere che, riguardo al suo lavoro, « sarebbe meglio parlare di realismo, semplicemente ».

Ma le cose non stanno ovviamente in questi termini, così semplici appunto e definitivi. Non v'è dubbio che gli intenti realistici di Visconti, che già si erano manifestati in *Ossessione* e in certe regìe teatrali, si muovevano lungo la grande tradizione del realismo ottocentesco, dal romanticismo al naturalismo al verismo, con gli aggiornamenti ricavati da alcuni romanzieri e artisti del primo Novecento, Mann in particolare (ma anche Proust, soprattutto per la sua minuzia addirittura ossessiva nel descrivere oggetti e ambienti quotidiani), e più ancora da certo cinema naturalistico: basti pensare a Stroheim e a Renoir, i suoi maestri dichiarati. In questa prospettiva, la sua necessità di non fermarsi all'apparenza delle cose, o all'approssimazione descrittiva e ambientale, rientrava pienamente, ne era anzi una caratteristica fondamentale: il suo realismo era infatti inteso essenzialmente come totale verosimiglianza, come perfetta adesione della rappresentazione alla realtà fenomenica; e solo a questa condizione si poteva poi giungere a una critica interpretazione della crona-

ca o della storia, a una utilizzazione di quegli elementi
naturalistici e veristici in una visione più ampia e approfondita della complessità del reale.

Il neorealismo partiva invece da altre premesse ideologiche e morali, era in primo luogo il frutto della
« scoperta » della quotidianità genuina dopo vent'anni
di propaganda fascista. Certamente esso si basava sulla registrazione della realtà attraverso tutti quegli elementi « realistici » che per Visconti costituivano l'essenza stessa della rappresentazione; ma il fine ultimo
— almeno per Rossellini e in larga misura anche per
Zavattini e De Sica — era quello di sostituire alla
« finzione » cinematografica la « verità » delle situazioni umane e sociali descritte, di abolire lo schermo come luogo in cui il film si « realizza », per farne una
finestra aperta sul mondo. Il neorealismo, questo neorealismo rosselliniano e zavattiniano, non ricercava tanto la « realtà » quanto la « verità »: il suo era un programma più etico che estetico.

Visconti, al contrario, porta sempre più innanzi e
amplia, col passare degli anni e l'approfondimento ideologico e culturale dei problemi politici e sociali del
momento, la sua estetica realistica. Tende sempre più
a un realismo integrale e totalizzante, in cui non è il
film che si annulla nella realtà, ma questa in quello,
nel senso che il realismo dell'immagine filmica si pone
esso stesso come « realtà », non rimanda ad altro, ma
assomma in sé tutti i multiformi e cangianti aspetti
della realtà fenomenica, della quotidianità. Questo rigoroso programma artistico non poteva che contrapporsi
al neorealismo; ma la contrapposizione era radicale,
insita nei principi stessi dell'estetica viscontiana e di
quella rosselliniana e zavattiniana, e non già basata su

differenze o difformità particolari, quali l'uso del doppiaggio e simili.

È vero che nel 1953 Visconti dirà:

« Nella mia personale esperienza di regista la ricerca di una verace documentazione della realtà, che si sostituisse al convenzionale posticcio, ha soddisfatto il bisogno di una libera creazione artistica, in un momento in cui il cinema doveva attenersi a un ricettario al quale lo stesso pubblico aveva finito con l'assuefarsi. Penso che il neorealismo non sia una rigida forma stilistica legata alle contingenze di un determinato periodo, bensì l'inizio dell'evoluzione del cinema come fatto d'arte, su di un piano di sempre più approfondito accostamento alla vita nelle sue varie istanze e di una sempre più approfondita conoscenza della realtà umana ».

Ma è altrettanto vero che, a ben guardare, queste parole, dette in occasione del convegno sul neorealismo tenuto a Parma nel dicembre di quell'anno, confermano non già la sua adesione al « neorealismo » come movimento più o meno unitario di scoperta della realtà italiana per mezzo del cinema, finalmente liberato non solo dai condizionamenti politici e ideologici del passato ma anche da una rigida tradizione spettacolare; quanto piuttosto quel suo bisogno di « realismo » integrale, di « verace documentazione della realtà », che, sostituendosi alla finzione spettacolare consueta, poteva e doveva dare allo spettacolo una nuova e più pregnante dimensione formale, e fornire al pubblico un diverso e più impegnato coinvolgimento, etico ed estetico.

Se, come ebbe a confermare nel 1959, « il neorealismo è prima di tutto una questione di contenuti », è evidente che la questione si sposta, almeno per Visconti, sul piano ideologico, trascurando di proposito ogni problema puramente formale. Sennonché è proprio sul piano del rapporto che egli stabilisce col reale attraverso i mezzi espressivi che gli sono proprî, che la questione dei contenuti diventa una questione di forme, cioè di segni e simboli d'un discorso che si pone al di fuori della pura e semplice riproduzione della realtà, ma si colloca invece nel vivo della sua interpretazione. Insomma, come egli ha detto chiaramente, la verace documentazione della realtà — tanto in cinema quanto in teatro — deve soddisfare il suo bisogno di « una libera creazione artistica », e questa non può che realizzarsi nel pieno controllo dei mezzi, nella libera scelta del linguaggio, in un modello di rappresentazione che può essere soltanto « personale ».

In questo contesto, *La terra trema* assume un significato di grande importanza, forse ancora maggiore di quello assunto cinque anni prima da *Ossessione*. Se infatti quest'ultimo film, collocandosi un poco al di fuori del panorama del cinema fascista del tempo di guerra, divenne, anche al di là dei suoi limiti e del suo più genuino significato artistico, un modello politico-culturale e come tale costituì un punto di riferimento obbligato; *La terra trema* uscì in un momento in cui il neorealismo stava trionfando, veniva considerato da gran parte dell'intellettualità progressista il nuovo modello d'un cinema popolare e politicamente impegnato, in larga misura rivoluzionario, e pertanto la sua funzione non fu tanto quella di aprire una strada, di proporre nuove forme e nuovi contenuti, ma piuttosto quella di imporre un nuovo criterio di giudizio estetico all'interno del fenomeno neorealistico, con tutte le ambiguità che il termine stesso di neorealismo comportava. È in questa prospettiva che le accuse di formali-

smo da un lato, e l'autodifesa di Visconti dall'altro —
il quale si richiamava giustamente all'idea di realismo,
senza aggettivi o limitazioni —, focalizzarono la discussione che, da critica, si fece teorica e coinvolse — come lo coinvolgerà più tardi, con *Senso* — il dibattito
generale sull'arte realista e sulle sue funzioni in una
società che si voleva socialista.

5 *I dialoghi e le immagini*

Partendo dal romanzo di Verga e contemporaneamente da una osservazione attenta e partecipe della
realtà umana e sociale siciliana di quegli anni, Visconti fece quello che già aveva fatto in *Ossessione* e nelle
regìe teatrali e che farà anche in seguito, nella maggior parte dei suoi interventi in cinema e in teatro.
Pretese cioè di trovare una totale integrazione fra la
materia narrativa e drammatica e la sua manifestazione spettacolare, in modo da superare ogni eventuale
frattura tra forma e contenuto, assorbendo in uno spettacolo realisticamente totalizzante l'intera realtà fenomenica. Se la storia era quella d'un conflitto di classe
sullo sfondo d'un ambiente profondamente radicato in
una tradizione millenaria di soprusi e di prepotenze, e
i personaggi dovevano riflettere questa situazione senza venir meno alla loro individualità e al loro carattere
psicologicamente approfondito, occorreva ovviamente
fare di questa storia, di questo ambiente e di questi
personaggi delle « realtà » filmiche, cioè degli elementi che dessero alla rappresentazione quello spessore formale, quella credibilità drammaturgica, quell'intensità

di espressione che costituivano per Visconti i fonda-
menti della sua arte realistica.

Da qui, per conseguenza, la necessità dei luoghi
« reali », degli attori non professionisti, del dialetto locale: caratteri non surrogabili della veridicità dello
spettacolo. Come non sarebbe stato possibile per Visconti far doppiare i suoi attori o girare in teatro di
posa, così non sarebbero stati credibili quei personaggi
se fossero stati interpretati da attori professionisti. Era
essenzialmente un problema appunto formale, di coerenza interna dell'opera. In quella situazione drammaturgica e in quel momento storico, le radicali premesse
teoriche del neorealismo venivano a coincidere con le
più genuine esigenze artistiche di Visconti. Il quale, nel
difendere il realismo integrale della *Terra trema*, non
fece che accentuare il carattere « chiuso » dell'opera, la
sua straordinaria compattezza stilistica, la sua natura,
non già di riproduzione o di copia, ma di creazione
della realtà. Quando egli dice: « Il dialogo nasceva
dunque così: io non fornivo che la traccia, loro appor-
tavano idee, immagini, coloriture. Poi facevo loro ripetere il testo, a volte per tre o quattro ore, come si fa
con gli attori. Ma non cambiavo più le parole. Erano
diventate fisse, come se fossero scritte. E tuttavia non
erano scritte, ma inventate dai pescatori », non si accorge forse di spostare soltanto il problema da una fase
all'altra della lavorazione del film senza risolverlo. Il
fatto è che quelle parole « diventate fisse, come se fossero scritte » sono il tessuto connettivo di una narrazione che anche su di esse, seppure non soltanto su di esse, è costruita, così come è costruita sulle inquadrature,
sui rumori, sulle sequenze perfettamente calibrate. E le
inquadrature e le sequenze — cioè il lavoro di scelta

della realtà da riprendere e di scelta delle immagini da inserire nel flusso narrativo — sono anch'esse, sebbene nate magari dalle suggestioni del momento o del luogo, da quella necessità tutta viscontiana di « una verace documentazione della realtà », il frutto di un controllo assoluto sul materiale drammaturgico, cioè d'un intervento massiccio e rigoroso sul reale.

Proprio l'uso del dialetto nella *Terra trema* — che fu da molti criticato come un vezzo formalistico, una scelta aristocratica — conferma la natura artistica dell'operazione viscontiana nei confronti del neorealismo. Quel dialetto catanese, che per Visconti « è come il greco: non se ne capisce nulla », assolve una funzione stilistica, è appunto — come ancora Visconti sottolinea — « una lingua straordinaria; una lingua che ha delle *immagini* ». Che l'abbiano creata gli stessi pescatori di Acitrezza, anziché Visconti o Verga (del quale tuttavia quel dialogo è in molti punti debitore), non ha molta importanza; l'importante è che, nel contesto del film, esso ha un peso non minore di quello delle immagini. Così ha buon gioco Visconti a citare Vitaliano Brancati, che pare abbia esclamato ascoltandoli: « Sono i più bei dialoghi del mondo! Non si sarebbe mai potuto scrivere niente di simile! », aggiungendo di suo: « È vero; questi dialoghi sono belli perché sono giusti ». Ma, volendo intendere con ciò che essi sono « veri », perfettamente consoni con i personaggi e con i luoghi dell'azione, egli non fa che sottolineare la coerenza dei suoi intenti e dei suoi risultati.

Analogo discorso si potrebbe tenere a riguardo delle immagini del film, a facile smentita della « naturalezza » delle medesime quale lo stesso Visconti pretendeva che avessero. L'intervento sulla realtà è facilmente avvertibile sia nel taglio delle inquadrature, sia nella disposizione delle figure e degli oggetti all'interno di esse. E il contributo che il fotografo Aldo Graziati (in arte G.R. Aldo) diede alla *Terra trema* sul piano figurativo è stato fondamentale, proprio a detta di Visconti che lo volle al suo fianco e con lui studiò attentamente le posizioni della macchina da presa, gli obbiettivi, le distanze, i campi e i piani di ripresa. Come a dire che fu la mediazione « colta » d'un ottimo fotografo e d'un regista molto sensibile alla forma e alla composizione del quadro a dare alle immagini del film quel carattere al tempo stesso « concreto » e « astratto », nel senso appunto di mediato rispetto alla naturalezza e immediatezza della riproduzione realistica, che le collocano su un piano molto diverso e lontano da quello abituale dei film neorealistici.

Lo « stile » a cui Visconti tendeva, sì da dare al cinema neorealistico una dignità artistica (secondo la tradizione che egli aveva accettato), era in realtà un'ulteriore affermazione del suo modo di pensare e di vedere. Come si vedrà negli altri suoi film — ad eccezione in parte di *Bellissima*, i cui debiti col neorealismo, complice anche Zavattini, sono indubbiamente maggiori —, la ricerca d'uno stile è in lui strettamente connessa con la scelta del tema, la costruzione della storia, la caratterizzazione dei personaggi. In questo senso — e le molte e varie regìe teatrali stanno lì a dimostrarlo — non esiste uno « stile » viscontiano, se con questo termine si vuole intendere una assoluta fedeltà a modi e forme linguistiche che costituiscono l'abituale filtro attraverso cui l'artista osserva e registra la realtà. Ci sono molti « stili », o molte maniere, a seconda dei soggetti. È l'atteggiamento di Visconti nei confronti

del reale, nelle sue complesse manifestazioni, a rimanere sostanzialmente costante, ed è questo atteggiamento che costituisce il suo più vero « stile », sempre ancorato alla dialettica dei rapporti fra la realtà e la sua
rappresentazione.

Nel caso della *Terra trema*, questa dialettica parrebbe annullarsi in una sorta di identificazione fra l'una e
l'altra; ma è un errore di prospettiva critica. Il film si
costruisce a mano a mano, partendo sì da situazioni
reali, quotidiane, ma attingendo abbondantemente a
una tradizione letteraria, figurativa, teatrale, che prende corpo sino ad imporsi come struttura portante del-
l'intera costruzione drammatica. 'Ntoni e la sua famiglia, i pescatori, i grossisti di pesce, il maresciallo dei
carabinieri, il muratore, le donne e i bambini, così
come le strade di Acitrezza, il mare, la campagna, gli
ulivi e i faraglioni, sono figure e oggetti che vengono a
comporre un grande affresco, realistico, fortemente caratterizzato in tutti i suoi chiaroscuri e contrasti timbri-
ci; ma non si annullano nella realtà fenomenica, nella
quotidianità del vivere sociale, nei drammi individuali
e collettivi d'una particolare situazione storica; e non
ne sono nemmeno il riflesso, lo specchio, la copia. Sono figure e oggetti che vivono nella loro autonomia artistica. Il loro rapporto col reale è stretto, evidentemente, ma il significato che essi hanno gli deriva solo in
parte da questo rapporto diretto, immediato: esso nasce e si sviluppa all'interno dell'azione drammatica, in
una sfera semantica che è quella del film e solo quella.

In questa prospettiva ermeneutica, la storia di 'Ntoni e della sua famiglia diventa la storia di un conflitto
drammatico che fa esplodere tutta una serie di situazioni che sono al tempo stesso umane, sociali, esistenzia-

li, psicologiche, politiche, economiche ecc. La ribellione di 'Ntoni, il suo tentativo di affrancarsi dalla condizione di inferiorità in cui egli e i suoi genitori e antenati sono stati costretti a vivere, viene ad assumere un significato simbolico che supera i confini della contingenza storica e ambientale. Certamente questa ribellione, e il conseguente fallimento, rientra in un progetto ideologico preciso, che presiedette alla realizzazione del film; tuttavia, senza perdere i connotati « realistici » di una vicenda personale e collettiva strettamente legata ai fatti e ai problemi del momento, essa si carica di valenze significative ulteriori. In questo senso, i legami fra *La terra trema* e *I Malavoglia* sono più stretti di quanto non sembri o non sia sembrato allora; perché l'introduzione di elementi nuovi derivati dalla mutata situazione storica e da un'impostazione ideologica e politica indubbiamente diversa da quella verghiana (con intenti anche esplicitamente propagandistici) non modificano sostanzialmente la natura del dramma, che può essere considerato in larga misura « astorico » — tanto in Verga quanto in Visconti — nel senso che trascende ampiamente i confini della quotidianità.

6 *Lo stile*

Ma c'è un'altra ragione a favore di questa interpretazione, che è poi la ragione fondamentale. Indipendentemente dalle presunte intenzioni di Visconti e dalle sue dichiarazioni al riguardo, lo stile del film, cioè la sua struttura e la sua forma, si impone immediatamente come catalizzatore di molteplici istanze contenutistiche e formali che trovano un'unità compositiva nella

« letterarietà » dell'assunto e della sua spettacolarizzazione. C'è sempre un filtro, colto, raffinato, fra il reale
e l'artistico che si evidenzia in quelle scelte formali —
immagini, montaggio, dialoghi, rumori, musica ecc. —
cui abbiamo fatto cenno. Un filtro che è poi una delle
caratteristiche del modo di rappresentare, in cinema e
in teatro, proprio di Visconti: quasi un bisogno di
servirsi sempre e comunque della « cultura », nel più
vasto significato del termine, per interpretare la realtà.
Anche *La terra trema*, come già *Ossessione* e parecchi
spettacoli teatrali, rientra in questa dimensione « culturale » con cui occorre fare i conti se si vuole superare
la sterile discussione sul realismo e sul neorealismo e
procedere a una analisi più corretta e proficua dell'opera viscontiana.

Anzi, questa « cultura » porta spesso Visconti, soprattutto nella *Terra trema*, a una sorta di classicismo,
o meglio di maniera classicheggiante, che raggela per
certi versi la rappresentazione, rinchiudendola in uno
splendido quanto « asettico » spettacolo. Il suo sguardo è ancora una volta lucido e indagatore, la sua maestrìa nel cogliere la complessità del reale, nel caratterizzare ambienti e personaggi, nel rappresentare con ampie cadenze una tragedia dei tempi nostri, è fuori discussione; ma il risultato più vero che egli riesce a
raggiungere è una « contemplazione », sia pure pervasa da inquietudini esistenziali e da preoccupazioni ideologiche. Ed è alla luce di questo stile contemplativo
che le inquietudini e le preoccupazioni vanno interpre-
tate come segni e simboli di un discorso artistico non
certo circoscritto, da un lato, entro i limiti di una pura e semplice trascrizione filmica d'un romanzo, dall'al-

tro, entro gli schemi d'un rigido determinismo ideologico-politico.

Non ci sono personaggi « positivi » nel film, non
c'è un « messaggio » esplicitamente politico. C'è una
situazione sociale che determina una serie di conflitti
drammatici: questi riguardano, oltre la suddetta situazione, il nucleo familiare attorno al quale si coagulano
e si disperdono i personaggi. Visconti li osserva agire,
parlare, meditare, cogliendoli spesso nei loro atteggiamenti più « veri », ed in questa osservazione sta il
fascino, ed anche i limiti, della *Terra trema*. A distanza di molti anni, è questo stile inflessibile e rigoroso
che è rimasto, ben al di là degli intenti documentaristi-
ci e delle indicazioni politiche. Queste semmai, nel contrasto fin troppo violento fra i pescatori e i grossisti di
pesce, in certe sequenze condotte con evidenti forzature drammatiche, nei risvolti dichiarati di talune situazioni narrative, appaiono a distanza di tempo persino
ingenue e certamente molto sommarie. Eppure riacquis-
tano una loro « credibilità » se sono inserite nella
struttura formale del film, che non disdegna, anzi solle-
cita le forzature, le accentuazioni, le iterazioni e le esa-
gerazioni, in un contrasto drammaturgico secondo la
migliore tradizione del teatro e della letteratura, assiduamente frequentati da Visconti. Il suo bisogno di
« visualizzare » il dramma non gli impedisce di far ricorso continuamente alle buone regole della drammaturgia tradizionale. Il suo impegno politico e i suoi
intenti propagandistici non gli impediscono di costruire ambienti e personaggi a tutto tondo, non certo ridu-
cibili a schemi e modelli. La tragedia, in altre parole,
nasce dai fatti osservati con grande distacco ma anche
con grande acume introspettivo, e si porta dietro, rea-

lizzandosi, le scorie di quel contenutismo o di quel sociologismo, che parvero allora gli elementi più significativi e interessanti del film.

Nel segnare una tappa importante nella carriera artistica di Visconti e un punto di riferimento nella storia e nella teoria del neorealismo cinematografico italiano, *La terra trema* si presenta anche come testo che riapre il problema dell'« autobiografismo ideale » dell'opera viscontiana. Da questo punto di vista 'Ntoni, il pescatore che si pone in conflitto con la società e in parte con la famiglia e soccombe pur acquistando una « coscienza di classe » che prima non aveva, ha dei legami col Gino di *Ossessione* e anticipa altri personaggi viscontiani. Nella sua vicenda personale, pur strettamente collegata alla storia degli altri, della comunità sociale in cui vive e opera, non è difficile rinvenire aspetti e problemi di quella « difficoltà dell'esistenza » che stava anche alla base di *Ossessione* e costituirà uno degli elementi portanti della drammaturgia di Visconti in quasi tutti i suoi film, da *Bellissima* all'*Innocente*. La sconfitta di 'Ntoni, come quella di Gino o quella del Franz Mahler di *Senso* (per tacere di molte altre) è anche determinata, a saper cogliere tutte le implicazioni contenute nel personaggio e nel suo comportamento, da una sorta di « maledizione » atavica. C'è come una incapacità di uscire dalla propria condizione, come un destino incombente che chiude inesorabilmente ogni uscita di sicurezza proprio nel momento della possibile « liberazione ». Da qui nasce quell'inquietudine di fondo, quel disagio morale, soprattutto quel senso del tragico, che uniscono fra loro i film di Visconti, anche quelli apparentemente più lontani, e trasformano anche gli elementi « positivi » in aspetti,

dialetticamente significativi, di una visione profondamente pessimistica della realtà e della storia.

Sullo sfondo di questo pessimismo — che è difficile identificare col « pessimismo della ragione » gram-
sciano —, *La terra trema* si staglia come grande epopea del « mondo dei vinti » di verghiana memoria, di
cui sa restituirci, in modo e forme esemplari, la forte
carica dirompente e il significato profondamente umano, nelle sue varie implicazioni anche politiche e ideologiche. Nella polemica sul neorealismo e nella più vasta
discussione sul ruolo dell'arte in una società tendenzialmente socialista, e quindi nell'ambito del realismo,
più o meno « socialista », la posizione di Visconti si
richiama inequivocabilmente alla battaglia da lui e da
suoi amici e collaboratori di « Cinema » condotta negli ultimi anni del fascismo: la battaglia per un realismo ancorato alla tradizione letteraria e figurativa ottocentesca, rinnovato dalla presenza dell'uomo sullo
schermo, in quella accezione « antropomorfica » di cui
si è ampiamente trattato. Le aggiunte successive, scatu-
rite ovviamente dal mutato clima politico e sociale e
da nuove esigenze morali e ideologiche, non hanno tuttavia scalfito la sostanza di quella battaglia e, per quanto riguarda Visconti, l'originalità e la peculiarità di
una posizione estetica che è rimasta fondamentalmente la medesima.

La sua attività successiva, sia nel teatro di prosa e
poi in quello lirico, sia soprattutto nel cinema, si muo-
verà in questa direzione, recuperando al concetto e
alla pratica del « realismo » tutta una serie di strumenti
espressivi e di soluzioni formali non sempre e non
da tutti accettati come validi o conseguenti, e susci-

tando, di conseguenza, polemiche e discussioni, che spesso non coglieranno l'essenza del problema. Anche perché, nella sua multiforme attività, Visconti si porrà, o vorrà porsi come segno di contraddizione, manifestando, magari inconsciamente, la sostanziale ambiguità della sua *Weltanschauung*.

VI.

FRA CINEMA E TEATRO

« Misurare l'influsso che Trombadori ha esercitato su Luchino Visconti — un uomo, certo, dotato di gusto innato ma non di sistematiche letture — contribuirebbe a spiegare certe scelte politiche ed espressive di quest'ultimo ». Così scrive Nello Ajello nel suo libro *Intellettuali e Pci. 1944-1958*, che ripercorre appunto la storia dei rapporti, negli anni di Togliatti e della « guerra fredda », fra il partito comunista italiano e gli intellettuali e gli artisti di sinistra, quindi anche registi e uomini di cinema e di teatro. Già abbiamo accennato all'influenza diretta e determinante che Antonello Trombadori, grande amico di Visconti, ebbe sulla genesi produttiva e ideologica della *Terra trema*. C'è da aggiungere che, alcuni mesi prima, egli aveva convinto il regista, stando a quanto dichiarò a Caterina D'Amico, a rinunciare alla messinscena delle *Mani sporche* di Sartre, adducendo l'inopportunità, sul piano politico contingente, di rappresentare un dramma in cui l'azione delittuosa del protagonista, costretto dal partito a uccidere un compagno giudicato traditore e successivamente « riabilitato », sollevava non pochi dubbi e critiche sulla teoria e sulla prassi del comunismo.

Già un altro lavoro di Sartre, *Le mosche*, era stato inserito nel programma della Compagnia Italiana di Prosa diretta da Luchino Visconti e sarebbe dovuta andare in scena, dopo *Delitto e castigo*, nell'inverno 1946-47. Visconti aveva preso contatto con Francesco Cristofanetti per la scenografia, aveva predisposto la distribuzione dei ruoli e aveva iniziato le prove (Giove sarebbe stato Memo Benassi, Oreste Giorgio De Lullo, Elettra Rina Morelli, Clitennestra Tatiana Pavlova, il pedagogo Paolo Stoppa ecc.); poi improvvisamente, senza una giustificazione plausibile, tolse il dramma dal cartellone e sospese le prove. È presumibile che si trattasse, anche in questo caso, d'un ripensamento di natura politica, poiché nel testo sartriano vittime e carnefici, oppressi e oppressori, attraverso il simbolismo d'una rilettura attuale del mito di Oreste, erano posti sul medesimo piano « esistenziale » col rischio di creare confusioni e ambiguità.

Di questa influenza di Trombadori parlarono esplicitamente i vecchi amici e collaboratori di Visconti del gruppo di « Cinema » — Giuseppe De Santis, Massimo Mida (Puccini), Dario Puccini, Aldo Scagnetti — nel corso di una tavola rotonda nel 1976. « Dopo di noi — disse Scagnetti in quella occasione —, ha avuto influenza su di lui Antonello Trombadori; in *Senso* c'è dentro molto di Antonello; poi via via è finito ai Patroni Griffi, alle Suso Cecchi D'Amico, ai Medioli... ». A parte una certa forzatura polemica e una leggera distorsione dei fatti storici, non v'è dubbio che, non solo in *Senso*, ma forse soprattutto nella *Terra trema*, questa influenza « politica » fu per certi aspetti persino maggiore di quella, importantissima e determinante, svolta su Visconti negli ultimi anni del fascismo da Alicata, De Santis, Puccini e gli altri del gruppo. Maggiore, nel senso di una più diretta corrispondenza tra la pratica politica e la pratica artistica, tra i contenuti ideologici della sua adesione al partito comunista e quelli rintracciabili — almeno come tendenza se non come realizzazione — nei suoi film (in particolare, appunto, *La terra trema* e *Senso*). E tuttavia, anche se questa influenza ci fu e la si può rintracciare almeno in parte anche nel *Gattopardo*, essa non riuscì a costringere la poetica viscontiana entro i confini d'un realismo « socialista », in cui le ragioni ideologiche e politiche della storia dovevano sopravvanzare quelle esistenziali: i conflitti e i drammi individuali visti anche, se non soprattutto, in una luce intima, personale.

Ciò che può essere curioso rilevare è che Visconti, dopo *La terra trema*, che segnò — almeno apparentemente — il punto massimo da lui raggiunto sulla strada del « realismo integrale » e dell'impegno politico, abbandonò, almeno per un certo tempo, la trattazione di temi contemporanei legati alla realtà politica e sociale italiana, per dedicarsi all'elaborazione di progetti artistici (più in teatro che in cinema) in cui il concetto di « realismo » era elasticamente da lui considerato onnicomprensivo di qualsivoglia interpretazione della società di ieri o di oggi. Quasi che l'esperienza folgorante e coinvolgente della *Terra trema*, con i suoi sette mesi passati a contatto con una realtà umana e sociale profondamente diversa dalla sua abituale, in condizioni disagiate e fra molteplici difficoltà anche finanziarie, avesse in certa misura suggellato e concluso quel bisogno di « realtà », totale e totalizzante, che egli aveva sempre coltivato, ma mai radicalmente sperimentato.

1 Per il Maggio Musicale

Se l'influenza di Trombadori, e più in generale l'impegno politico che egli dimostrò allora, soprattutto nei mesi degli scontri ideologici e delle tensioni sociali che precedettero le elezioni del 18 aprile 1948 (i mesi della lavorazione della Terra trema), determinarono precise scelte di campo, proprio sul terreno della progettazione e della realizzazione artistica; essi tuttavia non impedirono a Visconti di affrontare, quasi contemporaneamente, temi e soggetti di tutt'altra natura. Tanto da far sorgere il dubbio che il suo eclettismo artistico e culturale contrastasse così evidentemente con le sue dichiarazioni da fare assumere a queste significati non solo contraddittori ma anche menzogneri. Quando invece si trattava, a ben guardare, della complessità e molteplicità della sua poetica, continuamente in bilico tra realtà e fantasia, realismo puntuale e puntiglioso e libero gioco dell'invenzione formale. Coi rischi, ovviamente, dell'ambiguità e i pericoli di cadere in quell'estetismo di fondo, contenutistico e formale, di cui fu accusato.

Sta di fatto che, mentre ancora stava accudendo al montaggio della Terra trema, nella tarda primavera del 1948 Visconti propose a Pariso Votto, allora direttore del Maggio Musicale Fiorentino, di realizzare per l'anno successivo « al Prato Verde della Meridiana nel Giardino di Boboli » addirittura una rappresentazione scenica dell'Orlando Furioso ariostesco, che sarebbe stato smembrato in scene ed episodi da recitarsi in luoghi diversi, col pubblico itinerante da palcoscenico a palcoscenico, in una articolata unità compositiva e spettacolare indubbiamente originale e suggestiva. Che il progetto fosse sì ardito, ma anche entusiasmante e culturalmente prestigioso per l'Ente fiorentino, se ne ha conferma in una lettera del 23 agosto 1948 di Votto a Visconti, nella quale si dice: « L'idea, che ha incontrato l'entusiastica approvazione del ceto intellettuale fiorentino, mi alletta anche oggi: sono perplesso soltanto per quanto riguarda il testo della riduzione. Penso che bisognerebbe, al massimo entro due mesi, esserne in possesso per avere tutti gli elementi per la formazione della compagnia e la messinscena ».

Purtroppo, per una serie di ragioni, non ultima la difficoltà di ridurre scenicamente, e in breve tempo, la complessa e ingarbugliata matassa narrativa dell'*Orlando*, non se ne fece nulla; ma il progetto è lì a testimoniare dei nuovi interessi di Visconti, che voleva evidentemente lasciarsi alle spalle l'esperienza siciliana ed immergersi prepotentemente in nuove ricerche teatrali adatte a sperimentare tutta la gamma delle possibilità espressive dello spettacolo. Così, accantonato l'*Orlando*, si riprendono le trattative per un'altra rappresentazione al Giardino di Boboli, questa volta il *Lorenzaccio* di Alfred de Musset, capolavoro del romanticismo teatrale, in cui la ricostruzione di un fatto di sangue nella Firenze medicea si carica di quelle tensioni drammaturgiche e di quelle illuminazioni spirituali proprie del romanticismo francese.

Il progetto di Visconti prevedeva una messinscena alquanto macchinosa che richiedeva l'uso non solo del giardino ma anche delle sale di Palazzo Pitti, legate le une all'altro da una grande costruzione lignea che avrebbe consentito al pubblico di passare dall'esterno all'interno del palazzo e seguire l'azione scenica in luoghi continuamente mutevoli. Una regìa romantica e fantasiosa che si scontrò con le difficoltà tecniche e logistiche e i divieti della Soprintendenza ai Monumenti. Nemmeno l'ipotesi di utilizzare per lo spettacolo Piazza della Signoria, avanzata da Visconti, fu accolta; sicché si dovette, anche questa volta, rinunciare all'impresa. La quale, tuttavia, ebbe un seguito l'anno dopo quando, scartata *La mandragola* di Machiavelli, Visconti riuscì a realizzare al Giardino di Boboli *Troilo e Cressida* di Shakespeare.

Ma per il momento le trattative col Maggio Musicale Fiorentino dovettero essere interrotte. Scriveva Visconti a Votto in data 19 ottobre 1948: « Per quanto riguarda l'eventuale scelta di un altro lavoro — per ora non saprei che dirle. Io inizio proprio in questi giorni la mia attività teatrale. E sono assorbito dal lavoro imminente, perciò poco disposto a "trovare" il lavoro adatto a Boboli. Mi dia tempo. Mi suggerisca lei qualcosa ». In quel mese infatti, la preparazione del dramma che avrebbe segnato il suo ritorno al teatro, dopo più di un anno e mezzo, gli impediva ogni altro impegno professionale. Si trattava, oltre a tutto, di una messinscena estremamente laboriosa e complessa e di un testo — *Rosalinda* ovvero *Come vi piace* di Shakespeare — che poneva non pochi problemi di interpretazione, sia in rapporto al teatro scespiriano, sia nell'ambito della più generale questione della rilettura critica e attualizzazione dei classici.

2. «Rosalinda»

Rosalinda, che andò in scena al Teatro Eliseo di Roma il 26 novembre 1948 e fu replicata sino al 21 dicembre, suscitò discussioni, polemiche, critiche aspre e scandali, quando ancora non s'era spenta l'eco del dibattito politico-culturale sollevato dalla presentazione della *Terra trema* alla Mostra cinematografica di Venezia, anzi proprio quando questo dibattito era in pieno svolgimento. Ma se parte delle critiche rivolte a quel film riguardarono il suo « realismo », quelle che la commedia di Shakespeare nell'interpretazione di Visconti provocò furono rivolte al suo « formalismo », al gusto tutto esteriore per lo spettacolo fine a se stesso, a una sorta di « fuga dal reale » che contrastava violentemente con quell'impegno politico e sociale che Visconti aveva dimostrato di avere nella *Terra trema*. Insomma, il ritorno di Visconti al teatro — come il suo precedente ritorno al cinema — fu nuovamente motivo di scandalo: egli stesso dovette difendersi dalle accuse sulle colonne di « Rinascita », la rivista ufficiale del partito comunista italiano, e persino Togliatti intervenne di persona a impedire che su quella rivista venisse pubblicata una severa critica dello spettacolo.

Affrontando Shakespeare, sia pure uno Shakespeare che, come è stato scritto da Giovanni Calendoli, « si è messo da parte da se stesso, per dimenticarsi », Luchino Visconti si era proposto evidentemente di sperimentare e risolvere problemi di messinscena che rientravano in un suo più vasto progetto di « teatralizzazione » del reale (sia esso fenomenico o fantastico), ser-

vendosi del testo scespiriano come puro pretesto poetico e narrativo. Per far ciò aveva concepito una regìa
che si basava, da un lato, su una recitazione cadenzata
sulle musiche e sui ritmi di danza — del tutto « realistica » e stilizzata —, dall'altro, su una scenografia e
su costumi di splendente invenzione fantastica, in cui
gli elementi « realistici » e storici venivano trasfigura-
ti in forme e colori di forte suggestione spettacolare.
Con gli attori, da Ruggero Ruggeri a Vittorio Gassman a Paolo Stoppa a Carlo Tamberlani, da Rina Morelli a Vivi Gioi a Luisa Rossi e agli altri quarantatre
(tra cui Nerio Bernardi, Cesare Fantoni, Gabriele Ferzetti, Luciano Salce), il suo lavoro fu soprattutto quello di « destoricizzare » la recitazione, di depurarla dagli elementi naturalistici e farne il supporto per un
balletto. Con le musiche, che questo balletto doveva
sorreggere divenendone spesso l'elemento fondamentale, più ancora del testo e della vicenda drammatica, il
suo intervento fu quello di scegliere brani rari di musicisti inglesi non tutti noti a cavallo fra Cinquecento e
Settecento — Thomas Morley, Henry Purcell, Thomas Augustine Arne, William Boyce — in un'area
temporale che dall'epoca di Shakespeare si protendeva
sino al secolo XVIII, in cui egli volle ambientare la
commedia. Con la scenografia e i costumi, infine, il
suo intento, perfettamente realizzato da Salvador Dalì
che egli chiamò a collaborare, fu quello di collocare la
favola scespiriana, pretesto appunto di spettacolo favo-
listico e fatato, su uno sfondo incantato, di certo non
storicamente determinato, seppure legato a modi e forme storicamente individuabili.

Poiché si trattava di una straordinaria fantasia spettacolare, in cui il gioco scenico si veniva identificando

col gioco fantastico del pubblico, attratto progressivamente da una rappresentazione di eccezionale suggestione figurativa e ritmico-musicale, è chiaro che proprio
sulla scenografia e sui costumi si appuntassero gli elementi portanti della regìa viscontiana di *Rosalinda*. Come egli stesso ebbe a scrivere in proposito su « Rinascita »:

« Mi servirò del quadro e dei costumi secenteschi, puritani,
austeri, dignitosi nell'atteggiamento e nella linea? Oppure mi
avvicinerò — dato che la storia è senza tempo e può essere
accaduta nell'Arcadia greca, o nelle foreste della Scozia, o nei
boschi dei pittori veneti — a un secolo più libero, romanzesco, immaginoso e gradevole? Ecco come è sorta in me l'idea
del settecento a cornice dell'intrigo, del balletto, realizzato da
Dalì in un settecento autunnale, pieno di colore, allegria, melanconia, un settecento non storico ma immaginario. Il settecento
innocuo della favola. Costumi da Gatto degli stivali, i riflessi
di un'età dell'oro un po' fiabesca, la nuvola che scende dall'O-
limpo di una mitologia giocosa ».

Salvador Dalì, che aveva accettato l'incarico di ese-
guire i bozzetti per le scene e per i costumi di *Rosalinda* per la somma di un milione di lire, si preoccupò
non soltanto di disegnare e progettare la costruzione
scenografica e i caratteri dei costumi, ma anche di fornire chiare ed esplicite indicazioni riguardanti l'illuminazione, attraverso la quale si potevano ottenere effetti
figurativi e spettacolari di grande suggestione. Nei
suoi appunti e schizzi, non è difficile individuare una
preoccupazione costante per coordinare i « movimenti » delle luci e le loro intensità coloristiche in rapporto alla tensione drammatica del testo e ai *crescendo* e
diminuendo musicali. È lui che accenna all'atmosfera
« crepuscolare » del finale della commedia, ottenuta
per abile gioco di luci e ombre: un'atmosfera che coin-

cide con quel « settecento autunnale » cui alludeva Visconti. Ciò significa che la collaborazione tra i due artisti — apparentemente così lontani l'uno dall'altro, ma forse, a un esame più approfondito, partecipi d'un comune amore per lo spettacolo e la finzione e quindi meno estranei culturalmente e ideologicamente — si basò sulla medesima rilettura del testo scespiriano, coagulandosi attorno al nucleo centrale della rappresentazione, che doveva essere una sorta di grande festa per gli occhi, di balletto mimico-musicale, in una parola di spettacolo teatrale globale in cui si annullava (e si riscattava sul piano della forma) la materia drammaturgica, in vero alquanto esile, del testo di Shakespeare.

Si è accennato alle polemiche, alle critiche severe, agli interventi censori. Il fatto è che *Rosalinda* scandalizzò soprattutto per lo sfarzo della messinscena e per il presunto tradimento del teatro classico, l'uno e l'altro in contrasto con il realismo sempre perseguito da Visconti — sia nella scelta delle commedie sia nella loro rappresentazione — e con il suo impegno di rispettare i testi, di darne una interpretazione « corretta ». In realtà ciò non era sempre accaduto in precedenza, e ancor meno accadrà in seguito; ma questa volta, almeno a giudizio di certa critica, di destra e di sinistra, egli aveva esagerato, prevaricando oltre misura sul dramma e sui suoi significati artistici e culturali. Vito Pandolfi scrisse: « Il tentativo di Luchino Visconti va rispettato. Bisogna cercare di comprendere (un poco per perdonare): e si sarebbe giunti più facilmente ad apprezzarne lo sforzo se non avesse pesato sovente sullo spettacolo l'esibizione del tutto superflua, che rivelava un gusto provinciale e goffo, di stoffe sfarzose, di mezzi sovrabbondanti... Erano tanti sentieri persi e isolati, con un ritmo continuamente rotto da intermezzi estranei e da atteggiamenti inutilmente ricercati: una grande confusione sull'ordine e la struttura dello spettacolo teatrale ». E Vincenzo Talarico: « L'arte non si giudica sulla somma dello sperpero dei milioni, come le calate di Wanda Osiris. E fa un certo senso vedere attori bravissimi come Rina Morelli, Gassman, Stoppa coinvolti nei balbettii dei dilettanti e nei conati dei filodrammatici, per non dire di Ruggeri costretto a simulare ammirazione per strazianti manifestazioni canore ». E Giovanni Gigliozzi: « C'è soltanto il rammarico di un'occasione perduta. Luchino Visconti che trova accenti di autentico poeta quando si tratta di dar vita a un insulso *Adamo* o a un inconsistente *Zoo di vetro*, commedie, queste, riscritte dalla regìa, è restato come paralizzato da Shakespeare. Forse per eccessivo rispetto ».

Ma, al di là delle critiche, ciò che colpì il pubblico ed anche i più severi censori, fu la magnificenza dello spettacolo che riusciva a trasferire in un universo totalmente onirico i fatti, i personaggi e gli ambienti della commedia scespiriana: Dalì, come scrisse Vinicio Marinucci, « aveva inteso talmente la scena come sogno da introdurre nel sogno attraverso la scena ». Ed è con le puntuali osservazioni di Marinucci che possiamo oggi ricostruire questo incanto scenografico dello spettacolo:

« I due luoghi della vicenda — il parco della Corte del Duca usurpatore e la foresta di Arden — si trasmutavano alternamente con un lieve, inavvertito quasi, cangiar delle luci, che poneva in risalto ora i lineamenti dell'uno ora quelli dell'altro, segnati su materiali trasparenti e variamente sensibili alle diverse sollecitazioni luminose. Entrati quindi in uno dei regni incantati — ché l'atmosfera, in entrambi, era sfumata, suasiva e ammagante — si passava nell'altro, si tornava nel primo e ci si ritrovava ancora nel secondo senza che nulla venisse ad interrompere l'incantamento, mentre antiche arie nostalgiche di tempi remoti e di vite ignorate, suscitavano quasi il trapasso ».

Ora non v'è dubbio che questo « incantamento », ottenuto con mezzi puramente teatrali, spettacolari, era ciò che Visconti voleva ottenere, interpretando il testo di Shakespeare come straordinario canovaccio di sensazioni visive e sonore, in direzione di quel « teatro totale » che egli stesso avrebbe di lì a qualche anno sperimentato con successo, quando gli si offrirà l'occasione di esordire nella messinscena dell'opera lirica, di quel « melodramma » che lo stesso Visconti considerava come lo spettacolo completo, il teatro per eccellenza.

In occasione della prima di *Rosalinda* fu pubblicato dall'editore Bestetti di Roma, per cura della Compagnia Italiana di Prosa, un opuscolo contenente una serie di testi illustrativi, di Visconti, Dalì, Emilio Cecchi, Silvio D'Amico, Gerardo Guerrieri, Irene Brin, e le riproduzioni a colori delle scene e dei costumi di Dalì. Nel presentare lo spettacolo Visconti scriveva:

« Da molto tempo avevo in mente una vacanza, un riposo quale solo in Shakespeare è dato trovare, e pensavo a *Come vi piace*. Uno spettacolo senza problemi, un gioco, un divertimento in musica che evochi pensieri sereni. Uno spettacolo, nelle mie intenzioni, senza scandali e tranelli salvo quello di una breve tregua, da concederci, il pubblico ed io, per il nostro reciproco piacere. Poi è venuto Dalì. L'ho incontrato a Roma, mentre studiava il Bramante, e io cercavo uno scenografo bizzarro, un mago. Ha accettato con entusiasmo; per un mese si è immerso nella costruzione della sua foresta *"géometrique"*, negli alberi *"raphaelesques"*, fra pastori, cortigiani, pecore e melograni *"atomiques"*... Quanto a Shakespeare, è vero che, come dicono gli amanti del fattaccio, in questa commedia non non succede niente. Ma non credo che lo spettatore vorrà sottrarsi al sorridente invito a fuggire, con Rosalinda, Celia, il duca e il suo seguito, nella miracolosa foresta che salva l'anima. Dove la gente vive di caccia, di amore e di canzoni. Io ho cercato di ricostruire questa età dell'oro. Naturalmente come la vedo io. Mi sono cioè tenuto fedele a una mia immagine della felicità ».

In altre parole, Visconti rivendicava non soltanto una « tregua », una vacanza e un riposo, nella sua intensa e impegnativa attività teatrale e cinematografica, ma anche e soprattutto la libertà di fornire, attraverso la rappresentazione di *Come vi piace*, una propria visione della realtà umana e sociale alla luce di una fantastica e personale immagine della « felicità ». Non era una fuga dal reale, o non solo quella; ma una esigenza, forse ancor più etica che estetica, di sondare altri settori dell'umana esperienza, al di fuori della quotidianità sociale: di usare il teatro non già come rappresentazione e interpretazione della realtà fenomenica, ma come finestra aperta sulla fantasia sognante, componente non trascurabile, e per certi aspetti primaria, dell'esperienza umana.

3   *Dibattiti su «Rinascita»*

Nell'articolo *Sul modo di mettere in scena una commedia di Shakespeare* che Visconti aveva pubblicato su « Rinascita » nel dicembre 1948, quasi a parare le critiche che si andavano riversando sullo spettacolo, egli affronta chiaramente il problema del realismo e della fantasia, rivendicando una scelta stilistica che non contrasta, secondo lui, con il suo abituale impegno nella battagia per un teatro e un cinema aderente alla realtà contemporanea. Scrive in apertura:

« Corre voce che io, mettendo in scena *Rosalinda* (o *Come vi piace*) di Shakespeare, abbia abbandonato il neorealismo. Questa impressione è sorta dallo stile della messinscena, dalla recitazione e dalla mia scelta per la scenografia e i costumi di Salvador Dalì. Mi perdonino coloro che hanno simpatia per queste imprecise terminologie: che cosa vuol dire neorealismo? In cinema è servito a definire i concetti ispirativi della recente "scuola italiana". Ha raccolto coloro (uomini, artisti) che credevano che la poesia nascesse dalla realtà. Era un punto di partenza. Comincia a diventare, a me sembra, una assurda etichetta che ci si è appiccicata addosso come un tatuaggio, e, invece di significare un metodo, un *memento*, si fa addirittura confine, legge. Abbiamo già bisogno di confini? Ma i confini non servono ai pigri, o a coloro che perdono facilmente l'equilibrio? Ora, lasciando da parte la nostra esperienza cinematografica, è possibile dimostrare che noi, a teatro, abbiamo fatto il neorealismo fin dove era possibile farlo. L'ha fatto il teatro borghese, naturalista fino alla nausea, alla decomposizione di sé; l'abbiamo fatto noi quando ci siamo voluti servire di oggetti e ricordi della realtà (vera), che si erano allontanati dal quadro teatrale diventato convenzione. Tanto che esso è presente alle fonti della nostra fantasia e dei nostri tentativi odierni, e noi non ce ne dimentichiamo, come non si dimenticano i fraticelli del "noi siamo polvere e in polvere ritorneremo". Ho parlato di fantasia, e sottolineo, giacché, nel panorama dello spettacolo, il teatro ha limiti e differenziazioni che non gli ho scoperto io. Pure, nell'unico quadro dell'arco scenico, lasciamogli intatte tutte le sue possibilità di movimento, colore, luce, magìa. Non realismo, o neo-realismo, ma fantasia, completa libertà spettacolare ».

Non era, evidentemente, soltanto una difesa, una autogiustificazione per una scelta stilistica che poteva

sollevare, come di fatto sollevò, molteplici critiche, soprattutto sul versante della sinistra politica e intellettuale; era anche una dichiarazione di poetica, l'indicazione di una linea di tendenza che poteva benissimo
convivere con la teoria e la pratica di un'arte realistica.
Visconti, nel descrivere la genesi e le intenzioni dello
spettacolo e le reazioni positive del pubblico « vero »
(non quello della prima), che vi ha visto ciò che egli
gli ha voluto dare, cioè « un sogno colorato, tre ore di
fantasia in barba ai neorealisti più realisti del re », ha
anche fornito una serie di utili indicazioni per meglio
comprendere la sua attività di regista cinematografico
e teatrale, non chiusa appunto nei confini d'un realismo di marca ottocentesca, aggiornato magari sui « concetti ispirativi » del neorealismo, ma aperta alla molteplicità dell'esperienza spettacolare. Se si vuole, un
« realismo » d'altro tipo, ben più esteso e onnicomprensivo: un realismo che si identifica con una personale concezione del mondo — teoria e pratica della vita
e dell'arte —, e non invece con una formula artistica,
una etichetta classificatoria, addirittura un «tatuaggio », come efficacemente egli stesso dice.

Visconti non poteva accettare, ovviamente, di essere chiuso in un ambito contenutistico e formale che
non gli era proprio. D'altro lato, le sue dichiarate simpatie per il partito comunista, in un momento, oltretutto, in cui si andava profilando una spaccatura grave
nell'assetto politico e sociale italiano, con lo schieramento su due fronti delle forze progressiste e conservatrici, non potevano essere invalidate da una critica di
Rosalinda che, dal piano puramente estetico, sarebbe
certamente scivolata sul piano ideologico e politico. Si
trattava, almeno ufficialmente, di far buon viso a catti-

va sorte; non quindi di accentuare le distanze da un artista che era comunque uno dei rappresentanti più qualificati dell'intellettualità di sinistra — e *La terra trema*, con le polemiche suscitate, l'aveva pochi mesi prima ampiamente dimostrato —; ma piuttosto di accorciarle, concedendogli quella libertà creativa che egli giustamente reclamava.

In questo senso va letto l'articolo di Visconti pubblicato da « Rinascita », tanto più sintomatico quanto più, in quel periodo, si andava accentuando la polemica sull'arte realista, su quel « realismo socialista » che, imposto in Unione Sovietica, stentava ad attecchire in Italia, nonostante gli sforzi dei responsabili della politica culturale del partito comunista e dello stesso Togliatti. Il quale, proprio sul medesimo numero di « Rinascita », in risposta a una lettera inviatagli da un gruppo di pittori comunisti o filo-comunisti che si erano lamentati di un suo severo giudizio su una mostra d'arte contemporanea organizzata a Bologna un mese prima, alla quale essi avevano partecipato, scriveva: « Permetteteci soltanto di dirvi che non comprendiamo nulla delle vostre studiate, fredde, inespressive e ultra accademiche stravaganze, e che esse di nulla parlano a noi e alla comune degli uomini se non forse di un non raggiunto equilibrio intellettivo e artistico ».

Questo attacco togliattiano contro ogni forma d'arte che non fosse realistica aveva forse indotto un giovane critico comunista a scrivere per « Rinascita » una recensione stroncatoria dello spettacolo di Visconti. L'articolo tuttavia non fu pubblicato, proprio per un intervento personale di Togliatti che, da ottimo politico, aveva compreso la natura dei rapporti che il partito comunista avrebbe dovuto mantenere con gli artisti e gli intellettuali a esso vicini, ma non iscritti o militanti. Togliatti è categorico:

«Non si può pubblicarlo — scrive —. Il Visconti ci ha dato una "cronaca" [allude all'articolo pubblicato su «Rinascita»] dove, in modo interessante, vivace, non impegnativo per la rivista, spiega come ha organizzato uno spettacolo che è stato forse il migliore degli ultimi tempi sulla scena italiana. Non si può schiacciarlo con una critica simile. Non si può tagliare una foresta per far cuocere un uovo. Inoltre l'articolo, nonostante le eccessive pretese, è costruito in modo grossolano e non convince. A un certo punto si riconosce che il "pastorale" c'è, e che è caricaturale. Questo giustifica tutta la interpretazione di V.! Ma soprattutto sono contrario a che, per un dissenso sulla rappresentazione di una commedia di Shakespeare — tema opinabile, in sostanza —, noi accusiamo un intellettuale nostro amico e di tendenze progressive di essere niente meno che a capo della reazione».

Che *Rosalinda* fosse probabilmente il migliore spettacolo degli ultimi tempi della scena italiana, non era il solo Togliatti a dirlo; ma che il « pastorale » in esso presente fosse soltanto caricaturale, e come tale giustificasse la messinscena viscontiana, era un'interpretazione un poco forzata, e proprio in termini ideologici e politici. Si voleva, in sostanza, recuperare allo spettacolo una funzione « critica » nei confronti della società rappresentata, questa volta in chiave di grottesco e di caricatura. Ma quella società viveva intera nella dimensione del sogno e della fantasia: le scenografie e i costumi di Dalì, le coreografie e le azioni mimiche, le musiche rinascimentali e settecentesche, la recitazione innaturale e stilizzata non ne erano gli elementi caricaturali, ma anzi ne volevano accentuare l'irrealtà. Visconti voleva, e l'aveva dichiarato esplicitamente, saggiare il terreno dello spettacolo onirico e tutta la sua messinscena scespiriana era indirizzata verso questo obbiettivo. La critica sociale, semmai, nasceva proprio dalla irrealtà della rappresentazione, della sua levità spettacolare e dal suo contenuto chiaramente astorico: come a dire che questa « felicità » sognata, questa « età dell'oro » mai esistita, poteva essere lo specchio deformante di una realtà ben altrimenti drammatica. In ogni caso *Rosalinda*, nel fulgore della sua visualizzazione scenica, non rientrava nella medesima linea interpretativa del *Matrimonio di Figaro*: nessun annuncio, dietro le maschere festanti, della Rivoluzione francese imminente. Il Settecento della favola di Shakespeare, secondo l'ambientazione di Visconti, non aveva nulla da spartire con il Settecento della commedia di Beaumarchais.

Gli spettacoli teatrali che Visconti dirigerà negli anni seguenti — tra il realismo fantastico di *Un tram che si chiama desiderio* di Tennessee Williams e la classicità dell'*Oreste* di Vittorio Alfieri, il libero gioco scenico e fantasmagorico del *Troilo e Cressida* di Shakespeare e il realismo populista della *Morte di un commesso viaggiatore* di Arthur Miller, sino alla « moralità » del *Seduttore* di Diego Fabbri e alla seducente bellezza della *Locandiera* di Goldoni, delle *Tre sorelle* di Cecov, della *Medea* di Euripide — forniranno ulteriori prove di questa sua insofferenza per il realismo inteso come « gabbia » contenutistica e formale. Saranno inoltre queste messinscene a portarlo al superamento di quel « neorealismo » cinematografico di cui *La terra trema* in parte era debitore.

L'esperienza di *Rosalinda* si inserisce pertanto in un nuovo progetto spettacolare che Visconti va elaborando, utilizzando ampiamente le sue precedenti prove in palcoscenico ma anche saggiando continuamente nuove forme e nuove possibilità. L'obbiettivo è quel «teatro globale», in cui lo spettatore viene immerso totalmente facendo appello a tutti i suoi mezzi sensibili: un teatro che coinvolge, avvolge addirittura con la suggestione delle immagini, dei colori, dei movimenti, delle parole, della musica; una totalità dell'esperienza sensibile attraverso la quale può passare una nuova visione e rappresentazione del reale, un gioco sottile di allusioni e simboli che può fornire non poche chiavi di lettura critica della realtà contemporanea, in tutte le sue manifestazioni etiche ed estetiche. Ciò che conta, per Visconti, è l'ampliamento del vecchio concetto di «antropomorfismo» spettacolare sino a inglobare, in quel rapporto privilegiato fra uomo, attore e personaggio, l'intera dimensione fantastica che sorregge e dilata il vivere quotidiano. Da qui la tendenza, non del tutto esplicitata ma presente come premessa metodologica al suo lavoro in palcoscenico, a giungere al melodramma, cioè a quello spettacolo che, per i mezzi impiegati e la loro coerente commistione, può essere considerato — come lo fu — esempio massimo di «teatro globale».

4 «Troilo e Cressida»

A mettere in scena un'opera lirica Visconti era stato invitato nel 1948 dal Maggio Musicale Fiorentino, prima che egli proponesse l'*Orlando furioso*. Forse non si sentiva ancora del tutto pronto al grande passo, o forse erano subentrate altre difficoltà. Sta di fatto che, terminate le recite di *Rosalinda*, pochi giorni dopo che era andato in scena *Un tram che si chiama desiderio*, la direzione dell'Ente fiorentino offrì nuovamente a Visconti la possibilità della regìa di uno spettacolo lirico. La scelta spettava ovviamente a lui sulla base di un elenco predisposto dal Maggio; ma anche questa volta Visconti sollevò delle perplessità, preferendo probabilmente rimanere ancora sul terreno del teatro di prosa. Sicché la direzione del Maggio, per bocca di Francesco Siciliani, che aveva mantenuto i rapporti personali con lui, gli scrisse il 24 febbraio 1949 proponendogli un altro Shakespeare (visti probabilmente gli splendidi risultati spettacolari della sua regìa di *Rosalinda*). « Cosa ne pensa di *Troilo e Cressida* di Shakespeare? — scriveva Siciliani — Devo forse dire io a Lei quanto lo spettacolo si adeguerebbe alle caratteristiche dell'ambiente naturale del giardino di Boboli? ». Visconti, questa volta, non poteva non accettare, anche perché la commedia scespiriana egli l'aveva inclusa nel repertorio della sua Compagnia, come risulta da una lettera da lui inviata all'Amministrazione del Teatro Eliseo di Roma nell'estate del 1948, in cui, dopo *Troilo e Cressida*, compaiono *Un tram che si chiama desiderio, Tre sorelle, Lorenzaccio, Un cappello di paglia di Firenze* di Labiche, *Cavalleria rusticana* di Verga e *La potenza delle tenebre* di Tolstoj.

Ma prima che l'offerta del Maggio Musicale Fiorentino si concretasse in quello straordinario spettacolo fantasmagorico che fu *Troilo e Cressida*, rappresentato al Giardino di Boboli dal 21 al 29 giugno 1949, Visconti realizzò due altre regìe, quella del citato *Tram* e quella dell'alfieriano *Oreste*, in due direzioni stilistiche differenti, sebbene non contrastanti. Apparentemente tornava di scena, nella commedia di Tennessee Williams, il « realismo integrale » delle sue regìe del

1945-46, tanto che Silvio D'Amico non si peritava di scrivere: « Torbidissimo ambiente, in cui Luchino Visconti ... ritrovandosi in scena il letto e i corpi in sudore e la biancheria all'aria e il gabinetto di toletta, con baruffe e sganassoni e convulsioni e rottura di tutte le bottiglie e di tutti i mobili di casa, s'è buttato dentro a capofitto ». Ma in realtà si trattava di un ampliamento e approfondimento del discorso viscontiano, sia in ambito spettacolare, sia in ambito ideologico. Per usare le parole di D'Amico, al Visconti « ultrarealista » si affiancava il Visconti « esistenzialista »; ma soprattutto egli dimostrava ancora una volta di volersi muovere in direzione d'un teatro assolutamente totalizzante, in cui il più crudo naturalismo non poteva non essere trasfigurato in una tensione drammatica che faceva dello spettacolo non già una *tranche de vie*, ma una grande metafora dell'umana esistenza. Di ciò parte della critica s'era avveduta, come Giovanni Calendoli che scrisse giustamente: « Pur tornando sotto qualche aspetto ai suoi antichi amori per il tono torbido, Luchino Visconti in questa autentica e personale creazione dello spettacolo ha tenuto fede al suo principio di conquistare una forma teatrale che, ricorrendo alle suggestioni della musica, della coreografia, della pantomima, del ballo, si ponga come sintesi di tutte le arti ».

Anche in *Oreste*, che Visconti mise in scena per compiacere Vittorio Gassman, anzi soprattutto in *Oreste* (come già in *Rosalinda*), il bisogno di « far spettacolo » travalicò ampiamente i confini dell'interpretazione più o meno tradizionale d'un testo classico. Ricordò lo stesso Visconti: « Lo feci per lui [Gassman]. Infatti, quando venne in Compagnia disse: "Io vengo molto volentieri, ma devi fare qualcosa per me". "Scegliamo cosa vuoi fare". La sua fissazione era l'*Oreste* di Alfieri. "Va bene, ti farò l'*Oreste*. Te lo faccio come voglio io, come lo vedo io, come lo sento io, mettendo le *i* come io ho l'impressione che debbano essere messe" ». Cioè, ancora una volta, una messinscena che si presentava nella sua autonomia spettacolare, con l'impronta indelebile del suo creatore.

Il pubblico e la critica infatti lo accolsero come uno spettacolo prettamente viscontiano, e i consensi o i dissensi si appuntarono sulle ragioni e i significati della regìa più che sulla correttezza o meno dell'interpretazione della tragedia alfieriana. La quale, pur non essendo soltanto un pretesto, aveva evidentemente fornito soprattutto una traccia, sia pure ricca e articolata drammaturgicamente, per elaborare uno spettacolo estremamente complesso, in cui parole, musica (di Beethoven), costumi e scenografie si ponevano sul medesimo piano espressivo per raggiungere un'unità compositiva, nella quale non era facile riconoscere e individuare le varie componenti. Già il capovolgimento operato all'interno della tradizionale disposizione dei luoghi teatrali — palcoscenico, platea, palchi — significava una chiara indicazione interpretativa (non del testo di Alfieri ma della regìa di Visconti). Voleva essere questo capovolgimento — per cui sul palcoscenico era collocata l'orchestra; in platea, su un alto palco eretto appositamente, recitavano gli attori; e tutto attorno erano dislocati gli spettatori (« noi poveri spettatori borghesi — si lamentava Silvio D'Amico — se pure questi appellativi si possono usare per il compagno Togliatti e per il magnate Gualino, per l'eccellenza Scelba e per l'onorevole Andreotti, e in genere per gl'intellettuali e artisti e gentildonne che si pigiavano nelle poltrone e nelle balconate ») —, voleva essere un tentativo, in gran parte riuscito, di fare del teatro quell'esperienza totalizzante, di cui si è detto più volte. Un'esperienza in cui finzione e realtà, coinvolgimento del pubblico e partecipazione attiva degli attori, scenografie fantastiche e luoghi concreti e quotidiani, tendevano a mescolarsi, a integrarsi in una grande manifestazione rituale collettiva: nel teatro come forma massima di spettacolarizzazione della realtà e sua interpretazione in chiave allegorica e metastorica.

Su questa strada, ormai matura e lungamente sperimentata, Visconti si pose con grande impegno ed energia, realizzando nell'arco di un lustro alcuni spettacoli di straordinaria coerenza espressiva, se considerati ovviamente dall'angolo critico suo proprio, cioè nell'ambito di quell'idea di teatro che egli aveva teoricamente e praticamente elaborato nel corso di una carriera ormai decennale. È chiaro che la legittimità di un'operazione artistico-spettacolare come la sua andava ricercata tanto in una necessità estetica particolare, quanto in un più vasto progetto teatrale che altri, insieme a lui, andavano elaborando in quegli anni. Da un lato, infatti, troviamo il suo piacere di esprimersi nelle forme e nei modi d'un linguaggio barocco, carico di orpelli, aperto alle più varie suggestioni della fantasia e del sogno, ma non per questo lontano dal coinvolgimento realistico: un linguaggio che bene rifletteva il suo gusto per il *pastiche* e la sua tendenza a sbalordire e a scandalizzare; dall'altro riscontriamo, invece, un quadro di riferimento più generale, che comprende l'intera situazione del teatro italiano di quegli anni, bisognoso di un radicale rinnovamento, di una vera e propria rivoluzione scenica impostata sulla funzione preminente del regista come coordinatore, anzi unico e vero costruttore dello spettacolo. Era una concezione del teatro, non certo nuova, ma inusitata e spesso osteggiata in Italia, che più che contrapporre il regista all'attore, faceva di quest'ultimo una delle componenti, non sempre la più importante, dello spettacolo; e quest'ultimo doveva essere il punto d'incontro e di esplosione scenica di tutti gli aspetti contenuti nel testo e nelle sue molteplici e possibili interpretazioni e utilizzazioni.

Senza soffermarci dettagliatamente sulle regìe viscontiane cui abbiamo fatto cenno, non è possibile tuttavia trascurare quelle che, per una ragione o per l'altra, si pongono come vette non soltanto dell'arte teatrale di Visconti, ma anche di quell'idea di teatro globale e di quella radicale trasformazione della scena italiana, che erano nei progetti dei migliori artisti e intellettuali di quegli anni. Una serie di spettacoli che, mescolando i classici (Shakespeare, Alfieri, Goldoni, Cecov, Euripide) e i contemporanei (Williams, Miller, Fabbri) si proponeva, più o meno coerentemente, come modello teatrale in una situazione politica e culturale che non poteva essere affrontata e risolta esclusivamente sul piano di un « realismo » — inteso come rappresentazione e interpretazione della realtà umana e sociale contingente — che pure doveva sorreggere i criteri di base di questo progetto; ma anche e forse soprattutto di un totale coinvolgimento del reale in tutte le sue manifestazioni, non ultima la fantasia, vera molla che fa scattare i congegni più complicati e contraddittori dell'umana esistenza.

In questa prospettiva che fu giudicata « esistenzialistica », ma che andava invece riportata alla poetica più autentica di Visconti, in cui l'osservazione della realtà e la sua indagine minuziosa non è mai disgiunta da un'apertura verso i confini dell'inconscio, del sogno, delle complesse e spesso oscure manifestazioni della psiche, possono essere collocate tanto le messinscene fantasiose e barocche di *Rosalinda*, di *Oreste*, di *Troilo e Cressida*, quanto quelle « realistiche » e per certi versi « espressionistiche » delle due versioni di *Un tram che si chiama desiderio* (data, la seconda, al Teatro Nuovo di Milano il 28 aprile 1951, con scenografia di Franco Zeffirelli e una diversa formazione) e di *Morte di un commesso viaggiatore*; o quelle « disseccate » nella loro quotidianità ed evanescenza di rappresentazione del *Seduttore*, della *Locandiera*, di *Tre sorelle* e persino di *Medea*, nella voluta spogliazione di tutti gli elementi aulici, di recitazione e di ambientazione, che il teatro greco classico si è sempre portato dietro.

Il grandioso e magniloquente spettacolo del *Troilo e Cressida*, che si svolse all'aperto nei giardini degradanti di Boboli a Firenze, con gli attori, negli splendidi costumi di Maria De Matteis, che si muovevano, agivano, parlavano, duellavano, correvano dentro e fuori della città di Troia, magnificamente ricostruita da Franco Zeffirelli come fosse una città orientale del medioevo, e fra le tende del campo dei greci, può essere considerato il punto d'arrivo del teatro viscontiano nella direzione non già forse d'uno spettacolo « totale », quanto piuttosto d'un teatro come « festa ». Fra il realismo della rappresentazione (recitazione corposa, impiego di cavalli e cavalieri, armi e fragore di guerra) e l'irrealismo della concezione spettacolare (dramma come pretesto di spettacolo visivo), Visconti parve muo-

versi a suo agio, attingendo all'uno e all'altro modello
per comporre un insieme drammaturgico che non pun-
tava tanto alla compattezza e coerenza delle parti, quanto alla continua suggestione formale, visiva, sonora e
cinetica. Sicché paiono fuorvianti talune critiche rivol-
tegli allora, come questa di Vito Pandolfi: « Visconti,
oltre ad amare il fasto per se stesso e a compiacersi di
cerimoniali feudalistici, ha poi la tendenza a non controllare il ritmo e l'equilibrio dello spettacolo, a soffermarsi sui suoi momenti separati anziché a guidare il
dramma in un ritmo serrato e travolgente ».

Se *Troilo e Cressida* doveva essere innanzi tutto
una « festa », non era il ritmo serrato e travolgente a
costituire la linea di sviluppo dello spettacolo e la sua
unità espressiva, ma invece il debordare delle invenzioni formali, il coacervo degli elementi drammatici e narrativi, la stessa libertà d'intervento degli spettatori, invitati a seguire di volta in volta questo o quell'elemento della rappresentazione, ma liberi di soffermarsi sul-
l'insieme o sulle parti, sui personaggi o sugli ambienti,
sui dialoghi o sulle azioni, a seconda delle reazioni
individuali e collettive. In certo senso, un teatro come
liberazione e come « libertà », in apparente (e forse
non solo apparente) contraddizione con la concezione
abituale che Visconti ebbe del teatro come totalità,
quindi al tempo stesso coinvolgente e costringente.

5   *«La locandiera»*

Ma *Troilo e Cressida* costituì, ancor più di *Rosalinda*, non solo un punto d'arrivo in una certa direzione,
ma anche una strada sbarrata, oltre la quale non era

opportuno avventurarsi. Questo teatro come libertà
non era infatti il più vero e autentico della poetica
viscontiana, ma ne indicava semmai una linea di tendenza, più o meno consapevole. Egli in realtà si muoveva, e si sarebbe ancor più mosso successivamente, in
una dimensione spettacolare differente, molto più compatta, chiusa. Il palcoscenico, se non era né poteva
essere la pura e semplice rappresentazione del reale,
non era neppure la sua totale trasfigurazione fantastica. Aperto e antitradizionalista quanto si voglia, il palcoscenico continuava pur sempre ad essere una convenzione scenica, una finzione, attraverso la quale passava
e doveva passare la realtà umana e sociale. Il rito teatrale si compiva nel chiuso di un tempio, il teatro, i
cui adepti, accettandone la liturgia, ne volevano contemporaneamente cogliere l'essenza. Visconti, tornando nel chiuso della sala, dopo l'esperienza esaltante
dei giardini fiorentini, non rinunciò tuttavia a mescolare le carte, a fare di drammi fortemente caratterizzati
in senso realistico — per la crudezza della vicenda,
dei personaggi, degli ambienti — spettacoli fortemente simbolici e persino « metafisici »; e di testi classici
legati a una precisa tradizione interpretativa, occasioni
di rilettura del reale con chiare implicazioni esistenziali.

Così il simbolismo di *Un tram che si chiama desiderio* viene accentuato in una messinscena che gioca, nel-
l'edizione milanese, sulle trasparenze, le intersecazioni
degli ambienti, i risvolti esistenziali della vicenda; e il
realismo quotidiano di *Morte di un commesso viaggiatore*, senza ridurne la portata nelle indicazioni cronachi-
stiche e ambientali della scena, si dilata sino ad assumere i caratteri d'una tragedia, fuori del tempo e dello

spazio, profondamente radicata in un conflitto umano e sociale che supera ed annulla la contingenza storica. Quanto all'evanescente schermaglia sentimentale e morale del *Seduttore*, la regìa di Visconti — che risultò tuttavia anonima perché egli non volle partecipare ufficialmente al Festival teatrale di Venezia, nell'ambito del quale la commedia di Fabbri fu rappresentata, come ritorsione polemica contro la mancata concessione del visto d'ingresso in Italia al Berliner Ensemble diretto da Bertolt Brecht, che doveva esibirsi nel medesimo Festival — tende a renderla ancora più astratta pur mantenendone la quotidianità dell'impianto scenico.

Ma è con la personale rilettura dei classici, Goldoni, Cecov, Euripide, che Visconti giunge, nei primi Anni Cinquanta, a una sorta di essenzialità di tratto, di compatta unità espressiva, di profondo e autentico rapporto fra testo e spettacolo — sia pure alla luce di una interpretazione originale, che non sempre fu accettata dalla critica —, in una parola, di « maturità ». Le critiche maggiori si appuntarono su *Medea*, la cui messinscena antitradizionale e quotidiana, come scrisse Eugenio Ferdinando Palmieri, « ha imborghesito tutto ». « Fra lo spettacolo proposto alla nostra attenzione — egli aggiunge — e l'uragano che imperversa nel testo ci corre. In quella piazzetta non immemore della *Terra trema* — voi avete capito: una piazzetta verghiana — un atroce furore è stato buttato in spiccioli, si è recitato in fantasiosi costumi un dramma non troppo terribile; e le comari a far da coro ». Ma era stato lo stesso Visconti a indicare preventivamente le linee essenziali della sua interpretazione della tragedia euripidea. A Luciano Lucignani che lo intervistò per « L'Unità » nel dicembre 1952 disse: « Ciò che desidero fare, e che la moderna versione di Manara Valgimigli mi permette di fare, è di dare ad Euripide lo stesso calore, la stessa vitalità, la stessa contemporaneità che ha Pirandello ». Un dramma pirandelliano piuttosto che verghiano, ovviamente, un dramma la cui contemporaneità era in larga misura contenuta proprio nel testo euripideo, così moderno e « angosciante », così radicato nell'ambiguità delle passioni umane e nella relatività del giudizio.

Discorso in parte diverso si dovrebbe fare per *La locandiera*, la cui interpretazione, da parte di Visconti, pur essendo alquanto scandalosa e polemica, mantenne sostanzialmente inalterate le componenti fondamentali della commedia di Goldoni. Ma anche in questo caso si trattò di una « attualizzazione » del testo, nel senso di una sua scomposizione e ricomposizione scenica alla luce d'una critica moderna, che teneva conto in pari misura della società del tempo (anche al di là dei limiti dell'ambiente e dei personaggi goldoniani) e dei suoi riflessi sulla società contemporanea. Già la scelta scenografica doveva conferire alla rappresentazione un tono e un significato inequivocabili. Visconti interpellò il pittore Giorgio Morandi per avere alcune indicazioni relative all'ambientazione della *Locandiera*, con una scelta formale che fu giudicata indubbiamente anticonformistica, rispetto alle tradizionali messinscene delle commedie di Goldoni sullo sfondo di un Settecento di maniera. Le scene e i costumi che egli stesso e Piero Tosi disegnarono sono, di fatto, indubbiamente ispirati al rigore figurativo e alla « povertà » cromatica della pittura morandiana. Ed è su questo sfondo, chiusi in questi ambienti, fra questi pochi oggetti, rinserrati in questi costumi quotidiani, che i personaggi della commedia manifestano il loro « realismo », dando al testo di Goldoni accenti e fermenti illuministici, aggiornandolo in certa misura sul distacco storico-critico che ci separa da esso.

Ciò provocò delle critiche, anche severe, che imputarono a Visconti non già di aver reso « realistico » Goldoni, ma di averlo appiattito in un naturalismo inefficace. Come scrisse Roberto Rebora: « Nella regìa di Visconti si tratta invece di naturalismo, di avventure e di cronaca psicologica. L'assenza di fantasia, la mancanza di considerazione, direi, per l'esistenza dell'aria attorno ai personaggi (nei personaggi) ha reso lo spettacolo grave e compatto, quasi pedante, e ciò che è musica è diventato dichiarazione o allusione con sottintesi ». Ma a distanza di oltre vent'anni, ripercorrendo l'intera carriera teatrale di Visconti, « L'Unità » sottolineava giustamente il valore emblematico della messinscena della *Locandiera*, scrivendo: « ...un Goldoni depurato di ogni leziosaggine, riproposto nei termini esatti di un realismo asciutto e positivo, individuato nel suo atteggiamento profondamente riformatore, se non proprio rivoluzionario ».

6 *« Tre sorelle »*

Questo realismo asciutto e positivo, nel senso di un'osservazione acuta del reale e di una sua rappresentazione critica in modi e forme non passive o di ricalco, costituì — almeno nelle intenzioni di Visconti — il filo rosso che legò insieme la maggior parte delle sue messinscene teatrali, pur con le varianti del caso; ma costituì soprattutto, nella *Locandiera* e più ancora in *Tre sorelle*, la struttura portante di uno spettacolo che voleva imporsi e affermarsi come « spaccato » realistico pervaso da inquietudini esistenziali, da motivi sociologici e psicologici, e persino da alcuni elementi genericamente autobiografici. Fu anzi *Tre sorelle*, il primo testo di Cecov da lui affrontato con trepidazione, a fornirgli l'occasione per meglio precisare le sue intenzioni interpretative e sperimentare le varie tecniche di rappresentazione teatrale della realtà, fuori delle regole consuete del naturalismo ma anche di quelle dello stravolgimento fantastico, in un giusto equilibrio di ricostruzione fedele del reale e di sua dilatazione semantica attraverso spunti e accenni d'una sottile angoscia esistenziale.

Disse Visconti a Maurizio Liverani in un'intervista del 1952:

« È Cecov il più grande scrittore di teatro moderno e la sua influenza, la sua impronta è riconoscibile anche nel cinema realistico italiano. La sua posizione è moderna, e la sua concezione realistica della vita gli deriva anche dall'essere stato egli medico e per tale ragione portato a sezionare l'animo umano sin nelle più riposte pieghe e a frugare nell'intimo dei personaggi senza disegni ambiziosi. Molti considerano Cecov un autore crepuscolare, esprimente una visione amara della vita, ma egli è essenzialmente un autore realistico. La tragedia, se avviene, avviene fuori della scena, lontana come nei drammi classici, i drammi degli antichi greci. Cecov stesso, rispondendo non so se a Stanislavsky, a chi sosteneva che egli era un autore piagnucoloso, diceva che i suoi drammi erano dei "vaudevilles", che la tragedia sta nel vivere quotidiano... ».

E in un'altra intervista, nel 1962, precisava: « Era la prima volta che facevo Cecov. È l'autore che mi affascina di più e che mi ha sempre affascinato. Avevo sempre rimandato il momento di affrontarlo perché ancora oggi mi sembra di una difficoltà enorme ».

Cecov in chiave realistica, persino neorealistica e quasi zavattiniana, non certo crepuscolare e melanconico, ma virile e lucido nella sua diagnosi comportamentistica e psicologica, fu l'autore che, in quegli anni, Visconti considerò fondamentale per la sua esperienza teatrale e cinematografica. Perché il realismo impercettibile e quotidiano dei drammi cecoviani, accentuato da una fedele ricostruzione storico-ambientale e da una approfondita analisi del carattere dei personaggi, gli consentiva di superare, da un lato, lo sfarzo delle sue grandi messinscene dei classici, dall'altro, il naturalismo di quelle di certi autori contemporanei, Arthur Miller in particolare.

C'era inoltre la possibilità di introdurre la tragedia nel dramma borghese, facendo di quest'ultimo non già uno « spaccato » sociale ma una metafora dell'esistenza umana; e c'era anche l'intenzione di concentrare l'attenzione e l'interesse sulla vicenda esistenziale di pochi personaggi, spesso mediocri, senza trascurare la dimensione storica e sociale degli accadimenti quotidiani, pur rinunciando a darne direttamente una rappresentazione. La storia e la società, in altre parole, considerate presenti e determinanti nella vita dei singoli, senza introdurle direttamente o forzatamente — come in altre occasioni egli stesso aveva fatto — nello spettacolo. Sicché parve giustificata e appropriata la risposta che Visconti diede a Luciano Lucignani che, a proposito della sua regìa delle *Tre sorelle*, gli domandava: « Parte della critica ha rilevato il fatto che tu non hai sottolineato l'accento sociale, ideologico, del dramma. È vero? » Visconti rispose:

« È verissimo; ma non l'ho fatto, non perché non credessi ad un valore sociale o ideologico del dramma di Cecov, che è quasi una profezia, ma naturalmente, proprio in quanto profezia, necessariamente romantico, vorrei dire incosciente; l'ho fatto proprio perché credo che così, lasciando al dramma quel carattere di leggera utopia che esso mi sembra contenga, si realizza meglio il documento che esso offre d'un momento storico tanto importante qual è quello che ha avuto come sviluppo la rivoluzione del 1905 e poi la Rivoluzione d'ottobre ».

Ma c'è un altro aspetto dell'incontro di Visconti con Cecov che va sottolineato, anche perché fornisce alcune indicazioni che possono servire a meglio interpretare e comprendere taluni caratteri della sua opera successiva, specialmente cinematografica, da *Senso* all'*Innocente*, attraverso il progetto per molti anni accarezzato e mai potuto realizzare di una trascrizione filmica della *Recherche* di Proust. Ed è l'aspetto che possiamo definire autobiografico, o meglio autobiograficamente memoriale, in cui frammenti di ricordi, immagini vissute di ambienti e di personaggi, pensieri e atti trascorsi, si concretizzano e prendono vita nelle parole, nei gesti, nei costumi, negli atteggiamenti, ed anche negli ambienti, negli arredi, negli oggetti, che caratterizzano quei personaggi. È come se Cecov, o meglio il mondo che seppe descrivere magistralmente, fra l'apparente banalità dei piccoli drammi quotidiani e la profonda tragicità dei conflitti umani e sociali, fornisse a Visconti tutta una serie di suggestioni, di spunti, di motivi per ripercorrere il passato alla luce d'una nostalgica attenzione per il trascorrere del tempo e la fine delle illusioni. Fu per Visconti, l'incontro con Cecov, anche un primo ripiegarsi su se stesso, forse inconscio o poco consapevole, che non gli impedì tuttavia, allora

e dopo, di essere coinvolto attivamente nella realtà
sociale contemporanea e di cercare di coinvolgere i personaggi che egli estraeva dai testi che andava mettendo in scena o creava nei suoi film.

Sotto questa luce memoriale e genericamente autobiografica, la regìa di *Tre sorelle* acquista un significato particolare. Visconti curò attentamente, con l'aiuto
del costumista Marcel Escoffier e dello scenografo Franco Zeffirelli, la dimensione ambientale del dramma, cercando di sottolinearne la « familiarità », come di oggetti, mobili, tende, costumi che rientravano nei suoi ricordi d'infanzia. Scriveva a Escoffier: « A mio parere
la linea tra 1900 e 1905 (che sarebbe quella giusta) e
per la quale si potrebbe ottenere altrettanto rigore, ha
in più il grande vantaggio per noi di unire a questo
rigore, un lato più "affettuoso" come di cosa nota,
ricordata, poiché noi "l'abbiamo vista" quella moda.
I personaggi sarebbero così persone più note più cono-
sciute più care e noi possiamo partecipare alle loro
vicende con animo sospeso e amico ». E preannuncia-
va nella medesima lettera l'invio di alcune fotografie
d'epoca per meglio fare intendere al costumista quale
carattere intendeva dare ai personaggi cecoviani, scrivendo fra l'altro: « Le altre sono fotografie di mia madre. Sono sicuramente più tarde (1910-11). Ma c'è in
esse un *tono*, un'*aria*, un'*atmosfera* che mi piace assai
e che risponde a quel mio desiderio di "Cosa famigliare", di personaggi noti e cordiali, vivi, veri, vestiti e
non "costumati" che so è anche un tuo gusto preciso.
Te le mando non perché tu ti attenga scrupolosamen-
te ma perché tu assorba quel determinato senso che a
me piace ». E accennando al lavoro scenografico, che
stava sviluppando in quei giorni con Zeffirelli, egli

parla esplicitamente dell'atmosfera dell'ultimo atto, come chiave interpretativa dell'intero dramma, « un giardino autunnale, umido e desolato che racchiude il significato più profondo della commedia », un giardino memoriale che, in altra occasione, nel 1960, egli aveva indicato come punto di partenza della sua concezione registica del dramma cecoviano. « Le *Tre sorelle* di Cecov — disse — si sono precisate nella mia mente quando ho avuto "la visione" dell'ultimo atto: il giardino con i tre alberi e le donne intorno. Partendo da questa immagine, ho interamente risalito il dramma, per così dire a ritroso ».

Si noti che era Visconti a voler partecipare emotivamente alle vicende dei personaggi di Cecov, molto di più, forse, di quanto non volesse farne partecipi gli spettatori. Era un contatto diretto, appunto memoriale e sentimentale, che, se non escludeva la dimensione storico-sociale e l'obbiettività della rappresentazione, la inglobava tuttavia in una lettura intima, personale. Da qui derivò il rigore stilistico della regìa, la sua scarnificazione spettacolare, quasi essa volesse nascondersi — come messinscena — nella naturalezza, nella « verità », del comportamento quotidiano dei personaggi, elementi propulsori del dramma, chiusi in costumi e ingabbiati in ambienti che ne evidenziavano la profonda crisi esistenziale, da loro non percepita ma presente all'autore e allo spettatore, con quel distacco « ironico » che fu più di Cecov che di Visconti.

Emilio Cecchi, sul « Corriere della Sera » del 22 gennaio 1953, parve cogliere appieno la natura della regìa di Visconti, il suo modo di intendere Cecov nella sua tragica « quotidianità », sia per quanto riguarda i modi e le forme della recitazione, sia per quanto riguarda l'ambientazione. Scriveva:

« Un pregio fondamentale della regìa e della recitazione mi pareva questo, che mai l'espressione o l'allusione dei toni sentimentali e dei significati anche più remoti e in apparenza divaganti, usciva dai termini d'una concreta sensibilità per scivolare nel simbolico. Né d'altra parte, il senso della realtà e del caratteristico, l'acuirsi dei segni descrittivi in un tratto, in un gesto, un atteggiamento, assumevano, com'è facile, della macchietta e del bozzetto verista. Ma v'era un'ampiezza misteriosa d'atmosfera che tutto fondeva e sosteneva, e dentro a cui ciascuna cosa trovava il suo posto: le parole e gli aspetti delle figure presenti: i suoni, i rumori, le luci lontane; e lo stesso passato; e questa unità era propriamente Cecov: l'incantevole Cecov in tutta la sua grazia esatta e allucinante ».

Con Cecov insomma Visconti trovò quell'equilibrio fra il teatro come festa e spettacolo e il teatro come visione del mondo e analisi critica del reale, che in precedenza non aveva mai raggiunto pienamente, incerto a volte sulla strada da seguire, più spesso disposto a sperimentare l'una o l'altra forma, a seconda delle suggestioni del testo o delle predilezioni del gusto. Anche perché Cecov, nella prospettiva interpretativa di Visconti, non soltanto era un autore moderno, che aveva affrontato e risolto drammaturgicamente non poche questioni attinenti al vivere sociale e alla psicologia umana, ma anche forniva modelli spettacolari di grande attualità, applicabili tanto al teatro quanto al cinema, nel senso che il suo « realismo » bene si confaceva a un progetto teatrale che tendeva a superare il naturalismo borghese, e a un progetto cinematografico che si presentava come superamento del neorealismo, senza tradirne lo spirito rinnovatore e l'esigenza profondamente sentita di mantenere con la realtà quotidiana un rapporto strettissimo.

7 Progetti di film

In questa chiave cecoviana dell'analisi e della rappresentazione della realtà, che può essere indicata come il punto d'arrivo d'una ricerca contenutistica e formale che Visconti aveva sviluppato e approfondito per anni sul duplice versante del teatro e del cinema, possiamo collocare il lavoro cinematografico che egli fece allora, nel periodo compreso fra *La terra trema* e *Senso*, cioè tra il momento della massima adesione a certi presupposti etici ed estetici del neorealismo e quello della più totale accettazione delle convenzioni spettacolari, sul versante del recupero del melodramma come forma completa di spettacolo. Non fu particolarmente ampio e articolato quel lavoro cinematografico, né forse molto significativo e importante nell'ambito dell'opera complessiva di Visconti, ma fu un lavoro di grande interesse per la chiarificazione di alcuni elementi del suo linguaggio e per l'indicazione di quello spartiacque che doveva segnare la netta separazione tra un « primo » e un « secondo » Visconti. Un lavoro che, pur essendo limitato a un solo film di lungometraggio e a un paio di esperimenti minori, nonché a qualche progetto non realizzato, segna un passaggio tematico ed artistico che, significativamente, coincide con una intensa attività teatrale indirizzata all'esplorazione di tutte le possibilità espressive del mezzo scenico e conclusasi con la piena accettazione dell'« equilibrio » cecoviano, con tutte le conseguenze sul piano contenutistico e formale.

Tra i progetti cinematografici di Visconti, dopo *La terra trema*, c'è la riduzione del romanzo di Vasco Pratolini *Cronache di poveri amanti*, di cui egli scrisse la sceneggiatura in collaborazione con lo stesso Pratolini, Sergio Amidei, Antonio Pietrangeli e Franco Zeffirelli. Secondo quanto disse Pratolini a Caterina D'Amico, non soltanto egli, Visconti, Pietrangeli e Zeffirelli scrissero l'intera sceneggiatura nel corso del 1949, ma fecero anche dei sopralluoghi a Firenze per definire gli ambienti da riprendere, che documentarono con fotografie. Il film doveva essere prodotto dalla Colonna Film, in parte finanziato dal fratello di Luchino, Edoardo, in parte dal produttore francese Raoul Lévy. Erano già stati, ovviamente, acquistati i diritti dall'editore Vallecchi, anche con denaro di Luchino. La comproduzione italo-francese prevedeva l'impiego di attori delle due nazioni: Mario sarebbe dovuto essere Gerard Philipe, la Signora Marguerite Moreno, Ugo Massimo Girotti e una delle ragazze Lucia Bosé. Poi nacquero delle complicazioni finanziarie, il preventivo si faceva sempre più oneroso, Edoardo Visconti si ritirò dalla combinazione, nonostante Luchino si fosse impegnato a intervenire personalmente se si superavano i limiti del preventivo finanziario, e così fece anche Lévy. Il progetto rientrò nel cassetto, e solo cinque anni dopo, con una diversa sceneggiatura e con la regìa di Carlo Lizzani, il film pratoliniano uscì sugli schermi.

Fu ancora Pratolini a collaborare con Visconti per un breve film che ebbe vita brevissima, fuori delle normali sale cinematografiche, e che pare sia andato perduto. Si tratta di un episodio, o meglio di un « articolo », della rivista filmica « Documento mensile », che Marco Ferreri e Riccardo Ghione produssero e diressero fra il 1950 e il 1951, con l'intenzione di farne appunto una « cine-rivista », analogamente ai « cine-giornali » di informazioni, che uscisse periodicamente sugli schermi affrontando di volta in volta temi e argomenti d'attualità e di costume da un angolo visuale critico e personale, non semplicemente « documentaristico ». L'episodio realizzato da Visconti, di cui Pratolini scrisse il commento, era il primo dei due che comprendevano il n. 2 di « Documento mensile » (il secondo era *Il prurito* di Carlo Levi) e si intitolava *Appunti su un fatto di cronaca*. Il quale fatto, su cui Visconti e Pratolini costruirono un piccolo saggio sociologico-politico di grande efficacia spettacolare per la concisione del discorso critico e il rigore delle immagini d'atmosfera, era l'assassinio della bambina Annarella Bracci compiuto dal giovane Lionello Egidi sullo sfondo disumano e disumanizzante della borgata romana di Primavalle, che colpì allora l'opinione pubblica per la sua violenza e crudeltà. Richiamandosi alla sua precedente esperienza « documentaristica » di *Giorni di gloria* ed anche di alcuni momenti paesaggistici di *Ossessione* e soprattutto della *Terra trema*, Visconti centrò la sua rappresentazione sull'ambiente, anziché sul personaggio, cercando di trarre da esso gli elementi indispensabili e significativi per dare al personaggio (l'assassino Egidi) e al suo contesto sociale e umano una connotazione precisa: una sorta di « cinema antropomorfico » ottenuto, questa volta, unicamente attraverso la mediazione di un paesaggio colto e rappresentato nella sua dimensione « umana ».

Degli altri progetti di quegli anni, una segnalazione merita la riduzione cinematografica della *Carrozza del Santissimo Sacramento* di Prosper Mérimée, cui

collaborarono Suso Cecchi D'Amico, Antonio Pietrangeli e Franco Zeffirelli — e forse anche Piero Tellini e
Renzo Avanzo —, ma che non fu realizzata. Curioso
può essere il fatto che, meno di un paio d'anni dopo,
il medesimo testo fu tradotto in film da Jean Renoir,
col titolo *La carrozza d'oro*, sia pure su una sceneggiatura diversa, con Anna Magnani come protagonista,
un'attrice alla quale presumibilmente pensava anche Visconti per il personaggio della Perichole, e sulla quale
costruì il film *Bellissima* e l'episodio di *Siamo donne*.
Allora si parlò anche, e furono annunciati dai giornali,
del *Marchese del Grillo*, dall'operetta di Mascetti, e di
Metello, dal romanzo di Pratolini, che Visconti avrebbe dovuto dirigere; ma non esistono documenti in proposito. Secondo la testimonianza di Piero Tosi, che conobbe Visconti nel 1949 e fece in quel tempo per lui i
costumi di *Bellissima* e della *Locandiera*, pare che egli
volesse utilizzare Totò, che ammirava moltissimo, per
fargli interpretare la parte di protagonista in un film
biografico dedicato alla figura e all'arte di Antonio Peti-
to, il grande attore napoletano dell'Ottocento, famoso
interprete di Pulcinella; e ci fu anche il progetto, sembra, di un film intitolato *Maratona di ballo*, di cui
avrebbero scritto il soggetto Visconti e Antonio Pietrangeli, ispirandosi a un articolo di Silvio D'Amico
sulle maratone di ballo, allora in gran voga.

Di sicuro abbiamo invece un ampio e articolato soggetto dal titolo *Marcia nuziale*, scritto da Suso Cecchi
D'Amico e da Visconti nel 1952, e pubblicato su « Cinema nuovo » nel 1953, che purtroppo non fu realizzato perché respinto dalla Lux Film alla quale era stato
presentato. Si tratta di un dramma centrato sul tema
del matrimonio, che contrappone, in una serie di episo-

di che mescolano tempi e luoghi differenti, personaggi e ambienti contrastanti, il fallimento d'una unione matrimoniale alto-borghese, che si conclude con il suicidio della donna e l'uccisione dei suoi due bambini, e l'inizio d'un matrimonio proletario che si basa invece, o dovrebbe basarsi, sull'amore reciproco e una profonda e autentica umanità. Contrasto e contrapposizione — invero alquanto schematici — che risultano, a ben guardare, marginali rispetto al dramma centrale, che è quello d'una società che ha perduto i valori tradizionali e non ne ha acquistati altri, svuotata d'ogni tensione morale, chiusa nel suo egoismo e nella sua vacuità. Di questa società, emblema e simbolo sono le giovani coppie che popolano il film, sullo sfondo di una Napoli benestante e vacua, colta e rappresentata attraverso le feste, i balli, gli incontri mondani.

Si trovano in *Marcia nuziale* elementi narrativi e spunti drammatici che ritroveremo in altri film di Visconti. Basti pensare al rapporto fra la giovane signora romana Giovannella d'Elia e il marito Luigi, che anticipa — sulla base del racconto di Maupassant *Au bord du lit* — l'episodio *Il lavoro* del film antologico *Boccaccio '70*; o alla grande festa nella villa dei conti Giuntini — « era una festa grandiosa a detta degli invitati, da prima della guerra non si erano visti abiti tanto sfarzosi e decorazioni così fantastiche » — che preannuncia, sia pure in un diverso contesto storico e ambientale, il grande ballo nel palazzo dei principi Ponteleone a Palermo nel *Gattopardo*. Ma si trovano anche quegli aspetti contenutistici e formali, che sarebbero stati indubbiamente sviluppati da una regìa, come quella viscontiana, attenta alla drammaticità delle situazioni e alla complessità dei rapporti fra i personaggi,

che spesso costituiscono i punti deboli d'una drammaturgia filmica costruita sui forti contrasti. Si pensi non
soltanto alla banalità della situazione sociale e umana
in cui sono collocati i futuri coniugi proletari Salvatore e Carmela del Gaudio — una vicenda di stampo
zavattiniano che contrasta con lo spessore « romanzesco » del film —, ma anche alla dispersione delle vicende personali — come avverrà parzialmente in *La caduta degli dei* e in altri film corali —, che, anziché
dilatare e approfondire il tema, rischiano di frantumar-
lo in motivi non sufficientemente elaborati e caratterizzati.

8 Un film: «Bellissima»

Se *Marcia nuziale* e gli altri soggetti proposti da
Visconti in quegli anni non furono realizzati per varie
ragioni, sicché egli si dedicò con sempre maggiore impegno al teatro, con risultati, come abbiamo visto, sor-
prendenti e indubbiamente importanti; nell'estate del
1951 egli ebbe l'occasione di tornare dietro la macchina
da presa, sia pure per girare un film che non rientrava
nei suoi progetti e nelle sue ambizioni. A Michele Gandin che, intervistandolo, gli domandò: « Può dirmi per
quali ragioni ha accettato di dirigere *Bellissima* il cui
soggetto è, almeno apparentemente, così diverso da
quelli da lei realizzati precedentemente? », Visconti
rispose:

« La scelta di un soggetto piuttosto che di un altro non
dipende esclusivamente dalla volontà del regista. Occorre anche una combinazione finanziaria che permetta di realizzarlo.
Dopo che avevo dovuto rinunciare a *Cronache di poveri aman-*

ti e a *La carrozza del Santissimo Sacramento*, Salvo D'Angelo mi propose il soggetto di Zavattini. Da molto tempo desideravo girare un film con la Magnani; e siccome era appunto la Magnani l'interprete prevista per *Bellissima*, accettai. Mi interessava fare una esperienza con un "personaggio" autentico, col quale si potessero dire certe cose più interiori e significative. E mi interessava anche conoscere quale rapporto sarebbe nato tra me regista e la "diva" Magnani. Il risultato è stato felicissimo ».

Lontano sia dal torbido ambiente di *Un tram che si chiama desiderio* sia dalla « moralità » medio-borghese del *Seduttore* — le due commedie che proprio in quei mesi aveva messo in scena —, Visconti volle affrontare con *Bellissima* il problema del « ritratto cinematografico », recuperando il divismo che tanto egli aveva contribuito a far morire sullo schermo e sul palcoscenico, ma interpretandolo in chiave fortemente critica, in certo senso demitizzandolo pur accettandone in pieno le caratteristiche peculiari. In questo senso, il vero tema del film non è, quale risulta dal soggetto di Zavattini, la fragilità e l'inconsistenza del mondo del cinema, che attrae le folle e si impone sulle anime semplici per la forza delle speranze che fa nascere, in contrapposizione ai valori reali d'un rapporto umano, quale si stabilisce fra due esseri che si amano e si comprendono e all'interno di una famiglia concreta. Il vero tema è, come lo stesso Visconti dichiarò, la complessità umana del personaggio, calato in un ambiente non suo, estraneo e ostile, e osservato nelle sue reazioni.

« Il vero soggetto — egli disse a Jacques Doniol-Valcroze e Jean Domarchi — era la Magnani: volevo tratteggiare con lei il ritratto di una donna, di una madre moderna e credo di

esservi riuscito abbastanza bene, perché la Magnani mi ha pre-
stato il suo enorme talento, la sua personalità. Questo mi
interessava e in minor misura l'ambiente del cinema. Si è
detto che avevo voluto rappresentare questo ambiente in modo ironico, cattivo; no, questo non fu che una conseguenza ».

Fu la conseguenza, in altre parole, d'una rappresentazione a tutto tondo, fortemente caratterizzata, persino ingombrante e debordante, d'una donna che, sacrifi-
candosi per la figlia, alla quale vorrebbe offrire un futuro migliore facendone forse una diva del cinema, si
accorge a un certo punto non soltanto della vanità dei
suoi sforzi, ma anche e soprattutto della profonda disumanità e vacuità di quel mondo — il cinema — al
quale avrebbe sacrificato la figlia. È una presa di coscienza che Visconti analizza da par suo, costruendo a
poco a poco il personaggio con tutti quegli elementi
che gli forniva tanto la « maestrìa » della Magnani
quanto il suo lungo tirocinio con gli attori, in teatro e
in cinema.

Questa analisi, evidenziata in uno spettacolo che
non può non concentrarsi sul personaggio, utilizzando
l'attrice anche per gli aspetti che le erano proprî (sia
in quanto donna, sia e più ancora in quanto attrice), ri-
cadeva sull'ambiente solo perché funzionale al personaggio, cioè adatto a metterne in luce la complessità. È
come se Visconti volesse al tempo stesso fare un film
su « una donna », « una madre moderna », e su una
attrice, cioè su un personaggio e su una diva, tenendo
contemporaneamente uniti e divisi i caratteri peculiari
del personaggio e della diva. Perciò egli parlò di « esperienza », quindi anche di esperimento e di ricerca, in
una direzione che, almeno in cinema, non aveva ancora seguito. A differenza di Clara Calamai e di Massimo

Girotti in *Ossessione*, che non avevano la dimensione
dei « divi » e che egli, comunque, utilizzò proprio mettendone in rilievo le caratteristiche antidivistiche; e a
differenza dei pescatori e degli abitanti di Acitrezza in
La terra trema, che attori non erano neppure, l'Anna
Magnani di *Bellissima* è e vuole essere un personaggio-
attrice-diva, in cui i vari elementi di ciascuna di queste categorie drammaturgiche tendono a fondersi fra loro e a integrarsi nella donna Anna Magnani (non ancora, o non più personaggio, attrice, diva).

La Maddalena Cecconi del film, che cerca di far
quadrare il magro bilancio familiare facendo l'infermiera a ore, non bastando il salario del marito operaio e
volendo dare alla piccola Maria quell'istruzione che ella non ebbe, non è più un personaggio del cinema
neorealistico italiano, pur avendone tutte le caratteristiche. Così come la periferia romana, i grandi caseggiati,
Cinecittà e le umili feste campestri sono qualcosa di
diverso dagli ambienti abituali dei film neorealistici,
che tendevano a identificarsi *tout court* con la realtà
rappresentata. Da un lato, infatti, abbiamo una figura
di donna e di madre che si pone su un piano drammaturgico ben altrimenti « costruito » da quello consueto al cinema zavattiniano, la cui tipologia è basata sulla cronaca e sui personaggi quotidiani; dall'altro abbiamo un ambiente che funziona più da sfondo, da scenografia, che da luogo in cui le azioni si svolgono e non
potrebbero non svolgersi. Non è l'ambiente che illumina il personaggio e nemmeno questo quello; ma sono
due realtà contigue, la prima appena abbozzata, un poco anonima, quotidiana; la seconda perfettamente costruita, approfondita, drammaticamente significante.

Inoltre l'ambiente, almeno quello di Cinecittà, in

cui si svolge buona parte della vicenda e costituisce
l'elemento che fa maturare la protagonista (in questo
senso esso è un luogo scenico fondamentale, sebbene
solo abbozzato e con funzione diversa da quella che
avrebbe assunto in un film neorealista o che normalmente assume nei film viscontiani), è descritto secondo un duplice registro stilistico: una rappresentazione
sostanzialmente anonima e una rappresentazione inten-
zionalmente ironica. Basti pensare, da un lato, al taglio cronachistico e banale delle inquadrature, al montaggio lineare e drammaturgicamente inerte; dall'altro, alla caratterizzazione del personaggio del regista,
interpretato da Alessandro Blasetti (che fa inconsciamente il verso a se stesso), le cui apparizioni sono
sottolineate ironicamente dal « tema del ciarlatano »
dell'*Elisir d'amore* di Donizetti, e a quella del personaggio di Annovazzi (Walter Chiari) la cui « inverosimiglianza » ha un valore paradigmatico rispetto a una
categoria di arrivisti e avventurieri che ruota, o ruota-
va, attorno al mondo del cinema. Elementi che ci consentono di confermare quanto lo stesso Visconti ebbe
occasione di dichiarare, che il vero tema del film è la
Magnani, e che l'ambiente cinematografico non è altro
che una conseguenza di quella scelta tematica.

Un po' come aveva fatto Rossellini in *La voce umana*, tratto dall'atto unico di Jean Cocteau e inserito
nel film *Amore*, in cui Anna Magnani era utilizzata
per metterne in luce l'eccellente maestrìa interpretativa, al di là del soggetto e dell'ambiente — l'uno e
l'altro alquanto convenzionali —; così Visconti adoperò la medesima attrice in un contesto drammaturgico
che consentiva di evidenziarne il carattere e le possibilità espressive. Sennonché in Visconti il rapporto fra

attrice e personaggio non poteva non essere al centro della rappresentazione (a differenza di Rossellini che volle analizzare, neorealisticamente, non il personaggio ma l'attrice) e pertanto *Bellissima* era anche, se non soprattutto, un ritratto di donna, nella complessità dei suoi atteggiamenti e delle sue reazioni. In questo senso, Maddalena Cecconi era debitrice in pari misura dei precedenti personaggi femminili dei film viscontiani anticipandone altri che compariranno nelle opere successive, e dei modelli comportamentistici che il cinema neorealistico, in particolare zavattiniano, aveva proposto e divulgato: gli uni e gli altri, ovviamente, non distaccati dal contesto storico e sociale, ma nemmeno ad esso così legati da farne un'unità inscindibile. La realtà, in altre parole, era avvertibile attraverso i caratteristici personaggi di Visconti e gli altrettanto caratteristici personaggi del cinema neorealistico (genericamente considerato), ma in due forme differenti: in *Bellissima* Visconti cercò, per certi versi, di unificarle, di integrarle, con risultati magari discutibili ma indubbiamente interessanti e originali. Proprio perché la sua ricerca spettacolare verteva essenzialmente sul « ritratto cinematografico » e sulle varie possibilità di realizzarlo per mezzo di un'attrice che era anche diva.

Come scrisse acutamente Giuseppe Cintioli:

« Il personaggio allora diventa un punto di riferimento del racconto, una direzione entro lo snodarsi di esso; ma non ne assume tutti i valori e mantiene un'apertura verso l'esterno. E si apre, in *Bellissima*, come donna (mettiamo, la pietà ormai materna verso Annovazzi), in preda a un moto fisiologico ancora oscurato, legata a un fondo sessuale che la disegna a figura (incarnazione di un ritmo che è la vita stessa, l'origine assommata di ogni gesto): un fondo in qualche modo panico e arcaico — entro una società "dialettale" come la nostra, ancora vicina a certe dimensioni ancestrali; ed è chiaro che sotto questo angolo la Maddalena di *Bellissima* non è del tutto esterna né alla Giovanna di *Ossessione*, sessuata fino allo spasimo, né alla madre de *La terra trema*, altissima e mitica».

Di questo aspetto ambivalente del personaggio viscontiano si ricorderà Pier Paolo Pasolini, quando, nel tracciare il personaggio poliedrico di *Mamma Roma*, farà ricorso ad Anna Magnani, attrice per molti aspetti emblematica tanto del cinema neorealistico (e rosselliniano) quanto di quello di Visconti (e di Pasolini). In termini forse ancora più chiari che nella *Terra trema*, sebbene in modi e forme non sempre chiaramente avvertibili, *Bellissima* segnò per Visconti contemporaneamente il punto di maggiore avvicinamento al neorealismo (c'era addirittura, almeno nel soggetto, il « pedinamento » del personaggio di marca zavattiniana) e quello di maggiore allontanamento, nel senso della denuncia dell'impossibilità stessa del neorealismo come contatto diretto col reale e sua trascrizione filmica. Questo avvicinamento e questo allontanamento vennero a confluire, paradossalmente, nel personaggio di Maddalena Cecconi, o meglio nell'uso che Visconti fece della Magnani per dare a quel personaggio una « verità » artistica. Questo ritratto di donna era troppo costruito secondo le regole della drammaturgia teatrale per sembrare « naturale », quotidiano, ma al tempo stesso era troppo legato alla quotidianità, a quel contesto umano e sociale presente in tutti i film del neorealismo, per assurgere al piano della « tragicità ». Rimase alla fine l'ambiguità dell'operazione, ma anche il fascino di un personaggio — non già d'un ambiente o d'una società — che si affermava e si negava come tale, passando di continuo dal piano della rappresentazione a quello della manifestazione autentica d'un modo d'essere e d'agire. In questo senso esso era viscontiano e antiviscontiano, e come tale legato all'estetica di Visconti e a quella del neorealismo. Ma proprio perché contraddittorio, in questa sua contraddittorietà (cioè complessità e ambiguità e polivalenza) affermava la sua natura viscontiana, annullando o svuotando di significato le sue ascendenze neorealistiche.

Non si dimentichino, per valutare l'importanza che *Bellissima* ebbe nell'opera di Visconti, nel più ampio progetto di una sperimentazione continua che egli andava sviluppando in quegli anni in teatro, il valore e la funzione del suo lavoro con gli attori e sugli attori, che poteva essere ancora maggiore e più produttivo quando il testo di partenza non era una commedia ma una sceneggiatura, o addirittura un soggetto più o meno elaborato, qual era il caso appunto di *Bellissima*: quando cioè le possibilità di agire al di fuori di alcune regole codificate o di alcune linee interpretative obbligate consentivano un largo margine di sperimentazione. Parlando con Michele Gandin delle modificazioni da lui apportate al soggetto di Zavattini e alla sceneggiatura che egli stesso aveva scritto in collaborazione con Suso Cecchi D'Amico e con Francesco Rosi, in fase di lavorazione del film, egli precisò: « Anche i dialoghi sono stati completamente cambiati. In questo mi è stata molto utile la Magnani, perché con lei si può lavorare per improvvisazione ». E chiarendo meglio il suo metodo di lavoro con gli attori, che in quel film erano (tranne la Magnani, Chiari e qualche altro) in gran parte non professionisti, disse:

« Suggerisco agli attori gli argomenti ed essi provano a esprimerli a modo loro: lentamente, attraverso questo lavoro

di collaborazione immediata, la scena viena messa a fuoco,
centrata. Per dare poi agli attori una maggiore carica di verità,
lascio sempre un grande margine di battute e di azione, prima
e dopo la scena utile. Questo metodo funziona perfettamente
anche con la Magnani che, a freddo, non riuscirebbe mai a
trovare battute ugualmente felici ».

Che era, come si vede, una nuova applicazione del
metodo già sperimentato in *La terra trema,* ma non
più in direzione di quel « realismo integrale », totale e
totalizzante, che era nelle premesse, anche teoriche, di
quel film, quanto semmai verso un approfondimento
psicologico, umano e sociale del personaggio in rapporto a una realtà quotidiana che andava perdendo i suoi
connotati profondamente originali e culturalmente e artisticamente stimolanti.

Anche in ciò si poteva vedere l'influsso che su Visconti ebbe, in quel periodo, non già il cinema neorealistico, ma la sua teoria e pratica del teatro come spettacolarizzazione del reale e sua reinterpretazione in chiave puramente scenica. Non solo *Bellissima,* nella sua
sostanziale ambiguità, confermò questa tendenza allo
spettacolo, ma anche il successivo episodio da lui realizzato per il film zavattiniano *Siamo donne,* in cui Anna
Magnani interpretò se stessa. Nulla fu più lontano dalle intenzioni di Zavattini — che aveva concepito il
film come una serie di ritratti di donne famose viste
fuori del mito, o meglio di autoritratti realizzati con
una tecnica cinematografica che avrebbe dovuto anticipare il cosiddetto cinema-verità — dell'episodio di Visconti, che utilizzò nuovamente la Magnani per comporre un piccolo saggio di recitazione a soggetto. Lo spunto era questa volta un banale episodio, un aneddoto,
della vita della Magnani, un alterco con un taxista,

che metteva in moto una serie di reazioni impulsive, aggressive, proprie d'una donna di forte carattere come l'attrice romana pare che fosse. Poco interessava la storia in sé e poco anche il comportamento del personaggio autobiografico: ciò che costituiva il fulcro del racconto, e l'interesse che poteva aver suscitato in Visconti e suscitare nello spettatore, era la Magnani in quanto attrice, più che donna: era, in altre parole, il vedere la Magnani sullo schermo, in una sorta di *happening* cinematografico, tuttavia regolato impercettibilmente ma rigorosamente da un maestro della regìa come Visconti.

Senza dare troppo peso a un lavoro indubbiamente secondario, quasi una pausa divertente e divertita girata nel 1953, quando Visconti aveva appena finito di mettere in scena *Medea* e si accingeva ad affrontare la grande prova di *Senso*, è curioso notare che anche l'episodio di *Siamo donne* si pone in realtà contro la teoria e la prassi del neorealismo zavattiniano, in favore di un cinema fortemente caratterizzato sul piano della finzione spettacolare, tutto costruito sulla recitazione dell'attore, incentrato su un personaggio a tutto tondo che ingloba in sé e definisce la natura stessa del film: un cinema che avrebbe trovato proprio in *Senso*, in una direzione di ricerca più complessa e approfondita e nell'ambito d'una « spettacolarizzazione » d'altro tipo, la giusta dimensione contenutistica e formale. Sarà infatti *Senso* a concludere, per il momento, una ricerca sviluppata da Visconti in parecchi anni, circa un decennio, nella duplice direzione dell'interpretazione critica della realtà umana e sociale e della sua rappresentazione in termini inequivocabilmente spettacolari: una ricerca che tanto sullo schermo quanto sul palco-

scenico aveva già ottenuto risultati indubbiamente rag-
guardevoli.

Questa ricerca, che sfocerà, attraverso l'esperienza
fondamentale di *Senso*, nella messinscena di opere liriche, coinciderà in larga misura e avrà il suo massimo
sviluppo con la crisi politica e sociale che l'Italia attraversò nel passaggio dai governi di unità nazionale, nati dalla Resistenza, a quelli centristi, dopo la schiaccian-
te vittoria della Democrazia cristiana nel 1948. In quegli anni, alla restaurazione politica e al conformismo
culturale, Visconti rispose da un lato con l'impegno,
anche politico, manifestato in molteplici occasioni in
teatro e fuori, dall'altro con un nuovo progetto teatrale e cinematografico (si vedano *Tre sorelle* e, appunto,
Senso) che questo impegno doveva integrare, quasi an-
nullare, in una più matura e approfondita acquisizione
di elementi puramente « spettacolari ». Risolvendo tutto in spettacolo egli seppe allora — molto meno in
seguito — unire i differenti aspetti della sua poetica e
della sua estetica, della sua ideologia e della sua tecnica, conferendo a testi e film, apparentemente « evasi-
vi » o meno dichiaratamente politici, uno spessore critico di grande significato. Attraversando il neorealismo,
senza esserne sostanzialmente contagiato, Visconti andava sperimentando e realizzando un cinema e un teatro realistici che sarebbero rimasti tra le manifestazioni più importanti e significative della cultura e dell'arte italiana del tempo.

VIII.

«SENSO»

Suso Cecchi D'Amico aveva conosciuto Luchino Visconti durante la guerra, mentre egli stava lavorando a *Ossessione*, ma gli incontri furono sempre casuali, il sodalizio tenue e occasionale. Fu soltanto dopo la liberazione di Roma, nell'inverno 1944-45, che Visconti la cercò per affidarle la traduzione della *Quinta colonna* di Hemingway, che fu il suo secondo spettacolo teatrale, dopo lo scandalo dei *Parenti terribili*. Da allora i rapporti fra il regista e la sua futura sceneggiatrice si fecero sempre più intensi, sia in teatro, con qualche traduzione rivista da lui o qualche adattamento come *Vita col padre* di Howard Lindsay e Russel Crouse, sia in cinema, quando si trattò di sceneggiare *Bellissima*, trasformando il soggetto di Zavattini in un testo drammaturgico adatto alla personalità di Visconti. Ed è con Suso Cecchi D'Amico che Visconti lavorò continuativamente, a partire appunto da *Bellissima* e fino all'*Innocente*, con un paio di eccezioni (*La caduta degli dei* e *Morte a Venezia*), stabilendo una sorta di simbiosi fra letteratura e cinema che costituirà l'asse portante della maggior parte delle sue opere.

1 *Al lavoro con Suso Cecchi D'Amico*

Questa simbiosi si andò costruendo sulla base di una reciproca intesa che la stessa D'Amico definì indispensabile per un lavoro proficuo e costruttivo, tanto da eliminare progressivamente quegli incontri quotidiani, quelle lunghe sedute, quegli scambi continui di idee e di sensazioni che formano il tessuto connettivo di una collaborazione artistica che dovrebbe fornire — soprattutto in un tipo di cinema come quello di Visconti — i mezzi necessari, quasi obbligati, per la realizzazione di un film. Ma all'inizio, all'epoca di *Bellissima* e dei film seguenti, questa « simbiosi » non si era ovviamente ancora formata. Come ricorda la stessa D'Amico, sia per *Bellissima* sia soprattutto per *La carrozza del Santissimo Sacramento* (che poi non si fece), le sedute di lavoro erano quotidiane, con discussioni lunghe e articolate, appunti, osservazioni, che venivano ripresi, elaborati, modificati, di volta in volta. Visconti interveniva, coordinava, imponeva soluzioni, correzioni, aggiustamenti, sino a raggiungere quella forma definitiva che gli sarebbe servita per impostare la lavorazione del film, anche se poi, in fase di riprese, modificava parecchie cose, con aggiunte, spostamenti, eliminazioni. Questo per dire che — come era pratica abituale di Visconti in teatro, con le interminabili sedute a tavolino con gli attori e le minute osservazioni a riguardo del testo e dei modi dell'interpretazione scenica — anche nel cinema la minuziosa preparazione dell'opera iniziava in fase di sceneggiatura, stabilendo sin dal principio non solo i caratteri dei personaggi, i luoghi, l'azione, ma anche le scene, le sequenze, addirittura le singole inquadrature. Tutto ciò serviva poi per i sopralluoghi, la scelta degli ambienti, le indicazioni da fornire allo scenografo e al costumista, il taglio da dare alle immagini, cioè i mezzi tecnico-espressivi indispensabili per trasferire sullo schermo un testo letterario, sia pure « cinematografico » come una sceneggiatura: un'operazione che per Visconti non molto differiva dal trasferimento di un testo drammaturgico sul palcoscenico.

Questo lavoro letterario-cinematografico, che sarebbe durato venticinque anni con l'apporto di altri sceneggiatori e un progressivo minore impegno da parte di Visconti — proprio perché, come ricorda la D'Amico, l'intesa perfetta che s'era creata fra regista e sceneggiatrice consentiva a quest'ultima di lavorare spesso da sola —, raggiunse un alto livello artistico in *Senso*, un film che doveva segnare una tappa fondamentale non soltanto nella carriera del suo autore, ma anche nel cinema italiano di quegli anni, che furono anni, come si sa, di grande involuzione politica e sociale.

La genesi di *Senso*, la cui gestazione, lavorazione ed edizione definitiva occupò Visconti per oltre un anno, è molto indicativa tanto del metodo di lavoro viscontiano quanto del clima politico e culturale in cui il film nacque. Ci furono non poche traversìe sia nei confronti della produzione, sia nei confronti del potere politico e militare, che intervennero anche massicciamente in modi e forme censorie, per ridurre l'opera entro limiti che sul piano commerciale e distributivo e su quello ideologico-politico ne avrebbero consentito una divulgazione corretta. Si trattava, in buona sostanza, di farne un film che non sollevasse polemiche e reazioni pericolose per l'equilibrio sociale e la battaglia politica consueta e si presentasse al pubblico come opera allettante per forma e contenuto, di sicuro successo popolare.

Di fatto, *Senso* fu il primo film di Visconti che incontrò i favori del pubblico, ma al tempo stesso — come era avvenuto per le sue precedenti opere cinematografiche e teatrali — costituì un nuovo *casus belli* che vide schierate, sui due fronti, le forze agguerrite dei sostenitori e dei detrattori. Sostenitori e detrattori che già alla Mostra cinematografica di Venezia del 1954, dove il film fu presentato senza essere premiato (il Leone d'oro fu assegnato a *Giulietta e Romeo* di Renato Castellani), scesero in campo, per riprendere e approfondire un discorso critico che toccava non soltanto le questioni concernenti l'opera complessiva di Visconti e il suo posto nel cinema italiano del tempo, ma anche i problemi fondamentali del realismo cinematografico, del cosiddetto « superamento » del neorealismo, di quello che venne definito, schematicamente, il « passaggio dalla cronaca alla storia », in un momento in cui la nostra cinematografia tendeva a « superare » il neorealismo sul versante o della commedia di costume (i cosiddetti film del neorealismo rosa) o del racconto intimista ed esistenziale (*La strada* di Fellini) o d'un certo formalismo accademico (il citato *Giulietta e Romeo*) o addirittura del romanzo d'appendice (i film di Raffaello Matarazzo) e della farsa (i film di Totò).

In questa situazione, in cui la crisi del cinema italiano non faceva che riflettere, sul piano delle idee, la più generale crisi ideologica e politica, mentre il suo rafforzamento sul piano industriale e commerciale confermava la crescita economica della nazione grazie a un ristabilimento dei rapporti sociali basato su una politica restauratrice, *Senso* venne ad assumere un valore e una funzione che in parte oltrepassavano l'ambito in cui esso più correttamente andava collocato. Se ne fece, in altre parole, una bandiera politica e culturale, come già si era fatto per *Ossessione* prima, per *La terra trema* poi. Il che poteva anche essere corretto, sia tatticamente sia strategicamente, perché il film si prestava, per il suo contenuto e per il progetto ideologico che lo sosteneva, a una giusta battaglia culturale, nel più ampio significato del termine; ma poteva anche rischiare di stravolgerne, ancora una volta, la natura più vera e autentica, che andava invece ricercata anche, se non soprattutto, nei rapporti molto stretti che *Senso* stabiliva con la precedente opera viscontiana, cinematografica e teatrale, e in quegli spunti, motivi, elementi drammaturgici che, in prospettiva, avrebbero indicato alcune linee di sviluppo della poetica di Visconti.

Si è avuto occasione di ricordare che, alla fine del 1952, Visconti e Suso Cecchi D'Amico stavano lavorando a un soggetto cinematografico, *Marcia nuziale*, che la Lux Film avrebbe dovuto realizzare ma poi non fece, per ragioni anche di natura censoria (il tema del film, la crisi del matrimonio, era di quelli che in quegli anni non era agevole trattare se non nei modi consueti della morale cattolica corrente). Tuttavia Riccardo Gualino, presidente della Lux, non soltanto desiderava produrre un film diretto da Visconti, ma anche farne un'opera « spettacolare ma di alto livello artistico », che conciliasse, in altre parole, le ragioni dell'arte con quelle del commercio. Ricorda la D'Amico: « Ci trovammo così a fare delle proposte. Presentammo cinque idee, una di queste era la novella di Boito

ch'io ricordavo di aver letto nella piccola raccolta curata da Giorgio Bassani e di averne parlato col Bassani
stesso. L'avvocato Gualino scelse tra le nostre proposte quella di *Senso* ».

Bassani, in realtà, aveva già proposto a suo tempo
al produttore Nicolò Theodoli di fare una riduzione
cinematografica della novella di Boito, e questi aveva
acquistato i diritti letterari, pensando di trarne un
film da affidare alla regìa di Mario Soldati. Stando così
le cose, Visconti e la D'Amico si accertarono che il
primitivo progetto non interessasse più né Theodoli
né Soldati, presero contatti con Bassani affinché colla-
borasse alla nuova stesura del soggetto, rielaborato in
termini cinematografici, e cominciarono a lavorare.

« Consegnato questo soggetto-trattamento — ricorda ancora
la D'Amico — passammo alla fase di sceneggiatura. A questo
punto, oltre Bassani, che Visconti ed io avevamo richiesto,
entrarono a far parte delle riunioni di prima sceneggiatura
Giorgio Prosperi e Carlo Alianello che ci furono proposti dalla
Lux; Alianello, ben noto scrittore che ha trattato di argomenti
vicini al Risorgimento, doveva avere soprattutto la funzione di
consulente storico. Le riunioni con questi collaboratori si svolsero, come ho detto, dopo la stesura del trattamento e prima
dell'inizio della sceneggiatura vera e propria. Alianello scrisse
per noi una proposta per tutto il pezzo della battaglia (data con
Ussoni che deve attraversare le linee). Il pezzo prevedeva uno
sviluppo della parte di guerra molto superiore a quello che ha
poi avuto nella sceneggiatura e nella realizzazione ».

Nell'aprile del 1953 Visconti e la D'Amico elabora-
rono la prima sceneggiatura, col titolo provvisorio di
Senso, non escludendo tuttavia la possibilità di intitola-
re il film *Custoza* o eventualmente, per ragioni di censura, *I vinti* o *Uragano d'estate*.

Il progetto, ormai approvato dalla Lux, era insom-

ma in fase realizzativa, nonostante fosse nato quasi
per caso, come ripiego d'un film d'argomento contemporaneo su un tema che toccava molteplici problemi
d'ordine morale, sociale, ideologico, che era stato scar-
tato. Eppure, sovrappostosi casualmente a *Marcia nuziale*, *Senso* non ne divenne affatto il surrogato ma si
impose, sin dall'inizio della progettazione e poi via via
sempre di più nel corso della lavorazione e della realizzazione, come un'opera di grande respiro artistico e
culturale, attentamente studiata e accuratamente preparata: un'opera che avrebbe offerto a Visconti l'occasione per rappresentare compiutamente, nella più vasta
gamma di sfumature e approfondimenti, i personaggi e
gli ambienti che meglio riflettevano la sua cultura, la
sua visione critica del reale, i suoi intendimenti spettacolari.

2 Una sceneggiatura complessa

Il lavoro di sceneggiatura che Visconti e la D'Amico compirono nei mesi seguenti fu alquanto complesso, non soltanto per seguire le indicazioni della produzione, che voleva contenere il preventivo entro limiti
« ragionevoli », e per prevenire le prevedibili censure
dei politici e dei militari a riguardo della rappresentazione della battaglia di Custoza, della sconfitta dell'esercito italiano, del comportamento delle truppe regolari
e dei patrioti, secondo un'interpretazione storica del
Risorgimento, e in particolare della Terza guerra d'indipendenza, che contrastava con la versione ufficiale,
quella dei libri di scuola; ma anche per dare all'esile
traccia narrativa e drammatica fornita dalla novella di

Boito, tutta in prima persona, intimista, confessionale, una dimensione drammaturgica ampia e articolata, che consentisse di mescolare, o meglio di integrare fra loro, i diversi piani della storia privata e della storia nazionale, del dramma personale e della tragedia d'una società al tramonto.

La novella di Camillo Boito comincia con queste parole:

« Ieri nel mio salotto giallo, mentre l'avvocatino Gino, con la voce rauca della passione lungamente repressa, mi sussurrava nell'orecchio: "Contessa, abbia compassione di me: mi cacci via, ordini ai servi di non lasciarmi più entrare; ma, in nome di Dio, mi tolga da una incertezza mortale, mi dica se posso o se non posso sperare"; mentre il povero giovane mi si gettava ai piedi, io, ritta, impassibile, mi guardavo nello specchio. Esaminavo il mio volto per trovarmi una ruga ».

È un inizio chiaro e netto, crudele, che dà immediatamente i connotati psicologici, e successivamente fisici, del personaggio, e mette in moto una lunga confessione sentimentale, cinica e sprezzante, che si srotola di pagina in pagina entro quello che lo stesso Boito definì lo « scartafaccio segreto della Contessa Livia ». Un diario, secondo la buona tradizione romantica della narrativa diaristica o epistolare, che vuole essere il ritratto sfaccettato e inquietante, nella sua fredda « obbiettività », d'una donna dell'aristocrazia veneta, bella e altera, adultera, amante d'un giovane ufficiale austriaco, che alla fine denuncia e fa uccidere per gelosia. In questa sorta di identificazione fra l'autore e il suo personaggio — la lingua di Boito è ovviamente quella della contessa Livia, i suoi sentimenti quelli che egli le mette in bocca — il racconto si snoda all'interno di una situazione narrativa statica, nel chiuso dramma d'una passione e d'un ambiente sociale, in cui solo di striscio, superficialmente, entra il grande flusso della storia, gli accadimenti del mondo e della società del tempo.

Da questo testo, non particolarmente bello o interessante, ma ricco di spunti drammaturgici, per poco che se ne dilatassero i confini e se ne approfondissero le componenti psicologiche o ambientali, Visconti e la D'Amico trassero gli elementi di base per costruire una storia e tratteggiare dei personaggi che, attraverso la loro passione e i loro complessi rapporti umani e sociali, illuminassero un'intera società, un intero periodo storico. Questo passaggio dal racconto d'una squallida storia d'amore alla rappresentazione storica d'un episodio della Terza guerra d'indipendenza, la sconfitta di Custoza, con la rete di legami che uniscono i diversi personaggi fra loro e li collocano sullo sfondo della storia, è rintracciabile perfettamente nella redazione delle sceneggiature, che durò parecchi mesi.

Nella prima, quella dell'aprile del 1953, le sequenze relative alla guerra, alla situazione militare, ai conflitti politici e sociali, pur non essendo preminenti rispetto alla vicenda sentimentale dei protagonisti, occupano una parte non trascurabile. Nella seconda, che porta il titolo *Uragano d'estate*, si vengono meglio precisando i rapporti psicologici, la natura dei personaggi, le definizioni ambientali, a scapito delle ragioni storiche della guerra, senza tuttavia trascurare il conflitto che nasce, nel corso della battaglia, tra le forze regolari e i patrioti guidati da Ussoni, il cugino filoitaliano della contessa. Nel film infine, al momento della ripresa e successivamente in fase di montaggio con i tagli imposti dalla produzione e dalla censura, questi elemen-

ti storici, e la stessa figura di Ussoni, sono ancor più
ridotti, sin quasi ad annullarsi nello spettacolo splendido, ma abbastanza esteriore e decorativo, degli accadimenti bellici: una sorta di affresco semovente, sullo
sfondo del quale i personaggi minori (anche Ussoni) si
muovono per comporre un quadro di riferimento storico-ambientale utile e necessario, ma spesso insufficiente. Un percorso dalla novella *Senso* al film *Senso*, non
solo estetico ed artistico ma anche ideologico, che fornisce non poche indicazioni per meglio comprendere e
interpretare l'opera di Visconti, anche alla luce del
suo dichiarato impegno storicistico e delle sue reitera-
te preoccupazioni contenutistiche e formali in chiave
inequivocabilmente realistica.

Dichiarava Visconti durante la lavorazione di *Senso*:

« Sia chiaro però che la battaglia non è il piatto forte del film
e che non ho voluto fare il film storico come qualcosa di diverso
da quanto ho fin qui fatto; né è vero che io mi sia rassegnato o
adattato al film storico per insormontabili difficoltà che si sono
parate davanti ad altri miei progetti. Col film storico dirò
esattamente quello che ho in mente, in piena sincerità e coerenza di stile. Vale a dire che non uscirò dalle linee del realismo
cinematografico che ho seguito fino a oggi. Che il soggetto possa
imporre lo stile di un film è tesi molto controversa e io non
perderò i contatti coi miei personaggi solo perché indossano
costumi ottocenteschi ».

Un'affermazione che era al tempo stesso una dichiarazione di poetica e una indicazione interpretativa del
film, al di fuori della situazione contingente, delle polemiche più o meno interessate. Anche perché tutta la
carriera teatrale di Visconti, e soprattutto il suo incontro con i classici e le sue messinscene « in costume »,
stavano lì a dimostrare quanto importante, fondamentale, fosse per lui il contatto diretto e approfondito con

i personaggi del dramma attraverso un lento e meticoloso lavoro con gli attori, in cui il problema dell'ambientazione, dai costumi alle scenografie, non solo non modificava tale rapporto ma addirittura lo rendeva più
concreto, produttivo, nel senso che dava a ogni personaggio la giusta dimensione storica e sociale. Il realismo della rappresentazione non poteva, ovviamente,
identificarsi col tema contemporaneo del testo o esaurirsi nella sua trattazione in termini di verità e di naturalezza. Il realismo — pur con tutte le ambiguità del
vocabolo e le difficoltà teoriche di darne una definizione valida in ogni circostanza — era stato e continuava
ad essere per Visconti non tanto una questione di stile
(o non solo questo), quanto una necessità artistica e
culturale, un modo di affrontare la realtà umana e sociale e darne una rappresentazione a tutto tondo.

In *Senso*, il cui tema, non contemporaneo, poteva
tuttavia suggerire tutta una serie di attualizzazioni, la
questione del realismo si poneva sul duplice piano del-
l'interpretazione critica della storia nazionale, alla luce
di una riconsiderazione del Risorgimento anche come
conflitto di classi e passaggio da una egemonia politica
all'altra, e della spettacolarizzazione della vicenda —
storia privata e storia civile — sulla base di un recupero, anch'esso critico, delle diverse tradizioni del cinema e del teatro popolari. Ma l'uno e l'altro piano, sia
pure in diversi contesti storici e drammaturgici, erano
già stati affrontati da Visconti nella sua precedente
esperienza teatrale, quando appunto si trattò di affrontare i classici e di darne una rappresentazione che tenesse conto in larga misura delle esigenze dello « storicismo » e del « realismo ».

Sennonché in quelle precedenti occasioni — dal *Ma-*

trimonio di Figaro a *Delitto e castigo*, da *Rosalinda* a *Oreste*, da *Troilo e Cressida* alla *Locandiera*, da *Tre sorelle* a *Medea* — le soluzioni che Visconti diede caso per caso si inserivano in un più vasto e forse non ancora ben definito progetto spettacolare, in cui la sperimentazione linguistica, la provocazione formale, il gusto del *pastiche* e soprattutto il grande e genuino piacere dello spettacolo non sempre coincidevano con i suoi dichiarati impegni politici o con la sua appena accennata teoria d'un realismo integrale, in teatro e in cinema. In questa prospettiva *Senso* poteva invece, anche per la differente natura del mezzo impiegato, collocarsi come punto d'incontro e di sintesi delle diverse e a volte contrastanti esigenze espressive viscontiane, facendo della storia privata di due personaggi « dannati » e di un particolare periodo critico della società italiana dell'Ottocento un testo drammaturgico complesso e altamente significativo, al quale il pubblico non sarebbe stato estraneo o insensibile.

Lo stesso Visconti ebbe occasione di dire:

« C'è un tono di eccezionalità in questa storia che è un riflesso dei grossi movimenti politici e sociali che nei tempi della battaglia di Custoza vengono a maturazione: e, nella risoluzione dell'avventura d'amore, c'è una allusione evidente al crepuscolo di un periodo travagliato della storia d'Italia. Il tenente austriaco Franz Mahler, e la contessa veneziana Livia Serpieri, adulteri e traditori, sono figure di un mondo in decadenza. Lui è un cinico crudele, interiormente disfatto, che tenta di attaccarsi alla vita in tutti i modi, al di là di ogni scrupolo; lei è una romantica ma senza solida consistenza morale, o così si illude che sia. Quando ha la sensazione che Franz ha sfruttato il suo amore e la sua posizione sociale per dare sfogo alla sua bestialità, Livia si atteggerà a giustiziera, ma in realtà compirà una vendetta suggeritale dall'amor proprio ferito. Nella tematica dei miei film, *Senso* si riallaccia quindi in certo modo a *Ossessione*.

Anche questa è una vicenda di due esseri in un ambiente su cui incombe la tragedia. In *Ossessione* l'amore dei due protagonisti portava direttamente al delitto, che era la soluzione fatale di un conflitto d'interessi e di un urto di caratteri; qui è la disfatta militare, la tragedia corale di una battaglia perduta che prende il sopravvento sulla misera fine di un'avventura d'amore».

Una chiarificazione, questa di Visconti, che ci consente di interpretare il film nella giusta direzione di uno stretto rapporto con la sua opera precedente e di comprendere meglio certe sue scelte — anche quando si trattò di rinunciare a questa o quella sequenza o di scorciare questo o quell'episodio — che erano dettate dalla necessità di mantenere a *Senso* il suo carattere di grande storia d'amore, di passione, di sospetti e tradimenti, sordida e affascinante al tempo stesso, sullo sfondo di un ambiente e una società in sfacelo, proprio come, in un diverso contesto storico e politico, era stata *Ossessione*.

Su questa linea di sviluppo drammaturgico, il personaggio della contessa e quello del suo amante, pallide larve d'un mondo cinicamente perduto secondo i connotati che attribuisce loro Camillo Boito nella sua novella, dovevano assumere i caratteri tragici d'un grande conflitto non solo passionale, ma appunto storico e sociale. Erano i loro rapporti, prima di odio e di disprezzo, poi di simpatia e di amore, infine di passione e di follìa, sino al tradimento e alla delazione, a determinare non soltanto lo sviluppo del dramma, ma anche il precipitare della situazione generale. Per far questo, occorreva dare ai due protagonisti una più chiara e profonda individuazione psicologica e morale. Lei, la contessa Livia Serpieri, moglie d'un nobile veneziano austriacante, cugina del marchese Roberto Ussoni fervente patriota italiano, dedita alla causa nazionale, pronta a collaborarvi con aiuti e protezioni, che a poco a poco si invaghisce del bell'ufficiale austriaco, dimentica i suoi doveri non solo di moglie ma di patriota, tradisce la causa e alla fine anche l'amante per una bassa vendetta della gelosia e dell'orgoglio: lui, il giovane tenente Franz Mahler, corteggiato dalle donne, avventuriero e codardo, baro e disertore, ma cosciente di questa sua abiezione morale, che sfrutta il fascino che ha su Livia e la sua passione incontrollata per farsi pagare i medici che lo dichiareranno inabile e godersi la bella vita mentre i suoi compatrioti combattono « una battaglia in un posto chiamato Custoza »: due caratteri opposti in principio e all'apparenza, ma in realtà simili e complementari, attraverso il cui percorso esistenziale, che li unisce nella dissoluzione totale e nella tragedia, può riflettersi la crisi non solo d'una società, ma d'un'epoca.

Come disse Visconti: « C'è un tono di esemplarità in questa storia, che è il riflesso dei movimenti storico-sociali giunti a maturazione in quel momento ». Fu pertanto questa storia, la vicenda d'amore di Livia e Franz, a reggere l'intera struttura drammatica del film e poco valsero le dilatazioni « storiografiche » (che in parte vennero sacrificate sia in sede di riprese sia in sede di montaggio) a rendere più ampio e profondo il quadro d'insieme, a chiarire i « movimenti storico-sociali » di cui parla Visconti. Ancora una volta, come già in *Ossessione* e in alcuni dei drammi messi in scena a teatro, la storia e la società si riversano, concentrandosi, nei piccoli fatti quotidiani, nelle scene d'amore e di passione, nei dialoghi, nei volti e nei gesti dei personaggi, molto più che nelle sequenze d'insieme, nelle descrizioni ambientali, nella narrazione dei grandi fatti e accadimenti.

Ma rispetto a *Ossessione* — che giustamente lo stesso Visconti indicava come precedente diretto di *Senso* —, qui c'è una sorta di ribaltamento di ruoli e di funzioni: l'uomo e la donna, o meglio il giovanotto e la signora sposata, si collocano all'interno del dramma in una posizione antitetica. Nel primo caso Gino viene « irretito » da Giovanna che, nel suo cinismo, lo spinge al delitto, ma in certo senso ella si riscatta quando sa di aspettare un figlio e morirà in un incidente; nel secondo caso è Livia ad essere presa nei lacci di Franz, ma sarà lei a giungere all'abiezione totale, col tradimento e la delazione, proprio quando Franz, per certi aspetti, si riscatta accettando lucidamente la propria sconfitta e andando al patibolo. Due destini in parte diversi in parte simili, che si incrociano e poi si congiungono nella tragedia finale, a testimoniare, con la loro vicenda personale, il malessere di cui essi sono al tempo stesso partecipi e osservatori, vittime inconsapevoli e consapevoli, personaggi ed emblemi d'una società e d'un momento storico di cui riflettono la contraddittorietà.

3 *Una lunga lavorazione*

La lavorazione del film, come si è detto, fu lunga e laboriosa, sia in sede di sceneggiatura sia in sede di riprese e di montaggio. Ma ci furono anche modificazioni, aggiustamenti, per adattare la prima alla seconda sceneggiatura e questa alla realizzazione definitiva, anche in base al diverso *cast* previsto dalla produzione.

Luchino Visconti aveva pensato a Marlon Brando e a
Ingrid Bergman, che non poterono per varie ragioni
accettare e furono sostituiti rispettivamente da Farley
Granger e Alida Valli, i quali avrebbero comunque recitato in inglese, come gli attori prescelti all'inizio. Si
trattò pertanto di tradurre i dialoghi e, non essendo
utilizzabile la traduzione pedestre approntata dalla produzione, Visconti invitò Tennessee Williams, che si trovava allora a Roma, a collaborarvi con apporti personali. Williams accettò e vi lavorò insieme all'amico scrittore Paul Bowles. Il testo definitivo del film è pertanto il risultato dell'integrazione dei vari testi dialogici
di Suso Cecchi D'Amico, Luchino Visconti, Tennessee
Williams e Paul Bowles (per tacere del povero Camillo Boito che risultò, nei titoli di testa, solo come ispiratore del soggetto, ufficialmente attribuito a Visconti e
alla D'Amico, ma ai cui dialoghi attinsero abbondantemente gli sceneggiatori). Come scrisse la D'Amico:

> « I dialoghi dunque rifatti da Williams e dal Bowles sono
> quelli dei due protagonisti. Alcune scene possono essere consi-
> derate la traduzione se non letterale, fedele di quelli originali.
> Due invece sono completamente diversi da quelli che Visconti
> ed io avevamo scritto: e cioè il dialogo della passeggiata la notte
> per le calli di Venezia di Livia e Franz, e il dialogo nella camera
> da letto nella casa degli appuntamenti. Anche nelle scene che tra
> i due protagonisti si svolgono nella villa ad Aldeno parecchie
> parti del dialogo sono originali di Williams e Bowles ».

Questo apporto creativo dei due scrittori americani, uno dei quali, Williams, era autore molto caro a
Visconti e vicino alla sua poetica (per certi aspetti
contorti e torbidi dei personaggi e degli ambienti),
non fu trascurabile, anzi costituì, nella definizione psicologica e morale di Livia e Franz, un elemento fonda-

mentale. Non si spiegherebbe altrimenti la sottile inquietudine che serpeggia nei primi incontri e nella passione dei due amanti, un'inquietudine che nasce proprio dai dialoghi, da quelle parole, illuminanti nella loro dimensione decadentistica, che Visconti riesce a far pronunciare agli attori con una naturalezza e al tempo stesso una « letterarietà », le quali indicano, in una difficile ma quasi sempre raggiunta simbiosi perfetta, una delle cifre stilistiche dell'arte viscontiana.

Basti citare la sequenza notturna dei due nel campo del Ghetto, attorno al pozzetto, con Livia che dice: « Che cosa ha trovato? » e Franz risponde: « Un pezzetto di specchio », e Livia di rincalzo: « Perché si guarda con tanto interesse? Le piace tanto guardarsi? »; e il dialogo continua: « Sì, mi piace. Non passo mai davanti a uno specchio senza guardarmi », « Perché le piace tanto? », « Mi piace guardarmi per essere sicuro che sono... io! », « Soltanto allora ne è sicuro? », « No... anche quando vedo una donna che mi guarda come lei mi sta guardando in questo momento ». Allora Franz cita i versi di Heine: « È il giorno del giudizio! I morti risorgono all'eterna gioia o all'eterno dolore. Noi restiamo abbracciati e non ci curiamo di niente, né di paradiso né di inferno ». Ma a Livia questi versi non piacciono, « È il loro significato che non mi piace » dice, e alla domanda di Franz sull'imminenza della guerra, « Lei crede nella guerra? », ella risponde: « Io credo che la libertà di un popolo debba essere difesa a costo della propria libertà... e della vita ». Una risposta da manuale di patriottismo che consente a Franz di esprimere la sua visione del mondo: « E così saremmo nemici, vero? Non lo credo affatto. Io... io suppongo che sia una seria mancanza

da parte mia il non essere mai riuscito ad interessarmi
alla guerra, alla politica, alle cessioni ed occupazioni
di territorio, a tutte quelle cose serissime per cui gli
uomini dovrebbero essere pronti a morire. Vede, io
penso che, sebbene gli uomini siano nati uno al di qua
di questo fiume e un altro di là di quel monte, ciò non
significa che i fiumi e i monti siano stati messi da Dio
per tenerli separati ». Al che Livia dice: « Lei parla
come un bambino... Non capisco come con certe idee
possa essere un militare. È ridicolo che lei sia ufficiale! »; e Franz conclude: « Sì, sono d'accordo con lei...
è ridicolo... Tutto è molto ridicolo ».

Una sequenza, questa che si conclude all'alba dopo
una notte passata a conoscersi senza parere e a inten-
dersi contro ogni ragionevole previsione, fondamentale nella struttura drammaturgica di *Senso*, che proprio
attraverso l'incontro notturno dei protagonisti si avvìa
a essere, da corposo e complesso quadro d'ambiente
del primo grande capitolo, dramma sentimentale e passionale dei capitoli seguenti, tutti incentrati sulla storia d'amore e di morte di Livia e Franz. Come a dire
che l'apporto di Williams e Bowles alla definizione psicologica e morale dei personaggi non fu soltanto un
contributo intelligente e raffinato al valore letterario
dei dialoghi, ma anche un elemento fondamentale della costruzione dei personaggi stessi, al cui « spessore »
drammatico era affidato il compito di rendere spettacolarmente credibile, « realistica », una vicenda che
avrebbe potuto essere o solo didascalica o solo « melodrammatica», da romanzo d'appendice.

Sabato 29 agosto 1953, alle 9,15 — secondo le
annotazioni di Gian Carlo Zagni che redigeva quotidianamente il diario di lavorazione — iniziano le riprese

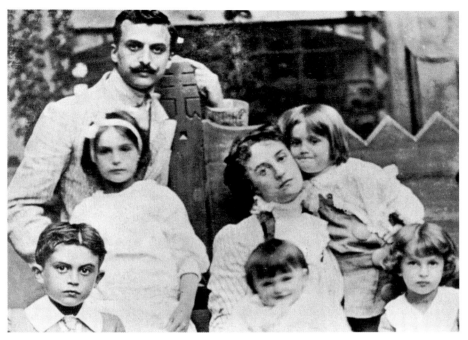

*Giuseppe e Carla Visconti con i figli
in una fotografia del 1910*

Luchino Visconti nel 1920

*Clara Calamai e Massimo Girotti
in una scena del film* Ossessione

*Una pagina del diario
che Visconti tenne tra l'ottobre
1943 e il gennaio 1944*

Luchino Visconti nel 1950

*Visconti con Anna Magnani
e Tina Apicella*

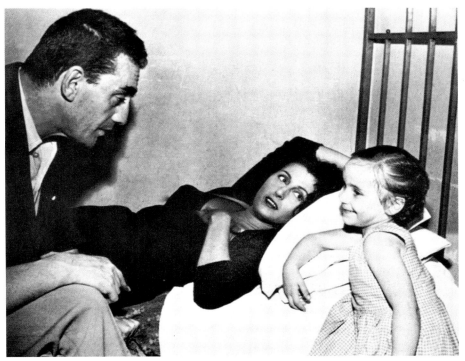

Alida Valli e Luchino Visconti
durante le riprese di Senso

In alto. *Alida Valli e Farley Granger in una sequenza del film* Senso

In basso. *La morte di Gustav von Aschenbach in* Morte a Venezia

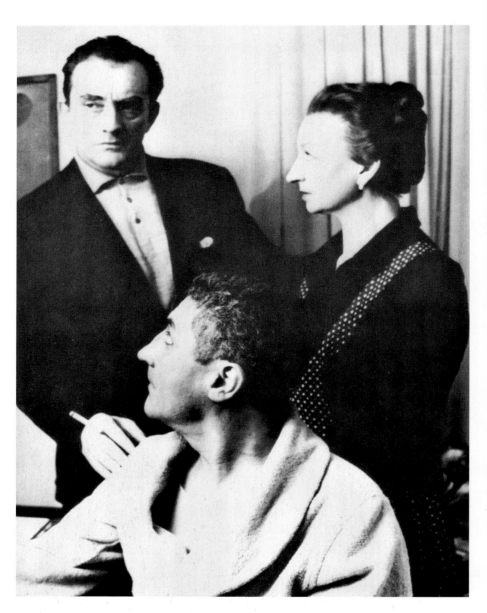

*Luchino Visconti, Paolo Stoppa e Rina Morelli
durante le prove di* Uno sguardo dal ponte
di Arthur Miller

Luchino Visconti e Romy Schneider
sul set di Ludwig

*Maria Callas
e Luchino Visconti*

*Luchino Visconti
convalescente,
nella Villa di Cernobbio
nell'autunno del 1972*

di *Senso*. «Visconti arriva da Verona a Valeggio. Alle Scuole comunali, dove la produzione ha impiantato il centro di raggruppamento del materiale e degli uomini, Visconti controlla i costumi e l'affardellamento dei cavalli di un reparto di "Cavalleria Aosta" e di un plotone di "guide a cavallo". Mancano alcuni oggetti per completare l'affardellamento: i sacchi di biada e le gavette. Si provvede». Sono le scene di battaglia, le sequenze descrittive che dovrebbero dare al film la dimensione storico-militare, le prime immagini girate secondo quella ricerca minuziosa di luoghi, ambienti, costumi, arredi, che Visconti era abituato a fare in ogni circostanza analoga, ma che per *Senso* pare ancora più attenta e precisa. È la prima volta che egli ricostruisce cinematograficamente fatti e ambienti del passato, che dà alla realtà dello schermo dei connotati storici, col rischio di cadere nell'oleografia, nella pura illustrazione o nell'accademismo artistico e culturale. Si tratta infatti non già di vestire gli attori con i costumi ottocenteschi o di riscoprire i luoghi della battaglia di Custoza con una cinecamera attenta a metterne in luce le caratteristiche storico-ambientali, ma di creare uno spettacolo in cui quei personaggi, quei fatti e quei luoghi acquistino una loro autonomia estetica, si pongano come unica realtà filmica, che non ricalchi passivamente una realtà precedente, ma a essa si richiami nei modi e nelle forme di una reinterpretazione originale. È il problema di fondo del realismo viscontiano, che qui deve fare i conti con una materia narrativa e drammatica che scorre sul filo del rasoio della convenzionalità, della facile spettacolarità, ovvero di un impegno troppo scopertamente didascalico o propagandistico.

Proprio quelle prime inquadrature e altre girate

sui luoghi della battaglia saranno o sacrificate o sforbi-
ciate nella struttura definitiva che il film assumerà in
sede di montaggio. Può essere curioso notare che, indipendentemente da presumibili ragioni di opportunità
produttiva, tecnica e organizzativa, le scene di guerra
che, aprendo la lavorazione del film, ne avrebbero costituito il tema di fondo, il punto di riferimento obbligato per intendere correttamente lo svolgersi della vicenda, saranno proprio quelle che subiranno i maggiori
tagli, senza tuttavia compromettere il risultato finale
dell'opera e il suo significato più profondo. Anche perché quelle immagini, calibratissime come sempre in Visconti, risulteranno a ben guardare alquanto esterne al
dramma, splendide quanto pleonastiche, o meglio più
decorative che drammatiche; a conferma della sostanziale incapacità del regista nel narrare i fatti della storia o nel descrivere i grandi avvenimenti collettivi, e
invece abilissimo nel tratteggiare caratteri o nel comporre drammi individuali.

La lavorazione in esterni, a Valeggio, nella campagna veneta, a Verona, a Venezia e altrove, durò alcuni
mesi, sino ad autunno inoltrato. La riprese, dal punto
di vista fotografico e compositivo, erano attentamente
studiate da Visconti con i suoi operatori, prima G.R.
Aldo (Aldo Graziati), poi — dopo la morte di quest'ultimo in un incidente d'auto il 14 novembre 1953 —
Robert Krasker e Giuseppe Rotunno, al fine di ottenere quel carattere particolare che avrebbe conferito alle
immagini quella « verità » che Visconti cercava con
ogni mezzo. Tanto gli esterni quanto gli interni, girati
successivamente o contemporaneamente a seconda dei
luoghi, dovevano perdere, almeno nelle intenzioni del
regista, ogni carattere illustrativo a favore d'un reali-

smo non di maniera ma profondamente legato alla storia e ai personaggi. Da qui derivavano problemi non solo compositivi, di taglio delle inquadrature e di illuminazione, ma anche narrativi e drammatici, nel senso di riprendere la realtà in funzione del rapporto dialettico che essa doveva instaurare con la « finzione » dello spettacolo. Una specie di gioco di specchi fra il reale e il fantastico, la naturalezza dell'ambiente e l'« artificiosità » del dramma, che gli operatori, soprattutto G.R. Aldo, seppero condurre con grande maestrìa. Come ricordò Franco Zeffirelli, che fu assistente alla regìa:

« Aldo inventava, creava; sottoesponendo, cercava luci diffuse, dando pastosità e morbidità. Sottoesposto è tutto il pezzo della notte di Aldeno, al limite dell'impossibile, correndo il pericolo che diventasse tutto rosso. Riusciva perciò ad effetti suggestivi, come il giallo uovo della "stanza del tradimento" dove tutto si tinge di giallo, o il rosso cardinale del divano. Con luci penombrate, senza "tagliare", come vorrebbe il technicolor, Aldo, prima che ai mezzi tecnici, era fedele alla ricerca di un colore che partisse dall'interno del personaggio, come una eccezionalità di valori e di accordi ».

Non era ovviamente per Visconti una ricerca puramente formale, o addirittura formalistica, secondo le critiche che pure gli furono rivolte. Era un tentativo cosciente e coscientemente perseguito sino alla pignoleria di usare la realtà naturale e quella ricostruita — esterni e interni — come supporto di un dramma che da quella realtà, opportunamente fotografata, riceveva non soltanto quella dimensione storica che era nelle premesse, ma anche la sua stessa « credibilità ». Non quindi vicenda e personaggi da palcoscenico, in base alle convenzioni drammaturgiche del teatro sia pure rivisitate e aggiornate dal realismo scenico viscontiano, ma presenze filmiche che vivevano nella loro dimensione autentica, non di riporto. E ciò che era valido per la fotografia, valse anche per i costumi e gli arredi, gli uni curati da Marcel Escoffier e Piero Tosi, gli altri da Ottavio Scotti, che si imponevano per la loro « verità » e originalità, pur essendo ricalcati sui quadri, le stampe, le fotografie dell'epoca. Una dialettica fra ricostruzione filologica della realtà storica e interpretazione critica di quella medesima realtà alla luce di un'invenzione drammaturgica tutta costruita sui conflitti individuali, le passioni e i sentimenti, che doveva porre *Senso* sul piano di quella totalità di esperienza spettacolare che era propria del Visconti maturo. Come scrisse André Bazin: « Visconti... si sforza ancora una volta di conciliare una certa teatralità, una certa nobiltà spettacolare, una certa raffinatezza di stile con l'efficacia e il valore della realtà bruta ».

Sennonché la « realtà bruta » è in *Senso* sempre mediata dalla necessità di ricostruire spettacolarmente il passato, di intervenire direttamente sul reale, naturale o artificiale, per adattarlo alle esigenze del testo. La cinecamera, a differenza che nei film « neorealistici » *Ossessione*, *La terra trema*, *Bellissima*, non può cogliere la realtà immediata, deve in certa misura scoprire l'autentico nel fittizio, il realismo nella finzione. Per questo l'apporto dei collaboratori di Visconti, gli operatori, i costumisti, gli scenografi e prima di tutto gli attori, assume in *Senso* una funzione determinante: ogni incertezza o errore può far crollare d'un sol colpo la situazione drammaturgica, rivelandone la falsità spettacolare. Per questo, se di realtà bruta si può e deve parlare, è all'interno dei personaggi, delle loro reazioni e dei loro atti e pensieri, che va cercata: una realtà

bruta che pare quasi distillata attraverso l'insistenza
con cui la cinecamera indaga sui volti, i gesti, le espressioni, i movimenti per rilevarne appieno l'autenticità,
in una parola la « brutalità ».

Sotto questo profilo, la costruzione dei personaggi
diventa essenziale, come essenziale è il loro sviluppo
drammatico in rapporto ai luoghi e ai tempi della vicenda. Il film, che inizia al Teatro La Fenice di Venezia,
dove si sta rappresentando *Il trovatore* di Verdi, e si
conclude a Verona, dopo la vittoria austriaca a Custoza, con la fucilazione del tenente Mahler, è chiuso e
serrato come un melodramma verdiano, proprio come
Il trovatore, cadenzato in quattro atti che ne articolano la progressione drammatica. In questo contesto, le
storie individuali dei personaggi acquistano un valore
addirittura emblematico: bisogna lasciarli agire, osservandoli nelle loro più minute espressioni psicologiche,
atteggiamenti etici ed estetici. Il costume, nella più ampia accezione del termine, diventa l'asse portante della
costruzione drammatica. Come scrisse Piero Tosi: « Il
desiderio di Visconti era uno solo: avere della gente
viva, di fronte alla macchina da presa. Il costume non
come elemento esteriore, decorativo, ma vita »; e più
oltre: « È importante notare che nelle ultime ricerche
estetiche di Visconti il costume è sempre sentito come
forme-linee, quasi mai come colore, mai come dettaglio smarrito e capriccioso ». Ma, oltre al costume,
cioè alla presenza fisica dei personaggi sullo schermo,
è la loro presenza al tempo stesso psicologica e simbolica che conferisce alla storia il suo significato ideologico. Nella trasformazione e ampliamento della novella
di Boito, il percorso drammaturgico di ciascuno di essi, soprattutto dei due protagonisti, non può che identi-

ficarsi col percorso stesso del film: il loro destino è il
medesimo destino della società che *Senso* descrive e
rappresenta.

In questa prospettiva contenutistica e formale acquista importanza il finale di *Senso* che, secondo le intenzioni di Visconti, doveva chiudersi non già con l'immagine della fucilazione di Mahler, ma con quella di un
giovanissimo soldato austriaco che grida « Viva l'Austria! ». Come egli stesso disse a Jacques Doniol-Valcroze e Jean Domarchi nel 1959:

> « Anche il finale in origine era completamente diverso da
> quello che vedete ora. L'ho girato davvero di notte, in una via
> di Trastevere, proprio quella in cui Livia corre e grida nella
> seconda versione. Ma la prima non si concludeva con la morte di
> Franz. Vi si vedeva Livia passare tra gruppi di soldati ubriachi,
> e la sequenza finale mostrava un piccolo soldato austriaco, molto
> giovane, di sedici anni circa, completamente ubriaco, appoggiato
> contro un muro, che cantava una canzone di vittoria, come
> quella che si sente nella città. Poi si interrompeva e piangeva,
> piangeva, piangeva gridando: "Viva l'Austria". Gualino, il
> vecchio Gualino, il mio produttore, un uomo molto simpatico,
> era venuto ad assistere alle riprese, e mormorava alle mie
> spalle: "È pericoloso, è pericoloso". Forse, ma per me era
> molto più bello quel finale. Si lasciava Franz alle sue vicende, ci
> si infischiava di Franz! Poco importava che morisse o no! Lo si
> lasciava dopo la sequenza nella sua camera in cui si mostrava
> così ripugnante. Era inutile che venisse fucilato. Si rimaneva
> dunque con lei che correva a denunciarlo e fuggiva nella strada.
> Passava tra le prostitute e diventava una specie di prostituta lei
> stessa, andando da un soldato all'altro... ».

Eppure è proprio il nuovo finale, che si richiama
esplicitamente al finale della novella di Boito, a conferire a *Senso* quella struttura chiusa e compatta che ne fa
una sorta di melodramma verdiano: dall'inquadratura
del palcoscenico della Fenice in apertura di schermo

al campo lungo della fucilazione di Franz in chiusura. Due poli drammatici, due luoghi scenici, entro i quali la vicenda dei due amanti infami si snoda rivelandone l'abiezione in rapporto alla crisi di valori d'una intera società. Sicché ebbe ragione Suso Cecchi D'Amico a precisare:

« Quanto alla scena finale della fucilazione non è vero come è stato detto e scritto che sia stata aggiunta a film finito. La scena della fucilazione esisteva nella sceneggiatura e nella penultima edizione era addirittura ripetuta due volte (all'inizio del film e alla fine). Tra gli ultimi tagli apportati al copione durante la lavorazione del film ci fu anche quello della fucilazione. Ma alla proiezione del primo montaggio del film apparve chiaro come fosse necessario rimetterla e l'avv. Gualino fu il primo sostenitore di questa esigenza ».

4 *Film come melodramma*

Si è accennato più volte alla struttura melodrammatica di *Senso*: se ne deve ora trattare più diffusamente perché è proprio questa struttura formale a conferire al film il suo carattere peculiare, anche in relazione ai film precedenti, e a meglio chiarire la natura dei rapporti estetici che Visconti intrattenne sin da principio col melodramma, nella formulazione della sua poetica, e che proprio nell'anno di *Senso*, il 1954, si sarebbe esplicata nella messinscena della *Vestale* di Gaspare Spontini per l'apertura della Scala, il 7 dicembre. Lo stesso Visconti ebbe a dichiarare allora: « È un film romantico, vi traspare la vera vena dell'opera italiana... I suoi personaggi fanno dichiarazioni melodrammatiche. Ci tengo molto. Anche nella vita esistono personaggi melodrammatici, come esistono in Sicilia pescato-

ri analfabeti... Ho trasferito i sentimenti espressi dal
Trovatore di Verdi dalla ribalta in una storia di
guerra e di ribellione ». E non mancarono i critici che
videro nella storia d'amore e di passione di Livia e di
Franz, al di là del realismo della rappresentazione e
dell'impegno storicistico dell'assunto, un tema prettamente melodrammatico, trattato nei modi dell'opera lirica italiana, di Verdi in particolare. Scriveva, a esempio, André Bazin: « Visconti dichiara di aver voluto
far passare il "melodramma" (cioè l'opera) nella vita. Se tale era il suo proposito, c'è perfettamente riuscito ».

D'altronde vi è una testimonianza di Franco Zeffirelli che è significativa e illuminante:

« La mia prima esperienza con *Senso* — egli scrisse — risale
all'inverno del 1952. Ero con Visconti alla Scala, in un palco di
proscenio ... Quella sera si rappresentava *Il trovatore*. All'i-
nizio del quarto atto, quando la soprana viene alla ribalta a
offrire al pubblico il suo canto, il canto della donna sola nella
notte presso la torre dove l'amato è prigioniero, la suggestione
era veramente straordinaria, struggente. A Visconti quella suggestione provocò probabilmente quello che oggi è un film e si
chiama *Senso*. Si voltò e disse qualcosa che suonava press'a poco
così: "Ecco. Ora so come deve essere il mio film" ».

Lo stesso Zeffirelli precisava in quella occasione:
« L'aria del melodramma circolava incontrastata durante le riprese del film. E capitava spesso di sentire un
operaio che fischiettasse una melodia di Verdi ».

È fin troppo facile riscontrare le affinità psicologiche e drammatiche, in un diverso contesto storico e
culturale, fra i personaggi verdiani e quelli viscontiani, e interpretare l'inizio del film, con la rappresentazione del *Trovatore* alla Fenice (in particolare la fine del

terzo e l'inizio del quarto atto, proprio quello citato da Zeffirelli), come un'indicazione di corretta lettura di *Senso*, un invito a vedere lo spettacolo in chiave appunto melodrammatica. È facile, perché è Visconti stesso a facilitarne l'operazione ermeneutica e fruitiva, ma è il modo più giusto per accostarsi a un film che gioca tutte le sue carte su un preciso progetto spettacolare — il melodramma appunto — realizzato con molto rigore e con risultati indubbiamente eccellenti. Solo attraverso il filtro d'un testo che si basa tanto sul dialogo quanto sulla musica, ma soprattutto su una struttura drammatica che, attingendo alla tradizione del melodramma italiano, è costruita su arie e duetti e cori, con recitativi e melodie, e anche su una recitazione volutamente sopra il rigo, appunto « melodrammatica », il contenuto del film si manifesta appieno. È un discorso critico su una realtà storica rivissuta con occhi moderni espresso in una forma che, stabilendo col pubblico un contatto diretto, avvolgente e coinvolgente, può essere recepito nella sua totalità. È quello che diceva Visconti: « In *Senso* c'è la materia per fare un discorso agli altri: un discorso per quelli che vogliono capire e anche per quelli che fingono di non capire. Anche se nel 1866 la gente vestiva in maniera diversa, i problemi, le situazioni non cambiano ».

Non si pensi tuttavia che solo Verdi, e la sua musica, oltreché ovviamente Boito, siano i precedenti diretti della composizione cinematografica di *Senso*. C'è dentro tutta la tradizione narrativa ottocentesca e anche quella pittorica, dai macchiaioli a Fattori ai paesaggisti italiani a Silvestro Lega o Telemaco Signorini, agli stranieri Feuerbach, Durand, Hayez. C'è la cultura di Visconti, le sue letture e i suoi gusti figurativi, la sua grande passione per il romanzo europeo dell'Ottocento: Balzac, Tolstoj, Nievo, ma soprattutto Stendhal, *Il rosso e il nero* e *La Certosa di Parma*. Lo dichiarò egli stesso a Doniol-Valcroze e Domarchi: « Ho sempre pensato a Stendhal. Avrei voluto fare la *Certosa*, quello era il mio ideale; se nel mio film non si fossero operati tagli e se fosse stato montato come volevo si sarebbe veramente trattato di Fabrizio alla battaglia di Waterloo. Di Fabrizio che passa *dietro* la battaglia. E la contessa Serpieri ha avuto per modello la Sanseverina ». Ma c'è dentro anche la sua cultura musicale, il bisogno, non solo filologico ma propriamente espressivo, di dare alle immagini una dimensione sonora che le collochi nella storia ma al tempo stesso le dilati oltre i confini dello schermo, oltre la visualità.

Se *Senso* inizia con le note del *Trovatore*, quasi un omaggio all'amato Verdi e ai suoi personaggi sbozzati nel corpo d'una melodia sempre contenuta, lo sviluppo del dramma — quelli che possiamo definire gli altri tre atti della tragedia — è sorretto dalla musica di Anton Bruckner, in particolare la *Sinfonia n. 7 in mi maggiore*. Da parte di Visconti fu una scelta certamente « filologica », come sempre in lui quando si trattava di definire nei minimi dettagli un ambiente storico: Bruckner fu il musicista che in certo senso preannunciò la decadenza del mito absburgico, la sua musica, contemporanea alla vicenda del film, ne poteva essere il contraltare sul piano sonoro. Ma fu anche una scelta espressiva, una sorta di integrazione dei vari elementi della composizione filmica, immagini, parole, suoni, rumori, basata sulla musica bruckneriana come struttura portante dello sviluppo narrativo e drammatico della storia.

In questo senso, la suddivisione del film in quattro grandi capitoli, o meglio in quattro atti — la rappresentazione del *Trovatore* alla Fenice; l'innamoramento e la passione di Livia per Franz a Venezia; la ricomparsa di Franz nella villa di Aldeno; la fine tragica a Verona —, se da un lato segue l'andamento dell'opera verdiana, articolandosi in modi e forme proprî del melodramma italiano, dall'altro si regge sui temi musicali della sinfonia di Bruckner, la cui natura melodica e armonica risulta di una eccezionale pregnanza in rapporto al lineare svolgimento della vicenda. Come scrisse giustamente Massimo Mila:

« Fu un colpo di genio usare la *Settima sinfonia* di Bruckner quale commento musicale nel film *Senso* di Visconti. Lì si svela la parola ultima dell'arte di Bruckner: la macerata tristezza del senso, la lotta del cristianesimo contro il senso. Le solenni armonie funebri dell'"adagio" condotto a termine sotto l'impressione folgorante della morte di Wagner a Venezia, acquistano pienezza di significato associate allo spasimo della coppia peggio che adultera, che nell'ombra notturna delle calli veneziane cerca protezione ad un amore sordido ».

Questa macerata tristezza del senso si carica nel corso del film di una serie di ulteriori significati ideologici, che legano sempre più la storia di un amore sordido alla decadenza d'una società, alla fine d'un regno, al crollo dei valori etici ed estetici su cui si era retto per secoli. Ciò nasce dalla consapevolezza della fine che i protagonisti hanno — molto più Franz di Livia, che non riesce a uscire dal chiuso del suo romanticismo egoistico — a mano a mano che la situazione precipita: una consapevolezza appena intuita da Bruckner, che la riscatta sul piano d'un sinfonismo di marca religiosa, ma che Visconti trasmette ai suoi personaggi, antici-

pando nel nome stesso del tenente Mahler quella lucida
ambiguità esistenziale, quella coscienza della morte,
che sarà propria del post-bruckneriano Gustav Mahler, alla musica del quale lo stesso Visconti dedicherà
nel 1971 *Morte a Venezia.*

Questo per dire che in *Senso,* più che negli altri
film viscontiani, il rapporto con la musica raggiunge
un livello espressivo notevolissimo. Non già quindi musica d'accompagnamento o commento musicale, come
si suole dire, ma struttura musicale del testo, integrazione assoluta dei vari elementi compositivi, passaggio
continuo e motivato dalle parole ai suoni e viceversa,
all'interno di una costruzione drammatica di cui lo
splendore delle immagini e la loro calibratura in un
montaggio di ampio respiro — a eccezione della chiusa improvvisa e sintetica che suggella emblematicamente la fine d'un mondo — costituiscono i caratteri salienti. Visconti raggiunge, in altre parole, una sintesi formale che non soltanto riesce ad amalgamare le varie
parti e i vari piani del dramma e del racconto, ma
anche produce una nuova realtà filmica che è il risultato di questa perfetta simbiosi tra parola e musica, recitazione e canto, ritmo del racconto e ritmo musicale,
descrizione d'ambiente e illustrazione di sentimenti.

Il fatto è che la profonda cultura musicale di Visconti, la sua conoscenza puntuale e precisa di autori e
musiche d'un vasto repertorio tanto sinfonico e da camera quanto operistico — a detta anche di molti suoi
amici e collaboratori —, lo spinsero sin dagli esordi,
in cinema e in teatro, a impiegare la musica non solo
come « accompagnamento » dell'azione scenica, ma anche e soprattutto come definizione sonora dell'ambiente e dei personaggi (si pensi all'uso della musica di

Verdi in *Ossessione*, nella sequenza del concorso lirico al Caffè Amici del Bel Canto). Come scrisse giustamente il compositore Franco Mannino, che di Visconti fu amico e collaboratore sin dai tempi di *Bellissima*:

« Intanto bisogna partire dal presupposto che qualunque forma di spettacolo creasse Visconti, era sempre spettacolo musicale. Anche laddove vi era una recitazione "a secco". Questa, da lui manipolata, diventava un fatto musicale o "melodico", o "armonico" e sovente contrappuntistico con situazione corale di concertato. La musica gli era connaturale. Da ragazzo studiò per sette anni il violoncello e armonia, in seguito si è sempre coltivato e tenuto al corrente, attraverso l'ascolto e la lettura, di tutte le musiche dall'origine fino alle più avanzate esperienze. Naturalmente, come tutti, aveva le sue predilezioni. Queste gravitavano da Verdi al grande Romanticismo tedesco: un particolare rilievo per Mozart, con una conoscenza stupefacente anche dei suoi lavori meno noti ».

Questa cultura e sensibilità musicale, che proprio nell'anno della presentazione di *Senso* alla Mostra cinematografica di Venezia si sarebbe finalmente esplicata nelle sue potenzialità espressive con la messinscena della *Vestale*, dando origine a un lungo e proficuo lavoro di regista di opere liriche per la Scala e per altri teatri italiani e stranieri, fu per Visconti uno degli elementi portanti nella costruzione dei suoi spettacoli teatrali e cinematografici. Ed è interessante notare, anche sulla scorta della testimonianza di Mannino, che le sue predilezioni per Verdi, per il romanticismo tedesco — da Beethoven a Mahler attraverso Wagner e Bruckner — e soprattutto per Mozart, si scontrarono apparentemente con i temi e le forme delle sue prime regìe, quando l'impegno realistico pareva sopravvanzare ogni altro indirizzo estetico. Ed era un amore, quello di Visconti per il melodramma italiano e il sinfonismo germanico,

percorso da fremiti romantici e decadentistici, che rifiutava quel verismo musicale che, a una prima lettura,
poteva sembrare oltremodo consono alla sua teoria e
pratica d'un realismo spettacolare.

Il suo rifiuto dell'opera italiana post-romantica —
solo nei suoi tardi anni si accosterà al Puccini di *Manon Lescaut* — significava anche il recupero del realismo romantico di Verdi come superamento del verismo di fine secolo; era un'operazione culturale e artistica non molto differente da quella condotta in campo
letterario, con l'utilizzazione in chiave di realismo (da
contrapporsi al neorealismo di quegli anni) del romanzo ottocentesco. Visconti amava la « concretezza » verdiana, la « razionalità » mozartiana, o l'« impeto » dei
musicisti romantici, perché in quelle strutture musicali, così differenti fra loro e pure accomunate da un
medesimo rapporto di « mediazione » nei confronti della
realtà fenomenica, rintracciava probabilmente gli elementi basilari della sua poetica al tempo stesso realistica e romantica. Ciò che egli non trovava, né poteva
trovare, almeno in quel tempo, nell'opera verista.

È indicativa, al riguardo, una lettera di Visconti a
Franco Mannino, probabilmente del 1948, quando il
Sovrintendente al Teatro dell'Opera di Roma, Paolo
Salviucci, aveva rivolto loro l'invito a mettere in scena
e a dirigere *Zazà* di Ruggero Leoncavallo. Scriveva,
fra l'altro, Visconti:

« Conosco, in parte, la *Zazà* di Leoncavallo che non esiterei a
dichiarare che fa parte di quella musica fra la più brutta che io
conosco. Dopo di che devi già aver capito il mio punto di vista
sulla proposta... Che interesse può presentare questa *operaccia* il
cui libretto è tratto da una *brutta commedia* (cavallo di battaglia
delle primedonne di una volta) e sul quale un musicista di

second'ordine senza fantasia — senza gusto — senza genio, ha imbastito una specie di *Paese dei campanelli* avanti lettera? ... Io non ho ancora mai affrontata la regìa del melodramma. Ma non l'affronterò mai con una *Zazà* per ovvie ragioni ».

E Mannino commenta: « Allora Visconti detestava il verismo musicale; con l'andar degli anni modificò in parte il suo giudizio. Per esempio, dopo aver udito *I pagliacci* diretti da von Karajan alla Scala aveva ridimensionato la propria valutazione su Leoncavallo ». Ma negli anni di *Senso*, la musica che doveva sorreggere l'azione drammatica e dare ai personaggi una dimensione romanticamente realistica non poteva che essere quella di Verdi e quella di Bruckner, in uno straordinario connubio fra il realismo del primo e il romanticismo del secondo.

5 Un punto d'arrivo

Ci siamo dilungati sulla genesi, la lavorazione e gli elementi compositivi di *Senso* perché riteniamo che esso — come già fu rilevato da una parte della critica allora — si collochi nell'opera complessiva di Visconti in una posizione mediana e segni il punto d'arrivo di una serie di ricerche contenutistiche e formali nella direzione di un progetto di spettacolo che contemperi le esigenze dell'arte e quelle del pubblico, senza rinunciare tuttavia a quella analisi critica del reale e alla sua rappresentazione in termini inequivocabilmente realistici che, almeno in quegli anni di grandi battaglie politiche e culturali, Visconti sentiva come impellente e necessaria. Ma la posizione mediana di *Senso* indica anche che quelle esigenze spettacolari, coltivate negli anni seguenti soprattutto nell'ambito del teatro lirico, non subirono un ulteriore approfondimento o attualizzazione, ma rischiarono di risolversi, col tempo, in una formula stilistica incapace di cogliere nuovamente e prospettare al pubblico la complessità della realtà rappresentata.

In *Senso* queste esigenze artistiche e spettacolari trovarono un punto di sintesi espressiva in una perfetta fusione — indipendentemente dai tagli apportati, dalle rinunce o dalle modificazioni dell'ultima ora — fra il piano della storia, nella sua articolata individuazione dei vari elementi significativi d'una determinata situazione sociale e politica, e il piano della rappresentazione, in cui il recupero della tradizione spettacolare ottocentesca — melodramma e romanzo storico — si calava in forme al tempo stesso coinvolgenti e distaccate. La vicenda privata della contessa Livia Serpieri e del tenente Franz Mahler, sviluppata di capitolo in capitolo secondo le buone regole della narrativa sentimentale, viene a integrarsi nella vicenda più ampia della Terza guerra di indipendenza nazionale, dei conflitti ideologici e politici, dei contrasti personali e collettivi, persino della lotta di classe, non già perché in essa si annulla o di essa è soltanto una parte, sia pure fondamentale; ma proprio perché ne è in certo senso separata, collocandosi quasi al di fuori, nella sua pregnante caratterizzazione, del contesto storico.

Non paia questo un paradosso. Più melodramma che romanzo, più rappresentazione che narrazione, *Senso* si incentra tutto sui due protagonisti e sul loro amore-passione-odio-follìa. Sono questi, come in un buon melodramma verdiano, gli elementi portanti dello spettacolo, e su di essi si articola e si viene approfondendo il contenuto reale dell'opera. Se è vero — come risulta dalle testimonianze e dalla documentazione relativa alla lavorazione del film — che Visconti preferì sacrificare le scene d'azione, sia le ampie sequenze della battaglia sia quelle relative al personaggio del marchese Ussoni e ai suoi rapporti cospirativi con i patrioti, « pur di poter salvare le parole, il teatro », cioè il dramma di Livia e Franz, ciò non può sorprendere, non soltanto chi conosca l'intera opera viscontiana, tutta incentrata (salvo rare eccezioni) sui grandi conflitti drammatici fra pochi personaggi, sull'analisi approfondita d'un unico, fondamentale nucleo drammaturgico, ma anche chi osservi *Senso* nella sua struttura compositiva, cercando di coglierne le più vere e autentiche ragioni espressive, il significato e il valore come film conchiuso in sé.

Anche la questione del realismo, il cosiddetto « passaggio dalla cronaca alla storia » o, in una accezione non molto diversa, il « passaggio dal neorealismo al realismo » — secondo le formule usate allora da una parte della più qualificata critica cinematografica italiana (da Luigi Chiarini a Guido Aristarco a Giambattista Cavallaro ad altri) —, va analizzata e approfondita alla luce di questo progetto spettacolare che, nel recupero del melodramma, intendeva porre le basi per una rappresentazione certamente realistica della storia e della società, ma non legata ai moduli o alle regole né del neorealismo né del realismo socialista e nemmeno di quel cinema narrativo che, in Italia e all'estero, si era affermato proprio sul piano di un rapporto diretto col reale. Per la prima volta in modo chiaro e inequivocabile — ma già tentativi in questa direzione li aveva fatti in campo teatrale — Luchino Visconti offre un modello di spettacolo cinematografico che si afferma e si nega, contemporaneamente, come realtà e come finzione, nel senso che la storia, i fatti, gli ambienti e soprattutto i personaggi partecipano al tempo stesso della « verità », appunto storica, fenomenica, ambientale, psicologica, e della « fantasia », come ricostruzione del tutto inventata, affabulata, di quella medesima verità. Giocando su questi due piani, egli compone un'opera che riesce a trasmettere quei messaggi che le erano affidati proprio perché la finzione rimanda sempre alla realtà e questa a quella coinvolgendo lo spettatore sul duplice livello della ragione e del sentimento, dell'intelligenza e della passione.

È all'interno di questo universo formale, che appare « perfetto » nonostante gli interventi esterni e le concessioni di Visconti (e poco importa sminuirlo con la critica a questo o a quell'aspetto secondario o marginale), che il discorso sulla decadenza di una società corrotta, la fine d'un impero, gli albori d'un mondo nuovo e d'una società più giusta, acquista spessore e significato, calandosi nel vivo di una vicenda che di questa « forma » è l'essenza stessa: splendida finzione scenica in cui ogni elemento spettacolare possiede una sua propria fisionomia inconfondibile, si carica di una varietà di possibilità interpretative che non pare potersi ridurre alla schematica contrapposizione di due opposte concezioni del mondo. È attraverso questa finzione — massima in *Senso* quanto minima parve nella *Terra trema* — che la complessità dei rapporti individuali e sociali e la profonda articolazione umana dei personaggi (a eccezione del marchese Ussoni, non soltanto per la drastica riduzione del suo ruolo nel film, ma anche per una sorta di incapacità di Visconti nel tratteggiare personaggi « positivi ») si pongono al centro dell'opera fornendone le chiavi interpretative.

È chiaro allora che, se l'indagine storica sul Risorgimento come rivoluzione politica e sociale (oltreché guerra di liberazione nazionale) e la rappresentazione d'una società quale indicazione critica del tramonto del ruolo storico d'una intera classe sociale (l'aristocrazia) furono alla base del film nelle intenzioni di Visconti e dei suoi collaboratori, questi contenuti furono trasmessi per la tradizionale via del dramma storico o addirittura della tragedia classica (oltreché del melodramma italiano). Ciò significò, come si è detto, concentrare l'azione drammatica sui personaggi, immergerli totalmente nell'ambiente minuziosamente descritto, e ricavare dal loro comportamento il quadro d'insieme. Non è, in altre parole, con la rappresentazione dei patrioti o degli austriaci e degli italiani alla battaglia di Custoza, necessariamente illustrativa nei modi di una poetica come quella viscontiana radicata nel progetto di un « cinema antropomorfico », che *Senso* si innalza ai livelli della tragedia; e nemmeno nella descrizione attenta e filologicamente corretta d'una società colta nei suoi aspetti esterni, di moda e costume, di convenzioni sociali. È invece nel conflitto drammatico fra i due protagonisti e nei loro rapporti con gli altri personaggi, maggiori e minori, che tanto la situazione storico-politica-militare quanto quella sociale raggiunge un alto grado di rappresentatività.

Come nella novella di Boito, che fu più di quanto non si creda o non si sia scritto allora e in seguito l'asse portante della struttura formale del film, è l'amore tra Livia e Franz a coagulare attorno a sé la tragedia. Nell'opera di Visconti questa tragedia, puramente sentimentale e romantica (ma d'un romanticismo visto con gli occhi d'un lucido e distaccato osservatore quale fu Boito), si allarga a comprendere un più vasto quadro storico e sociale, ma sempre tragedia della passione rimane. L'abilità di Visconti, con la potenza del suo stile inimitabile capace di trasformare un quadro di genere in un brandello di realtà corposa e sanguigna, è stata quella di fare di questa passione il simbolo e la metafora di un grande conflitto al tempo stesso umano e sociale, storico e contemporaneo, ideologico ed esistenziale.

Ormai totalmente fuori dei condizionamenti etici ed estetici del neorealismo — se pure egli vi fu realmente legato —, con alle spalle una ormai lunga e consolidata attività teatrale svoltasi nei più diversi campi dello spettacolo, dal più rigoroso realismo alla più sfrenata fantasia, Visconti raggiunse in *Senso* la maturità. Questo film, che rimase sostanzialmente isolato nel panorama del cinema italiano degli Anni Cinquanta e parve costituire, per lo stesso Visconti, una sorta di pausa (solo dieci anni dopo vi farà riferimento nel *Gattopardo*), segnò tuttavia non soltanto quella maturità raggiunta, di cui s'è detto, ma anche uno straordinario banco di prova per affrontare finalmente, direttamente e senza intermediari d'alcun genere, il melodramma, punto d'arrivo di tutta la ricerca estetica e tecnica del regista, dai lontani tempi dei suoi « balbettamenti » teatrali. Confrontandosi col melodramma Visconti doveva dare alla sua carriera cinematografica e teatrale un nuovo indirizzo, una nuova impronta. Nel bene e nel male, è da lì che occorre ripartire per comprendere e interpretare una serie di opere, di teatro e di cinema, che parrebbero, e in parte sono, profondamente diverse da quelle da lui realizzate nei primi dieci anni, o poco più, della sua intensa attività artistica.

VIII.

IL MELODRAMMA

Non si era ancora spenta l'eco della presentazione
e della mancata premiazione di *Senso* alla Mostra d'arte cinematografica di Venezia del 1954, che già nasceva un altro scandalo provocato da Visconti all'apertura della nuova stagione della Scala, con la messinscena
della *Vestale* di Spontini. A Venezia gli spettatori e i
critici si erano divisi fra entusiasti e detrattori, la giurìa pare avesse subìto non poche pressioni affinché il
film non fosse premiato e i membri del governo si
erano rifiutati di presenziare alla proiezione ufficiale; a
Milano le reazioni, anche se più contenute, non furono minori, e una gran parte della critica tradizionalista
e conservatrice non si peritò di attaccare violentemente la nuova fatica di Visconti, accusato di aver stravol-
to il melodramma italiano e di aver sottomesso la musica alle ragioni dello spettacolo.

1 *Battaglie di gusto e d'ideologia*

Erano le solite baruffe tra i due schieramenti, più o
meno agguerriti e compatti, della cultura italiana del

tempo, da un lato i progressisti o addirittura i rivoluzionari, dall'altro i conservatori o i reazionari. Ma erano anche il segno, sintomatico e rivelatore di un più generale stato politico e ideologico che si riversava sulla cultura e sull'arte, di due differenti concezioni del cinema e del teatro, ruotanti l'una e l'altra attorno al tema del realismo, da sempre dibattuto ma continuamente aperto a ogni possibile interpretazione e integrazione. Al di là delle parole, delle formule, dei giudizi, delle prese di posizione in un campo e nell'altro, ciò che rimaneva centrale in ogni dibattito che riguardava l'opera di Visconti, nel cinema, nel teatro e ora nel melodramma, era — e sarebbe ancora stata per circa un decennio — la questione della posizione dell'artista e dell'intelletuale di fronte alla realtà da un lato, al potere dall'altro: una posizione che non poteva che risolversi, anche quando veniva negato o sconfessato o ignorato, nell'impegno ideologico e politico.

Nel caso di *Senso*, che attingeva direttamente alla storia nazionale, dando del Risorgimento un'interpretazione poco ortodossa (almeno per i conservatori non abituati a mettere in dubbio le certezze o a riaprire discorsi considerati chiusi), le accuse poggiavano chiaramente su argomenti politici, anche quando tendevano a spostarsi sulla forma del film e a giudicarla in astratto, non come parte integrante dell'interpretazione storica che pure il film forniva. Nel caso invece della *Vestale*, non essendoci motivi contingenti di rilevanza politica o sociale, la critica non poteva che appuntarsi sulla messinscena in rapporto a una tradizione teatrale e musicale che, soprattutto alla Scala, aveva sempre seguito regole e formule interpretative rigide. Ma forse allora non si colse l'aspetto complementare di queste due posizioni negative, che non si muovevano in realtà su due piani differenti di giudizio, uno più ideologico l'altro più estetico, ma su un unico piano onnicomprensivo, che denunciava al tempo stesso il coerente impegno artistico e culturale di Visconti nei confronti del passato e del presente, della tradizione e della novità, e l'altrettanto coerente (ma forse non confessato o nemmeno percepito) atteggiamento dei critici conservatori o reazionari a riguardo di qualsiasi rinnovamento contenutistico e formale.

La battaglia, insomma, non fu soltanto una battaglia di gusto o di mode culturali, anche se non mancò questo aspetto secondario ma illuminante della contesa critica. Fu a tutti gli effetti una battaglia ideologica, senza esclusione di colpi, a conferma delle grandi tensioni politiche e sociali che attraversarono in quegli anni la società italiana. Un film di Visconti, o una sua regìa teatrale o di opera lirica, poteva riaccendere la polemica — come di fatto avvenne spesso — non soltanto perché Visconti era un personaggio pubblico di grande rilevanza, che aveva in diverse occasioni dichiarato pubblicamente la sua fede politica ed era appoggiato dal Partito comunista italiano che lo considerava uno degli artisti e intellettuali più significativi e utili alla causa del progresso, ma anche perché la sua opera, obbiettivamente, sconvolgeva le regole tradizionali dello spettacolo, o almeno così parve ai più allora, e occorreva in certo senso porvi rimedio con una critica che ne denunciasse appunto gli intenti rivoluzionari.

I due spettacoli che egli aveva allestito, o contribuito ad allestire, dopo *Senso* e prima della *Vestale*, nell'autunno del 1954, non sollevarono molte critiche e

nemmeno molti entusiasmi, ma sottolinearono ancora
una volta l'impegno suo a sperimentare la vasta gamma delle risorse tecniche del palcoscenico. Era un ritorno al teatro un poco in minore, all'indomani della grande prova di *Senso*, in cui egli aveva saggiato le molteplici possibilità spettacolari del cinema, ma un ritorno
che gli consentì, in prospettiva, di aprirsi nuovi orizzonti. In attesa di affrontare il melodramma, e tutti i
problemi tecnici ed espressivi legati ad una messinscena profondamente diversa da quella cinematografica e
teatrale (di prosa), questi due spettacoli furono al tempo stesso una « prova generale », un momento di pausa, una riflessione critica e una nuova proposta: aspetti diversi e concomitanti d'una passione per il teatro,
e più in generale per lo spettacolo in ogni sua forma
ed espressione, che è il filo rosso che unisce tutte le
sue opere, maggiori e minori, riuscite e non riuscite,
sullo schermo e sul palcoscenico.

Il 13 ottobre 1954 andò in scena al Teatro Nuovo
di Milano la rivista *Festival* di Age, Scarpelli, Verde e
Vergani, con regìa degli autori e interpretazione di
Wanda Osiris e della sua compagnia (Henri Salvador,
Nino Manfredi, Raffaele Pisu, Alberto Lionello, Elio
Pandolfi). Visconti vi comparve come supervisore, che
significò in pratica consulente per certe scenografie e
certe scene e movimenti e dinamismi spettacolari che
dovevano conferire all'insieme una maggiore unità formale e un più elevato stile compositivo. Una scelta,
quella di Visconti, che doveva « nobilitare » la rivista
di Wanda Osiris e al tempo stesso fornire a lui l'occasione per una scorribanda in un settore dello spettacolo che non aveva mai praticato. Se ne potrebbe tacere,
per lo scarso riflesso che questo suo lavoro ebbe sulla

sua attività futura e più in generale sullo sviluppo del teatro di rivista in Italia; ma forse è utile ricordare come, anche in questo caso, fu la «supervisione» di Visconti, più addirittura del testo o della regìa, a essere segnalata dalla critica, che parlò infatti del suo contributo «a portarvi una singolare raffinatezza di gusto e un serrato ritmo scenico» (Ermanno Contini sul «Messaggero») come di un elemento sostanzialmente rinnovatore nel panorama statico e tradizionale della rivista e un motivo appunto di «nobiltà» per un genere il più delle volte trascurato dalla critica seria. Ma *Festival*, «lo spettacolo più atteso della stagione» come lo definì «Sipario», fu veramente una parentesi, meglio ancora una divertente e divertita pausa di lavoro per Visconti, il quale stava proprio in quei mesi allestendo con la Compagnia italiana di prosa di Lilla Brignone e Salvo Randone la messinscena di *Come le foglie* di Giuseppe Giacosa (che sarebbe stato presentato al Teatro Olimpia di Milano il 26 ottobre, replicato sino al 12 dicembre e poi portato in giro per l'Italia nei mesi seguenti, a Bergamo, Torino, Genova, Bologna) e prendendo gli accordi definitivi con il Teatro alla Scala per la regìa della *Vestale* di Spontini, di cui s'è detto.

In *Come le foglie* Visconti utilizzò il testo di Giacosa, delicato ed esile, fatto di sfumature di caratteri e d'ambienti ma tutto avvolto in un linguaggio allusivo in fondo alquanto superficiale e datato, per farne un dramma a metà strada fra Ibsen e Cecov ma al tempo stesso ricco di una sua originalità e aperto alle suggestioni del presente. Questi personaggi che si svuotano progressivamente di tensione drammatica, questa famiglia che si sgretola e si disperde «come le foglie al vento », questo spaccato borghese che rivela la sua fragilità sociale e umana, non hanno ovviamente né la corposità dei drammi ibseniani né la malinconia e la profonda angoscia esistenziale di quelli cecoviani, eppure nell'interpretazione di Visconti — reduce in pari misura dalle *Tre sorelle* di Cecov e dalla rielaborazione cinematografica di *Senso* di Boito, una novella scritta negli stessi anni della commedia di Giacosa — acquistano una dimensione quasi tragica, che si va progressivamente arricchendo di una visione critica della società di cui sono i rappresentanti, non priva di risvolti ideologici. È come se Visconti avesse voluto in certo modo riprendere i personaggi di *Senso* e collocarli in un diverso contesto storico e sociale per vederli vivere e distruggersi vicendevolmente, questa volta fuori dei canoni spettacolari del melodramma e del cinema popolare e invece racchiusi in una struttura drammaturgica quasi impalpabile, fatta di piccoli gesti, oggetti quotidiani, ambienti dimessi, una recitazione sottovoce.

Non fu ovviamente un capovolgimento di tendenza espressiva e interpretativa, né una scelta casuale e non meditata del testo drammatico: fu piuttosto una rielaborazione e variazione di un tema già trattato in precedenza, sui due versanti antitetici ma non contrapposti di Cecov e di Boito: una rielaborazione e variazione che gli consentirono di meglio affinare le sue capacità registiche in direzione di un progressivo depuramento degli elementi più scopertamente « spettacolari ». *Come le foglie* significò per Visconti una sorta di riepilogo delle ultime fatiche teatrali, un momento di riflessione tanto sul piano dei contenuti — la dissoluzione d'una famiglia borghese e la crisi d'una società — quanto su quello della forma — la disseccazione dello stile in elementi di contenuta drammaticità —, per giungere, almeno tendenzialmente, a un nuovo rapporto fra il testo e la rappresentazione scenica, in cui il primo andava acquistando una sempre maggiore importanza.

2 *Il melodramma italiano*

Si parlò allora, ancora una volta, di realismo o più precisamente di verismo scenico, come d'una cifra stilistica che consentiva di individuare immediatamente uno spettacolo viscontiano; ma si disse anche che in *Come le foglie* quel verismo, fatto soprattutto di osservazione minuta degli oggetti fra i quali vivono i personaggi, consentiva di dare a questi ultimi una credibilità e una « attualità », nel senso di partecipazione del pubblico ai casi rappresentati e di interpretazione anche ironica e distaccata di quei medesimi casi. Come scrisse Icilio Ripamonti sull'« Avanti »: « Visconti ha indurito il linguaggio dei toni, ha coperto tutto con quel tanto di ipocrisia scenica, che lascia tuttavia ben vedere la realtà della trama, ma attraverso un velo critico, appunto, che ci permette di considerare quel sentimentalismo bonario, senza credervi ». Un'operazione, se si vuole, di trasposizione storica del testo o meglio di storicizzazione della vicenda e dei personaggi, senza tuttavia gravarli d'un peso eccessivo, ma accontentandosi di rappresentarli per quello che sono, fornendone una chiave di lettura critica, appena accennata, quasi inavvertibile. Una acquisizione da parte di Visconti, come si è detto, di una ulteriore maturità espressiva, che gli avrebbe aperto le porte del melodramma.

Potrebbe sembrare, questa affermazione, un paradosso, essendo così diversi gli elementi drammaturgici
e formali della commedia di Giacosa da quelli del melodramma ottocentesco, in particolare Verdi, ma anche
Spontini e Bellini, dei quali egli mise in scena, nell'arco di sei mesi, rispettivamente *La traviata, La vestale*
e *La sonnambula*. E invece, al di là della diversità
degli elementi drammaturgici e, di conseguenza, dei
problemi interpretativi e realizzativi a essi collegati,
quella depurazione stilistica e quel grande rispetto del
testo letterario « classico » in una rappresentazione
molto controllata e discreta — che dalla *Locandiera*,
attraverso *Tre sorelle*, erano giunti sino a *Come le
foglie* — bene si confacevano a una messinscena, come quella dell'opera lirica, in cui il testo musicale,
non modificabile, costituisce non soltanto l'asse portante dello spettacolo, ma anche e soprattutto ne condizio-
na rigidamente il ritmo e le cadenze sceniche.

Nei confronti del melodramma, insomma, il lavoro
di regìa doveva in larga misura ripartire da zero perché gli elementi della composizione drammaturgica sono profondamente diversi da quelli del cinema e del
teatro di prosa e lo stesso materiale artistico — la
musica e la parola cantata — non può non determinare delle scelte obbligate, una linea interpretativa alquanto rigida. In questa prospettiva, le ultime regìe
teatrali di Visconti, appunto le opere di Goldoni, Cecov e Giacosa sopra citate, avevano come predisposto
una base di partenza estremamente precisa. Si trattava
ora di riprendere e sviluppare in altra direzione quella
medesima essenzialità di tratto, quei moduli scenici,
discreti e raffinatissimi, che avevano consentito una
maggiore dipendenza della messinscena dal testo, appli-

candoli al melodramma, che era per Visconti la quintessenza dello spettacolo, l'armonica fusione e integrazione di tutti gli elementi proprî dei vari generi spettacolari, tanto del cinema quanto del teatro.

Già abbiamo avuto occasione di accennare al grande amore che Visconti sempre ebbe e coltivò per l'opera lirica in generale, per il melodramma italiano e per Verdi in particolare. Questo amore, che solo a tratti e marginalmente si era manifestato nelle sue regìe cinematografiche e teatrali, sorresse in larga misura la composizione di *Senso*. Ora finalmente, dopo varie proposte e progetti non andati in porto, gli si offriva la possibilità di affrontare la tanto sognata messinscena di un'opera lirica. Non era un'opera di Verdi, a cui egli tanto teneva, ma nemmeno quella famigerata *Zazà* di Leoncavallo che tanto disprezzava: era, e questo contava soprattutto, un melodramma italiano, quella *Vestale* di Spontini ancora in larga parte debitrice dei moduli formali della *tragédie lyrique* francese e dell'operistica settecentesca, ma già protesa verso i nuovi canoni del grande melodramma ottocentesco, pervaso di realismo e di romanticismo. Visconti, insomma, esordendo alla Scala con un'opera che anticipava la splendida stagione del teatro musicale italiano dell'Ottocento (e quindi anche Verdi) e impostando una regìa che avrebbe di lì a poco ripreso e approfondito proprio con due opere di Bellini e di Verdi, poneva le basi d'un nuovo modello spettacolare, così come aveva fatto, almeno rispetto alla cultura italiana, col cinema (*Ossessione*) e col teatro (*Parenti terribili*). Un nuovo modello spettacolare che non soltanto avrebbe condizionato almeno in parte la sua futura attività artistica, ma anche si sarebbe imposto nell'ambito del teatro operistico, inducendo registi e cantanti e direttori d'orchestra a seguire le sue orme, verso quello svecchiamento delle convenzioni drammaturgiche proprie d'una tradizione ancorata ai moduli di fine secolo che era — non si dimentichi — una delle massime preoccupazioni del Visconti regista teatrale.

Egli stesso ebbe a dichiarare a Henri Chapler che lo intervistò nel 1958 per il periodico francese « Arts »:

« Il melodramma ha una cattiva reputazione da quando i suoi difensori lo hanno abbandonato ad interpretazioni schematiche e convenzionali. In Italia questo genere incontra una naturale predisposizione del popolo, ma si addice anche ad un pubblico europeo per la sua stessa struttura, così unitaria e diretta. Io amo il melodramma perché si situa proprio ai confini della vita e del teatro. Ho tentato di rendere questa mia predilezione nelle prime sequenze del film *Senso*. Il teatro e l'opera, il mondo del barocco: ecco i motivi che mi legano al melodramma. Ciò che mi affascina è il personaggio della "diva", questo essere insolito il cui ruolo nello spettacolo oggi bisognerebbe poter rivalutare. Nella mitologia moderna, la diva incarna il raro, lo stravagante e l'eccezionale ».

Questa dichiarazione appare a prima vista alquanto contraddittoria rispetto a quella concezione totale e totalizzante del teatro, e più in generale dello spettacolo, che Visconti aveva tanto teorizzato quanto praticato in dieci anni di intensa attività. Le sue regìe stavano lì a dimostrare quanto contrario egli fosse alla « diva », nel significato più ampio del termine, cioè alla prevaricazione dell'attrice o dell'attore sia sul testo, nella caratterizzazione del personaggio, sia sulle parti secondarie o marginali, sia sull'ambiente. Nei suoi spettacoli infatti egli aveva sempre cercato l'unità compositiva costruita sull'amalgama dei diversi elementi del dramma, e questa unità si poteva ottenere soltanto togliendo all'attore la funzione di « divo » e riconducendolo realisticamente alla dimensione del personaggio.

La teoria e la pratica dello spettacolo « antropomorfico » richiedeva appunto un metodo di lavoro che drasticamente riducesse il ruolo e l'importanza dell'attore, isolatamente considerato, a elemento fondamentale ma non esclusivo della rappresentazione. Ora la rivalutazione del personaggio come « essere insolito », portatore del « raro, lo stravagante, l'eccezionale », contraddiceva palesemente questa teoria e questa pratica: essa poteva essere considerata come una svolta radicale, improvvisa e ingiustificata, o un radicale ripensamento, attento e meditato, o un semplice mutamento del gusto, addirittura un piacere sottile del paradosso e della contraddizione. In realtà era uno sviluppo di temi già presenti in tutta la sua opera precedente, un modo di far spettacolo relativamente nuovo, derivato in larga misura dalla stessa teoria dello spettacolo antropomorfico.

Proprio il melodramma italiano, costruito su personaggi fortemente sbozzati su uno sfondo ambientale alquanto amorfo o superficiale, forniva le pezze d'appoggio a una riconsiderazione della funzione e del significato del « personaggio » come centro drammaturgico. Ciò non significava, a ben guardare, una rinuncia all'unità compositiva o all'integrazione formale dei vari elementi della rappresentazione; ma piuttosto a una sua diversa formulazione, prendendo appunto il personaggio, isolatamente considerato, come struttura portante dello spettacolo. D'altronde già in *Senso*, e prima ancora in *Bellissima* e in *Ossessione* — per limitarci alle opere cinematografiche — il rapporto fra personaggio e ambiente non è paritetico, il primo sopravvanzando di gran lunga il secondo nella sua funzione emblematica e drammaturgicamente pregnante. L'importante è, per Visconti, che « l'uomo-attore e l'uomo personaggio vengano ad un certo punto ad essere uno solo », come aveva scritto nel suo articolo *Cinema antropomorfico*, cioè che, nella totale integrazione del momento interpretativo col momento rappresentativo e l'uno e l'altro con l'autentica umanità dell'attore, il personaggio acquisti una dimensione tale da trasmettere segni e simboli d'una particolare visione del mondo, indicazioni inequivocabili, pur nella loro eventuale « ambiguità », per una interpretazione critica della realtà umana e sociale. In questa prospettiva l'ambiente e la storia vi si riflettono senza intermediari formali, essendo direttamente illuminati dalla forte caratterizzazione dei personaggi, in particolare del o dei protagonisti, che assommano in sé la complessità del reale e le sue molteplici manifestazioni nei vari campi dell'esistenza. Il melodramma italiano, come il teatro classico o altri modelli drammaturgici preesistenti, poteva fornire un diverso ma non opposto campo di sperimentazione nella medesima direzione di ricerca d'un teatro totale e totalizzante.

Già *Senso*, come si è visto, sviluppava sul piano cinematografico i caratteri formali e strutturali proprî del melodramma, utilizzandone le componenti fondamentali per creare uno spettacolo che si contrapponeva evidentemente non al « realismo » ma al « neorealismo »: in questo caso il recupero della popolarità, inserito in un più generale discorso culturale di reinterpretazione d'una tradizione spettacolare profondamente radicata nella cultura d'un popolo, come il melodramma, significava una precisa indicazione di tendenza che andava approfondita. Come osservò acutamente Jurij M. Lotman, in un suo saggio di semiotica cinematografica:

« Il film si apre con la musica di Verdi: la macchina da presa inquadra un teatro dove si rappresenta *Il Trovatore*. L'aura eroico-nazionale del melodramma verdiano individua subito il sistema che codifica il carattere dei personaggi e dell'intreccio. Isolato dal contesto, il film peccherebbe di teatralità, di drammaticità scopertamente operistica (amore, gelosia, tradimento, morte), di palese ingenuità negli effetti scenici e nelle soluzioni registiche. Ma inserito nel contesto generale dell'evoluzione artistica, accanto a *La terra trema*, il film acquista un altro significato. L'arte della nuda verità, che cerca di scrollarsi di dosso ogni residuo di convenzionalità artistica, richiede in realtà una cultura pronta ad accoglierla: pur partendo da un'idea democratica, essa utilizza un linguaggio troppo raffinato e lo spettatore sprovveduto finisce per annoiarsi. In tal modo si ristabiliscono i diritti di un linguaggio artistico consapevolmente primitivo ma vicino allo spettatore ».

Questo linguaggio consapevolmente primitivo, che *Senso* derivava dal melodramma verdiano, era ora a portata di mano di Visconti regista di opere liriche: il suo nuovo lavoro consisteva innanzi tutto nel verificare, da un lato, la validità attuale di questo linguaggio, dall'altro di analizzarlo in tutte le sue possibilità drammatiche, facendo di un'opera del passato — legata a modi e forme tradizionali — un vivo spettacolo del presente.

La messinscena della *Vestale*, se fu la sua prima prova nel campo del melodramma, non fu tuttavia — come già abbiamo accennato — la prima proposta che fu fatta a Visconti. A parte il caso di *Zazà* di Leoncavallo, che egli si rifiutò di mettere in scena al Teatro

dell'Opera di Roma, esiste un documento — una lettera di Francesco Siciliani a Visconti datata 31 gennaio
1949 — da cui si può desumere che sia nel 1948 sia
l'anno successivo la direzione del Maggio Musicale Fiorentino lo interpellò per affidargli la regìa di un'opera
lirica, invito che egli declinò perché attivamente impegnato nel suo lavoro di prosa (in quell'anno egli diresse quattro opere di notevole importanza). Successivamente fu Antonio Ghiringhelli, soprintendente al Teatro alla Scala, ad offrirgli la regìa — con una lettera
datata 2 gennaio 1952 — di *Debora e Jaele* di Ilde-
brando Pizzetti, dopo che era sfumata una precedente
proposta del *Don Carlo* di Verdi, probabilmente suggerita dallo stesso Visconti. Anche questa offerta non trova il regista particolarmente entusiasta, tanto che Ghiringhelli riprova invitandolo a mettere in scena la prima rappresentazione di *Cagliostro*, sempre di Pizzetti,
abbinandola a quella dell'*Incoronazione di Poppea* di
Claudio Monteverdi. Visconti questa volta accetta con
riserva, ma precisa, in un telegramma significativo:
« ... peraltro ribadisco mio desiderio già a Lei espresso scorso anno di trovare possibilità di abbinare regìa
lavoro nuovo con altra di melodramma ottocentesco ».

3 *Mann e Callas*

Siamo nel settembre del 1952: un mese prima Pasquale Di Costanzo, soprintendente al Teatro San Carlo di Napoli, lo aveva interpellato per l'inaugurazione
della nuova stagione con la regìa dell'*Otello* di Verdi,
un'opera certamente « viscontiana », ma il tempo per
metterla in scena era troppo scarso (solo nove giorni
di prove con gli interpreti) ed egli declinò l'invito.

Infine, il 2 luglio 1953, ancora Ghiringhelli gli scrive una lettera che dice: «Caro Visconti, mi riferisco alle nostre conversazioni in merito ad una possibile Sua collaborazione con la Scala. Mi ricordo che Lei avrebbe desiderato la regìa di un'opera di Verdi. Le chiedo perciò se eventualmente il *Rigoletto* Le interessa...». Ma di questa offerta, indubbiamente allettante per Visconti, non vi è più traccia. Non si dimentichi che in quei mesi egli era totalmente assorbito dalla lavorazione di *Senso*, le cui riprese iniziarono il 29 agosto, perciò probabilmente non ben disposto ad affrontare, per la prima volta, una regìa lirica con un melodramma del suo amatissimo Verdi, che avrebbe richiesto una lunga preparazione e una disposizione totale.

Più concreto fu il progetto, elaborato insieme alla direzione del Maggio Musicale Fiorentino, della messinscena, per l'edizione del 1953 del Maggio, della *Forza del destino* di Verdi, che Dimitri Mitropoulos avrebbe diretto e Renata Tebaldi interpretato. Come ricorda Fedele D'Amico, che alle regìe liriche di Visconti ha dedicato un attento e documentato saggio, «all'ultimo momento ne fu estromesso da un intervento del Minculpop, che in tempi di legge-truffa non voleva aureole sul capo d'un regista politicamente avverso, e già troppo fastidiosamente famoso», e *La forza del destino* fu messa in scena da Georg W. Pabst. Lo stesso Maggio Musicale interpellò nuovamente Visconti, con ogni probabilità ai primi del 1954, per la regìa di *Agnese di Hohenstaufen* di Gaspare Spontini, ma il regista rifiutò proponendo a sua volta un «interessantissimo progetto» (almeno pare) di cui tuttavia non si sa nulla. Vanno infine ancora ricordati un *Falstaff* verdiano che Visconti avrebbe dovuto mettere in scena per l'inaugurazione della Piccola Scala nel 1955, sotto la direzione di Arturo Toscanini, e *Mario e il mago*, azione coreografica su libretto dello stesso Visconti, tratto dall'omonimo racconto di Thomas Mann, su musica di Franco Mannino, che sarebbe dovuto essere rappresentato alla Scala nella stagione 1953-54.

Di questo lavoro, alquanto inconsueto per Visconti, che vi comparve come autore dell'azione coreografica (del testo dello spettacolo) oltreché come regista, in stretta collaborazione con il coreografo Leonida Massine e con la scenografa e costumista Lila de Nobili per l'edizione che finalmente fu rappresentata alla Scala solo il 25 febbraio 1956, è bene dire alcune cose. La natura stessa dello spettacolo, infatti, al di fuori dei canoni abituali delle messinscene viscontiane, ben diversa da un lato dalla struttura compositiva d'un dramma, dall'altro dall'organizzazione scenica d'un'opera lirica, richiedeva un approccio particolare.

Forse non fu estranea al progetto di questo mimodramma musicale la precedente esperienza di *Festival*, in cui il contributo di Visconti si risolse soprattutto nel coordinamento ritmico-scenografico-spettacolare di una rivista strutturata secondo le consuete regole del genere: un contributo, quindi, in chiave essenzialmente visivo-musicale. O forse ci fu anche il desiderio di accostarsi, sia pure indirettamente e in modi e forme sostanzialmente antidrammatiche e antinarrative (secondo i canoni proprî alla drammaturgia e alla narrativa tradizionali), a un testo prodigioso di Mann, uno degli scrittori più amati da Visconti, ricco di implicazioni simboliche ed esistenziali. O forse ancora *Mario e il mago* fu al tempo stesso una scommessa con se stesso (con la sua abilità di uomo di spettacolo, tuttofare) e una intelligente pausa di lavoro, al di fuori della *routine* abituale di regista di teatro e di cinema; o infine, una sorta di prova generale per la messinscena di un'opera lirica, d'un melodramma, che avrebbe richiesto tutta una serie di soluzioni registiche sul piano del ritmo, della musica, della coreografia, della mimica ecc.

Sta di fatto che *Mario e il mago*, che ottenne il Premio Diaghileff 1956, fu un'esperienza spettacolare importante e significativa degli interessi di Visconti, aperto alle più varie suggestioni formali che gli venivano dal palcoscenico. Come scrisse Franco Mannino: « Creammo uno spettacolo nuovo, composito, con prevalenza coreografica dove vi era inserito il canto — il ballo — il recitato ». Dell'impegno di Visconti in questo lavoro ed anche dei suoi dubbi e perplessità sulla validità estetica dell'operazione e sulle possibilità di mantenere, nell'azione coreografica, i medesimi valori drammatici e narrativi del testo manniano, si ha testimonianza dallo stesso Mannino, il quale scrisse:

« Mi ricordo quanto fosse nervoso, quasi come un leone in gabbia, nei momenti prima del nostro incontro con Thomas Mann. L'incontro, a Roma, avveniva perché Mann voleva rendersi conto di come avevamo trasposto per il Teatro Lirico il suo *Mario e il Mago*. Visconti gli illustrò il libretto e gli precisò i suoi intendimenti per la regìa. Mann, dopo aver seguito attentamente, disse rivolto a Luchino: "Ho meditato molto anch'io; ero pervenuto alle Sue identiche conclusioni". E ancora aggiunse: "Lei è un grande uomo di teatro ed io sono tranquillo". Poi lesse tutto lo spartito ed esaminò anche la partitura d'orchestra. "Sono veramente felice, perché ero terrorizzato che aveste risolto il mio lavoro in chiave espressionista... mai espressionismo nei miei lavori" ».

L'impianto scenografico e drammaturgico, fra realismo e ironia, la stessa partitura musicale, eclettica

quanto basta per suggerire un'atmosfera realistica e al
tempo stesso una riflessione critica, l'azione mimica e
danzante continuamente riportata a valori naturalistici, conferirono di fatto allo spettacolo una dimensione
non certo espressionistica. Come scrisse argutamente
Eugenio Montale:

> « Dando il merito ch'è dovuto ai singoli collaboratori si può
> dunque dire che abbiamo assistito a un lavoro di cui è autore in
> parte preponderante il Visconti, il quale vi ha profuso il suo
> gusto del *faisandé*, la sua sapienza di eccezionale salsamentario e
> un senso caricaturale assai vivace, senza dimenticare mai le sue
> inclinazioni realistiche, ma pur tenendo d'occhio la pittura di
> Chagall (le biciclette che volano) e quella del doganiere Rous-
> seau ».

Era insomma uno spettacolo non certo « evasivo »,
frutto di un lungo processo di avvicinamento al testo
di Mann, d'un reale interesse di Visconti e di Mannino a sperimentare una nuova forma di dramma in cui
l'elemento narrativo e simbolico-caricaturale doveva esserne la struttura portante. Non si dimentichi che il
progetto risaliva addirittura al 1951, quando essi acquistarono da Mann i diritti per « comporre uno spettaco-
lo-balletto traendolo dalla sua novella *Mario e il mago* », come si può leggere nel contratto sottoscritto dallo stesso Mann, datato 27 agosto 1951.

Anche attraverso questa esperienza di palcoscenico
inconsueta, e passando per una serie di proposte nel
campo del melodramma che non ebbero seguito ma continuamente stimolarono Visconti sul terreno non facile della regìa lirica, egli pervenne finalmente, nel
1954, alla grande e impegnativa prova della *Vestale*, e
questa prova significò, non soltanto per lui e per il
suo lavoro futuro, ma anche per la storia della messin-

scena di opere liriche in Italia e fuori, in direzione d'un radicale superamento delle convenzioni sceniche, una vera e propria « rivoluzione ». Come scrisse Fedele D'Amico nel saggio citato:

« Sulle vicende delle regìe d'opera proposte a o da Visconti prima del suo debutto effettivo su questo terreno alla Scala il 7 dicembre 1954 non tutto ci è noto. Ma quel che ci è noto è inequivoco. Chi dalle inclinazioni allo sfarzo manifestate da Visconti sulle scene di prosa, basti pensare all'*Oreste* o a *Rosalinda*, aveva immaginato di sedurlo col barocco veneziano dell'ultimo Monteverdi, era rimasto deluso; e così chi gli aveva proposto, con Pizzetti, il "dramma musicale", garantito da cantanti presentati come docili "attori". Immutabilmente Visconti aveva chiesto, o accettato, soltanto quel tipo di opera in musica che dal teatro di prosa segna la distanza massima: il "melodramma ottocentesco" ».

E dopo aver illustrato brevemente la storia e l'estetica del melodramma e tracciatone schematicamente l'evoluzione della messinscena in Italia nel quindicennio precedente al 1954, il D'Amico conclude:

« Se il "melodramma ottocentesco" aveva da considerarsi il parco nazionale delle abitudini consacrate, appunto l'inamovibilità di queste abitudini doveva garantire quella del suo successo; dunque la regìa, fenomeno per definizione nuovo, andava tenuta alla larga. Invece Visconti, il decadente Visconti, il proustiano, il conte Visconti, appunto il melodramma ottocentesco cercava. E lo trovò, con conseguenze rivoluzionarie ».

Alla base della nuova esperienza teatrale viscontiana c'è non soltanto il grande amore per il melodramma, coltivato fin dagli anni dell'infanzia, il « mito » della Scala e la stessa tradizione operistica e musicale della famiglia, e più in generale la sua profonda cono-

scenza della musica in tutte le sue forme, ma anche
l'incontro che egli ebbe con Maria Callas, un soprano
che seguì attentamente di opera in opera, di personaggio in personaggio, quasi fosse l'incarnazione di un
suo particolare e personale modello di « diva », nell'accezione che lo stesso Visconti intendeva quando parlò
di raro, stravagante, eccezionale che, nella moderna mitologia dello spettacolo, la diva doveva e poteva appunto incarnare. Si è già avuto occasione di citare la testimonianza di Franco Zeffirelli a riguardo di una memorabile rappresentazione del *Trovatore* alla Scala nell'inverno del 1952. In quell'occasione, pare che Visconti
sia intervenuto personalmente a correggere una posizione della protagonista all'inizio del quarto atto, la scena cioè che egli inserì nella sequenza d'apertura di
Senso. Ricorda appunto Zeffirelli: « ... più tardi alla interprete sublime di quella Leonora, che era la Meneghini
Callas, raccomandò di venire più avanti in quel momento dell'opera, il più avanti possibile, fino a sfiorare
la ribalta. La cantante seguì il consiglio e alla recita
successiva il quadro era completo. Visconti sembrò
davvero soddisfatto ».

C'era, in altre parole, una sorta di duplicità di interessi e di volontà nel desiderio di affrontare la regìa di
opere liriche, dopo la lunga e proficua consuetudine
che Visconti aveva stabilito con il cinema e col teatro
di prosa. Da un lato quell'amore per il melodramma
di cui s'è detto, e tutti i problemi di messinscena che
ne potevano derivare sul piano tecnico ed espressivo,
dall'altro la forte attrattiva che poteva avere su di lui
il dirigere una cantante come la Callas, da cui poteva
far uscire le potenzialità drammaturgiche che ella indubbiamente aveva e che non sempre erano sfruttate,

da lei e dai suoi registi, nel migliore dei modi. Un'attrattiva che non era ovviamente solo di gusto o di piacere estetico, ma che coinvolgeva direttamente il suo mestiere di uomo di spettacolo, interessato come pochi alla sperimentazione continua con l'attore e sull'attore, vero centro drammatico dell'intera rappresentazione.

Nel caso della Callas, come precedentemente nel caso della Magnani in *Bellissima*, si trattava di una sorta di « mostro sacro » dell'interpretazione, che poteva essere per lui estremamente stimolante smontare e rimontare secondo le sue proprie concezioni della recitazione e di quel rapporto strettissimo fra personaggio, interprete ed essere umano, che era stato alla base di tutta la sua teoria dello spettacolo cinematografico e teatrale. Sperimentando questo nuovo intervento sull'attore-personaggio nel contesto di un melodramma, molto più rigido formalmente d'una commedia o d'una sceneggiatura, Visconti si doveva porre nuovi e più complessi problemi di regìa, nel senso di un diverso rapporto col testo (musica e parole) e con la recitazione (dizione e gestualità), al di fuori delle regole tradizionali della messinscena d'opera che egli rifiutava decisamente. Niente di più interessante e foriero di molteplici indicazioni spettacolari che fare questo esperimento con la Callas e col melodramma italiano dell'Ottocento: due elementi portanti, sul piano della recitazione e su quello del testo, del modello di spettacolo lirico ancorato a una rigida tradizione.

Maria Meneghini Callas si era andata affermando nei primissimi Anni Cinquanta per alcune sue memorabili interpretazioni che, partendo da un *Parsifal* e da una *Aida* in cui tratteggiava con vigore le parti di

protagonista, erano giunte agli altissimi livelli espressivi e drammatici dei *Vespri siciliani*, della *Norma*, del
Ratto dal serraglio, dei *Puritani*, di *Medea*, passando
da Wagner a Verdi a Bellini a Mozart a Cherubini, in
un crescendo davvero eccezionale. Il pubblico e la critica ne erano entusiasti, il successo cresceva a mano a
mano che i suoi personaggi si andavano imponendo
nel panorama, non certo sguarnito, delle grandi interpretazioni liriche del tempo. Stava veramente nascen-
do un « fenomeno Callas », con tutte le conseguenze
del caso sul piano dell'arte e del costume, fra professionismo e mondanità, coscienza critica e moda.

In questa prospettiva « divistica », al di là delle
sue obbiettive capacità vocali e musicali, l'interesse di
Visconti per la Callas era quanto mai giustificato, rientrava pienamente nei suoi progetti di teatro globale,
anche a non voler tener conto d'un possibile rapporto
personale, di simpatia e d'amore, che nel corso degli
anni si andò stabilendo fra la cantante e il regista.
Come ebbe a ricordare egli stesso:

« Ero un suo ammiratore da parecchi anni, fin da quando
aveva cantato Kundry [nel *Parsifal*] e Norma a Roma. Ad ogni
replica prenotavo un palco e applaudivo come un matto. Le
mandai dei fiori e infine ci incontrammo. Era grassa, ma in scena
bellissima. Mi piaceva la sua grassezza, che la rendeva così
imponente. Già allora era un fenomeno, la sua presenza scenica
era elettrizzante. Dove aveva imparato? Evidentemente da sola.
Ma con *La Vestale* cominciai sistematicamente a perfezionare la
sua mimica. Presi esempi dalle grandi attrici tragiche francesi e
dal modo di gestire di certi bassorilievi e vasi greci. Oggi qualche
cantante cerca di imitare il gesto callasiano, ma è una follia: con
il suo lungo collo, il suo corpo, le sue braccia, le sue dita, Maria
era inimitabile. A un certo punto sembrava si fosse innamorata
di me. Era una sciocchezza, tutta nella sua testa ».

4 *Il problema della messinscena operistica*

All'indomani della prima della *Vestale* alla Scala la critica si divise, ancora una volta, in due schiere, ma forse con minore polemica, quasi che la regìa viscontiana, attesa da molti e temuta da altrettanti, non avesse, a ben guardare, provocato il pubblico: si fosse mantenuta, in altre parole, entro schemi sostanzialmente accettabili. Si criticò l'interpretazione scenografica neoclassica come tentativo non corretto di unificare palcoscenico e platea e di fare dell'uno e dell'altra due elementi concomitanti e quasi interscambiabili dello spettacolo, e Teodoro Celli sul « Corriere Lombardo » scrisse: « E il fasto delle "toilettes", in platea e nei palchi, si connetteva strettamente al fasto dei costumi, all'oro delle insegne, al luccichio dei gioielli, là, sulla scena. Sembrava una "trovata". E invece è stato un errore... ». Si criticò, in larga misura, tutta l'impostazione della regìa che, secondo alcuni, si sovrapponeva al testo musicale, pur rilevandone le varie possibilità spettacolari; ma ci fu anche chi seppe cogliere appieno le intenzioni di Visconti e apprezzò il suo tentativo in gran parte riuscito di fare della *Vestale*, scenicamente parlando, un'opera complessa e articolata, in cui andavano fusi e integrati i due piani dello spettacolo esteriore e magniloquente e del dramma interiore e appassionato. Fedele D'Amico scrisse sul « Contemporaneo »:

« Al contrario di tutti i debuttanti provenienti dalla prosa, Visconti non si è lasciato cogliere dall'ansia di riempire la scena di movimento, ben sapendo che nelle opere la scena il più delle volte è già riempita in partenza dalla musica, per nove decimi. Al tempo stesso ha evitato l'altro errore intellettualistico, quello di voler distruggere la "retorica del melodramma", accettando invece francamente la convenzione in pieno, ricostituendo addirittura il proscenio, e lasciando tenori i tenori».

Era proprio questo il progetto registico ch'egli aveva per la prima volta sperimentato con *La vestale*: mantenere il carattere proprio dell'opera, collocandola storicamente nel suo tempo e rivelandone scenicamente le tensioni drammatiche, e depurarne la messinscena da tutti quegli orpelli che la tradizione del melodramma e la cattiva abitudine dei teatri lirici italiani e del loro pubblico abituale avevano introdotto. Si trattava, ancora una volta, di fare spettacolo come egli sempre l'aveva inteso, cioè di svolgere coerentemente un discorso scenico che coinvolgesse lo spettatore e lo mettesse di fronte alla sostanza del dramma, giocando abilmente sul duplice fronte della corretta interpretazione, anche filologica, del testo e della sua rappresentazione in modi e forme attuali, appunto coinvolgenti. Nel caso dell'opera lirica, il coinvolgimento non poteva che essere offerto dalla musica, ma occorreva che essa fosse sostanziata, sul palcoscenico, in una « realtà » spettacolare che integrasse il piano musicale in quello scenico, che facesse dell'uno e dell'altro, senza prevaricazioni, una unità espressiva coerente.

Questo tentativo, teoricamente alquanto semplice e persino banale, nella sua ovvietà, ma praticamente non facile, sia per il perdurare di quella tradizione che aveva ridotto il palcoscenico a una sorta di palestra per l'esibizione vocale dei singoli cantanti, sia per l'obbiettiva difficoltà di coordinare la recitazione drammatica, in un contesto scenografico molto elaborato, con lo svolgimento musicale del discorso, Visconti lo portò a completa maturazione con *La sonnambula* e con *La*

traviata, andate in scena rispettivamente il 3 marzo e
il 28 maggio 1955 alla Scala, che costituiscono insieme alla *Vestale* una sorta di trilogia viscontiana estremamente coerente, nonostante la diversità delle singole opere.

Postosi sulla strada dell'accettazione integrale delle
regole compositive e drammaturgiche proprie dell'opera lirica, Visconti doveva questa volta fare i conti con
due musicisti, come Bellini e Verdi, che ben più di
Spontini rappresentarono la quintessenza del melodramma italiano dell'Ottocento: tanto nella *Sonnambula* quanto nella *Traviata*, sia pure in due differenti
registri espressivi, si possono infatti riscontrare, pienamente dispiegati, tutti gli elementi spettacolari (nel
più ampio significato del termine) che fanno d'un'opera lirica un melodramma italiano, nella sua accezione
storico-formale. È ancora Fedele D'Amico a sottolineare con chiarezza le intenzioni viscontiane, la loro legittimità artistica e culturale, la loro validità:

« L'atteggiamento di Visconti è ormai pacificato, sgombro di
complessi, intento a prendere l'opera italiana per quello che è ,
senza compiacimenti e senza vergogne. Visconti non cerca di
dissimulare il "ridicolo", come non cerca di polemicamente
sottolinearlo; e accetta le convenzioni melodrammatiche tranquillamente, come premessa ineliminabile di un certo tipo di
musica, che appunto da quelle trae il suo rilievo specifico, e a cui
spetta, in proprio, l'ultima parola ».

All'interno di questo progetto registico, che si richiamava alla sua precedente attività nel campo del
cinema e del teatro di prosa, quasi depurandola degli
elementi ridondanti per giungere all'essenzialità di
una messinscena cadenzata sui giusti ritmi d'un testo
(musicale) che non ammette interferenze temporali, ci

fu tuttavia l'intendimento, non mai rinnegato da Visconti, di calare personaggi e ambienti in una dimensione « realistica » che ne accentuasse la drammaticità e la verosimiglianza, nonostante le convenzioni sceniche proprie del melodramma. Già nella *Vestale*, col richiamo esplicito all'epoca napoleonica e col « realismo » delle scenografie, egli aveva lavorato sui due livelli storiografici dell'opera di Spontini: da un lato la società francese del primo Ottocento che l'accolse trionfante (l'opera venne data a Parigi nel 1807), dall'altro la romanità dell'ambiente in cui si svolge la vicenda. Nella *Sonnambula* egli tentò la fusione del gusto e della cultura di Bellini, di quel suo mondo ancora in parte arcadico e idilliaco, con la realtà della società in cui visse, in un equilibrio sottile tra realismo di rappresentazione e nostalgia di intenti, convenzioni melodrammatiche e concezione scenografica dello spettacolo, affidato a un pittoricismo di maniera che tendeva a collocare la storia sullo sfondo d'un paesaggio del tutto memoriale. Nella *Traviata* infine, che egli volle ambientare non esattamente negli anni in cui si svolge la vicenda di Verdi e di Dumas, ma circa trent'anni dopo per renderla più vicina a noi, più contemporanea rispetto a una società ormai totalmente « storicizzata », il problema del realismo fu al centro dei suoi interessi e delle sue preoccupazioni.

Non ci fu insomma, come d'altronde non c'era stato nelle precedenti sue regìe di prosa, un unico modello scenico da applicare o da rielaborare nei diversi aspetti offerti o suggeriti dai testi da mettere in scena. Ci fu piuttosto un progetto, questo sì unico e approfondito, che doveva sorreggere e coordinare i vari modelli formali, attento sempre a inquadrarli storicamente e

filologicamente e al tempo stesso a utilizzarli come stimolo all'attenzione e alla partecipazione del pubblico.
In questo progetto, non mai rigido quasi fosse il risultato di una severa impostazione teorica e metodologica (lontana dalla mentalità e dalla professionalità di
Visconti), ma frutto piuttosto di un grande intuito
spettacolare e di un profondo amore per la materia e
una vasta conoscenza della medesima, l'interpretazione della musica, o meglio delle possibilità drammaturgiche e sceniche di un testo musicale aperto ai contributi individuali dei singoli cantanti e alle suggestioni della moda e del costume sociale, doveva concretarsi innanzi tutto in un diverso rapporto fra platea e palcoscenico in modo da restituire a quest'ultimo la sua funzione primaria di vero luogo « scenico ». Il rischio poteva essere quello di trasferire appunto al palcoscenico
il maggiore interesse dello spettacolo, a scapito della
musica, che avrebbe potuto assumere, in alcuni casi, la
funzione secondaria di supporto sonoro alla rappresentazione. Ma il rischio bisognava correrlo se si voleva
rompere, una volta per tutte, le convenzioni sceniche
e drammaturgiche dell'opera lirica e ridare a quest'ultima quell'aspetto propriamente spettacolare che fa tut-
t'uno con l'aspetto musicale.

Nell'interpretazione che Visconti diede alle tre opere da lui messe in scena alla Scala nella stagione
1954-55, stando almeno alle critiche più severe, questo rischio ci fu e si configurò, a volta a volta, in una
mancata integrazione di musica e scenografia, in una
certa invadenza di quest'ultima — intesa nel suo più
ampio significato spettacolare — nell'economia dell'o-
pera, in una accentuazione di elementi secondari o
non prettamente musicali, o addirittura in travisamen-

ti filologici e scorrette letture drammaturgiche. E se *La vestale* fu accolta, dagli oppositori, con una certa cautela, questa venne sempre meno a riguardo della *Sonnambula* e soprattutto della *Traviata*, che fu giudicata da più parti severamente e suscitò, più delle altre, un vero e proprio scandalo. Tanto che di quella edizione, diretta da Carlo Maria Giulini e interpretata da Maria Meneghini Callas e Giuseppe Di Stefano nelle parti di protagonisti, si parlò a lungo come di un caso pressoché unico e irripetibile nella storia della messinscena lirica e in quella del Teatro alla Scala. Nel bene o nel male, a seconda se la si considerava con gli occhi rivolti al passato o invece al futuro, *La traviata* che Visconti portò alla Scala alla fine del maggio del 1955 segnò una data memorabile: le polemiche che accese non si placarono in fretta e la questione fondamentale di come si dovrebbe mettere in scena un'opera lirica, anziché risolversi, si fece ancor più intricata e complessa, rispolverando vecchie diatribe che si pensava fossero ormai sepolte.

Scriveva Teodoro Celli sul « Corriere Lombardo », proseguendo la sua accesa polemica antiviscontiana: « La musica verdiana ridotta a "colonna sonora" d'un film per la regìa di Luchino Visconti. Che ci importa che il regista abbia mirato a Dumas? A Verdi doveva guardare; Violetta non è la copia in musica di Margherita; ma nuova e diversa e autonoma creazione ». E rincarava la dose pochi giorni dopo su « Oggi », in un articolo dal significativo titolo *È apparso alla Scala un mostro a due teste*, scrivendo:

« Luchino Visconti ha fatto proprio questo: ha messo in scena la "vicenda" della *Traviata* non con lo scopo di *servire* la musica verdiana ma per realizzare un autonomo dramma, a cui la musica potesse valere, tutt'al più, da commento. C'è riuscito: è riuscito, intendiamo, a dar vita a un brutto e veristico e volgare dramma scenico, avvilendo implicitamente la musica all'ufficio di umile collaboratrice ».

Ritornava, per altra via, la critica al realismo di Visconti, che in precedenza si era appuntata sui suoi film (a cominciare da *Ossessione*) e sulle sue regìe teatrali: una critica che mal tollerava il suo tentativo, anzi il suo dichiarato proposito, di portare la vita nell'arte, di dare una consistenza quotidiana, profondamente ancorata alla realtà contemporanea, ai personaggi della poesia e della musica, di coinvolgere il pubblico nell'intricata rete di rapporti fra sentimenti e idee, non genericamente rappresentati, ma individuati ed espressi nel vivo di uno spettacolo estremamente corposo, concreto, appunto « realistico ». Con *La traviata* questo realismo si calava in una interpretazione, che altri giudicarono corretta e criticamente stimolante (a cominciare da Fedele D'Amico), la quale seppe mostrare, anche scenicamente, il realismo verdiano, rendendone attuale il contenuto pur mantenendo inalterato il contesto artistico e culturale suo proprio. Quasi che Visconti avesse finalmente trovato in Verdi, nell'amato Verdi della *Traviata* e delle altre opere coeve, quegli elementi realistici che egli da anni andava cercando, e spesso trovando, nei soggetti dei suoi film e delle sue regìe teatrali.

Ma il problema della messinscena di opere liriche non era né poteva essere per Visconti fine a se stesso; anzi, per certi aspetti, esso si poneva come punto d'arrivo di una lunga ricerca espressiva. Quando egli dichiara di voler « stabilire una verità filologica, storica e drammatica e cercare di raggiungere questo ideale di

spettacolo completo che è appunto il melodramma, immagine-compendio di quello che è la vita », non esprime
soltanto un pensiero circa la propria concezione della
messinscena lirica, ma anche una vera e propria estetica della rappresentazione, una sorta di *summa* della
sua concezione dell'arte. Il melodramma, in questa prospettiva, assume il carattere e la funzione del *Gesamtkunstwerk* wagneriano, quell'opera d'arte totale che doveva coinvolgere l'uomo nella sua totalità, immergendo-
lo nella globalità dello spettacolo. Più del cinema, più
del teatro di prosa, il melodramma è per Visconti
l'« immagine-compendio di quello che è la vita », una
straordinaria trasposizione in termini visivi e sonori
della complessità del vivere quotidiano: una partecipazione diretta al realismo dei fatti ma anche alla loro
metafora artistica che si evidenzia nel passaggio impercettibile dalla « verità » della presenza degli attori sul
palcoscenico alla « finzione » della struttura del melodramma con le sue convenzioni sceniche e la rigidità
degli schemi drammaturgici.

Ciò che si può osservare, e apparentemente incurio-
sisce o stupisce, è che non a Wagner Visconti pensa
nella sua teoria e pratica della messinscena di opere
liriche, ma a Verdi, per l'opera del quale non è possibile ovviamente parlare di *Gesamtkunstwerk*. Ma forse
è proprio la mancanza di una complessa e articolata
struttura melodrammaturgica in senso wagneriano, riscontrabile non soltanto in Verdi ma negli operisti italiani in generale, a fare di questi melodrammi (nel senso italiano del termine) il terreno privilegiato per la
sperimentazione di una regìa creativa che si propone
di integrare i vari livelli della rappresentazione basandosi su un testo musicale sostanzialmente « aperto »,

almeno a riguardo dei vari modelli interpretativi succe-
dutisi nel corso di più d'un secolo. In altre parole, Visconti affrontò l'opera di Verdi — e di Spontini, Bellini, Donizetti, per tacere di Puccini e di qualche musicista straniero — per ricostituirne in certo senso la mo-
nolitica unità espressiva, cioè la struttura totalizzante,
sovvertendo radicalmente gli schemi interpretativi (sul
piano scenico) tramandati da una particolare tradizione
melodrammatica. In questo senso la teoria wagneriana
dell'opera d'arte totale, non accettata o praticata da
Visconti nel contesto artistico e culturale di quella particolare esperienza etica ed estetica — egli non mise
mai in scena un'opera di Wagner, e quando ne volle
tracciare un ritratto in *Ludwig* riuscì soltanto a farne
una caricatura —, fu da lui applicata, a modo suo naturalmente, nei confronti del melodramma italiano del-
l'Ottocento, ricondotto nell'ambito di quell'immagine-
compendio della vita, che era l'idea che egli si era
sempre fatta dell'opera lirica.

5 Se tutto è spettacolo

In un ampio articolo dedicato alla sua carriera teatrale, pubblicato sull'«Europeo» nel 1966, Luchino
Visconti scrisse:

«Cinema, teatro, lirica: io direi che è sempre lo stesso
lavoro. Malgrado l'enorme diversità dei mezzi usati. Il problema
di far vivere uno spettacolo è sempre uguale. C'è più indipendenza e libertà nel cinema, ovviamente, e nel cinema il discorso
diventa sempre molto personale: si è molto più autori facendo
un film, anche se si tratta di un film di derivazione letteraria. Ma
bisogna anche dire che il cinema non è mai arte. È un lavoro di
artigianato, qualche volta di prim'ordine, più spesso di secondo
o di terz'ordine».

È un'affermazione che può stupire, anche perché è proprio ai suoi film che la fama di Visconti è oggi legata e sono essi a darci pienamente la dimensione della sua arte e della sua poetica; ma è un'affermazione che va meditata, perché contiene un'indicazione interpretativa non trascurabile. C'è in essa la contrapposizione fra arte e artigianato, fra prodotto dello spirito e prodotto della tecnica, che — al di là d'ogni considerazione critica di natura estetica — conferma l'opinione che Visconti sia stato prima d'ogni altra cosa un eccellente uomo di spettacolo, organizzatore incomparabile di rappresentazioni sceniche (sullo schermo o sul palcoscenico), e non già un artista, cioè un creatore di forme autonome, di opere irripetibili e uniche.

Pertanto — ed è lo stesso Visconti a dirlo — la sua funzione di « far vivere uno spettacolo » non può che manifestarsi appieno in teatro dove il rapporto con gli attori e col pubblico è diretto, immediato, veramente coinvolgente, non mediato da una tecnica che in certo senso ne raggela l'autenticità, come accade nel cinema. Se tutto è spettacolo, e lo spettacolo è l'immagine-compendio della vita, questo grande rito di trasformazione e di metaforizzazione del reale non può che avvenire su un palcoscenico, davanti agli spettatori, che diventano obbligatoriamente i partecipanti d'un culto. Sullo schermo, il medesimo spettacolo assume ovviamente una differente dimensione estetica, il rapporto diretto si infrange, la rappresentazione si riduce a essere la riproduzione d'un rito che si svolge altrove. Questo Visconti non lo dice, e forse non lo pensava affatto, ma la rigida contrapposizione di arte e artigianato, contenuta nel suo scritto, tende a contrapporre appunto il teatro al cinema, il primo manifestazione dell'arte — di cui egli si sentiva, in quanto regista, servitore —, il secondo prodotto dell'artigianato.

Nel medesimo articolo egli scrive: « La forma forse più completa di spettacolo, secondo me, resta ancora il melodramma, dove convergono parole, canto, musica, danza, scenografia ». È anche questa una dichiarazione più di gusto che di poetica, che implica un modo d'agire più che di essere e di pensare, ed è confermata da queste altre parole che seguono di poco, nel testo viscontiano, le precedenti citate: « È un lavoro cui mi dedico con entusiasmo, dopo un po' di cinema. Fare uno spettacolo d'opera per me è sempre un'attività molto gradevole e mentalmente riposante: poche cose mi rasserenano più della musica ». Non si dimentichi che, nel 1966, quando comparve l'articolo, egli aveva da poco messo in scena *Falstaff* dell'amato Verdi alla Staatoper di Vienna e stava preparando *Il cavaliere della rosa* di Richard Strauss per il Covent Garden di Londra, cui seguirà l'anno dopo *La traviata*, in una terza edizione dopo quella del 1955 e quella del 1963, sempre al Covent Garden. Né si dimentichi che, dopo la trilogia scaligera della stagione 1954-55, Visconti aveva messo in scena *Anna Bolena* di Donizetti (alla Scala nel 1957), *Ifigenia in Tauride* di Gluck (alla Scala nel 1957), *Don Carlo* di Verdi (al Covent Garden nel 1958), *Macbeth* di Verdi (a Spoleto nel 1958), *Il duca d'Alba* di Donizetti (a Spoleto nel 1959), *Salome* di Strauss (a Spoleto nel 1961), *La traviata* (a Spoleto nel 1963), *Le nozze di Figaro* di Mozart (al Teatro dell'Opera di Roma nel 1964), *Il trovatore* di Verdi (al Teatro Bolscioi di Mosca nel 1964 e, in un'altra edizione, al Covent Garden il medesimo anno), *Don Carlo* (al Teatro dell'Opera di Ro-

ma nel 1965), oltre al balletto su musiche di Hans
Werner Henze *Maratona di danza* (alla Städtische
Oper di Berlino nel 1957) e alla commedia storico-pastorale sua e di Filippo Sanjust ed Enrico Medioli su
musica di Franco Mannino *Il diavolo in giardino* (al
Teatro Massimo di Palermo nel 1963). Un'attività più
che decennale nel campo del teatro lirico, in particolare del melodramma italiano, che implicava, al di là del
gusto personale, un preciso atteggiamento estetico e artistico da parte di Visconti nell'ambito di quella poetica dello spettacolo, genericamente inteso, che egli aveva elaborato nel corso della sua carriera cinematografica e teatrale.

Non è forse il caso in questa sede di analizzare
partitamente le singole messinscene di opere liriche realizzate da Visconti in un ventennio di intensa attività,
dalla *Vestale* del 1954 alla *Manon Lescaut* del 1973,
considerata da molti una delle vette della sua arte registica. Da un lato non si potrebbero che ripetere le
critiche positive o negative che accompagnarono i vari
spettacoli, dall'altro non se ne ricaverebbe materiale
ulteriore (salvo qualche eccezione) per un'analisi complessiva della sua posizione teorica e pratica nei confronti del melodramma, e più in generale del teatro
d'opera. Semmai potrebbe essere interessante seguire
le sue scelte in questo campo, di anno in anno, in
rapporto agli altri campi del suo lavoro indefesso, come il cinema e il teatro di prosa. Se ne avrebbe un
quadro di riferimento non inutile per gli indubbi legami, interferenze, associazioni, contrasti, filiazioni e variazioni che uniscono l'una all'altra le regìe viscontiane, all'insegna di quello che può essere definito un suo
motto: « Il problema di far vivere uno spettacolo è

sempre uguale », che non va disgiunto da quest'altro: « C'è un solo modo di valutare un testo teatrale, ed è la verifica che si fa su un palcoscenico ».

Si potrà allora osservare che, se il grande impegno artistico di *Senso* fu alla base anche della trilogia scaligera composta da *La vestale, La sonnambula* e *La traviata*, altre messinscene si collocarono invece in posizione eccentrica o contraria e comunque diversa rispetto al suo lavoro nel cinema e nel teatro di prosa. Alle prime tre opere liriche rispettivamente di Spontini, Bellini e Verdi, fecero seguito, sul palcoscenico, *Il crogiuolo* di Arthur Miller e *Zio Vania* di Anton Cecov e poi, dopo l'intermezzo del balletto *Mario e il mago*, ricavato, come si è detto, dall'omonimo racconto di Thomas Mann, *Contessina Giulia* di August Strindberg, che anticipa di pochi mesi la messinscena scaligera dell'*Anna Bolena* di Gaetano Donizetti, un ritorno in pieno al melodramma italiano dell'Ottocento secondo i moduli artistici e culturali già sperimentati nelle precedenti regìe liriche. Ma nel medesimo anno, il 1957, ci furono le scorribande nel Settecento di Christoph Willibald Gluck (*Ifigenia in Tauride*) e di Carlo Goldoni (*L'impresario delle Smirne*), la rilettura cinematografica di Dostoevskij (*Le notti bianche*) e un nuovo esperimento di balletto, *Maratona di danza* su musiche di Hans Werner Henze, che riprendeva e sviluppava in altra direzione contenutistica e formale il modello di *Mario e il mago*. Per tacere degli anni seguenti, sino al 1960 — che segna o almeno parve segnare il grande ritorno al realismo con *Rocco e i suoi fratelli* e con *L'Arialda* di Giovanni Testori —, in cui si andarono affiancando *Uno sguardo dal ponte* di Arthur Miller e *Don Carlo* e *Macbeth* di Giuseppe Verdi, la serata commemorativa *Immagini e tempi di Eleonora Duse* e *Veglia la mia casa, Angelo* di Katti Frings, dal romanzo omonimo di Thomas Wolfe, *Deux sur la balançoire* (*Two for the see-saw*) di William Gibson e *I ragazzi della signora Gibbons* di Will Glickman e Joseph Stein, *Figli d'arte* di Diego Fabbri e *Il duca d'Alba* di Gaetano Donizetti.

Può sembrare, e in parte è, un panorama alquanto eclettico e dispersivo di lavori, più o meno impegnativi, che spaziano da un genere all'altro, senza seguire, apparentemente, un programma rigoroso di ricerca, che non sia forse quello della continua sperimentazione di modi e forme spettacolari: sperimentazione, si badi bene, sempre all'interno di una teoria e una pratica del teatro e del cinema sostanzialmente chiusa, o almeno scarsamente influenzabile dalle nuove tendenze che, tanto in cinema quanto in teatro, si andavano affermando proprio in quegli anni. Eppure, a ben guardare, questo eclettismo, come già si è avuto occasione di dire, era il frutto di una generale visione dei problemi della spettacolarità implicante una varietà e vastità di scelte operative che andavano al di là di un rigido schematismo vuoi contenutistico vuoi formale. Visconti perseguiva, come aveva sempre perseguito, un progetto di spettacolo globale, in cui l'azione scenica, intesa nel più ampio significato del termine, poteva di per sé coinvolgere lo spettatore anche al di là del testo, o meglio rivelando di quest'ultimo le caratteristiche peculiari nel senso della spettacolarità e confrontandole con la sensibilità contemporanea, ovviamente nell'ambito di come le sapeva cogliere egli stesso.

La frequentazione dei classici e dei contemporanei, l'interpretazione personale, ma non arbitraria, degli uni e degli altri, la sperimentazione dei mezzi scenici in differenti contesti drammaturgici e in ambiti artistico-spettacolari diversi e spesso lontani, quali il teatro di prosa, il teatro lirico, il cinema, richiedevano, in realtà questo « eclettismo »: esso ne era sostanzialmente il supporto teorico. Se il modo per valutare un testo è la verifica che si fa sul palcoscenico, è proprio questa verifica che interessava particolarmente Visconti, continuamente stimolato dalle suggestioni d'una commedia o d'un melodramma tanto per il contenuto reale dell'opera quanto, e forse più ancora, per le possibilità sceniche che se ne potevano ricavare. In questo senso — e forse solo in questo senso — l'accusa che gli si rivolse di formalismo, di estetismo, più di quella di eclettismo, può essere giustificata, almeno in parte: nel senso cioè che l'attenzione predominante alle questioni spettacolari, di tecnica rappresentativa e di soluzioni sceniche, rischiò di portare Visconti regista sul piano della contemplazione formale, d'un piacere puramente estetico. Quando si trattava, e spesso si trattò, d'un problema più complesso, in cui forma e contenuto non potevano, in ogni caso, rimanere disgiunti.

Per quanto concerne più specificamente il melodramma, stando alle sue stesse dichiarazioni e analizzando partitamente le singole messinscene, è da vedere fin dove il suo atteggiamento di « servitore » della musica si potesse conciliare con le sue esigenze impellenti di uomo di spettacolo. In una lettera di Visconti a Franco Mannino del 29 ottobre 1966, egli scriveva: « Guarda che io non ho mai sacrificato la musica nei miei allestimenti operistici ma anzi — mi sono sempre preoccupato di *servirla* »; nel medesimo anno confermava, nell'articolo citato sulla sua carriera teatrale, non soltanto la sua predilezione per il melodramma, ma anche il suo giudizio categorico che l'opera lirica fosse lo spettacolo completo per eccellenza. Era chiaro che il servire la musica significava per lui reintrodurla nel circuito dello spettacolo, farne la parte fondamentale, ma non esclusiva, della rappresentazione scenica, perché proprio questa rappresentazione era il momento di massima coesione e integrazione di tutti gli elementi strutturali dello spettacolo totale. In questa prospettiva non solo la scenografia e i costumi, ma il gesto, il movimento, l'atteggiamento degli attori-cantanti, coordinati da una regìa per certi versi inflessibile e rigida nell'assoluto dominio dei materiali scenici (attori compresi), avevano una funzione e un significato, se non superiori alla musica, pari ad essa: ne dovevano costituire la « visualizzazione », non trascurabile o secondaria, ma importante, addirittura indispensabile, per la realizzazione piena e totale del contenuto drammaturgico-musicale dell'opera.

Se si vuole, Visconti applicava, aggiornandole e personalizzandole, le « disposizioni sceniche », cioè le regole di regìa, elaborate quasi cent'anni prima da Giuseppe Verdi, come risultano dalle note da lui apposte al libretto dell'*Aida* per l'esecuzione dell'opera alla Scala nel 1872, attentamente studiate e commentate recentemente da Luciano Alberti. Nella *Disposizione scenica per l'opera « Aida » compilata e regolata secondo la messa in scena del Teatro alla Scala da Giulio Ricordi*, che di quelle note verdiane può essere considerata una sorta di stesura trattatistica, si può leggere:

« Il direttore di scena badi soprattutto a che ogni cosa sia regolata militarmente. — E a conclusione del discorso: — E nel chiudere queste indicazioni sceniche, non posso ristarmi dal raccomandare a tutti coloro che sono preposti alla messa in scena, di non trascurare ogni benché minimo dettaglio, per quanto sembrar possa insignificante. Coi progressi attuali del dramma musicale, qualunque movimento ha la sua ragion d'essere, e non sono permesse le antiche convenzionalità sceniche ».

Che era un modo preciso e non equivoco di conferire al « dramma musicale » quella completezza spettacolare che risiedeva tanto nella musica quanto nelle parole, nei gesti, nei movimenti, nelle scenografie, nei costumi ecc., secondo il nuovo indirizzo della messinscena teatrale (e l'influenza wagneriana), che tendeva a fare della rappresentazione scenica il nuovo modello dell'opera d'arte globale.

Si noti tuttavia che Visconti, nel recuperare Verdi contro Wagner, cioè il melodramma italiano dell'Ottocento contro il dramma musicale wagneriano, recupera anche il libretto d'opera inteso in certo qual senso come sceneggiatura cinematografica, struttura portante, sul piano drammaturgico, della messinscena. E se è vero che il libretto, strettamente connesso con la musica, ne costituisce il nerbo narrativo e dialogico, è altrettanto vero che esso fornisce anche tutta una serie di indicazioni sul piano rappresentativo, scenografico, ambientale, recitativo ecc. È insomma un elemento di primaria importanza per la definizione spettacolare del melodramma. In questa prospettiva formale, libretto e partitura musicale formano un tutto inscindibile, che consente la realizzazione di quella « finzione » scenica che, diversa in molti punti dalla finzione del teatro di prosa, è uno degli aspetti fondamentali del melodramma. Come scrive giustamente Folco Portinari, analizzando la struttura del libretto romantico, la formula dichiarativa propria di molti libretti verdiani, a cominciare dal *Trovatore* (che non per nulla Visconti impiegò nella sequenza iniziale di *Senso*), può essere assimilata « a uno schema convenzionale di azione teatrale: in scena sono più le cose che si dicono di quelle che si fanno, ma quelle che si dicono narrano per lo più e in qualche modo di un movimento, più o meno sensibile e accelerato, che è il movimento stesso che sviluppa la trama, la fa andare avanti. Oppure stabilisce le connessioni tra un'azione e l'altra ». Ed è questo movimento, inteso nel più ampio significato di struttura drammaturgica, a stimolare Visconti nell'allestimento delle sue regìe liriche, che in tanto sono « fedeli » in quanto visualizzano scenicamente le implicazioni drammaturgiche e narrative contenute nel libretto.

« Si direbbe, dunque — continua Portinari —, che tutti gli elementi che compongono il melodramma vengano manipolati per conseguire un fine di verosimiglianza e di mimesi realistica, per rendere credibile quella finzione. Ma che d'altra parte una tensione opposta tenda a capovolgere la linea di tendenza di questa parabola ». Schematicamente parlando, si può dire che Visconti abbia seguito nelle sue regìe la strada della verosimiglianza e della mimesi realistica, trascurando spesso, se non sempre, quella opposta, quella della « innaturalezza », che per certa critica moderna è la qualità essenziale del melodramma, e forse di tutto il teatro come spettacolo. Ma l'una non esclude l'altra, anzi la implica, in un gioco sottile e ambiguo che costituisce il sottile fascino della rappresentazione teatrale. Visconti semmai, privilegiando la prima, tende a ridurre l'ambiguità a vantaggio della chiarezza, quasi didascalica o puntigliosamente filologica, della messinscena, intesa come interpretazione critica d'un testo drammatico: chiarezza che può anche essere percepita come freddezza, distacco, obbiettività, ma il più delle volte è lucida consapevolezza d'un progetto spettacolare, lungamente elaborato e sperimentato, che non si basa sulla ambiguità dei testi drammaturgici (per la loro intrinseca natura fittizia e contemporaneamente per la loro apertura verso il reale e il verosimile), ma piuttosto sul grado di realtà, comunque manipolata o reinventata, che essi contengono.

6 Miller, Cecov, Strindberg in teatro

Questa lucidità di interpretazione scenica la si ritrova, in quegli anni, in alcuni spettacoli di prosa, quali *Il crogiuolo* di Arthur Miller, andato in scena al Teatro Quirino di Roma il 15 novembre 1955, con scenografia dello stesso Visconti; *Zio Vania* di Anton Cecov, al Teatro Eliseo di Roma il 20 dicembre dello stesso anno, con scene e costumi di Piero Tosi; *Contessina Giulia* di August Strindberg, al Teatro delle Arti di Roma l'11 gennaio 1957, con scene e costumi di Visconti; *L'impresario delle Smirne* di Carlo Goldoni, al Teatro La Fenice di Venezia il 1° agosto 1957, con scene e costumi di Visconti; *Uno sguardo dal ponte* di Arthur Miller, al Teatro Eliseo di Roma il 18 gennaio 1958, con scenografia di Mario Garbuglia. Tacendo invece di *Veglia la mia casa, Angelo* di Ketti Frings, al Teatro Quirino di Roma il 10 ottobre 1958, con scenografia di Mario Garbuglia, di *Deux sur la balançoire* di William Gibson, al Théatre des Ambassadeurs di Parigi il 13 novembre 1958, di *I ragazzi della signora Gibbons* di Glickman e Stein, al Teatro Eliseo di Ro-

ma il 20 dicembre 1958, e di *Figli d'arte* di Diego
Fabbri, sempre al Teatro Eliseo il 1° marzo 1959, che
furono spettacoli non particolarmente significativi, quasi delle pause di lavoro, soprattutto se confrontati con
l'alto impegno non solo professionale da lui dimostrato
sia nelle regìe drammatiche citate più sopra, sia soprattutto in quelle di melodrammi come *Anna Bolena* di
Gaetano Donizetti, andata in scena alla Scala il 14 aprile 1957, di *Ifigenia in Tauride* di Gluck, alla Scala il
1° giugno 1957, di *Don Carlo* e *Macbeth* di Verdi,
rispettivamente al Covent Garden di Londra il 9 maggio 1958 e al Teatro Nuovo di Spoleto il 5 giugno
1958, e del *Duca d'Alba* di Donizetti, sempre a Spoleto l'11 giugno 1959.

C'è da dire che la lucidità di interpretazione scenica, in rapporto al progetto spettacolare viscontiano —
come può essere definito più attraverso lo studio delle
singole messinscene che leggendo i suoi pochi scritti e
le interviste da lui rilasciate —, non significò sempre
una corretta rilettura drammatica del testo o una sua
rappresentazione che ne cogliesse appieno le implicazioni contenutistiche e formali. Visconti, al di là delle
sue dichiarazioni in proposito, spesso utilizzò i testi
come materiale di spettacolo, componendo una propria
messinscena che si presentava, e si imponeva, a volte
nella sua autonomia espressiva. Ci fu, insomma, in
quegli anni una sorta di progressiva separazione dei
due elementi della rappresentazione teatrale — il testo
e la regìa — che precedentemente, sia pure con eccezioni e scompensi, egli aveva negato nel vivo d'una interpretazione scenica che assorbiva e integrava i vari
livelli drammaturgici.

Questa separazione, più o meno evidente a seconda

della sua adesione al testo o della fragilità drammatica del medesimo, fu causa non ultima, o conseguenza, di uno stato di crisi estetica e culturale che non è difficile far coincidere, da un lato, con un certo esaurimento della sua tensione ideale e del suo meditato studio della realtà sociale e umana contemporanea, dall'altro con la più generale situazione politica e sociale italiana, di evidente involuzione istituzionale a tutti i livelli della pubblica amministrazione, che svuotava di contenuti, impediva o rendeva inutili e improduttivi quella tensione ideale e quello studio meditato. Seppure sempre impegnato sul piano di un'alta professionalità, di un disegno politico e ideologico riscontrabile in certe prese di posizione pubbliche e più ancora in certe scelte spettacolari (di testi e di regìe), Visconti parve in quegli anni, dopo *Senso* e la trilogia scaligera, chiudersi almeno in parte in una sperimentazione formale, che corse continuamente i rischi del formalismo e dell'estetismo.

Se ne avvide anche la critica, quella più attenta alla sua opera cinematografica e teatrale e più vicina alle sue posizioni ideologiche, che denunciò in varie occasioni questi pericoli di involuzione, senza forse accorgersi — come se ne accorgerà più tardi — che il formalismo e l'estetismo, sia pure diversamente e più profondamente articolati e perseguiti, facevano parte integrante della poetica viscontiana.

Quando mise in scena *Il crogiuolo* di Miller che, come si sa, affronta il tema dell'intolleranza con chiari riferimenti alla « caccia alle streghe » che imperversò negli Stati Uniti negli anni di McCarthy (e di cui fu vittima lo stesso Miller), dando alla storia dell'isterismo collettivo e puritano in una cittadina americana del

Seicento una dimensione attuale e polemica, Visconti fece una scelta indubbiamente politica, e il dramma sollevò infatti reazioni e polemiche di natura squisitamente politica; ma fece più ancora un'operazione prettamente teatrale, nel senso della sperimentazione di una struttura scenica e drammaturgica in parte nuova rispetto alle sue opere precedenti. Presentando il lavoro, egli scrisse:

« L'intolleranza e l'odio, la paura, il fanatismo, non possono trovare a contrastarli soltanto le piccole anime dei commessi viaggiatori. Ed è per questo che qui il tono di Miller, pur rimanendo spietatamente fedele al senso diretto di una realtà sociale acutamente analizzata nei suoi caratteri e nelle sue contraddizioni più salienti, si accosta a quello di un'antica tragedia: come se lo strazio troppo a lungo contenuto esplodesse in un grido di altissima umanità ».

Su questo impianto storico-ideologico del dramma e sulle sue implicazioni « umanitarie » egli impostò la messinscena che ne accentuò gli elementi melodrammatici (in senso deteriore) volendone cogliere e rappresentare gli aspetti più autenticamente tragici. Sicché giustamente Vito Pandolfi sul « Dramma » poteva scrivere:

« Egli ha dato al dramma le migliori prospettive a cui potesse aspirare, lo ha condotto verso la tragedia. Ma ci sembra che allo spettacolo non siano mancati i lati deboli, dovuti principalmente alla non sufficiente comprensione critica, alla valutazione non sempre equilibrata del testo di Miller; Visconti ha preso tutto per oro colato: non ha saputo vedere le scorie, e quindi non ha potuto eliminarle. Ha trattato Miller come si tratterebbe Eschilo: il che va tutto a suo onore per l'impegno, ma naturalmente conferisce allo spettacolo un leggero senso di elefantiasi ».

Discorso diverso ma non opposto si dovrebbe fare per la sua edizione di *Zio Vania*, che fu quasi unanima-

mente ammirata per l'eleganza formale e la cura dei
particolari, ed anche per un certo simbolismo che aleggiava tra le maglie del dramma, conferendo all'ambiente e ai personaggi una dimensione universale, astorica
(pur avendo voluto Visconti collocare filologicamente
l'uno e gli altri nel giusto tempo storico cecoviano).
Sennonché, a differenza della messinscena di *Tre sorelle*, il suo cecovismo parve questa volta venato da un
estetismo di sostanza, che teneva conto in pari misura
delle sue esigenze di ricostruzione ambientale precisa
e puntigliosa e dell'interpretazione quasi « metafisica »
che egli voleva dare al testo. È ancora Pandolfi a parlare di « una facile teatralità » che, secondo lui, avrebbe
« preso il sopravvento sulla esposizione psicologica delle grandi linee storiche verso cui s'indirizzano con il
loro dramma i personaggi di Cecov ». In altre parole,
Visconti si andava sempre più orientando verso una
sostanziale astoricità rappresentativa, nonostante i
suoi dichiarati intenti storicistici, che svuotava lo spettacolo della dimensione critica per metterne in maggior luce quella drammaturgica, quasi che il suo teatro
totale tendesse a identificarsi col « teatro per il teatro ».

Questo risultato, paradossalmente, Visconti lo raggiunse anche nella *Contessina Giulia* di Strindberg, tutta tenuta sui toni d'un naturalismo esasperato nella
sua minuziosa ricostruzione ambientale, che doveva dare al dramma quel taglio crudele e polemico, critico e
sferzante che il testo suggeriva nella descrizione impietosa d'un conflitto di classe, mascherato dietro le apparenze d'una storia d'amore e di morte fra una giovane
nobildonna e un cameriere. E invece il naturalismo viscontiano ne chiuse da un lato l'afflato poetico entro
gli schemi d'una rappresentazione didascalica, dall'al-

tro ne svuotò il contenuto ideologico accentuando alcuni elementi simbolici generalizzanti. Come scrisse Giorgio Prosperi all'indomani della prima: « A volte tutto ciò è straordinariamente pertinente ed espressivo, a volte eccessivo e simbolistico come accade sovente al realismo di Visconti ». Che era un'indicazione critica per comprendere — se così si può dire — l'irrealismo, congenito al dichiarato e perseguito realismo viscontiano, che percorre, a ben guardare, tutta l'opera cinematografica e teatrale sua: irrealistica nel senso che una certa saturazione del particolare realistico produce come effetto spettacolare una sorta di saturazione del verosimile, di eccesso rappresentativo, cioè appunto di inverosimiglianza e di irrealtà. Caratteri questi che Visconti esaltò volutamente, ed anche grottescamente, nella sua messinscena del goldoniano *Impresario delle Smirne*, mediocre commedia, ricca tuttavia di elementi spettacolarmente suggestivi, per poco che se ne sapesse cogliere — come egli seppe fare — la straordinaria dinamica teatrale. Da questo punto di vista *L'impresario delle Smirne*, tutto giocato sullo splendore dei costumi e delle scenografie (di Visconti) e sulla recitazione sopra il rigo di Paolo Stoppa, è un ritorno alla pura spettacolarità già sperimentata da Visconti negli allestimenti scenici dello Shakespeare divertente e divertito di *Rosalinda* e di *Troilo e Cressida*.

7 *Una fase critica*

In questa prospettiva puramente teatrale, di spettacolo per lo spettacolo, si potrebbe collocare anche *Uno sguardo dal ponte* dell'amato Miller, la cui regìa, pur evidenziando fin dove era possibile il risvolto sociale e politico di una storia d'amore e d'odio (fra passione e delazione) che non riesce a porsi come critica d'una società, si appoggiava principalmente sulle geniali soluzioni scenografiche di Mario Garbuglia in direzione chiaramente cinematografica. Quasi che Visconti, in attesa di riproporre in un grande film corale quale sarà *Rocco e i suoi fratelli* i temi della famiglia dilacerata, dell'ambiente sociale proletario o sottoproletario, utilizzando appieno la spettacolarità filmica, volesse provarne gli effetti scenici applicando al teatro le medesime tecniche visive del cinema, con risultati indubbiamente suggestivi. In ciò egli trovò un collaboratore eccellente come Garbuglia che, essendo subentrato a Mario Chiari nelle *Notti bianche*, un film girato nel 1957 con grande impiego di scenografie, divenne a partire da *Uno sguardo dal ponte* l'abituale scenografo di Visconti. Ed è proprio nel dramma di Miller che, come ricorda lo stesso Garbuglia, la tecnica cinematografica applicata al palcoscenico fu sperimentata per la prima volta da Visconti: fin dalla prima scena si « entra », come seguendo una carrellata cinematografica, nell'ambiente scenico. Con l'uso di illuminazioni particolari, di tulli dipinti e trasparenti per modificare di volta in volta gli elementi della scenografia, lo spettatore è come trasportato dalla visione generale di New York alla casa del protagonista e poi all'interno di essa sino a inquadrare, appunto cinematograficamente, il protagonista stesso in primo piano. Un avvicinamento drammatico che risolveva d'un sol colpo — come lo risolse in altre scene del dramma — la questione, drammaturgicamente rilevante, dei rapporti tra la casa e la città, l'interno familiare e l'esterno sociale.

Ma c'è un altro aspetto della messinscena viscontiana di *Uno sguardo dal ponte* che va sottolineato, accanto alla sperimentazione cinematografica in palcoscenico,
ed è la caratterizzazione dei personaggi in senso realistico e al tempo stesso melodrammatico, quasi che questi
due aspetti diversi e persin contrapposti della rappresentazione — come sarà anche in *Rocco e i suoi fratelli* — possano risolversi in una superiore unità espressiva. Per accentuare il carattere genuino e autentico dei
personaggi, in una dimensione che possiamo definire
neorealistica, Visconti usò, nella traduzione del testo
di Gerardo Guerrieri, espressioni dialettali siciliane, richiamandosi — in una lettera aperta a Miller pubblicata il giorno della prima romana del dramma — tanto
alla sua precedente esperienza cinematografica, da *La
terra trema* a *Bellissima*, e al neorealismo italiano in
generale, quanto alla tradizione del miglior teatro italiano « dalla commedia dell'arte a Goldoni, a Pirandello ». Ed era un modo per rendere il più possibile verosimile e coinvolgente la storia dello scaricatore di
Brooklyn Eddie Carbone, del suo amore e della sua
gelosia, in un contesto familiare e sociale che doveva
essere, per il pubblico italiano, un corrispettivo del
proprio; perché, come scrisse Visconti a Miller: « Noi
consideriamo le cose raccontate dal suo dramma come
parte integrale della nostra esperienza nazionale e abbiamo fatto di tutto per presentarlo in modo vivo —
un dramma del nostro sangue e della nostra carne —
con lo stesso rispetto, la stessa devozione e compassione e comprensione che lei ha così pienamente dimostrato per i suoi personaggi ». Ma accanto a questo « neorealismo » scenico, o forse connaturato con esso, si
poneva la melodrammaticità delle situazioni drammati-

che, la dilatazione semantica dei dialoghi e dei gesti verso un'enfasi che, spingendo i personaggi nell'ambito della tragedia, in realtà li collocava nella sfera del melodramma. E fu questa, forse, la chiave più giusta di lettura e di interpretazione del testo di Miller.

Il melodramma! Anche a non voler forzar troppo l'interpretazione critica dell'opera complessiva di Visconti, è certo che il melodramma ne costituì uno degli elementi salienti, addirittura la struttura portante sul piano drammaturgico. Negli anni che potremmo chiamare un po' schematicamente della crisi, da *Senso* a *Rocco e i suoi fratelli*, è al melodramma che egli esplicitamente si rifece e su di esso costruì le sue messinscene, anche al di fuori del teatro lirico. Ma proprio su questo terreno il suo lavoro suscitò i maggiori contrasti, le polemiche più accese. Già se ne è fatto cenno a proposito dei suoi esordi alla Scala nel 1954; ora occorre riprendere brevemente il discorso, perché le sue regìe del 1957 (l'*Anna Bolena* di Donizetti e l'*Ifigenia in Tauride* di Gluck) riaprirono la questione, allargandola allo stesso problema di base della legittimità e quindi dei limiti e delle funzioni del regista nell'allestimento scenico di un'opera lirica: questione che non parve risolversi nemmeno in seguito, se anche le messinscene successive, il *Don Carlo* e il *Macbeth* verdiani del 1958 e quelle degli Anni Sessanta, continuarono a suscitare critiche e polemiche.

Ad aprire autorevolmente il fuoco fu Massimo Mila il quale, avendo accettato di buon grado la scenografia di Nicola Benois e la regìa di Visconti per l'*Anna Bolena* — scriveva in proposito sull'«Espresso»: «Della regìa di Visconti non c'è niente da dire in particolare, ed è un grande elogio: a lei si deve, come alla direzione di Gavazzeni, quell'armonioso equilibrio della scena, quell'assenza d'ogni particolare goffo e molesto, quel senso confortevole di benessere che dà la presenza vigile della cultura e del gusto » —, si scagliò invece severamente contro la messinscena dell'*Ifigenia in Tauride*. La critica era rivolta al Settecento di maniera che si era voluto ricreare sul palcoscenico, in contrasto con la musica di Gluck che di quel manierismo arcadico e galante è l'esatto contrario; ma alla base c'era in realtà un altro problema: se ricreare scenicamente la società e l'ambiente in cui si svolge l'azione del dramma (in questo caso la Grecia antica) o quelli in cui visse e lavorò il musicista (in questo caso il Settecento). La polemica che ne nacque coinvolse altri autorevoli critici, a cominciare da Fedele D'Amico che fu sempre un grande estimatore del Visconti regista di opere liriche, ma non parve giungere a conclusioni culturalmente significative: si rimase in larga misura sul piano del gusto personale e del giudizio estetico. Forse soltanto Rossana Rossanda, dalle colonne del « Contemporaneo », individuò la questione di fondo, quando scrisse: « Ora a noi pare positivo, prima di tutto, che egli abbia rifiutato l'equivoco che consiste nel trattare il libretto come si tratterebbe il prototipo euripideo: che abbia, cioè, criticizzato l'ideale classicistico di Gluck. In ciò Visconti ha le carte in regola con la *Kulturgeschichte* ». Era in altre parole, quella di Visconti, un'operazione duplice, sul piano dello spettacolo e su quello dell'interpretazione storica; e se questa poteva sollevare critiche che andavano tuttavia attentamente valutate, quello le riassorbiva nella coerenza e nello splendore della messinscena, facendo dell'*Ifigenia* gluckiana un testo illuminante della storia dell'opera lirica e della storia sociale, filtrata dall'arte e dalla cultura dell'epoca.

Ma alla base di tutto, per Visconti, rimaneva sempre la questione fondamentale della spettacolarizzazione d'un testo, della costruzione di uno spettacolo che coinvolgesse il pubblico sui due piani dell'intelligenza e della sensibilità, della cultura e del gusto. In ciò egli rimase coerente, anche quando l'apparente o reale incoerenza delle scelte e delle soluzioni registiche facevano nascere il dubbio che egli fosse essenzialmente un eclettico o si accostasse ai testi drammaturgici e musicali più con l'intuito dell'abile e consumato uomo di spettacolo che con l'impegno critico dell'uomo di cultura. Da qui, come si è detto, nasceva l'accusa di formalismo e di estetismo: elementi non ultimi per meglio comprendere la complessa ed anche contraddittoria operazione viscontiana sul duplice piano dello spettacolo e della cultura: complessità e contraddittorietà che non andavano disgiunte, ma in gran parte derivavano, da una situazione critica personale e generale, col progressivo esaurirsi dei fermenti innovatori nati e sviluppatisi negli anni della guerra, della Resistenza e della liberazione.

8 Un film minore

Di questa crisi segno indiscutibile e significativo rimane *Le notti bianche*, un film minore — come minori sono *Bellissima, Vaghe stelle dell'Orsa..., Lo straniero* —, ma come quelli estremamente interessante per cogliere, nella loro manifestazione, taluni aspetti caratteristici di quel formalismo e di quell'estetismo, congiunti con una profonda inquietudine esistenziale, che sottendono l'intera opera viscontiana. Il film nacque da un progetto di produzione indipendente che doveva superare, nell'economicità della gestione finanziaria, certe difficoltà d'ordine produttivo che il cinema italiano stava attraversando in quegli anni. Si trattava, in breve, di costituire una società fra alcuni dei realizzatori del film, che partecipavano alla produzione rinunciando ai compensi in cambio di una quota di proprietà del film stesso. Fu costituita la CI.AS. (Cinematografica Associati) di cui fecero parte, oltre a Luchino Visconti, la sceneggiatrice Suso Cecchi D'Amico, l'attore Marcello Mastroianni e il produttore Franco Cristaldi. Si cercò un soggetto e, stando a quanto dichiarò la D'Amico, fu lei, su consiglio del padre Emilio Cecchi, a scegliere il breve romanzo di Dostoevskij e a proporlo a Visconti « che lo accettò subito » e agli altri soci. Le riprese iniziarono nel gennaio del 1957 e durarono un paio di mesi. Il film fu poi presentato alla XVIII Mostra d'arte cinematografica di Venezia e vi ottenne un Leone d'argento.

Al di là dei rapporti che si possono stabilire fra il testo dostoevskiano, e più in generale fra il mondo poetico di Dostoevskij, e il film o il cinema di Visconti, all'interno della sua cultura, del suo gusto e della sua filosofia della vita, e al di fuori dell'incontro diretto fra il regista italiano e il narratore russo avvenuto nel 1946 con l'edizione teatrale di *Delitto e castigo* (e indiretto, attraverso l'esperienza anche dostoevskiana di *Rocco e i suoi fratelli*), ciò che balza in primo piano nelle *Notti bianche* è la totale « finzione » della rappresentazione schermica: il fatto cioè che ambienti, personaggi, atmosfere, pensieri e azioni paiono racchiusi in un universo cinematografico molto lontano dal « realismo » abituale di Visconti. Ciò è dovuto ovviamente al soggetto del film, a quei « ricordi di un sognatore » che costituiscono la traccia lungo la quale si snoda il racconto, continuamente in bilico fra realtà e sogno. Ma ciò è dovuto ancor più all'intenzione esplicita di dare all'ambiente e ai personaggi — nonostante la definizione realistica che Visconti, coadiuvato dagli scenografi Mario Chiari e Mario Garbuglia e dal costumista Piero Tosi, volle conferire loro — un significato chiaramente simbolico, fantastico.

Visconti e i suoi collaboratori, in primo luogo la D'Amico, apportarono al testo di Dostoevskij delle variazioni notevoli e significative. Innanzi tutto lo aggiornarono agli Anni Cinquanta e lo vollero ambientare in una città portuale italiana, Livorno; poi diedero al personaggio del sognatore una diversa connotazione umana e sociale, facendone un impiegato più annoiato che solitario; infine spostarono l'asse della rappresentazione più sulla protagonista femminile, quasi osservata con distacco dal sognatore, che su quest'ultimo. Ne derivò una struttura drammaturgica compatta, che riconduceva alla concretezza d'uno spettacolo chiuso e calibrato le aperture metafisiche del racconto, ma al tempo stesso proponeva un'interpretazione simbolica, in cui la realtà continuamente rapportandosi col sogno e la fantasia si svuotava dei suoi connotati verosimili per caricarsi di significati ulteriori. Ciò avveniva grazie anche al distacco freddo, obbiettivo, con cui l'occhio della macchina da presa di Visconti osservava i personaggi muoversi in un ambiente totalmente ricostruito in teatro di posa, controllato pertanto in ogni minimo particolare e usato scenograficamente come sul palcoscenico: un occhio lucido e distaccato che diede alla rappresentazione un carattere nient'affatto coinvolgente.

L'interesse maggiore di Visconti fu rivolto pertanto alla scenografia e all'illuminazione, perché era da questi elementi dello spettacolo che il realismo dei personaggi poteva quasi sciogliersi in simbolo, rivelare la propria natura « letteraria ». Come disse Garbuglia: « Questa scenografia può essere definita di "atmosfera". È la definizione più chiara poiché, in realtà, abbiamo tentato anche di realizzare effetti e variazioni atmosferiche ». E a riguardo dell'illuminazione e della fotografia, l'operatore Giuseppe Rotunno dichiarò: « La fotografia di *Le notti bianche* l'abbiamo preparata come una sceneggiatura. Infatti Visconti affermò che essa giocava nel film un ruolo di protagonista ». Persino la recitazione, tutta tenuta su toni estatici, almeno nelle parti di Natalia (Maria Schell) e dell'Inquilino (Jean Marais), tendeva a contrapporsi a quei particolari realistici o quotidiani (compreso il personaggio di Mario, interpretato da Marcello Mastroianni) che Visconti pur volle nel film a testimonianza del suo impegno realistico. Fu egli stesso a dire:

« Ho realizzato *Le notti bianche* perché sono convinto della necessità di battere una strada ben diversa da quella che il cinema italiano sta oggi percorrendo. Mi è sembrato cioè che il neorealismo fosse diventato in questi ultimi tempi una formula trasformata in condanna. Con *Le notti bianche* ho voluto dimostrare che certi confini erano valicabili, senza per questo rinnegare niente. Il mio ultimo film è stato realizzato interamente in teatro di posa, in un quartiere ricostruito che arieggia Livorno, ma senza troppa fedeltà. Anche attraverso la scenografia ho voluto raggiungere non un'atmosfera di irrealtà, ma una realtà ricreata, mediata, rielaborata. Ho voluto, cioè, operare un netto distacco dalla realtà documentata, precisa, proponendomi una decisa rottura con il carattere abituale del cinema italiano di oggi ».

In realtà i confini valicabili, già superati in *Senso* sebbene in una direzione di ricerca molto diversa, portarono questa volta Visconti a battere la strada di quell'irrealismo, di cui già abbiamo avuto occasione di parlare. Semmai c'è da osservare che il contrasto fra realtà e finzione, fra la quotidianità del mondo in cui vive Mario e la vaghezza del sogno, non si risolve in una totale trasfigurazione simbolica del racconto e nemmeno in una rappresentazione dialettica delle due situazioni psicologiche ed esistenziali. Rimane un conflitto drammaturgico irrisolto, segno anche questo di una non risolta crisi artistica dello stesso Visconti, incerto — almeno nel suo lavoro cinematografico — sulla strada da seguire.

Ma l'incertezza era più generale, sia nell'ambito dell'intera opera viscontiana, sia in quello di una sua precisa scelta di campo, culturale e ideologica, in un momento di grave crisi sociale e politica. Tramontato il neorealismo col progressivo logoramento dei rapporti all'interno della società italiana, sviluppatasi quest'ultima lungo le linee di un blando riformismo che favoriva lo sviluppo economico lasciando irrisolte, anzi peggiorando, le questioni sociali, inaridendosi progressivamente l'opposizione politica per una obbiettiva situazione di stallo che mantenne sostanzialmente inalterati i rapporti di forza nelle elezioni politiche del 1953 e del 1958 rispetto alla coalizione centrista nata nel 1948, Viscon-

ti si trovò ad essere, come molti altri artisti e intellettuali, ai margini di una reale battaglia ideologica e politica. Il suo realismo, che negli anni precedenti aveva
avuto anche chiari risvolti ideologici e politici, si andava esaurendo nella ripetizione e nella maniera; d'altro
canto il suo « irrealismo » non si era ancora configura-
to nella sua pienezza e autenticità, era più il frutto di
quella crisi di cui s'è detto che non il risultato di una
chiara scelta contenutistica e formale.

In teatro, e soprattutto nel teatro lirico, questo dissidio ebbe modo in larga misura di comporsi sul versante dell'una o dell'altra di queste tendenze; nel cinema
— stando almeno ai risultati delle *Notti bianche* —
parve invece che esso rimanesse irrisolto, con risultati
più ambigui che contraddittori. E l'ambiguità non nasceva, questa volta, dalla natura dei personaggi o della
storia, ma dal mancato equilibrio degli opposti, o meglio da una non chiara definizione del giusto registro
formale che il testo di Dostoevskij, fatto proprio da
Visconti, avrebbe dovuto avere. In questa prospettiva,
anche le interpretazioni che allora si diedero alla « novità » del film rispetto ai precedenti viscontiani — senza peraltro confrontarlo con i lavori teatrali coevi e
anteriori — parvero falsate da una incerta definizione
dei campi di competenza. Si parlò di Dostoevskij, della rilettura che ne diede Visconti nel suo film, del
tema della solitudine e della noia, aggiornato sulla sensibilità contemporanea, del superamento del neorealismo, di quel formalismo che aleggiava già nelle opere
precedenti del regista. Ma forse si doveva parlare soprattutto della sostanziale estraneità di Visconti a Dostoevskij, della sua incapacità di cogliere e rappresentare il complesso e contorto spiritualismo dello scrittore

se non nei modi e nelle forme di una visualizzazione simbolica, venata da presupposti realistici.

La vera crisi di Visconti non era una crisi spirituale o esistenziale, ma creativa, nel significato più ampio del termine. Paradossalmente il suo intenso lavoro di quegli anni, nel teatro lirico e nel teatro di prosa soprattutto, denunciava una incertezza di fondo, compensata dal gran bisogno di sperimentare nuove forme e nuove tecniche. L'eclettismo delle scelte — e anche la casualità della scelta di Dostoevskij per il suo film « nuovo » — era un riflesso di quella crisi e portava diritto al formalismo e all'estetismo. Se c'era una affinità fra il suo mondo e quello dostoevskiano — come dieci anni dopo si potrà notare una analoga affinità con il mondo di Albert Camus dello *Straniero* —, peraltro dichiarata dallo stesso Visconti, essa andava cercata in un generico disagio esistenziale, in una sorta di male di vivere, certamente autentico ma non sufficientemente indagato e approfondito per farne materia di spettacolo. La complessità morale e spirituale, e l'angoscia esistenziale, proprie di Dostoevskij e di Camus, sia pure in due differenti contesti artistici e culturali (oltreché storici), non rientravano totalmente nell'universo viscontiano, potevano esserne una piccola componente, affiorante qua e là dietro il rigore dello stile o l'impegno storicistico, ma rimanevano ai margini della sua esperienza di vita e d'arte.

In un momento di involuzione della società italiana, la mancata soluzione dei problemi posti dalle *Notti bianche*, film di regìa più che di autentica ispirazione, rivelava una profonda crisi di creatività, che invano Visconti tentava di superare con la tecnica e con lo stile. Occorreva riprendere il filo della storia, riannodare i fili di quell'analisi della realtà umana e sociale che egli aveva saputo svolgere e approfondire in parecchi film e spettacoli teatrali. La questione che si poneva era se tutto ciò si poteva ancora fare, in che modo e con quali mezzi.

RITORNO AL REALISMO

C'è un breve scritto di Roland Barthes a proposito
della messinscena della *Locandiera* di Goldoni, che Visconti presentò a Parigi nel 1956 al Festival delle Nazioni nella medesima edizione da lui curata nel 1952
per La Fenice di Venezia, che è illuminante per cogliere la natura del realismo viscontiano in rapporto alle
convenzioni teatrali e più in generale alla funzione del-
l'arte (e dello spettacolo) nei confronti della realtà.
Apparso su « Théâtre Populaire », l'articolo si sofferma sui modi e le forme impiegati da Visconti per trasformare la commedia di Goldoni in una commedia
borghese, realistica, fuori della tradizione della Commedia dell'Arte, e sottolinea l'incapacità della critica tradizionalista, francese in particolare, di saper cogliere la
novità di quell'interpretazione. Per concludere, significativamente, con queste parole:

« È che essa [la critica] non vuole assolutamente un teatro
realista: essa tollera il reale solo sotto la forma del simbolo,
vuole sempre che dietro la materia ci sia lo Spirito, che dietro la
Storia ci sia l'Eternità, che dietro le situazioni umane ci sia la
Natura; non vuole un uomo che si fa, vuole un uomo già fatto.
Ecco perché riserva le sue lodi alle *Locandiere* francesi, irrealiste

per una pura retorica di italianità, ed ecco perché Visconti l'ha delusa. Essa non ha potuto spiritualizzare la sua *Locandiera*, svaporarla nell'irresponsabilità di un gioco: qualcosa in questo spettacolo le ha resistito, ed è proprio il suo valore, cioè il suo realismo ».

Questo realismo, di cui tanto si è parlato e di cui abbiamo in varie occasioni sottolineato il carattere e le finalità, pur avendo sempre sorretto le intenzioni di Visconti nella realizzazione dei suoi più diversi spettacoli cinematografici, teatrali e lirici, parve incrinarsi nel corso degli anni, diluendosi in formule manierate o manieriste, sperdendosi nei rivoli d'un naturalismo un poco esteriore, o negandosi addirittura in puri giochi formali. È come se, pur rimanendo fedele a una teoria del realismo dedotta dalla sua lunga frequentazione del romanzo ottocentesco e dei grandi scrittori appunto realistici — da Manzoni a Balzac a Verga a Mann —, egli avesse progressivamente perso il contatto genuino e profondo col reale quotidiano, con i problemi umani e sociali contemporanei, di cui pure continuava ad occuparsi nei suoi spettacoli (basti pensare alle sue messinscene dei drammi di Arthur Miller) ma forse in termini un poco esteriori, datati, per dedicarsi maggiormente a un lavoro di pura sperimentazione formale.

Ciò era solo in parte vero, perché mai in Visconti lo sperimentalismo fine a se stesso sopravvanzò l'impegno suo per uno spettacolo totale che coinvolgesse i vari piani dell'esperienza umana, l'intelligenza e la sensibilità, la ragione e il sentimento, la cultura e il gusto, la storia e il presente; e d'altronde altri problemi si affacciavano alla sua mente e toccavano i suoi interessi, quali soprattutto i rapporti privati, interpersonali, esistenziali, persino metafisici; o meglio questi problemi, già presenti nella sua opera precedente, si facevano più impellenti, occupavano maggiormente la scena. Sta di fatto che, sulla soglia degli Anni Sessanta e sullo sfondo di una crisi generale più di stanchezza e di speranze deluse che di valori e di certezze, il suo impegno realistico, nel più ampio significato del termine, venne meno, o almeno così parve.

Eppure la tendenza realistica rimaneva, nonostante tutto, uno dei cardini della sua multiforme operosità, compariva anche laddove sembrava mascherarsi dietro gli orpelli d'un formalismo esasperato o d'un naturalismo meticoloso e un poco antiquariale. Semmai questa tendenza, scontrandosi con altre, più o meno coscienti o elaborate, produceva a volte scompensi stilistici, contrasti formali, male amalgamandosi in strutture spettacolari che avrebbero invece richiesto una assoluta coerenza espressiva. A testimonianza, se si vuole, dello stato di crisi generale in cui Visconti, nella ricerca di sempre nuove occasioni di spettacolo e di coinvolgimento degli spettatori, andava dibattendosi, incerto sulla strada da seguire, in pari misura attratto dal vecchio e dal nuovo.

1 *Un balletto neorealista*

Se l'irrealismo o il simbolismo o il formalismo delle *Notti bianche* — a seconda di come si preferisca definire schematicamente e sommariamente lo stile di quel film — sembrava indicare una nuova tendenza espressiva che Visconti avrebbe potuto perseguire, richiamandosi magari a certi suoi spettacoli teatrali fanta-

siosi; *Maratona di danza*, realizzato nel medesimo anno, a pochi mesi di distanza, parve invece orientato
verso un recupero del neorealismo proprio in quelle
forme di rispecchiamento del reale quotidiano che egli
aveva in larga misura abbandonato o non mai veramente seguito. Quasi a dimostrare la compresenza nel lavoro di Visconti di varie e opposte tendenze, in un altale-
narsi di motivi e di contenuti che non poteva essere
giustificato — come egli stesso tendeva a fare nelle
sue dichiarazioni e scritti — dalla necessità di adegua-
re a ogni testo i modi della rappresentazione e quindi
di non potersi fossilizzare in schemi e regole.

Maratona di danza, un balletto su libretto dello stesso Visconti, musiche di Hanz Werner Henze, coreografia di Dick Sanders, scene e costumi di Renzo Vespignani, interprete principale Jean Babilée, fu presentato alla Städtische Oper di Berlino Ovest il 24 settembre
1957, meno di venti giorni dopo la prima proiezione
pubblica delle *Notti bianche* alla Mostra di Venezia.
Due testi completamente diversi, eppure paradossalmente complementari nella loro contraddittorietà: da
un lato un film simbolico e fantastico in un contesto
apparentemente realistico secondo i moduli formali
del cinema viscontiano, dall'altro un balletto, per sua
natura stilizzato e metaforico, strutturato in forme
esplicitamente realistiche, in certo senso « cinematografiche ». E fu proprio il realismo di questa rappresentazione coreografica a sconvolgere il pubblico e a sollevare le critiche più severe, quasi che il balletto non potesse avere altra forma che quella tradizionale, appunto
stilizzata e metaforica.

Il tema era molto semplice, addirittura banale: una
maratona di danza per il campionato europeo, come se

ne facevano molte in quegli anni, ambientata nella periferia romana, osservata nella sua monotona manifestazione attraverso il comportamento dei vari personaggi
caratteristici di quell'ambiente e di quel genere di gara. La rappresentazione seguiva ovviamente gli spunti
offerti dal tema e si soffermava lungamente sui cosiddetti « tempi morti », cioè sulle situazioni statiche, sulle pause del racconto (praticamente inesistente), sulla
danza osservata come materiale etnologico e sociologi-
co per una descrizione realistica d'un determinato ambiente umano e sociale. Su questo sfondo musica e
coreografia si ponevano come elementi concomitanti
d'un dramma che non tanto si reggeva su strutture
drammaturgiche o narrative elaborate e pregnanti,
quanto sulla semplice constatazione d'una realtà, nella
sua quotidianità e anonimità. Visconti usava il palcoscenico come un grande *set* cinematografico, faceva muovere i suoi personaggi ritmandone i gesti non già sulla
musica ma su quelle cadenze proprie dei balli moderni
(da maratona di danza appunto) che la musica di Henze evidenziava e sottolineava con grande vigore e intelligenza. Era insomma, e voleva essere, una sorta di
spaccato sociale, di costume, di cui si volevano mettere in evidenza i lati grotteschi con intenti critici e satirici, ma al tempo stesso gli aspetti umani, psicologici,
ambientali.

Come scrisse Massimo Mila:

« I puri intenditori della danza storcono forse un poco il
naso, e dicono che si tratta d'un film realista portato provviso-
riamente sulla scena: basterebbe illuminarlo e piazzare le macchine da presa per girare il film. Certo si danza poco in questo
balletto, e la coreografia di Dick Sanders, come del resto la
musica di Werner Henze e l'ottima scena e i costumi di Renzo

Vespignani, sono subordinati alla volontà creatrice di Luchino. Quel poco che vi si danza è realisticamente motivato dal soggetto, e inoltre è l'antitesi del "bel danzare": sono gli impercettibili e allucinati movimenti di alcune coppie superstiti dopo cinquecento e più ore di ballo, ogni tanto scattanti in scomposti movimenti di "rock and roll", sotto la sferza di qualche "premio di traguardo" offerto dagli sfaccendati del pubblico ».

In altre parole, una sorta di film neorealistico proiettato sul palcoscenico anziché sullo schermo, con tutte le conseguenze del caso a riguardo della tradizione teatrale e in particolare di quella del balletto. Ma non basta. Il neorealismo di *Maratona di danza* era in larga misura antiviscontiano nel senso che si basava sulla pura e semplice osservazione della realtà senza articolarla in una struttura fortemente drammatica, che di quella realtà cogliesse gli aspetti più significativi e salienti: era un neorealismo, se si vuole, rosselliniano o zavattiniano, contemplativo e descrittivo. Tanto che Fedele D'Amico poteva osservare acutamente:

« Siamo a un passo dal famoso "tempo reale" vagheggiato da certi cineasti. Proprio sul tempo infatti si appunta il radicalismo veristico di questo spettacolo; giacché l'ambiente, luogo e tipi umani, a guardarlo da un punto di vista statico come un quadro, è invece interamente reinventato e ricreato, e con la raffinatezza che è facile immaginare in un Visconti (e a questo proposito va detto che la collaborazione di Vespignani, al suo debutto come scenografo e costumista, è stata di prim'ordine). Ma proiettato nella durata, lo spettacolo tende invece deliberatamente a escludere ogni dialettica propriamente teatrale. Siamo continuamente in pausa, squallidamente ».

Fu per Visconti un'esperienza scenica indubbiamente interessante, che sviluppava in una nuòva direzione di ricerca il suo lavoro sul palcoscenico, mescolando

azione, mimica, gestualità, musica in un contesto scenografico e coreografico compatto e fortemente caratterizzato in senso realistico. Ma fu anche un'esperienza che
forse nasceva da nuovi interessi non solo culturali e
artistici, ma anche umani e sociali. Dietro il progetto
di *Maratona di danza*, opera profondamente sua in tutti gli aspetti contenutistici e formali, ci fu probabilmente il desiderio o la volontà di ristabilire un contatto
con il reale quotidiano, con la contemporaneità e i
problemi, almeno di costume, connessi: un recupero
del neorealismo in un momento in cui esso pareva totalmente tramontato e rinnegato. Ma un recupero non
tanto sul piano delle forme (che anzi venivano in parte modificate e sovvertite nella realizzazione scenica
del balletto), quanto dei contenuti. La periferia romana, il sottoproletariato, la banalità del vivere quotidiano, i risvolti sociali di questa umanità ai margini della
storia — che formavano il materiale drammaturgico
ancora usato dal cinema italiano del tempo, ma ormai
in chiave di commedia di costume o di farsa — potevano costituire nuovamente per Visconti (come ai tempi
di *Ossessione*, della *Terra trema* e di *Bellissima*) i temi principali di un suo rapporto artistico con la realtà,
suggerendogli i modi d'una rappresentazione appunto
realistica. Per tacere dell'influenza che forse ebbe su di
lui l'opera di Pasolini, in particolare *Ragazzi di vita*,
uscito nel 1955, che l'aveva evidentemente colpito
per il realismo, nuovo e originale, con cui erano visti
e rappresentati personaggi e ambienti romani sottopro-
letari (nella lettera che egli aveva inviato a Miller in
occasione della messinscena di *Uno sguardo dal ponte*,
aveva definito il romanzo di Pasolini uno « tra i migliori romanzi di questi ultimi anni »).

Insomma la tendenza realistica non cessava di essere l'elemento fondamentale della poetica di Visconti, la forza centripeta che coordinava e univa i vari aspetti della sua multiforme attività. Quando se ne presentava l'occasione o quando fatti e avvenimenti della vita sociale e politica riportavano in primo piano l'impegno ideologico, egli riannodava i fili sparsi della sua opera precedente, riprendeva e aggiornava vecchi schemi formali per adeguarli alle nuove esigenze espressive, non abbandonando la sua idea di spettacolo, anzi semmai ampliandola sino a comprendere la più vasta gamma di pubblico, in pari misura coinvolto in un'operazione scenica di forte incidenza spettacolare.

2 Con «Rocco» riprende il discorso sulla società taliana

Alle soglie degli Anni Sessanta, quando la crisi dei governi di centro-destra, la crescita del partito socialista nelle elezioni del 1958, la trasformazione sociale e di costume che aveva subito la società italiana, spinsero fortemente verso una svolta politica che sfocerà nei primi governi di centro-sinistra, i conflitti ideologici riesplosero, le reazioni furono violente, i dibattiti accesi, fra conservazione e progresso. In questo clima diverso, anche Visconti sentì il bisogno di ridiscendere in campo, o meglio di riprendere il discorso non già interrotto, ma parzialmente accantonato, sulla società italiana osservata e descritta criticamente nei suoi conflitti umani e sociali. Si trattava, in altre parole, di fare del cinema nuovamente un mezzo di intervento sul reale, di toccare temi e problemi che scuotessero le coscienze, di affondare lo sguardo, lucido e distaccato com'era suo solito, nel vivo di una realtà colta nei suoi momenti drammatici salienti, nei suoi risvolti ideologici. Questo almeno fu l'impegno dichiarato di Visconti in quel periodo, e da questo impegno nacque il progetto e la realizzazione di *Rocco e i suoi fratelli*, un film che infatti scosse le coscienze, suscitò polemiche a non finire, riportò il cinema italiano, dopo anni di oblìo, al centro degli interessi nazionali e internazionali, unitamente all'*Avventura* di Antonioni e alla *Dolce vita* di Fellini, che costituirono col film di Visconti una sorta di trilogia dell'Italia della crisi e del bisogno di riscatto sociale.

Rocco e i suoi fratelli fu presentato alla Mostra d'arte cinematografica di Venezia fra molteplici dissensi e contestazioni. Si fecero pressioni sulla giurìa perché non gli venisse assegnato il Leone d'oro (che infatti andò al mediocre *Passaggio del Reno* di André Cayatte) ed esso vi ottenne soltanto un premio speciale con una motivazione generica e diplomatica che diceva: « La Giurìa, nel rendere omaggio alla capacità di Luchino Visconti, di cui testimonia tutta la sua opera cinematografica, assegna in questa occasione, a maggioranza, il premio speciale della giuria al film *Rocco e i suoi fratelli* », nonostante l'accoglienza estremamente positiva che aveva avuto dalla stragrande maggioranza della critica italiana e straniera. Ma gli attacchi non finirono ovviamente qui. Presentato a Roma e in parecchie altre città italiane, il film fece la sua comparsa ufficiale, accuratamente predisposta, a Milano il 14 ottobre 1960 con una serata di gala a inviti (« è di rigore l'abito da sera » diceva l'annuncio) al Cinema Capitol. L'indomani il Procuratore Capo della Repubblica di Milano, Carmelo Spagnuolo — dietro le insistenze del Procura-

tore della Repubblica Pietro Trombi, che aveva assistito alla proiezione e ne era rimasto « sfavorevolmente
impressionato da certe scene », come riferì alcuni giorni dopo il « Corriere della Sera » —, visionò il film e
invitò il produttore Goffredo Lombardo ad apportare
quattro tagli per un totale di circa quindici minuti.
Dal momento che il film aveva ottenuto il regolare
visto di censura ed era già stato proiettato altrove, ne
nacque una lunga polemica, alla quale parteciparono
in primo luogo Visconti e Lombardo oltre a uomini di
cultura, critici, cineasti ecc.

Ancora una volta — come ai tempi di *Ossessione* e
di *Senso* — un film di Visconti divenne un *casus belli*
che pose di fronte i due abituali schieramenti dei reazionari e dei progressisti. Ma questa volta la battaglia
fu più dura e aspra, senza esclusione di colpi, e bene
riflesse le tensioni politiche e sociali che in quel tempo
— tempo di transizione e di passaggio dal centro-destra al centro-sinistra — agitavano la società italiana.
Non si dimentichi che pochi mesi prima, in luglio a
Genova, negli ultimi giorni del governo Tambroni appoggiato dai fascisti, ci furono violenti scontri fra la
polizia e i manifestanti antifascisti. Le reazioni che *Rocco e i suoi fratelli* provocò al suo apparire, prima a
Venezia poi a Milano e in altre città, erano la conseguenza di quella tensione, il riflesso sul piano della
cultura e dello spettacolo di una lotta ideologica e politica che si faceva di giorno in giorno più accesa.

L'intervento di Spagnuolo non provocò, a dire il
vero, né il sequestro del film né il taglio delle sequenze incriminate, ma un nuovo modo di censura che consisteva nell'oscuramento delle medesime durante la
proiezione in sala. Ci furono rimostranze, appelli, sotto-

scrizioni, tutta la pubblica opinione progressista fu mo-
bilitata, anche perché il caso di *Rocco* non era isolato
(anche *La dolce vita* subì l'attacco concentrico delle
forze reazionarie e *L'avventura* cadde sotto le forbici
della censura) e la posta in gioco era la stessa libertà
d'espressione in una società che rivelava, ancor più di
prima, la sua natura conservatrice e il suo spirito clericale (nonostante che al soglio di Pietro fosse salito fin
dal 1958 Giovanni XXIII, un papa ben diverso da
Pio XII). Ma in maniera più diretta e provocatoria
dei film di Fellini e di Antonioni, quello di Visconti
attaccava frontalmente l'*establishment* sia con la violenza di certe immagini sia soprattutto con i problemi
umani e sociali che sollevava: era pertanto *Rocco e i
suoi fratelli* a costituire l'obbiettivo primario della
lotta contro l'intellettualità di sinistra e le forze politiche progressiste e, dal campo opposto, su di esso
andava condotta la battaglia per l'abolizione della censura e per la libertà di pensiero e di parola.

La polemica si trascinò per parecchi mesi, coinvolgendo intellettuali e politici, e si accentuò ulteriormente quando, nel febbraio 1961, un altro spettacolo di
Visconti, *L'Arialda* di Testori andata in scena a Milano, fu sequestrato e denunciato per oscenità dalla
medesima Procura della Repubblica. Lo stesso Ministro dello Spettacolo, il democristiano Folchi, si accanì
successivamente sul film, provocando una giusta replica di Visconti che, in una lettera aperta pubblicata
sull'« Unità » del 24 ottobre 1961, scriveva fra l'altro:

« Se a favore di *Rocco e i suoi fratelli* non vi fosse stata a suo
tempo la grande protesta non soltanto della cultura italiana, ma
dei partiti, della stampa, e delle organizzazioni di sinistra si può
essere certi, dopo le sue odierne dichiarazioni, che al film

sarebbe stato sottratto il diritto costituzionale di prender contatto con le larghe masse degli spettatori e di godere, in tal
modo, di quel suffragio di pubblico che tutti conoscono e che —
vale la pena di segnalarlo — ha consentito il più grande incasso
italiano degli ultimi tempi, dopo quello della *Dolce vita*».

Ma veniamo al film e alla sua genesi, che fu — come spesso nell'opera di Visconti — alquanto complessa e lunga. L'idea nacque dopo *Le notti bianche* come
progetto cinematografico che Franco Cristaldi — uno
dei quattro membri della società che aveva prodotto
quel film — avrebbe dovuto realizzare per la sua casa
di produzione, la Vides. Come scrisse Suso Cecchi D'A-
mico:

« Nella primavera del '58 Visconti, Pratolini ed io ci assu-
memmo l'incarico, per conto della Vides, di scrivere un soggetto
molto ampio (fu addirittura un trattamento) partendo da un'i-
dea esposta da Visconti a Cristaldi ... Il trattamento piacque a
Cristaldi ma, nei mesi che seguirono, sorsero tra il produttore e
Visconti delle divergenze sulla data di realizzazione del film. Fu
appunto in seguito a queste difficoltà che il film passò dalla
Vides alla Titanus ».

L'idea di Visconti, quella attorno alla quale si cominciò a lavorare in sede di trattamento e poi di sceneggiatura, era molto semplice e generica. Secondo
quanto dichiarò Vasco Pratolini a Caterina D'Amico
che lo intervistò in proposito, si trattava di un soggetto costruito su una madre con cinque figli e sul mondo
della boxe. Pare che Visconti ripetesse a Pratolini e a
Suso Cecchi D'Amico: « Non so altro. So che ci sono
cinque fratelli e che c'entra la boxe ». Da questo spunto, arricchito da elementi tratti dai racconti *Come fai,
Sinatra?* e *Il Brianza* di Giovanni Testori, raccolti nel
volume *Il ponte della Ghisolfa*, si andò elaborando

un'ampia sceneggiatura, alla quale collaborarono —
uscitone Pratolini che stava allora ultimando la stesura del suo romanzo *Lo scialo* — Enrico Medioli e successivamente Pasquale Festa Campanile e Massimo
Franciosa. Il lavoro proseguì per più d'un anno e assunse delle proporzioni notevoli, tanto che si dovette procedere a drastiche riduzioni e sforbiciamenti. Finalmente il film fu pronto in tutte le sue parti e le riprese
iniziarono a Milano il 22 febbraio 1960 per concludersi il 2 giugno al lago di Fogliano nei pressi di Latina,
per la sequenza dell'Idroscalo (l'uccisione di Nadia da
parte di Simone) che Visconti non aveva potuto girare
sul posto per il divieto delle autorità competenti.

Secondo la testimonianza di Festa Campanile e di
Franciosa, che furono chiamati a collaborare alla stesura vera e propria della sceneggiatura, l'ampia materia
drammaturgica e narrativa venne suddivisa in cinque
blocchi corrispondenti ai cinque fratelli (Vincenzo, Simone, Rocco, Ciro, Luca) che rimasero nel film come
titoli di altrettanti capitoli. Ciascuno dei collaboratori si
occupò specificamente di un capitolo: « Visconti affrontò in sede di scrittura la parte culminante del film, con
la costruzione e l'orchestrazione di talune scene di altissimo livello drammatico — qual è la morte di Nadia
all'Idroscalo — e che pensiamo siano *cresciute* addirittura nel "girato", sviluppandosi visivamente in tutta
la loro tensione tragica e umanamente dialettica », come scrissero Festa Campanile e Franciosa; per la parte
di Simone fu incaricata la D'Amico, per quella di Ciro
Enrico Medioli, per i due capitoli su Vincenzo e su
Rocco, oltreché per il prologo in Lucania (che poi non
fu girato), gli stessi Festa Campanile e Franciosa. Ne
risultò un testo estremamente ampio e articolato, in

cui non era difficile riscontrare vari elementi letterari
tratti, oltreché da Testori, dalla Bibbia, da Thomas
Mann (*Giuseppe e i suoi fratelli*), da Dostoevskij (*L'i-
diota*) — come riconobbe lo stesso Visconti — e influenze indirette di Rocco Scotellaro (*Contadini del
Sud*), di Carlo Levi (*Cristo si è fermato a Eboli*) e in
genere della letteratura meridionalistica per la definizione della psicologia dei personaggi e del loro ambiente
familiare e sociale.

Il film fu insomma il frutto di un attento lavoro di
analisi e di sintesi attorno a una serie di temi che
schematicamente possono essere individuati nella famiglia come microcosmo umano e sociale, nel rapporto
uomo-donna come dilacerazione di precedenti equili-
bri, nell'amicizia e fratellanza come fattore di grande
coesione, nell'emigrazione interna come elemento di disgregazione sociale, nella città come sede di conflitti
violenti e insanabili. Tutti temi che nascono e si svilup-
pano attorno alla storia di una famiglia di lucani — la
vedova Rosaria e i suoi cinque figli — inurbatisi a
Milano alla fine degli Anni Cinquanta in cerca di lavoro, e all'impatto drammatico che la grande città del
Nord ha sulla compatta ma sostanzialmente fragile
struttura familiare, inadatta a reggere le tensioni della
società industriale e neocapitalistica.

3 Significati e intenzioni di «Rocco»

Il dramma prima, la tragedia poi, che vede schierati l'uno contro l'altro i fratelli Simone e Rocco, ambedue innamorati della prostituta Nadia, e l'uccisione di
quest'ultima da parte di Simone, ormai incapace di

frenare la sua gelosia e la sua invidia nei confronti del
fratello, sgorgano a poco a poco dal tessuto narrativo
del film che si dipana, di capitolo in capitolo, lungo
uno schema formale che si appunta sulle grandi scene
di tensione e sui momenti di pausa contemplativa. Sullo sfondo ci sono il problema degli immigrati meridionali a Milano, la vita quotidiana in una città ostile e il
mondo della boxe, nel quale sono coinvolti prima Simone e poi Rocco, con tutte le conseguenze del caso. Può
essere interessante osservare a questo proposito, co-
m'è stato notato, che tra i progetti cinematografici di
Visconti del 1942 ci fu anche il romanzo di George
Bernard Shaw *Cashel Byron's Profession*, il cui protagonista fa di professione il pugile: un'attività che egli
ben conosceva e seguiva con interesse, forse per quel
connubio di violenza e di umanità, di agonismo e di
abilità e forza, che ne fanno uno sport estremamente
drammatico e spettacolare.

Come si è detto, sono rintracciabili in *Rocco e i
suoi fratelli* influenze letterarie di varia provenienza,
dalla Bibbia a Mann a Testori, amalgamate tutte in
una complessa e compatta struttura narrativa e soprattutto in una forma al tempo stesso tragica e melodrammatica, caratteristiche ricorrenti dell'arte di Visconti.
Ma vi si riscontra anche un ascendente più diretto,
non solo tematicamente, che è *La terra trema*, per il
tramite di Verga e dei *Malavoglia* in particolare. Fu lo
stesso Visconti a dichiarare a Gaetano Carancini durante la lavorazione del film:

« Per *Rocco*, una storia a cui pensavo già da molto tempo,
l'influenza maggiore l'ho forse subita da Giovanni Verga: *I
Malavoglia*, infatti, mi *ossessionano* sin dalla prima lettura. E, a
pensarci bene, il nucleo principale di *Rocco* è lo *stesso* del

romanzo verghiano: là 'Ntoni e i suoi, nella lotta per sopravvivere, per liberarsi dai bisogni materiali, tentavano l'impresa del "carico dei lupini": qui i figli di Rosaria tentano il pugilato: e la boxe è il "carico dei lupini" dei Malavoglia. Così il film si imparenta a *La terra trema* — che è la mia interpretazione de *I Malavoglia* — di cui costituisce quasi il secondo espisodio».

Ed aggiunse, per meglio precisare le sue intenzioni ed anche i temi attorno ai quali il film andava prendendo consistenza:

« A questa "ossessione" determinata dalla maggiore opera dello scrittore siciliano, si sono aggiunti altri due elementi: il desiderio di fare un film su una madre che, sentendosi quasi *padrona* dei propri figli, ne vuole sfruttare l'energia per liberarsi dalle "necessità quotidiane", senza tener conto della diversità dei caratteri, delle possibilità dei suoi ragazzi; per cui mira ambiziosamente troppo in alto e viene sconfitta; e poi mi interessava anche il problema dell'inurbamento, attraverso cui era possibile stabilire un contatto tra il Sud pieno di miseria e Milano, la modernamente progredita città del Nord».

Era un ritorno in piena regola alle tensioni ideologiche, politiche e anche morali del primo neorealismo: un riaffermare la necessità di fare un cinema civile, profondamente radicato nei problemi sociali contemporanei. Il richiamo alla *Terra trema* significava anche un invito a riprendere un discorso interrotto dopo anni di minore tensione ideologica o d'un parlar per metafore, rifacendosi magari ai classici o alla storia passata. Ed era un bisogno di riaprire il dialogo col grande pubblico, quello che aveva applaudito *Senso*, ma questa volta coinvolgendolo in termini più violenti e aggressivi in una vicenda, ancora di amore e di morte, che non soltanto era contemporanea ma si apriva su una molteplicità di questioni umane e sociali che non potevano lasciarlo indifferente. Bisognava, in altre parole, prendere posizione pro o contro il film — come di fatto avvenne — e di conseguenza pro o contro le radicali trasformazioni politiche e sociali che il film stesso indicava nel rappresentare in quei modi e in quelle forme la realtà. In questo senso la lezione del primo neorealismo poteva essere ancora attuale, come sottolineò lo stesso Visconti in un'intervista a Tommaso Chiaretti apparsa su « Mondo Nuovo » nel febbraio 1960:

> « Il neorealismo è, come esperienza e come poetica, valido ancora oggi. L'importante è mettersi in quello stesso atteggiamento in cui ci mettevamo allora, ma rispetto, ripeto, ai casi e ai problemi attuali... Noi dobbiamo porci in una attitudine morale di fronte agli avvenimenti, alla vita: in un atteggiamento, insomma, che ci consenta di vedere con occhio limpido, critico, la società così come è oggi, e raccontare fatti che di questa società sono parte ».

Non v'è dubbio che i fatti rappresentati in *Rocco e i suoi fratelli* non soltanto fanno parte della società italiana di quegli anni, ma anche sono visti con occhio critico, distaccato, indagatore, sicché appaiono sullo schermo in tutta la loro pregnanza realistica e il loro significato polemico. Questo aspetto del film — cioè il realismo della rappresentazione e la situazione sociale descritta, con tutti i problemi connessi — fu al centro sia degli attacchi reazionari, delle polemiche politiche e delle strenue difese dei progressisti, sia dei dibattiti che nacquero in diversi ambienti operai e di immigrati meridionali, o sulle pagine delle riviste culturali e cinematografiche, a significare quanto importante allora parve il contenuto dell'opera di Visconti, il suo diretto intervento su una realtà sociale che suscitava e non poteva non suscitare accese discussioni e schieramenti di parte.

Ma la sostanza vera dell'opera, al di là dei contenuti evidenti e dichiarati, va cercata anche e forse soprattutto nel conflitto drammatico che dilacera i personaggi, in particolare i due fratelli Rocco e Simone nel loro rapporto d'amore e di morte con Nadia, conflitto che pur affondando in una situazione ambientale come quella descritta si viene a collocare in una posizione talmente predominante, quasi esclusiva, da assorbire artisticamente il valore e il significato del film. Quasi che il tema della famiglia che si autodistrugge per una lotta fratricida — che sarà ripreso e ampliato nella *Caduta degli dei* e in parte era già presente nella *Terra trema* — e la conseguente tensione tragica che nasce da tale conflitto fossero il vero centro dell'interesse di Visconti, che infatti si occupò prevalentemente — stando alle testimonianze dei collaboratori — del contrasto drammatico fra Rocco e Simone e della chiusa tragica della vicenda, con la morte, quasi intollerabile nella sua crudezza, di Nadia accoltellata da Simone all'Idroscalo. E proprio in queste sequenze, di maggiore violenza espressiva, il suo stile appare d'altissimo livello.

In realtà le intenzioni dichiarate e ribadite in varie occasioni da Visconti erano altre, strettamente connesse con la questione meridionale e con la critica severa di una situazione sociale che avrebbe richiesto ben altri interventi del potere politico e delle istituzioni. Come ebbe a scrivere in un articolo dal titolo emblematico *Oltre il fato dei Malavoglia*, pubblicato sul periodico comunista « Vie Nuove » il 22 ottobre 1960:

« Interessato come sono ai motivi profondi che turbano e rendono inquieta, ansiosa del nuovo, la esistenza degli italiani, ho sempre visto nella questione meridionale una delle fonti principali della mia ispirazione ... Gramsci non soltanto mi persuase per la acutezza delle sue analisi storico-politiche che mi spiegavano fino in fondo le ragioni, il carattere del Mezzogiorno come grande disgregazione sociale e come mercato di sfruttamento (di tipo coloniale) da parte della classe dirigente del Nord, ma perché, a differenza di altri importanti autori meridionalisti, mi dava l'indicazione pratica, realistica, di azione per il superamento della questione meridionale come questione centrale della unità del nostro Paese: l'alleanza degli operai del Nord con i contadini del Sud, per spezzare la cappa di piombo del blocco agrario-industriale ».

Da questa impostazione teorica generale — invero un poco sforzata rispetto alle più vere fonti di ispirazione della sua precedente opera cinematografica e teatrale — Visconti giungeva a sostenere:

« La questione dei rapporti tra fratelli e tra figli e madre non mi ha certo interessato meno di quella che una simile famiglia provenisse dal Sud, fosse una famiglia meridionale. Operando questa scelta non mi sono limitato, però, alla ricerca d'un materiale umano particolarmente suggestivo, ma ho consapevolmente deliberato di tornare sul problema del rapporto tra Nord e Sud, così come può tornarvi un artista il quale voglia, per così dire, non soltanto commuovere ma invitare al ragionamento. Si rifletta a questo: in un momento in cui l'opinione ufficiale che si tende ad accreditare è quella di un Mezzogiorno e di una Sicilia e di una Sardegna trasformati dalla presenza d'un maggior numero di strade asfaltate, di fabbriche, di terre distribuite, di autonomie amministrative assicurate, io ho voluto ascoltare la voce più profonda che viene dalla realtà meridionale: vale a dire quella d'una umanità e d'una civiltà che, mentre non hanno avuto che briciole del grande festino del cosiddetto miracolo economico italiano, attendono ancora di uscire dal chiuso di un isolamento morale e spirituale che è tuttora fondato sul pregiudizio tipicamente italiano che tiene il Mezzogiorno in condizioni di inferiorità rispetto al resto della nazione... Ma per quanto mi sia facile affermare che la storia di *Rocco e i suoi fratelli* potrebbe benissimo figurare in una di quelle notizie di cronaca, io desidero rivendicare il carattere di *tipicità*. Nella particolarità del tutto fantastica dei miei personaggi e della vicenda, io credo di aver posto un problema morale e ideale che è tipico del momento storico in cui viviamo e che è tipico dello stato d'animo aperto, da un lato, alla speranza e alla volontà di rinascita dei meridionali e, dall'altro lato, continuamente respinto, per la insufficienza dei rimedi, verso la disperazione o verso soluzioni del tutto parziali come quella dell'inserimento individuale, di ogni singolo meridionale in un modo di vita impostogli dall'esterno ».

Denunciate chiaramente le sue intenzioni, in termini esplicitamente ideologici e politici tanto da far supporre che il testo citato sia stato scritto in collaborazione (con Antonello Trombadori?), Visconti volle anche indicare la giusta linea di interpretazione critica del suo film, sottolineando la funzione che in esso veniva ad assumere un personaggio artisticamente minore e marginale ma contenutisticamente rilevante, come il quarto fratello Ciro, l'unico a inserirsi positivamente nell'ambiente operaio e ad acquisire una coscienza di classe, forse con tendenze più riformiste che rivoluzionarie. Scrisse in proposito:

« Il mio tentativo è stato quello di estrarre dalle radici stesse del metodo verghiano le ragioni prime del dramma e di presentare al culmine dello sfacelo (nella *Terra trema*: il dissesto economico della famiglia Valastro; in *Rocco*: la frana morale nel momento di maggiore assestamento economico) un personaggio che chiaramente, quasi didascalicamente (non ho paura della parola) le mettesse in chiaro. Qui, in *Rocco*, non a caso questo personaggio è Ciro, il fratello divenuto operaio, che non soltanto ha dimostrato una capacità non romantica, non effimera di inserirsi nella vita, ma che ha acquistato coscienza di diversi doveri discendenti da diversi diritti. Tutto sommato, e devo dire senza accorgermene, il finale di *Rocco* è riuscito un finale simbolico, direi emblematico delle mie convinzioni meridionalistiche: il fratello operaio parla col più piccolo della famiglia d'una visione futura del suo Paese che raffigura quella idealmente unitaria del pensiero di Antonio Gramsci ».

Accennando al didascalismo del personaggio di Ciro, alla sua funzione delucidatrice nell'economia del film, che invece si dipana quasi esclusivamente attorno alle tre figure tragiche di Simone, Rocco e Nadia, Visconti in certo senso poneva le mani avanti contro le possibili critiche che di fatto non mancarono, che videro in quel personaggio, e più in generale nello schematismo della sua presenza dialettica, il lato più debole di *Rocco e i suoi fratelli*. Anche in una conversazione con Guido Aristarco — che aveva scritto nell'introduzione alla pubblicazione della sceneggiatura del film: « È certo sin d'ora che *Rocco e i suoi fratelli* — il cui titolo, per questo spostamento di peso dei personaggi, potrebbe essere cambiato in *Ciro e i suoi fratelli* — non sarà un romanzo delle "illusioni perdute" come *Le notti bianche* » — egli volle ribadire il carattere paradigmatico del personaggio, accentuarne il significato critico, fornirne una spiegazione ideologica. Come a dire che senza Ciro l'intera vicenda avrebbe assunto un significato diverso, la storia tragica degli altri fratelli e dell'intera famiglia sarebbe stata interpretata come un fattaccio di cronaca, la rappresentazione a forti tinte d'un dramma della gelosia e della disperazione.

Non v'è dubbio che tanto il finale — con la speranza di una società migliore e più giusta — quanto la presenza, sia pure marginale, di Ciro in funzione contrapposta a Simone e a Rocco, hanno un peso non indifferente nella struttura del film, tanto sul piano dei contenuti quanto su quello delle forme (proprio in funzione dialettica e didascalica). Ma ciò che più colpisce, come già colpiva nei migliori film viscontiani precedenti, da *Ossessione* alla *Terra trema* a *Senso*, è la negatività delle situazioni e degli stessi personaggi, da cui scaturisce una visione lucida e disincantata della realtà umana e sociale. I personaggi cosiddetti positivi, come lo Spagnolo o il marchese Ussoni, hanno anch'essi una funzione dialettica ma non certo didascalica, sono elementi del dramma che, sia pure marginali o schematici, arricchiscono in certa misura — si pensi soprattutto allo Spagnolo in rapporto a Gino — i personaggi maggiori, ne forniscono un'interpretazione più articolata e profonda. Quanto a 'Ntoni, in esso sono compresenti sia la positività sia la negatività, ed è comunque attraverso la sua sconfitta che si evidenzia la linea positiva dell'intero film, come a dire che la dialettica degli opposti è interna al personaggio che, da questo punto di vista, è forse il più completo fra quelli tratteggiati da Visconti. Ciro invece è una mera presenza, non fa sostanzialmente spostare l'ago della bilancia, rimane estraneo al dramma, di cui vede soltanto i lati esteriori. La sua funzione didascalica, più che dialettica, non si integra nella struttura drammaturgica dell'opera, assolve l'unico compito di fornire dall'esterno una chiave di lettura politica del film.

4 *«Rocco» e l'«Arialda» testi complementari*

Il valore di *Rocco e i suoi fratelli* e il suo significato storico e culturale sia in rapporto alla situazione del cinema italiano del tempo e più in generale della società italiana degli anni del cosiddetto miracolo economico, sia all'interno dell'intera opera viscontiana, risiedono, a ben guardare, proprio nella negatività assoluta della vicenda e dei personaggi maggiori, o meglio nella contraddittorietà dei comportamenti individuali e collettivi che portano alla dissoluzione di una famiglia e alla tragedia finale. La « cattiveria » di Simone, la « disponibilità » di Nadia, l'« angelismo impotente » di Rocco — personaggi complementari di chiara derivazione letteraria ma profondamente radicati in un tessuto drammatico tenuto continuamente teso da uno stile rappresentativo costruito su immagini e sequenze fortemente contrastate e violente — costituiscono i tre aspetti d'un unico tema: la difficoltà del vivere in una società di cui non si conoscono i termini esatti, ostile e disumana, nella quale l'individuo non riesce a trovare una sua collocazione autentica, continuamente trascinato dal fluire dei fatti di cui è vittima inconsapevole. Certo questa difficoltà non è genericamente esistenziale, ma ha dei connotati storici e sociali precisi, il mancato inserimento sociale deriva da innumerevoli fattori che il film indica per sommi capi. Tuttavia questi connotati appaiono scialbi, generici, superficiali, quasi da film neorealistico di maniera: i luoghi scenici non hanno, come nei migliori film di Visconti, una loro pregnanza significativa, assolvono una funzione puramente scenografica, di sfondo dell'azione drammatica. Quando invece sono in scena i protagonisti della tragedia — come nel teatro classico o nel melodramma ottocentesco — l'ambiente passa giustamente in secondo piano, campeggiano essi con l'evidenza stessa della loro presenza tragica. La descrizione si fa interpretazione, la contemplazione viva partecipazione drammatica.

Anche in *Rocco e i suoi fratelli* i moduli teatrali, nel più ampio significato del termine, comprendente quindi in particolare gli schemi formali tragici e melodrammatici a un tempo, si articolano in maniera più intensa e significativa di quelli narrativi e descrittivi: Visconti punta tutto il suo discorso sulle cosiddette scene madri, sui contrasti violenti, sui dialoghi a due personaggi, come se volesse costruire all'interno della struttura narrativa alcuni blocchi prettamente teatrali, compatti, fortemente caratterizzati sul piano della recitazione. Anche la scelta degli attori, calibrati con grande maestria sui personaggi sino al limite della maniera o della ridondanza scenica (si pensi alla figura della madre tratteggiata con vigore « teatrale » da Katina Paxinou), corrisponde a quell'indirizzo ricorrente nell'opera viscontiana che si richiama al cinema antropomorfico. Ma, a distanza di molti anni da quella prima formulazione teorica, l'antropomorfismo cinematografico si è andato caricando di elementi estranei alla pura convenzione schermica, attingendo abbondantemente dal teatro di prosa e dal melodramma. In questo quadro di riferimento registico, sono i drammi individuali a primeggiare in quelle forme estetiche che Visconti aveva abbondantemente sperimentato, con ottimi risultati, sul palcoscenico.

A ben guardare, la Milano brumosa del centro e della periferia, gli ambienti sordidi delle case popolari o della palestra di boxe, le strade e i luoghi in cui avvengono i fatti più violenti (lo stupro di Nadia, la cazzottattura fra i due fratelli, l'assassinio di Nadia), sono autentici fondali di palcoscenico, scenografie semoventi, all'interno delle quali i personaggi si muovono, si agitano, dialogano, si scontrano con quella intensità scenica che è propria delle migliori regìe teatrali di Visconti. Anche la tecnica di ripresa sottolinea questa continuità della recitazione che ne mette in luce, non già la naturalezza o la cinematograficità, ma la convenzionalità e l'artificio. Come riferì allora il direttore della fotografia Giuseppe Rotunno: «Usiamo quasi sempre *tre* macchine da presa, ma non per avere più "campi" tra cui scegliere in sede di montaggio, bensì *in funzione narrativa*, anticipando in certo qual modo il racconto definitivo... Così la regìa otterrà, già in partenza, un blocco unitario, quasi montato».

In realtà questa funzione narrativa, che consentiva la continuità dell'azione nel passaggio da un luogo scenico all'altro senza l'interruzione della ripresa e senza la frantumazione della recitazione, assumeva i caratteri di una precisa funzione drammaturgica, proprio di stampo teatrale, quasi che i diversi luoghi dell'azione fossero un unico grande e articolato palcoscenico. Era una diversa e più sofisticata applicazione dei princìpi del «piano-sequenza», cioè di una lunga inquadratura che contiene un'intera azione drammatica, che Visconti aveva già impiegato sin dai tempi di *Ossessione* e ancor più impiegherà in seguito: un piano-sequenza che, a differenza di come lo usano altri registi, tende ad accentuare la durata della «finzione» scenica piuttosto che la sua «verosimiglianza», a trasformare appunto lo schermo non già in una «finestra aperta» sulla realtà, ma in una sorta di palcoscenico bidimensionale e infinitamente più ricco di prospettive scenografiche, di cui ricalca le medesime convenzioni spettacolari.

Film melodrammatico e tragico, nell'accezione migliore dei termini e secondo le indicazioni estetiche ab-

bondantemente fornite da Visconti nelle opere precedenti, *Rocco e i suoi fratelli* fa della violenza una sorta di cifra stilistica. Ciò non significa l'assenza di altri
registri contenutistici e formali — basti pensare alla
delicatezza della storia d'amore fra Rocco e Nadia e
alla stessa caratterizzazione psicologica e morale di Rocco, vero « profeta disarmato » dostoevskiano —, ma
piuttosto la loro subordinazione alla violenza come
struttura portante dell'intera rappresentazione. In questo senso — a differenza di Ciro, che di questa violenza pare non subire né le conseguenze né il fascino,
opponendovisi soltanto con la banalità del suo vivere
quotidiano e la prospettiva utopica e generica d'una
società migliore — Rocco viene ad assumere nell'economia del film un significato e un valore centrali. Per lui
la violenza, prima negata e osteggiata, poi subita, diventa la dimensione vera in cui è costretto a vivere,
assume i connotati universali della società come luogo
dell'esistenza umana. La sua battaglia, fuori del tempo, ideale e perdente in partenza, significa la difficoltà,
addirittura l'impossibilità, di uscire con le sole proprie
forze dalla negatività del reale quotidiano, di opporre
a questa negatività un progetto esistenziale positivo
che non sia una pura e semplice rivolta dell'individuo
o una accettazione passiva dell'esistente.

Ed è la negatività dell'assunto — contro il quale
non ha valore la proposta « sociale » di Ciro — a dare
al film quel carattere di profondo pessimismo che, paradossalmente, viene riscattato dalla violenza dei fatti e
delle immagini. Facendo del suo protagonista un personaggio « fuori del tempo », puro nella sua ingenuità
come in parte lo era il Gino di *Ossessione* o 'Ntoni
della *Terra trema*, Visconti lo contrappone decisamen-

te alla violenza degli altri, della società; ma così facendo dà a quella violenza la funzione di una sorta di riscatto negativo, di condanna sul duplice piano dell'inutilità della rivolta individuale e della negatività delle strutture sociali esistenti. La proposta « positiva » del discorso viscontiano — se così a ogni costo vogliamo chiamarla — passa attraverso la distruzione dei personaggi e dell'ambiente, come già era avvenuto nei suoi film migliori; ed è la dialettica interna a questa distruzione, accentuata formalmente da una violenza che mai prima di allora egli aveva impiegato con tanta assiduità e persistenza, a fornire la chiave interpretativa di un film il cui significato più autentico va cercato non contrapponendo schematicamente negatività e positività, ma accettando la prima, totale e totalizzante, come lo stato delle cose in cui i singoli personaggi, perdendosi, denunciano al tempo stesso la situazione contingente e quella generale, astorica, esistenziale.

Il discorso sulla violenza in Visconti richiederebbe un'analisi particolare e particolareggiata, perché da un lato si lega indissolubilmente al suo concetto di realismo, dall'altro si richiama a un gusto preciso per le situazioni « forti » che può anche mettere in luce taluni aspetti decadentistici e morbosi del suo carattere, o meglio della sua poetica. Non v'è dubbio che, fin da *Ossessione*, le tensioni drammatiche che contrappongono i suoi personaggi, o quelli derivati da testi altrui ma fatti proprî, si tingono spesso d'una violenza che può essere, di volta in volta, più formale che sostanziale o viceversa. In *Rocco e i suoi fratelli* essa è certamente evidente, formalmente consistente e significativa, ma anche derivata, addirittura scaturita, da una situazione sociale che l'alimenta: è, se si vuole, una violenza al secondo grado, anche se, paradossalmente, Visconti ebbe a negarne, se non la presenza, il vero significato.

In un'intervista a Lietta Tornabuoni pubblicata su « Sipario » nel 1965, alla domanda che la violenza, il sadismo, la crudeltà erano presenti nella sua opera cinematografica e teatrale, egli rispose:

> « È vero, a me interessano sempre le situazioni estreme, i momenti in cui una tensione abnorme rivela la verità degli esseri umani; amo affrontare i personaggi e la materia del racconto con durezza, con aggressività. C'era crudeltà e violenza in *Ossessione* più che in qualsiasi altro mio film; ce n'era in *Senso*; non ce n'era in *Rocco e i suoi fratelli*, perché lì violenza e crudeltà erano completamente determinate dalla storia, da circostanze eccezionali ».

Il che è certamente vero, ma tace un aspetto fondamentale del film, la fondazione stessa della sua struttura drammaturgica e del suo significato artistico, cioè che la violenza e la crudeltà esibite abbondantemente in *Rocco e i suoi fratelli* sono al tempo stesso rappresentazione d'una realtà violenta e crudele e sua interpretazione simbolica. Mai prima d'allora, in Visconti, l'esibizione prolungata e insistita della violenza parve debordare dallo schermo o dal palcoscenico in platea, coinvolgendo gli spettatori sino al limite della intollerabilità e fornendo a essi gli strumenti per un intervento critico sulla realtà rappresentata.

Parallelo al discorso sulla violenza è quello sull'erotismo, anch'esso legato alla poetica del realismo integrale, che si è andato sviluppando e approfondendo nell'opera di Visconti a partire sempre da quell'*Ossessione* che, in prospettiva storica, viene ad assumere una funzione determinante, quasi *summa* anticipata dei più autentici e genuini aspetti dell'arte sua. Questo erotismo, presente in varia forma e sostanza in tutti i film e nella maggior parte degli spettacoli teatrali di Visconti, si configura in *Rocco e i suoi fratelli* all'interno di quella più vasta rappresentazione violenta e crudele della realtà umana e sociale cui abbiamo fatto cenno. È un erotismo analizzato nelle sue componenti più autentiche e nelle sue manifestazioni più brutali, sì da costituire quasi il filo rosso che unisce i vari capitoli del dramma, il nucleo centrale — più della famiglia, della città disumana, del mondo della boxe, del lavoro — attorno al quale si arrotola, sino alla catastrofe finale, la tragedia nei suoi vari brandelli di realtà. È come se famiglia, città, boxe, lavoro, in un contesto inestricabile di rapporti, assumessero la loro credibilità drammatica solo in quanto trasposizioni sul piano sociale delle interne pulsioni erotiche dei personaggi; e la tragedia nascesse e si compisse proprio per l'indissolubile legame che unisce l'amore alla morte, Eros a Thanatos.

Questo erotismo ebbe una specie di consacrazione ufficiale sul palcoscenico negli stessi mesi in cui *Rocco e i suoi fratelli* faceva il suo cammino glorioso e contrastato sugli schermi delle sale cinematografiche italiane (e poi straniere); e suscitò, come quello, una violenta reazione da parte dei benpensanti e un intervento censorio ancora più drastico e definitivo. Ed era un erotismo che derivava dalle medesime fonti letterarie del film, o almeno da parte di esse: quell'erotismo greve e animalesco, tutto concreto, fatti e gesti del sesso e dei rapporti interpersonali, che Giovanni Testori aveva tratteggiato e descritto minutamente in certi suoi racconti e che ora riproponeva in una sua commedia, *L'Arialda*.

La storia, tutta centrata sul personaggio della protagonista, una zitella ingannata che vive ai margini della civiltà, nella squallida periferia milanese, contornata da uomini e donne che paiono dominati totalmente dal sesso, non tanto si affida all'azione, ai fatti e agli accadimenti drammatici, quanto alla situazione, alla durata di una condizione umana e sociale che non pare possa offrire soluzioni positive. Il pessimismo di Testori, non riscattato da una prospettiva sociale e politica, e nemmeno da quella spiritualità o moralità che lo scrittore introdurrà in seguito nelle sue opere, è diverso ovviamente da quello di Visconti, il quale aveva scritto gramscianamente nel suo articolo su *Rocco e i suoi fratelli*: « Pessimismo, no. Perché il mio pessimismo è soltanto quello della intelligenza, mai quello della volontà ». E tuttavia esso si lega in parte alla poetica viscontiana proprio nelle sue manifestazioni più esteriori, il sesso, la violenza, lo squallore e la crudeltà, che attanagliano i personaggi sino a ridurli a vittime d'un destino implacabile. E poi c'è lo sfondo ambientale, la disumanità della metropoli, l'estraneità dei personaggi alla vita civile, alla politica, che fanno di *Rocco* e dell'*Arialda* due testi complementari, due spettacoli in larga misura concomitanti.

Il lavoro di preparazione della messinscena fu, come sempre, molto accurato, in stretta collaborazione con Testori che andò modificando scene e dialoghi in funzione della spettacolarità del testo e dell'interpretazione che egli voleva dare ai personaggi e alla vicenda in relazione alla veste scenica che ne avrebbe dato Visconti. In una lettera inviata al regista in data 6 ottobre 1960 egli accennava alle varie redazioni che aveva approntato per meglio chiarire i rapporti fra i personaggi maschili Oreste, Lino e Eros, e scriveva: «Comunque vedi tu. Qualche ritocco posso ancora farlo; magari la prossima volta che verrò a Roma. E magari dopo che, provando, tu avrai visto se così la scena tiene o meno». Era insomma un lavoro a quattro mani, in perfetta comunanza di intenti, che ancor più doveva sottolineare certe assonanze fra il mondo dello scrittore e quello del regista, certe affinità fra i personaggi dell'uno e quelli dell'altro. In questo senso L'Arialda, di cui Visconti non curò soltanto la regìa ma anche la scenografia, in perfetto stile realistico che evocava scorci e prospettive urbani che già s'erano visti in *Rocco e i suoi fratelli*, assume un significato che oltrepassa i limiti d'una messinscena, sia pure attenta e partecipe, autenticamente viscontiana. Lo spettacolo, testo e immagini, dialoghi e recitazione, risulta essere il frutto non solo d'una collaborazione stretta e amichevole, ma proprio di una integrazione di elementi presenti nell'opera tanto dell'uno quanto dell'altro.

L'*Arialda* andò in scena al Teatro Eliseo di Roma il 22 dicembre 1960 e suscitò, come si è detto, la reazione del pubblico che, ancora una volta, si schierò da una parte e dall'altra. Dopo numerose repliche, essa fu presentata al Teatro Nuovo di Milano il 23 febbraio 1961 e sequestrata il giorno dopo dalla Magistratura milanese sotto l'accusa di oscenità: per tale reato furono denunciati anche Giovanni Testori, Luchino Visconti e l'impresario Remigio Paone. La commedia fu tolta dal cartellone e non venne mai più replicata né a Milano né altrove; la compagnia Rina Morelli-Paolo Stoppa si sciolse il medesimo giorno. E dire che a Roma, nonostante le intemperanze della prima e un certo strascico polemico antiviscontiano e antitestoriano, la

critica non vi riscontrò particolari elementi di scandalo, pur ravvisando la crudezza del linguaggio e la sordi-
dezza della materia drammatica: semmai i risentimenti
di alcuni spettatori erano rivolti contro il presunto anti-
meridionalismo del testo. Come scrisse Sandro De Feo
sull'« Espresso »:

> « Ma questo occorre aggiungere subito a onore dei benpen-
> santi e a perenne disdoro del censore: che non una e neppure
> mezza delle loro proteste si riferiva alla pornografia e alle osce-
> nità che, secondo il censore, erano disseminate nel copione
> dell'*Arialda*. E forse il malumore dei benpensanti derivava, sia
> pure inconsciamente, anche dal fatto che nulla, dello spettacolo,
> giustificava il chiasso che s'era fatto prima della rappresentazio-
> ne negli uffici clericali della pubblica morale ».

Ciò che colpì favorevolmente la critica e il pubblico, al di là delle implicazioni morali del testo, e al di
sopra del suo stesso valore letterario e drammaturgico, invero non eccelso, fu proprio la regìa viscontiana, intesa nel più ampio significato del termine,
cioè come creazione totale dello spettacolo. Quei personaggi un po' verbosi e statici, quella vicenda spezzettata in frammenti non tutti significativi, quell'ambiente
alquanto anonimo, acquistavano sul palcoscenico, per
sola forza di rappresentazione, una autenticità e una
profondità non comuni. Visconti, in altre parole, era
riuscito, sulla scìa della precedente esperienza realistica di *Rocco e i suoi fratelli*, a riprodurre teatralmente
la medesima sostanza drammatica, nei modi e nelle forme d'uno spettacolo continuamente teso, coinvolgente. Il realismo della messinscena sopravvanzava lo pseu-
do-realismo del testo. Come scrisse giustamente Nicola Chiaromonte sul « Mondo »:

« La realtà è, sì, presente in scena, in quest'*Arialda*. Ma è quella, stupefacente, costruita da Visconti: un pezzo di periferia milanese, completa, con i suoi blocchi di caseggiati a sei piani che si perdono all'orizzonte, in una prospettiva stereoscopica perfetta, con il suo cielo, con la sua atmosfera trasportata qui di peso per magìa; passano persino, di quando in quando, su un lontano cavalcavia, autobus e automobili. Una specie di gigantesco e sinistro giocattolo di Norimberga. Forse e senza forse, il capolavoro di Visconti scenografo. Più e meglio, per sostenere la parlata di Testori, non si poteva umanamente fare ».

Paradossalmente Visconti era riuscito a dare a quest'ambiente, in parte simile a quello di *Rocco e i suoi fratelli*, una pregnanza realistica che nel film aveva raggiunto toni più banali e anonimi. Laddove, sullo schermo, i grandi caseggiati popolari, i luoghi dell'azione, la periferia urbana, erano parsi di maniera, inespressivi rispetto alla consistenza drammaturgica dei personaggi principali; sul palcoscenico, nella concentrazione spettacolare dell'unità scenografica, essi acquistavano, in rapporto ai personaggi che vi agivano, un significato complementare notevolissimo: quasi una duplicazione e una esaltazione, sul piano visivo, del disagio esistenziale e della rabbia repressa che li scuotevano. Fu una sorta di conferma non soltanto della sua maestrìa registica, su un terreno drammatico molto vicino alle ragioni più vere della sua poetica, ma anche della natura in larga misura « teatrale » del suo lavoro, concentrato tutto sull'attore-personaggio osservato nel chiuso d'un ambiente che ne può mettere in maggior luce l'umanità, quindi totalmente assoggettato alle regole della scena.

Ma c'è ancora un'altra osservazione da fare. Se *L'Arialda* parve spettacolarmente più compatta e tutta tenuta su un alto livello formale, rispetto agli scompensi di *Rocco e i suoi fratelli*, alla non perfetta integrazione dei vari elementi di quel dramma soprattutto a riguardo della dialettica interna ai personaggi e ai loro rapporti, la ragione va anche ricercata — oltre alla maggiore semplificazione drammaturgica del testo — in una più totale adesione di Visconti alla sua non dichiarata « politicità ». La naturalità dei personaggi di Testori, il loro muoversi in una realtà sociale genericamente caratterizzata come marginale e inquieta, data quasi come destino sociale, come immanente condanna morale, ne fanno i protagonisti d'una tragedia dell'esistenza che si va colorando di implicazioni ideologiche e politiche solo in quanto rimanda obbligatoriamente a una situazione e condizione che il pubblico conosce per altre fonti.

5 *Realismo e irrealismo si alternano*

Come in altri film — basti pensare a *Ossessione* — e in altri spettacoli teatrali e lirici, anche nell'*Arialda* Visconti riprese il contatto diretto con una realtà umana, profondamente radicata in una situazione esistenziale tesa e aperta alle più diverse implicazioni del dramma e della tragedia, ma non condizionata da rigide interpretazioni ideologiche. Ciò che lo interessava era soprattutto la dilacerazione dei personaggi, la loro crisi intima, il loro scontrarsi con una realtà negativa, non già il superamento di quella crisi o la prospettiva d'una radicale soluzione politica dello scontro. In questo senso *L'Arialda* meglio rifletteva le ragioni più vere della poetica di Visconti e dei suoi interessi artistici di quanto non facesse *Rocco e i suoi fratelli*, nonostante le sue dichiarazioni in proposito e l'affermazione di una sua politicità che conferiva ai personaggi di quel film una dimensione al tempo stesso paradigmatica e didascalica. Fra positività di intenti e negatività reale, l'opera più autentica e significativa di Visconti si è sempre mossa nella sfera di quest'ultima. *L'Arialda*, come le parti più chiaramente testoriane di *Rocco e i suoi fratelli*, ne sono una esplicita conferma, e bene si collocano in un momento di grande ripresa di creatività e di impegno artistico e culturale (e in parte politico) che vide Visconti, agli inizi degli Anni Sessanta, fra i più significativi interpreti della realtà italiana del tempo.

In questa prospettiva di realismo critico, o se si vuole di riaggancio della tematica viscontiana alle radici sociali e storiche dei personaggi, anche al di fuori della contemporaneità da un lato, dell'ideologia dall'altro, oltre all'*Arialda* e a *Rocco e i suoi fratelli* possiamo collocare tanto *Il lavoro*, un episodio del film antologico *Boccaccio '70* del 1962, quanto *Il gattopardo* del 1963, che Visconti derivò dall'omonimo romanzo di Giuseppe Tomasi di Lampedusa: due opere su cui converrà soffermarsi, ma che fin d'ora possiamo indicare come prosecuzione e ampliamento, sia pure in due differenti direzioni di ricerca, dei temi e dei soggetti che egli aveva affrontato e sviluppato nei migliori film precedenti, e anche in *Rocco* e nell'*Arialda*, almeno sul versante dell'erotismo e della violenza, dell'immanenza d'un destino tragico e della difficoltà del vivere. Ma queste due opere, nella più ampia prospettiva storica del decennio 1960-70, e in rapporto a ciò che nei medesimi anni Visconti realizza sullo schermo e sul palcoscenico (di prosa e lirico), si pongono quasi come eccezioni, nel senso che il loro realismo, la loro rappresentazione critica del reale in un contesto dialetticamente significativo, contrastano con una sorta di ripresa dell'irrealismo viscontiano in quelle forme, estetizzanti e compiaciute o intimiste e quasi private, che già si erano manifestate in alcuni spettacoli del decennio precedente. Quasi che egli, esaurito il forte impegno umano e sociale con la violenza di *Rocco e i suoi fratelli* e dell'*Arialda* e lo scandalo da essi provocato, riprendesse a coltivare quegli altri aspetti della sua poetica e quegli interessi più rivolti all'interiorità dei sentimenti e alla rappresentazione raffinata di conflitti drammatici di maniera, che non alla loro esplicazione in termini critici e prospettici, sullo sfondo d'una realtà profondamente indagata.

Ciò si vide chiaramente nella messinscena dell'opera di John Ford *'Tis a pity she's a whore*, rappresentata al Théâtre de Paris il 29 marzo 1961 col titolo *Dommage qu'elle soit une p...*, con scenografie sue, costumi di Piero Tosi, musica rinascimentale e intepretazione, fra gli altri, di Romy Schneider, Alain Delon, Valentine Tessier, Daniel Sorano. Uno spettacolo che si fece ammirare per la raffinatezza delle scene e dei costumi, ma che sollevò proprio per questo una serie di critiche anche severe. Come scrisse argutamente Robert Kanters su « L'Express »:

« Fra *Rocco e i suoi fratelli* e *Dommage qu'elle soit une p...* si possono rilevare due rassomiglianze superficiali, il gusto segreto del melodramma e la lunghezza eccessiva (tre ore di film, più di tre ore di teatro), frutto di una certa incapacità a scegliere il particolare significativo. Ma ci si può chiedere nello stesso tempo se il moralismo non sia vicino al neo-pompierismo.

Ne sono certo, non c'è una canottiera in *Rocco* che non venga dalla Standa di Milano, non c'è un vestito in *Dommage qu'elle soit une p...* che non esca da un documento del Rinascimento italiano, non un particolare che non sia ispirato alla preoccupazione di ritrovare il realismo elisabettiano. Ma questo senso della misura, quest'estetismo delizioso e moderato, che ci piace in *Senso* e nella messinscena di Goldoni al Théâtre des Nations, tutto ciò qui è schiacciato dallo sfarzo e da una compiacenza che si traduce in una lentezza deprimente. Se c'è l'influenza del cinema, è disastrosa; i monologhi e le confidenze al pubblico vorrebbero sembrare elisabettiani, ma sono fatti come primi piani indiscreti, quando non sono come figure positive del "bel canto". La musica di scena diventa musica da film e non è offendere Frescobaldi o Palestrina dicendo che riescono meno bene in questo genere di Dimitri Tiomkin».

Ritornava alla ribalta il gusto tutto viscontiano dello sfarzo scenico, della raffinatezza dell'ambientazione e dei costumi, d'una messinscena che svuotava in parte il testo delle sue molteplici valenze espressive per puntare tutto sulla rappresentazione che lascia incantati, che sorprende appunto per il gusto e lo sfarzo della regìa. Qui John Ford, come prima Shakespeare, aveva offerto il materiale drammaturgico per comporre un quadro straordinariamente splendente; ma la vera tragedia fordiana, la violenza dei rapporti interpersonali, l'incesto, il sesso, la crudeltà prettamente elisabettiana, parvero naufragare in un mare di belle immagini. E dire che, riscoprendo Ford dopo il Testori di *Rocco* e dell'*Arialda*, Visconti avrebbe potuto restituire al testo quegli elementi fortemente incisivi sul piano dello spettacolo corposo e teso, che nel film e nella commedia erano parsi in primo piano, caratteri salienti e indispensabili all'economia e alla riuscita della rappresentazione.

La raffinatezza, il disfarsi del dramma in forme e
motivi scenografici e musicali, lo svuotamento progressivo dei personaggi immersi in un ambiente che si ammira come un quadro semovente, furono pure alla base della messinscena di *Salome* di Richard Strauss, di
cui Visconti curò anche le scene e i costumi, che fu
rappresentata al Teatro Nuovo di Spoleto il 30 giugno
1961, direttore d'orchestra Thomas Schippers. Naturalmente in questo caso lo stile della regìa, che ripercorreva scenicamente le suggestioni del testo di Oscar Wilde e della musica di Strauss, era perfettamente consono con l'opera, di cui metteva in luce l'inquietudine
romantica e il decadentismo. Anche il sottile e conturbante erotismo del testo, esibito sin dalla prima scena
col corpo nudo di Salomé, era espresso e rappresentato in una forma al tempo stesso coinvolgente e distaccata, suggestiva e colta, secondo la migliore tradizione
viscontiana. Come scrisse Erasmo Valente sull'« Unità »:

« Il sipario si apre lento e la scena appare in tutta la
suggestione d'una sua biblica e lussureggiante architettura. A
colpo d'occhio si capisce subito che il nostro illustre regista ha
fatto centro. Su uno sfondo favoloso si staglia una opaca e
mitica torre di Babele. A sinistra, a mezzo cielo, incombe la
luna, grande o sfacciata, come nel poema di Oscar Wilde,
variamente allusiva o beffardamente romantica. Diventerà di
sangue quando l'invasata Salomé soddisferà le sue necrofile
voglie con baci sulla bocca di Jokanaan ... ».

È un inizio di spettacolo che offre immediatamente
il modello stilistico con cui Visconti ha affrontato e
risolto il problema della messinscena di *Salome*, ed è
una scena, questa prima, che introduce immediatamente la protagonista nelle sue più autentiche e significati-

ve espressioni realistiche e simboliche al tempo stesso. Come scrisse ancora Valente:

« La bellissima, diabolica fanciulla appare in una sua folgorante nudità, fin dal primo momento. Qui l'ardimento di Visconti segna un decisivo momento. Nel buio del teatro si avverte lo stupore e lo sbigottimento del pubblico. Salomé non ha veli. È protetta da un gran manto, rosato all'interno e all'esterno d'un bel nero opaco. Un manto lunghissimo che non la copre e che, trascinato per la scena, sembra sostituire quel *rausch* dell'orchestra, cioè quelle sorde e roche e torbide sonorità le quali, invece, sono state eluse da Thomas Schippers ».

Col decadentismo di *Salome*, espresso in una messinscena la cui raffinatezza non era fine a se stessa ma parte integrante d'una geniale e moderna intepretazione di Strauss e di Wilde, Visconti non rinnegava, a vero dire, il realismo di *Rocco* e dell'*Arialda*; ma certamente lo diluiva in una diversa concezione scenica dello spettacolo. Qui il sesso e l'erotismo costituivano l'essenza stessa della rappresentazione in rapporto a una musica e a una vicenda drammatica — fatti e ambienti e personaggi — che ne mettevano in luce i risvolti esistenziali e la sostanza metaforica, senza tuttavia rinunciare a quella sensualità che dava corpo alle passioni e ai sentimenti sfrenati, in un connubio Eros-Thanatos che, come si è visto, aveva già sostanziato e ancor più avrebbe sostanziato la poetica viscontiana. Realismo di comportamenti, soprattutto realismo erotico, attraverso il quale la storia dei personaggi si veniva arricchendo di valenze critiche: uno squarcio di realtà storico-mitologica, nel più ampio significato del termine, che non pareva disgiunta dalla contemporaneità, legandosi in questo più strettamente di quanto non apparve allora all'esperienza determinante di *Rocco* e dell'*Arialda*. Alla violenza esteriore, alla crudeltà e alla materialità del sesso, che sorreggevano la struttura drammaturgica di quel film e di quella commedia, Visconti sostituiva in *Salome* la raffinatezza dello sguardo compiaciuto e il gusto un po' perverso della dissacrazione, in uno spettacolo che, a ben guardare, era altrettanto violentemente realistico.

6 *Erotismo e critica sociale: «Il lavoro»*

I toni e i timbri del realismo viscontiano venivano tuttavia assumendo nel corso degli anni caratteri e significati diversi. Passando dal cinema al teatro di prosa al teatro lirico, in un susseguirsi di esperienze che si andarono ancora maggiormente accentuando e diversificando nel decennio 1960-70, Visconti parve toccare la complessità del reale umano e sociale spesso solo di sfuggita, soffermandosi su aspetti esteriori o superficiali, ovvero trattando temi e soggetti che parevano sganciati dalla concreta esperienza della realtà storica. Tuttavia, in quegli anni, il problema del sesso e dei rapporti interpersonali dominati dall'erotismo, che già aveva costituito uno dei cardini della sua visione del mondo, fin dal tempo di *Ossessione*, e poi si era andato progressivamente diluendo in una molteplicità di altri problemi che parvero predominanti, come quelli di natura sociale e politica, si pose al centro dei suoi interessi. È come se egli, tornando alle origini della sua poetica, recuperando anche un certo tono autobiografico genericamente inteso, si allontanasse a poco a poco dalla contemporaneità, dopo il « grande ritorno » di *Rocco* e dell'*Arialda*, per indagare, con sguardo lucido e a volte sferzante, la torbida natura dei rapporti erotici: torbida in quanto appunto non chiara, perché difficilmente schematizzabile, sempre aperta a una molteplicità di interpretazioni in quanto soggetta a una molteplicità di cause, e quindi anche ambigua, sfuggente. Ma proprio perché questa natura fu da lui osservata, nelle sue migliori opere, con grande acume e rappresentata con uno stile corposo che faceva proprî e condensava in unità spettacolare i moduli espressivi del cinema realistico e del melodramma, della tragedia classica e del dramma borghese, anche l'erotismo — nella duplice valenza simbolica di amore e morte — fu una chiave di lettura critica della realtà contemporanea.

Ciò si vide chiaramente in un film apparentemente minore, *Il lavoro*, che si colloca cronologicamente fra l'erotismo estetizzante e decadente di *Salome* e la satira antiaristocratica e il puro gioco grottesco del *Diavolo in giardino*, una « commedia storico-pastorale » dello stesso Visconti e di Filippo Sanjust e Enrico Medioli con musica di Franco Mannino, su cui torneremo: una collocazione cronologica che assume un significato emblematico nel senso che tra erotismo e antiaristocraticismo, dramma e commedia, sensualità e critica sociale, *Il lavoro*, assommando gli uni e gli altri termini del conflitto drammaturgico, si pone come punto di sutura d'un tessuto artistico alquanto sfrangiato: riconquistata « classicità » di stile e al tempo stesso matura ricapitolazione dei vari elementi sparsi nelle opere precedenti.

Il lavoro, che forma con altri tre episodi diretti rispettivamente da Vittorio De Sica, Federico Fellini e Mario Monicelli, il film antologico *Boccaccio '70*, prodotto da Carlo Ponti su un'idea di Cesare Zavattini, nacque da un duplice progetto. Da un lato Visconti, dopo l'esperienza teatrale avuta con Romy Schneider in *Dommage qu'elle soit une p...*, « si mise in testa — come ricorda Gaio Fratini — di creare con Romy un nuovo simbolo erotico, un amuleto di preziosa domestica amoralità »; dall'altro Suso Cecchi D'Amico, riprendendo un vecchio progetto sfumato, volle riproporre al regista lo spunto drammatico offerto da un racconto di Maupassant, *Au bord du lit*, per farne uno spaccato sociale contemporaneo. Come ella stessa scrisse a Carlo Di Carlo allora: « Ma se è vero, come le ho detto, che lo spunto dello *sketch* lo avevamo rubato da un racconto di Maupassant, l'intenzione di Visconti e mia era quella di servirci della situazione dei personaggi di Maupassant per fare la satira di due personaggi di un ambiente italiano ben preciso ». Si aggiunga che nel film, che narra del rapporto fra due giovani aristocratici, il milanese conte Ottavio e la moglie austriaca Pupe, che si fa pagare dal marito le sue prestazioni erotiche dopo che egli è stato coinvolto in uno scandalo di « ragazze-squillo » da un milione di lire ciascuna, gli elementi autobiografici non mancano sia pure stravolti da una sottile ironia e osservati con quello sguardo lucido e distaccato che è proprio del migliore Visconti (basti ricordare che Pupe è il nome della ragazza austriaca che egli amò e doveva sposare quando aveva trent'anni).

Ciò per dire che le intenzioni di Visconti, nel realizzare *Il lavoro* — che fu girato nell'estate del 1961, subito dopo la *Salome* e prima di accingersi al grosso lavoro di preparazione e di esecuzione del *Diavolo in giardino* e del *Gattopardo* (due opere per certi aspetti complementari) —, furono molteplici e toccarono in varia misura l'erotismo, la critica sociale, la situazione storica contemporanea, i rapporti interpersonali, la solitudine esistenziale in un contesto di suggestioni ambientali e psicologiche di alto livello espressivo.

« Lei mi chiederà — diceva Visconti a Gaio Fratini che lo intervistava sul *set* del film — perché tanta ricchezza scenografica... Ma queste sale, questi divani coperti di velluto color tortora, questa biblioteca che è autentica quercia francese del Settecento, questi quadri astratti di Domietta Hercolani, insomma tutto quello che vede e che la macchina di Rotunno inquadrerà, rappresenta il mondo in cui si muovono i personaggi della vicenda, un mondo prezioso e freddo, privato di quell'anima che Tomas [Milian, interprete di Ottavio] e Romy [Schneider] inseguono e non riescono mai a impegnare ».

Lo spunto della vicenda, come si è detto, è in un racconto di Maupassant; ma lo ritroviamo tal quale, come già avevamo avuto occasione di ricordare, nel soggetto di *Marcia nuziale*, un film sull'alta società, che non si fece. Può essere interessante, per un proficuo confronto con il testo del *Lavoro*, riportare la parte di quel soggetto che tratta esplicitamente del rapporto erotico fra due personaggi alto-borghesi. La scena si svolge nella camera da letto di Giovannella d'Elia, mentre lei sta spogliandosi di ritorno da una festa e il marito sopraggiunge: i rapporti si sono incrinati da tempo, lui la tradisce, lei lo ama ancora, ma conduce ormai una vita propria. Si legge nel testo:

« Quando l'intraprendenza del marito si fece ancor più manifesta, col tono placido di chi chieda un'informazione Giovannella gli domandò quanto gli era costata l'ultima amante, quella ballerinetta con la quale si era accompagnato durante il mese scorso. Prevedendo una scena di gelosia, il marito incominciò col negare di avere mai avuto a che fare con delle ballerinette; poi offeso nella sua dignità di dongiovanni tentò di negare che l'avventura gli fosse costata del denaro. Finché, nella speranza di troncare la conversazione, egli preferì minimizzare il valore sentimentale dell'avventura ammettendo di aver pagato. "Quanto?" chiese insistente Giovannella. Il marito sbuffava irritato e impaziente cercando di abbracciare la moglie che gli appariva sempre meno vestita e sempre più desiderabile. "Va là che almeno centomila lire ce le hai rimesse..." insinuò sempre ridendo Giovannella. Il marito protestò di nuovo per finire di ammettere di aver speso sulle ottantamila lire. Sicuro poi di aver chiuso per sempre la storia del suo tradimento con la ballerinetta, fece di nuovo per abbracciare la sua bella moglie. "Stiamo un po' assieme, vuoi?". Giovannella si era distesa sul letto e continuava a guardare tranquilla e invitante. "Dammi ottantamila lire..." disse poi con voce tenera. "Cosa?". Il marito credeva di non aver sentito bene. Ma aveva sentito benissimo. Sua moglie voleva ottantamila lire e le voleva subito, anticipate. Voleva vederle lì sul comodino... ».

Nel *Lavoro* questo tema, della mercificazione dei rapporti erotici, dello svuotamento dei sentimenti nella reificazione dell'uomo, non soltanto costituisce — a differenza del soggetto di *Marcia nuziale* — la struttura portante della rappresentazione, l'unico motivo drammaturgico, ma anche si colora d'una tensione melanconica, d'un disagio esistenziale che allora non aveva. A distanza di dieci anni, Visconti riprende un tema che gli era caro, e che aveva già trattato in diverse forme nei suoi film e nelle commedie da lui messe in scena, ma lo amplia e approfondisce dandogli una dimensione intima più sofferta e una collocazione sociale più precisa. L'autobiografismo, che era apparso qua e là in termini molto sfumati e quasi impercettibili nelle opere precedenti, qui si fa manifesto e tinge gli ambienti e i personaggi d'un colore particolare, memoriale e un poco crepuscolare. E se è vero che la freddezza dello stile distanzia la materia drammatica e la colloca

su un piano di contemplazione critica, in cui l'ironia e
la satira hanno una funzione non trascurabile seppure
discreta; è altrettanto vero che un certo autocompiaci-
mento è avvertibile fra le maglie del racconto; quasi
un bisogno di riflessione intima, di estrinsecazione dei
proprî ricordi: e il ritratto a tutto tondo della bella
Pupe, aureolata d'un sottile fascino erotico, ne balza
fuori come l'immagine d'un amore perduto e mai ritrovato.

Tuttavia *Il lavoro* non è soltanto uno spaccato umano e sociale con chiare implicazioni autobiografiche,
genericamente intese; esso è anche un'analisi sociologi-
ca con espliciti intenti critici, di denuncia. La negatività dei personaggi, il loro girare a vuoto nel microcosmo dei loro rapporti sociali condizionati da rigide regole di comportamento — si veda in particolare l'atteggiamento del conte Ottavio nei confronti della servitù
e degli avvocati —, l'impossibilità a uscirne se non
nei modi d'una sorta di gioco di società, sia pure crudele e cinico, costituiscono la materia drammatica d'un
discorso che, al di là dell'autobiografismo ideale e del
gusto proustiano dei ricordi, affonda le radici in una
acuta e severa indagine critica: l'apologo risulta alla
fine, chiudendosi sull'immagine del volto di Pupe solca-
to di lacrime, un quadro sociale, oltreché psicologico,
percorso tanto da inquietudini esistenziali quanto da
una oggettiva visione ideologica. La condanna, morale
ma non moralistica, si appoggia in larga misura sull'individuazione critica delle ragioni dei conflitti sociali,
su quella lotta di classe che, non apertamente rappresentata, sottende ogni gesto, ogni parola, ogni comportamento dei personaggi. Il discorso sull'alienazione sociale si fa puntuale e preciso nel senso che quei perso-

naggi non sono soltanto i simboli d'una particolare condizione umana e sociale, ma anche e soprattutto figure corpose e psicologicamente approfondite, attorno alle quali ruota il dramma dell'esistenza in una particolare società individuata e rappresentata nei suoi aspetti rivelatori.

Si possono tuttavia notare nel film quegli accenni a una esperienza personale di Visconti, quelle indicazioni per una lettura « interna » della storia di Ottavio e Pupe, che introducono nel vivo d'una vicenda intima e d'un rapporto diretto con i personaggi, che fa del *Lavoro* un'opera in larga misura autobiografica. Certo Visconti non parla mai in prima persona, rifugge dal memorialismo esplicito, si rifugia nell'obbiettività della rappresentazione, anzi quanto più la sua opera appare « autobiografica » tanto più egli quasi si accanisce a vederne crudelmente i risvolti « oggettivi »; ma forse proprio questa crudeltà, questa impietosa denuncia d'un modo di essere e di vivere, che danno luogo a sequenze di forte incidenza spettacolare, a volte addirittura sgradevoli (solo negli ultimi anni placantisi in una più distaccata contemplazione del male), denunciano la radice autobiografica dei drammi che rappresenta. Tanto da suggerirne anche un'interpretazione psicanalitica.

Allora si possono cogliere, nel *Lavoro*, accenni non casuali d'un passato e d'un presente vissuti in prima persona — come se ne potranno cogliere nei film successivi, dal *Gattopardo* a *Vaghe stelle dell'Orsa...* a *Morte a Venezia* a *Ludwig* a *Gruppo di famiglia in un interno* — in una commistione di elementi al tempo stesso soggettivi e oggettivi. Già s'è accennato al nome e al carattere di Pupe, che rimandano a una vicenda sentimentale precisa; così come gli espliciti accenni a Coco Chanel negli abiti della protagonista, nella sua corta vestaglietta, « un po' buffa e graziosissima » come si legge nella sceneggiatura, che fa dire a Ottavio: « Cos'è questa? » e a Pupe, di rimando: « Chanel. Vecchia. Più di un mese ». Ma si deve anche accennare a riferimenti contemporanei, ad ammiccamenti gustosi. Come quando Pupe al telefono dice: « La gente legge, va al cinema e soprattutto fanno tutti le stesse cose. Aristocratici, intellettuali, i ragazzoni della Ghisolfa. In questo debbo dare ragione a Ottavio. Non parliamo di scandalo, per carità. Parliamo di banalità, se vuole », che è un accenno non tanto velato a Giovanni Testori, all'*Arialda*, alle vicende censorie di quella commedia e di *Rocco e i suoi fratelli*.

Così per caratterizzare Ottavio, indolente, inquieto, superficiale, *à la page*, egli non si perita di mettergli in mano, quando è solo seduto in una poltrona nel salone quasi buio, una copia di *Les gommes* di Alain Robbe-Grillet, un romanzo pubblicato nel 1953 ma, guarda caso, uscito in traduzione italiana proprio nel 1961. E se c'è un accenno alla cara amica d'infanzia Wally Toscanini, quando Pupe dice brusca al marito: « Vado un momento alla Scala dove ho appuntamento con Wally... »; c'è anche la prefigurazione del film al quale già stava pensando, *Il gattopardo*, in un'immagine fuggevole ma significativa: quella del divano dove è seduto Ottavio, sul quale è abbandonata, evidentemente da Pupe, una copia di *Der Leopard*, la traduzione tedesca del romanzo di Lampedusa. Questo per dire che, a saper guardare, il film è pieno di indicazioni personali, private, quasi che Visconti volesse fornire diverse chiavi di lettura — una anche per sé e per i

proprî amici e parenti — sull'esempio forse del nuovo
cinema d'Oltr'Alpe, di Chabrol, Truffaut, Godard, che
in quegli anni stava affermandosi internazionalmente e
che proprio su elementi autobigrafici era costruito.

Ma, come si è detto, tutto ciò è materiale secondario, marginale nell'economia del film, che si regge invece chiaramente su una struttura drammaturgica compatta e chiusa, pur essendo la vicenda solo un brandello
d'una più vasta realtà umana e sociale. Questo brandello, per pura forza di stile, diventa uno spettacolo sferzante e amaro, ricco di spunti critici, aperto a varie
interpretazioni, anche politiche e ideologiche. Il realismo della rapppresentazione, fatto delle solite minutis-
sime cose che riempiono le inquadrature dei film di
Visconti, è qui sostanziato da una analisi comportamentistica, nel più ampio significato del termine, che individua chiaramente le parti in gioco. Limitata la narrazione a un solo fatto e chiuso l'ambiente in un solo spazio scenico, Visconti va a fondo nella sua indagine —
come nelle ampie sequenze dei suoi migliori film e in
quella amplissima del ballo finale del *Gattopardo* —
cogliendo della situazione drammatica tutti i risvolti.
In ciò sta la maturità della sua visione critica e anche
la completezza del suo stile inimitabile, capace di far
scaturire da un oggetto, da un gesto, da una parola, da
uno sguardo l'intensità del dramma. La mercificazione
del sesso, la solitudine esistenziale, il tramonto dei sentimenti, frutto d'una società che s'è chiusa in se stessa,
fuori della contemporaneità e della storia, sono qui
rappresentate dalla semplice osservazione d'un interno
aristocratico, di ciò che accade entro le pareti sontuose
d'un palazzo patrizio. Lo sguardo lucido di Visconti fa
di questo interno un microcosmo sociale che, per dila-

tazione semantica del contenuto esplicito del film, appare come il ritratto prospettico e articolato della società contemporanea.

7 «Il gattopardo»

Anche nel *Gattopardo*, un film complesso che egli realizzò subito dopo *Il lavoro* e mentre stava scrivendo il testo del *Diavolo in giardino*, questa mescolanza di autobiografismo e di oggettività, di dramma intimo e di ritratto sociale, costituisce l'asse tematico attorno al quale ruota lo spettacolo. Ma questa volta, lo sfondo storico doveva dare ai fatti e ai personaggi una diversa dimensione critica, un maggiore spessore ideologico. Era una specie di ritorno all'esperienza di *Senso*, anche se i risultati furono diversi, meno significativi, persino un poco banali.

Uscito postumo nel 1958, *Il gattopardo* di Tomasi di Lampedusa suscitò al suo apparire un interesse per certi aspetti eccezionale. Da un lato il grande successo di pubblico, impensato per un romanzo italiano contemporaneo; dall'altro le accese polemiche critiche che riaprirono le discussioni sulla natura del romanzo, sui caratteri d'una narrativa d'impianto storico-ottocentesco, sul superamento del neorealismo letterario ma anche sul rifiuto d'ogni sperimentalismo linguistico e strutturale. E poi, o prima di tutto, il discorso sul Risorgimento mancato, sulla Rivoluzione tradita, che il romanzo riproponeva in termini espliciti, venando di pessimismo e d'un certo cinismo e d'un disincanto prettamente siciliano la rappresentazione d'un mondo in declino e il sorgere d'una nuova società vista in termini alquanto critici. Non v'è dubbio che la mate-

ria narrativa e drammaturgica contenuta nel testo di
Tomasi di Lampedusa colpì in modo particolare Visconti, tali e tanti essendo gli elementi storici e sociali,
individuali e collettivi, di forma e di contenuto, che si
possono considerare comuni tanto allo scrittore quanto al regista. Era, in altre parole, un'occasione da non
perdere quella di poter trasferire sullo schermo i fatti
e i personaggi del romanzo, e più ancora l'ambiente
storico-sociale e la figura maestosa ed emblematica del
Principe di Salina, nel quale non era difficile per Visconti (come per Tomasi di Lampedusa) in larga misura identificarsi.

Quando il produttore Goffredo Lombardo — che
già aveva realizzato *Rocco e i suoi fratelli* — offrì a
Visconti l'opportunità di dirigere *Il gattopardo*, la possibilità di riprendere il discorso di *Senso*, aggiornato
su una più ampia prospettiva storica e concentrato attorno a un personaggio onnicomprensivo della crisi d'u-
n'epoca e del suo superamento storico, fu per il regista
come un invito a nozze. Se si doveva fare un film da
quel romanzo, che ne mantenesse i caratteri peculiari
visualizzando i fatti, l'ambiente e i personaggi in forme spettacolari coinvolgenti e raffinate, a dirigerlo
non poteva che essere lui, l'autore di film prestigiosi,
di messinscene teatrali e liriche straordinariamente raffinate e sontuose.

La sceneggiatura, scritta dallo stesso Visconti in collaborazione con la D'Amico, Medioli, Festa Campanile e Franciosa, cioè gli stessi autori di *Rocco e i suoi
fratelli*, attinse abbondantemente al romanzo, mantenendone inalterata la struttura narrativa, ma al tempo stesso modificò non poco certe situazioni drammatiche, il
carattere di alcuni personaggi, e soprattutto la disloca-

zione di alcuni episodi, facendo del ballo in casa Ponteleone, dilatato oltre misura sino a occupare un terzo
dell'intero film, la conclusione del dramma, la sua chiusa simbolica. Preparata con estrema cura nel corso del
1961, la sceneggiatura servì di base per quella meticolo-
losa preparazione delle riprese che si articolò in lunghi
sopralluoghi in Sicilia e a Palermo durante l'autunno-in-
verno del 1961-62, nella ricerca dei luoghi, dei palazzi, delle strade e delle piazze secondo la descrizione
che ne diede Tomasi di Lampedusa, e più ancora nella
definizione degli arredamenti, delle scenografie, dei costumi dei personaggi che quei luoghi e ambienti dovevano vivificare e rendere storicamente verosimili.

Da un lato si volle mantenere l'autenticità del romanzo, girandone gli episodi sui luoghi stessi dell'azione, dall'altro si fu costretti a intervenire abbondantemente laddove quei luoghi non corrispondevano più alla descrizione immaginaria che ne aveva fatto lo scrittore. Per Donnafugata, ad esempio, cioè per la residenza
estiva del Principe di Salina, si scelse Ciminna, nell'interno della Sicilia, ma lo scenografo lavorò intensamen-
te e d'intelligenza per renderlo accettabile cinematograficamente. Come ricordò Mario Garbuglia che curò la
scenografia del film: « Il paese era stato scelto perché
la sua piazza, con la chiesa in fondo, corrispondeva
"quasi" in tutto a quella dell'immaginaria Donnafugata. Quel "quasi" sta per l'assenza di un piccolo particolare: mancava infatti il palazzo del Principe Salina.
E il palazzo ce l'abbiamo fatto noi ».

Le riprese iniziarono il 4 marzo 1962 e si protrassero per parecchi mesi, sino all'autunno. Nel frattempo
Visconti, con Medioli e Filippo Sanjust, andava scrivendo *Il diavolo in giardino*, che del *Gattopardo* costi-

tuiva per certi aspetti il contraltare sul versante del grottesco e dell'allegoria bonaria: un divertimento « settecentesco », in cui l'aristocrazia veniva finemente presa in giro, laddove nel film era analizzata nei suoi diversi aspetti umani e sociali con rigore storico e intenti realistici. Doveva essere, insomma, *Il gattopardo* uno sviluppo del realismo critico di *Rocco e i suoi fratelli* e del *Lavoro*, recuperando da un lato lo storicismo e la coralità di *Senso* e della *Terra trema*, dall'altro lo psicologismo e l'introspezione esistenziale che Visconti era andato saggiando in questo o quello spettacolo precedente e che nello stesso *Lavoro* avevano trovato i giusti toni d'una rappresentazione prospettica e altamente emblematica. Come disse Luchino Visconti ad Antonello Trombadori in un dialogo sul film:

« Né Verga, né Pirandello, né De Roberto avevano detto tutto del dramma risorgimentale italiano rivissuto da quell'angolo visuale determinante che è costituito dalla grande, complessa, affascinante realtà siciliana. Tomasi di Lampedusa ha in un certo senso completato quel discorso. Da questo suo completamento, che sul terreno dell'arte non ho trovato per nulla contraddittorio a quello della storiografia democratica e marxista, diciamo di Gobetti, di Salvemini o di Gramsci, ho preso le mosse; sollecitato al tempo stesso da pure emozioni poetiche (i caratteri, il paesaggio, il conflitto tra il vecchio e il nuovo, la scoperta dell'isola misteriosa, i legami sottili tra la Chiesa e il mondo feudale, la straordinaria statura umana del principe, l'esosità dei nuovi ricchi, mescolata all'interesse politico, la bellezza di Angelica, la doppiezza di Tancredi) e da una precisa spinta di natura critico-ideologica che non è nuova nei miei lavori, dalla *Terra trema* a *Senso* ».

Certamente la materia narrativa del *Gattopardo* offriva numerosi spunti per un grande affresco storico-sociale: la decadenza d'una classe, l'aristocrazia fondiaria incapace di reggere il confronto con la nuova borghesia imprenditoriale, sullo sfondo d'una Sicilia percorsa dai fermenti rivoluzionari del Risorgimento e dell'impresa garibaldina; e anche l'ascesa di una nuova classe pronta a sfruttare la situazione potenzialmente sovvertitrice dei vecchi valori per ristabilire un ordine politico e sociale che ne favorisse lo sviluppo e l'affermazione. La storia dell'unità d'Italia vista e rappresentata attraverso alcuni momenti-chiave che ne cogliessero la complessità ideologico-politica al di là degli eventi militari e dei fatti normalmente citati nei libri di scuola.

Come già in *Senso*, ma questa volta con una maggiore prospettiva storiografica e una più chiara individuazione dei nodi reali d'un conflitto di classe, il Risorgimento doveva costituire al tempo stesso un tema da affrontare con i moderni strumenti della storiografia in modo da sviscerarne le varie componenti sociali e i diversi problemi politici, e un'occasione per ripercorrere la storia patria in chiave contemporanea, con accenni e indicazioni validi per lo spettatore d'oggi, per meglio comprendere la società in cui vive. Un testo, quello di Tomasi di Lampedusa, che bene sintetizzava questi aspetti storici coagulandoli attorno alla vicenda d'un personaggio emblematico, quale il Principe Salina; un testo che, rimaneggiato da Visconti e dai suoi collaboratori, poteva costituire l'asse portante d'uno spettacolo prospettico in cui fatti privati e fatti pubblici, storia personale e storia sociale, si integravano in una rappresentazione fortemente caratterizzata. Come ebbe a dire Visconti a Trombadori nel dialogo citato:

« Io ho sentito che tutto ciò che nel romanzo si sviluppa oltre il nesso 1861-62 potevo anticiparlo e bloccarlo grazie al linguaggio del cinema, esattamente in quell'arco di tempo, ricorrendo, naturalmente, a una forzatura espressiva, a una dilatazione iperbolica dei tempi del ballo in casa Ponteleone; non tanto nel senso di una loro modificazione rispetto al testo scritto, quanto nel senso della sottolineatura di tutto ciò che quelle mirabili pagine contengono di simbolico e di riassuntivo dei diversi conflitti, dei diversi valori e delle diverse prospettive possibili della vicenda narrata ».

Come si è detto, il ballo in casa Ponteleone occupa circa un terzo del film e si colloca in chiusura, a suggello di quanto vi è stato rappresentato e ad anticipazione simbolica di quanto sarebbe accaduto storicamente nei decenni successivi alla vicenda del *Gattopardo*. Visconti, in altre parole, distorcendo la struttura narrativa del romanzo, ne coglieva cinematograficamente le potenzialità drammatiche e la giusta chiave di lettura ideologica. L'osservazione minuta e precisa dell'aristocrazia al tramonto condotta con quello sguardo, proprio del migliore Visconti, che si posa sugli oggetti, sui corpi, sui volti, sui costumi, sugli atteggiamenti, sui gesti, nella grande sequenza del ballo, in cui tutti i personaggi maggiori e minori paiono confluire in un quadro di noia esistenziale e di sfacelo etico ed estetico, conferisce all'insieme non soltanto una straordinaria unità espressiva — nonostante l'apparente dispersione degli elementi drammatici e narrativi in un flusso informe di piccoli fatti e dialoghi smozzicati —, ma anche un significato politico-sociale non equivoco. Davvero il ballo interminabile diventa la metafora d'una classe al tramonto; ed è la sua lunghezza inusitata a produrre quell'accumulo di elementi caratterizzanti, la cui stratificazione dà come risultato un giudizio critico severo e impietoso. Palmiro Togliatti, scrivendo ad Antonello Trombadori il 2 aprile 1963 del *Gattopardo*, che aveva visto a Torino ed elogiò incondizionatamente, pregandolo di esprimere a Visconti la sua ammirazione, a proposito della sequenza del ballo in casa Ponteleone, disse: « Ma di' anche a Visconti, se vuoi, che non accetti la richiesta di far dei tagli. Soprattutto non accetti di tagliar niente del ballo, dove l'opera d'arte culmina, anche perché raggiunge quel carattere ossessivo (non so se sia ben detto) che è solo delle grandi creazioni artistiche ».

8 *Una tappa fondamentale*

Il carattere ossessivo, che Togliatti individuò in quella sequenza, era d'altronde il carattere abituale delle migliori composizioni viscontiane: l'insistere su una situazione data sino alle estreme conseguenze drammaturgiche, oltre i limiti non già della verosimiglianza, ma della consuetudine spettacolare. Fin dai tempi di *Ossessione* (in cui l'ossessione che portava i protagonisti all'omicidio e alla morte nasceva e si sviluppava attraverso l'insistenza con cui i piccoli fatti erano osservati e descritti), la dilatazione dei tempi narrativi per consentire l'accumulazione degli elementi appunto « ossessivi » costituì non soltanto una cifra stilistica del cinema di Visconti, ma anche e soprattutto un modo di vedere e rappresentare il reale nell'intensità delle sue varie manifestazioni; ed era questa intensità a fornire i dati per il giudizio critico, a indirizzare lo spettatore, progressivamente coinvolto nell'ineluttabilità degli accadimenti, tanto all'analisi dei fatti quanto alla loro interpretazione. Se Togliatti, nella lettera a

Trombadori, sottolineò questo aspetto non fu soltanto per dare al film una sorta di patente politico-ideologica da contrapporre alle critiche che da più parti *Il gattopardo* sollevò negli ambienti di sinistra — che lo accusavano di formalismo e di estetismo e di decadentismo —, ma anche perché quel modo di rappresentare la realtà ossessivamente forniva gli strumenti indispensabili per analizzarla criticamente.

Si è detto di Antonello Trombadori; e già si era accennato all'influenza che egli ebbe su Visconti nel dopoguerra. A proposito del *Gattopardo*, e prima ancora di *Rocco e i suoi fratelli*, non v'è dubbio che il discorso politico-sociale e storico-ambientale che sottende quei due film è in larga misura debitore di quell'influenza, nel senso che le indicazioni storiografiche e l'impostazione ideologica, soprattutto per quanto riguarda l'interpretazione del Risorgimento e l'attualizzazione della storia marxisticamente intesa, nascono da un complesso di ragioni filosofiche e politiche che furono proprie di Trombadori e della cultura italiana elaborata ed espressa in quegli anni dal Partito comunista. Come prima Mario Alicata, ora Antonello Trombadori forniva a Visconti non tanto forse l'interpretazione « corretta » da un punto di vista politico del retroterra storico e sociale delle vicende rappresentate nei suoi film, quanto piuttosto l'impostazione generale dei problemi, la loro enunciazione in chiave politica, nel significato più ampio del termine. D'altronde Trombadori si interessava in quel tempo attivamente di cinema e le questioni risorgimentali gli erano particolarmente familiari. Basti pensare che nel 1960 e nel 1961 aveva collaborato con Roberto Rossellini e con altri alla sceneggiatura di due film rosselliniani d'argomento risorgimentale, rispettivamente *Viva l'Italia,* che descrive l'impresa dei Mille di Garibaldi, e *Vanina Vanini,* che rielabora l'omonima cronaca italiana «carbonara» di Stendhal: due opere che, per certi aspetti, anticipano motivi e forme del *Gattopardo,* sia per quanto concerne la visualizzazione della storia, la rappresentazione dei fatti d'arme e dell'ambiente sociale, sia per quanto concerne la complessità dei rapporti umani, quella crisi esistenziale che colpisce alcuni personaggi di Rossellini e di Visconti.

Ma il valore ultimo e il significato profondo del *Gattopardo* viscontiano, oltre alla sequenza del ballo in casa Ponteleone che racchiude emblematicamente la situazione generale della crisi d'una società, stanno nel ritratto a tutto tondo del protagonista, vero centro drammatico del film e sua unica ragione formale. È il Principe di Salina — tratteggiato con grande maestria da Burt Lancaster, che sarà anche l'interprete di *Gruppo di famiglia in un interno,* unendo così l'uno all'altro due personaggi che non pochi hanno individuato come ritratti idealmente autobiografici dello stesso Visconti — a costituire non già il legame che unisce gli altri personaggi, i fatti, gli ambienti, i conflitti drammatici, ma proprio la struttura portante dell'intera rappresentazione. Nella lucida crisi che egli attraversa sino alla catastrofe finale, nella coscienza che egli ha non soltanto della fine di un'epoca e del tramonto d'una classe sociale, ma anche della propria fine, dell'ineluttabile giungere della morte, sta il significato simbolico della sua esistenza. Come già nel romanzo, così nel film la storia politica e sociale passa attraverso l'esperienza personale del principe, si materializza e si visualizza nei suoi atti, gesti, parole, comportamenti, e soprattut-

to nel suo pessimismo e nel suo freddo giudizio storico. Gli ambienti fastosi, la famiglia, i palazzi, le poche
scene di guerra e le molte quotidiane, i paesaggi sconfi-
nati e le scene campestri sono tutti elementi drammati-
turgicamente suggestivi, formalmente corretti — sino
al limite del formalismo e dell'estetismo —, ma paiono spesso estranei non già alla vicenda esteriormente
intesa, alla dinamica degli avvenimenti, ma alla sua ragione profonda, che è, attraverso la crisi esistenziale
d'un uomo, la crisi d'un'intera società.

Certo il conflitto drammatico che nasce dallo scontro di due società, l'una al tramonto l'altra emergente,
impersonate la prima dal Principe di Salina la seconda
da Calogero Sedara, forma il tessuto connettivo della
vicenda; e così l'amore e il matrimonio fra il nipote
del Principe Tancredi Falconieri e la figlia di don Calogero Angelica fornisce una chiave di lettura storico-critica del passaggio di potere da una classe all'altra e
anche del Risorgimento come « rivoluzione mancata »
o « tradita ». Sicché con ragione Visconti poteva dire
a Trombadori:

« Nel *Gattopardo* si racconta la storia di un contratto matrimoniale. La bellezza di Angelica data in pasto alla voracità di
Tancredi. Ma Angelica non è soltanto bella: ella sa bene di che
pasta è fatto un tale contratto di matrimonio, e l'accetta, anche
se quello che a prima vista sembra dominare è soltanto un
purissimo sentimento di amore. E anche Trancredi non è soltanto cinico e vorace: riverberano in lui, già all'inizio della deformazione e della corruzione, quei lumi di civiltà, di nobiltà e di
virilità che l'immobilità feudale ha cristallizzato e cicatrizzato
senza speranza di futuro nella persona del principe Fabrizio ».

Ma, a un attento esame del film, questa sovrastrut-
tura politico-ideologica rimane tale, più enunciata che

espressa, si sovrappone ai personaggi e ai loro conflitti drammatici come una loro possibile interpretazione storica senza farsi materia della rappresentazione. È come se la vicenda sentimentale di Tancredi e Angelica fosse soltanto una storia d'amore e un contratto di matrimonio, e la crisi esistenziale di don Fabrizio Salina, pur ancorata a una situazione storica ben precisa, derivasse in realtà dalla lucida coscienza della propria fine. Tanto che le puntuali e approfondite dichiarazioni politico-ideologiche che Visconti rilasciò a Trombadori nel dialogo citato paiono farina del sacco di quest'ultimo più che sue, essendo egli interessato soprattutto ai personaggi e alla loro crisi esistenziale e solo marginalmente alla storia, intesa in primo luogo come sfondo ambientale per dare credibilità e verosimiglianza a quella crisi.

Anticipando le critiche che avrebbero accolto il film, Visconti, sempre conversando con Trombadori, disse:

« Qualcuno ha anche scritto, spostando su un piano più serio e nobile l'alternativa cui accennavi, che del *Gattopardo* mi avrebbe affascinato soprattutto il momento della "memoria" e della "premonizione", dello struggente rifugiarsi nel passato e dei presentimenti oscuri, inconfessati, irrazionali d'una catastrofe non bene identificata; e che pertanto mi sarei mosso in una chiave più vicina a quella di Marcel Proust che a quella, poniamo, di Giovanni Verga. Se una tale contrapposizione mira a collocare Proust tra i romanzieri negatori del rapporto tra vita interiore e vita sociale, e Verga tra quelli che ridurrebbero tutto alla sola dimensione dei fatti positivi, rifiuto anche questa alternativa come falsa e deformante. Se invece qualcuno dicesse che in Lampedusa i modi particolari di affrontare i temi della vita sociale e dell'esistenza che furono del realismo verghiano e della "memoria" di Proust trovano un loro punto di incontro e di sutura, mi dichiarerei d'accordo con lui. È sotto questa suggestione che ho riletto il romanzo le mille volte, e che ho realizzato il film. Sarebbe la mia ambizione più sentita quella di aver fatto ricordare in Tancredi e Angelica la notte del ballo in casa Ponteleone, Odette e Swann, e in don Calogero Sedara nei suoi rapporti coi cittadini e nella notte del Plebiscito, Mastro don Gesualdo. E in tutta la pesante coltre funebre che grava sui personaggi del film, sin da quando la lapide del "Se vogliamo che tutto rimanga com'è bisogna che tutto cambi" è stata dettata, lo stesso senso di morte e di amore-odio verso un mondo destinato a perire tra splendori abbaglianti che Lampedusa ha certo assimilato, sia dalla immortale intuizione verghiana del fato dei siciliani, sia dalle luci e dalle ombre della *Recherche du temps perdu* ».

Quasi a dire e a sottolineare a gran voce che il film, come il romanzo, tendeva appunto a suturare la memoria proustiana e il verismo verghiano in un impasto di elementi psicologici ed esistenziali, di naturalismo e di realismo critico, che davano alla rappresentazione di una storia d'amore e di morte i connotati d'un grande conflitto politico e sociale.

Sta di fatto che, se pure Tancredi e Angelica possono essere visti nel film come personaggi che richiamano Swann e Odette, certamente don Calogero è una caricatura di don Gesualdo; e se il gusto del passato e il senso della morte — quella che Visconti chiama la coltre funebre che grava sui personaggi del film — hanno dei richiami e delle suggestioni proustiane, il realismo di Verga viene invece diluito nella banale illustrazione di fatti e situazioni che non riescono a cogliere la complessità del reale umano e sociale, in una parola storico. Basti confrontare certe « novelle rusticane » di Verga, in particolare *Libertà*, con analoghi capitoli « realistici » del film per notare la profonda differenza di tono e di stile, cioè di sostanza drammatica e di realismo critico. C'è insomma in Visconti una maggiore attenzione verso la dissoluzione dei personaggi, la loro fine ineluttabile, che l'avanzare della storia e i profondi mutamenti sociali accelerano e rendono tragica, piuttosto che verso quella medesima storia e quei mutamenti sociali; e c'è esplicito e dichiarato il gusto della memoria, il soffermarsi quasi con compiacimento su una società al tramonto, di cui si vogliono conservare, sia pure per distruggerli con una rappresentazione lucida e distaccata, gli aspetti rivelatori: i costumi, i luoghi, gli oggetti, gli atteggiamenti, il comportamento dei suoi rappresentanti. Se la contrapposizione di forme e contenuti è tra Verga e Proust, è a quest'ultimo che Visconti pensa con maggiore interesse e affinità culturale e artistica, sebbene del primo voglia mantenere, almeno a parole, il carattere realistico e il sottofondo storico-sociale.

Visto con un certo distacco storico e critico, *Il gattopardo* rappresenta nella carriera di Visconti una tappa per certi aspetti fondamentale. Da un lato c'è la continuità d'un discorso avviato fin dai tempi della *Terra trema*, che possiamo individuare nella volontà di rappresentare uno spaccato sociale, un momento storico, in cui i personaggi sono calati e analizzati per meglio coglierne le contraddizioni e la problematicità; dall'altro c'è la ripresa di quello studio di caratteri, di quell'introspezione psicologica che a più riprese, da *Ossessione* a *Senso* al *Lavoro*, egli aveva sviluppato con risultati estremamente pregnanti e significativi. In più c'è una sorta di compiacimento non tanto estetizzante, quanto sentimentale, o esistenziale, che lo lega maggiormente ai suoi personaggi, quasi che la lucidità e la freddezza del suo sguardo, che aveva saputo tratteggiare con grande obbiettività critica e distacco formale il

Gino e la Giovanna di *Ossessione* o il Franz e la Livia di *Senso* ed anche l'Ottavio e la Pupe del *Lavoro*, si fossero come disciolti in un'osservazione partecipe e coinvolgente del dramma di don Fabrizio Salina, e persino dell'amore di Tancredi e di Angelica. L'uso che egli fa della macchina da presa è ora più legato al movimento interiore dei personaggi, ai loro pensieri e sentimenti piuttosto che alle loro azioni. Interiorizzandosi si pone sempre più dentro il dramma, di cui riesce a cogliere gli aspetti più segreti; ma al tempo stesso si preclude, almeno in parte, un'osservazione distaccata.

9 «*Il diavolo in giardino*»

Su questa nuova linea di ricerca Visconti proseguirà negli anni seguenti, anche quando apparentemente affronterà temi e soggetti di carattere storico e sociale. È il dramma del singolo che va prendendo il sopravvento, più di quanto già non fosse apparso in precedenza; ma soprattutto è il suo atteggiamento nei confronti dei suoi personaggi che va mutandosi, facendosi il suo sguardo appunto più partecipe e intimo. E poi c'è la suggestione dell'opera di Proust, di cui s'è detto, che significa una diversa rilettura del passato, la presenza della memoria personale, dei ricordi individuali, come supporto della rappresentazione, col rischio dell'autobiografismo e dell'estetismo. La storia, in altre parole, viene filtrata dall'esperienza memoriale, non già osservata e descritta con distacco critico. Proust diverrà infatti l'autore prediletto di Visconti, ben al di là del progetto cinematografico d'una versione per lo schermo della *Recherche*, che prenderà le mosse a metà degli Anni Sessanta per concretarsi agli inizi del decennio successivo, senza tuttavia giungere, per vari motivi, alla realizzazione finale.

In questo clima di ripensamento del passato, non già fuori della storia ma indubbiamente ancorato a una forte soggettività e partecipazione affettiva, si può collocare anche *Il diavolo in giardino*, in cui la società aristocratica del Settecento fornisce lo spunto ambientale e storico per comporre un gioco scenico che si affida in pari misura a un dialogo evasivo e grottesco, a un'azione tra il farsesco e il bucolico, e a una musica esplicitamente imitativa e d'accompagnamento. Il soggetto prende spunto dal famoso « giallo » della collana della regina Maria Antonietta per articolarsi e svilupparsi in una serie di scene e scenette che mettono in burla, complice un diavoletto grazioso e infantilmente dispettoso, un'intera società alle soglie della Rivoluzione francese. Ma il divertimento è troppo scoperto, il gusto del *pastiche* troppo dichiarato, sebbene in modi e forme di grande raffinatezza, per dare al testo e alla musica, in una parola allo spettacolo, la dimensione d'una rappresentazione critica dell'epoca e d'un giudizio storico. Si trattò evidentemente d'un gioco di società fra gli amici Visconti, Medioli, Sanjust, Mannino — come tanti anni prima, quand'era ragazzo, Visconti ne organizzava nel palazzo paterno di via Cerva a Milano —, e come tale va giudicato, proprio per la buona riuscita artistica; ma l'interesse che esso può avere, in rapporto sia al *Gattopardo* sia alle altre opere coeve o posteriori, risiede nel tono con cui la storia e i personaggi storici sono trattati.

Sulla genesi del *Diavolo in giardino* esiste, fra l'altro, un carteggio fra Visconti e Mannino, parzialmente pubblicato da quest'ultimo, che non soltanto conferma la serietà professionale di Visconti anche in un lavoro in certo senso marginale, ma soprattutto ci induce a ritenere che esso rientrava negli interessi suoi di quegli anni. L'opera fu rappresentata con buon successo di critica e di pubblico il 28 febbraio 1963 al Teatro Massimo di Palermo, ma, come ricorda lo stesso Mannino: « D'accordo con noi Autori — che a nostra volta ne saremmo stati anche i realizzatori: regista (Visconti), scenografi e costumisti (Visconti e Sanjust), direttore e concertatore dello spettacolo (Mannino), assistente alla regìa (Medioli) — era stata fissata con quasi due anni di anticipo la data per la 1ª esecuzione e quindi l'inizio delle prove ». E sebbene Visconti, nel frattempo, avesse iniziato le riprese del *Gattopardo* e fosse oltremodo occupato nella lavorazione d'un film che lo impegnava totalmente, il testo del *Diavolo in giardino* e i problemi relativi alla sua realizzazione scenica, soprattutto per quanto concerneva la musica, erano per lui di primaria importanza.

In una lettera datata da Palermo il 6 giugno 1962, così egli scriveva a Mannino:

« Ne parlai al telefono anche con Enrico [Medioli], sere fa — e lo pregai di parlarne a sua volta con F. [Sanjust] per andare avanti col nostro metodo di fare e rifare per riuscire a tirar fuori l'intrigo più felice! Ma che fatica, tutto il gattopardo non mi costa tanto! ». E in un'altra lettera del 2 settembre, a proposito della musica di Mannino: « Secondo il mio modestissimo parere ci sarebbero delle cose da modificare: forse da *riscrivere*, già nel primo atto. Tu invece parli addirittura di far copiare le parti d'orchestra, il che significa che nel tuo concetto non c'è da modificare un pelo. Io non dico questo perché pensi di essere un gran critico musicale, Dio mi guardi da tale presunzione, ma essendo di natura e carattere un perfezionista penso che ci sia tutto da guadagnare sudando un po' sulle carte scritte, o sui fotogrammi girati, o sulla tela dipinta ». E in una precedente, del 1° agosto: « Non è che io sia molto contento del detto secondo atto. Non è ancora così chiaro e spedito come vorrei. Spero migliori una volta dialogato, perché solo allora si potrà procedere ai tagli necessari »; ed essendogli piaciuta la musica nel frattempo composta da Mannino — « Mi è sembrata abile teatrale e gradevole » —, concludeva con una nota puntuale: « Sei sicuro che la canzone "Au clair de la lune, mon ami Pierrot", sia giusta di quell'epoca? L'effetto musicale sul finale d'atto è buono, ma vorrei essere certo dell'epoca. Immagino ti sarai documentato ».

Visconti, insomma, considerava *Il diavolo in giardino*, se non il contraltare del *Gattopardo* sul piano del grottesco e dello scherzo, certamente una sorta di suo completamento in una differente chiave spettacolare. Se la sequenza interminabile del ballo in casa Ponteleone focalizzava emblematicamente i caratteri peculiari d'una classe sociale al tramonto, la levità e il disimpegno formale della fantastica storia del diavoletto e della collana della regina ne coglieva e rappresentava i risvolti comici e fareschi. D'altronde nel *Gattopardo*, e non solo in quella sequenza, i motivi di satira e di farsa non mancavano — sebbene tenuti su toni un po' grevi e insistiti —; ma il registro espressivo era naturalmente drammatico e realistico. Qui invece, in questa piacevole commedia in musica, la satira sbocciava dalla finzione dichiarata e si colorava delle tinte d'una sottile malinconia che non riusciva a scalfire lo splendido smalto d'una messinscena raffinatissima. Il passato costituiva per Visconti un ritorno obbligato alle radici della propria cultura. Nel duplice versante della decadenza fisica e morale dei suoi personaggi, e nella differente forma della tragedia e della commedia, del cinema narrativo di matrice realistica e del dramma musicale di carattere fantastico, esso sorreggeva la sua nuova visione del reale, dava nuova linfa alla sua poetica e alla sua estetica.

Non che il presente venisse ignorato o trascurato; ma, anche soltanto a scorrere i titoli dei film, degli spettacoli teatrali e musicali, dei progetti di quegli anni, è chiaro che Visconti si andava sempre più orientando verso una rilettura del passato, in cui la propria esperienza personale, i proprî ricordi e forse anche le proprie manìe avevano un peso non trascurabile: un passato che, sebbene dilatato nella rappresentazione di conflitti sociali e sorretto da una proposta di interpretazione storica, risultava a ben guardare filtrato fortemente dalla memoria, dal gusto, dalla cultura che in parecchie opere precedenti egli era tuttavia riuscito a conciliare con le ragioni della storia e della critica. Il suo impegno politico e ideologico, nonostante le dichiarazioni pubbliche e la militanza comunista, si andava modificando in un diverso impegno esistenziale, privato, morale: il presente parve assumere, per lui, un carattere alquanto negativo, ben più di prima; il suo pessimismo, per usare un'espressione gramsciana da lui fatta propria, era tanto della ragione quanto della volontà, nel senso che i suoi film sembrarono chiudersi progressivamente in un compiacimento esistenziale che denunciava quella visione negativa del reale, quella lucida consapevolezza del fallimento dell'esistenza umana, che erano già rintracciabili in *Ossessione*, ma che in seguito parvero esaurirsi, o almeno ridursi, in una più matura analisi realistica sorretta da una ideologia assunta a concezione del mondo.

10 *Tempi mutati, anni di crisi*

Nel medesimo anno del *Gattopardo* e del *Diavolo in giardino*, quando già da più parti dello schieramento politico e culturale della sinistra, dopo le prese di posizione in favore di *Rocco e i suoi fratelli*, si sollevarono critiche anche severe — e contro queste critiche, come si è detto, va probabilmente letta la lettera citata di Togliatti a Trombadori —, Visconti volle ancora una volta dichiarare pubblicamente il suo voto per il partito comunista italiano alle elezioni del 28 aprile 1963. A Paolo Spriano, che lo intervistò in proposito per «L'Unità», disse: «Voterò per la lista comunista. Come ho sempre votato, del resto. Ma dato il carattere di acceso confronto che questa campagna elettorale va assumendo, dato che siamo alle soglie del ventesimo anniversario della vittoria sul fascismo e che vale la pena di volgersi indietro per misurare il cammino compiuto, dirò che voto comunista perché sono antifascista». Che era, a ben guardare, una dichiarazione di voto alquanto generica, per certi aspetti sorretta da quel ritorno al passato, alla memoria di una esperienza vissuta, persino alla malinconia d'una giovinezza ormai totalmente consumata, che non era difficile riscontrare, come si è detto, nelle sue opere di quegli anni. Anche la risposta che egli diede a riguardo dell'ideologia del *Gattopardo* è indicativa in proposito:

«Il monito contro il pericolo che, malgrado qualche ammodernamento, tutto rimanga tale e quale, come avvenne all'indomani della impresa dei Mille, è, a mio avviso, di scottante attualità. Il tema del "trasformismo" come male storico italiano, di quel "trasformismo" che è riuscito nelle grandi svolte di un intiero secolo ad assorbire e deformare gli aneliti di libertà delle masse popolari, è un tema che ricorre costantemente in quasi tutti i miei film. Perciò si parla di un mio pessimismo. Mi permetto di chiarire che si tratta di una ricerca critica e interpretativa del motivo della "rivoluzione tradita", e di una scelta conseguente. Il mio punto di vista non è però di tipo anarchico-evasivo, come qualcuno vuol far credere ».

Ma non era nemmeno, ormai, di tipo chiaramente politico e ideologico, essendo troppo venato, come meglio si vedrà nelle opere seguenti, da tendenze personali, private, memoriali, da quel decadentismo che si andava sempre più manifestando come un atteggiamento non critico ma compartecipe nei confronti della realtà.

In questa prospettiva più memoriale e intimista, che storica e sociale, si possono collocare — qual più qual meno — gli spettacoli d'opera e di prosa che Visconti allestì in quel periodo, da una *Traviata* per il Teatro Nuovo di Spoleto (20 giugno 1963), con scenografia sua, che venne ammirata per la raffinatezza della messinscena, al *Tredicesimo albero* di André Gide per il Teatro Caio Melisso di Spoleto (9 luglio 1963), un *divertissement* quasi inedito tenuto sui toni d'un realismo comico e grottesco; dalle *Nozze di Figaro* di Mozart per il Teatro dell'Opera di Roma (21 maggio 1964), che furono criticate per una eccessiva aderenza al libretto di Lorenzo da Ponte a scapito della musica mozartiana, usata quasi come commento sonoro allo splendore delle scene e dei costumi curati da Visconti e da Filippo Sanjust, alle due edizioni del *Trovatore*, per il Teatro Bolscioi di Mosca (10 settembre 1964) e per il Covent Garden di Londra (19 novembre 1964), variamente lodate la prima per le scene e i costumi di Nicola Benois, la seconda per quelli di Sanjust, ma ambedue sorrette da un vigile senso dello spettacolo, compatto e rigoroso (l'amatissimo e non ancora tradito Verdi); da *Après la chute*, versione francese di *After the Fall* di Arthur Miller, per il Théâtre du Gymnase di Parigi (19 gennaio 1965), severamente criticata non tanto per l'esilità e l'ingenuità del testo drammatico che vagamente si ispira alla tragedia di Marilyn Monroe, quanto per la regìa di Visconti che ne accentuò oltre misura la banalità (Pierre Marcabru su «Paris-Presse» scrisse: «L'insuccesso è prima di tutto l'insuccesso di Visconti. Miller ne fa le spese. È la messinscena che manda all'aria tutto. False audacie, esibizioni presuntuose, spogliarelli propagandistici, erotismo da bazar. A tutto questo l'opera non regge»), al *Giardino dei ciliegi* di Cecov per il Teatro Valle di Roma (26 ottobre 1965), sul quale merita spendere qualche parola.

Con questa commedia, l'ultima scritta da Cecov, Visconti volle in certo senso completare la sua trilogia cecoviana, dopo aver messo in scena *Tre sorelle* e *Zio Vania* rispettivamente nel 1952 e nel 1955. Già si è detto dello spirito che animava quelle messinscene, del realismo che egli volle infondere ai drammi di Cecov per metterne in luce la complessa analisi umana e sociale, affidata in primo luogo alla caratterizzazione psicologica dei personaggi sullo sfondo di una quotidianità addirittura banale. Ma proprio questa banalità doveva essere, per Cecov e per Visconti che in larga misura la faceva propria, portatrice di una precisa ideologia, d'un giudizio storico, oltreché morale, che dava alla vicenda e all'ambiente una dimensione fortemente emblematica. Come egli stesso dichiarò a Costanzo Costantini ancora nel 1973:

« Per me ogni opera valida è un'opera ideologica. Io, ad esempio, trovo Cecov uno scrittore eminentemente ideologico. Quando dico Cecov, dico uno dei teatri più ideologici ai quali si possa pensare. La profondità ideologica che c'è in Cecov supera qualsiasi dichiarazione aperta o programmatica. Il vero teatro ideologico è Cecov. In Cecov c'è l'analisi di un mondo in crisi, in fase di trapasso. L'ideologia è dentro, è nel testo. *Il giardino dei ciliegi* è molto più polemico ideologicamente di Brecht ».

Sennonché questa dichiarata interpretazione ideologica del teatro cecoviano, in contrapposizione alla presunta superficiale ideologia di Brecht, un autore che egli non rappresentò mai e al quale fu sempre estraneo, si concretizzò, nel *Giardino dei ciliegi*, in una regìa che potremmo definire brechtiana nel senso che tendeva a una sorta di straniamento dei personaggi rispetto all'ambiente, e degli uni e dell'altro rispetto allo spettatore, invitato a vedere la rappresentazione come un *vaudeville* scanzonato, solo velato qua e là di una profonda malinconia. È vero che lo stesso Cecov diede indicazioni in proposito, quasi che *Il giardino dei ciliegi* fosse appunto una commedia leggera; ma Visconti, col suo realismo dei particolari, il suo gusto accentuato per la precisione ambientale e la caratterizzazione dei personaggi, che qui spesso assumono un aspetto caricaturale per troppa insistenza, anziché accentuarne l'ideologia sottesa, l'analisi d'un mondo in crisi, o rilevarne la sottile inquietudine esistenziale, ne rappresentò in primo luogo la « fattualità », cioè i casi e gli accadimenti come se la quotidianità non avesse spessore drammatico.

In questa operazione che Giovanni Calendoli sul « Dramma » definì di « denudamento della realtà e di oggettivazione dei suoi contorni », non soltanto andava perduta in larga misura la poesia di Cecov, il suo ineffabile fascino drammatico che riusciva a dare alle pause, ai silenzi una carica di autentica tragedia dell'esistenza; ma non prendeva nemmeno corpo quella nuova realtà umana e sociale che Visconti voleva infondere ai personaggi rendendoli quasi coscienti del loro destino storico. Se c'era ideologia nel testo cecoviano, questo portarla in primo piano in una messinscena che operava una sorta di frattura fra personaggi e ambiente, gli uni portatori del giudizio critico nell'autoironia del loro comportamento, l'altro immerso in un clima memoriale, quasi proustiano, ne offuscava in realtà i contorni, o meglio la stravolgeva in un diverso contesto spettacolare, che non era più di Cecov, ma non ancora di Visconti (in quanto incerto sulla strada da seguire e incapace di fare totalmente proprio il testo cecoviano).

Come il film che nel medesimo anno egli realizzò — *Vaghe stelle dell'Orsa...* — anche *Il giardino dei ciliegi* confermò l'ambiguità della sua posizione etica ed estetica. Da un lato sempre più si facevano urgenti i problemi dell'esistenza, la crisi dei sentimenti, la solitudine dell'uomo in una società di cui non riusciva più a cogliere i confini reali; dall'altro rimanevano aperti, e non risolti, i problemi sociali e politici, l'ideologia d'una visione del mondo che egli non voleva né poteva abbandonare perché parte integrante della sua formazione culturale e artistica. Le incertezze in cui Visconti si dibatteva in quegli anni — che furono anni di crisi di valori e di speranze, nell'appiattimento ideologico e politico dei governi di centro-sinistra, in un riformismo che tendeva a svuotare di idealità ogni tentativo di radicale mutamento di forze, e che sfocerà, per contrasto, nel movimento rivoltoso del '68 — non furono certamente solo sue; ma in lui la conflittualità fra realismo critico e decadentismo, fra due diverse concezioni della vita e dell'arte, risultò più evidente e irrisolta.

11 *Discrepanze*

Lontano dalle nuove avanguardie artistiche e letterarie, ancorato a vecchi valori contenutistici e formali, la realtà contemporanea gli andava sfuggendo di giorno in giorno; la tendenza a rifugiarsi nel privato si faceva sempre più pressante, sebbene egli vi opponesse quella sua tenacia, quasi ingenua e patetica, di voler fare realismo a ogni costo, che aveva sorretto tutta la sua attività cinematografica e teatrale. Ingenua e patetica, come risultò anche dalle dichiarazioni da lui rilasciate a Costantini a proposito della stroncatura dei critici francesi alla sua messinscena di *Après la chute*. Insisteva nel dire: « L'accusa di estetismo mi sembra piuttosto ingiusta. Dovrebbe essere chiaro che il mio lavoro è andato caratterizzandosi in senso realistico, anche se talora mi è stato e mi è inevitabile ricorrere a dei formalismi... Nella mia messinscena non c'era nessuna pretesa di avanguardia. Io detesto questa parola. Non c'è niente di vecchio e niente di nuovo ». Come a dire che, fedele a se stesso e alla sua poetica, egli aveva sempre continuato sulla strada maestra del realismo critico, senza forse accorgersi che i tempi erano mutati e che ciò che era realismo poteva diventare manierismo, se non veniva vivificato da un nuovo rapporto col reale, critico e problematico.

Se ne ebbe ampia conferma, non tanto forse nelle regìe teatrali e liriche, quanto certamente nei film che egli diresse dopo *Il gattopardo*. Sul palcoscenico la nuova edizione del *Don Carlo* per il Teatro dell'Opera di Roma (20 novembre 1965) fu ammirata per lo splendore delle scene e dei costumi, da lui personalmente curati, oltreché per l'aderenza storica al testo verdiano; e così per il *Falstaff* che egli allestì per la Staatsoper di Vienna (14 marzo 1966), tutto centrato sul protagonista (Dietrich Fischer-Dieskau) immerso in un ambiente che ne sottolineava la grande statura scenica: le scene e i costumi erano ancora di Visconti in collaborazione con Ferdinando Scarfiotti. Più originali e spregiudicate furono le regìe di *Der Rosenkavalier* di Richard Strauss, per il Covent Garden di Londra (21 aprile 1966) e della terza sua edizione della *Traviata*, per il medesimo teatro (19 aprile 1967).

Nel primo caso il decadentismo di Strauss e di Hugo von Hofmannsthal, autore del libretto, i quali in certo senso ricapitolarono nella loro opera la cultura absburgica dal Settecento al primo Novecento in un impasto di erotismo e di malinconia, trovò in Visconti un « visualizzatore » d'eccezione, che mescolò i tempi dell'azione in un *continuum* scenico che si affidava alla mescolanza degli stili nei costumi e nell'arredamento. Come scrisse Peter Heyworth sull'« Observer »:

« In questo esempio infinitamente intricato di viaggio nel tempo, Visconti si è mosso col coraggio o del folle oppure dell'uomo di intelligenza superba e di grande sicurezza di sé. D'un sol colpo ha fatto piazza pulita dell'ambientazione che richiama la metà del 1700, suggerita dagli infiniti dettagli presenti nel testo, e l'ha sostituita con una scenografia e dei costumi che mescolano sottilmente i due mondi, assolutamente non incompatibili, del barocco e del *Jugendstil* ».

Nel secondo caso, l'aggiornamento ambientale che egli fece dell'opera verdiana, ben più marcato ed evidente che nelle sue prime edizioni, parve un poco gratuito, più una scelta di gusto che di interpretazione storico-critica. Fu ancora il critico dell'« Observer » a scrivere giustamente:

« Ma mentre gli elementi *Jugendstil* nell'edizione di *Der Rosenkavalier* dello stesso Visconti coglievano una componente essenziale in un'opera che deriva molto del suo fascino dall'accostamento di periodi diversi, è difficile capire quale sia lo scopo di una *Traviata art nouveau*, al di là dell'indubbio piacere insito nel fatto di buttare un bicchiere d'acqua gelata in faccia ai frequentatori dell'opera, i quali non chiedono altro che il solito imponente pastone ».

Sempre sul palcoscenico, o per meglio dire nel grande spazio all'aperto offerto dal cortile di Palazzo Pitti a Firenze, Visconti realizzò per il Maggio Musicale Fiorentino (6 giugno 1967) la messinscena dell'*Egmont* di Goethe, con musica di Beethoven, tentando di fondere, con risultati indubbiamente significativi e affascinanti, i due livelli poetici e drammaturgici del testo goethiano e della musica beethoveniana. Come fu rilevato, quasi unanimemente, dalla critica, il suo spettacolo, che si basava in pari misura sulla sua lunga e proficua frequentazione del teatro di prosa e di quello lirico, trovò consistenza drammaturgica nel grande dispositivo scenico approntato da Ferdinando Scarfiotti, all'interno del quale personaggi e masse si muovevano accentuando il loro carattere emblematico. Ma se la coralità della tragedia trovò in questa straordinaria visualizzazione scenica una sua ragione poetica, il dramma del protagonista, le sue inquietudini, la sua malinconia, si andarono un po' offuscando, o meglio esteriorizzando,

in una recitazione che non poteva non tener conto del-
l'impianto melodrammatico che Visconti aveva dato alla rappresentazione.

Un discorso analogo, seppure in un contesto diver-
sissimo e con valenze realistiche e polemiche ben altrimenti significative, si può fare per *La monaca di Monza* di Giovanni Testori, che egli mise in scena al Teatro Bonci di Cesena il 28 ottobre 1967 e debuttò ufficialmente al Teatro Quirino di Roma il 4 novembre.
Anche qui c'è una sorta di dicotomia fra ambiente e
personaggi, drammi individuali e sfondo storico-sociale; ma questa volta la ragione sta nel testo, nella complessa struttura drammaturgica d'un'opera che stentava ad essere tradotta per il palcoscenico. Come lo stesso Visconti dichiarò: « Il testo in se stesso ha per me
molti limiti: è prolisso, eccessivo nel linguaggio e nella lunghezza, costruito confusamente e in modo non
sempre traducibile in "fatto" teatrale. Così ho dovuto molto lavorare per rendere sulla scena ciò che Testori aveva scritto ». Il quale Testori, come già per *L'A-
rialda*, collaborò con il regista alla modificazione del
testo, o meglio accettò che egli lo manipolasse in vista
della realizzazione scenica, come risulta da una sua lettera a Visconti in data 10 luglio 1967, in cui si accenna anche a un modello di teatro invero alquanto antiviscontiano. Scrive Testori:

« Quanto poi a come vederla in scena, mi convinco sempre di
più che bisognerebbe approfittare dell'occasione per dare una
lezione a tutti questi tentativi di "teatro-senza-parola", facendo vedere che il teatro vero è, invece, solo parola. Nessuno
come te è in grado di dare quest'altra lezione; e quest'altro
esempio. Io non vedo quasi scena; due o tre pietre o pezzi di
cemento; un brandello di pollaio (la "ramata", insomma, dei
pollai lombardi); una specie di porta, appunto, di pollaio;

qualche segno del presente, ma come casuale; e loro, i personaggi; ecco cosa vedo; stracci senza tempo e senza decoro; che son lì e poi cominciano ad alzarsi e a fare la loro parte. Ridurrei tutto a niente; anche se so che il niente è più difficile del tutto... ».

Visconti invece accentuò la contemporaneità della situazione drammatica, una Monza del 1967 con tutti gli attributi d'una periferia industriale — come già nell'*Arialda* — in cui la tragedia di tre secoli prima, evocata e visualizzata nella mescolanza dei tempi storici, perdeva il suo carattere angoscioso e mistico, esistenziale (come era nelle intenzioni di Testori), per porsi come conflitto di coscienze e di atteggiamenti delittuosi. Ancora una volta, nel realismo della rappresentazione andava smarrendosi la complessità psicologica del testo.

Questa discrepanza fra testo e spettacolo, questa sorta di sovrapposizione del secondo sul primo, che si andò accentuando nel corso della lunga carriera teatrale di Visconti con alterni risultati espressivi, e nel decennio 1960-70 parve indicare una sua profonda crisi che toccava in pari misura i campi dell'ideologia e della cultura, della morale e dell'arte, fu oltremodo avvertibile nelle regìe dell'*Inserzione* di Natalia Ginzburg per il Teatro San Babila di Milano (21 febbraio 1969) e del *Simon Boccanegra* di Verdi per la Staatsoper di Vienna (28 marzo 1969). L'esile testo della Ginzburg, tutto rotante attorno al personaggio della protagonista che si confessa in pubblico, fu enfatizzato nella messinscena di Visconti sino a raggiungere i toni del melodramma, smarrendo per strada la sottile inquietudine esistenziale. Quanto all'opera verdiana, mai prima d'allora egli aveva osato intervenire così massicciamente

sul testo dell'amato Verdi per farne materia di spettacolo « astratto », cioè di pura visualizzazione di elementi scenici. Il suo *Simon Boccanegra*, scenograficamente
discutibile, risultò alla maggior parte dei critici un grave errore artistico e culturale, un inspiegabile travisamento dell'opera. Come scrisse Karlheinz Roschitz su
« Die Furche »: « ... ovviamente per il piacere di indi-
gnare il pubblico, egli ha trasferito la tragedia del do-
ge genovese in un laboratorio luccicante di astronauti.
Cubismo immaturo, reminescenze del "Bauhaus", il
modello neo-bayreutiano hanno fatto da padrini: il risultato, una mistura di scene senza stile e senza linea,
risulta più antiquato di certe realizzazioni stravaganti
degli anni venti e trenta ».

Muovendosi non più a suo agio nel teatro e nel
cinema del suo tempo, lontano dai movimenti delle nuove avanguardie ma forse insoddisfatto del vecchio realismo cui si sentiva sempre legato, sentimentalmente oltreché culturalmente, Visconti si andava spostando in
varie direzioni, spesso contrastanti, senza ritrovare
quell'unità di intenti e di risultati che in passato aveva caratterizzato positivamente le sue opere migliori.
Anche lo scandalo che le nuove regìe potevano ancora
suscitare nasceva — a differenza di quelle di *Rocco e i
suoi fratelli* e dell'*Arialda* — da una gratuita provocazione del pubblico, da un banale piacere di *épater le
bourgeois*, e non già dalla violenza dei testi o dal crudo realismo delle messinscene. Quell'affiorare della crisi esistenziale, della solitudine dell'uomo, della difficoltà del vivere, che sin dalle origini avevano costituito
una parte non trascurabile della sua poetica, presentan-
dosi ora in termini quasi perentori, rivelava la fragilità artistica e culturale del suo realismo critico. Nel

non aver saputo in tempo risolvere questa antinomia, non solo di forme ma anche e soprattutto di contenuti, risiede il sostanziale fallimento artistico della maggior parte delle opere realizzate da Visconti per il teatro e per il cinema nel corso del decennio 1960-70, compresi i film *Vaghe stelle dell'Orsa...* e *Lo straniero,* che in certo senso suggellano una crisi che affonda le sue radici nel decennio precedente.

Prima ancora che ponesse mano alla realizzazione del *Gattopardo* nel marzo del 1962, Visconti aveva dichiarato pubblicamente le sue intenzioni di fare un film dallo *Straniero* di Albert Camus. « Questo piccolo libro — disse a Raymond Millet del « Figaro Littéraire » — così importante, non lo tradirò. Voglio rispettarne tutta l'essenza e sottomettermi umilmente al testo. Per fortuna ho tutto il tempo di riflettere... Ho da lavorare per oltre un anno ». In realtà il progetto si trascinò per anni fra varie difficoltà e ritardi; ma nel 1965, appena finito *Vaghe stelle dell'Orsa...,* tornava sull'argomento in un'intervista pubblicata su « Filmcritica » dicendo:

« Lo vedo esattamente come Camus l'ha scritto. Non voglio neppure scrivere una sceneggiatura. La mia idea è proprio quella di seguire il libro. Ho Alain Delon come attore. Vorrei prendere in mano il libro e girare quello che c'è scritto... Sì, voglio esattamente quello che c'è nella pagina: nelle righe e fra le righe. È questo che bisogna riuscire a fare. Vorrei veramente che fosse un lavoro alla ricerca della verità di Camus, ma senza la pretesa di scrivere una sceneggiatura dettagliata. Sarebbe ridicolo ».

Sempre nel 1965, a Nello Ajello che lo intervistava per « L'Espresso » disse:

« *Lo straniero* è un romanzo che amo da più di vent'anni, da quando uscì in Francia. Avrei potuto trarne anche allora un film, ma sarebbe stato qualcosa di molto diverso da come lo farò oggi. Nel '42, eravamo agli albori dell'esistenzialismo, gli uomini, gli artisti erano intenti a chiedersi il perché del loro destino, e Camus fu uno dei primi a offrirci una risposta precisa. Ci indicò come si possa vivere da estranei in una società organizzata, sottrarsi alle sue leggi, chiudersi nell'indifferenza, confinarsi nell'assurdo. Fu questo il messaggio dello *Straniero* ».

Ma meno di due anni dopo, quando il film finalmente stava prendendo consistenza, l'esigenza storicistica e ideologica, sempre presente in Visconti, parve tornare in primo piano, se egli stesso dichiarò a Marialivia Serini dell'« Espresso »:

« In questo libro c'è soprattutto una grande intuizione: nel gesto apparentemente casuale di Meursault, appesantito dal pesce fritto, dal troppo vino, stordito dal sole, in quella rivoltella alzata contro l'arabo, visto come in una oleografia, "simile a una sciabola luccicante", coi denti bianchi che brillano, si avverte qualcosa di più, oggi: il terrore del *pied noir* cresciuto in questa terra, che si sente abusivo, che sa di doversene andare e lasciarla a chi spetta ».

Queste diverse citazioni viscontiane ci confermano quella crisi esistenziale che Visconti stava attraversando, ma più ancora sottolineano la presenza, in tutta l'opera sua, da *Ossessione* in poi (l'accenno al 1942 e alla possibilità di fare allora un film dallo *Straniero* è oltremodo significativo e illuminante), di un profondo interesse per i problemi dell'individuo in una prospettiva genericamente « esistenzialista » che solo a tratti parvero affiorare dietro le forme consuete del realismo o, all'opposto, dell'estetismo. In realtà il film che egli finalmente poté realizzare nel 1967, sia per contrasti con la vedova di Camus, Francine, sia per contrasti con la produzione che impose Marcello Mastroianni al posto di Alain Delon nella parte del protagonista, sia infine per una certa stanchezza sua, risultò lontano tanto dal primitivo progetto « esistenzialista », quanto dal progetto che possiamo definire storico-politico, di attualizzazione del testo sullo sfondo di un'Algeria travolta da una guerra fratricida. Il fallimento dell'impresa fu dovuto certamente a tutte queste sopraggiunte difficoltà, ma l'errore di base, che il film enfatizzò nella mancata sutura dei vari elementi della rappresentazione, a partire dall'inadeguatezza degli interpreti (un improbabile Mastroianni come Meursault e un'inefficace Anna Karina come Marie), fu di giocare su due piani, quello « filosofico » e quello « storico », diluendo il dramma dell'esistenza in un banale incidente di cronaca nera. E tuttavia, dietro il fallimento artistico, affiorava qua e là il discorso di Camus che Visconti faceva proprio, a ulteriore conferma di quegli interessi per l'uomo astorico, proiettato in una realtà sociale irrazionale, colpito da un destino ineluttabile, che egli andava coltivando da tempo.

Anche *Vaghe stelle dell'Orsa...*, realizzato due anni prima, nel 1965, insignito del Leone d'Oro alla XXVI Mostra d'arte cinematografica di Venezia, fu un parziale fallimento; ma soprattutto indicò chiaramente le nuove linee di ricerca estetica ed etica che Visconti perseguiva, in un momento in cui, fra teatro e cinema, si accavallavano i progetti e le realizzazioni. Per il teatro egli aveva pensato, nel 1963, di inaugurare il Teatro Argentina di Roma, riaperto nella nuova ristrutturazione, con una riedizione del *Troilo e Cressida* di Shakespeare profondamente diversa da come l'aveva messo in scena al Giardino di Boboli nel 1949.

Poiché allora stava pensando allo *Straniero* di Camus e alla sua attualizzazione, l'idea fu quella di ambientare la storia scespiriana della guerra fra Greci e Troiani nell'Algeria in lotta fra algerini e francesi: un'idea alquanto peregrina che rimase allo stadio di progetto. Nel 1965 è interessato a un *Mercante di Venezia* di Shakespeare per il Festival del teatro di Venezia e a una *Carmen* di Bizet, con Maria Callas, per il Metropolitan di New York, ma non se ne fa nulla.

Per il cinema, oltre alla lunga e contrastata gestazione dello *Straniero*, egli scrive con Suso Cecchi D'Amico la sceneggiatura di *Giuseppe e i suoi fratelli*, che doveva costituire un episodio del film antologico *La Bibbia*, prodotto da Dino De Laurentiis, che fu poi affidato alla regìa di John Huston, anziché alla sua e a quella di Orson Welles e Robert Bresson, com'era nel progetto iniziale. Scrive in seguito, con la D'Amico e con Enrico Medioli, un soggetto cinematografico originale, *Lee J. Thompson*, e pensa a diversi film, fra cui *La monaca di Monza* e *I turbamenti del giovane Törless*, dal romanzo di Musil, e *La contessa Tarnowska*, riprendendo e aggiornando la vecchia idea di vent'anni prima. Come disse a Lietta Tornabuoni che l'intervistava per «L'Espresso» nel 1965: «Faccio la *Tarnowska* perché mi interessa quel momento storico, voglio spiegare i motivi per cui la società fittizia e inutile dell'Europa della Belle Epoque si è disgregata, i modi in cui si è disgregata. Faccio il *Törless* perché contiene in germe la crudeltà e il sadismo che furono forse le origini naturali del nazismo in Germania, perché racconta un ambiente e una maniera d'agire che facevano presagire ciò che è accaduto in Europa».

Insomma, Visconti continuava a dare ragioni storiche e ideologiche alle sue scelte. Ciò corrispondeva indubbiamente a un suo modo di sentire e di rappresentare la realtà — come risultò anche nella *Caduta degli dei*, un film del 1969 in cui crudeltà e sadismo sono sviluppati all'interno di uno spaccato sociale che vuole individuare le cause storiche e politiche del sorgere e dell'affermarsi del nazismo in Germania —, ma la sua più vera natura si muoveva in altra direzione: era attratta e affascinata dai conflitti della coscienza e dai torbidi contrasti dell'esistenza, dallo scacco esistenziale e morale dell'individuo, di cui la società non era altro che il riflesso esterno. Sempre nel 1967 progetta un film biografico su Giacomo Puccini, un musicista a cui si accosterà più tardi con la mirabile messinscena della *Manon Lescaut* a Spoleto nel 1973; e una versione moderna del *Macbeth* scespiriano, di cui esiste un trattamento scritto in collaborazione con la D'Amico, dal titolo *Macbeth 1967*, che contiene temi e motivi che saranno ripresi e sviluppati, in un altro contesto storico e sociale, nella *Caduta degli dei*.

Sono appunti, frammenti, proposte, idee, progetti, che testimoniano della sua irrequietezza, della vana ricerca di un testo veramente onnicomprensivo dei suoi interessi e delle sue esigenze espressive. Ancora nel 1967, prima dello *Straniero*, realizza un breve film, *La strega bruciata viva*, episodio del film antologico *Le streghe*, prodotto da Dino De Laurentiis; ma è poco più d'una pausa di riflessione, un piccolo saggio di regìa, alquanto di maniera e di gusto discutibile, tutto costruito attorno a Silvana Mangano che tratteggia il ritratto di un'attrice in crisi, su un testo a effetto scritto e sceneggiato da Giuseppe Patroni Griffi, in collaborazione con Cesare Zavattini.

12 «Vaghe stelle dell'Orsa»

Ma quel film onnicomprensivo, che andava vagheg-
giando, Visconti credette d'averlo realizzato nel 1965
con *Vaghe stelle dell'Orsa*..., in cui, fra realismo e fantasia, memoria e attualità, conflitti di coscienza e spaccato sociale, la storia e il mito venivano recuperati in
una struttura drammatica a forti contrasti, pervasa da
una tensione spettacolare notevole e sorretta da un senso del tragico che si calava nella vicenda e nei personaggi tratti dalla quotidianità e immersi in una dimensione simbolica. I risultati furono invero modesti, il profondo conflitto morale ed esistenziale che nasceva da
una storia di incesto, assassinio, delazione, nel chiuso
d'una famiglia alto-borghese, rimase alla superficie del
dramma, lo stile non riuscì a coagularsi in unità espressiva, oscillante fra gli opposti registri del mito e della
storia, della metafora e di un realismo minuto e minu-
zioso; ma gli intendimenti seguivano un progetto meditato e approfondito, e rientravano in quell'ampliamento di prospettiva artistica e culturale che Visconti perseguiva da tempo.

Il progetto del film, che fu prodotto da Franco Cristaldi quattro anni dopo la frattura che era avvenuta
fra lui e Visconti all'epoca di *Rocco e i suoi fratelli*, si
concretizzò alla fine del 1963. Visconti, ispirandosi genericamente all'*Orestiade* ma attingendo abbondantemente a diverse fonti letterarie e alla storia del recente passato (la guerra e la persecuzione contro gli
ebrei), scrisse un primo soggetto e trattamento in collaborazione con la D'Amico e con Enrico Medioli, e una
sceneggiatura che andò modificandosi sensibilmente nel

corso delle riprese, che iniziarono il 26 agosto 1964 e terminarono il 17 ottobre seguente. Ci fu poi un lungo lavoro di montaggio e di regìa, tanto che il film fu pronto soltanto l'anno dopo e fu presentato in prima mondiale il 3 settembre 1965 alla Mostra di Venezia. Fu insomma un'opera sofferta e faticata che Visconti, pur considerandola minore rispetto ai recenti *Rocco* e *Il gattopardo*, volle affiancare per importanza e significato al *Lavoro*, testimoniando in tal modo del profondo interesse che la storia aveva per lui e delle ragioni vere d'una scelta stilistica e di contenuti un poco al di fuori della sua opera precedente.

Egli stesso, presentando il film nel libro dell'editore Cappelli che ne pubblicava la sceneggiatura e altri documenti di lavorazione, scrisse:

« Così nel mio film ci sono dei morti e dei presunti responsabili, ma non è detto che siano i *veri* colpevoli e le *vere* vittime. In questo senso il riferimento che io stesso ho fatto all'*Orestiade* è più che altro di comodo. Prendiamo Sandra e Gilardini, per esempio: l'una somiglia ad Elettra per l'occasione che la muove, l'altro ad Egisto perché al di fuori del nucleo famigliare, ma si tratta di analogie schematiche. Sandra ha il volto del giustiziere, Gilardini quello dell'imputato, ma in realtà le loro posizioni potrebbero anche risultare capovolte. L'ambiguità è il vero aspetto di tutti i personaggi del film, tranne uno, quello di Andrew, il marito di Sandra. Egli vorrebbe una spiegazione logica a tutto, e invece si scontra con un mondo dominato dalle più profonde, contraddittorie, inspiegabili passioni... La mia vera attenzione è stata rivolta alla coscienta di Sandra, al suo disagio morale, al suo impegno di capire: gli stessi tiranti che a suo tempo hanno mosso 'Ntoni, Livia, Rocco o il principe Salina. E se altrove mi sono servito di un ballo, di una battaglia, del fenomeno dell'emigrazione interna, della conquista del pane quotidiano, qui mi hanno stimolato l'antico enigma etrusco, Volterra, che ne è perfetta espressione, il complesso di superiorità della razza ebraica, una figura di donna ».

Che era una dichiarazione di poetica che implicava una precisa concezione del mondo, e forse senza nemmeno accorgersene Visconti forniva la chiave di lettura dell'intera sua opera, che può essere definita decadente nel senso che la realtà esterna è sempre filtrata da una visione del tutto personale, esistenziale, del reale: l'opera d'arte come espressione di vita, manifestazione etica ed estetica del proprio io. In uno sfogo personale con Lina Coletti, che l'intervistava alla fine del 1974 per « L'Europeo », diceva ancora con calore: « Dica pure decadente, cara: dica pure decadente. Ormai ci sono abituato, ormai è un ritornello fisso... Peccato che alcuni usino quel termine per significare l'esatto contrario di ciò che significa. Per dire vizioso, morboso... E invece è solo una certa maniera di concepire l'arte, sa: di apprezzarla, di farla... Thomas Mann è un decadente? Come paragone mi va benissimo ».

Vaghe stelle dell'Orsa..., che si richiama nel titolo (suggerito da Mario Soldati) all'immortale verso leopardiano con cui hanno inizio *Le ricordanze*, ed è girato in larga parte nella « dannunziana » Volterra, è forse il film più scopertamente decadente di Visconti, proprio nel significato da lui giustamente attribuito al termine. Qui l'amore e la morte, il mistero e la ricerca del vero, il mito e la storia, le suggestioni dei luoghi e le torbide passioni che avvolgono i personaggi, il tabù dell'incesto disvelato come centro drammatico che coinvolge i personaggi nel loro destino, sono trattati in quelle forme che indicano, a ben guardare, una sorta di compiacimento estetizzante, una concezione dell'arte come osservazione distaccata del bello — definendo

Thomas Mann un decadente Visconti alludeva certamente a *Morte a Venezia*, da cui egli trasse un film nel 1971 — e dell'orrido, in tutte le loro manifestazioni: un modo di vedere la realtà come riflesso della propria cultura e del proprio gusto, e anche della propria crisi esistenziale.

Disse Visconti in un pubblico dibattito organizzato da « Cinema Nuovo » presso il Circolo Monzese del Cinema nel novembre 1965:

« Naturalmente non giustifico il patrigno e la madre, perché uno è un fascista e l'altra l'amante di un fascista. Non sono da quella parte, ma non giustifico neppure l'incesto: guardo muoversi i miei personaggi. L'ho detto altre volte, in alcune interviste: per la prima volta, in fondo, non intervengo in un mio film, non prendo parte. Guardo muoversi questi personaggi, ho detto una volta, un po' come guarderei gli insetti muoversi e agire in un certo modo, li osservo anzi quasi con una certa... non dico repulsione, che è una parola troppo grossa, ma con una certa paura. Però li lascio camminare verso la catastrofe, perché questa mi sembra inevitabile ».

Che è un atteggiamento appunto decadentistico, in cui l'osservazione distaccata del reale, strutturato spettacolarmente in modi e forme di chiara finzione scenica, anziché assumere la funzione del giudizio critico, tende ad annullarsi nel compiacimento estetizzante.

Anche la forma del film, l'impiego della macchina da presa e di certi obbiettivi, come lo zoom, che consentono un avvicinamento o un allontanamento improvviso dai personaggi e dagli oggetti — come Visconti ancor più farà nei film seguenti, in particolare in *Morte a Venezia* —, denuncia un diverso atteggiamento nei confronti della realtà rappresentata. Non già un maggior distacco, ma anzi un coinvolgimento, quasi il gusto sottile dello sguardo furtivo, del cogliere i personaggi nei loro momenti più segreti. Sciogliendo la vicenda quotidiana e i riferimenti storici e sociali in una tragedia di famiglia, la cui distruzione avviene all'insegna dell'inganno, del tradimento, della paura — fra omicidio del padre e suicidio del figlio — Visconti attinge agli elementi del teatro classico (anche dell'*Edipo re* oltreché dell'*Orestiade*) ma contemporaneamente li dissolve in una rappresentazione sottolineata dal gusto decadentistico e sorretta dall'ineffabile musica di César Franck (il *Preludio corale e fuga*), che di quel gusto fu un rappresentante eccellente. E proprio dissolvendosi in una forma raffinata, che spesso contrasta con taluni aspetti di quel realismo descrittivo che sopravvivono nel film, *Vaghe stelle dell'Orsa...* si pone come punto d'arrivo d'una complessa ricerca estetica, indipendentemente dai modesti risultati raggiunti sul piano dell'arte.

Ma il film fu per Visconti anche una strada bloccata, un esperimento che si inseriva in una più vasta crisi esistenziale senza risolverla, anzi per certi versi accentuandola. Occorreva tentare altre strade, rivolgersi verso altri temi, affrontare diversamente il reale attraverso modi e forme che ne riscoprissero il valore fondamentale. La critica storica andava recuperata, sia pure in termini differenti, e così il realismo critico di un tempo. Soprattutto Visconti doveva riconsiderare il suo ruolo di artista e intellettuale calato in una realtà politica e sociale estremamente ribollente di fermenti, magari ancora nascosti, ma pronti a esplodere alla prima occasione, come avvenne in Italia e nella maggior parte dei paesi occidentali (e non solo) nel 1968. *Rocco e i suoi fratelli*, agli inizi del decennio 1960-70,

parve aver aperto una nuova via di ricerca, ma si trattò invero di un momento di passaggio, di una ricapitolazione del passato, più che di una proposta per il
futuro: il suo realismo aveva perso lo smalto e il significato dei primi film di Visconti e non si era imposto
come nuovo modo di affrontare e rappresentare la complessa realtà contemporanea.

I film seguenti e le messinscene teatrali toccarono
altri tasti, ma con poca convinzione; aprirono delle porte, ben presto richiuse per stanchezza o per poca sostanza reale. La crisi, in ogni caso, andava superata. Lo
stesso Visconti se ne rendeva conto; e le sue molteplici dichiarazioni di quegli anni, esplicitamente o implicitamente, ruotavano attorno a questo problema capitale. Forse il progetto, più volte accarezzato, di portare
sullo schermo la *Recherche* del sempre amato e mai
sconfessato Proust poteva essere una soluzione. In realtà, rimandato di anno in anno e poi accantonato per la
sopraggiunta malattia che impedì a Visconti di affrontare un'opera di così vasto respiro, il film proustiano
rimase un modello irrangiungibile, costituì persino un
alibi dietro il quale nascondere la propria incapacità di
superare radicalmente la crisi.

Proust, in ogni caso, significava, ancora una volta,
un recupero della grande tradizione decadentistica europea, un ritorno alle origini familiari e sociali, artistiche e culturali di Visconti: una lettura della società
contemporanea sempre più filtrata dalla memoria e
dalla « letteratura ». Poteva essere una soluzione della
crisi, sia pure in una direzione diversa dal realismo,
ma fu invece, nella stessa emblematica impossibilità di
realizzare la *Recherche*, un'occasione perduta o forse
mai veramente cercata. Quella maggiore crudeltà e vio-

lenza, quell'amaro pessimismo, quel gusto funereo della dissoluzione del corpo che non è difficile riscontrare nei suoi ultimi film, dalla *Caduta degli dei* all'*Innocente*, sono probabilmente la prova, implicita, del mancato raggiungimento di quel distacco critico che avrebbe permesso a Visconti di darci il suo Proust, e con esso una rappresentazione articolata e approfondita d'un mondo e d'una società attraverso la quale era possibile analizzare criticamente alcuni degli elementi portanti della civiltà contemporanea.

SOTTO IL SEGNO DI MARCEL PROUST

« È da cinquant'anni che m'interesso a Proust. Mi accostai alla *Recherche* quand'ero giovanissimo », aveva detto Luchino Visconti a Giancarlo Marmori nel 1969, quando il progetto di un film tratto dall'opera proustiana andava prendendo sempre più consistenza. Ma in varie altre occasioni aveva dichiarato apertamente il suo incondizionato amore per lo scrittore francese e per il suo mondo, che egli conosceva molto bene — come confermarono i parenti, gli amici, i collaboratori — sia attraverso una lettura attenta e continua dei romanzi della *Recherche*, sia nella periodica frequentazione, sin dagli anni dell'infanzia, della Parigi e dei luoghi della Francia che Proust aveva immortalato letterariamente. D'altronde non era difficile, a ben guardare i film di Visconti e certe sue messinscene teatrali, rintracciarvi in questo o quel personaggio e soprattutto in questo o quell'ambiente, così puntigliosamente e amorevolmente rappresentato in mille particolari necessari, la grande lezione proustiana. Nelle opere della maturità, quelle più autobiografiche e memoriali — basti pensare al *Gattopardo* e al gran ballo in casa Ponteleone —, questa lezione si faceva ancor più evidente, diventava quasi una ragione di vita e d'arte, in base alla quale la regìa, cinematografica o teatrale, andava strutturata.

Ma certamente fare un film attingendo direttamente all'enorme materiale narrativo della *Recherche* fu per Visconti l'occasione che cercava, forse, da tutta la vita: il punto di fusione e di sublimazione delle varie ricerche e sperimentazioni che egli aveva condotto in oltre trent'anni di intensa attività, una vera e propria *summa* dei temi, dei motivi, delle forme stilistiche, delle soluzioni spettacolari che aveva sparso qua e là in tutta la sua opera. Nella piena maturità, in un periodo della vita che lo vedeva cercare le ragioni più vere della propria esistenza, ritornare sui luoghi sentimentali e affettivi del proprio passato, ripercorrere il proprio lavoro artistico quasi con rimpianto, sebbene continuamente stimolato a fare, a riprendere i discorsi interrotti, l'incontro diretto con Proust poteva significare un grande esame di coscienza etico ed estetico. Ma poteva anche essere una sfida, il tentativo di dare forma concreta, di visualizzare dei personaggi che vivevano in larga misura nella memoria; e in questa visualizzazione mettere troppo di se stesso, confessarsi in pubblico, molto di più di quanto non avesse fatto in certi suoi film recenti.

1 *Un progetto non realizzato*

Questa sfida non avvenne, per una serie di ragioni interne ed esterne, e forse fu un bene, perché quanto di autenticamente proustiano c'era nell'arte di Visconti, egli l'aveva già compiutamente espresso nelle sue opere migliori, o banalmente e superficialmente illustrato nelle peggiori: è probabile che, affrontando di petto e senza intermediari i personaggi di Proust egli si sarebbe fermato — come gli capitò in altre occasioni, quando dovette affrontare alcuni grandi testi drammatici (si pensi all'ultimo Cecov del *Giardino dei ciliegi*) — alla semplice rappresentazione « letterale » dei fatti e degli ambienti, con quella minuzia dei particolari e quella cura registica sue proprie, ma anche con quella « passività » stilistica, quella sorta di inerzia espressiva, che fu causa non ultima della crisi artistica che Visconti attraversò nel corso del decennio 1960-70.

D'altronde fu lui stesso a dichiarare nel 1971 al « Dramma » in un'intervista a Giuliana Bianchi:

« Tutti noi che amiamo Proust sappiamo che la *Recherche* è un mondo perfetto, concluso, a cui nulla può essere aggiunto e io non pretendo di esaurirne i temi con il mio film. Per affrontare il lavoro bisogna che uno si tolga il complesso e guardi semplicemente al contenuto del romanzo. In fondo non è diverso da un romanzo di Balzac: è la descrizione di una società, quella francese, che si muta e trasforma tra il 1890 e la prima guerra mondiale, con fatti ben precisi, episodi e personaggi estremamente approfonditi. Lasciamo da parte per il momento le considerazioni dello scrittore sul significato del tempo e della memoria. Prendiamo il centro del romanzo, *Sodoma e Gomorra* per intenderci, e preoccupiamoci di raccontare quello, naturalmente tenendo presente il resto. Per fare un film bisogna raccontare dei fatti e lì dentro ce ne sono moltissimi, che abbiamo sempre accettato senza valutarli fino in fondo, impastati in tutto quello che è il proustianismo ».

Insomma una *Recherche* senza Proust, magari con Balzac: a ben guardare un'assurdità, o meglio l'occasione sbagliata di fare del romanzo proustiano un romanzo realistico, in cui la memoria avrebbe giocato un ruolo del tutto secondario, o semplicemente tematico e sentimentale.

L'idea di fare un film da *À la recherche du temps perdu* venne a Nicole Stéphane, una produttrice cinematografica francese che aveva acquistato nel 1965 i diritti per la riduzione del romanzo. In un primo tempo ella aveva pensato a René Clément, poi, per intervento del suo agente Georges Beaume, si rivolse a Luchino Visconti, un regista che aveva ormai acquistato grande fama anche in Francia per i suoi film e i suoi spettacoli teatrali raffinati e in certo senso proustiani. L'accordo si fece con soddisfazione di ambo le parti, e Visconti si mise al lavoro. Stava allora terminando *La caduta degli dei*, ma il tempo per occuparsi del suo amatissimo Proust non poteva mancare. Fin dal 1965 Ennio Flaiano aveva preparato un progetto su come « filmare Proust » e steso un trattamento e una sceneggiatura; con lo stesso Flaiano egli scrisse una proposta, datata 4 marzo 1969, che tracciava a grandi linee la struttura narrativa e drammaturgica del film. Vi si legge, fra l'altro:

« Un film sull'opera di Proust non può essere che proustiano. Cioè non deve necessariamente seguire lo sviluppo logico e cronologico della storia, ma imporsi lo sconvolgimento e il ribaltamento dei tempi. E non può nemmeno comprendere tutta l'opera, ma limitarsi ad una parte di essa, che però la evochi e la illustri. La scelta cade su *Sodome et Gomorrhe*, cioè sulle storie parallele di quattro personaggi: Albertine e Marcel, Charlus e Morel... Il film non può essere una serie di illustrazioni dell'opera, ma deve proporsi un fine proprio, di spettacolo: il che si può ottenere lasciando al Narratore, Marcel, l'evocazione di vari fatti, anche minimi, che ci daranno infine — quando ogni pezzo del mosaico sarà a posto — le due tragedie: quella di Albertine e quella di Charlus. Tutte e due riflettenti il dramma personale del Narratore... Circa le scene che potranno animarla [la storia], nulla bisogna aggiungere a quelle, perfette e numerose, che sono nella *Recherche*. Nemmeno il dialogo proustiano richiede mutamenti o aggiunte: è già essenziale ».

Questa struttura a incastro non poteva ovviamente soddisfare Visconti, un regista quanto mai lineare, addirittura didascalico, nel rappresentare fatti e situazioni cronologicamente ben disposti sullo sfondo di un ambiente e una storia molto ben definiti. Il nucleo narrativo e drammatico doveva essere necessariamente quello di *Sodoma e Gomorra*, ma lo svolgimento andava strutturato diversamente. Si passò quindi a una nuova fase di lavoro, alla stesura di una prima, diversa, sceneggiatura. Come ricordò lo stesso Visconti:

« L'ho stesa una prima volta, grossolanamente, con quattro persone, due francesi e gli italiani Enzo Siciliano ed Enrico Medioli. Questa prima stesura era molto ampia e quindi l'ho successivamente ridotta con Suso Cecchi D'Amico. Abbiamo dovuto tralasciare molti episodi purtroppo e ci siamo basati... sulla parte centrale. Il film inizierà con il primo viaggio di Marcel a Balbec in compagnia della nonna e si chiuderà con l'aggravarsi della malattia del Narratore e il suo ritiro definitivo dalla vita mondana per dedicarsi alla stesura del suo romanzo ».

Era insomma una depurazione radicale del testo proustiano e una disposizione appunto lineare degli episodi romanzeschi, in modo da conferire al film una struttura tradizionale, secondo la lezione del miglior romanzo ottocentesco di marca balzachiana.

La preparazione del film era, nel 1971, alquanto avanzata, dopo che Visconti aveva terminato nel frattempo le riprese di *Morte a Venezia*. Egli aveva fatto lunghi sopralluoghi a Parigi, in Normandia e altrove con lo scenografo Mario Garbuglia e il costumista Piero Tosi, alla ricerca di quei luoghi proustiani che molto amava e già conosceva, nei quali avrebbe girato la storia della *Recherche*. Come testimoniò in seguito lo stesso Garbuglia, in quei pellegrinaggi egli ricordava la Parigi della sua infanzia e quella degli Anni Trenta, e riviveva, in certo senso proustianamente, un passato che si andava caricando di ricordi e nostalgie, di ripensamenti e di malinconia. Se Visconti si accingeva a por mano a quell'impresa non facile, era anche e forse soprattutto per rappresentare se stesso nei luoghi d'un passato familiare, artistico, culturale, che non soltanto non rinnegava, ma anzi voleva far rivivere con forza e passione, quasi presago della sua prossima fine. I sopralluoghi, gli appunti, le fotografie, gli schizzi, la sceneggiatura ormai definita in tutti i dettagli, costituivano la base per iniziare le riprese. Anche i principali attori erano stati scelti o almeno indicati da Visconti: « Per il Narratore — egli disse — avrei pensato ad Alain Delon. Naturalmente bisognerà renderlo un po' meno aitante, più esile e sofferente »; per Charlus, Laurence Olivier o Marlon Brando; per Madame Verdurin, Simone Signoret, o forse Annie Girardot; per Morel « personaggio ambiguo e perverso », Helmut Berger; per la Duchessa di Guermantes, Silvana Mangano; ancora incerta invece l'attrice che avrebbe dovuto interpretare il personaggio di Albertine.

Il progetto tuttavia subì qualche ritardo a causa di sopraggiunte difficoltà finanziarie, dato che il film sarebbe costato molto, ben oltre il preventivo. Nicole Stéphane ritardò gli inizi della lavorazione, chiese tempo, cercò aiuti; intanto Visconti si spazientiva, aveva altri progetti, voleva rimettersi al lavoro, e nel gennaio del 1972 cominciò le riprese di un nuovo film, *Ludwig*, rompendo praticamente i rapporti con la Stéphane. La quale, sciogliendo il contratto, si rivolse a un altro regista, Joseph Losey, noto come Visconti per la raffinatezza dei suoi film, e commissionò al commediografo britannico Harold Pinter, che per Losey aveva già scritto *Il servo*, *L'incidente* e *Messaggero d'amore*, la sceneggiatura della *Recherche*, che egli preparò nel corso del 1972 e fu pronta, dopo tagli e ulteriori manipolazioni, agli inizi dell'anno seguente. Ma anche questo film non si sarebbe fatto; e il progetto tanto a lungo accarezzato da Visconti, di dare forma cinematografica ai personaggi e agli ambienti di Marcel Proust, è rimasto tale.

Tuttavia nei film che Visconti realizzò a partire dal 1969 — l'anno della *Caduta degli dei* e delle prime prove di sceneggiatura del romanzo di Proust — gli elementi che possiamo definire proustiani, o memoriali, delle sue opere precedenti si fanno più evidenti e ingombranti, quasi a significare che, pur rinunciando ormai a trarre un film dalla *Recherche* o comunque rimandando di anno in anno la sua realizzazione, quei temi, quel mondo definitivamente tramontato, quelle suggestioni ambientali e psicologiche, quel gusto raffinato per gli oggetti che rimandano a precise situazioni sentimentali filtrate dal ricordo e dalla nostalgia, furono per lui la materia prima dei suoi racconti cinematografici. Era un bisogno reale di immergersi nel passato, ma soprattutto di riconsiderare il passato alla luce d'una esperienza di vita fortemente segnata non soltanto dai ricordi, dai rimpianti, in una parola dalla memoria sentimentale, ma anche dall'angoscia del vivere, dalla coscienza della fine, da quel pessimismo esistenziale che si andava facendo sempre più radicale di anno in anno.

2 «La caduta degli dei»

La crisi dei valori ideologici e politici, morali e sociali, che alla fine degli Anni Sessanta portò la società italiana, e più in generale dell'Occidente capitalistico, alla ribellione giovanile, alla nascita di movimenti di contestazione ai vari sistemi di potere, alla lotta aperta contro certe strutture istituzionali che non corrispondevano più ai bisogni sociali, trovò Visconti non già forse impreparato, ma piuttosto assente. I suoi interessi si erano rivolti da alcuni anni verso temi e problemi abbastanza lontani, se non dalla contemporaneità e dai fermenti ideali che animavano le guerre di liberazione nazionale o le accese lotte politiche — si ricordi, a esempio, la volontà sua di ambientare Lo straniero durante gli anni della guerra d'Algeria e così pure la nuova edizione del Troilo e Cressida —, certamente dalle questioni più significative e caratterizzanti dei mutamenti che si andavano operando nella struttura della società e delle nuove e complesse articolazioni che l'ideologia e la politica venivano assumendo nella cultura contemporanea.

Il suo sguardo pareva rivolto altrove, dopo la violenta immersione nella contemporaneità di Rocco e i suoi fratelli e dell'Arialda. Se le novità dell'avanguardia artistica e letteraria lo avevano sempre lasciato indifferente, rimanendo egli legato a un proprio concetto dello spettacolo totale e totalizzante che si basava sulla grande tradizione ottocentesca; anche quelle che possiamo chiamare le novità ideologiche e politiche, cioè la profonda revisione dei valori alla luce delle nuove esigenze morali e sociali, parvero rimanere estranee alla sua sensibilità, più ancora che ai suoi interessi. Da qui la necessità di raccontare nuovamente il passato e di dare a questa rilettura una connotazione fortemente personale, quasi intima, più attenta ai problemi psicologici ed esistenziali dei personaggi che all'oggettività della storia.

In realtà, dopo *Lo straniero*, in cui la posizione « esistenzialista » di Visconti parve esplicitamente espressa, nonostante i forti limiti del film, i suoi progetti cinematografici si orientarono verso un recupero dello storicismo, verso quella analisi realistica di fatti e accadimenti storici all'interno dei quali i conflitti drammatici fra i personaggi acquistano un significato critico, sotteso da implicazioni ideologiche o politiche. Alla fine del 1967 infatti egli consegna all'Italnoleggio, la casa di produzione statale che l'avrebbe prodotto, il trattamento di un nuovo film, *La caduta degli dei*, scritto in collaborazione con Enrico Medioli e Nicola Badalucco, in cui la storia della nascita del nazismo in Germania e del suo primo affermarsi nel potere con l'aiuto della grande industria tedesca, fra il 1933 e il 1934, costituisce il tema di fondo attorno al quale ruota la storia privata di una famiglia di industriali ricca e potente, i cui membri si dilaniano l'un l'altro. È ancora una volta il racconto d'un interno familiare e della sua crisi — come nella *Terra trema*, in *Rocco e i suoi fratelli* e in altre opere viscontiane —, ma portato ora alle estreme conseguenze tragiche e immerso nella realtà politica e sociale sino ad esserne una metafora. Come disse lo stesso Visconti a Liliana Madeo in un'intervista pubblicata sulla « Stampa » nel 1969:

« Da tempo pensavo ad una storia ambientata nella Germania. La prima idea era stata una versione cinematografica dei *Buddenbrook* di Thomas Mann, poi un'edizione moderna del *Macbeth*. Infine, per raccontare una vicenda che fosse testimonianza e documento di una realtà ancora attuale, una storia di violenza, sangue e bestiale volontà di potere, ho scelto il momento in cui in Germania nasce e si impone il nazismo ».

Da un lato c'era Thomas Mann, il romanziere che egli amava e già gli aveva suggerito temi e ambienti per certi suoi film precedenti (al quale tornerà di lì a poco con *Morte a Venezia*, in chiave tuttavia non storica ma memoriale, « proustiana »); dall'altro Shakespeare, il grande drammaturgo a cui s'era più volte ispirato (anche se ne aveva messo in scena le opere più evasive e meno tragiche): i due poli d'un'esperienza artistica e culturale che aveva sostanziato la sua poetica e profondamente influito sulle sue scelte contenutistiche e formali. Da un lato i *Buddenbrook*, straordinario romanzo della crisi d'una famiglia altoborghese, che poteva essere riletto in chiave ideologica e politica attualizzandone la storia; dall'altro il *Macbeth*, tragedia del potere percorsa dai fremiti del destino implacabile e dalla presenza della morte e del sangue, che poteva fornire la struttura portante d'un grande spettacolo sulla corruzione morale e sulla brama di potenza. Se il romanzo manniano rimase allo stadio di progetto e confluì, almeno in parte, nel nuovo testo, originale, della *Caduta degli dei*, la tragedia scespiriana fornì lo spunto per un ampio trattamento, intitolato *Macbeth 1967*, che Visconti scrisse in collaborazione con Suso Cecchi D'Amico, in cui tuttavia il dramma della lotta per il potere nel chiuso mondo della grande industria si svolgeva in Italia, presumibilmente a Milano, la città amata-odiata da Visconti, che da molto tempo aveva progettato di farne lo sfondo per un film non già sugli immigrati (quale *Rocco e i suoi fratelli*) ma sull'alta borghesia industriale, o addirittura sulla sua famiglia, sui Visconti.

La caduta degli dei è un po' tutto questo. C'è Mann e Shakespeare, ma anche Dostoevskij, Wagner, Musil, né mancano i riferimenti a Freud e a Marx, e naturalmente a tutta la letteratura sul nazismo, storica e aneddotica, a cominciare dalla *Storia del Terzo Reich* di William L. Schirer, « che noi — disse Visconti — durante la lavorazione chiamavamo addirittura "la nostra Bibbia" ». Ma c'è soprattutto il desiderio di rappresentare a forti tinte, secondo una tradizione spettacolare, teatrale e cinematografica, alla quale Visconti rimase quasi sempre fedele, la tragedia di una famiglia analizzata attraverso le singole psicologie e i conflitti interpersonali sullo sfondo di una più grande tragedia storica. La famiglia è quella degli Essenbeck, ricalcata in parte sui Krupp, grandi industriali e finanziatori e sostenitori del nazismo, con le sue diramazioni e filiazioni: dal capostipite, il vecchio barone Joachim che sarà ucciso da un familiare ad apertura di film, ai figli, nuore, nipoti, cugini, in un intrico di trame delittuose, frammischiate a delitti politici, massacri (la « notte dei lunghi coltelli ») e interventi nazisti, che porteranno all'ascesa del giovane Martin, dopo la tragedia della famiglia, unico erede del colossale patrimonio, e perfetto nazista, a poco a poco maturato attraverso l'insegnamento di Aschenbach, il lontano parente intellettuale che ha scelto il nazismo come nuova visione del mondo. Il trionfo finale di Martin, il quale, secondo la descrizione che si può leggere nel trattamento del film, « accoppia un infantilismo fastidioso e maligno a una senilità scostante e diabolica; ciò che lo fa apparire al tempo stesso sciocco e pericoloso, esaltato e disincantato, spiritoso e noioso », suggella non soltanto la dissoluzione totale del nucleo familiare, lo scatenamento dell'odio e della violenza, la lunga lotta per il potere, ma anche — almeno nelle intenzioni di Visconti — la definitiva affermazione del nazismo. Come egli disse in un lungo colloquio con Stefano Roncoroni nel 1969: « il film finisce quando il nazismo comincia », a sottolineare questa continuità fra la finzione e la storia, la tragedia privata e quella collettiva.

Ci fu indubbiamente l'intenzione, e non solo l'intenzione, di fare un grande film, se non proprio storico in senso stretto, certamente storicamente delineato, in cui fatti e personaggi, sia pure enfatizzati nella finzione spettacolare e dilatati nel simbolismo della loro caratterizzazione, si calassero concretamente in una dimensione realistica, di documentazione e di critica storica. Ce ne fornisce ampia testimonianza lo stesso Visconti nel citato colloquio con Roncoroni, quando accenna al primo progetto, in cui la storia doveva in certo senso apparire sullo schermo senza infingimenti, come puro documento: « Il trattamento partiva dal materiale di repertorio e prevedeva, nelle nostre intenzioni, l'inserimento di documenti cinematografici e fotografici dell'epoca nel film e prevedeva soprattutto la divisione del film in quattro blocchi, in quattro atti da tragedia classica ». Il cambiamento avvenne dopo, nel corso della realizzazione, quando il dramma si andò sempre più concentrando nel chiuso mondo degli Essenbeck; e giustamente Visconti sottolineò: « Quando, però, ho avuto il film montato, finito e l'ho visto completo, ho pensato che l'inserimento dei brani di repertorio sarebbe stato controproducente, non avrebbe dato forza al film, ma forse, l'avrebbe diminuita, perché bisognava che la realtà reinventata del film rimanesse tale, cioè non potesse essere menomata dal confronto con una realtà documentaria che, tra l'altro, per forza di cose sarebbe stata in bianco e nero », a differenza del film che, anche nell'uso insistito, persino « espressionistico », del colore, concentra l'attenzione dello spettatore nell'universo chiuso e terribile dei fatti rappresentati.

Ciò significava, in realtà, un mutamento di direzione contenutistica e formale, una accentuazione degli aspetti spettacolari sulle intenzioni storicistiche: una ammissione esplicita di voler fare appunto una tragedia « classica », cioè quasi fuori del tempo, sebbene concretamente immersa in un periodo storico che doveva in certo senso giustificarla; ma anche quel periodo storico, l'avvento del nazismo, veniva assumendo i toni e i timbri d'una realtà astorica, quasi mitica, percorsa da una violenza e da un orrore fittizi.

D'altronde è lo stesso Visconti, nel dialogo con Roncoroni, a indicare le nuove linee di tendenza, in cui paiono confluire in pari misura un certo autobiografismo ideale, o meglio la memoria del proprio passato, e una esigenza di simbolizzazione del reale nell'ambito di quella grande struttura mitica che fu la tragedia classica. Da un lato egli dichiara: « Tra l'altro, ad un episodio del film, la notte dei lunghi coltelli, è legato un mio ricordo diretto e sconvolgente, perché mi trova-

vo in Germania proprio in quei giorni ed ho ancora
un preciso ricordo del clima che vi si viveva in quei
giorni »; e ancora, a proposito del carattere infantile
di Martin in rapporto all'incesto con la madre, al ritrovamento da parte di quest'ultima dei quaderni d'infanzia del figlio e al disegno su cui è scritto « Martin
todd Mutter » (Martin uccide la madre), egli precisa: « Da bambino mi andavo spesso a rifugiare in
soffitta quando avevo qualche urto con la famiglia o
con mio padre; può darsi che questo sia rimasto come
un fatto freudiano ». Dall'altro, egli vuole sottolineare
la natura non esclusivamente storica della *Caduta degli dei* e metterne in luce i caratteri metaforici, destori-
cizzati, e dice:

> « Ho voluto ambientarlo in Germania perché ho voluto rac-
> contare una storia sulla nascita del nazismo e mi pare che
> questo sia importante; il film non è rimasto, tuttavia, un film
> storico, ma è qualcosa di più; a un certo momento i personag-
> gi diventano quasi dei simboli, cioè non è più un film sulla
> storia della nascita del nazismo, ma è un film ambientato in
> quel momento per provocare certi scontri e soprattutto per
> provocare certe catarsi nei personaggi. — E aggiunge: — Tra
> l'altro, io non ho mai voluto fare un film storico ».

In questa contraddizione di fondo, ed anche in questa rinnegazione di intenti e principî espressi in altre
occasioni e confermati dalla precisa scelta del periodo
storico con indicazioni ideologiche e politiche non equi-
voche, sta l'ambiguità della *Caduta degli dei*, o meglio
la sua non risolta unità espressiva, ma anche il suo
grande impatto spettacolare, la sua forza d'urto. È come se Visconti, dilacerando oltre misura, in modi e
forme radicali e melodrammatiche, quasi grandguigno-
lesche, il tessuto di rapporti interpersonali che unisce

i vari membri di una grande famiglia, avesse voluto riprendere quel modello di « cinema della crudeltà » che sin dai tempi di *Ossessione* egli andava elaborando, più o meno consciamente. Più di quel film, e di *Senso* e di *Rocco e i suoi fratelli* e anche di *Vaghe stelle dell'Orsa*..., qui la tensione drammatica nasce dall'accumulo delle situazioni crudeli, addirittura orride, dal moltiplicarsi degli omicidi, delle delazioni, della violenza morale e materiale, dell'eccidio di massa, sino all'incesto e al duplice suicidio finale: vera ecatombe di personaggi condannati da un fato inesorabile, simboli del male nella sua totalità.

Certamente tutto questo accade nella Germania del biennio 1933-34, e la tragedia della famiglia Essenbeck si lega strettamente ai primi albori d'una tragedia storica di proporzioni immani; ma i riferimenti ambientali, a parte la cura dei particolari, l'abbondanza dei simboli nazisti, il gusto per l'arredamento e i costumi giusti, che danno allo sfondo scenografico un aspetto di realismo un po' antiquariale, sono tutti in funzione dei personaggi, chiusi nel loro mondo di orrori. Non aprono, a ben guardare, verso la storia di un'epoca — che viene sommariamente riassunta per episodi emblematici ma fin troppo scopertamente spettacolari —, non si pongono come termini di riferimento storico precisi e sintomatici (anche perché del nazismo si danno per scontati tutti i presupposti storici, politici, economici, sociali, filosofici ecc.); i riferimenti ambientali sono e rimangono semplici elementi della tragedia, di cui accentuano la terribilità e il profondo senso di morte che aleggia su uomini e cose.

Questo per dire che, nel comporre il quadro agghiacciante d'una famiglia che si autodistrugge consapevolmente e usa il delitto — come in certe tragedie di Shakespeare — per conquistare il potere, Visconti volle in ultima analisi darci non già lo spaccato d'un'epoca storica, ma la rappresentazione prospettica e coinvolgente d'un conflitto drammatico che, per metafora spettacolare, si prestava a un'ampia gamma di interpretazioni in cui confluivano o potevano confluire autobiografismo e storicità, psicanalisi e ideologia, critica sociale e cultura letteraria. L'una o l'altra interpretazione possono ovviamente essere scelte in base alla maggiore o minore importanza che si attribuisce a questo o quell'episodio del film, e in ciò risiede anche la poliedrica e complessa struttura dello spettacolo; ma ci pare che la storicità, l'ideologia, la critica sociale tendano a porsi, artisticamente, in secondo piano, proprio per una loro schematica rappresentazione; laddove invece gli elementi autobiografici (d'un autobiografismo ideale), memoriali, psicanalitici prendono il sopravvento, dando origine a una tragedia che si afferma imperiosamente per la stessa evidenza dei caratteri e dei conflitti interpersonali, tratteggiati con una violenza stilistica, che fa proprî i vari elementi elaborati nel corso della lunga carriera artistica di Visconti, nel cinema, nel teatro e nell'opera lirica.

Opera della piena maturità, che tuttavia risolve la crisi profonda che stava attraversando Visconti in quegli anni più sul piano di una spettacolarità un po' di maniera che su quello d'una autentica tragicità, *La caduta degli dei* si pone come punto d'incontro di diverse tendenze contenutistiche e formali. La crudeltà con cui Visconti osserva la catastrofe, il compiacimento con cui si sofferma sulla degradazione fisica e morale dei personaggi, l'insistenza con cui sottolinea le nefandezze e le violenze — valga per tutte la sequenza della « notte dei lunghi coltelli », in cui omosessualità e sangue, erotismo e morte, si mescolano in uno spettacolo dominato dai toni del *grand-guignol* —, testimoniano di una sorta di coinvolgimento dell'autore nella materia drammatica, quasi che quella tragedia della decadenza d'una famiglia fosse in qualche modo anche la sua tragedia, o meglio la rappresentazione d'una propria angoscia esistenziale che in quei personaggi e in quell'ambiente si identificava. Il suo atteggiamento nei confronti della realtà rappresentata, storica o di finzione non importa, va assumendo sempre più i caratteri del decadentismo, di una scelta del punto di osservazione che non coincide più con l'obbiettività critica d'un tempo: il suo stile si fa sempre più coinvolgente, ma d'un coinvolgimento quasi morboso rispetto al distacco che si riscontrava in molti film precedenti, e l'uso della macchina da presa, come già in *Vaghe stelle dell'Orsa...*, è al tempo stesso più morbido e più violento, nel senso che unisce i due differenti aspetti della partecipazione totale dell'autore. Da un lato c'è l'adesione a un mondo, dall'altro la sua condanna inappellabile; ma l'una e l'altra nascono più dal sentimento della fine, dalla nostalgia del passato, dalla memoria personale, che dalla lucida coscienza della storicità del dramma.

La crisi di valori che al termine del decennio 1960-70 parve farsi totale, la fine delle illusioni e delle speranze, un diverso e molto più conflittuale rapporto fra vecchi e giovani, costituiscono — al di là della crisi personale di Visconti — il sottofondo su cui *La caduta degli dei* è costruita. La violenza e la crudeltà che il film sprigiona ne sono, a ben guardare,

i sintomi e anche le conseguenze: è un modo di aggredi-
re il reale che nasconde, in Visconti, una sorta di incapacità a dominarlo. Senza ancora chiudersi in se stesso
e nel proprio dramma intimo, senza esprimere unicamente le proprie angosce o rievocare i proprî ricordi,
ma continuando a coltivare — anche nel progetto memoriale del film tratto dalla *Recherche* proustiana —
il realismo critico, la rappresentazione obbiettiva della
storia, Visconti si avviava sempre più verso un cinema
che possiamo definire, se non intimista, certamente decadentistico o neo-romantico. Se le storie e i personaggi, come nella *Caduta degli dei* e in parte anche in
Ludwig, avevano ancora non pochi addentellati con il
periodo storico in cui erano collocati, dovendone in
certa misura esprimere i caratteri salienti o paradigma-
tici; i modi e le forme della rappresentazione, cioè la
« scrittura » filmica, risentivano chiaramente di un diverso rapporto col reale, molto meno mediato dall'intelligenza e dallo spirito critico e più debitore d'un atteggiamento sostanzialmente sentimentale.

Nel 1969, in occasione dell'uscita sugli schermi della *Caduta degli dei*, Visconti dichiarò a « Cinema Nuovo »:

« La crisi politica, culturale e umana degli ultimi anni mi
sembra essere una crisi che spezza tutti gli schemi preesistenti
ed esige essenzialmente una presa di coscienza e di posizione
non dogmatica. Ho attribuito e attribuisco molta importanza
al ruolo che in questa situazione hanno avuto, hanno e vogliono avere i giovani, ma dico molto chiaramente e con viva
preoccupazione che spesso alla spinta dei giovani si accompa-
gnano nuove forme di dogmatismo e di velleitarismo, il che è
causa di non poca confusione e di ritardo nel chiarimento che
all'umanità occorre ».

In realtà questa presa di coscienza non dogmatica, indubbiamente onesta e chiara nelle intenzioni, si risolse, nell'opera viscontiana, da un lato in un sempre maggiore distacco dalla contemporaneità — e quando vi tornò, nel 1974, con *Gruppo di famiglia in un interno* essa vi assunse la funzione di un flagello da combattere (per tacere dei giovani rappresentati schematicamente in modi addirittura caricaturali) —, dall'altro in un ripiegarsi su se stesso, affrontando con seria analisi comportamentistica e approfondimento psicologico personaggi e situazioni che potevano rivelarsi per più aspetti autobiografici. D'altronde fu lo stesso Visconti, poco più di due anni dopo, a dichiarare a Liliana Madeo della « Stampa », terminate le riprese di *Ludwig*:

« Adesso sono troppo vecchio per affrontare i problemi di una realtà che non conosco appieno: sono nell'età in cui gli impiegati si trovano già in pensione, lavoro ancora, ma soltanto perché mi diverte e mi è necessario. Penso che ai giovani spetti raccontare il loro tempo. A noi — a me, come a Fellini, a Antonioni — sia concesso fare un altro cinema, non certo un cinema evasivo ma quello che sentiamo più consono a noi: è una libertà che ci siamo conquistata, credo ».

A parte il diritto umano e morale alla libertà d'espressione, e quindi a fare un cinema « più consono » al suo attuale stato d'animo, e al di fuori di ogni eventuale rapporto con la contemporanea opera di Fellini e Antonioni i quali lavorarono sempre in una direzione artistica e culturale profondamente diversa e distante da quella viscontiana, non v'è dubbio che la « consonanza » del suo cinema al suo modo d'essere e di pensare in quegli anni significò per Visconti un progressivo abbandono delle ragioni più vere e profonde delle sue precedenti battaglie politiche e culturali e un ritorno,

non sempre dichiarato esplicitamente ma visibilissimo
per poco che si analizzino i suoi ultimi film, a quel
neo-romanticismo, a quel decadentismo, che avevano
impregnato sin dalle origini la sua educazione artistica
e si erano travasati, in varie forme e modi, nella sua
poetica e nella sua estetica. I film che egli realizzò
dopo *La caduta degli dei*, a cominciare da *Morte a
Venezia* e pur trascurando il progetto del film proustiano, l'uno e l'altro imbevuti di cultura e di sensibilità
decadentistiche, sono lì a dimostrare il profondo mutamento, anche ideologico e politico, oltreché artistico e
culturale, che Visconti subì in un periodo in cui, fra
crisi di valori e presagi di morte, stanchezza esistenziale e sopraggiungere della malattia — egli fu colpito da
trombosi il 27 luglio 1972 e rimase quasi paralizzato
sino alla morte —, la memoria divenne il centro dei
suoi interessi, il filtro attraverso il quale la realtà contemporanea gli appariva sbiadita e persino informe.

3 «*Morte a Venezia*»

Tanto *La caduta degli dei* era stata violenta, crudele, orrida, persino intollerabile in certe parti, e continuamente provocatoria contenutisticamente e formalmente, altrettanto il film seguente — *Morte a Venezia*, tratto dall'omonimo romanzo breve di Thomas
Mann, girato nel 1970 e uscito nella primavera del
1971 — fu delicato, intimo, discreto, soffuso di una
sorta di languore che si andava tingendo di profonda
tristezza e poi di morte a mano a mano che la storia
progrediva nelle lunghe sequenze descrittive, nei « tempi morti » d'una rappresentazione della realtà che si
affidava più alla contemplazione che alla narrazione dei

fatti. Certamente la differenza di forma e di sostanza nasceva dalla profonda diversità dei testi di partenza: un Mann mescolato con Shakespeare e con Wagner e con Dostoevskij e con la storia del nazismo da un lato; un Mann molto diverso, interessato esclusivamente al problema dell'amore e dell'arte, della precarietà della bellezza e dell'imminenza della fine, dall'altro. Ma, al di là delle differenze apparenti, c'era in ambedue i film, sia pure in due chiavi interpretative addirittura opposte, il medesimo carattere decadentistico, l'osservazione partecipe e memoriale della distruzione dell'uomo, della sua angoscia esistenziale, della morte come traguardo obbligato e terribile della vita umana. Non si spiegherebbero altrimenti certe insistenze e compiacimenti e sottolineature e una chiusa che accomunano i due film all'insegna della morte e della lenta e insistita dissoluzione della carne.

Visconti rimase sostanzialmente fedele al testo di Mann, che egli sceneggiò insieme a Nicola Badalucco, apportandovi solo alcune modificazioni per rendere meglio cinematografabile la scrittura manniana e più spettacolare la progressiva dissoluzione del protagonista, lo scrittore Gustav von Aschenbach, che nel film divenne musicista, con chiari riferimenti a Gustav Mahler, la cui musica fu abbondantemente utilizzata per dare alle immagini una particolare dimensione struggente. In particolare furono utilizzati brani tratti dalla terza e dalla quinta sinfonia. D'altronde il mutamento del protagonista da scrittore in musicista era in parte implicito nello stesso racconto di Mann. Come ebbe a dire Visconti a Lietta Tornabuoni che lo intervistò nel 1970 per « La Stampa », mentre stava lavorando a *Morte a Venezia*:

« Io l'ho sempre pensato come un musicista e ho trovato molte conferme alla mia intuizione. Thomas Mann assistette a Monaco, nel 1910, alla prima esecuzione dell'*Ottava sinfonia* di Gustav Mahler, e fu molto colpito dalla personalità del compositore tedesco: "Ecco l'uomo che dà all'arte del nostro tempo la forma più profonda e sacra" disse. Ed Erika Mann dice che "Gustav von Aschenbach non soltanto porta il nome di battesimo di Mahler, ne ha anche tutti i tratti psicologici e fisici". Basterà un naso finto per fare di Bogarde un Mahler perfetto: come sempre io voglio essere fedele al modello reale ».

Lo stesso Mann, in una lettera a Wolfgang Born del 18 marzo 1921, scriveva:

« Nella concezione del mio racconto influì, nella prima estate del 1911, la notizia della morte di Gustav Mahler, che avevo conosciuto precedentemente a Monaco, e la cui personalità, piena di un così intenso ardore, mi aveva oltremodo impressionato... Diedi al mio eroe, caduto in dissolvimento orgiastico, non solo il nome di battesimo del grande musicista, ma, anche nella sua descrizione esterna, gli attribuii la maschera di Mahler ».

La ragione del mutamento del protagonista del film, rispetto al racconto di Mann, fu pertanto profonda e motivata, e non puramente esteriore, come in parte lo stesso Visconti volle far credere, quando ad esempio, conversando con Pietro Bianchi, in un'intervista che comparve sul « Giorno » il 9 febbraio 1971, disse: « Mi sono limitato a trasformare il protagonista da scrittore in musicista. I veri romanzi non si possono "far vedere", mentre la musica la si può far sentire ».

In realtà quella musica mahleriana egli voleva già usarla per il commento sonoro della *Caduta degli dei*, con effetti che sarebbero stati certamente illuminanti

proprio in direzione di quell'interpretazione decadentistica della tragedia familiare, cui abbiamo fatto cenno
più sopra; e il connubio Mahler-Mann, con le reciproche influenze sulla sua opera, è rintracciabile anche
esteriormente in alcuni personaggi dei suoi film: basti
ricordare il protagonista di *Senso*, tenente Mahler, o
un diabolico personaggio della *Caduta degli dei*, il
nazista Aschenbach, che porta il nome del protagonista di *Morte a Venezia*. È insomma un clima culturale, una suggestione artistica che Visconti volle
riprendere in una prospettiva decisamente personale,
quasi autobiografica, tendendo in certo senso a identificare se stesso con il suo eroe, e i problemi esistenziali
che lo sconvolgono — la creazione artistica, il concetto di bellezza, l'amore omosessuale, la coscienza della
propria fine imminente, una sostanziale mancanza di
ispirazione — con i proprî. Una identificazione non
soltanto rintracciabile nel soggetto del film e nei temi
trattati, ma anche e soprattutto nella forma della rappresentazione, mai stata prima d'allora così coinvolgente, carezzevole, diluita quasi in un'estasi contemplativa, con abbondante uso di inquadrature soggettive (in
cui lo spettatore vede la realtà con gli occhi del protagonista) e di movimenti di cinecamera o d'obbiettivo
(lo zoom) in funzione non tanto descrittiva, quanto appunto memoriale e sentimentale al tempo stesso.

Morte a Venezia, che si sviluppa interamente attorno alle ansie, ai pensieri, ai ricordi, ai sentimenti e alle
idee del protagonista; in cui gli altri personaggi sono
figure di contorno — compreso l'irragiungibile giova-
netto Tadzio, bello e desiderabile, ma anche idealizza-
to — che servono a meglio precisare la psicologia e il
comportamento suoi; in cui l'ambiente, una Venezia

colpita dal colera, disfatta, morente come lui, fa da contraltare scenografico e paesaggistico al suo dramma esistenziale: è un film che, superando d'un sol colpo le antinomie delle opere precedenti di Visconti, in bilico fra realtà e finzione scenica, storia e vicenda privata, si costruisce unicamente nella dimensione della memoria e del sentimento, facendo dell'una e dell'altro il tessuto connettivo dei fatti e delle situazioni. Come disse Visconti a Pietro Bianchi: « Il tema è: l'arte, la vita, la morte. Che sono inscindibili ». Ma, a ben guardare, il film è quasi esclusivamente un lento e progressivo avvicinamento alla morte, come consunzione del corpo, annullamento della personalità, viaggio nel nulla. Tutto il resto, l'arte, la vita, gli altri, la natura e la città malata, sono brandelli di realtà che si dissolvono nella lunga agonia del protagonista, che sembra si voglia lasciar morire, privo ormai d'ogni ragione di esistenza e di lavoro. In questa prospettiva, che forse forza un poco il significato del libro e l'ideologia di Mann, il tema del fallimento diventa il tema della vecchiaia, dell'impotenza, d'una solitudine che si fa, da esistenziale, ontologica: la condizione stessa dell'uomo. Abbandonati i problemi politici e sociali, accantonate le questioni storiche e critiche, Visconti affronta in *Morte a Venezia* il centro del dramma umano, astorico e asociale, l'essenza stessa — metafisicamente intesa — della vita e della morte, o meglio di questa come vera ragione di quella.

Diceva Franco Mannino a Lino Micciché, che ne riportò il dialogo nel libro su *Morte a Venezia*:

« Il rapporto Mahler Visconti era inevitabile per la stretta affinità fra le due personalità. Due grandi figure dell'arte interpretativa con analogie sbalorditive circa la costruzione degli spettacoli teatrali da essi curati... Inoltre, nel campo creativo, un'analoga tendenza verso un decadentismo, sofferto al di là della loro sapiente cultura, perché vissuto attraverso una visione totale del disfacimento umano e culturale, che ci ha circondati in quest'ultimo secolo ».

A ripercorrere l'intera carriera artistica di Visconti, questo disfacimento umano e culturale si riscontra in quasi tutte le opere, di cinema e di teatro, in questo o quel personaggio, in questo o quell'ambiente; ma in *Morte a Venezia*, isolato il personaggio dall'ambiente storico e immerso in un proprio ambiente sentimentale e morale, il disfacimento si pone come centro unico del dramma. Non c'è ironia, distacco, giudizio critico, ma totale adesione alla vicenda di Gustav von Aschenbach, osservata con partecipazione, persino con trepidazione, anche laddove più cattivo e crudele si fa lo sguardo, come quando egli si « fa bello », si trucca per ringiovanire e si avvìa inesorabilmente verso la morte: il disfacimento fisico sottolineato dallo sciogliersi osceno del trucco sul volto.

I personaggi di contorno sono soltanto tali, riflesso esterno dell'angoscia esistenziale del protagonista, anzi sono quasi una provocazione e un'accusa e, alla fine, una condanna. Come disse lo stesso Visconti a Micciché nel libro citato: « Per me, dal vecchio della nave al gondoliere, al direttore dell'albergo sono tutti dei piccoli diavoli che concorrono a determinare la sorte di Aschenbach e lo conducono là dove egli deve andare a trovare quell'angelo della morte che lo condurrà al compimento del suo destino ». Vista in questa chiave, che è la chiave giusta, la vicenda di *Morte a Venezia* è tutta racchiusa, come sottolinea il titolo, nella lenta e insistita progressione funebre in cui è collocato il protagonista. Non soltanto non c'è scampo per lui, e persino per la città che l'accoglie, anch'essa condannata a una fine miserevole, ma nemmeno, a ben guardare, per Visconti e per noi, tutti immersi in un destino tragico che è la condizione stessa nel nostro vivere e agire. Il pessimismo si fa qui totale, non più riscattato dall'ideologia o dalla politica: la storia si annulla nel presente, la società nell'individuo. Manca ogni distacco critico, o almeno non sembra avvertibile nonostante le intenzioni dichiarate di Visconti, come quando disse, fra l'altro:

« Ad esempio tutta la sequenza in cui il musicista si trucca ha una tonalità parodistica (che la corrispondente scena della novella non aveva) poiché il protagonista è visto come una sorta di marionetta, come una specie di fantoccio. Similmente, quando al termine dell'ultima passeggiata in Venezia egli crolla accanto al pozzo, afflosciandovisi come un burattino, ho messo quella risata incontrollata che è un po' una risata amara ed ironica su se stesso ».

L'ironia e la parodia, meglio ancora il sarcasmo e il crudele piacere della distruzione del personaggio, che diventa un'autodistruzione, sono in realtà l'altra faccia della compassione, addirittura dell'autocommiserazione. Visconti si specchia in Aschenbach e trascura il discorso sull'arte e la bellezza, che c'è in Mann ed egli riprende con poca convinzione e superficialmente nei dialoghi del musicista con l'amico Alfried, per concentrarsi soprattutto sul disfacimento del personaggio, sull'omosessualità, sull'impotenza. Il suo sguardo, non freddo né lucido, ma partecipe e commosso, si sofferma su Aschenbach — un eccellente Dick Bogarde — per coglierne tutte le sfumature psicologiche e morali; la sua macchina da presa, carezzevole nell'uso prolungato dello zoom, più che indagare e rappresentare la realtà, la sfiora quasi volesse darcene un'immagine sfocata, l'esteriorizzazione del dramma intimo del progagonista.

In una prospettiva autenticamente decadentistica e memoriale, questo dramma suggella una crisi radicale che, alle soglie degli Anni Settanta, parve coinvolgere totalmente Visconti, incapace ormai di uscire dal chiuso mondo dei ricordi, dei problemi esistenziali, dell'arte come specchio di se stesso. La violenza che nella *Caduta degli dei* era esplicita, insistita, intollerabile, si fa qui impalpabile, inavvertibile, tutta interna al personaggio, ma non per questo meno crudele, anzi. È la violenza della disperazione, un'ulteriore conferma del suo stato di crisi. Solo nella sequenza finale di *Morte a Venezia*, con la spiaggia quasi deserta e il corpo di Aschenbach inanimato sullo sfondo, nell'indifferenza generale, pare che Visconti si riscuota da quella sorta di torpore dell'intelligenza e della volontà che l'aveva condotto per tutto il film a compiacersi della lenta dissoluzione del suo eroe, di se stesso; ma è solo un guizzo dello spirito critico, un rapido accenno a un discorso storicamente determinato e criticamente impostato che egli non si sente più di riprendere e sviluppare.

4 *«Ludwig»*

Anche *Ludwig*, che egli realizza nel 1972 e costituisce la terza parte di quella che fu chiamata la sua «trilogia tedesca», rinuncia a proseguire il discorso da alcuni anni interrotto e si concentra tutto sulla figura del protagonista che viene ad assumere, come già Aschenbach, la funzione e il significato di un autoritratto fantastico: è per Visconti un ulteriore ripiegarsi su se stesso.

Come egli stesso disse a Liliana Madeo nel giugno del 1972, appena terminate le riprese del film:

« Forse *Ludwig*, visivamente e per ambientazione, si può ricollegare alla *Caduta degli dei*. Ma è nato dentro di me tanto tempo fa, prima della *Caduta*. Poi, perché giungessi a farlo, hanno concorso svariati elementi: il film su Proust "saltato" all'ultimo momento per difficoltà economiche, il viaggio che feci in Germania per gli "esterni" della *Caduta* e che mi condusse sui luoghi ove Ludwig visse. Per la storia e la letteratura tedesca, inoltre, ho sempre avuto un grande interesse: questo, dopo la *Caduta* e *Morte a Venezia*, è il mio terzo film in qualche modo legato alla Germania: il quarto, se avrò la forza necessaria per farlo, sarà *La montagna incantata* di Mann ».

Purtroppo, come si è detto, il 27 luglio di quell'anno Visconti fu colpito da trombosi e paralizzato al braccio e alla gamba sinistra. Dopo una degenza in clinica per un paio di mesi, egli poté trasferirsi nella villa della sorella Ida a Cernobbio per un lungo periodo di convalescenza e di riabilitazione degli arti colpiti da paralisi.

Il progetto della *Montagna incantata* doveva ovviamente essere accantonato, e il film, anche in seguito, non si poté più fare; così come un altro ambizioso progetto, anch'esso legato alla cultura tedesca, in un momento in cui egli sembrava totalmente immerso nella « germanità »: la messinscena della *Tetralogia* wagneriana, che egli preparò in collaborazione con lo scenografo Mario Chiari e sarebbe dovuta essere rappresentata, in quattro anni successivi, alla Scala. In quei mesi pensa anche, nella sua straordinaria volontà di

riprendere a lavorare al più presto e di combattere
l'infermità con una attività artistica addirittura freneti-
ca, a un film tratto dall'autobiografia di Zelda Fitzgerald, la moglie dello scrittore Francis Scott, e prepara
con Suso Cecchi D'Amico un trattamento intitolato
Zelda; e riprende anche il suo progetto d'un film biografico su Giacomo Puccini, *Ritratto di sconosciuto*,
di cui scrive con la D'Amico una prima sceneggiatura.
Quanto al *Ludwig*, rimasto fermo dopo la paralisi,
egli lo riprende in mano nell'autunno del 1972, nell'e-
remitaggio di Cernobbio, dove si fa allestire una stanza con moviola per procedere al montaggio definitivo.

A Costanzo Costantini, che gli domandava nell'aprile del 1973 quali erano state le sue preoccupazioni
più immediate quando si accorse della gravità del male, Visconti aveva risposto:

« Il film, il film, il film. La paura di non riuscire a finire
Ludwig, la paura di non vederlo mai uscire. La mia prima e
principale preoccupazione riguardava *Ludwig*. Il pensiero di
Ludwig non mi abbandonava un minuto. Anzi debbo dire che
è stato questo pensiero a darmi la forza di reagire alla malattia, che mi ha dato la forza per fare quotidianamente degli
esercizi fisici spossanti, al fine di rimettere in moto le articolazioni. È per questo che *Ludwig* è il film che più amo ».

Il lungo e delicato lavoro di montaggio, in collaborazione con Ruggero Mastroianni, del materiale girato
sia in Germania, sui luoghi di Ludwig, fra il 31 gennaio e il 14 aprile, sia in Italia, a Cinecittà, per gli
interni, incontrò non poche difficoltà; non già, a vero
dire, per causa della malattia di Visconti, ma per i
continui contrasti con la produzione. La Mega Film,
che l'aveva prodotto, aveva infatti un contratto con la
Metro Goldwyn Mayer secondo il quale il film non do-

veva superare le tre ore di proiezione, e non pochi interventi censori erano già stati fatti nel corso delle riprese. Ora si trattava di tagliare ulteriormente, e Visconti era alquanto dispiaciuto, quasi sfiduciato. Tanto che, quando finalmente uscì sugli schermi nel gennaio del 1973, *Ludwig* durava poco più della metà di quello che era il progetto originale, avendo la produzione aggiunti altri tagli a quelli imposti a Visconti; il quale, a quanto pare, non vide mai questa edizione contraffatta che egli stesso giudicò ridotta « a un carosello ».

Il film, in ogni caso, ebbe scarsa diffusione in Italia, perché la Panta Cinematografica, che lo distribuiva, cessò presto ogni attività. Ma nel 1978, due anni dopo la morte di Visconti, esso finì in un'asta giudiziaria e alcuni dei più stretti collaboratori suoi lo acquistarono e procedettero, fra non poche difficoltà, a ripristinare, per quanto era possibile, l'edizione originale, che durava oltre quattro ore. La piccola società che si costituì per l'acquisto della pellicola, il ritrovamento dei negativi delle parti tagliate, il lavoro di ricomposizione, edizione e stampa, in collaborazione con la Rai-Tv, era stata promossa da Suso Cecchi D'Amico ed Enrico Medioli, che scrissero in proposito:

« Nella tentazione dell'acquisto era insita naturalmente quella di riportare il film, per quanto possibile, alla versione che Visconti avrebbe voluto. Per fare questo abbisognavamo della collaborazione di quanti, come noi, avevano seguito tutte le fasi del lavoro: il direttore di produzione Trentini, l'operatore Nannuzzi, il montatore Mastroianni, il doppiatore Maldesi, il compositore Mannino (per citarli in ordine di "ingresso" nella lavorazione). Li interpellammo e li trovammo d'accordo nel tentare l'impresa. A questo gruppo si unirono l'architetto Garbuglia (non è l'architetto del *Ludwig*, ma collaboratore di

Visconti in molti film e prezioso aiuto in questa circostanza), il costumista Piero Tosi e Umberto Tirelli, direttore della sartoria; nonché Uberta Visconti di Modrone, sorella di Luchino ».

L'edizione che ne sortì, col ripristino di parecchie scene tagliate e un montaggio che a grandi linee ricalca il presunto montaggio definitivo previsto da Visconti, ci dà un *Ludwig* completo, nei suoi pregi e nei suoi difetti, con quelle lentezze e lunghe sequenze statiche e quei bagliori improvvisi, quelle sferzate di tono illuminanti, che fanno del film una delle opere più personali e significative dell'ultimo Visconti, più e meglio della *Caduta degli dei* e di *Morte a Venezia*.

Pensato da tempo, a lungo meditato e sofferto, *Ludwig* non è soltanto l'episodio finale della trilogia tedesca, o la terza parte di quella che, con *La montagna incantata*, sarebbe stata una tetralogia dedicata alla Germania e alla sua cultura e arte; è soprattutto uno straordinario autoritratto ideale, una sorta di identificazione stravolta e stravolgente di Visconti col suo eroe, scelto a modello d'una concezione della vita e dell'arte continuamente amata e respinta, seguita e abbandonata, in una alternanza di stimoli e di rifiuti, che costituisce, a ben vedere, la struttura portante della sua etica e della sua estetica. Da questa impostazione, più o meno confessata, nasce un film che ruota attorno a un solo personaggio, osservato e descritto in tutte le sue complesse qualità e nei suoi molteplici difetti, immerso in un mondo di decadenza che è rappresentato con i toni al tempo stesso forti e delicati che Visconti aveva già usato, alternativamente, nella *Caduta degli dei* e in *Morte a Venezia*. Di questi due film *Ludwig* è una sorta di sintesi contenutistica e formale, avendo del primo la violenza e la crudeltà, del secondo la deli-

catezza e la nostalgia; ma è anche, in molte parti, sufficientemente distaccato sul piano stilistico, sì da poter
cogliere, della vita e della morte di Ludwig, anche i
risvolti ideologici, da poter fornire di questa folgorante e dannata esperienza esistenziale una interpretazione critica.

Il film narra la breve vita dell'ultimo re di Baviera,
Ludwig von Wittelsbach, da quando, nel 1864, non
ancora ventenne sale al trono, a quando, ormai solo,
abbandonato da tutti, chiuso in un suo mondo di follia e di sfrenatezza, persi anche l'amore e l'amicizia
della cugina Elisabetta d'Austria, la sua unica vera con-
fidente, si uccide nelle acque del lago di Standberg nel
1886. Vi si descrivono le cerimonie, le feste, gli spettacoli, la vita nei vari castelli, i rapporti con i parenti
— la madre, il fratello, i cugini — e gli amici, le
questioni di governo, e soprattutto la sua adorazione
per Wagner, che ne approfitterà; ma vi si descrive in
particolare la sua solitudine, la sua macerata esistenza,
dagli entusiasmi e dagli ideali della giovinezza al cupo
pessimismo della maturità, perdute tutte le illusioni di
grandezza e le aspirazioni all'eterna bellezza. È una
vita emblematica, per il dissidio insanabile fra arte e
vita, che Visconti osserva con occhio al tempo stesso
partecipe e lucido, immergendo a poco a poco il suo
personaggio nel labirinto della pazzia, non risparmian-
do, nei confronti degli altri personaggi, gli strali dell'i-
ronia e del sarcasmo, quasi fossero essi soli e il loro
gretto egoismo ad aver provocato quella pazzia.

Ma l'ironia e il sarcasmo, che non sono mai state
le corde più vere della poetica viscontiana, non bastano
a dare della società in cui Ludwig visse e morì un
quadro storicamente determinato e criticamente atten-

dibile: servono soltanto a contrapporre ancor più frontalmente Ludwig ai suoi « aguzzini », a fare di questi ultimi i segni tangibili d'una follia che andava prendendo corpo di delusione in delusione, quasi la visualizzazione esterna d'un dramma intimo, esistenziale. A eccezione di Elisabetta d'Austria, che è una sorta di *alter ego* di Ludwig, la sua coscienza matura e il suo modello, e che pertanto è vista e rappresentata con quella « verità » che è propria dei grandi personaggi femminili di Visconti, dalla Giovanna di *Ossessione* alla Pupe del *Lavoro*; gli altri, amici, parenti, confidenti, nemici — a cominciare da Wagner, tratteggiato come un personaggio da *feuilleton* o da sceneggiato televisivo —, sono privi di spessore psicologico, di autentica caratterizzazione umana e sociale: pure presenze schermiche, spesso di maniera, contro le quali Ludwig conduce di giorno in giorno la sua battaglia. Se la solitudine di Gustav von Aschenbach in *Morte a Venezia* era fin troppo evidente sin dall'inizio, essendo egli l'unico centro drammatico dell'azione filmica; quella di Ludwig von Wittelsbach è ancora più totale, perché nasce e si sviluppa da una situazione di apparente solidarietà umana, di gioia e di voglia di vivere, e si conclude col suicidio: una morte cercata e voluta e non soltanto accettata passivamente.

Enrico Medioli, che di *Ludwig* fu insieme a Visconti soggettista e sceneggiatore, scrisse nella presentazione del film:

« Secondo Visconti, Ludwig (e ogni uomo?) non ha scappatoie o speranze, e si preoccupa di farcelo sapere subito quando, dal mattino glorioso dell'incoronazione, ci trasporta di colpo alla notte di Neuschwenstein dove per il re, come Riccardo II a Pomfret, ha inizio la fine. Che nessuno possa illudersi, insomma, sia chiaro fin dal principio dove si vuole arrivare; soltanto così, in quella debita prospettiva, possiamo stare a guardarlo anche quando si abbandona alla fiducia, all'amicizia ed all'amore ».

E se pure Visconti, nella citata intervista a Liliana Madeo, disse: « Seguendo la vita di Ludwig, inoltre, si scoprono importanti elementi della condizione economica, politica e sociale dell'Europa di quel tempo. Ci sono le guerre del '66 e del '70. La Baviera scompare come uno stato a sé. Nasce l'impero germanico e la potenza di Bismarck. Ludwig è il grande sconfitto »; ciò che il film mostra non è tanto la situazione politica, economica e sociale del tempo, quanto la sconfitta esistenziale di Ludwig, il crollo delle sue illusioni, il profondo pessimismo in cui precipita, sino a desiderare la morte: una sconfitta che ha poco a che vedere con la storia della sua patria, almeno nella prospettiva drammatica in cui l'ha collocato Visconti, al di là delle sue intenzioni dichiarate.

Più illuminante e significativa è un'altra dichiarazione di Visconti, raccolta da Aurelio Di Sovico e pubblicata nel 1976:

« Preferisco raccontare le sconfitte, descrivere le anime solitarie, i destini schiacciati dalla realtà. Racconto personaggi di cui conosco bene la storia. Ognuno dei miei film forse ne nasconde un altro: il mio vero film, mai realizzato, sui Visconti di ieri ed oggi ».

Per la complessità della struttura formale, l'ampia cadenza delle sequenze condotte sino al limite della spettacolarità, l'insistenza nella descrizione dello sfacelo fisico e morale del protagonista, gli eccessi drammatici e le sovrabbondanze scenografiche, una recitazione

« scavata » nella carne del personaggio quasi a volerne tirar fuori il tarlo esistenziale che lo rode — e in questo senso Helmut Berger appare d'un rigore interpretativo assoluto —, *Ludwig* è in larga misura questo film sognato e mai realizzato. Non c'è, a vero dire, lo spaccato di una famiglia e di una società — com'era nelle intenzioni di Visconti —, sebbene ce ne siano tutti gli elementi; c'è, come si è detto, un unico eccezionale protagonista, e il film descrive unicamente il suo fallimento e la sua solitudine; ma, pure in questi limiti, balza fuori dalle immagini e dalle sequenze di *Ludwig* un ritratto così approfondito, articolato, sofferto e al tempo stesso obbiettivato, da far pensare che, se non è questo il film sui Visconti di ieri e di oggi, lo è forse, per simboli e metafore, su Luchino.

È probabilmente un voler forzare la critica, dare al film significati ulteriori e un poco azzardati, ma ci sembra che, rinchiudendosi nell'analisi d'una vita abnorme, come quella di Ludwig, pervasa dei fremiti della gloria e dell'arte, attratta in pari misura dalla bellezza e dall'orrido, consumata nella vana speranza di fare di sé e della propria opera un monumento per l'eternità, Visconti abbia scelto, radicalmente e coscientemente, la strada che potremmo chiamare dell'autoanalisi. Il suo decadentismo, la sua ricerca del passato perduto, sulle orme di Proust, si andavano sempre più astraendo dalla storia e dalla società. L'uomo veniva assumendo per lui un significato metafisico: la solitudine ne era il corollario sul piano della quotidianità. Rappresentando la vita e la pazzia di Ludwig, egli si precludeva sempre di più ogni possibilità di rappresentare la storia e la società, perché quella vita e quella pazzia furono assunte da lui non già in una dimensione appunto storica e sociale, ma esclusivamente esistenziale. Il passato o il presente, nei suoi ultimi anni di vita, furono per Visconti non già due categorie del tempo in cui la vita dell'uomo andava analizzata e rappresentata in tutte le sue componenti, ma piuttosto un unico momento di riflessione, più o meno compiaciuta, sul male del vivere, sullo scacco dell'esistenza umana.

Ludwig, nei suoi difetti come nelle sue qualità, ma soprattutto nella debordante accumulazione di un'infinità di particolari psicologici e umani, ambientali, sparsi qua e là nei film precedenti e qui come raggruppati per farne un'esposizione esaltata ed esaltante, non soltanto è il film della piena maturità di Visconti, della conquista da parte sua d'una maestrìa registica ineguagliabile, ma anche e soprattutto è la confessione d'un autore alle soglie della morte, incapace di uscire dal chiuso della sua crisi esistenziale e tuttavia ancora capace di analizzarne dall'interno la contraddittorietà. In questo ritratto ideale, autobiograficamente passionale e sferzante, sentimentale e crudele, profondamente violento nelle intenzioni e nei risultati, quasi una flagellazione pubblica, Visconti assume Ludwig come simbolo d'una sconfitta e la sua solitudine come condizione dell'uomo. Il film è inoltre così ricco di indicazioni personali e suggestioni intime che, più di ogni altro, può fornire non poco materiale di studio per una critica psicanalitica che sappia cogliere, dalla vicenda dell'ultimo sfortunato re di Baviera, gli elementi significativi della vita e dell'opera del grande regista italiano. Ma *Ludwig* è anche un punto di non ritorno, il confine oltre il quale Visconti non poteva più spingersi, essendosi tagliati alle spalle i ponti con la storia e con la contemporaneità. I due film che seguiranno, prima che la morte lo colga a settant'anni non compiuti, non saranno, a ben vedere, che repliche stanche e appassite di *Ludwig*, che a tutti gli effetti può essere considerato il testamento artistico e spirituale del suo autore.

5 *Il canto del cigno*

Terminato il faticoso montaggio di *Ludwig* e trasferitosi in un piccolo appartamento in via Fleming a Roma, dopo aver venduto la villa di via Salaria, Visconti riprende la sua attività, pur accantonando per il momento i progetti più ambiziosi, dalla *Tetralogia* wagneriana ai film *Zelda* e *La montagna incantata*. Nei primi mesi del 1973 prepara la messinscena di *Tanto tempo fa*, una commedia di Harold Pinter, il quale proprio in quel periodo aveva consegnato a Nicole Stéphane la sceneggiatura di *À la recherche du temps perdu* che avrebbe dovuto dirigere Losey, tradendo Visconti. Lo spettacolo va in scena al Teatro Argentina il 3 maggio e suscita una polemica violenta con l'autore, a causa della traduzione non autorizzata e del presunto travisamento scenico del testo, polemica che si placa a poco a poco probabilmente per accordi intercorsi segretamente fra le parti, e non per una esplicita dichiarazione di pace. La commedia è tutta costruita su tre soli personaggi, due donne e un uomo, che dialogano fra loro nel chiuso della loro casa di campagna, fra sesso e sottile violenza psicologica: uno spaccato umano più che sociale che a qualcuno fece ricordare Sartre. Come scrisse Giorgio Prosperi sul « Tempo »:

« Era inevitabile ripensare a una "prima" di quasi trent'anni fa, *A porte chiuse* di Sartre, anche lì due donne e un uomo... Da allora ad oggi che cosa è sostanzialmente mutato in Visconti? Nulla, anche perché nonostante il molto parlare nulla è sostanzialmente mutato nel nostro teatro; salvo forse, in Visconti, una maggiore coscienza critica, un situarsi più chiaro del suo realismo decadente nella dimensione della memoria ».

In realtà non si trattava soltanto di realismo decadente e di dimensione memoriale, come già era avvenuto nei suoi ultimi film; ma anche di chiusura alla contemporaneità e ai problemi sociali, all'ideologia e alla politica. Se Sartre trent'anni prima era parso come una sfida alla consuetudine teatrale italiana, al conformismo sociale, all'incultura del fascismo, ora Pinter assumeva un significato di provocazione esteriore, almeno come Visconti lo presentava in una messinscena che utilizzava tutti gli ingredienti d'un erotismo di maniera, d'uno scandalismo alla moda, con al centro della platea, su un *ring* aperto ai quattro lati, i personaggi nella loro intimità, esposti quasi agli sguardi indiscreti degli spettatori tutt'attorno asserragliati come dovessero assistere, non già a un incontro di boxe, ma a uno spettacolo *osé*. Tanto che, probabilmente con ragione, Pinter, lamentandosi della regìa viscontiana, poteva scrivere: « Non ho mai sentito parlare o assistito ad una rappresentazione come questa che prescinde totalmente dagli intenti dell'autore e che introduce distorsioni così gravi e shoccanti che io considero un travisamento ». E la rivista « Il Dramma », che pubblicò integralmente le dichiarazioni polemiche di Pinter, commentò: « All'Argentina s'è festeggiato il ritorno di Luchino Visconti, ma in una zona che non gli appartiene. Che ha da fare il sanguigno realismo di Luchino (che sa essere esangue, sottilissimo, solo nella zona del

gusto, ma che nella sostanza si tiene ai grossi sentimenti) con l'allucinata parabola o "chiacchierata" di Pinter ribattezzata in italiano *Tanto tempo fa?* ».

A Costanzo Costantini, che l'aveva interrogato durante le prove della commedia al Teatro Argentina,
Visconti disse: « Ad ogni modo, la forza drammatica
di questo testo risiede proprio in questo rapporto ambiguo e misterioso. È un dramma della incomunicabilità, anche se i personaggi parlano continuamente. Quello di Pinter è un teatro di parole. Spero che la mia
interpretazione sia quella giusta ». Rendendo plateale
quella incomunicabilità, spettacolare e provocatoria
quella solitudine dei singoli, egli in realtà aveva forzato il testo, facendone lo spunto per una rappresentazione a tutto tondo d'un dramma intimo, esistenziale,
che avrebbe avuto bisogno, se non del silenzio ovviamente, della discrezione. Ma Visconti non fu mai discreto, silenzioso: i suoi spettacoli teatrali e i suoi film
dovevano essere « gridati », e in questo grido, quand'e-
ra autentico e scaturito da una precisa individuazione
del centro drammatico, raggiungevano la pienezza dello stile, la ragione ultima della loro necessità artistica.

Al di là dei limiti della messinscena di *Tanto tempo fa*, o del suo travisamento, ciò che contava era, da
un lato, il suo ritorno sul palcoscenico — in questo
senso quel lavoro aveva anche una funzione terapeuti-
ca, di stimolo all'azione —, dall'altro il continuare in
una ricerca contenutistica che tendeva a scandagliare
sempre più a fondo l'animo umano e i conflitti dell'esistenza e della vita di relazione. Il microcosmo di *Morte
a Venezia* e di *Ludwig*, sia pure in dimensioni spettacolari differenti, era qui aggiornato su un testo contemporaneo, certamento meno « viscontiano », ma aperto al-

le medesime suggestioni etiche; semmai l'erotismo dichiarato e una certa estraneità all'azione drammatica denunciavano in Visconti stanchezza o bisogno esteriore di impegnarsi nel lavoro teatrale. Ma il fatto che il testo prescelto per il ritorno al teatro, sia pure dovuto anche all'esiguità dei personaggi e quindi alla minor fatica della regìa, fosse la commedia di Pinter, sottesa da una sottile inquietudine e avvolta nel tema della solitudine, significava, nell'opera viscontiana, la persistenza dei medesimi interessi e delle medesime preoccupazioni, che si erano andati accentuando nel corso del decennio 1960-70 per sfociare, nella loro pienezza e tragicità, in *Morte a Venezia* e in *Ludwig*. Visconti era ormai refrattario a ogni stimolo della vita sociale e politica, almeno nel suo lavoro artistico, e si chiudeva nella memoria e nel pessimismo esistenziale. Il valore che poteva avere ancora la sua opera era strettamente legato a quella memoria e a quel pessimismo.

Se la commedia di Pinter suscitò le polemiche di cui s'è detto, più per il contrasto scandalistico fra l'autore e il regista che per la natura propria dello spettacolo, la successiva messinscena della *Manon Lescaut* di Giacomo Puccini per il Teatro Nuovo di Spoleto (21 giugno 1973), diretta da Thomas Schippers, con scene di Lila de Nobili e Emilio Carcano e costumi di Piero Tosi e Gabriella Pescucci, fu un vero trionfo di critica e di pubblico. L'incontro Puccini-Visconti, già vagheggiato da tempo attraverso il progetto d'un film biografico sul musicista, che non fu mai realizzato, fu un incontro autentico, di affinità elettiva, di consonanza artistica e culturale. O meglio fu una riscoperta, esplicita e dichiarata, di quelle profonde ragioni del gusto e della cultura di Visconti che nel passato si erano andate svi-

luppando in rivoli diversi, contrastanti e anche contraddittori, e che ora — sulle soglie della morte, nel decorso d'una grave malattia — si manifestavano nell'unica
direzione della memoria, della nostalgia, dell'autobiografismo. Come scrisse Duilio Courir sul « Corriere della Sera », lodando incondizionatamente l'esecuzione e
lo spettacolo:

> « Il modo incoerente di spendersi di Manon, quel suo realiz-
> zarsi negativamente è stato scrutato da Visconti con un'intro-
> spezione acutissima passo per passo. Non meno che magistrale
> la minuziosità con la quale vengono descritte le "liaisons"
> equivoche di Manon e lo scompenso psicologico fra l'aspirazio-
> ne all'imborghesimento e l'idillio di ballerinetta che squilibra
> l'opera verso la tragedia ».

Il fatto è che la storia d'amore e di morte che
unisce e divide Manon Lescaut e il cavaliere Renato
Des Grieux, sullo sfondo d'un Settecento rivissuto in
chiave tardoromantica, costituiva per il Visconti d'allora, coinvolto totalmente nell'analisi non soltanto
della solitudine dell'uomo, ma della dissoluzione fisica e morale dell'individuo e della presenza della
morte in ogni atto della vita, un tema appassionante,
a cui la musica di Puccini conferiva un aspetto sottilmente angosciante. La riscoperta che egli fece di
questo musicista un tempo trascurato a vantaggio del-
l'amatissimo Verdi — di cui, come si ricorda, nel
1969 aveva « sbagliato » la messinscena del *Simon Boccanegra* —, così come la riscoperta di D'Annunzio —
di cui ridurrà per lo schermo nel 1975 *L'innocente* —
a vantaggio di altri scrittori più « realisti », è un ulteriore segno dei tempi, una conferma del suo bisogno
di realizzarsi interamente nella soggettività dei ricordi,
nel piacere del tempo perduto. Se Proust pareva lonta-

no, e il progetto del film proustiano definitivamente accantonato, le note di Puccini come più tardi le parole di D'Annunzio, o meglio i personaggi decadenti dell'uno e dell'altro, sia pure in due diverse chiavi interpretative, potevano in certo senso sostituirlo. Erano anch'essi i simboli d'un mondo scomparso, ed era possibile, attraverso le traversie loro e il loro dramma tra l'amore e la morte, ripercorrere un cammino che portava diritto all'infanzia e alla memoria familiare, da un lato; alla solitudine e all'angoscia esistenziale, dall'altro.

Manon Lescaut, che confermò le sue eccellenti doti di regista d'opera e il suo finissimo gusto dell'ambientazione, fu per Visconti in certo senso il canto del cigno: il punto d'arrivo d'una lunga ricerca nel campo del melodramma che, da Verdi a Richard Strauss, lo aveva portato sulle soglie della dissoluzione del genere, ai confini del Novecento, un secolo assolutamente antimelodrammatico. Questo recupero dell'instabilità estetica d'un dramma in musica, in bilico fra romanticismo e verismo, significava anche il recupero, o meglio la completa assimilazione, dell'instabilità etica: il bisogno di calarsi totalmente nell'ambiguità, nel dubbio, sino alla dissoluzione finale, in una chiusura solipsistica integrale e definitiva.

6 *Una malattia esistenziale*

Questa chiusura solipsistica la si può rintracciare appieno nel film che, dopo la messinscena di *Manon Lescaut* e il definitivo accantonamento del film proustiano e di quello su Zelda Fitzgerald, Visconti realizzò nel corso del 1974, *Gruppo di famiglia in un inter-*

no. Il film nacque dall'espresso desiderio di Visconti, dopo il male che lo tenne paralizzato in una clinica di Zurigo nell'estate del 1972, di realizzare « una storia a due personaggi, semplice e breve, tutta in una stanza », come ricordò Enrico Medioli, che del film fu il soggettista e lo sceneggiatore in collaborazione con lo stesso Visconti e con Suso Cecchi D'Amico. Messosi al lavoro, Medioli concepì un soggetto tutto centrato sul personaggio di un professore, prossimo alla fine, solo e solitario, che ama circondarsi di belle cose, quadri, libri, dischi, oggetti d'antiquariato, e consuma i suoi giorni nei ricordi e nei rimpianti, con grande saggezza e distacco terreno. Un giorno gli capitano in casa, perché affittuari dell'appartamento sovrastante il suo, persone che pare provengano da un altro mondo: una famiglia di sbandati, invadenti, volgari, « moderni », e soprattutto un giovane, Konrad, ambiguo e provocatorio, che a poco a poco sconvolgeranno la tranquillità del professore e lo porteranno progressivamente alla morte.

Racchiuso totalmente « in una stanza » o quasi, il dramma del professore si consuma nel microcosmo della sua intimità discreta e poi violentata, e assume il significato di una sorta di condanna della modernità, di rifiuto della società contemporanea, con i suoi eccessi, la sua perdita di valori, la promiscuità dilagante e la mancanza d'ogni ritegno morale. Anzi, il contrasto fra il protagonista e gli altri personaggi, messi lì per provocarlo di continuo con la loro presenza — diavoletti ben più ingombranti e cattivi di quelli che punzecchiavano Gustav von Aschenbach in *Morte a Venezia* —, è così radicale, addirittura didascalico nella sua esemplarità, da risultare forzato. Sicché più lo scontro si fa aspro, più il ritratto del professore, così incisivo e psicologicamente approfondito, si fa sbiadito, superficiale. Ma è questo ritratto, in ogni caso, a concentrare gli interessi di Visconti, ed è attorno a questo personaggio, esemplarmente autobiografico, che si snoda un dramma esistenziale che si consuma nella solitudine più totale, nonostante gli sforzi congiunti, suoi e degli altri, per uscirne.

Sull'autobiografismo di *Gruppo di famiglia in un interno* ci sarebbe molto da dire, anche perché Visconti l'ha sempre negato con forza. A Lina Coletti, che lo intervistava nel novembre 1974 per « L'Europeo », egli disse: « Di autobiografico nel film non c'è niente. Qualche umore. Forse un identico substrato di sensibilità... Perché è chiaro: crei un'opera e non puoi sdoppiarti, una parte di te finisce che ci si travasa sempre, che sempre poi la ritrovi, in fondo. Ma basta ». Anche Enrico Medioli volle precisare:

« Si è parlato, a proposito del Professore e di *Gruppo di famiglia in un interno*, di una vicenda con un sottofondo autobiografico di Visconti. Non mi sembra il caso. È vero che Visconti ha sempre vissuto in torri d'avorio. Ma torri aperte a tutti, piene di gente, di avvenimenti, di fatti; nelle quali non si è mai ritirato ma dalle quali, al contrario, non ha fatto che entrare ed uscire in continuazione, per venire in ribalta e gridare, coerente o contraddittorio, quello che aveva da dire ».

E tuttavia l'autobiografismo, nel senso di presenza nell'opera dei motivi più profondi della sua personalità e sensibilità e di parziale identificazione morale e sentimentale, più ancora che razionale, con il protagonista, non v'è dubbio che sia presente in *Gruppo di famiglia in un interno*, anzi ne costituisca la struttura portante, il valore e il significato.

D'altronde lo stesso Visconti, pur continuando a negare questo autobiografismo, forniva elementi per un giudizio diverso dal suo. Diceva, a esempio, a Costanzo Costantini, nel medesimo novembre del 1974:

« Non è più autobiografico degli ultimi miei film. L'unico elemento autobiografico è quello della solitudine. No, no, non è un film autobiografico. Il protagonista del film detesta gli altri, non ne può sentire neppure i passi. È un egoista, un uomo chiuso in se stesso, il quale, anziché stabilire rapporti con gli uomini, ne colleziona le opere. È un maniaco delle cose... Io, personalmente, non sono così egoista. Io ho aiutato tanti giovani, sia con i consigli, sia, quando mi è stato possibile, materialmente. Io ho tanti amici, tanti rapporti ».

Ma è proprio questo elemento autobiografico, individuato nella solitudine del protagonista, a reggere tutta quanta la vicenda, ed è attorno al tema della solitudine, già ampiamente trattato negli ultimi film — in questo senso anch'essi idealmente autobiografici —, che si va costruendo, di sequenza in sequenza, questo progressivo avvicinamento alla morte, che costituisce quasi l'ossessione dominante nell'ultimo Visconti, il suo vero e unico interesse. Una meditazione sulla morte, e un riesame della propria vita alla luce dei ricordi, è, a ben guardare, il soggetto di *Gruppo di famiglia in un interno*, e in quest'ambito l'autobiografismo, al di là delle evidenti differenze fra l'autore e il suo presonaggio, significa appunto la medesima tensione morale, il medesimo pessimismo esistenziale, il profondo distacco dal presente.

Nei modi e nelle forme in cui Visconti vede e rappresenta il dramma del professore, cioè nell'uso della cinecamera che si sposta con delicatezza fra le pareti d'una casa che riflette, come non mai, la personalità del suo unico abitante, e nella discrezione con cui questi si muove fra gli oggetti che sono la ragione della sua vita attuale, in violento contrasto con la volgarità degli altri, risiede quella sorta di identificazione fra autore e personaggio, che possiamo definire autobiografismo. È una identificazione analoga a quella riscontrata in *Morte a Venezia*, che nasce dall'abbandono dell'abituale « oggettività » dello sguardo di Visconti a favore di una nuova « soggettività » ottenuta con un diverso uso della macchina da presa e degli obbiettivi (anche qui si fa largo impiego dello zoom in funzione soggettiva e avvolgente). E poi il tema della solitudine era da tempo radicato nella poetica viscontiana, strettamente connesso con quello della morte, sì da costituire il filo rosso che unisce molti dei suoi film migliori. Come egli stesso disse a Costantini nell'intervista citata: « È il dramma della solitudine in cui si dibatte la mia generazione. È il tentativo fallito di ritrovare un possibile equilibrio fra morale e politica. È una prova della frattura radicale che si è prodotta nella società odierna fra giovani e adulti, o fra una generazione e l'altra ».

Nel film, questa frattura radicale è accentuata dalla rigida contrapposizione di due mondi, quello del professore e quello dei giovani inquilini, osservati e descritti con cattiveria, crudeltà, sarcasmo in una dimensione spettacolare, oltre a tutto, estremamente superficiale, quasi involontariamente ridicola. È come se Visconti non volesse nemmeno conoscere davvero i giovani, l'altra generazione: il suo rifiuto sembra totale, nonostante il finale del film, l'apparente riconciliazione degli opposti, una sorta di comprensione reciproca che sembra ridurre di molto i primitivi contrasti di fondo. Il fatto è che, mentre nel tratteggiare con grande finezza psicologica il ritratto del protagonista, egli sviluppa ancor più il discorso sul « cinema antropomorfico » iniziato trent'anni prima; per gli altri personaggi, sia pure di contorno, si abbandona ai più schematici moduli comportamentistici, invano riscattati da un tentativo di satira e di critica sociale che naufraga prima ancora di salpare. Da un lato, insomma, c'è un dramma esistenziale vissuto in prima persona, pertanto autentico e autenticamente espresso; dall'altro, uno spaccato umano e sociale di maniera, insufficiente a costituire una valida contrapposizione dialettica a quel dramma dell'esistenza ferita, dell'approssimarsi della fine.

Anche le critiche o le polemiche che il film sollevò al suo apparire sugli schermi nel dicembre del 1974 — che pure nacquero soprattutto dal fatto che esso era prodotto da Edilio Rusconi, un uomo notoriamente di destra — si dovevano appuntare su questo schematismo dialettico e questa superficialità nell'affrontare i temi della contemporaneità, della contestazione giovanile, del nuovo costume sociale. Aveva un bel dire Visconti a Costantini: « Io ho fatto un film mio, non un film di Edilio Rusconi. Il denaro degli altri registi da dove viene, dalla Camera del Lavoro? Io non conosco industriali di sinistra, non ne ho mai conosciuti, non ne ho mai visti. Ciò che conta è il film, e il film non è di destra. Ci sono anche le trame nere, c'è la denuncia di un golpe »; ma, a un esame attento dell'opera, questa denuncia, e più in generale la rappresentazione della società italiana di quegli anni, non erano che lo sfondo amorfo, superficiale, artisticamente irrisolto, di una vicenda tutta privata, intima, esistenziale. In questo senso, si potrebbe parlare proprio di un film di destra, se la superficialità di questa definizione non fosse altrettanto schematica dell'assunto ideologico e politico dichiarato da Visconti.

In realtà *Gruppo di famiglia in un interno*, al di fuori degli accenni alla situazione politica e sociale dell'Italia dei primi Anni Settanta, che non costituiscono, a vero dire, materia drammatica nel film viscontiano, è un'ulteriore conferma di quanto abbiamo avuto occasione di dire a più riprese. La crisi di Visconti, quello che egli stesso ha definito il fallimento di « un possibile equilibrio fra morale e politica », nacque e si sviluppò nel corso degli anni per varie ragioni e situazioni concomitanti, non ultima la malattia, che tuttavia fu un accadimento sostanzialmente secondario nell'economia del suo sempre più radicale pessimismo. Nella storia del professore solitario che invano cerca, alla fine, di ristabilire un rapporto con la realtà esterna, con gli altri, egli non poteva non identificarsi — anche contro sua voglia —, tali e tanti essendo gli elementi comuni, i sintomi d'una comune « malattia » esistenziale. La realtà sociale gli stava sempre più sfuggendo, l'accanimento con cui aveva ripreso a lavorare dopo il 27 luglio 1972 nascondeva, probabilmente, la sua incapacità a superare la crisi. La cura stessa con cui organizzava minuziosamente, quasi maniacalmente, tutti i particolari del film, gli ambienti attentamente e totalmente costruiti in teatro di posa per meglio controllarne ogni più impercettibile elemento, poteva anche essere, ora, un'ulteriore fuga dal reale, un immergersi nella finzione totale, smarrendosi nel compiaciuto ricordo d'una serenità perduta, nella decadentistica osservazione della bellezza condannata anch'essa a perire.

Lo scenografo Mario Garbuglia ebbe occasione di accennare al complesso procedimento della costruzione degli ambienti e alle varie fasi di ricerca, documentazione, studi, bozzetti, e si soffermò su quelle che definì « fasi anche curiose, nuove », a esempio « la serie di schemi meccanici » che analizzavano sequenza per sequenza le varie necessità, e che, riportate su fogli trasparenti sovrapposti, riuscivano a dare in tutta la sua complessità l'immagine della planimetria generale e di tutti i meccanismi necessari a realizzare la scenografia. Il musicista Franco Mannino, dal canto suo, ricordò la precisione e l'acutezza critica con cui Visconti, avendo dovuto rinunciare a un brano del *Cavaliere della Rosa* di Richard Strauss nella sequenza in cui il professore fa ascoltare un disco a Konrad, scelse la poco nota Aria di Mozart K. 418 *Vorrei spiegarvi, ho Dio!* per soprano e orchestra, con intuito musicale e drammaturgico veramente raro. Questo per dire che non soltanto la proverbiale meticolosità registica di Visconti non era venuta meno, ma anzi pareva ancor più rigorosa, sino al limite della manìa, quasi a sottolineare quella progressiva estraneità a un diretto e dialettico contatto col reale, a vantaggio di una nostalgia del tempo perduto che fece dell'ultimo Visconti un artista eminentemente neo-romantico e decadente. Almeno laddove quella meticolosità antiquariale racchiude il dramma in un compiaciuto spettacolo del proprio lasciarsi morire. In questo senso *Gruppo di famiglia in un interno* risulta un film più funereo che memoriale, sulla medesima scìa di *Ludwig*, ma con maggior sentimentalismo e minore lucidità critica.

7 Meditazione sulla morte

Agli inizi del 1975 egli riprende in esame la possibilità di visualizzare la biografia di Zelda Fitzgerald («Poiché non riesco a combinare il film — egli disse a Costantini —, ne farò qualcosa per la televisione»), ma il progetto cade nel nulla. Pensa alla messinscena di *Questa sera si recita a soggetto* di Luigi Pirandello, un autore da lui mai rappresentato, e a una riduzione cinematografica del *Piacere* di Gabriele D'Annunzio, ma la prima rimane una vaga idea, e la seconda non si realizza perché i diritti del romanzo dannunziano sono già stati ceduti. Così torna insistentemente alla *Montagna incantata* di Mann e ci lavora con Suso Cecchi D'Amico ed Enrico Medioli: un film che avrebbe girato a Davos con Helmut Berger come interprete, ma che le case di produzione rifiutarono. E dire che *La montagna incantata* non soltanto avrebbe completato la sua tetralogia germanica, ma gli poteva offrire non pochi spunti per analizzare dall'interno quello che egli stesso definì «il mistero della malattia, della sofferenza». Un'occasione di ulteriore meditazione sulla morte, di approfondimento di quei temi che tanto gli stavano a cuore, questa volta in una prospettiva probabilmente ancor più autobiografica. Fu proprio Visconti a dire a Lina Coletti nel 1974 a proposito del progetto cinematografico della *Montagna incantata*: «Quello sì che sarà un film autobiografico. Perché è la storia di una malattia, e io, ormai... ».

Accantonato definitivamente il romanzo di Mann, e rimandati per il momento gli altri progetti cinematografici, televisi e teatrali, egli riprende a pensare a un film dannunziano. Se non può realizzare *Il piacere*, sarà *L'innocente* la sua nuova fatica. Con gli immancabili amici e collaboratori Enrico Medioli e Suso Cecchi D'Amico ne fa una « libera riduzione » che si accinge a realizzare; ma nell'aprile del 1975 si frattura la spalla e la gamba destra in un incidente e deve rimanere immobile per alcuni mesi in ospedale. È un ulteriore aggravarsi del suo male « esistenziale », una conferma indiretta del suo progressivo cammino verso la morte. In questa atmosfera, la lavorazione del film, che inizierà ai primi dell'ottobre seguente e terminerà nel gennaio del 1976, acquista un significato duplice: da un lato il bisogno impellente di riprendere l'attività, di sentirsi ancor vivo, di buttarsi a capofitto nel lavoro; dall'altro, la sensazione che tutto finisce, che anche l'arte, come la vita, è incapace di cogliere il vero mistero dell'uomo, la sua irripetibile individualità. *L'innocente* risente di questi due aspetti, e soprattutto della non più conquistata capacità di Visconti, impossibilitato a muoversi e costretto a dirigere gli attori su una sedia a rotelle, di fare dello spettacolo una struttura totale e totalizzante, da immergervisi completamente, regista e attori, movimenti di macchina e scenografie: una struttura attraverso la quale egli, nei suoi momenti migliori, era riuscito a dare della realtà una rappresentazione illuminante e coinvolgente.

Al di là dei difetti evidenti e della fin troppo chiara « maniera viscontiana » dell'insieme, pallida copia dei film storici suoi, *L'innocente* è tuttavia significativo delle ultime tendenze dell'arte di Visconti, dei suoi nuovi gusti, o rinnovati amori di gioventù, e dei nuovi interessi estetici. Sebbene Suso Cecchi D'Amico disse che questo film dannunziano fu realizzato solo per farlo lavorare, per dargli una ragione di vita e che in realtà egli non amava D'Annunzio, ma semmai lo divertiva e si divertì pertanto a ricostruire quel mondo; Visconti dichiarò esplicitamente che, facendo *L'innocente*, intese in qualche modo attualizzare una concezione della vita che riteneva moderna, e al tempo stesso ripercorrere la storia italiana attraverso la vicenda esemplarmente negativa di una coppia di giovani borghesi di fine secolo. Nella conferenza stampa, che egli tenne nell'ottobre 1975 per l'inizio della lavorazione del film, disse fra l'altro:

« D'Annunzio è moderno nella concezione della vita. Viviamo in tempi brutali e molto esteriori. D'Annunzio, fin da giovane, era un uomo che voleva far colpo e non aveva scrupoli ad usare tutti i mezzi che la sua fantasia gli suggeriva. Il suo amore era brutale e soprattutto fisico. Erotico al massimo era: e cosa c'è di più erotico del nostro tempo? — E ancora: — Tullio e Giuliana appartengono alla grossa borghesia italiana, responsabile dell'avvento del fascismo. *L'innocente* è la storia della disgregazione non soltanto di una famiglia, ma anche di una certa società e di una certa Italia ».

Che era, se si vuole, la solita giustificazione ideologica e politica delle sue ultime scelte artistiche e culturali; ma anche rivelava il suo interesse per il tema della disgregazione familiare, per la degradazione morale, e anche per l'eccezionalità del dramma individuale.

L'opera di Gabriele D'Annunzio, così apparentemente lontana dai suoi gusti, manifestati nelle sue predilezioni letterarie e musicali e teatrali e cinematografiche, e realizzati nelle sue migliori opere per lo schermo e per il palcoscenico, non fu in realtà del tutto estranea alla sua formazione etica ed estetica, anche a non voler prendere integralmente e accettare incondi-

zionatamente ciò che egli stesso disse in proposito. Ma
a Costantini che lo interrogava sul fascino di D'Annunzio, Visconti rispose: « Io Gabriele D'Annunzio non
l'ho mai visto di persona, ma ne ero anch'io affascinato. In seguito l'abbandonai per altri scrittori, che consi-
deravo più interessanti di lui, ma forse mi sbagliavo.
L'uomo dell'impresa di Fiume mi faceva schifo, mi
urtava i nervi ». Questo ripensamento critico, a distanza di oltre cinquant'anni, questo ritorno ai primi amori letterari, a un mondo definitivamente scomparso, rivissuto con la nostalgia della memoria e il sottile fascino del tempo perduto, non fu soltanto un bisogno fisico, uno stimolo a lavorare nuovamente con lena e continuità; ma anche e forse soprattutto una necessità morale. Anche le variazioni apportate al testo dannunziano sono un segno di questo suo interessamento alla
storia dell'*Innocente* e alla volontà di farne, in certa
misura, un'opera propria, personale.
Disse ancora Visconti a Costantini:

« Gabriele D'Annunzio si era prefisso di scrivere un capolavoro prima dei trent'anni. *L'innocente* non è un capolavoro,
ma è un bel romanzo. È vero che Tullio Hermil è un superuomo più verbale che reale, ma noi lo abbiamo modificato. Oggi
nessuno più tollera un superuomo nietzschiano, come nessuno
più tollera un uomo che uccide un bambino. Così noi nel film
lo presentiamo diversamente. Dopo aver ucciso il bambino che
Giuliana aveva avuto dall'amante, si uccide a sua volta. Si
autopunisce. Il personaggio è così più giusto. Era giusto che si
autopunisse. E può essere più agevolmente accettato dal pubblico ».

Una dichiarazione che, al di là dell'opportunità di
presentare il film nella luce più accattivante e moderna, rivela il desiderio non già di razionalizzare un dram-

ma d'amore e di morte, quanto piuttosto di spingerlo sino alle estreme conseguenze, come una tragedia dell'esistenza, in cui il protagonista affonda e si annulla nella negatività totale. Se Visconti non è certamente Tullio Hermil — come invece era stato, con tutte le limitazioni più volte sottolineate, il principe di Salina, Gustav von Aschenbach, Ludwig o il professore solitario —, non v'è dubbio che nella sua vicenda contorta e funerea, al di là dell'apparente spregiudicatezza del comportamento e gioiosità di taluni momenti, è rintracciabile quel pessimismo integrale che abbiamo trovato altrove, diversamente espresso.

L'innocente, per le ragioni già dette, è un film sostanzialmente mancato, irrisolto sul piano formale, con squilibri e forzature, con una certa patina di artificiosità ben più evidente e fastidiosa che in altri film viscontiani parzialmente sbagliati. C'è il viscontismo senza Visconti, la rappresentazione esteriore di una società osservata né con distacco né con partecipazione, ma con l'indifferenza prodotta dalla stanchezza; e ci sono personaggi unidimensionali, estranei alla tragedia che pure stanno vivendo. Non è, come lo stesso Visconti aveva dichiarato a Mauro De Lumière nell'ottobre del 1975, « un film nitido, secco, realistico, così come l'autore è un grande poeta e un grande scrittore, vertice del decadentismo europeo »; è invece un film opaco, di maniera, tutto esteriore. Ciò potrebbe significare che Visconti non era più padrone delle proprie forze, che la sua creatività si andava spegnendo; ovvero che l'opera di D'Annunzio non gli era in realtà congeniale, nonostante le sue dichiarazioni contrarie. Pensiamo che il primo caso sia più probabile, ma non escludiamo il secondo; sebbene il decadentismo come modo di vivere e di pensare, come concezione del mondo e come poetica, che era anche di D'Annunzio, fu con ogni probabilità la componente fondamentale dell'arte di Visconti.

Mentre *L'innocente* era ancora in fase di doppiaggio, il 17 marzo 1976 Luchino Visconti morì a Roma, nel suo appartamento di via Fleming 101. Il film fu presentato in prima mondiale al Festival cinematografico di Cannes il 15 maggio e fu accolto, dalla maggior parte della critica e del pubblico, come un omaggio al grande regista, indipendentemente dai suoi limiti obbiettivi, che furono meglio individuati e precisati in seguito.

Ricordò Franco Mannino: « Visconti era cosciente dell'imminenza della sua morte, tanto che, quando il direttore di produzione, Lucio Trentini, gli mostrò — prima della stampa — il menabò dei titoli per il film *L'innocente*, Lui cancellò il primo titolo: *È un film di Luchino Visconti* e di Suo pugno scrisse: *Era un film di Luchino Visconti* ». A ben guardare *L'innocente* non è più un film di Visconti, conserva del suo cinema molti elementi, ma quasi tutti esteriori, mantiene la sontuosità dello stile e l'eleganza dei particolari, ma l'una e l'altra paiono fredde, inespressive. E più ancora i personaggi, la loro storia pubblica e privata, il loro dramma individuale, l'angoscia che in varia misura li attanaglia nel tragico destino che li attende, sono pure sembianze d'una realtà che sfugge alla rappresentazione concreta e complessa, alla dialettica del reale e dell'immaginario. Non c'è D'Annunzio dietro i dialoghi, le immagini, il ritmo del racconto, e non c'è nemmeno Visconti: c'è un po' di dannunzianesimo e molto viscontismo; ma soprattutto c'è una sorta di coscienza della fine, una rinuncia all'impegno profondo, alla totale dedizione alla vicenda e ai personaggi.

Sentendo approssimarsi la morte, Visconti reagì come sempre aveva fatto nelle più diverse circostanze della sua vita, lavorando con vigore e continuità, nei limiti in cui la malattia e l'infermità lo consentivano. Ma il suo lavoro non soltanto non aveva più la forza d'un tempo, ma anche si andava avvolgendo sempre più su se stesso: le forme e i contenuti della sua opera si chiudevano nel microcosmo del privato, nell'abisso profondo della negatività. Da questo abisso, negli ultimi grandi film o nelle migliori parti di essi, venivano a galla straordinari barlumi di lucidità, una autentica angoscia esistenziale, un pessimismo sereno e distaccato: tutti fattori che in varia misura lo legavano ancora alla contemporaneità, alla situazione umana e sociale dell'uomo contemporaneo. In questi limiti, quei film si richiamavano direttamente alle opere cinematografiche e teatrali più significative del passato, su su fino a *Ossessione*, capostipite della negatività viscontiana e prototipo del suo realismo esistenziale. Ma erano anche il segno d'una crisi di valori che testimoniava, al di là del caso particolare di Visconti, la crisi d'una intera generazione.

Su questo sfondo egli si mosse, in varie direzioni, nell'arco della sua intensa attività trentennale; e fu un'opera, la sua, che in larga misura riassunse — anche nella contraddittorietà dei temi e nella diversità dei risultati — un trentennio di storia italiana ed europea. Prima in anticipo sulla cultura dell'Italia post-fascista, poi in ritardo sulla nuova cultura nata dai movimenti degli Anni Sessanta, Visconti testimoniò nel bene e nel male l'ansia e anche l'angoscia d'una ricerca sull'uomo e sulla società che egli, come altri della sua generazione, condusse avanti con impegno e rigore. Non può essere certamente il parziale fallimento di alcune sue opere della tarda maturità a ridurre il valore e il significato dell'intera sua attività nel campo del cinema, del teatro di prosa e del melodramma. Semmai questo fallimento può aprirci nuovi orizzonti interpretativi e, retrospettivamente, fornirci nuove chiavi per meglio comprenderne la complessa personalità.

APPENDICE

APPENDICE

La filmografia viscontiana è basata su quella compilata da Aldo Bernardini e pubblicata su « Bianco e Nero », a. XXXVII, n. 9-12, 1976, con integrazioni di Giancarlo Bertolina. La teatrografia, anch'essa basata su quella compilata da Bernardini e pubblicata sulla medesima rivista, è stata notevolmente arricchita con i dati desunti dai due volumi Il mio teatro di Luchino Visconti, *a cura di Caterina d'Amico de Carvalho e Renzo Renzi, Cappelli editore, Bologna, 1979. Un particolare ringraziamento va a Caterina d'Amico de Carvalho, Aldo Bernardini e Giancarlo Bertolina per l'autorizzazione alla pubblicazione dei dati suddetti.*

FILMOGRAFIA

Abbreviazioni

a. = aiuto; *ad.* = autore dell'adattamento; *a.r.* = aiuto regista; *arr.* = arredatore; *as.* = assistente; *as.mo.* = assistente al montaggio; *as.r.* = assistente alla regia; *ca.* = titoli e autori delle canzoni; *co.* = costumista; *collab.* = collaboratore, collaborazione; *cs.* = consulente, consulenza; *d.* = distribuzione italiana; *di.* = dialoghista; *d.m.* = direzione musicale; *d.p.* = direttore di produzione; *du.* = durata; *ed.* = segretario dell'edizione; *ep.* = episodio; *f.* = direttore della fotografia; *fo.* = fonico; *int.* = interpreti; *i.p.* = ispettore di produzione; *l.* = lunghezza; *m.* = autore del commento musicale; *mix.* = mixage; *mo.* = montatore; *o.* = Paese d'origine; *o.g.* = organizzazione generale; *op.* = operatore alla macchina; *p.* = produzione; *p.a.* = produttore associato; *p.e.* = produttore esecutivo; *r.* = regista; *s.* = soggetto; *sc.* = autore della sceneggiatura; *scg.* = scenografo; *sct.* = scenotecnico; *segr. p.* = segretario di produzione; *so.* = sonorizzazione; *spv.* = supervisore; *t.* = truccatore.

UNE PARTIE DE CAMPAGNE

r.: Jean Renoir — *as.r.*: Yves Allégret, Jacques Becker, Jacques B. Brunius, Henri Cartier-Bresson, Luchino Visconti — — *s.*: dal racconto omonimo di Guy de Maupassant — *sc.*: Jean Renoir — *f.*: Claude Renoir, Jean Bourgoin — [*co.*: Luchino Visconti] — *mo.*: Marguerite Houle-Renoir, Marinette Cadix — *m.*: Joseph Kosma — *so.*: Jo de Bretagne —

int.: Sylvia Bataille *(Enriette)*, Georges Saint-Saëns [Georges Darnoux] *(Henri)*, Jacques Borel [Jacques B. Brunius] *(Rodolphe)*, Jeanne Marken *(Madame Dufour)*, Gabriello *(Monsieur Dufour)*, Paul Temps *(Anatole)* — *p.*: Pierre Braunberger per Panthéon — *o.*: Francia, 1936 (I proiezione: 8 maggio 1946) — *l.*: 1.232 m.

LA TOSCA

r.: Jean Renoir. Carl Koch — *collab.r.*: Luchino Visconti — *s.*: dal dramma di Victorien Sardou — *ad.. sc., di.*: Jean Renoir, C. Koch, Luchino Visconti — *f.*: Ubaldo Arata — *mo.*: Gino Bretone — *m.*: Giacomo Puccini — *arrang. m.*: Umberto Mancini (cantanti: Mafalda Favero, Ferruccio Tagliavini) — *int.*: Imperio Argentina *(Tosca)*, Michel Simon *(Scarpia)*, Rossano Brazzi *(Cavaradossi)*, Carla Candiani, Juan Calvo, Adriano Rimoldi, Nicolas Perchicot — *p.*: Scalera Film — *o.*: Italia, 1940 (I proiezione: Parigi, 30 settembre 1942) — *d.*: Scalera Film.

OSSESSIONE

r.: Luchino Visconti — *as.r.*: Giuseppe De Santis, Antonio Pietrangeli — *s.*: liberamente ispirato al romanzo « The Postman Always Rings Twice » di James Cain — *sc.*: L. Visconti, Mario Alicata, Giuseppe De Santis, Gianni Puccini — *f.*: Aldo Tonti, Domenico Scala — *op.*: Gianni Di Venanzo — *a.op.*: Carlo Di Palma — *serie fotografiche*: Osvaldo Civirani — *scg. arr.*: Gino Franzi — *co.*: Maria De Matteis — *t.*: Alberto De Rossi — *segr. di scena*: Mentore d'Offizi — *mo.*: Mario Serandrei — *m.*: Giuseppe Rosati — *d.m.*: Fernando Previtali, con l'Orchestra Sinfonica dell'Eiar — *so.*: Arrigo Usigli, Tommaso Barberini — *int.*: Clara Calamai *(Giovanna Bragana)*, Massimo Girotti *(Gino Costa)*, Juan De Landa *(Giuseppe Bragana, marito di Giovanna)*, Dhia Cristiani *(Anita, la ballerina)*, Elio Marcuzzo *(lo « Spagnolo »)*, Vittorio Duse *(l'agente di polizia in borghese)*, Michele Riccardini *(don Remigio)*, Michele Sakara — *d.p.*: Libero Solaroli — *o.g.*: Camillo Pagani — *p.*: Industrie Cinematografiche Italiane

(I.C.I.) — *o.*: Italia, 1943 (I proiezione: maggio 1943) — *d.*: I.C.I. — *l.*: 3.923 m.

GIORNI DI GLORIA

coordinazione tecnica: Mario Serandrei, Giuseppe De Santis — *r. di alcuni epp.*: Marcello Pagliero (Fosse Ardeatine), Luchino Visconti (linciaggio di Carretta e processo Caruso) — *testo commento*: Umberto Calosso, Umberto Barbaro, detto da U. Calosso — *f.*: Della Valle, De West, Di Venanzo, Jannarelli, Lastricati, Navarro, Pucci, Reed, Terzano, Ventimiglia, Werdier, Vittoriano, Manlio, Caloz e tecnici del CLN di Milano — *mo.*: Mario Serandrei, Carlo Alberto Chiesa — *m.*: Costantino Ferri — *so.*: Bruno Brunacci, Giovanni Paris, Vittorio Trentino — *p.*: Fulvio Ricci per Titanus — *o.*: Italia, 1945 (I proiezione: ottobre 1945) *d.*: Titanus — *l.*: 1.956 m.

LA TERRA TREMA. EPISODIO DEL MARE

r.: Luchino Visconti — *as.r.*: Francesco Rosi, Franco Zeffirelli — *s., sc.*: L. Visconti, liberamente ispirato a « I Malavoglia » di Giovanni Verga — *commento off*: L. Visconti, Antonio Pietrangeli (detto da Mario Pisu) — *f.*: G.R. Aldo [Aldo Graziati] — *op.*: Gianni di Venanzo — *as.op.*: Aiace Parolin — *mo.*: Mario Serandrei — *m.*: coordinata da L. Visconti e Willy Ferrero — *d.m.*: Willy Ferrero, assistito dal maestro Micucci — *so.*: Vittorio Trentino — *fo.*: Ovidio Del Grande — *int.*: pescatori e abitanti di Aci Trezza — *d.p.*: Anna Davini, Renato Silvestri — *o.g.*: Alfredo Guarini — *i.p.*: Claudio Forges Davanzati — *p.*: Salvo D'Angelo per Universalia — *o.*: Italia, 1948 (I proiezione: Venezia, 1° settembre 1948, Mostra Internazionale d'Arte Cinematografica) — *l.*: 4.523 m.

BELLISSIMA

r.: Luchino Visconti — *a.r.*: Francesco Rosi, Franco Zeffirelli — *s.*: da un'idea di Cesare Zavattini — *sc.*: Suso Cecchi D'Amico, Francesco Rosi, L. Visconti — *f.*: Piero Portalupi,

Paul Ronald — *op*.: Oberdan Troiani, Idelmo Simonelli — *scg*.: Gianni Polidori — *co*.: Piero Tosi — *t*.: Alberto De Rossi — *mo*.: Mario Serandrei — *ed*.: Rinaldo Ricci — *m*.: Franco Mannino, su temi da « L'elisir d'amore » di Gaetano Donizetti — *d.m*.: Franco Ferrara, con l'Orchestra Sinfonica del Teatro dell'Opera di Roma e la partecipazione del Coro e dell'Orchestra della Rai — *int*.: Anna Magnani (*Maddalena Cecconi*), Walter Chiari (*Alberto Annovazzi*), Tina Apicella (*Maria Cecconi, la bambina*), Alessandro Blasetti (*se stesso*), Gastone Renzelli (*Spartaco Cecconi*), Tecla Scarano (*la maestra di recitazione*), Lola Braccini (*la moglie del fotografo*), Arturo Bragaglia (*il fotografo*), Linda Sini (*Mimmetta*), Vittorio Glori (*se stesso*), Iris (*se stessa*), Geo Taparelli (*se stesso*), Mario Chiari (*se stesso*), Filippo Mercati (*se stesso*), Nora Ricci, Vittorina Benvenuti, Gisella Monaldi, Amalia Pellegrini, Teresa Battaggi, Luciana Ricci, Giuseppina Arena — *d.p*.: Paolo Moffa, Vittorio Glori — *i.p*.: Orlando Orsini — *segr.p*.: Spartaco Conversi — *p*.: Saldo D'Angelo per Film Bellissima (Stabilimenti di Cinecittà) — *o*.: Italia, 1951 (I proiezione: 28 dicembre 1951) — *d*.: Cei-Incom — *l*.: 3.162 m.

Documento mensile n. 2, ep. Appunti su un fatto di cronaca

   r.: Luchino Visconti — *commento*: Vasco Pratolini — *p*.: Marco Ferreri, Riccardo Ghione — *o*.: Italia, 1951 — *du*. (dell'episodio): 8'.

Siamo donne, ep. Anna Magnani

   r.: Luchino Visconti — *a.r*.: Francesco Maselli — *s*.: Cesare Zavattini — *sc., di*.: Suso Cecchi D'Amico, C. Zavattini — *f*.: Gabor Pogany — *mo*.: Mario Serandrei — *m*.: Alessandro Cicognini — *int*.: Anna Magnani (*se stessa*) — *d.p*.: Elio Scardamaglia — *p. delegato*: Alfredo Guarini — *p*.: Titanus, Film Costellazione, Guarini (Stabilimenti Titanus) — *o*.: Italia, 1953 (I proiezione: ottobre 1953) — *d*.: Titanus — *l*. (complessiva): 2.764 m. — *du*. (ep.): 18'.

SENSO

r.: Luchino Visconti — *as.r.*: Francesco Rosi, Franco Zeffirelli — *a.r.*: Aldo Trionfo, Giancarlo Zagni — *s.*: L. Visconti, Suso Cecchi D'Amico, dal racconto omonimo di Camillo
Boito — *sc.*: Suso Cecchi D'Amico, L. Visconti, con la collab.
di Carlo Alianello, Giorgio Bassani, Giorgio Prosperi — *di.*: in
collab. con Tennessee Williams, Paul Bowles — *f.* (Technicolor): G. R. Aldo [Aldo Graziati], Robert Krasker — *tecnici
Technicolor*: John Craig, Neil Binney — *op.*: Giuseppe Rotunno — *a.op.*: Michele Cristiani — *scg.*: Ottavio Scotti — *arr.*:
Gino Brosio — *co.*: Marcel Escoffier, Piero Tosi — *t.*: Alberto De Rossi — *mo.*: Mario Serandrei — *ed.*: Mary Alcaide —
m.: « Sinfonia n. 7 in mi maggiore » di Anton Bruckner —
d.m.: Franco Ferrara con l'Orchestra Sinfonica della Rai — *fo.*:
Vittorio Trentino, Aldo Calpini — *int.*: Alida Valli (*la contessa
Livia Serpieri*), Farley Granger (*il tenente franz Mahler*), Massimo Girotti (*il marchese Roberto Ussoni*), Rina Morelli (*la
governante Laura*), Marcella Mariani (*la prostituta Clara*), Heinz
Moog (*il conte Serpieri*), Christian Marquand (*un ufficiale*),
Sergio Fantoni (*Luca*), Tino Bianchi (*Meucci*), Ernst Na-
dherny (*il comandante a Verona*), Tonio Selwart (*il colonnello*), Marianna Leibl (*la moglie del generale tedesco*), Cristofo-
ro De Hartungen (*il comandante a Venezia*), Goliarda Sapienza (*l'ostessa*) — *d.p.*: Claudio Foges Davanzati — *o.g.*: Domenico Forges Davanzati — *i.p.*: Marcello Giannini, Gabriele
Silvestri — *as.p.*: Gina Guglielmotti — *segr.p.*: Roberto Pa-
laggi — *p.*: Lux Film (stabilimenti Scalera di Venezia e Titanus di Roma) — *o.*: Italia, 1954 (I proiezione: Venezia, 3 settembre 1954. Mostra Internazionale d'Arte Cinematografica)
— *d.*: Lux Film — *l.*: 3.250 m.

LE NOTTI BIANCHE

r.: Luchino Visconti — *as.r.*: Rinaldo Ricci — *a.r.*: Fernando Cicero, Albino Cocco — *s.*: dal racconto omonimo di
Fëdor Dostoevskij — *sc.*: Suso Cecchi D'Amico, L. Visconti
— *f.*: Giuseppe Rotunno — *op.*: Silvano Ippoliti — *scg.*:
Mario Chiari, Mario Garbuglia — *arr.*: Enzo Eusepi — *co.*:

Piero Tosi — *t.*: Alberto De Rossi — *mo.*: Mario Serandrei — *as.mo.*: Eva Latini, Ruggero Mastroianni — *ed.*: Wanda Tuzi, Gabriele Palmieri — *m.*: Nino Rota — *d.m.*: Franco Ferrara — *ca.*: « Scusami » (Colombo-Malagodi-Perrone), orchestra di Cinico Angelini, « O' Cangaceiro » (Nascimento), orchestra di Luiz el Grande, « Thirteen Women » (Thomson-Gadda-Lidianni), Bill Haley and His Comets — *fo.*: Vittorio Trentino, Oscar Di Santo — *int.*: Marcello Mastroianni *(Mario)*, Maria Schell *(Natalia)*, Jean Marais *(l'inquilino)*, Clara Calamai *(la prostituta)*, Dick Sanders *(il ballerino)*, Corrado Pani, Marcella Rovena *(la padrona della pensione)*, Maria Zanolli *(la domestica)*, Elena Fancera *(la cassiera)*, Ferdinando Guerra *(il padre nella famiglia amica di Mario)*, Leonilde Montesi *(sua moglie)*, Anna Filippini *(sua figlia)*, Romano Barbieri *(suo figlio)*, Sandro Moretti *(un giovinastro)*, Sandra Verani, Lanfranco Ceccarelli, Angelo Galassi, Renato Terra — *d.p.*: Pietro Notarianni — *i.p.*: Guglielmo Colonna — *segr.p.*: Lucio Orlandini, Renato Jaboni — *p.*: Franco Cristaldi e Jean-Paul Guilber per Vides, Roma/Intermondia Films, Paris (Stabilimenti di Cinecittà) — *o.*: Italia-Francia, 1957 (I proiezione: Venezia, 6 settembre 1957, Mostra Internazionale d'Arte Cinematografica) — *d.*: Dear International — *l.*: 2.916 m.

ROCCO E I SUOI FRATELLI

r.: Luchino Visconti — *a.r.*: Rinaldo Ricci, Jerry Macc — *as.r*: Lucio Orlandini — *s.*: L. Visconti, Vasco Pratolini, Suso Cecchi D'Amico, ispirato a « Il ponte della Ghisolfa » di Giovanni Testori (ed. Feltrinelli) — *sc.*: L. Visconti, Suso Cecchi D'Amico, Pasquale Festa Campanile, Massimo Franciosa, Enrico Medioli — *f.*: Giuseppe Rotunno — *op.*: Nino Cristiani, Silvano Ippoliti, Franco Delli Colli — *as.op.*: Osvaldo Massimi, Enrico Fontana — *a.op.*: Roberto Gengarelli — *scg.*: Mario Garbuglia — *a.scg.*: Ferdinando Giovannoni — *a.arr.*: Paquale Romano — *co*: Piero Tosi — *a.co*: Bice Brichetto — *t.*: Giuseppe Banchelli — *mo.*: Mario Serandrei — *ed.*: Albino Cocco — *m.*: Nino Rota — *d.m.*: Franco Ferrara — *ca.*: « È vero » (Nisa-Bindi), « Tintarella di luna » (De Filippi-Migliacci), « Calypso in the Rain » (Luttazzi), « Il mare »

(Pugliese-Vian), « La più bella del mondo » (Marini) — *fo.*: Giovanni Rossi — *int.*: Alain Delon (*Rocco*), Renato Salvatori (*Simone*), Annie Girardot (*Nadia*), Katina Paxinou (*Rosaria, la madre*), Roger Hanin (*Morini*), Paolo Stoppa (*Cecchi, l'impresario di pugilato*), Suzy Delair (*Luisa, la padrona della stireria*), Claudia Cardinale (*Ginetta*), Spiros Focas (*Vincenzo*), Claudia Mori (*la commessa della stireria*), Alessandra Panaro (*Franca, la fidanzata di Ciro*), Corrado Pani (*Ivo*), Max Cartier (*Ciro*), Rocco Vidolazzi (*Luca*), Becker Masoero (*la madre di Nadia*), Franca Valeri (*la vedova*), Adriana Asti, Enzo Fiermonte, Nino Castelnuovo, Rosario Borelli, Renato Terra — *d.p.*: Giuseppe Bordogni — *i.p.*: Anna Davini, Luigi Ceccarelli — *segr.p.*: Romolo Germano, Mario Licari — *p.*: Goffredo Lombardo per Titanus, Roma/Les Films Marceau, Paris — *o.*: Italia-Francia, 1960 (I proiezione: Venezia, 6 settembre 1960, Mostra Internazionale d'Arte Cinematografica) — *d.*: Titanus — *l.*: 4.973 m.

BOCCACCIO '70, ep. IL LAVORO

r.: Luchino Visconti — *s.*: dal racconto di Guy de Maupassant « Au bord du lit » — *sc.*: Suso Cecchi D'Amico, L. Visconti — *f.* (Technicolor): Giuseppe Rotunno — *scg.*: Mario Garbuglia — *mo.*: Mario Serandrei — *m.*: Nino Rota — *int.*: Romy Schneider (*la contessa tedesca Pupe*) Tomas Milian (*il conte Ottavio*), Paolo Stoppa (*l'avvocato Alcamo*), Romolo Valli (*l'avvocato Tacchi*), Amedeo Girard — *d.p.*: Sante Chimirri — *p.*: Carlo Ponti e Antonio Cervi per Concordia Compagnia Cinematografica, Cineriz, Roma/Francinex, Gray-Films, Paris — *o.*: Italia-Francia, 1962 (I proiezione: 1° febbraio 1962) — *d.*: Cineriz — *l.* (complessiva): 5.412 m. — *du.* (ep.): 46'.

IL GATTOPARDO

r.: Luchino Visconti — *a.r*: Rinaldo Ricci, Albino Cocco — *as.r.*: Francesco Massaro, Brad Fuller — *s.*: dal romanzo omonimo di Giuseppe Tomasi di Lampedusa (ed. Feltrinelli) — *sc.*: Suso Cecchi D'Amico, Enrico Medioli, Pasquale Festa Campanile, Massimo Franciosa, L. Visconti — *f.* (Technirama,

Technicolor): Giuseppe Rotunno — *op.*: Nino Cristiani, Enrico Cignitti, Giuseppe Maccari — *scg.*: Mario Garbuglia — *a.scg.*: Ferdinando Giovannoni — *arr.*: Giorgio Pes, Laudomia Hercolani — *a.arr.*: Emilio D'Andria — *co.*: Piero Tosi — *a.co.*: Vera Marzot. Bice Brichetto — *t.*: Alberto De Rossi — *mo.*: Mario Serandrei — *ed.*: Stephan Iscovescu — *m.*: Nino Rota e un valzer inedito di Giuseppe Verdi — *d.m.*: Franco Ferrara — *so.*: Mario Messina — *int.*: Burt Lancaster (*il principe don Fabrizio Salina*), Alain Delon (*Tancredi Falconieri*), Claudia Cardinale (*Angelica Sedara*), Paolo Stoppa (*don Calogero Sedara*), Rina Morelli (*Maria Stella, la principessa di Salina*), Romolo Valli (*il padre Pirrone*), Leslie French (*Chevalley*), Ivo Garrani (*il colonnello Pallavicino*), Serge Reggiani (*don Ciccio Tumeo*), Lucilla Morlacchi (*Concetta*), Mario Girotti (*il visconte Cavriaghi*), Pierre Clementi (*Francesco Paolo*), Giuliano Gemma (*il generale dei garibaldini*), Ida Galli (*Carolina*), Ottavia Piccolo (*Caterina*), Carlo Valenzano (*Paolo*), Brock Fuller (*il principino*), Anna Maria Bottini (*mademoiselle Dombreuil, la governante*), Lola Braccini (*donna Margherita*), Marino Masè (*il tutore*), Howard Nelson Rubien (*don Diego*), Tina Lattanzi, Marcella Rovena, Rina De Liguoro, Giovanni Melisenda (*don Onofrio Rotolo*), Valerio Ruggeri, Carlo Lolli, Olimpia Cavalli (*Mariannina*), Franco Gulà, Vittorio Duse, Vanni Materassi, Giuseppe Stagnitti, Carmelo Artale, Anna Maria Surdo, Alina Zalewska, Winni Riva, Stelvio Rosi, Carlo Palmucci, Dante Posani, Rosolino Bua — *d.p.*: Enzo Provenzale, Giorgio Adriani — *o.g.*: Pietro Notarianni — *i.p.*: Roberto Cocco, Riccardo Caneva, Gilberto Scarpellini, Gaetano Amata — *segr.p.*: Bruno Sassaroli, Umberto Sambuco, Lamberto Pippia — *p.*: Goffredo Lombardo per Titanus, Roma/S. N. Pathé Cinéma, S.G.C., Paris — *o.*: Italia-Francia, 1963 (I proiezione: 27 marzo 1963) — *d.*: Titanus — *l.*: 5.482 m.

VAGHE STELLE DELL'ORSA...

r.: Luchino Visconti — *a.r.*: Rinaldo Ricci — *as.r.*: Albino Cocco — *s., sc.*: Suso Cecchi D'Amico, Enrico Medioli, Luchino Visconti — *f.*: Armando Nannuzzi — *op.*: Nino Cristiani, Claudio Cirillo — *as.op.*: Massimo Nannuzzi, Sandro

Tamborra, Enrico Umetelli, Amedeo Nannuzzi — *scg.*: Mario Garbuglia — *a.scg.*: Ferdinando Giovannoni — *arr.*: Laudomia Hercolani — *a.arr.*: Andrea Fantacci— *co.*: Bice Brichetto — *t.*: Michele Trimarchi — *mo.*: Mario Serandrei — *as.mo.*: Eva Latini, Roberto Borghi — *m.*: « Preludio, corale e fuga » di César Franck (esecutore: Augusto D'Ottavi) — *ca.*: « Io che non vivo senza te » (Donaggio-Pallavicini), « Una rotonda sul mare » (Migliacci-Faleni), « E se domani... » (Giorgio Calabrese-Carlo Alberto Rossi), « Strip-Cinema » (Pino Calvi), « Let's Go » e « If You Dont' Want » (eseguiti dal complesso Le Tigri) — *fo.*: Claudio Maielli — *int.*: Claudia Cardinale (*Sandra*), Jean Sorel (*Gianni*), Michael Craig (*Andrews*), Renzo Ricci (*Antonio Gilardini*), Marie Bell (*la madre*), Amalia Troiani (*la cameriera Fosca*), Fred Williams (*Pietro Fornari*), Vittorio Manfrino, Renato Moretti, Giovanni Rovini, Paola Pescini, Isacco Politi — *d.p.*: Sergio Merolle — *o.g.*: Oscar Brazzi — *isp.p.*: Rodolfo Martello — *segr.p.*: Aldo Passalacqua — *p.*: Franco Cristaldi per Vides — *o.*: Italia, 1961 (I proiezione: Venezia, 3 settembre 1965, Mostra Internazionale d'Arte Cinematografica) — *d.*: Ceiad-Columbia — *l.*: 2.878 m.

LE STREGHE, ep. LA STREGA BRUCIATA VIVA

r.: Luchino Visconti — *a.r.*: Rinaldo Ricci — *s., sc.*: Giuseppe Patroni Griffi, in collab. con Cesare Zavattini — *f.*: (Technicolor): Giuseppe Rotunno — *op.*: Giuseppe Maccari — *a.op.*: Giuseppe De Biase — *scg.*: Mario Garbuglia, Piero Poletto — *a.scg.*: Nicola Tamburro — *co.*: Piero Tosi — *t.*: Goffredo Ricchetti — *mo.*: Mario Serandrei — *ed.*: Albino Cocco — *m.*: Piero Piccioni — *fo.*: Vittorio Trentino — *int.*: Silvana Mangano (*Gloria*), Annie Girardot (*Valeria*), Francisco Rabal (*il marito di Valeria*) Massimo Girotti (*uno sportivo*), Elsa Albani (*l'amica*), Clara Calamai (*l'ex attrice*), Véronique Vendell (*una giovane invitata*), Leslie French (*l'industriale*), Nora Ricci (*la segretaria di Gloria*), Bruno Filippini (*il cantante*), Dino Mele (*un cameriere*), Marilù Tolo (*una cameriera*), Helmut Steinbergher — *o.g.*: Alfredo De Laurentiis — *d.p.*: Giorgio Adriani, Giorgio Morra — *isp.p.*: Carlo Bartolini — *p.*: Dino De Laurentiis per Dino

De Laurentiis Cinematografica, Roma/Les Productions Artistes Associés, Paris (stabilimenti De Laurentiis) — *o*.: Italia-Francia, 1967 (I proiezione: 23 febbraio 1967) — *d*.: United Artists-Europa — *l*. (complessiva): 3.050 m. — *du*.: (ep.): 37'.

Lo straniero

r.: Luchino Visconti — *a.r*.: Rinaldo Ricci, Albino Cocco — *s*.: dal romanzo omonimo di Albert Camus — *ad., sc*.: L. Visconti, Suso Cecchi D'Amico, Georges Conchon, in collab. con Emmanuel Robbles — *f*. (Technicolor): Giuseppe Rotunno — *op*.: Giuseppe Maccari, Mario Capriotti — *as.op*.: Giuseppe De Biase, Gino Conversi, Otello Spila, Piero Servo — *scg*.: Mario Garbuglia — *a.scg*.: Ferdinando Giovannoni — *co*.: Piero Tosi — *a.co*.: Cesare Rovatti, Giuliana Serano — *t*.: Giuseppe Banchelli — *mo*.: Ruggero Mastroianni — *as.mo*.: Lea Mazzocchi — *m*.: Piero Piccioni — *d.m*.: Bruno Nicolai — *fo*.: Vittorio Trentino — *fo.mix*.: Emilio Rosa — *int*.: Marcello Mastroianni *(Meursault)*, Anna Karina *(Marie Cardona)*, Georges Wilson *(il giudice istruttore)*, Bernard Blier *(l'avvocato difensore)*, Jacques Herlin *(il direttore dell'ospizio)*, Georges Geret *(Raymond)*, Jean-Pierre Zola *(il direttore dell'ufficio)*, Pierre Bertin *(il presidente del tribunale)*, Bruno Cremer *(il sacerdote)*, Alfred Adam *(il pubblico ministero)*, Angela Luce *(Madame Masson)*, Mimmo Palmara *(Masson)*, Vittorio Duse *(un avvocato)*, Marc Laurent *(Emanuele)*, Joseph Maréchal *(Salamano)*, Mohamed Cheritel *(primo arabo)*, Saada Rahlem *(secondo arabo)*, Brahim Hadjadj *(terzo arabo)*, Paolo Herzl *(il secondino)*, Jacques Monod, Valentino Macchi — *o.g*.: Alfredo De Laurentiis — *p.e*.: Pietro Notarianni — *i.p*.: Carlo Bartolini — *p*.: Dino De Laurentiis per Dino De Laurentiis Cinematografica, Raster Film, Roma/Marianne Production, Paris, in collab. con Casbah Film, Algeri — *o*.: Italia-Francia, 1967 (I proiezione: Venezia, 6 settembre 1967, Mostra Internazionale d'Arte Cinematografica) — *d*.: Euro International Film — *l*.: 3.130 m.

La caduta degli dei

r.: Luchino Visconti — *a.r*.: Albino Cocco, Fanny Wessling — *s., sc*.: Nicola Badalucco, Enrico Medioli, L. Visconti

— *f.* (Eastmancolor): Armando Nannuzzi, Pasquale De Santis — *op.*: Nino Cristiani, Giuseppe Berardini, Mario Cimini — *scg.*: Pasquale Romano — *arr.*: Enzo Del Prato — *as.scg.*: Giuseppe Ranieri — *co.*: Piero Tosi, Vera Marzot — *t.*: Mauro Gavazzi — *mo.*: Ruggero Mastroianni — *as.mo.*: Lea Mazzocchi — *ed.*: Rometta Pietrostefani — *m.*, *d.m.*: Maurice Jarre — *fo.*: Vittorio Trentino — *fo. mix.*: Renato Cadueri — *int.*: Dirk Bogarde (*Friederich Bruckman*), Ingrid Thulin (*Sofia von Essenbeck*), Helmut Griem (*Aschenbach*), Helmut Berger (*Martin von Essenbeck*), Renaud Verley (*Gunther von Essenbeck*), Umberto Orsini (*Herbert Thalmann*), René Koldehoff (*Konstantin von Essenbeck*), Albrecht Schönhals (*il barone Joachim von Essenbeck*), Florinda Bolkan (*Olga*), Nora Ricci (*la governante*), Charlotte Rampling (*Elisabeth Thalmann*), Irina Vanka (*Lisa Keller*), Karin Mittendorf (*Thilde Thalmann*), Valentina Ricci (*Erika Thalmann*), Wolfgang Hillinger (*il commissario*), Howard Nelson Rubien (*il rettore*), Werner Hasselmann (*ufficiale della Gestapo*), Peter Dane (*l'impiegato delle acciaierie*), Mark Salvage (*l'ispettore di polizia*), Karl Otto Alberty (*primo ufficiale dell'esercito*), John Frederick (*secondo ufficiale dell'esercito*), Richard Beach (*terzo ufficiale dell'esercito*), Claus Höhne (*primo ufficiale delle SA*), Ernst Kühr (*secondo ufficiale delle SA*), Wolfgang Ehrlich (*soldato delle SA*), Esterina Carloni (*prima cameriera*), Antonietta Fiorita (*seconda cameriera*), Jessica Dublin (*la nurse*) — *d.p.*: Giuseppe Bordogni — *p.e.*: Pietro Notarianni — *i.p.*: Anna Davini, Gilberto Scarpellini, Umberto Sambuco, Bruno Sassaroli, Hugo Leeb, Ernst Egerer — *p.*: Alfred Levy, Ever Haggiag per Praesidens Film, Zürich/Pegaso, Italnoleggio, Roma/Eichberg Film, München (stabilimenti di Cinecittà) — *o.*: Svizzera-Italia-Repubblica Federale Tedesca, 1969 (I proiezione: 16 ottobre 1969) — *d.*: Italnoleggio — *l.*: 4.296 m.

MORTE A VENEZIA

r.: Luchino Visconti — *a.r.*: Albino Cocco — *as.r.*: Paolo Pietrangeli — *s.*: dal racconto omonimo di Thomas Mann — *sc.*: L. Visconti, Nicola Badalucco — *f.* (Panavision, Technicolor): Pasquale De Santis — *op.*: Mario Cimini, Michele Cristiani — *as.op.*: Marcello Mastrogirolami, Giovanni Fiore, Roberto Gengarelli — *scg.*: Ferdinando Scarfiotti — *arr.*: F. Scarfiotti, Nedo Azzini — *a.arr.*: Osvaldo Desideri, Gianfranco De Dominicis — *co.*: Piero Tosi — *a.co.*: Gabriella Pescucci — *t.*: Mario Di Salvio, Mauro Gavazzi — *t. Silvana Mangano*: Goffredo Rocchetti — *mo.*: Ruggero Mastroianni — *as.mo.*: Lea Mazzocchi — *ed.*: Rometta Pietrostefani — *m.*: dalla « Sinfonia n. 3 » e dalla « Sinfonia n. 5 » di Gustav Mahler — *d.m.*: Franco Mannino, con l'Orchestra stabile dell'Accademia Nazionale di Santa Cecilia (contralto Lucretia West) — *fo.*: Vittorio Trentino — *int.*: Dirk Bogarde *(Gustav von Aschenbach)*, Romolo Valli *(il direttore dell'Hotel Des Bains)*, Nora Ricci *(la governante di Tadzio)*, Björn Andersen *(Tadzio)*, Silvana Mangano *(la madre di Tadzio)*, Mark Burns *(Alfred)*, Marisa Berenson *(la moglie di Gustav von Aschenbach)*, Carole André *(Esmeralda)*, Leslie French *(l'agente di « Cook »)*, Sergio Garfagnoli *(Jasciu)*, Ciro Cristofoletti *(l'impiegato dell'Hotel Des Bains)*, Antonio Apicella *(il girovago)*, Bruno Boschetti *(l'impiegato della stazione ferroviaria)*, Franco Fabrizi *(il barbiere)*, Luigi Battaglia *(il vecchio della nave)*, Dominique Darel *(turista inglese)*, Mirella Pompili *(cliente dell'albergo)*, Masha Predit *(turista russa)* — *d.p.*: Anna Davini — *o.g.*: Egidio Quarantotto — *p.e.*: Mario Gallo — *p.e. associato*: Robert Gordon Edwards — *i.p.*: Umberto Sambuco, Bruno Sassaroli, Alfredo Di Santo — *segr.p.*: Dino di Dionisio, Annie Rozier — *p.*: Alfa Cinematografica, Roma/Production Editions Cinématographiques Françaises, Paris — *o.*: Italia-Francia, 1971 (I proiezione: Londra, 1° marzo 1971) — *d.*: Dear International — *l.*: 3.688 m.

LUDWIG

r.: Luchino Visconti — *a.r.*: Albino Cocco — *as.r.*: Giorgio Ferrara, Fanny Wessling, Luchino Gastel, Louise Vincent — *s., sc.*: Luchino Visconti, Enrico Medioli, con la collab. di Suso Cecchi D'Amico — *f.* (Panavision, Technicolor): Armando Nannuzzi — *op.*: Nino Cristiani, Giuseppe Berardini, Federico Del Zoppo — *a.op.*: Daniele Nannuzzi, Gianni Maddaleni, Sergio Melaranci — *scg.*: Mario Chiari, Mario Scisci — *arr.*: Enzo Eusepi, Corrado Ricercato, Gianfranco De Dominicis — *co.*: Piero Tosi — *as.co.*: Gabriella Pescucci, Maria Fanetti — *t.*: Aberto De Rossi — *t. Silvana Mangano*: Goffredo Rocchetti — *mo.*: Ruggero Mastroianni — *as.mo.*: Lea Mazzocchi, Stefano Patrizi — *ed.*: Renata Franceschi — *m.*: Robert Schumann, Richard Wagner, Jacques Offenbach — *d.m.*: Franco Mannino, con l'Orchestra stabile dell'Accademia Nazionale di Santa Cecilia (a solo di piano: F. Mannino) — *fo.*: Vittorio Trentino, Giuseppe Muratori — *int.*: Helmut Berger *(Ludwig)*, Trevor Howard *(Riccardo Wagner)*, Silvana Mangano *(Cosima von Bülow)*, Gert Fröbe *(Padre Hoffman)*, Helmut Griem *(Durckeim)*, Isabella Telezynska *(la regina madre)*, Umberto Orsini *(il conte von Holnstein)*, John Moulder Brown *(il principe Otto)*, Sonia Petrova *(Sofia)*, Folker Bohnet *(Joseph Kainz)*, Heinz Moog *(il professor Guden)*, Adriana Asti *(Lila von Buliowski)*, Marc Porel *(Richard Hornig)*, Nora Ricci *(la contessa Ida Ferenczy)*, Mark Burns *(Hans von Bülow)*, Maurizio Bonuglia *(Mayer)*, Romy Schneider *(Elisabetta d'Austria)*, Alexander Allerson, Bert Bloch, Manfred Furst, Kurt Grosskurt, Anna Maria Hanschek, Gerhard Herter, Jan Linhart, Carla Mancini, Gernot Mohner, Clara Moustawcesky, Alain Naya, Alessandro Perrella, Karl Heinz Peters, Wolfram Schaerf, Henning Schlüter, Helmut Stern, Eva Tavazzi, Louise Vincent, Gunnar Warner, Karl Heinz Windhorst, Rayka Yurit — *d.p.*: Lucio Trentini — *p.e.*: Robert Gordon Edwards — *i.p.*: Giorgio Russo, Federico Tocci, Klaus Zeissler, Albino Morandin, Federico Starace — *p.*: Mega Film, Roma/Cinétel, Paris/Dieter Geissler Fimproduktion, Divina-Film, München (stabilimenti di Cinecittà) — *o.*: Italia-Francia-Repubblica Federale Tedesca, 1973 (I proiezione: Bonn, 18 gennaio 1973) — *d.*: Panta Cinematografica — *l.*: 5.170 m.

GRUPPO DI FAMIGLIA IN UN INTERNO

r.: Luchino Visconti — *a.r.*: Albino Cocco — *as.r.*: Louise Vincent, Giorgio Treves, Alessio Girotti — *s.*: Enrico Medioli — *sc.*: Suso Cecchi D'Amico, Enrico Medioli, L. Visconti — *f.* (Technicolor, Todd-ao): Pasqualino De Santis — *op.*:

Nino Cristiani, Mario Cimini — *as.op.*: Marcello Mastrogirolamo, Gianni Maddaleni, Adolfo Bartoli — *scg.*: Mario Garbuglia — *a.scg.*: Ferdinando Giovannoni, Nazzareno Piana —
arr.: Dario Simoni — *a.arr.*: Carlo Gervasi — *co.*: Vera Marzot — *abiti di Silvana Mangano*: Piero Tosi — *cs.*: Renato Mas-
simiani — *t.*: Alberto De Rossi, Eligio Trani — *mo.*: Ruggero
Mastroianni — *as.mo.*: Lea Mazzocchi, Alfredo Menchini —
ed.: Renata Franceschi — *m.*: Franco Mannino, con brani da
« Vorrei spiegarVi, oh Dio! » di Wolfgang Amadeus Mozart
(cantata dal soprano Emilia Ravaglia) e dalla « Sinfonia Con-
certante K 364 » di W. A Mozart (eseguita dall'Orchestra da
camera di Praga; violino Josef Suk, viola Josef Kodousek) —
d.m.: Franco Mannino — *so.*: Decio Trani — *mo.so.*: Claudio
Maielli — *int.*: Burt Lancaster (*il professore*), Silvana Mangano
(*Bianca Brumonti*), Helmut Berger (*Konrad*), Claudia Mar-
sani (*Lietta*), Stefano Patrizi (*Stefano*), Elvira Cortese (*Er-
minia*), Philippe Hersent, Guy Trejan, Jean-Pierre Zola, Umberto Raho, Enzo Fiermonte, Romolo Valli (*l'avvocato*), George Clatot, Valentino Macchi, Vittorio Fantoni, Lorenzo Piani,
Margherita Horowitz — *d.p.*: Lucio Trentini — *is.p.*: Federico
Tocci — *segr.p.*: Federico Starace — *p.*: Giovanni Bertolucci per
Rusconi Film, Roma/Gaumont International, Paris (stabilimenti Dear, De Paolis) — *o.*: Italia-Francia, 1974 (I proiezione: 10 dicembre 1974) — *d.*: Cinema International Corpo-
ration — *l.*: 3.330 m.

L'INNOCENTE

r.: Luchino Visconti — *a.r.*: Albino Cocco, Giorgio Treves
— *as.r.*: Alain Sens Cazenave — *s.*: libera riduzione del
romanzo omonimo di Gabriele D'Annunzio — *sc.*: Suso Cecchi D'Amico, Enrico Medioli, L. Visconti — *f.* (Tecnovision,
Technicolor): Pasqualino De Santis — *tecnico del colore*: Ernesto Novelli — *op.*: Mario Cimini, Giuseppe Berardini —
as.op.: Marcello Mastrogirolamo, Roberto Gengarelli, Adolfo
Bartoli, Luigi Cecchini — *scg.*: Mario Garbuglia — *as.scg.*:
Fernando Giovannoni, Stefano Ortolani, Corrado Ricercato —
arr.: Carlo Gervasi — *a.arr.*: Boris Juraga, Gianfranco De
Dominicis, Tiziana Cassoni — *co.*: Piero Tosi — *as.co.*: Alberto
Verso — *t.*: Goffredo Rocchetti, Gilberto Provenghi, Luigi

Esposito — *mo.*: Ruggero Mastroianni — *as.mo.*: Lea Mazzocchi, Alfredo Menchini — *ed.*: Renata Franceschi — *m.*: Franco Mannino, « Berceuse » e « Walzer » di Chopin, « Marcia turca » di Mozart, « Giochi d'acqua a Villa d'Este » di Liszt (eseguiti al pianoforte da Franco Mannino), « Che farò senza Euridice » di Gluck (eseguita dal mezzo soprano Benedetta Pechioli e dal pianista Franco Mannino) — *d.m.*: Franco Mannino, con l'Orchestra stabile della Gestione Autonoma dei Concertisti dell'Accademia Nazionale di Santa Cecilia — *fo.*: Mario Dallimonti — *mix.*: Federico Savina — *coordinamento edizione italiana*: Mario Maldesi — *int.*: Giancarlo Giannini *(Tullio Hermil)*, Laura Antonelli *(Giuliana)*, Jennifer O'Neill *(Teresa Raffo)*, Rina Morelli *(la madre di Tullio)*, Massimo Girotti *(il conte Stefano Egano)*, Didier Haudepin *(Federico Hermil)*, Marie Dubois *(la principessa)*, Roberta Paladini *(la signora Elviretta)*, Claude Mann *(il principe)*, Marc Porel *(lo scrittore Filippo D'Arborio)*, Philippe Hersent, Elvira Cortese, Siria Betti, Enzo Musumeci Greco, Alessandra Vazzoler, Marina Pierro, Vittorio Zarfati, Alessandro Consorti, Filippo Perego, Margherita Horowitz, Riccardo Satta — *d.p.*: Lucio Trentini — *i.p.*: Federico Tocci — *segr.p.*: Federico Starace — *p.e.*: Giovanni Bertolucci — *p.*: Rizzoli Film, Roma/Les Films Jacques Leitienne, Paris/Société Imp. Ex. Ci., Nice/Francoriz Production, Paris (stabilimenti Dear International) — *o.*: Italia-Francia, 1976 (I proiezione: Cannes, 15 maggio 1976, Festival Internazionale del Cinema) — *d.*: Cineriz — *l.*: 3.543 m.

TEATROGRAFIA

Abbreviazioni

ad. = adattamento; *all.* = direttore dell'allestimento scenico; *armoniz.* = armonizzazione; *arr.* = arredamento; *as.r.* = assistenza alla messa in scena; *boz.* = bozzetti; *ca.* = canzoni; *co.* = costumi; *collab.* = collaborazione; *comp.* = compagnia; *coreogr.* = coreografia; *coro* = maestro del coro; *d.m.* = direttore d'orchestra; *d.pal.* = direttore del palcoscenico; *d.sc.* = direttore di scena; *d.t.* = direttore tecnico; *int.* = interpreti; *lib.* = libretto; *lu.* = luci; *mus.* = autore della musica di scena o della partitura musicale; *pers.* = personaggi; *Prima* = prima rappresentazione; *r.* = messa in scena; *scg.* = scene; *sol.* = solisti; *spv.* = supervisione; *t.* = autore del testo; *tr.* = traduzione.

CARITÀ MONDANA

t.: Giannino Antona Traversi — *comp.*: del Teatro di Milano diretta da Romano Calò — *scg.*: Luchino Visconti — *int.*: Andreina Pagnani, Luigi Cimara, Romano Calò, Tina Lattanzi, Olga Vittoria Gentilli, Enzo Biliotti, Paolo Stoppa, Corrado Annicelli — *Prima*: Como, Teatro Sociale, 20 ottobre 1936.

IL DOLCE ALOE (Sweet Aloes)

t.: tre atti (cinque quadri) di Jay Mallory — *comp.*: del Teatro di Milano diretta da Romano Calò — *scg.*: Luchino Visconti — *int.*: Andreina Pagnani, Luigi Cimara, Romano Calò,

Paolo Stoppa, Enzo Biliotti, Olga Vittoria Gentilli, Tina Lattanzi — *Prima*: Milano, Teatro di via Manzoni, 5 novembre 1936 (prima italiana).

IL VIAGGIO (Le voyage)

t.: Henry Bernstein — *comp.*: di Renato Cialente — *scg.*: Luchino Visconti [non firmata] — *int.*: Renato Cialente, Andreina Pagnani, Giuseppe Porelli — *Prima*: San Remo, Teatro del Casinò Municipale, 4 marzo 1938 (prima italiana).

PARENTI TERRIBILI (Les parents terribles)

t.: tre atti di Jean Cocteau — *tr.*: Rinaldo Ricci — *comp.*: del Teatro Eliseo gestita dalla Società del Teatro di Roma — *r.*: Luchino Visconti — *scg.*: L. Visconti — *int. e pers.*: Andreina Pagnani (*Yvonne*), Lola Braccini (*Leo*), Rina Morelli (*Maddalena*), Gino Cervi (*Giorgio*), Antonio Pierfederici (*Michele*) — *Prima*: Roma, Teatro Eliseo, 20 gennaio 1945 (prima italiana).

QUINTA COLONNA (The Fifth Column)

t.: tre atti (undici quadri) di Ernest Hemingway — *tr.*: Suso Cecchi D'Amico — *r.*: Luchino Visconti — *scg.*: su boz. di Renato Guttuso, eseguite da Libero Petrassi — *all.*: G. Galliani — *int. e pers.*: Carlo Ninchi (*Philip*), Olga Villi (*Dorothy*), Dhia Cristiani (*Anita*), Giuseppe Pagliarini (*Max*), Arnoldo Foà (*Antonio*), Carlo Lambardi (*Preston*), Luigi Almirante (*il direttore*), Tullia Baghetti (*Petra*), Marcello Moretti (*elettricista*), Attilio Ortolani (*borghese fascista*), Adelmo Cocco (*ufficiale, grosso fascista*), Vittorio Duse (*primo compagno*), Ermanno Randi (*secondo compagno*), Stefano Fossari (*compagno Wilkinson*), Dario Dolci (*un soldato*), Mila Dari (*una ragazza*), Roberto Pescara (*un cameriere*) — *Prima*: Roma, Teatro Quirino, 23 marzo 1945 (prima italiana).

LA MACCHNA DA SCRIVERE (La machine à écrire)

t.: tre atti di Jean Cocteau — *tr.*: Adolfo Franci — *comp.*: Adani-Calindri-Carraro-Gassman diretta da Ernesto Sabbatini — *r.*: Luchino Visconti — *scg.*: L. Visconti — *int. e pers.*: Ernesto Calindri *(Fred)*, Antonio Battistella *(Didier)*, Vittorio Gassman *(Pascal/Massimo)*, Daniela Palmer *(Solange)*, Laura Adani *(Margot)*, Nora Ricci *(la signorina della posta)* — *Prima*: Roma, Teatro Eliseo, 2 ottobre 1945 (prima italiana).

ANTIGONE (Antigone)

t.: atto unico di Jean Anouilh — *tr.*: Adolfo Franci — *comp.*: Morelli-Stoppa — *r.*: Luchino Visconti — *scg.*: Mario Chiari — *int. e pers.*: Mario Pisu *(Il prologo)*, Rina Morelli *(Antigone)*, Olga Villi *(Ismene)*, Giorgio De Lullo *(Emone)*, Camillo Pilotto *(Creonte)*, Dini Zulima Badaloni *(Euridice)*, Gilda Marchiò *(la nutrice)*, Carlo Rissone *(il paggio)*, Renzo Giovanpietro *(il messaggero)*, Paolo Stoppa *(la guardia)*, Valentino Bruchi *(la seconda guardia)*, Luigi Gatti *(la terza guardia)* — *Prima*: Roma, Teatro Eliseo, 18 ottobre 1945 (prima italiana).

A PORTE CHIUSE (Huis clos)

t.: un atto di Jean-Paul Sartre — *tr.*: G.V. Sampieri — *comp.*: Morelli-Stoppa — *r.*: Luchino Visconti — *scg.*: Mario Chiari — *int. e pers.*: Paolo Stoppa *(Garcin)*, Rina Morelli *(Ines)*, Vivi Gioi *(Estella)*, Valentino Bruchi *(un inserviente)* — *Prima*: Roma, Teatro Eliseo, 18 ottobre 1945 (prima italiana).

ADAMO (Adam)

t.: tre atti di Marcel Achard — *tr.*: Antonio Pietrangeli — *comp.*: Adani-Calindri-Carraro-Gassman diretta da Ernesto Sabbatini — *r.*: Luchino Visconti — *scg.*: L. Visconti — *int. e pers.*: Laura Adani *(la sconosciuta)*, Vittorio Gassman *(Ugo*

Saxel), Ernesto Calindri *(Lancelot)*, Tino Carraro *(Gian Francesco)*, Nino Capuana *(Carlos)* — *Prima*: Roma, Teatro Quirino, 30 ottobre 1945 (prima italiana).

LA VIA DEL TABACCO (Tobacco Road)

t.: tre atti di John Kirkland, dal romanzo di Erskine Caldwell — *tr.*: Suso Cecchi D'Amico — *comp.*: Adani-Calindri-Carraro-Gassman diretta da Ernesto Sabbatini — *r.*: Luchino Visconti — *scg.*: su boz. di Cesare Pavani — *int. e pers.*: Laura Adani *(Bessie Rice)*, Ernesto Calindri *(Jeeter Lester)*, Tino Carraro *(Lov)*, Vittorio Gassman *(Dude Lester)*, Ida Ferro *(Ellie May)*, Renata Seripa *(Ada Lester)*, Antonio Battistella *(il capitano Tim)*, Roberta Mari *(Pearl)*, Lina Bonatti *(nonna Lester)*, Franco Valeriani *(Henry Peabody)*, Umberto Giardini *(Payne)* — *Prima*: Milano, Teatro Olimpia, 4 dicembre 1945 (prima italiana).

IL MATRIMONIO DI FIGARO (Le mariage de Figaro)

t.: cinque atti di Pierre A. Caron de Beaumarchais — *tr.*: Maria Ortiz (le parti in versi tr. da Guido Barlozzini) — *comp.*: Spettacoli « Effe » diretta da Oreste Biancoli — *r.*: Luchino Visconti — *scg.*: su boz. di Veniero Colasanti, eseguite da Libero Petrassi — *co.*: Veniero Colasanti — *arr.*: R. Marcelli — *coreogr.*: Dino Cavallo — *lu.*: Giovannoni — *d.sc.*: R. Brasci F. Santini — *mus.*: Renzo Rossellini — *d.m.*: E. Micucci — *int. e pers.*: Nino Besozzi *(il conte d'Almaviva, gran corregidore d'Andalusia)*, Lia Zoppelli *(la contessa, sua moglie)*, Vittorio De Sica *(Figaro, cameriere del conte e portinaio del castello)*, Vivi Gioi *(Susanna, prima cameriera della contessa e fidanzata di Figaro)*, Jone Morino *(la governante Marcellina)*, Vittorio Caprioli *(Antonio, giardiniere del castello, zio di Susanna e padre di Cecchina)*, Maria Mercader *(Cecchina, figlia di Antonio)*, Antonio Pierfederici *(Cherubino, primo paggio del conte)*, Adolfo Celi *(Bartolo, medico di Siviglia)*, Alberto Bonucci *(Basilio, maestro di clavicembalo della contessa)*, Luciano Mondolfo *(Don Gusman Brid' Oison, giudice)*, Marcello Moretti *(il cancelliere Doppiamano)*, Giorgio Pini *(un uscere d'udienza)*, Mario Bucciarelli (*l'Alguazil*), Achille Millo (*Ruba-sole, pastorello*), Ilia De Marchi (*una pastorella*), Carlo Mazzarella (*Pedriglio, battistrada del conte*), Gianni Dandolo (*un lacchè*) e i ballerini Regina Colombo, Giovanni Brinati, Gianna Babich, Margherita Cini, Maria Colantoni, Scerbina Nona, Mario Calabrini. Mario Forti, Carlo Proietti, Aldo Tariciotti — *Prima*: Roma, Teatro Quirino, 19 gennaio 1946.

DELITTO E CASTIGO (Crime et châtiment)

t.: tre parti (diciannove quadri) di Gaston Baty, dal romanzo di Fëdor Dostoevskij — *tr.*: Marcella Hannau — *comp.*: Compagnia Italiana di Prosa diretta da Luchino Visconti — *r.*: Luchino Visconti — *scg.*: su boz. di Mario Chiari, eseguite da Libero Petrassi — *co.*: su boz. di Mario Chiari — *arr.*: Renato Morozzi — *mus.*: Renzo Rossellini — *d.m.*: Umberto De Margheriti — *int. e pers.*: Memo Benassi (*Porfirio*), Massimo Girotti (*Razumihin*), Franco Zeffirelli (*Dimitri*), Giorgio De Lullo (*Nicola*), Paolo Stoppa (*Raskolnikof*), Luisa Fares (*Aliona*), Claudio Roberti (*Pestriakof/il pensionato Tencich*), Achille Millo (*Koch/il « povoloi »*), Mario Maresca (*il portinaio/il segretario*), Marcella Marè (*Mascia/la donna in nero*), Anna Maestri (*Dascienka*), Carmen Fraccaro (*Nastasia*), Oreste Fares (*primo gendarme/il cocchiere*), Enzo Braschi (*secondo gendarme*), Antonio Crast (*Lujin*), Vanna Polverosi (*Luscienka*), Maria Teresa Albani (*Duklida*), Arnoldo Foà (*Ilja Petrovich*), Marga Cella (*Daria Pavlona*), Fausto Ferri (*l'uomo con l'armonica*), Augusto Mastrantoni (*Marmeladof*), Flavio Della Noce (*il padrone dell'osteria/il vecchio sordo*), Daniela Palmer (*Caterina Ivanovna*), Etta Baldini (*Polia*), Ione Romano (*la signora Lippewechsel*), Mariella Lotti (*Dunia*), Vittorina Benvenuti (*la signora Raskolnikof*), Rina Morelli (*Sonia*), Lidia Bonetti (*Katia*), i tre Recelli (*gli acrobati*) — *Prima*: Roma, Teatro Eliseo, 12 novembre 1946 (prima italiana).

ZOO DI VETRO (The Glass Menagerie)

t.: due parti di Tennessee Williams — *tr.*: Alfredo Segre — *comp.*: Compagnia Italiana di Prosa diretta da Luchino Visconti — *r.*: Luchino Visconti — *scg.*: su boz. di Mario Chiari, eseguite da Libero Petrassi — *arr.*: Renato Morozzi — *mus.*: Paul Bowles — *d.m.*: Umberto De Margheriti — *int. e pers.*: Paolo Stoppa (*Tom Wingfield*), Rina Morelli (*Laura Wingfield*), Tatiana Pavlova (*Amanda Wingfield*), Giorgio De Lullo (*Jim, il visitatore*) — *Prima*: Roma, Teatro Eliseo, 13 dicembre 1946 (prima italiana).

VITA COL PADRE (Life with Father)

t.: tre atti di Howard Lindsay e Russel Crouse, dal romanzo di Clarence Day — *tr.*: Suso Cecchi D'Amico — *comp.*: Compagnia Italiana di Prosa diretta da Luchino Visconti — *r.*: Gerardo Guerrieri — *spv.*: Luchino Visconti — *scg., co.*: Maria De Matteis — *arr.*: Renato Morozzi — *int. e pers.*: Paolo Stoppa (*il padre*), Rina Morelli (*Vinnie, la madre*), Giorgio De Lullo (*Carletto*), Franco Interlenghi (*Gianni*), Carlo Rissone (*Whitney*), Vittorio Stagni (*Harlan*), Vanna Polverosi (*Cora*), Mariella Lotti (*Mary Skinner*), Cesare Fantoni (*il rev. dott. Lloyd*), Mario Maresca (*il dott. Humphrey*), Oreste Fares (*il prof. Somers*), Marga Cella (*Margherita*), Anna Maestri (*Anna*), Lydia Bonetti (*Delia*), Maria Teresa Albani (*Nora*), Marcella Marè (*Marga*) — *Prima*: Roma, Teatro Eliseo, 28 gennaio 1947.

EURIDICE (Eurydice)

t.: quattro atti di Jean Anouilh — *tr.*: Adolfo Franci — *comp.*: Compagnia Italiana di Prosa diretta da Luchino Visconti — *r.*: Luchino Visconti — *scg.*: Mario Chiari — *mus.*: Umberto De Margheriti — *int. e pers.*: Giorgio De Lullo (*Orfeo*), Antonio Gandusio (*il padre*), Paolo Stoppa (*il signor Enrico*), Piero Carnabuci (*Dulac*), Cesare Fantoni (*Vincenzo*), Achille Millo (*il segretario*), Alberto Bonucci (*il cameriere d'albergo*), Mario Danieli (*lo chauffeur dell'autobus*), Franco Zeffirelli (*il segretario del Commissariato*), Mario Maresca (*il cameriere del buffet*), Antonio Rossi (*Mattia*), Rina Morelli (*Euridice*), Marga Cella (*la madre*), Maria Teresa Albani (*la ragazza*), Vanna Polverosi (*la bella cassiera*) — *Prima*: Firenze, Teatro La Pergola, 28 febbraio 1947 (prima italiana).

ROSALINDA, O COME VI PIACE (As You Like It)

t.: William Shakespeare (in due parti) — *tr.*: Paola Ojetti
(versi e canzoni di Marco Visconti) — *comp.*: Compagnia Italiana di Prosa diretta da Luchino Visconti — *r.*: Luchino Visconti — *as.r.*: Flaminio Bollini — *scg.*: Salvador Dalí, eseguite
da Italo Valentini e Libero Petrassi — *co.*: Salvador Dalí, eseguiti da Marta Palmer — *all.*: Franco Zeffirelli — *d.sc.*: Roberto Moro — *mus.*: Thomas Morley, Henry Purcell, Thomas
Augustine Arne, William Boyce — *d.m.*: Franco Tamponi
(canzoni e cori interpretati e diretti da Ines Alfani Tellini) —
int. e pers.: Nerio Bernardi *(il duca in esilio)*, Cesare Fantoni
(Federico, suo fratello, l'usurpatore), Carlo Tamberlani *(Olivie-*
ro), Gabriele Ferzetti *(Giacomo)*, Vittorio Gassman *(Orlan-*
do), Ruggero Ruggeri *(Jacques, nobile al seguito del duca in*
esilio), Luciano Salce *(Le Beau, cortigiano al seguito di Federi-*
co), Luciano Mondolfo *(Adamo, servo di Oliviero)*, Ferruccio
Amendola *(Dionigi, servo di Oliviero)*, Paolo Stoppa *(il buffo-*
ne Pietra di Paragone), Luigi Almirante *(il pastore Corinno)*,
Franco Interlenghi *(il pastore Silvio)*, Rina Morelli *(Rosalinda,*
figlia del duca in esilio), Vivi Gioi *(Celia, figlia di Federico)*,
Luisa Rossi *(la pastorella Febe)*, Marga Cella *(la contadina*
Audrey), Carla Bizzarri *(Imene)*, Mario Danieli *(Guglielmo,*
contadino innamorato di Audrey), Nicola Ferrara *(don Olivie-*
ro Martext, vicario), Ermanno Randi *(il nobile Amiens)*, Marcello Mastroianni *(signore al seguito del duca in esilio)*, Gian
ni Glori *(id.)*, Sergio Tedesco *(id.)*, Mario Chiocchio *(id.)*,
Sergio Fantoni *(id.)*, Pierluigi Urbini *(id.)*, Cesare Barbetti
(paggio al seguito del duca in esilio), Claudio Razzi *(id.)*,
Ferruccio Amendola *(id.)*, Alfredo Bianchini *(un tenore)*, Annibale Chiusano *(un suonatore di liuto)*, Armando Conti *(signore*
al seguito di Federico), Nino Utili *(id.)*, Mario Danieli *(id.)*,
Giuseppe Brucato *(il lottatore Carlo)*, Alfredo Kollner *(un pag-*
gio al seguito di Federico/un pastore), Giovanni Lustri *(id.)*,
Franca Tamantini *(Imperia, dama di Corte/una pastorella)*,
Marisa Matteini *(una dama di Corte al seguito di Federico/*
una pastorella), Carla Ranalli *(id.)*, Maria De Petrillo *(id.)*,
Franca Maraldi *(id.)*, Guido Lauri *(pastore)*, Walter Zappo-
lini *(id.)* — *Prima*: Roma, Teatro Eliseo, 26 novembre 1948.

UN TRAM CHE SI CHIAMA DESIDERIO (A Streetcar Named Desire)

t.: tre atti (quattordici quadri) di Tennessee Williams — *tr.*: Gerardo Guerrieri — *comp.*: Compagnia Italiana di Prosa diretta da L. Visconti — *r.*: Luchino Visconti — *as.r.*: Flaminio Bollini — *scg.*: su boz. di Franco Zeffirelli, eseguite da Anna e Italo Valentini e Libero Petrassi — *arr.*: E. Giardini, V. Imbaglione — *lu.*: Fernando Giovannoni — *d.sc.*: Roberto Moro — *d.m.*: Alberto Barberis — *int. e pers.*: Vittorio Gassman (*Stanley Kowalski*), Marcello Mastroianni (*Harold Mitchell, Mitch*), Vivi Gioi (*Stella Kowalski*), Rina Morelli (*Blanche Du Bois*), Mario Danieli (*Steve Hubbel*), Luciano Mondolfo (*Pablo Gonzales*), Franco Interlenghi (*un giovane esattore del « Globo »*), Anna Mestri (*la venditrice di fiori*), Cesare Fantoni (*un dottore*), Flora Carabella (*un'infermiera*), Carla Bizzarri (*Eunice Hubbel*), Luisa Rossi (*una negra*), Nino Utili (*un passante*) — *Prima*: Roma, Teatro Eliseo, 21 gennaio 1949 (prima italiana).

ORESTE

t.: Vittorio Alfieri (in due parti) — *comp.*: Compagnia Italiana di Prosa diretta da Luchino Visconti — *r., ad.*: Luchino Visconti — *scg.*: Mario Chiari, eseguite da Libero Petrassi, Anna e Italo Valentini — *co.*: Mario Chiari, eseguiti dalla Casa Palmer — *mus.*: Ludwig van Beethoven — *d.m.*: Willy Ferrero, con l'Orchestra Sinfonica dell'Accademia Nazionale di S. Cecilia — *int. e pers.*: Vittorio Gassman (*Oreste*), Rina Morelli (*Elettra*), Ruggero Ruggeri (*Egisto*), Paola Borboni (*Clitennestra*), Marcello Mastroianni (*Pilade*) — *Prima*: Roma, Teatro Quirino, 9 aprile 1949.

TROILO E CRESSIDA (Troilus and Cressida)

t.: tre atti di William Shakespeare — *tr.*: Gerardo Guerrieri — *comp.*: del Maggio Musicale Fiorentino — *r.*: Luchino Visconti — *as.r.*: Flaminio Bollini, Franco Enriquez — *scg.*: Franco Zeffirelli, eseguite da Bruno Mello, Libero Petrassi,

Anna e Italo Valentini — *all.*: Piero Caliterna — *co.*: Maria
De Matteis — *mus.*: canzoni dei trovatori provenzali Folquet
de Marseille, Bernart di Ventadorn, Peirol, Joffré Rudel — *armoniz.*: Eva Riccioli Orecchia — *sol.*: Alfredo Bianchini,
tenore; Giorgio Fantini, flauto; Gino Orlandini, baritono;
Bruno Zucchetti, liuto; *int. e pers.*: Piero Carnabuci (*Priamo, re di Troia*), Carlo Ninchi (*Ettore*), Vittorio Gassman
(*Troilo*), Giorgio De Lullo (*Paride*), Gianni Lotti (*Deifobo*), Bruno Zarotti (*Eleno*), Mario Pisu (*Enea*), Ferruccio Stagni (*Antenore*), Aristide Baghetti (*Calcante*), Paolo
Stoppa (*Pandaro, zio di Cressida*), Nerio Bernardi (*Agamennone*), Giovanni Cimara (*Menelao*), Franco Interlenghi (*Patroclo*), Renzo Ricci (*Achille*), Massimo Girotti (*Ajace*), Sergio
Tofano (*Ulisse*), Gualtiero Tumiati (*Nestore*), Marcello Mastroianni (*Diomede*), Memo Benassi (*Tersite*), Giorgio Albertazzi (*Alessandro, servo di Cressida*), Ettore Conti (*un paggio di
Paride*), Carlo De Santis (*un paggio di Diomede*), Rina Morelli (*Cressida, figlia di Calcante*), Elsa De Giorgi (*Elena, moglie
di Menelao*), Eva Magni (*Andromaca, moglie di Ettore*), Elena
Zareschi (*Cassandra*), Ada Vaschetti (*Ecuba, regina di Troia*)
— *Prima*: Firenze, Giardino di Boboli, 21 giugno 1949 (Maggio Musicale Fiorentino).

Morte di un commesso viaggiatore (Death of a Salesman)

t.: tre atti di Arthur Miller — *tr.*: Gerardo Guerrieri —
comp.: Compagnia Italiana di Prosa diretta da Luchino Visconti — *r.*: Luchino Visconti — *as.r.*: Franco Enriquez, Franco Zeffirelli — *scg.*: Gianni Polidori, eseguite da Libero Petrassi, Anna e Italo Valentini — *mus.*: Alex North — *int.
e pers.*: Paolo Stoppa (*Willy Loman*), Rina Morelli (*Linda*),
Giorgio De Lullo (*Biff*), Marcello Mastronianni (*Giocondo, detto Gio*), Franco Interlenghi (*Bernardo*), Flora Carabella (*la
donna*), Gaetano Verna (*Carluccio*), Mario Pisu (*zio Beniamino*), Cesare Danova (*Howard Wagner*), Pina Sinagra (*Gianna*), Bruno Smith (*Stanley*), Laura Tiberti (*la signora Forsythe*), Lauretta Torchio (*Lilla*) — *Prima*: Roma, Teatro Eliseo,
10 febbraio 1951 (prima italiana).

Un tram che si chiama desiderio (A Streetcar Named Desire)

t.: tre atti di Tennessee Williams — *tr.*: Gerardo Guerrieri — *comp.*: Compagnia Italiana di Prosa diretta da Luchino Visconti — *r.*: Luchino Visconti — *scg.*: Franco Zeffirelli — *ca.*: cantate da Ambru Sani, con la New Orleans Style Band, diretta da William Bodkin — *int. e pers.*: Marcello Mastroianni (*Stanley Kowalski*), Giorgio De Lullo (*Harold Mitchell, Mitch*), Rossella Falk (*Stella Kowalski*), Rina Morelli (*Blanche Du Bois*), Franco Interlenghi (*un giovane esattore del « Globo »*), Ela Franceschetti (*un'infermiera*), Flora Carabella (*Eunice Hubbel*), Lauretta Torchio (*una negra*), Gianni Tonolli (*Pablo Gonzales*), Franco Fabrizi (*un marinaio*), Carlo De Santis (*Steve Hubbel*), Ada Maestri (*una vecchia messicana*), Gianni Mantesi (*il dottore*) — *Prima*: Milano, Teatro Nuovo, 28 aprile 1951 (seconda edizione).

Il seduttore

t.: tre atti (due tempi) di Diego Fabbri — *comp.*: Compagnia Italiana di Prosa diretta da Luchino Visconti — *r.*: Luchino Visconti [non firmata] — *scg.*: Mario Chiari, eseguite da Libero Petrassi e Italo e Anna Valentini — *d.sc.*: Renato Morozzi — *mus.*: Giuseppe Verdi — *d.m.*: Arturo Wolf — *int. e pers.*: Paolo Stoppa (*Eugenio*), Rina Morelli (*Alina*), Rossella Falk (*Wilma*), Carla Bizzarri (*Norma*) — *Prima*: Venezia, Teatro La Fenice, 4 ottobre 1951 (Festival Internazionale del Teatro di Prosa).

La locandiera

t.: tre atti di Carlo Goldoni — *comp.*: Stabile di Roma diretta da Luchino Visconti — *r.*: Luchino Visconti — *as.r.*: Giancarlo Zagni — *d.sc.*: Giorgio Manganelli — *scg.*: L. Visconti, Piero Tosi, eseguite da Libero Petrassi e Italo e Anna Valentini — *co.*: L. Visconti, Piero Tosi — *int. e pers.*: Paolo Stoppa (*il marchese di Forlimpopoli*), Marcello Mastroianni (*il cavaliere di Ripafratta*), Gianrico Tedeschi (*il conte d'Al-*

bafiorita), Rina Morelli *(Mirandolina)*, Rossella Falk *(Orten-sia)*, Flora Carabella *(Dejanira)*, Giorgio De Lullo *(Fabrizio)*, Aldo Giuffré *(servitore del cavaliere)*, Ruggero Nuvolari *(servitore del conte)* — *Prima*: Venezia, Teatro La Fenice, 2 ottobre 1952 (Festival Internazionale del Teatro di Prosa).

TRE SORELLE (Tri sestry)

t.: quattro atti di Anton Pavlovič Cechov — *tr.*: Gerardo Guerrieri — *comp.*: Stabile di Roma diretta da L. Visconti — *r.*: Luchino Visconti — *as.r.*: Giancarlo Zagni — *scg.*: Franco Zeffirelli, eseguite da Libero Petrassi e Italo e Anna Valentini — *co.*: Marcel Escoffier — *d.sc.*: Giorgio Manganelli — *d.pal.*: Renato Morozzi — *mus.*: Franco Mannino — *d.m.*: Bruno Nicolai — *danze*: Dimitri Koniachenko — *int e pers.*: Paolo Stoppa *(Andrej Sergèevič Prozorov)*, Rossella Falk *(Natalja Ivànovna)*, Elena Da Venezia *(Ol'ga)*, Sarah Ferrati *(Maša)*, Rina Morelli *(Irina)*, Gianrico Tedeschi *(Fëdor Ilič Kulygin, marito di Maša)*, Memo Benassi *(il tenente colonnello Aleksandr Ignatevič Veršinin)*, Giorgio De Lullo *(il tenente Nikolaj Lvovič Tuzenbach)*, Marcello Mastroianni *(il capitano Vasilij Vasilevič Solënyi)*, Sandro Ruffini *(il medico Ivan Romanovič Čebutychin)*, Aldo Giuffré *(il sottotenente Aleksej Petrovič Fedotik)*, Ruggero Nuvolari *(il sottotenente Vladimir Karlovič Rode)*, Nino Cestari *(primo ufficiale)*, Alfredo Kollner *(secondo ufficiale)*, Dimitry Kostantinow *(terzo ufficiale)*, Aristide Baghetti *(l'usciere Ferapont)*, Tullia Baghetti *(la balia Anfisa)*, Pina Sinagra *(la cameriera)* — *Prima*: Roma, Teatro Eliseo, 20 dicembre 1952.

IL TABACCO FA MALE (O vrede tobaka)

t.: monologo di Anton Pavlovič Cechov — *tr.*: Carlo Grabher — *comp.*: Stabile di Roma diretta da Luchino Visconti — *r.*: Luchino Visconti — *co.*: Mario Chiari — *int. e pers.*: Memo Benassi *(Niuchin)* — *Prima*: Milano, Teatro di Via Manzoni, 6 marzo 1953.

MEDEA (Medeia)

t.: Euripide — *tr.*: Manara Valgimigli — *comp.*: Stabile di Roma diretta da L. Visconti — *r.*: Luchino Visconti — *as.r.*: Giancarlo Zagni — *scg.*: Mario Chiari, eseguite da Libero Petrassi e Italo e Anna Valentini — *co.*: Mario Chiari — *d.sc.*: Giorgio Manganelli — *d.pal.*: Renato Morozzi — *int. e pers.*: Renata Seripa *(la nutrice)*, Cesare Fantoni *(il pedagogo)*, Sarah Ferrati *(Medea)*, Memo Benassi *(Creonte)*, Sergio Fantoni *(Giasone)*, Gianrico Tedeschi *(Egeo)*, Giorgio De Lullo *(il nunzio)*, Roberto Ramella *(un figlio)*, Franco Moroni *(altro figlio)*, Elena Da Venezia *(la corifea)*; *il coro*: Ornella Cappellini, Giuliana Del Bufalo, Gabriella Gabrielli. Lilla Gatti, Gabriella Genta, Nora Ricci, Winni Riva, Goliarda Sapienza, Pina Sinagra, Donatella Trombadori, Antonella Vigliani — *Prima*: Milano, Teatro di Via Manzoni, 6 marzo 1953.

FESTIVAL

t.: Age, Furio Scarpelli, Dino Verde, Orio Vergani — *comp.*: di Wanda Osiris — *r.*: Age, Scarpelli, Verde, Vergani — *spv.*: Luchino Visconti — *scg.*: Garretto e Pompei — *co.*: Folco — *coreogr.*: Ted Cappy — *m.*: Armando Trovajoli — *d.m.*: maestro Rizza — *int.*: Wanda Osiris, Henri Salvador, Nino Manfredi, Raffaele Pisu, Alberto Lionello, Elio Pandolfi — *Prima*: Milano, Teatro Nuovo, 13 ottobre 1954.

COME LE FOGLIE

t.: quattro atti di Giuseppe Giacosa — *comp.*: Compagnia Italiana di Prosa Brignone-Randone-Santuccio-Volonghi — *r.*: Luchino Visconti — *scg.*: Lila de Nobili, eseguite da Libero Petrassi, Anna e Italo Valentini — *co.*: Lila de Nobili — *d.sc.*: Ugo Imbaglione — *int. e pers.*: Salvo Randone *(Giovanni Rosani)*, Lina Volonghi *(Giulia, sua moglie)*, Lilla Brignone *(Nennele)*, Fabrizio Mioni *(Tommy)*, Gianni Santuccio *(Massimo Rosani)*, Lina Paoli *(la signora Lauri)*, Vittorina Benvenuti *(la zia Irene)*, Gabriella Giacobbe *(la signora Lablanche)*, Arturo Dominici *(il pittore Helmer Strile)*, Virgilio Frigerio *(un altro pittore)*, Aldo Talentino *(il domestico Andrea)*, Carlo Cataneo *(il domestico Gaspare)*, Elvira Betrone *(la cameriera Lucia)*, Ida Talentino *(la cuoca Marta)*, Marzio Peyrani *(un groom)*, Graziella Lunardon *(una bambina)* — *Prima*: Mialno, Teatro Olimpia, 26 ottobre 1954.

LA VESTALE

lib.: melodramma in tre atti di Etienne de Jouy — *tr.*: Giovanni Schmidt — *mus.*: Gaspare Spontini — *r.*: Luchino Visconti — *scg.*: Pietro Zuffi, eseguite da Carlo Ighina, Mario Mantovani — *co.*: Pietro Zuffi — *coreogr.*: Alfredo Rodriguez — *all.*: Nicola Benois — *d.m.*: Antonino Votto — *coro*: Norberto Mola — *int. e pers.*: Franco Corelli *(Licinio, generale romano)*, Maria Meneghini Callas *(Giulia, giovane vestale)*, Enzo Sordello *(Cinna, capo di legione)*, Nicola Rossi Lemeni *(il sommo sacerdote)*, Ebe Stignani *(la grande vestale)*, Vittorio Tatozzi *(un console)*, Nicola Zaccaria *(Aruspice)*; *il balletto*: Olga Amati, Mario Pistoni, Gilda Maiocchi, Giulio Perugini, Vera Colombo, Ugo Dell'Ara (primo atto), Giuliana Barabaschi (terzo atto) — *Prima*: Milano, Teatro alla Scala, 7 dicembre 1954.

LA SONNAMBULA

lib.: melodramma in due atti e quattro quadri di Felice Romani — *mus.*: Vincenzo Bellini — *r.*: Luchino Visconti — *scg.*: Piero Tosi, eseguite da Luigi Brilli, Vincenzo Pignataro, Gino Rombi — *co.*: Piero Tosi — *lu.*: Giulio Lupetti — *all.*: Nicola Benois — *d.m.*: Leonard Bernstein — *coro*: Norberto Mola — *int. e pers.*: Giuseppe Modesti *(il conte Rodolfo)*, Gabriella Carturan *(Teresa, molinara)*, Maria Meneghini Callas *(Amina)*, Cesare Valletti *(Elvino)*, Pierluigi Latinucci *(Alessio)*, Eugenia Ratti *(l'ostessa Lisa)*, Giuseppe Nessi *(un notaro)* — *Prima*: Milano, Teatro alla Scala, 5 marzo 1955.

LA TRAVIATA

lib.: melodramma in quattro atti di Francesco Maria Piave — *mus.*: Giuseppe Verdi — *r.*: Luchino Visconti — *scg.*: Lila de Nobili, eseguite da Franco Brai, Lila de Nobili, Vincenzo Pignataro — *co.*: Lila de Nobili — *all.*: Nicola Benois — *lu.*: Giulio Lupetti — *coreogr.*: Luciana Novaro — *d.m.*: Carlo Maria Giulini — *coro*: Norberto Mola — *int. e pers.*: Maria Meneghini Callas (*Violetta Valéry*), Silvana Zanolli (*Flora Bervoix*), Luisa Mandelli (*Annina*), Giuseppe Di Stefano (*Alfredo Germont*), Ettore Bastianini-Aldo Protti (*Giorgio Germont*), Giuseppe Zampieri (*Gastone, visconte di Letorières*), Arturo La Porta (*il barone Duphol*), Dario Caselli (*il marchese d'Obigny*), Silvio Maionica (*il dottor Grenvil*), Franco Ricciardi (*Giuseppe, servo di Violetta*), Carlo Forti (*un commissario*); *il balletto*: Vera Colombo, Gilda Maiocchi, Giuliana Barabaschi, Mario Pistoni, Walter Venditti — *Prima*: Milano, Teatro alla Scala, 28 maggio 1955.

IL CROGIUOLO (The Crucible)

t.: quattro atti di Arthur Miller — *tr.*: Luchino Visconti, Gino Bardi — *comp.*: Compagnia Italiana di Prosa Brignone-Santuccio-Pilotto-Albertini-D'Angelo — *r., all.*: Luchino Visconti — *as.r.*: Beppe Menegatti — *scg.*: L. Visconti, eseguite da Libero Petrassi, Anna e Italo Valentini — *d.sc.*: Dino Camuccio — *d.pal.*: Memo Ambrosi — *ass.all.*: Danilo Donati — *int. e pers.*: Tino Buazzelli (*rev. Samuel Parris*), Alida Cappellini (*Betty Parris, sua figlia*), Marisa Pizzardi (*Tituba, schiava negra*), Edda Albertini (*Abigail Williams*), Laura Giordano (*Susanna Walcott*), Paola Borboni (*Ann Putnam*), Cesare Fantoni (*Thomas Putnam*), Laura Betti (*Mercy Lewis*), Adriana Asti (*Mary Warren*) , Gianni Santuccio (*John Proctor*), Vittorina Benvenuti (*Rebecca Nurse*), Claudio Ermelli (*Giles Corey*), Carlo D'Angelo (*rev. John Hale, parroco di Beverly*), Lilla Brignone (*Elizabeth Proctor, moglie di John*), Bruno Smith (*Francis Nurse, marito di Rebecca*), Gianni Lepsky (*Ezekiel Cheever*), Aldo Talentino (*il maresciallo Herrick*), Olinto Cristina (*il giudice Hathorne*), Camillo Pilotto (*vice governatore Danforth*), Ida Talentino (*Martha Corey*), Amalia Pellegrini (*Sarah Good*), Emilio Marchesini (*Hopkins*), Lilla Gatti (*prima ragazza*), Ornella Cappellini (*seconda ragazza*), Lella Pedna (*terza ragazza*), Luisa Fiore (*quarta ragaz-*

za), Giuliana Lojodice (*quinta ragazza*), Maria Luisa Leonardi (*sesta ragazza*), Adriana Vianello (*settima ragazza*), Silvano Tranquilli (*prima guardia*), Antonino Milia (*seconda guardia*), Enzo Amadio (*terza guardia*), Marcello Donini (*quarta guardia*), Gianni Mazzonello (*quinta guardia*) — *Prima*: Roma, Teatro Quirino, 15 novembre 1955 (prima italiana).

Zio Vania (Djadja Vanja)

t.: quattro atti di Anton Pavlovič Cechov — *tr.*: Gerardo Guerrieri — *comp.*: Morelli-Stoppa — *r.*: Luchino Visconti — *as.r.*: Beppe Menegatti — *scg.*: Piero Tosi, eseguite da Libero Petrassi, Anna e Italo Valentini — *co.*: Piero Tosi — *d.sc.*: Renato Morozzi, Ugo Imbaglione — *lu.*: Enzo Torroni, Mimmo Campolmi — *int. e pers.*: Mario Pisu (*Aleksandr Vladimirovič Serebrjakov*), Eleonora Rossi Drago (*Elena Andreevna*), Rina Morelli (*Sofia Aleksandrovna, Sonja*), Elvira Betrone (*Maria Vasilevna Vojnizkaja*), Paolo Stoppa (*Ivan Petrovič Vojnizkij, zio Vanja*), Marcello Mastroianni (*Michail Lvovič Astrov*), Alberto Carloni (*Ilja Ilič Teleghin*), Celeste Aida Zanchi (*Marina*), Vittorio Stagni (*un garzone*) — *Prima*: Roma, Teatro Eliseo, 20 dicembre 1955.

Mario e il mago

t.: azione coreografica di Luchino Visconti, dal racconto di Thomas Mann — *mus.*: Franco Mannino — *r.*: Luchino Visconti — *scg, co.*: Lila de Nobili — *coreogr.*: Léonide Massine — *d.m.*: Luciano Rosada — *int.*: Jean Babilée (*Mario*), Salvo Randone (*il mago Cipolla*), Luciana Novaro (*Silvestra*), Ugo Dell'Ara (*Renato*) — *Prima*: Milano, Teatro alla Scala, 25 febbraio 1956 (prima assoluta).

Contessina Giulia (Fröken Julie)

t.: due atti di August Strindberg — *tr.*: Gerardo Guerrieri — *comp.*: Brignone-Girotti-Ninchi — *r.*: Luchino Visconti — *scg.*: Luchino Visconti, eseguite da Libero Petrassi, Anna e

Italo Valentini — *co.*: Luchino Visconti — *ass. all.*: Danilo Donati — *d.pal.*: Roberto Moro — *lu.*: Vannio Vanni — *mus.*: a cura di Bruno Nicolai, Giuseppe Crivelli — *int. e pers.*: Lilla Brignone (*Julie*), Massimo Girotti (*Jean*), Ave Ninchi (*la cuoca Kristin*), Elisa Mainardi (*una ragazza*), N. N. (*un ragazzo*) — *Prima*: Roma, Teatro delle Arti, 11 gennaio 1957.

ANNA BOLENA

lib.: tragedia lirica in tre atti di Felice Romani — *mus.*: Gaetano Donizetti — *r.*: Luchino Visconti — *scg.*: Nicola Benois, eseguite da Luigi Brilli, Carlo Ighina, Mario Mantovani, Antonio Molinari, Vincenzo Pignataro, Gino Romei — *co.*: Nicola Benois — *all.*: Nicola Benois — *lu.*: Giulio Lupetti — *d.m.*: Gianandrea Gavazzeni — *collab. d.m.*: Antonio Tonini — *coro*: Norberto Mola — *int. e pers.*: Nicola Rossi Lemeni (*Enrico VIII, re d'Inghilterra*), Maria Meneghini Callas (*Anna Bolena*), Giulietta Simionato (*Giovanna Seymour, damigella di Anna*), Plinio Clabassi (*Lord Rochefort, fratello di Anna*), Gianni Raimondi (*Lord Riccardo Percy*), Gabriella Carturan (*Smeton, paggio e musico della regina*), Luigi Rumbo (*Sir Harvey, ufficiale del re*) — *Prima*: Milano, Teatro alla Scala, 14 aprile 1957.

IFIGENIA IN TAURIDE (Iphigénie en Tauride)

lib.: tragedia lirica in quattro atti di Nicolas-François Guillard — *mus.*: Christoph Willibald Gluck — *r.*: Luchino Visconti — *scg., co.*: Nicola Benois, ispirati agli affreschi del Tiepolo a Palazzo Labia — *coreogr.*: Alfredo Rodriguez — *d.m.*: Nino Sanzogno — *coro*: Norberto Mola — *int. e pers.*: Maria Meneghini Callas (*Ifigenia*), Francesco Albanese (*Pilade*), Dino Dondi (*Oreste*), Anselmo Colzani (*Toante*), Fiorenza Cossotto (*Artemide*), Stefania Malagù ed Eva Perotti (*due sacerdotesse*), Edith Martelli (*una schiava greca*), Costantino Ego (*un servo del tempio*), Franco Piva (*uno scita*) — *Prima*: Milano, Teatro alla Scala, 1 giugno 1957.

L'IMPRESARIO DELLE SMIRNE

t.: tre atti di Carlo Goldoni — *comp.*: Morelli-Stoppa — *r.*: Luchino Visconti — *scg.*: Luchino Visconti, eseguite da Libero Petrassi, Italo e Anna Valentini — *co.*: Luchino Visconti — *as. all.*: Danilo Donati — *d.sc.*: Dino Camuccio — *d.pal.*: Renato Morozzi — *lu*: Mino Campolmi — *mus.*: Nino Rota — *d.m.*: Bruno Nicolai — *int. e pers.*: Paolo Stoppa *(Alì, turco)*, Ilaria Occhini *(Lucrezia, virtuosa fiorentina)*, Edda Albertini *(Tonina, virtuosa veneziana)*, Rina Morelli *(Annina, virtuosa bolognese)*, Elio Pandolfi *(il soprano Carluccio)*, Giancarlo Sbragia *(il conte Lasca)*, Corrado Pani *(il tenore Pasqualino)*, Valerio Ruggeri *(il poeta Maccario)*. Marcello Giorda *(il direttore di teatro Nibbio)*, Enrico Ostermann *(il locandiere Cavolo)*, Emilio Marchesini *(servitore di locanda)*, Vittorio Stagni *(Trottolo, servitore di Alì)* — *Prima*: Venezia, Teatro La Fenice, 1 agosto 1957 (Festival Internazionale del Teatro di Prosa).

MARATONA DI DANZA

lib.: balletto di Luchino Visconti — *mus.*: Hans Werner Henze — *r.*: Luchino Visconti — *as.r.*: Ines Mesina — *scg., co.*: Renzo Vespignani — *coreogr.*: Dick Sanders — *d.m.*: Richard Kraus — *int. e pers.*: Jean Babilée *(Jean)*, Marion Schnelle *(Margot)*, Gundula von Woyna *(Celestine)*, Friedel Herfurth *(diva cinematografica)*, Ingeborg Höhnisch e Ervin Bredow *(coppia concorrente)*, Lore Dörr e Peter Karwath, Traute Höhnisch e Wolfgang Klein, Rosemarie Lau e Detlef Hoppmann, Regina Wagner e Rudolf Holz *(coppie partecipanti alla maratona)*, Angela von Erckert e Klaus Beelitz, Gudrum Leben e Gerd Heruth, Dorle Müller e Rudolf Holz, Marion Schnelle e Horst Stibbe *(le quattro coppie che resistono)*, Irene Salomon *(la prima partner di Jean)*, Siegfried Dornbusch *(lo speaker)*, Konstanze Vernon *(la prima ragazza eliminata nella maratona)* — *Prima*: Berlino Ovest, Städtische Oper, 24 settembre 1957 (Berliner Festwochen 1957) (prima assoluta).

Uno sguardo dal ponte (A View from the Bridge)

t.: due tempi di Arthur Miller — *tr.*: Gerardo Guerrieri — *comp.*: Morelli-Stoppa — *r.*: Luchino Visconti — *ass.r.*: Eriprando Visconti — *scg.*: Mario Garbuglia, eseguite da Libero Petrassi, Italo e Anna Valentini, Parravicini — *d.sc.*: Dino Camuccio — *d.pal.*: Renato Morozzi — *lu.*: Vincenzo Cafiero — *int. e pers.*: Paolo Stoppa (*Eddie Carbone*), Rina Morelli (*Beatrice, sua moglie*), Ilaria Occhini (*Caterina, sua nipote*), Sergio Fantoni (*Marco*), Corrado Pani (*Rodolfo, suo fratello*), Marcello Giorda (*signor Alfieri*), Valerio Ruggeri (*Tony*), Franco Lantieri (*Louis*), Emilio Marchesini (*Mike*), Mimmo Palmara (*primo funzionario dell'Ufficio Immigrazione*), Vito Fasano (*secondo funzionario dell'Ufficio Immigrazione*), Amerigo Saltarelli (*Lipari*), Lina Rossoni (*la moglie di Lipari*), Mario Catoni (*primo clandestino*), Angelo Favorini (*secondo clandestino*) — *Prima*: Roma, Teatro Eliseo, 18 gennaio 1958 (prima assoluta).

Don Carlo

lib.: opera in cinque atti (otto quadri) di Joseph Méry e Camille du Locle, dalla tragedia di Friedrich Schiller — *tr.*: Achille de Lauzières — *mus.*: Giuseppe Verdi — *r.*: Luchino Visconti — *as.r.*: Enrico Medioli — *scg.*: L. Visconti, Mario Chiari — *co.*: L. Visconti Filippo Sanjust — *d.m.*: Carlo Maria Giulini — *int. e pers.*: Gré Brouwenstijn (*Elisabetta di Valois*), Fedora Barbieri-Giulietta Simionato (*la principessa d'Eboli*), John Vickers (*Don Carlo, infante di Spagna*), Tito Gobbi (*Rodrigo, marchese di Posa*), Boris Christoff (*Filippo II, re di Spagna*), Marco Stefanoni (*il Grande Inquisitore*), Joseph Rouleau (*un frate*), Jeanette Sinclair (*Tebaldo*), Margaret Lensky (*la contessa d'Aremberg*), Edgar Evans (*il conte di Lerma*), Robert Allman (*un araldo reale*), Ava June (*una voce dal cielo*) — *Prima*: Londra, Covent Garden, 9 maggio 1958.

Macbeth

lib.: melodramma in quattro atti di Francesco Maria Piave, dalla tragedia di William Shakespeare — *mus.*: Giuseppe Verdi — *r.*: Luchino Visconti — *as.r.*: Enrico Medioli — *scg.*: Piero Tosi, eseguite da Libero Petrassi, Anna e Italo Valentini — *co.*: Piero Tosi — *lu.*: Vannio Vanni — *d.m.*: Thomas Schippers con l'Orchestra Filarmonica Triestina — *coro*: Giulio Bertola — *d.m.pal.*: Giuseppe Bertelli — *int. e pers.*: Shakeh Vartenissian (*Lady Macbeth*), Carmine Torre (*Duncano*), William Chapman-Dino Dondi (*Macbeth*), Ferruccio Mazzoli-Ugo Trama (*Banco*), Giovanna Fioroni (*dama di Lady Macbeth*), Angelo Rossi-Nicola Nicoloff (*Macduff*), Valiano Natali (*Malcom*), Pasquale Loreti-Sandro Comini (*Fleanzio*), Paolo Dari (*medico*), Antonio Boyer (*un domestico-araldo*), Vittorio Tatozzi (*sicario*) — *Prima*: Spoleto, Teatro Nuovo, 5 giugno 1958 (Festival dei Due Mondi).

IMMAGINI E TEMPI DI ELEONORA DUSE

t.: a cura di Gerardo Guerrieri (spettacolo commemorativo) — *r.*: Luchino Visconti — *spv. inserti cinematografici*: Riccardo Redi — *int.*: Edmonda Aldini, Lia Angeleri, Lilla Brignone, Robert Brown, Tullio Carminati, Giorgio De Lullo, Rossella Falk, Cesare Fantoni, Vittorio Gassman, Emma Gramatica, Rina Morelli, Annibale Ninchi, Luise Rainer, Romolo Valli — *Prima*: Roma, Teatro Quirino, 3 ottobre 1958.

VEGLIA LA MIA CASA, ANGELO (Look Homeward, Angel)

t.: tre atti di Ketti Frings, dal romanzo di Thomas Wolfe — *tr.*: Suso Cecchi D'Amico — *comp.*: di Lilla Brignone — *r.*: Luchino Visconti — *as.r.*: Franco Indovina — *scg.*: Mario Garbuglia, eseguite da Libero Petrassi, Anna e Italo Valentini — *d.sc.*: Carlo Landi — *ca.*: Nino Rota — *int. e pers.*: Mario Valdemarin (*Ben Gant*), Elvira Cortese (*Marie « Fatty » Pert*), Gianna Giachetti (*Helen Gant Barton*), Valerio Ruggeri (*Hugh Barton*), Giuseppe Chinnici (*Will Pentland*), Lilla Brignone (*Eliza Gant*), Corrado Pani (*Eugene Gant*), Ada Vaschetti (*signora Clatt*), Gianni Garko (*Jake Clatt*), Annamaria Bottini (*signorina Brown*), Serena Bassano (*signorina Florry Mangle*), Cesare Polesello (*signor Farrel*), Adriana Asti (*Laura James*), Annibale Ninchi (*O.W. Gant*), Tino Bianchi (*dottor Mac Guire*), Alfredo Ricalzone (*Tarkinton*), Lia Angeleri (*madame Elizabeth*), Giovanni Materassi (*Luke Gant*) — *Prima*: Roma, Teatro Quirino, 11 ottobre 1958.

DEUX SUR LA BALANÇOIRE (Two for the Seesaw)

t.: tre atti (nove quadri) di William Gibson — *ad. francese*: Louise de Vilmorin — *r.*: Luchino Visconti — *scg.*: Luchino Visconti, eseguite da Pierre Simmini — *sonoro*: Fred Kiriloff — *int. e pers.*: Jean Marais (*Jerry Ryan*), Annie Girardot (*Gittel Mosca*) — *Prima*: Parigi, Théâtre des Ambassadeurs, 13 novembre 1958 (prima francese).

I RAGAZZI DELLA SIGNORA GIBBONS (Mrs. Gibbons' Boys)

t.: tre atti di Will Glickman e Joseph Stein — *tr.*: Suso Cecchi D'Amico — *comp.*: Morelli-Stoppa — *r.*: Luchino Visconti — *as.r.*: Eriprando Visconti — *scg.*: Mario Garbuglia, eseguite da Libero Petrassi, Anna e Italo Valentini — *d.sc.*: Dino Camuccio — *d.pal.*: Renato Morozzi — *int. e pers.*: Bice Valori (*Myra Hood*), Rina Morelli (*la signora Peggy Gibbons*), Gabriele Antonini (*Rudy Gibbons*), Franco Lantieri (*il signor Sciura, droghiere*), Marcello Giorda (*Coles*), Paolo Stoppa (*Lester Mac Michaels*), Giuseppe Pagliarini (*Woodrow W. Grupp*), Mimmo Palmara (*Francis Gibbons*), Emilio Marchesini (*Rodla Gibbons*), Sergio Fantoni (*Ernest Wagner, detto Cavallo*), Pina Sinagra (*Pearl*) — *Prima*: Roma, Teatro Eliseo, 20 dicembre 1958 (prima italiana).

FIGLI D'ARTE

t.: tre atti di Diego Fabbri — *comp.*: Morelli-Stoppa — *r.*: Luchino Visconti — *as.r.*: Eriprando Visconti — *scg.*: Mario Garbuglia, eseguite da Libero Petrassi, Anna e Italo Valentini, Parravicini, Arnaldo Copelli — *d.sc.*: Dino Camuccio — *d.pal.*: Renato Morozzi — *lu.*: Vincenzo Cafiero — *int. e pers.*: Paolo Stoppa (*Osvaldo*), Rina Morelli (*Matilde*), Ilaria Occhini (*Irene*), Françoise Spira (*Isabelle*), Teresa Franchini (*Rita Perticari, madre di Osvaldo*), Sergio Fantoni (*Carlo Mori, regista*),

Marcello Giorda (*il cav. Soprani, direttore del teatro*), Gabriele Antonini (*Gigi, segretario della compagnia*), Valerio Ruggeri (*Giacomino, suggeritore*), Emilio Marchesini (*Mario, elettricista*), Giuseppe Colizzi (*Ernesto Vinci, scenografo*), Mimmo Palmara (*capo macchinista*), Franco Lantieri (*macchinista*), Pina Sinagra (*costumista*), Renato Morozzi (*Renato, direttore di scena*), Dino Camuccio (*assistente del direttore di scena*) — Prima: Roma, Teatro Eliseo, 1 marzo 1959 (prima assoluta).

IL DUCA D'ALBA

lib.: opera in tre atti di Eugène Scribe — *tr.*: Angelo Zanardini — *mus.*: Gaetano Donizetti — *r.*: Luchino Visconti — *as.r.*: Enrico Medioli — *scg.*: Carlo Ferrario, eseguite da Parravicini — *all., co.*: L. Visconti, Filippo Sanjust — *d.sc.*: Giorgio Scotton — *d.m.*: Thomas Schippers, con l'Orchestra Filarmonica Triestina — *coro*: Adolfo Fanfani, con il Coro del Teatro Verdi di Trieste — *collab. d.m.*: Giuseppe Bertelli — *int. e pers.*: Renato Cioni (*Marcello di Bruges*), Wladimiro Ganzarolli (*Sandoval*), Luigi Quilico (*il duca d'Alba*), Enzo Tei (*Carlo*), Ivana Tosini (*Amelia d'Egmont*), Franco Ventriglia (*Daniele, birraio*) — Prima: Spoleto, Teatro Nuovo, 11 giugno 1959 (Festival dei Due Mondi).

L'ARIALDA

t.: tre atti (due tempi) di Giovanni Testori — *comp.*: Morelli-Stoppa — *r.*: Luchino Visconti — *as.r.*: Marcello Aliprandi — *scg.*: L. Visconti, eseguite da Liberto Petrassi, Anna e Italo Valentini — *d.sc.*: Dino Camuccio — *d.pal.*: Renato Morozzi — *lu.*: Mino Campolmi — *mus.*: Nino Rota — *int. e pers.*: Elvira Betrone (*Alfonsina Repossi*), Rina Morelli (*Arialda Repossi*), Marino Masé (*Eros Repossi*), Paolo Stoppa (*Amilcare Candidezza*), Umberto Orsini (*Gino Candidezza*), Giuseppe Belfiore (*Stefano Candidezza, detto Quattretti*), Pupella Maggio (*Gaetana Molise, ved. Carimati*), Lucilla Morlacchi (*Rosangela Carimati*), Valeria Moriconi (*Mina Boniardi*), Piero Leri (*Oreste Scotti*), Lucia Romanoni (*Adele Resnati*), Nino Fuscagni (*Angelo Gariboldi*), Pina Sinagra

(Ernesta Reparati), Lauretta Torchio *(Lidia Balzaretti)*, Riccardo Olivieri *(Tino Airaghi)* — *Prima*: Roma, Teatro Eliseo, 22 dicembre 1960 (prima assoluta).

DOMMAGE QU'ELLE SOIT UNE P... (Tis Pity She's a Whore)

t.: cinque atti di John Ford — *tr. francese*: Georges Beaume — *r.*: Luchino Visconti — *as.r.*: Jerry Macc, Stephane Iscovesco — *scg.*: Luchino Visconti — *co.*: Piero Tosi — *mus.*: Gerolamo Frescobaldi, Carlo Gesualdo de Venoza, Giraldo Fantani, Etienne du Tertre, Pierluigi da Palestrina, Nino Rota — *int. e pers.*: Romy Schneider *(Annabella)*, Alain Delon *(Giovanni)*, Valentine Tessier *(Putana, la nutrice)*, Daniel Sorano *(Vasquès)*, Sylvia Monfort *(Ippolita)*, Lucien Baroux *(Donado)*, Pierre Asso *(frate Bonaventura)*, Jean-François Calvé *(Soranzo)*, Jacques Dégor *(Grimaldi)*, Gérard Darrieu *(Bergetto)*, Jean Roquelle *(Poggio)*, Alain Nobis *(Ricciardetto)*, Martine Messager *(Filoti)*, Paul Amiot *(il cardinale)*, Jacques Berlioz *(Florio)*, Daniel Emilforn *(il nunzio)*, Lucien Bryonne *(il vescovo)*, Patrick Roussel *(il capo delle guardie)*, Michel Chastenet *(il valletto del cardinale)* e 42 comparse — *Prima*: Parigi, Téâtre de Paris, 29 marzo 1961.

SALOME

lib.: dramma musicale in un atto di Hedwig Lachmann, dal poema di Oscar Wilde — *mus.*: Richard Strauss — *r.*: Luchino Visconti — *as.r.*: Marcello Aliprandi, Roger Fritz, Richard Pearlman — *scg.*: Luchino Visconti, eseguite da Libero Petrassi, Anna e Italo Valentini — *co.*: Luchino Visconti, eseguiti da Peter Hall — *coreogr.*: Arthur Mitchell — *d.m.*: Thomas Schippers — *as.d.m.*: Louise Sherman — *d.sc.*: Dino Camuccio — *d.pal.*: Renato Morozzi — *all.*: Fiorella Mariani — *lu.*: Vannio Vanni — *d.m. pal.*: Giuseppe Giardina — *collab. sc.*: Paolo Guiotto — *int. e pers.*: Margaret Tynes *(Salome)*, Lili Chookasian *(Erodiade)*, George Shirley *(Erode)*, Giovanna Fioroni *(paggio di Erodiade)*, Robert Anderson *(Jokanaan)*, Paul Arnold *(Narraboth)*, Walter Brunelli *(primo ebreo)*, Tomaso Frascati *(secondo ebreo)*, Renato Ercolani *(terzo ebreo)*, Alfredo Nobili *(quarto ebreo)*, Leo Pudis *(quinto ebreo)*, Sergio Pezzetti *(primo nazzareno/l'uomo di Cappadocia)*, Tomaso Spataro *(secondo nazzareno/uno schiavo)*, James Loomis *(primo soldato)*, Vito Susca *(secondo soldato)* — *Prima*: Spoleto, Teatro Nuovo, 30 giugno 1961 (Festival dei Due Mondi).

IL DIAVOLO IN GIARDINO

lib.: commedia storico pastorale in tre atti e quattro quadri di Luchino Visconti, Filippo Sanjust, Enrico Medioli — *mus.*: Franco Mannino — *r.*: Luchino Visconti — *as.r.*: Enrico Medioli, Marcello Aliprandi — *scg., co.*: L. Visconti, Filippo Sanjust — *d.m.*: Franco Mannino, con Orchestra e Coro del Teatro Massimo — *coro*: Roberto Benaglio — *int. e pers.*: Jolanda Gardino *(Madame de Tourzel, governante dei « bambini di Francia »)*, Glauco Scarlini *(Boehmer, gioielliere)*, Enrico Campi *(Bassenge, gioielliere)*, Elena Barcis *(Madame Poitrine, nutrice del Delfino)*, Rosario Guanziroli *(il Delfino di Francia)*, Rosanna Peirani *(Madame Royale, sorella del Delfino)*, Clara Petrella *(Jeanne de la Motte)*, Antonio Spruzzola Zola *(il conte de la Motte)*, Franco Giordano *(l'ambasciatore di Spagna)*, Arturo La Porta *(il conte d'Artois)*, Antonietta Mazza Medici *(Madame de Polignac)*, Linda Kirian *(Madame de Guemené)*, Amedeo Berdini *(il duca di Brancas)*, Laura Zanini *(Madame de Lamballe)*, Franco Cotogno *(un gentiluomo)*, Pietro Ferrara *(id.)*, Mario Ferrara *(id.)*, Guido Malfatti *(id.)*, Angela Cardile *(una dama)*, Dina Sassoli *(id.)*, Antonella Della Porta *(id.)*, Carmen Scarpitta *(id.)*, Marina Cucchio *(voce di donna)*, Ugo Benelli *(Dubut de la Tagnerette)*, Gianna Galli *(Nicole, mondana)*, Elvira Ravaglia *(Giuseppina)*, Silvana Tumicelli *(Sofia)*, Elena Barcis *(Vittorina)*, Paola Mantovani *(Marie Constance)*, Vera Magrini *(Janine)*, Antonio Boyer *(il cardinale di Rohan)*, Antonio Annaloro *(il conte di Cagliostro)*, Rena Garazioti *(Assunta, cuoca di Cagliostro)*, Loris Loddi *(il diavolo)*, Marina Cucchio *(la dama velata)* — *Prima*: Palermo, Teatro Massimo, 29 febbraio 1963 (prima assoluta).

La traviata

lib.: melodramma in quattro atti di Francesco Maria Piave
— *mus.*: Giuseppe Verdi — *r.*: Luchino Visconti — *as.r.*:
Paolo Radaelli, Alberto Fassini — *scg.*: L. Visconti —
as.scg.: Ferdinando Scarfiotti — *co.*: Piero Tosi, Bice Brichetto — *coreogr.*: Rhoda Levine — *d.m.*: Robert La Marchina,
con l'Orchestra Sinfonica Siciliana — *as.d.m.*: Louise Sherman
— *coro*: Giuseppe Giardina, con il Coro dell'Istituzione Corale Romana — *int. e pers.*: Franca Fabbri (*Violetta Valéry*),
Daniela Dinato (*Flora Bervoix*), Sally Silver (*Annina*), Franco
Bonisolli (*Alfredo Germont*), Mario Basiola jr. (*Giorgio
Germont*), Mario Ferrara (*Gastone*), Alberto Carusi (*il barone
Duphol*), Vittorio Susca (*il marchese D'Obigny*), Attilio Bur-
chiellaro (*il dottor Grenvil*), Franco Tariciotti (*Giuseppe*), Alberto Guelfi (*un domestico di Flora*), Mario Elia (*un commissa-
rio*); *il balletto*: Arlene Avril, Siro Figueroa, Emma Prioli,
Hanna de Quell, Fausto Spada, Helge Grau, Angelo Infanti,
Luciano Luciani — *Prima*: Spoleto, Teatro Nuovo, 20 giugno
1963 (Festival dei Due Mondi).

Il tredicesimo albero (Le treizième arbre)

t.: scherzo in un atto di André Gide — *tr.*: Suso Cecchi
D'Amico — *r.*: Luchino Visconti — *as.r.*: Paolo Radaelli —
int. e pers.: Rina Morelli (*la contessa*), Giacomo Piperno (*il
conte, figlio della contessa*), Osvaldo Ruggeri (*Armando, nipote della contessa*), Gianni Garko (*il dottore psicanalista*),
Valerio Ruggeri (*il filologo*), Romolo Valli (*il parroco*), Vittorio Caprioli (*Boccage*), Wendy Hanson (*Miss Plot*), Niki-
foros Naneris (*un domestico*) — *Prima*: Spoleto, Teatro Caio
Melisso, 9 luglio 1963 (Festival dei Due Mondi).

Le nozze di Figaro

lib.: opera buffa in quattro atti di Lorenzo Da Ponte, dalla
commendia di Pierre A. Caron de Beaumarchais — *mus.*:
Wolfgang Amadeus Mozart — *r.*: Luchino Visconti — *as.r.*:
Alberto Fassini — *scg., co.*: L. Visconti, Filippo Sanjust —

coreogr.: Attilia Radice — *all.*: Giovanni Cruciani — *d.m.pal.*: Luigi Ricci — *lu.*: Alessandro Drago — *d.m.*: Carlo Maria Giulini, con l'Orchestra del Teatro dell'Opera — *coro*: Gianni Lazzari — *collab.d.m.*: Ugo Catania — *int. e pers.*: Ugo Trama *(il conte d'Almaviva)*, Ilva Ligabue *(la contessa Rosina, sua moglie)*, Rolando Panerai *(Figaro, cameriere del conte)*, Mariella Adani *(Susanna, cameriera della contessa)*, Emilia Ravaglia *(Barbarina, figlia di Antonio)*, Stefania Malagù *(Cherubino, paggio)*, Leonardo Monreale *(Bartolo, medico)*, Silvana Zanolli *(Marcellina, governante)*, Hugues Cuenod *(Don Basilio, maestro di cappella)*, Giorgio Onesti *(Antonio, giardiniere)*, Mario Carlin *(Don Curzio, giudice)*, Gianna Lollini *(una donna)*, Clara Corradi *(un'altra donna)* — *Prima*: Roma, Teatro dell'Opera, 21 maggio 1964.

IL TROVATORE

lib.: melodramma in quattro atti di Salvatore Cammarano, dalla commedia di Antonio Garcia Gutiérrez — *mus.*: Giuseppe Verdi — *r.*: Luchino Visconti — *collab.r.*: Alberto Fassini — *scg., co.*: Nicola Benois — *d.m.*: Gianandrea Gavazzeni, con l'Orchestra e il Coro del Teatro alla Scala di Milano — *int. e pers.*: Piero Capuccilli *(il conte di Luna)*, Gabriella Tucci *(Leonora)*, Giulietta Simionato *(Azucena)*, Carlo Bergonzi *(Manrico)*, Ivo Vinco *(Ferrando)*, Mirella Fiorentini *(Ines)*, Piero De Palma *(Ruiz)*, Virgilio Carbonari *(un vecchio zingaro)*, Franco Ricciardi *(un messo)* — *Prima*: Mosca, Teatro Bolšoi, 10 settembre 1964.

IL TROVATORE

lib.: melodramma in quattro atti di Salvatore Cammarano, dalla commedia di Antonio Garcia Gutiérrez — *mus.*: Giuseppe Verdi — *r.*: Luchino Visconti — *scg., co.*: Filippo Sanjust — *d.m.*: Carlo Maria Giulini, con l'Orchestra e il Coro del Covent Garden — *coro*: Douglas Robinson — *int. e pers.*: Joseph Rouleau *(Ferrando)*, Gwyneth Jones *(Leonora)*, Elizabeth Bainbridge *(Ines)*, Peter Glossop *(il conte di Luna)*, Bruno Prevedi *(Manrico)*, Giulietta Simionato *(Azucena)*, William

Clothier *(un vecchio zingaro)*, Hanel Owen *(un messaggero)*, John Dobson *(Ruiz)* — *Prima*: Londra, Covent Garden, 19 novembre 1964.

APRÈS LA CHUTE (After the Fall)

t.: due tempi di Arthur Miller — *tr. francese*: Henri Robillot — *r.*: Luchino Visconti — *as.r.*: Albino Cocco, Maurice Ducasse — *scg.*: Mario Garbuglia — *co.*: Marc Bohan (Christian Dior) — *mus.*: David Amram — *int. e pers.*: Annie Girardot *(Maggie)*, Michel Auclair *(Quentin)*, Clotilde Joano *(Holga)*, Marie-France Boyer *(Felice)*, Marcelle Ranson *(Louise)*, Michel Nastorg *(Iske, il padre)*, Jean Juillard *(Dan)*, Jeanne Aubert *(la madre)*, Véronique Vendell *(Elsie)*, Pierre Leproux *(Lou)*, Hervé Sand *(Mickey)*, Marc Laurent *(il ragazzo dell'autobus)* — *Prima*: Parigi, Théâtre du Gymnase, 19 gennaio 1965.

IL GIARDINO DEI CILIEGI (Višnëvyj sad)

t.: quattro atti di Anton Pavlovič Cechov — *tr.*: Gerardo Guerrieri — *comp.*: del Teatro Stabile della Città di Roma diretta da Vito Pandolfi — *r.*: Luchino Visconti — *as.r*: Paolo Radaelli — *scg.*: Luchino Visconti, Ferdinando Scarfiotti, eseguite da Libero Petrassi, Anna e Italo Valentini — *co.*: L. Visconti, Ferdinando Scarfiotti — *d.t.*: Renato Morozzi — *d.sc.*: Dino Camuccio — *lu.*: Armando Stacchini — *int. e pers.*: Rina Morelli *(Ljubov Andreevna Ranevskaja)*, Ottavia Piccolo *(Anja, sua figlia)*, Lucilla Morlacchi *(Varja, sua figlia adottiva)*, Paolo Stoppa *(Leonid Andreevič Gaev)*, Tino Carraro *(Ermolaj Alekseevič Lopachin)*, Massimo Girotti *(Pëtr Sergeevič Trofimov)*, Armando Migliari *(Boris Borisovič Simeonov-Piščik)*, Marisa Quattrini *(Charlotte Ivànovna)*, Ezio Marano *(Semën Panteleevič Epichodov)*, Donatella Ceccarello *(Dunjaša)*, Sergio Tofano *(Firs)*, Alberto Terrani *(Jaša)*, Adalberto Maria Merli *(un vagabondo)*, Luigi La Monaca *(il capostazione)*, Vittorio Di Prima *(l'impiegato postale)* — *Prima*: Roma, Teatro Valle, 26 ottobre 1975.

Don Carlo

lib.: opera in cinque atti e otto quadri di Joseph Méry e Camille du Locle, dalla tragedia di Friedrich Schiller — *tr.*: Achille de Lauzières — *mus.*: Giuseppe Verdi — *r.*: Luchino Visconti — *as.r.*: Alberto Fassini, Paolo Radaelli — *scg.*: L. Visconti, eseguite da Ettore Rondelli — *co.*: L. Visconti — *collab.co.*: Vera Marzot, Samuel Verts — *all.*: Giovanni Cruciani — *lu.*: Alessandro Drago — *d.m.pal.*: Luigi Ricci — *d.m.*: Carlo Maria Giulini — *coro*: Gianni Lazzari — *coll.d.m.*: Alberto Paoletti — *int. e pers.*: Cesare Siepi (*Filippo II, re di Spagna*), Gianfranco Cecchele (*don Carlo, infante di Spagna*), Kostas Paskalis (*Rodrigo, marchese di Posa*), Martti Talvela (*il Grande Inquisitore*), Franco Pugliese (*un frate*), Suzanne Sarroca (*Elisabetta di Valois*), Mirella Parutto Boyer (*la principessa d'Eboli*), Virginia De Notaristefani (*Tebaldo, paggio di Elisabetta*), Rita Misiano (*la contessa d'Aremberg*), Fernando Jacopucci (*il conte di Lerma*), Athos Cesarini (*un araldo reale*), Emilia Ravaglia (*una voce dal cielo*) — *Prima*: Roma, Teatro dell'Opera, 20 novembre 1965.

Falstaff

lib.: opera comica in tre atti (sei quadri) di Arrigo Boito — *mus.*: Giuseppe Verdi — *r.*: Luchino Visconti — *as.r.*: Alberto Fassini, Richard Bletschocher — *scg., co.*: L. Visconti, Ferdinando Scarfiotti — *d.pal.*: Heinrich Schmidt — *coreogr.*: Gerlinde Dill — *lu.*: Albin Ratter — *d.t.*: Hans Felkel — *d.m.*: Leonard Bernstein — *coro*: Roberto Benaglio — *as. coro*: Norbert Balatsch — *int. e pers.*: Dietrich Fischer-Dieskau (*Falstaff*), Rolando Panerai (*Ford*), Regina Resnik (*Mrs. Quickly*), Ilva Ligabue (*Mrs. Alice Ford*), Hilde Rössel-Majdan (*Mrs. Meg Page*), Graziella Sciutti (*Anne*), Juan Oncina (*Fenton*), Gerhard Stolze (*dr. Caius*), Murray Dickie (*Bardolfo*), Erich Kunz (*Pistola*) — *Prima*: Vienna, Staatsoper, 14 marzo 1966.

Der Rosenkavalier

lib.: commedia per musica di Hugo von Hofmannsthal — *mus.*: Richard Strauss — *r.*: Luchino Visconti — *scg.*: Luchino Visconti, Ferdinando Scarfiotti — *co.*: Vera Marzot — *lu.*: L. Visconti, Bill McGee — *d.m.*: Georg Solti, con l'Orchestra e il Coro del Covent Garden — *coro*: Douglas Robinson — *int. e pers.*: Sena Jurinac (*la marescialla, principessa von Werdenberg*), Josephine Veasey (*Ottaviano, detto Quinquin*), Winston Brown (*paggio nero della principessa*), Clifford Starr (*cameriere della principessa*), Wilfred Jones (*id.*), David Winnard (*id.*), Stanley Cooper (*id.*), Michael Langdon (*barone Ochs di Lerchenau*), Malcolm Campbell (*maggiordomo della principessa*), Nada Pobjoy (*una vedova nobile*), Jean Cross (*un orfano nobile*), Phyllis Aver (*id.*), Marybelle Oakes (*id.*), Anne Finley (*una sarta*), Daniel McCoshan (*un venditore di animali*), Doreen Robertson (*una parrucchiera*), Dennis Wicks (*un avvocato*), John Dobson (*Valzacchi*), Yvonne Minton (*Armina*), Kenneth MacDonald (*un tenore*), Ernest Rosser (*un suonatore di flauto*), George MacPherson (*Leopoldo*), Ronald Lewis (*signore di Faninal*), Joan Carlyle (*Sophie*), Margaret Kingsley (*Marianne Leitmetzerin*), Arthur Cobbin (*maggiordomo di Faninal*), Keit Raggett (*servo del barone Ochs*), Charles Morris (*id.*), Glynne Thomas (*id.*), Andrew Sellars (*id.*), Ignatius McFadyen (*un dottore*), Robert Bowman (*un padrone di casa*), Keith Raggett (*un cameriere*), Alan Jones (*id.*), Arthur Cobbin (*id.*), Rhydderch Davies (*id.*), Eric Garrett (*un commissario di polizia*) — *Prima*: Londra, Covent Garden, 21 aprile 1966.

La traviata

t: melodramma in tre atti e quattro scene di Francesco Maria Piave — *mus.*: Giuseppe Verdi — *r.*: Luchino Visconti — *scg.*: Nato Frascà — *co.*: Vera Marzot — *lu.*: L. Visconti, Bill McGee — *d.m.*: Carlo Maria Giulini, con l'Orchestra e il Coro del Covent Garden — *coro*: Douglas Robinson — *balletto*: The Covent Garden Opera Ballet guidato da Peter Clegg e Romayne Grigorova — *coreogr. balletto III atto*: Peter Clegg — *int. e pers.*: Mirella Freni (*Violetta Valéry*), George

McPherson *(il barone Duphol)*, David Kelly *(il dottor Grenvil)*, Anne Howells *(Flora Bervoix)*, Eric Garret *(il marchese d'Obigny)*, John Lanigan *(Gastone)*, Renato Cioni *(Alfredo Germont)*, Elisabeth Bainbridge *(Annina)*, Robert Bowman *(Giuseppe)*, Piero Cappuccilli *(Giorgio Germont)*, Keith Raggett *(un commissionario)*, William Clothier *(un domestico di Flora)* — *Prima*: Londra, Covent Garden, 19 aprile 1967.

EGMONT

t.: cinque atti di Wolfgang Goethe — *tr.*: Fedele D'Amico — *mus.*: Ludwig van Beethoven — *r.*: Luchino Visconti — *scg., co.*: Ferdinando Scarfiotti — *all.*: Egisto Bettini — *d.m.*: Gianandrea Gavazzeni, con l'Orchestra del Maggio Musicale Fiorentino — *soprano*: Nicoletta Panni — *int. e pers.*: Elsa Albani *(Margherita di Parma)*, Giorgio De Lullo *(il conte Egmont)*, Renzo Palmer *(Guglielmo d'Orange)*, Romolo Valli *(il duca d'Alba)*, Nanni Bertorelli *(Ferdinando)*, Egisto Marcucci *(Machiavelli)*, Piero Faggioni *(Riccardo)*, Amos Davoli *(Silva)*, Vanni Materassi *(Gomez)*, Ottavia Piccolo *(Chiarina)*, Nora Ricci *(sua madre)*, Luigi Diberti *(Brackenburg)*, Italo Dall'Orto *(Soest, merciaio)*, Ugo Maria Morosi *(Jetter, sarto)*, Andrea Matteuzzi *(un falegname)*, Salvatore Puntillo *(un saponaio)*, Adalberto Maria Merli *(Buyck/Vansen, scrivano)*, Luigi Battaglia *(Ruysum)*, Alberto Marescalchi *(primo popolano)*, Bruno Gobbi *(secondo popolano)*, Antonio Piovanelli *(terzo popolano)* — *Prima*: Firenze, Cortile di Palazzo Pitti, 6 giugno 1967 (Maggio Musicale Fiorentino).

LA MONACA DI MONZA

t.: due tempi di Giovanni Testori — *comp.*: Brignone-Fortunato-Fantoni-Ronconi — *r.*: Luchino Visconti — *as.r.*: Paolo Radaelli — *aiuto r.*: Ugo Maria Morosi — *scg.*: L. Visconti, eseguite da Libero Petrassi, Anna e Italo Valentini — *d.sc.*: Enzo Venturini — *as.all.*: Gianni de Benedictis — *int. e pers.*: Lilla Brignone *(Marianna de Leyva)*, Sergio Fantoni *(Gian Paolo Osio)*, Valentina Fortunato *(Caterina)*, Adriana Alben *(suor Benedetta)*, Anna Carena *(Francesca Imbersaga)*, Mariangela Melato (*suor Ottavia*), Carlo Sabatini (*don Arrigone*), Alberto Terrani (*il Vicario criminale*) — *Prima*: Cesena, Teatro Bonci, 28 ottobre 1967 (prima assoluta).

L'INSERZIONE

t.: due tempi di Natalia Ginzburg — *comp.*: Compagnia Stabile del Teatro S. Babila diretta da Fantasio Piccoli — *r.*: Luchino Visconti — *as.r.*: Gianni Silvestri — *scg.*: Ferdinando Scarfiotti, eseguite da Carlo Boltelli e Luigi Brozzi — *co.*: Ferdinando Scarfiotti — *d.sc.*: Giorgio Manganelli — *lu.*: Vittorio Garavelli, Umberto Borelli — *int. e pers.*: Adriana Asti (*Teresa*), Franco Interlenghi (*Lorenzo*), Mariangela Melato (*Elena*), Antonella Bracco Scattorin (*Giovanna*), Luciano Bartoli (*un ragazzo*) — *Prima*: Milano, Teatro S. Babila, 2 febbraio 1969 (prima assoluta).

SIMON BOCCANEGRA

lib.: melodramma in un prologo e tre atti (cinque quadri) di Francesco Maria Piave e Arrigo Boito — *mus.*: Giuseppe Verdi — *r.*: Luchino Visconti — *as.r.*: Alberto Fassini — *d.t.*: Hans Felkel — *scg., co.*: L. Visconti, Ferdinando Scarfiotti — *d.m.*: Josef Krips — *coro*: Norbert Balatsch — *int. e pers.*: Gundula Janowitz (*Amelia Grimaldi*), Carlo Cossutta (*Gabriele Adorno*), Eberhard Wätcher (*Simon Boccanegra*), Nicolaj Ghiaurov (*Jacopo Fiesco*), Robert Kerns (*Paolo Albiani*), Manfred Jungwirth (*Pietro*), Mario Guggia (*un capitano*), Margareta Sjöstedt (*una dama di Amelia*) — *Prima*: Vienna, Staatsoper, 28 marzo 1969.

TANTO TEMPO FA (Old Times)

t.: due tempi di Harold Pinter — *tr.*: Gerardo Guerrieri — *r.*: Luchino Visconti — *as.r.*: Giorgio Ferrara — *scg.*: Mario Garbuglia — *int. e pers.*: Adriana Asti (*Kate*), Umberto Orsini (*Deeley*), Valentina Cortese (*Anna*) — *Prima*: Roma, Teatro Argentina, 3 maggio 1973 (prima italiana).

MANON LESCAUT

lib.: dramma lirico in quattro atti di Marco Praga, Domenico Oliva, Giulio Ricordi, Luigi Illica — *mus.*: Giacomo Puccini — *r.*: Luchino Visconti — *collab.r.*: Alberto Fassini — *as.r.*: Pasqualino Pennarola, Ruggero Rimini — *scg.*: Lila de Nobili, Emilio Carcano — *co.*: Piero Tosi, Gabriella Pescucci — *d.m.*: Thomas Schippers con l'orchestra della National Orchestral Association — *collab.d.m.*: Eugene Kohn — *as.d.m.*: Charles Bontrager — *as. musicali*: Mooky Dagan, Lorenzo Muti — *coro*: Joseph R. Flummerfelt con The Westminster Choir — *int. e pers.*: Nancy Shade (*Manon Lescaut*), Angelo Romero (*Lescaut, sergente delle guardie del re*), Harry Theyard (*il cavaliere Renato Des Grieux*), Carlo Del Bosco (*Geronte De Ravoir*), Ezio Di Cesare (*Edmondo, studente/un comandante di marina*), Doug Clayton (*l'oste*), Pier Francesco Poli (*il maestro di ballo/un lampionaio*), Madeline Rivera (*un musico*), Ubaldo Carosi (*un sergente degli arcieri*) — *Prima*: Spoleto, Teatro Nuovo, 21 giugno 1973 (Festival dei Due Mondi).

NOTE AL TESTO

CAPITOLO I: L'infanzia e la giovinezza.

La pagina autobiografica scritta da Luchino Visconti presumibilmente nel 1938 è tratta da una cartella intitolata « Appunti - scritti vari » di proprietà della famiglia Visconti. È stata esposta alla Mostra « Visconti: il teatro », Reggio Emilia, Teatro Municipale, 2 novembre 1977-2 gennaio 1978, e pubblicata nel Catalogo a cura di C. D'Amico de Carvalho a pag. 66 (n. 12). La riproduzione fotografica di questa pagina è compresa nel volume *Album Visconti*, a cura di C. D'Amico de Carvalho, Sonzogno, Milano 1978, p. 14. Nel medesimo *Album* sono pubblicati numerosi dati e fotografie relativi alla famiglia Visconti e all'infanzia e adolescenza di Luchino. Vi si trova anche la riproduzione fotografica di un ventaglio-souvenir dello spettacolo *Per un bacio...!*, vaudeville in tre atti di Joseph von Icsti (pseudonimo anagrammato di Giuseppe Visconti), rappresentato al « Teatro Casa Giuseppe Visconti di Modrone » nei mesi di maggio-giugno 1911; nonché tre fotografie di scena dei tre atti della rivista *Giocondiamo?*, rappresentata nello stesso anno, alle pp. 36-39.

Le informazioni relative alla « Società anonima per l'esercizio del Teatro alla Scala » sono tratte da G. PECORINI, *Storia dell'amministrazione scaligera*, in AA.VV., *La Scala*, Nuove Edizioni Milano, Milano 1966, pp. 373-380.

La dichiarazione di Luchino Visconti relativa al suo interesse per Proust è contenuta nell'intervista da lui concessa a Giancarlo Marmori e pubblicata su « L'Espresso » del 21 dicembre 1969. Essa è parzialmente riprodotta in *Leggere Vi-*

sconti, a cura di G. Callegari e N. Lodato, Amministrazione Provinciale di Pavia, Pavia 1976, p. 135.

La citazione del testo biografico di Giorgio Prosperi è tratta da G. PROSPERI, *Vita irrequieta di Luchino Visconti*, I, *Nel quartetto di famiglia Luchino suonava il violoncello*, in « La Settimana Incom Illustrata », VII, n. 13, 1951. La testimonianza dello stesso Visconti è contenuta nell'intervista da lui concessa a Franco Rispoli e pubblicata su « Settimo Giorno » del 28 maggio 1963. Essa è parzialmente riprodotta in *Album Visconti* cit., p. 35. La testimonianza di Corrado Corradi dell'Acqua è stata raccolta nel corso di una conversazione svoltasi a Milano il 7 marzo 1978.

L'articolo pubblicato su « La Sera » dell'8-9 giugno 1920 è stato esposto alla Mostra « Visconti: il teatro » cit. e pubblicato nel Catalogo cit. a pp. 69-70 (n. 35). La testimonianza di Franco Mannino è stata raccolta nel corso di una conversazione svoltasi a Torino il 16 ottobre 1979.

Le informazioni relative all'edizione a stampa dell'opuscolo *Battute* sono state raccolte nel corso di una conversazione, svoltasi a Milano il 7 marzo 1978, con la sorella di Luchino Visconti, Signora Ida Gastel. Quelle relative alla commedia *Il gioco della verità* sono tratte dalla scheda n. 44 compilata da Caterina D'Amico de Carvalho per il Catalogo della Mostra « Visconti: il teatro » cit., pp. 71-72.

La citazione di Caterina D'Amico de Carvalho è tratta da *Album Visconti* cit., p. 59; quella di Giorgio Prosperi da *Vita irrequieta di Luchino Visconti*, I, *Nel quartetto di famiglia...*, cit. e II. *Lo mandarono sotto le armi perché non combinasse altri guai*, « La Settimana Incom Illustrata », VII, n. 14, 1951. La confessione di Visconti si trova in *Io, Luchino Visconti*, confessioni e ricordi raccolti da Aurelio Di Sovico, « Il Mondo », n. 1-2, 8 gennaio 1976, riprodotto integralmente in calce a *Luchino Visconti. Quarant'anni di cinema (1936-1976)*, a cura di G. Callegari e N. Lodato, Amministrazione Provinciale di Pavia, Pavia, settembre 1976. Dal medesimo testo sono tratti i ricordi di Visconti citati più oltre.

La testimonianza di Ida Visconti Gastel su Donna Carla Visconti è stata raccolta nel corso della citata conversazione del 7 marzo 1978. Nella medesima conversazione e in quella avuta con l'altra sorella di Luchino, Uberta, a Roma il 28 gennaio 1978, si è parlato a lungo dei rapporti d'affetto, profondo e duraturo, fra Luchino e la madre.

La lunga conversazione di Luchino Visconti con Costanzo Costantini è riportata in C. COSTANTINI, *L'ultimo Visconti*, Sugarco, Milano 1976, p. 38, a riguardo della sua famiglia; e pp. 34 e 42, a riguardo della sua fede religiosa.

Il Libretto Personale di Luchino Visconti arruolato nel Reggimento Savoia Cavalleria è conservato fra le carte di proprietà della famiglia Visconti. Esso è stato esposto alla Mostra « Visconti: il teatro » cit. (cfr. Catalogo cit., p. 70, [n. 38]) e riprodotto in *Album Visconti* cit., p. 62.

I dati e le testimonianze sull'attività di Visconti come allevatore di cavalli, raccolti dal nipote Luchino Gastel, mi sono stati gentilmente forniti da Caterina D'Amico de Carvalho e da lei stessa pubblicati nel Catalogo della Mostra « Visconti: il teatro » cit., pp. 70-71 (nn. 40-43) e in *Album Visconti* cit., pp. 59 e 64-67. L'appunto manoscritto di Visconti sul cavallo Sanzio, in calce a una fotografia del campione, è riprodotto in *Album Visconti* cit., p. 65.

La citazione di Giorgio Prosperi è tratta da *Vita irrequieta di Luchino Visconti*, II, *Lo mandarono...*, cit.

CAPITOLO II: La formazione professionale.

La prima pagina della commedia *Il gioco della verità* di Luchino Visconti e Livio dell'Anna, dattiloscritta con correzioni di pugno di Visconti, e l'elenco manoscritto di Visconti dei personaggi della commedia sono stati esposti alla Mostra « Visconti: il teatro » cit. e pubblicati sul Catalogo cit., pp. 71-72 (nn. 44-45. Una riproduzione fotografica della pagina suddetta si trova in *Album Visconti* cit., p. 68.

I dati relativi al lavoro teatrale di Visconti nel biennio 1936-38 sono desunti da L. VISCONTI, *Il mio teatro*, a cura di C. D'Amico de Carvalho e R. Renzi, vol. I (1936-1953), Cappelli, Bologna 1979, pp. 28-29. La prima recensione di Renato Simoni comparve sul « Corriere della Sera » del 29 ottobre 1936, la seconda sul medesimo quotidiano del 6 novembre 1936. Quest'ultima fu riprodotta ed esposta alla Mostra « Visconti: il teatro » cit. e parzialmente pubblicata sul Catalogo cit., p. 73 (n. 50). Dell'una e dell'altra si ha una parziale citazione in L. VISCONTI, *Il mio teatro* cit., pp. 28-29.

I ricordi della sorella di Visconti, Ida Gastel, sono stati raccolti nel corso della conversazione citata del 7 marzo 1978. La citazione del testo di Hélène Demoriane è tratta da H. DEMORIANE, *Luchino Visconti et ses acquisitions pléthoriques*, « Connaissance des Arts », n. 113, luglio 1961, pp. 78 e 80.

L'episodio riferito da Michelangelo Antonioni è ricavato dalla *Intervista a Michelangelo Antonioni* a cura di L. Tornabuoni, pubblicata come introduzione all'*Album Visconti* cit., p. 7.

L'intervista a Luchino Visconti di Jacques Doniol-Valcroze e Jean Domarchi (*Entretien avec L. V.*) è stata pubblicata sui « Cahiers du Cinéma », XVI, n. 93, marzo 1959. Tradotta da Lorenzo Pellizzari e pubblicata in *Luchino Visconti*, a cura di L. Pellizzari, Quaderni del Cucmi n. 2, Milano s.d. (ma 1960), è stata parzialmente ripubblicata, in una diversa traduzione, in *Leggere Visconti* cit., a cui ci si è riferiti (cfr. *Leggere Visconti*, p. 69).

Le testimonianze sulla giovinezza e i primi amori di Luchino Visconti e i suoi frequenti viaggi a Parigi sono state raccolte nel corso delle conversazioni con la signora Ida Gastel Visconti, a Milano il 7 marzo 1978, e con le signore Nicky e Madina Visconti Arrivabene, a Roma il 28 gennaio 1978. Cfr. anche *Album Visconti* cit., p. 59. Sull'ambiente cultural-mondano frequentato da Visconti a Parigi nei primi Anni Trenta, in particolare sulla cerchia di Jean Cocteau, si veda F. STEEGMULLER, *Cocteau. A Biography*, Little, Brown e Co., Boston-Toronto 1970, *passim*.

La citazione dell'intervista di Giuseppe Ferrara a Luchino Visconti è tratta da G. FERRARA, *Luchino Visconti*, Seghers, Paris 1963, p. 95; 2ª ed., Paris 1970, p. 119. Ne esiste una diversa traduzione in *Leggere Visconti* cit., p. 100.

La testimonianza di Nicky Visconti Arrivabene sul primo film di Luchino Visconti è stata raccolta nel corso della conversazione citata del 28 gennaio 1978. Quella di Francesco Rosi durante un incontro avvenuto a Venezia il 3 settembre 1979.

Sulla relazione amorosa fra Luchino Visconti e Pupe Windisch-Grätz, oltre alle testimonianze raccolte direttamente dalle sorelle di Visconti Ida e Uberta e dalle cognate Nicky e Madina, durante le conversazioni citate, cfr. I. WINDISCH-GRAETZ,

Quel giorno Luchino mi disse, « Gente », 5 aprile 1974; G. SERVADIO, *Luchino Visconti*, Mondadori, Milano 1980, pp. 96-105; M. STIRLING, *A Screen of Time. A Study of Luchino Visconti*, Harcourt Brace Jovanovich, New York - London 1979, p. 40.

La citazione di Giorgio Prosperi è tratta dalla sua *Vita irrequieta di Luchino Visconti*, II, *Lo mandarono...* cit. Quella dell'intervista a Doniol-Valcroze e Domarchi dai « Cahiers du Cinéma » cit., nella trad. pubblicata in *Album Visconti* cit., p. 59.

La testimonianza di Claude Beylie sulla partecipazione di Luchino Visconti come *stagiaire* alla lavorazione di *Toni* di Renoir è stata raccolta a Firenze il 20 ottobre 1979: ciò risulterebbe dai documenti messigli a disposizione dal produttore del film. Cfr. la filmografia renoiriana, verificata e completata da Janine Bazin, Claude Beylie e Jean Kress, pubblicata in appendice a A. BAZIN, *Jean Renoir*, Champ Libre, Paris 1971. Nella filmografia renoiriana compilata da Beylie, tradotta in italiano da V. Petrelli, pubblicata in C. BEYLIE, *La vita e l'opera di Jean Renoir*, Festival dei Popoli, Firenze 1979, Luchino Visconti, in *Toni*, è definito « praticante ». La citazione di François Truffaut è tratta dal cit. *Jean Renoir* di A. Bazin, p. 199.

La testimonianza di Giuseppe De Santis è tratta dal testo dattiloscritto di una tavola rotonda svoltasi a Fiano l'11 luglio 1976 fra lo stesso De Santis, Aldo Scagnetti, Dario Puccini e Massimo Mida (Puccini), organizzata da quest'ultimo e da lui messami a disposizione. In essa De Santis disse: « ... da quello che mi ricordo io e che Luchino mi ha sempre raccontato, lui non è mai stato aiuto di Renoir. Lui era "trovarobe", il che a mio giudizio gli fa anche più onore ».

Il copione di lavorazione di *Une partie de campagne*, con note manoscritte di Luchino Visconti, è conservato fra le carte di proprietà della famiglia Visconti ed è stato esposto alla Mostra « Visconti: il teatro » cit. La riproduzione fotografica del frontespizio è pubblicata in *Album Visconti* cit., p. 70.

L'affermazione di Pio Baldelli sulla partecipazione di Visconti alla lavorazione di *Les bas-fonds* è stata da lui fatta nel corso del Seminario di studi su Jean Renoir, tenutosi a Firenze dal 19 al 21 ottobre 1979, organizzato dal Festival dei

Popoli. La dichiarazione di Visconti è contenuta nella citata intervista a Giuseppe Ferrara, nella trad. parziale pubblicata in *Leggere Visconti* cit., p. 100. La citazione di Jean Renoir è tratta da J. RENOIR, *Ma vie et mes films*, Flammarion, Paris 1974, p. 162.

Le citazioni di Luchino Visconti sono tratte, rispettivamente, dall'*Entretien avec Luchino Visconti* cit. di Doniol-Valcroze e Domarchi, nella trad. parziale pubblicata in *Leggere Visconti* cit., p. 69, e dalla citata intervista a Giuseppe Ferrara, nella trad. parziale pubblicata nel medesimo volume, p. 100.

La citazione di Giorgio Prosperi è tratta dalla sua *Vita irrequieta di Luchino Visconti*, II, *Lo mandarono...*, cit. Quella di Visconti dalla citata intervista a Giuseppe Ferrara, nella trad. parziale pubblicata in *Leggere Visconti*, p. 100.

La testimonianza di Giuseppe De Santis a riguardo della « ricerca della libertà » che Visconti andò sperimentando in Francia e altre considerazioni relative al suo soggiorno parigino, sono tratte dalla citata tavola rotonda svoltasi a Fiano l'11 luglio 1976. La citazione di Pietro Ingrao è tratta da P. INGRAO, *Luchino Visconti. L'antifascismo e il cinema*, « Rinascita », XXXIII, n. 13, 26 marzo 1976, p. 34.

La citazione di Caterina D'Amico de Carvalho è tratta dal suo *Album Visconti* cit., p. 86.

Gli appunti di viaggio di Luchino Visconti intitolati « Diario di Grecia - Atene-Atene - agosto 1937 » sono conservati fra le carte di proprietà della famiglia Visconti e sono stati parzialmente esposti alla Mostra « Visconti: il teatro » cit. e in parte pubblicati nel Catalogo cit., pp. 73-74 (nn. 52-53). Su questo viaggio c'è anche una testimonianza della signora Ida Gastel Visconti, raccolta nel corso della citata conversazione del 7 marzo 1978.

Anche gli appunti di Luchino Visconti sul suo viaggio negli Stati Uniti sono conservati fra le carte di proprietà della famiglia Visconti e sono stati parzialmente esposti alla Mostra « Visconti: il teatro » cit. (cfr. Catalogo cit., p. 75 [n. 55]).

La citazione di Caterina D'Amico de Carvalho è tratta dal Catalogo *Visconti: il teatro* cit., pp. 83-84. Il manoscritto della prima stesura del romanzo *I tre* ovvero *L'esperimento* è conservato fra le carte di proprietà della famiglia Visconti ed è stato esposto alla Mostra « Visconti: il teatro » cit. (cfr.

Catalogo cit., pp. 83-84 [n. 79]). Il racconto di Luchino Visconti *Il cappello di paglia*, pubblicato sul « Corriere Padano » del 5 aprile 1942, è stato ristampato in A. FOLLI, *Vent'anni di cultura ferrarese: 1925-1945. Antologia del « Corriere Padano »*, Pàtron, Bologna 1980, vol. II, pp. 231-235.

La citazione di Claude Beylie è tratta dal suo libro *La vita e l'opera di Jean Renoir* cit., p. 42. La cartolina postale di Jean Renoir a Luchino Visconti, conservata fra le carte di proprietà della famiglia Visconti, è stata esposta alla Mostra « Visconti: il teatro » cit. e pubblicata nel Catalogo cit., p. 76 (n. 60): se ne ha una riproduzione fotografica in *Album Visconti* cit. p. 93. Le citazioni di Jean Renoir sono tratte dall'articolo *Idee di Jean Renoir*, a firma P., in « Film », III, n. 6, 10 febbraio 1940, p. 3.

A riguardo del film *Tosca* cfr. la scheda filmografica compilata da Francesco Savio in F. SAVIO, *Ma l'amore no. Realismo, formalismo, propaganda e telefoni bianchi nel cinema italiano di regime (1930-1943)*, Sonzogno, Milano 1975, pp. 357-358. Cfr. anche *Almanacco del cinema italiano 1942-43-XXI*, Soc. An. Editrice Cinema, Roma 1943, p. 103. La citazione di Gianni Puccini è tratta dalla sua recensione al film, firmata Vice, in « Cinema », VI, n. 111, 10 febbraio 1941, p. 105. Il giudizio negativo del duca Giuseppe Visconti di Modrone sulla *Tosca* è ricavato dalla testimonianza della signora Ida Gastel Visconti raccolta nel corso della conversazione citata del 7 marzo 1978.

CAPITOLO III: « Ossessione ».

L'articolo di Gianni Puccini, *Il venticinque luglio del cinema italiano*, è pubblicato su « Cinema Nuovo », II, n. 24, 1 dicembre 1953, p. 340. La testimonianza di Giuseppe De Santis è tratta dalla citata tavola rotonda svoltasi a Fiano l'11 luglio 1976. Quella di Lotte Reiniger è stata raccolta nel corso di una conversazione svoltasi a Torino il 22 aprile 1980. Quella di Mario Alicata è pubblicata in *Il cinema italiano dal fascismo all'antifascismo*, a cura di G. Tinazzi, Marsilio, Padova 1966, p. 185.

L'intervista di Pietro Ingrao ad Albertina Vittoria è pub-

blicata in M. ALICATA, *Lettere e taccuini di Regina Coeli*, Pref.
di G. Amendola, Intr. di A. Vittoria, Einaudi, Torino 1977,
p. XXXI.

La citazione di Domenico Purificato è tratta dal suo articolo *L'obiettivo nomade*, « Cinema », IV, n. 78, 25 settembre
1939, p. 196. Quella di Umberto De Franciscis dal suo articolo *Scenografia vera*, « Cinema », V, n. 88, 25 febbraio 1940,
p. 109. Quella di Giuseppe De Santis dal suo articolo *Per un
paesaggio italiano*, « Cinema », VI, n. 116, 25 aprile 1941, p.
262. L'articolo di Giuseppe De Santis del 1941 è *Il linguaggio dei rapporti*, « Cinema », VI, n. 132, 25 dicembre 1941,
p. 388. Quello di De Santis e Mario Alicata è *Verità e poesia.
Verga e il cinema italiano*, « Cinema », VI, n. 127, 10 ottobre
1941, p. 217, ripubblicato in *Il lungo viaggio del cinema italiano: antologia di « Cinema » 1936-1943*, a cura di O. Caldi-
ron, Marsilio, Padova 1965, pp. 434-438.

Lo scritto di Luchino Visconti è *Tradizione e invenzione*,
in *Stile italiano nel cinema*, coll. « Aria d'Italia » vol. VII, ed.
Daria Guarnati, Milano 1941, pp. 78-79, con 3 dis. di Renato
Guttuso. Esso è stato più volte ripubblicato: in G. P. BRUNET-
TA, *Cinema italiano tra le due guerre*, Mursia, Milano 1975,
pp. 136-137; *Leggere Visconti* cit., pp. 19-20; *Visconti: il
cinema*, Catalogo critico a cura di A. Ferrero, Comune di
Modena, Modena 1977, pp. 30-31.

Testimonianze dirette sui lavori cinematografici e sui progetti di Luchino Visconti e dei suoi amici nel biennio 1940-41
si hanno dal testo della citata tavola rotonda svoltasi a Fiano
l'11 luglio 1976. Cfr. anche il Catalogo *Visconti: il teatro* cit.,
p. 201 e l'appendice filmografica, a cura di A. Bernardini, in
La controversia Visconti, a cura di F. Di Giammatteo, « Bianco e Nero », XXXVII, n. 9-12, 1976, p. 177.

Il secondo articolo di Giuseppe De Santis e Mario Alicata,
in risposta a un intervento critico di Fausto Montesanti (*Della
ispirazione cinematografica*, « Cinema », VI, n. 129, 10 novembre 1941, pp. 280-281), è *Ancora di Verga e del cinema
italiano*, « Cinema », VI, n. 130, 25 novembre 1941, pp.
314-315. Anche questi due testi sono ripubblicati in *Il lungo
viaggio del cinema italiano* cit., pp. 439-446. La lettera di
Mario Alicata alla moglie del 1° febbraio 1943 è pubblicata in
M. ALICATA, *Lettere e taccuini di Regina Coeli* cit., pp. 32-33.

La citazione di Gianni Puccini è tratta dal suo articolo *Il venticinque luglio del cinema italiano* cit., p. 341.

Il trafiletto relativo al film annunciato *I Malavoglia* è pubblicato in «Cinema» VII, n. 134, 25 gennaio 1942, pag. 29. Tre anni prima, sulla medesima rivista, era apparsa la seguente notizia: «Una nuova casa di produzione si è costituita a Roma, con la denominazione di "Schermi del mondo". ... Il secondo film sarà una riduzione cinematografica del romanzo di Giovanni Verga *I Malavoglia*, diretto pure da Guido Brignone» (cfr. «Cinema», IV, n. 72, 25 giugno 1939, p. 390). Delle lettere di Mario Alicata alla moglie relative ai *Malavoglia* si vedano in particolare quelle del 1° febbraio, del 9 febbraio e soprattutto del 12 febbraio 1943, dalla quale è tratto il testo citato (cfr. M. ALICATA, *Lettere e taccuini di Regina Coeli*, cit., pp. 32, 39, 41-42).

La scheda personale di Pietro Ingrao è pubblicata in *Almanacco del cinema italiano 1942-43-XXI* cit., p. 158. La testimonianza di Ingrao è stata raccolta nel corso di una conversazione svoltasi a Torino il 26 novembre 1978. La testimonianza di Mario Alicata è pubblicata in *Il cinema italiano dal fascismo all'antifascismo* cit., p. 187.

La dichiarazione di Giuseppe De Santis è tratta da un'intervista rilasciata ad Albertina Vittoria il 27 maggio 1976, pubblicata in M. ALICATA, *Lettere e taccuini di Regina Coeli* cit., pp. LIII-LIV.

L'articolo di Luchino Visconti *Cinema antropomorfico* fu pubblicato su «Cinema», VIII, n. 173-174, 25 settembre-25 ottobre 1943, pp. 108-109. Esso è stato più volte ripubblicato in: «Sequenze», Quaderni di cinema, I, n. 2, Parma, ottobre 1949, pp. 6-7; C. LIZZANI, *Storia del cinema italiano (1895-1961)*, Appendice a cura di M. Argentieri e G. Vento, Parenti, Firenze 1961, pp. 446-448; *Il lungo viaggio del cinema italiano* cit., pp. 453-455; «Cineforum», III, n. 26, giugno 1963, pp. 600-601; *Leggere Visconti* cit., pp. 21-22; *Visconti: Il cinema* cit., pp. 33-35. L'opinione di Giuseppe De Santis sulla paternità di questo scritto è contenuta nella citata tavola rotonda svoltasi a Fiano l'11 luglio 1976.

Il testo della lettera di Mario Alicata alla moglie del 1° giugno 1943 è pubblicato in M. ALICATA, *Lettere e taccuini di Regina Coeli* cit., p. 132. Quello della lettera sua indirizzata a Pio Baldelli è pubblicato in P. Baldelli, *I film di Luchino Visconti*, Lacaita, Manduria 1965, pp. 21-25; Id., *Svolgimento degli studi critici sull'opera di Visconti*, in *L'opera di Luchino Visconti*, Atti del Convegno di studi, Fiesole 27-29 giugno 1966, a cura di M. Sperenzi, Linari, Firenze 1969, pp. 41-42; Id., *Luchino Visconti*, Mazzotta, Milano 1973, pp. 22-23; *Leggere Visconti* cit., p. 155.

La citazione di Pietro Ingrao è tratta da P. Ingrao, *Luchino Visconti. L'antifascismo e il cinema* cit., p. 34.

Sulla genesi di *Ossessione* cfr. la ricostruzione fattane da Lino Miccichè nel suo saggio *Per una rilettura di « Ossessione »*, in *Visconti: il cinema* cit., pp. 147-152 (ora anche in L. Miccichè, *La ragione e lo sguardo. Saggi e note sul cinema*, Lerici, Cosenza 1979, pp. 97-105). In esso c'è un'analisi puntuale degli stretti rapporti fra il film e il romanzo *Il postino suona sempre due volte* di James Cain. Il visto di censura preventiva del Ministero della cultura popolare, datato 26 gennaio 1942, è conservato fra le carte di proprietà della famiglia Visconti ed è stato esposto alla Mostra « Visconti: il teatro » cit. (cfr. Catalogo cit., pp. 78-79 [n. 66]): se ne ha una riproduzione fotografica in *Album Visconti* cit., p. 94. La testimonianza di Libero Solaroli è tratta dalle sue memorie pubblicate in « Cinema 60 », n. 55, luglio 1965, p. 50-54, riprodotte in *Leggere Visconti* cit., p. 155-159, in cui si parla anche dei rapporti con Anna Magnani, Maria Denis e Clara Calamai. La testimonianza di Giuseppe De Santis è tratta dalla citata tavola rotonda svoltasi a Fiano l'11 luglio 1976. La dichiarazione di Luchino Visconti è pubblicata in C. Costantini, *L'ultimo Visconti* cit., p. 40. Quella di Aldo Scagnetti è tratta da una sua testimonianza in « L'Eco del Cinema e dello Spettacolo », n. 65, 21 gennaio 1954, riprodotta in *Leggere Visconti* cit., p. 159: cfr. anche un'altra testimonianza di Scagnetti in *Il cinema italiano dal fascismo all'antifascismo* cit., p. 118.

Sulle anticipazioni critiche e pubblicitarie di *Ossessione* cfr., per tutte, « Cinema », VIII, n. 157, 10 gennaio 1943, pp. 28-29. L'articolo di Antonio Pietrangeli per « Cinema » si intitola *Analisi spettrale del film realistico* (« Cinema », VII, n. 146, 25 luglio 1942, pp. 393-394, ripubblicato in *Il lungo viaggio del cinema italiano* cit., pp. 447-449); il saggio per « Bianco e Nero » è *Verso un cinema italiano* (« Bianco e Nero », VI, n. 8, agosto 1942, pp. 19-32). La citazione di Aldo Scagnetti è tratta dal suo articolo *Svolte del cinema verista*, « Cinema », VII, n. 148, 25 agosto 1942, p. 451, parzialmente riprodotto in *Il lungo viaggio del cinema italiano* cit., p. 416. Quella di Emilio Villa dal suo articolo *Il cinematografo e l'idea di popolo*, « Primi Piani », III, n. 1, gennaio 1943, pp. 13-15. Quella di Filippo De Pisis dal suo articolo *Valore magico del bianco e nero*, « Cinema », VIII, n. 168, 25 giugno 1943, p. 362, parzialmente riprodotto in *Il lungo viaggio del cinema italiano* cit., p. 274. Il giudizio del Centro Cattolico Cinematografico è tratto dalla scheda del film pubblicata in « Segnalazioni Cinematografiche », C.C.C, Roma, vol. XVIII, 1943, p. 76. La lettera di G. M. G. di Torino è pubblicata in « Cinema », VII, n. 155, 10 dicembre 1942, p. 721.

Sullo scandalo suscitato da *La statua vivente* di Camillo Mastrocinque cfr. la presa di posizione di m.g. (Mario Gromo) sulle colonne della « Stampa » del 20 maggio 1943 (nella rubrica *Dietro lo schermo*).

La citazione di Gianni Puccini è tratta dal suo articolo *Il venticinque luglio del cinema italiano* cit., p. 342. Sulla proiezione di *Ossessione* a Ferrara si vedano i numeri del 16, 18, 22, 23 maggio e 5, 6, 8, 15 giugno 1943 del « Corriere Padano », che aveva già pubblicato tre articoli di presentazione del film il 14 maggio e il 14 e 16 giugno 1942. La recensione di Guido Aristarco, pubblicata l'8 giugno 1943 sul medesimo giornale, è ristampata in *Vent'anni di cultura ferrarese (1925-1945)* cit., pp. 271-272. L'articolo dell'anonimo recensore fu pubblicato su « Il Periodico », n. 4, 30 maggio 1943. Quello di Pietro Bianchi (Volpone) sul « Bertoldo » del 18 giugno 1943 e ristampato in P. BIANCHI, *L'occhio di vetro. Il cinema degli anni 1940-1943*, pref. di O. Del Buono, Il Formichiere, Milano 1978, pp. 189-190. Il violento attacco dell'« Avvenire d'Italia » fu pubblicato il 15 giugno 1943. Una rassegna delle recensioni pubblicate allora la si può trovare in ME-STOLO (M. Mida Puccini), *A proposito di « Ossessione »*, « Cinema », VIII, n. 169, 10 luglio 1943, pp. 19-20, ripubblicato in *Il lungo viaggio del cinema italiano* cit., pp. 456-463. La testimonianza di Mario Verdone è pubblicata in *Il cinema italiano dal fascismo all'antifascismo* cit., p. 107; quella di Marcello Bollero nel medesimo libro, p. 122. La citazione di

Massimo Mida (Puccini) è tratta da *A proposito di « Ossessione »* cit.

La citazione di Mario Alicata è tratta dalla sua testimonianza in *Il cinema italiano dal fascismo all'antifascismo* cit., p. 186.

Il ritratto critico di Luchino Visconti, nella rubrica *Registi in vetrina. Guida alfabetica del cinema italiano*, è pubblicato in « Cine Illustrato », XV, n. 24, 13 giugno 1943, p. 2. L'articolo di Eugenio Giovannetti, *Precisazioni*, è pubblicato nella medesima rivista, XV, n. 31, 1° agosto 1943, pp. 1-2.

La notizia relativa all'attività futura di Luchino Visconti è pubblicata in « Cine Magazzino », X, n. 28, 15 luglio 1943, p. 2. Sul lavoro di Mario Alicata sul *Billy Budd* di Melville cfr. M. ALICATA, *Lettere e taccuini di Regina Coeli* cit., pp. 252-254.

La testimonianza di Mario Chiari è tratta da un'intervista da lui rilasciata a Caterina D'Amico de Carvalho (cfr. anche *Album Visconti* cit., p. 87). Le citazioni di Luchino Visconti sono tratte da un quaderno di appunti manoscritti, di proprietà della famiglia Viconti, esposto alla Mostra « Visconti: il teatro » cit. e parzialmente pubblicato nel Catalogo cit., pp. 79-80 (nn. 70-71). Due pagine di esso sono pubblicate in riproduzione fotografica in *Album Visconti* cit., p. 99. I due certificati rilasciati dalle autorità militari statunitensi e britanniche sono conservati fra le carte di proprietà della famiglia Visconti: esposti alla Mostra « Visconti: il teatro » cit., sono pubblicati sul Catalogo cit., p. 82 (nn. 75-76). Di quello britannico c'è una riproduzione fotografica in *Album Visconti* cit., p. 99.

Le testimonianze di Antonello Trombadori, Fedele D'Amico, Mario Chiari, Franco Ferri, Rinaldo Ricci sull'attività clandestina di Luchino Visconti a Roma sono tratte da interviste da loro rilasciate a Caterina D'Amico de Carvalho. Altre notizie sono tratte da una conversazione con Rinaldo Ricci avvenuta a Roma il 27 gennaio 1978. Cfr. anche *Visconti: il teatro* cit., p. 81. I biglietti inviati dal carcere da Luchino Visconti a Maria Cerutti sono conservati fra le carte di proprietà della famiglia Visconti e sono stati parzialmente esposti alla Mostra « Visconti: il teatro » cit. e pubblicati sul Catalogo cit., pp. 80-82 (nn. 72-74). Uno di essi è riprodotto fotograficamente in *Visconti e il suo lavoro*, Catalogo della Mostra, Milano marzo-aprile 1981, Electa, Milano 1981, p. 19 (n. 13).

Capitolo IV: Verso un teatro totale.

Le citazioni di Luchino Visconti sono tratte da C. Costantini, *L'ultimo Visconti* cit., pp. 50 e 37.
La dichiarazione dell'ammiraglio Stone si trova riportata in
L. Quaglietti, *Storia economico-politica del cinema italiano
(1945-1980)*, Editori Riuniti, Roma 1980, pp. 37-38; il testo
di Quaglietti, ivi, p. 38.
Della prima riunione della Commissione di epurazione del-
l'Unione Lavoratori dello Spettacolo, cui partecipò Luchino Visconti, la famiglia Visconti conserva il verbale, che fu esposto
alla Mostra « Visconti: il teatro » cit. e parzialmente pubblicato nel Catalogo cit., p. 83 (n. 78).
La citazione di Nello Ajello è tratta da N. Ajello, *Intellettuali e Pci (1944-1958)*, Laterza, Bari 1979, p. 45.
Il testo del soggetto cinematografico *G.A.P.* è pubblicato
in G. Vento e M. Mida, *Cinema e Resistenza*, Landi, Firenze
1959, pp. 165-170. Quello di *Pensione Oltremare*, ivi, pp.
146-157: la citazione è tratta da p. 151. L'intervista di Silvano Castellani a Luchino Visconti è apparsa in « Star », I, n.
10, ottobre 1944, e parzialmente ripubblicata in *Era Cinecittà.
Vita, morte e miracoli di una fabbrica di film*, a cura di O.
Del Buono e L. Tornabuoni, Almanacco Bompiani 1980, Bompiani, Milano 1979, p. 107. L'intervista di Lietta Tornabuoni
a Michelangelo Antonioni è pubblicata in *Album Visconti* cit.,
pp. 6-9. La citazione del testo del « Dramma » è tratta da
Diario di chi fa e di chi dice, « Il Dramma », XXII, n. 4, 1945,
p. 58. La lettera di Elio Vittorini a Luchino Visconti, s.d., è
conservata fra le carte di proprietà della famiglia Visconti. La
*Proposta di un soggetto per un film (sulla) borghesia milanese
per la Lux* di Antonio Pietrangeli e Luchino Visconti è pubblicata in « Bianco e Nero », XXXVII, n. 9-12, 1976, cit., pp.
73-75. Per tutti questi progetti cinematografici cfr. anche *Visconti: il teatro* cit., pp. 202-203, e *Album Visconti* cit., pp.
87 e 115.
La recensione di Antonio Pietrangeli di *Giorni di gloria* è
pubblicata in « Star », II, n. 41, 9 novembre 1945 e ripubblicata nell'opuscolo, a cura di N. Ivaldi, edito dalla Biennale di
Venezia, XXXI Mostra Internazionale d'Arte Cinematografica,
in occasione del Convegno di studi « La Resistenza nel cinema

italiano del dopoguerra », 24-27 aprile 1970, Tip. Eliograf, Roma s.d. (ma 1970).

La recensione di *Parenti terribili* di G. Di Brizio è pubblicata in « Il Giornale del Mattino » del 31 gennaio 1945; quella di Umberto Barbaro in « La Settimana » del 1° febbraio 1945; quella di Massimo Bontempelli in « Maschere », febbraio 1945: tutte e tre parzialmente ripubblicate in L. Visconti, *Il mio teatro* cit., vol. I, p. 36. La recensione di Silvio D'Amico è pubblicata in « Nuova Antologia », febbraio 1945, e ripubblicata in S. D'Amico, *Cronache del teatro*, Laterza, Bari 1964, vol. II, pp. 585-586 e 589-590. L'intervista di Luchino Visconti ad Alessandro D'Amico e Fernaldo Di Giammatteo è pubblicata in L. Visconti, *Il mio teatro* cit., vol. I, p. 32.

La citazione di Anton Giulio Bragaglia su *La via del tabacco* è tratta da A. G. Bragaglia, *Processo a Luchino Visconti*, « Star », III, n. 12, 23 marzo 1946, ripubblicato parzialmente in L. Visconti, *Il mio teatro* cit., vol. I, pag. 72.

La recensione di *Quinta colonna* di Giorgio Prosperi è pubblicata su « Domenica » del 1° aprile 1945 e parzialmente ripubblicata in L. Visconti, *Il mio teatro* cit., vol. I, pp. 41-42. Quella di Silvio D'Amico, letta alla radio il 28 marzo 1945, è pubblicata in S. D'Amico, *Palcoscenico del dopoguerra*, ERI, Torino 1953, pp. 20-23.

La recensione della *Macchina da scrivere* di Vito Pandolfi è pubblicata su « L'Unità » del 30 dicembre 1945 (ed. milanese) e ripubblicata in L. Visconti, *Il mio teatro* cit., vol. I, p. 48. Quella di Silvio D'Amico, letta alla radio l'8 ottobre 1945, è pubblicata in S. D'Amico, *Palcoscenico del dopoguerra*, cit., p. 51-54.

La recensione di *Antigone* di Ermanno Contini è pubblicata su « Il Giornale del Mattino » del 19 ottobre 1945 e parzialmente ripubblicata in L. Visconti, *Il mio teatro* cit., vol. I, p. 53. Quella di *A porte chiuse* di Vito Pandolfi sul « Dramma », XXII, n. 9, 15 marzo 1946, p. 54.

La risposta di Luchino Visconti alla domanda rivoltagli dalla rivista « Il Dramma » a proposito di *Adamo* è pubblicata in « Il Dramma », XXI, n. 2-3, 1-15 dicembre 1945, p. 52 e ripubblicata in L. Visconti, *Il mio teatro* cit., vol. I, p. 59. I ricordi di Visconti a riguardo della rappresentazione della commedia a Milano sono tratti dalla citata intervista ad Alessandro D'Amico e Fernaldo Di Giammatteo, ivi, p. 60. La recensione di Paolo Grassi è pubblicata sull'«Avanti!» del 15 dicembre 1945 (ed. milanese) e ripubblicata parzialmente in L. VISCONTI, *Il mio teatro* cit., vol. I, p. 63. Quella di Silvio D'Amico, letta alla radio il 3 novembre 1945, è pubblicata in S. D'AMICO, *Palcoscenico del dopoguerra* cit., pp. 62-66. L'articolo di Federico Zardi, dal titolo *Si ricomincia?*, è apparso su «Il Secolo Nuovo» del 17 gennaio 1946, esposto alla Mostra «Visconti: il teatro» cit., pubblicato sul Catalogo cit., pp. 89-90 (n. 112), e ripubblicato parzialmente in L. VISCONTI, *Il mio teatro* cit., vol. I, p. 63.

La recensione di *La via del tabacco* di Paolo Grassi è pubblicata sull'«Avanti!» del 5 dicembre 1945 (ed. milanese) e ripubblicata in L. VISCONTI, *Il mio teatro* cit., vol. I, pp. 64-66. Quella di Arrigo Benedetti, apparsa sul «Corriere Lombardo» del 5 dicembre 1945, ivi, p. 68, La nota del «Dramma» è pubblicata nel citato numero del 1-15 dicembre 1945 alle pp. 100-101.

L'intervista di Luchino Visconti a R.R., a proposito del *Matrimonio di Figaro*, è pubblicata su «L'Eco di Roma» del 21 dicembre 1945 e parzialmente ripubblicata in L. VISCONTI, *Il mio teatro* cit., vol. I, p. 73. La citazione è tratta dall'articolo firmato A. P. pubblicato su «Gioventù Socialista» del 1° marzo 1946, parzialmente ripubblicato ivi, pp. 74-76. Le dichiarazioni di Visconti sono tratte dalla citata intervista ad Alessandro D'Amico e Fernaldo Di Giammatteo, ivi, p. 74.

La dichiarazione di voto di Luchino Visconti è pubblicata su «L'Unità» del 12 maggio 1946, esposta alla Mostra «Visconti: il teatro» cit. e ripubblicata nel Catalogo cit. pp. 92-94 (n. 127).

La citazione di Vittorio Gassman è tratta da V. GASSMAN, *Sinistra estetica e progressiva*, «Il Dramma», XXII, n. 8, 1° marzo 1946, pp. 28-30.

La lettera di Luchino Visconti ad Amedeo Tosti, copia della quale è conservata fra le carte di proprietà della famiglia Visconti, è stata esposta alla Mostra «Visconti: il teatro», cit., parzialmente pubblicata nel Catalogo cit., pp. 94-95 (n. 128) e integralmente ripubblicata in L. VISCONTI, *Il mio teatro* cit., vol. I, pp. 82-84. L'influenza di Gerardo Guerrieri sulla scelta del programma della Compagnia Italiana di Prosa diretta da Luchino Visconti andrebbe attentamente studiata in rapporto alla formazione del gusto teatrale viscontiano.

La dichiarazione di Luchino Visconti a proposito di *Gruppo di famiglia in un interno* è tratta da C. Costantini, *L'ultimo Visconti* cit., p. 73. Quella concernente le prove teatrali, dalla citata intervista ad Alessandro D'Amico e Fernaldo Di Giammatteo in L. Visconti, *Il mio teatro* cit., vol. I, pp. 87-89; cfr. anche «Sipario», n. 236, dicembre 1965, pp. 12-13, parzialmente ripubblicato in *Leggere Visconti* cit., pp. 54-56. Quella sulla sua carriera teatrale da L. Visconti, *Vent'anni di teatro*, «L'Europeo», XXII, nn. 13 e 14, 13 e 21 marzo 1966, ripubblicato in *Leggere Visconti* cit., p. 56-64, e in L. Visconti, *Il mio teatro* cit., vol. II, pp. 352-361.

CAPITOLO V: «La terra trema».

La lettera di Luchino Visconti a Mario Serandrei è riprodotta parzialmente in M. Serandrei, *Lettere dalla Sicilia*, «Bianco e Nero», IX, n. 1, marzo 1948, p. 50. La testimonianza di Francesco Rosi è pubblicata in L. Visconti, *La terra trema*, trascrizione di E. Ungari con la coll. di C. Battistini e G.B. Cavallaro, introd. di F. Rosi, Cappelli, Bologna 1977, pp. 9-17. Dall'intervista di Antonello Trombadori rilasciata a Caterina D'Amico de Carvalho, quest'ultima ha ricavato le notizie da lei pubblicate in *Visconti: il teatro* cit., p. 204 e in *Album Visconti* cit., p. 116. Gli *Appunti per un film documentario sulla Sicilia* sono pubblicati in «Bianco e Nero», XII, n. 2-3, febbraio-marzo 1951, pp. 113-117 (in volume: L. Visconti, *La terra trema*, a cura di F. Montesanti, ed. Bianco e Nero, Roma 1951, pp. 113-117) e più volte ripubblicati in: P. Baldelli, *I film di Luchino Visconti* cit., pp. 253-259; Id., *Luchino Visconti* cit., pp. 93-100; *Leggere Visconti* cit., pp. 22-26. Le altre lettere di Luchino Visconti inviate dalla Sicilia sono sempre indirizzate a Mario Serandrei e da lui pubblicate in estratto in «Bianco e Nero», IX, n. 1, cit. Le citazioni del soggetto originale della *Terra trema* si trovano in «Bianco e Nero», XII, n. 2-3 cit., rispettivamente alle pp. 113, 116, 117.

La testimonianza di Antonello Trombadori è riportata in N. AJELLO, *Intellettuali e Pci* cit., p. 210. La didascalia iniziale del film è pubblicata in « Bianco e Nero », XII, n. 2-3 cit., p. 10 e in L. VISCONTI, *La terra trema*, cit., p. 22. La testimonianza di Giuseppe Patroni Griffi è pubblicata in « Il Dramma », n. ser. n. 8, giugno 1969, pp. 53-58 e ripubblicata in *Leggere Visconti* cit., pp. 160-161. Lo scritto di Luchino Visconti del 1941 è il citato *Tradizione e invenzione*.

Le osservazioni critiche di Giuseppe Ferrara si possono leggere in G. FERRARA, *Il nuovo cinema italiano*, Le Monnier, Firenze 1957, pp. 181-201.

L'intervista concessa da Luchino Visconti a Doniol-Valcroze e Domarchi è pubblicata sui « Cahiers du Cinéma », n. 93, cit. A riguardo dei quattro registri di lavorazione della *Terra trema* cfr. F. ROSI, *Introduzione*, in L. VISCONTI, *La terra trema*, cit., pp. 11-12.

L'articolo di Ugo Casiraghi, dal titolo *Il film di Visconti capolavoro*, fu pubblicato su « L'Unità » del 4 settembre 1948. Quello di Glauco Viazzi, dal titolo *Luchino Visconti*, si trova in « Sequenze », I, n. 4, dicembre 1949, pp. 8-11. Quello di Renzo Renzi, dal titolo *Mitologia e contemplazione in Visconti, Ford ed Eisenstein*, è in « Bianco e Nero », X, n. 2, febbraio 1949, pp. 64-69 (ora anche in R. RENZI, *Da Starace ad Antonioni. Diario critico di un ex balilla*, Marsilio, Padova 1964, pp. 119-127). Sulla critica al film cfr. anche la rassegna bibliografica *Visconti e la critica*, a cura di L. Micciché e L. Gonfiantini, « Bianco e Nero », XIX, n. 8, agosto 1958, pp. 49-58.

Le dichiarazioni di Luchino Visconti a Michele Gandin sono tratte da M. GANDIN, *Storia di una crisi in « Bellissima » di Visconti*, « Cinema », n. ser. IV, n. 75, 1° dicembre 1951, pp. 292-295. L'opinione sul neorealismo da lui espressa nel 1953 è pubblicata in « Cinema Nuovo », II, n. 26, 31 dicembre 1953, p. 399. Quella espressa nel 1959 è tratta dalla citata intervista a Doniol-Valcroze e Domarchi pubblicata sui « Cahiers du Cinéma », n. 93, cit. Dalla medesima intervista sono tratte le sue affermazioni sul dialogo e sul dialetto nella *Terra trema*.

CAPITOLO VI: Fra cinema e teatro.

La citazione di Nello Ajello è tratta dal suo libro *Intellettuali e Pci* cit., p. 210. La testimonianza di Antonello Trombadori è ricavata da una intervista da lui rilasciata a Caterina D'Amico de Carvalho, e confermata nel corso di una conversazione telefonica avvenuta il 31 luglio 1981. Gerardo Guerrieri fornisce al riguardo una diversa testimonianza: « Le *Mosche* [Visconti] non le fece perché, disse, non aveva la distribuzione giusta. Ma aveva la Pavlova e de Lullo. I *Vincitori*, cioè *Morts sans sépulture*, rinunciò a metterli in scena dopo un colloquio con Antonello Trombadori, il che dà un'idea della sua disciplina di partito » (cfr. G. GUERRIERI, *Quel tiranno guidava l'attore come un cavallo*, « La Repubblica », 5 novembre 1977). Sulla messinscena delle *Mosche* cfr. anche l'articolo di L. L., *Propositi di Luchino Visconti*, « La Fiera Letteraria » del 20 ottobre 1946, ripubblicato in L. VISCONTI, *Il mio teatro* cit. vol. I, pp. 85-87. La testimonianza di Aldo Scagnetti è tratta dal testo della citata tavola rotonda tenutasi a Fiano l'11 luglio 1976.

Il testo della lettera di Pariso Votto a Luchino Visconti è parzialmente pubblicato in *Visconti: il teatro* cit., p. 107. L'appunto manoscritto di Visconti per la messinscena di *Lorenzaccio*, conservato negli Archivi del Teatro Comunale di Firenze, è stato esposto alla Mostra « Visconti: il teatro » cit. (cfr. *Catalogo* cit., pp. 107-108 [n. 225]). Il carteggio Votto-Visconti è conservato negli Archivi citati ed è stato esposto, in copia, alla Mostra « Visconti: il teatro » cit. Per la lettera di Visconti a Votto datata 19 ottobre 1948 cfr. *Visconti: il teatro*, cit., p. 108 (n. 227).

La citazione di Giovanni Calendoli è tratta dalla sua recensione di *Rosalinda* in « La Repubblica » del 25 novembre 1948, parzialmente ripubblicata in L. VISCONTI, *Il mio teatro* cit., vol. I, pp. 129-131. La citazione di Visconti si trova in L. VISCONTI, *Sul modo di mettere in scena una commedia di Shakespeare*, « Rinascita », V., n. 12, dicembre 1948, più volte ripubblicato in: V. PANDOLFI, *Antologia del grande attore*, Laterza, Bari 1954, pp. 521-525; *Leggere Visconti* cit., pp. 28-30; L. VISCONTI, *Il mio teatro* cit., vol. I, pp. 134-138. Gli appunti e gli schizzi di Salvador Dalí, unitamente alla sua lettera-contratto indirizzata a Visconti il 9 ottobre 1948, sono conservati fra le carte di proprietà della famiglia Visconti: sono stati esposti alla Mostra « Visconti: il teatro » cit. (cfr. il Catalogo cit., p. 101 [nn. 165-166]). La citazione di Vito Pandolfi è tratta dalla sua recensione pubblicata su « Il Dramma », XXV, n. 75-76, 1° gennaio 1949, pp. 126-128. Quella di Vincenzo Talarico da « Il Momento » del 27 novembre 1948, parzialmente ripubblicata in L. VISCONTI, Il mio teatro cit., vol. I, p. 128. Quella di Giovanni Gigliozzi dall'« Avanti! » del 27 novembre 1948, ivi parzialmente ripubblicata, pp. 132-133. Quella di Vinicio Marinucci dal suo articolo La scena è un sogno: ovvero Rosalinda: oppure « Come vi piace », « Il Dramma » cit., pp. 124-125. Il testo di Luchino Visconti si trova in W. SHAKESPEARE, Come vi piace, ed. a cura della Compagnia Italiana di Prosa diretta da Luchino Visconti, Bestetti, Roma 1948. La prima citazione di Palmiro Togliatti è tratta da r., Postilla, « Rinascita », V, n. 12, cit. p. 470 (cfr. N. AJELLO, Intellettuali e Pci cit., pp. 242-244). La seconda è tratta da M. FERRARA, Gli appunti di lavoro del direttore di « Rinascita », « Rinascita », XXXI, n. 27, 5 luglio 1974.

La lettera di Francesco Siciliani a Luchino Visconti, datata 24 febbraio 1949, è conservata negli Archivi del Teatro Comunale di Firenze ed è stata esposta in copia alla Mostra « Visconti: il teatro » cit. (cfr. Catalogo cit. p. 109 [n. 229]).

La citazione di Silvio D'Amico è tratta dalla sua recensione di Un tram che si chiama desiderio pubblicata su « Il Tempo » del 23 gennaio 1949 (ora in S. D'AMICO, Cronache del teatro cit., vol. II, pp. 673-675). Quella di Giovanni Calendoli da « La Repubblica » del 22 gennaio 1949, ripubblicata in L. VISCONTI, Il mio teatro cit., vol. I, pp. 140-144.

La citazione di Luchino Visconti a riguardo dell'Oreste è tratta dalla citata intervista ad Alessandro D'Amico e Fernaldo Di Giammatteo (cfr. L. VISCONTI, Il mio teatro cit., vol. I, pp. 149-151). Quella di Silvio D'Amico dalla sua recensione radiofonica del 13 aprile 1949, pubblicata in S. D'AMICO, Palcoscenico del dopoguerra cit., pp. 41-44.

La citazione di Vito Pandolfi a proposito del Troilo e Cressida è tratta da V. PANDOLFI, Troilo e Cressida al Maggio Fiorentino con la regìa di Luchino Visconti, « Il Dramma », XXV, n. 88, 1° luglio 1949, pp. 55-57.

A riguardo del rifiuto di Luchino Visconti di firmare la
sua regia del *Seduttore* cfr. la sua lettera a Pietro Ingrao
pubblicata su « L'Unità » del 3 ottobre 1951, riprodotta in *Visconti*: *il teatro* cit., pp. 116-118 (n. 268) e in L. VISCONTI,
Il mio teatro cit., vol. I, pp. 193-194.

La citazione di Eugenio Ferdinando Palmieri a proposito di
Medea è tratta dalla sua recensione pubblicata su « La Notte »
del 7 marzo 1953, parzialmente ripubblicata in L. VISCONTI,
Il mio teatro cit., vol. I, pp. 244-245. L'intervista di Luciano
Lucignani a Luchino Visconti è pubblicata su « L'Unità » del
28 dicembre 1952 e parzialmente ripubblicata ivi, p. 241.

A riguardo della disponibilità di Giorgio Morandi a collaborare alla scenografia della *Locandiera* esiste, fra le carte di
proprietà della famiglia Visconti, una lettera di Gian Carlo Zagni a Luchino Visconti datata 2 agosto 1952. Esposta alla
mostra « Visconti: il teatro » cit., è parzialmente pubblicata
nel Catalogo cit., p. 119 (n. 270). La citazione di Roberto
Rebora è tratta dal suo articolo *Contro la convenzione la Locandiera di Visconti*, « Sipario », VII, n. 84, aprile 1953, p.
19. La citazione dell'« Unità » è tratta da un articolo anonimo
pubblicato sul quotidiano comunista il 18 marzo 1976.

L'intervista di Maurizio Liverani a Luchino Visconti è pubblicata su « Paese Sera » del 19 dicembre 1952 e parzialmente
ripubblicata in L. VISCONTI, *Il mio teatro* cit., vol. I, p. 220.
La seconda intervista è quella citata rilasciata ad Alessandro
D'Amico e Fernaldo Di Giammatteo, ivi, p. 220. La terza è
l'intervista a Luciano Lucignani pubblicata su « L'Unità » del
28 dicembre 1952, parzialmente ripubblicata ivi, p. 220. La
lettera di Visconti a Marcel Escoffier, datata 12 maggio 1952,
è conservata fra le carte di proprietà della famiglia Visconti:
esposta alla Mostra « Visconti: il teatro », è pubblicata nel
Catalogo cit., pp. 123-125 (n. 343) e in L. VISCONTI, *Il mio
teatro* cit., pp. 216-218. La dichiarazione di Visconti del 1960
è tratta da un questionario radiofonico pubblicato su « La Ta-
ble Ronde », n. 149, maggio 1960, ripubblicato in *Luchino
Visconti*, « Premier Plan », n. 17, maggio 1961, pp. 132-133,
ristampato, in trad. it., in *Leggere Visconti* cit., pp. 74-75 e,
in altra trad., in *Visconti: il cinema* cit., pp. 59-60. La citazione di Emilio Cecchi è tratta dal suo articolo *L'incantevole*

Cecof, « Corriere della Sera », 22 gennaio 1953, ripubblicato in L. VISCONTI, *Il mio teatro* cit., vol. I, pp. 226-228.

La testimonianza di Vasco Pratolini a riguardo della riduzione cinematografica del suo romanzo *Cronache di poveri amanti* è tratta da una intervista da lui rilasciata a Caterina D'Amico de Carvalho (cfr. *Visconti: il teatro* cit., p. 205 e *Album Visconti* cit., p. 116); cfr. anche: V. PRATOLINI, *Ho ritrovato i poveri amanti nelle cronache di Carlo Lizzani*, « Cinema Nuovo », II, n. 20, 1° ottobre 1953, p. 207. Si veda inoltre quanto ebbe a dichiarare Sergio Amidei a Goffredo Fofi e Franca Faldini: « Visconti non potè più fare *Cronache di poveri amanti* perché costava troppo. Abbiamo fatto la sceneggiatura lavorandoci per mesi, io, Zeffirelli, Pietrangeli e Rosi, a casa di Luchino, per mesi. Le cose che desiderava Luchino erano sempre troppo impegnative. Questa società, che avevo fatto, la Colonna Film, sorta con degli amici milanesi tra i quali anche suo fratello Edoardo ... a un certo momento ... forse ho fatto male, ma parlo di un impegno di un centocinquanta milioni, nel '51, e non mi sono sentito di continuare » (cfr. *L'avventurosa storia del cinema italiano raccontata dai suoi protagonisti, 1935-1959*, a cura di F. Faldini e G. Fofi, Feltrinelli, Milano 1979, p. 333). La testimonianza di Piero Tosi a riguardo di un film con Totò è tratta da una intervista da lui rilasciata a Caterina D'Amico de Carvalho. Per questa ed altre notizie sui progetti viscontiani di quel periodo cfr. *Visconti: il teatro* cit., p. 205 e *Album Visconti* cit., pp. 116-117.

Il soggetto di *Marcia nuziale* è pubblicato in « Cinema Nuovo », II, nn. 10-11-12, 1° e 15 maggio e 1° giugno 1953, ripubblicato in *Antologia di « Cinema Nuovo »*, a cura di G. Aristarco, Guaraldi, Firenze 1975, pp. 559-579 e in *Leggere Visconti* cit., pp. 31-45. L'intervista di Luchino Visconti rilasciata a Michele Gandin è quella pubblicata su « Cinema », n. 75 cit., p. 292.

La dichiarazione di Luchino Visconti a riguardo di *Bellissima* è tratta dall'intervista a Doniol-Valcroze e Domarchi pubblicata sui « Cahiers du Cinéma », n. 93 cit. La citazione di Giuseppe Cintioli è tratta da G. CINTIOLI, *Visconti e altre ragioni*, « Rivista del Cinema Italiano », II, n. 1-2, gennaio-febbraio 1953, pp. 42-68. Le dichiarazioni di Visconti a Michele Gandin sono tratte dalla citata intervista, p. 293.

CAPITOLO VII: « Senso ».

La testimonianza di Suso Cecchi D'Amico è tratta da una conversazione svoltasi a Roma il 27 gennaio 1978.

Sul concetto di superamento del neorealismo e di passaggio dalla cronaca alla storia, a proposito di *Senso,* si vedano le posizioni critiche di « Cinema Nuovo » e di Guido Aristarco (cfr. G. ARISTARCO, *Senso,* « Cinema Nuovo », IV, n. 52, 10 febbraio 1955, e *Dal neorealismo al realismo,* ivi, n. 53, 25 febbraio 1953, ora in *Antologia di « Cinema Nuovo »* cit., pp. 859-861 e 869-879).

La citazione di Suso Cecchi D'Amico si trova in *Senso di Luchino Visconti,* a cura di G.B. Cavallaro, Cappelli, Bologna 1955, pp. 17-18; 2ª ed., ivi, 1977, pp. 9-10. La novella di Camillo Boito, pubblicata in « Nuova Antologia » nel 1882, ripubblicata in C. BOITO, *Il maestro di setticlavio,* a cura di G. Bassani, Colombo, Roma 1945, è ristampata anche in *Senso di Luchino Visconti* cit., pp. 21-49; 2ª ed., pp. 11-37. In questo volume sono pubblicati i riassunti della prima e della seconda sceneggiatura e la sceneggiatura desunta dal film. Le dichiarazioni di Luchino Visconti sono tratte da D. MECCOLI, *Mille lire per un colpo di cannone,* « Cinema », ser. III, VII, n. 136, 25 giugno 1954, pp. 354-355; cfr. anche L. ZANETTI, *Non ha abbandonato i suoi personaggi,* « Cinema Nuovo », II, n. 24, 1° dicembre 1953, pp. 328-329. La seconda citazione di Suso Cecchi D'Amico si trova in *Senso di Luchino Visconti* cit., p. 95; 2ª ed., p. 72. Il testo della sequenza notturna citata, ivi, pp. 123-125; 2ª ed., pp. 95-105. La pagina del diario di lavorazione redatto da Gian Carlo Zagni è pubblicata in « Cinema Nuovo », II, n. 24, cit., p. 338. La citazione di Franco Zeffirelli si trova in *Senso di Luchino Visconti* cit., p. 212; 2ª ed., p. 203. Quella di André Bazin è tratta dalla sua recensione di *Senso,* « France-Observateur » del 9 febbraio 1956, ripubblicata in A. BAZIN, *Qu'est-ce que le cinéma?,* vol. IV, *Une esthétique de la réalité: le néo-réalisme,* Ed. du Cerf, Paris 1962, pp. 117-121. Lo scritto di Piero Tosi, *Costume come vita,* è in « Cinema », n. 136 cit., p. 359. La dichiarazione di Visconti è tratta dalla citata intervista a Doniol-Valcroze e Domarchi, « Cahiers du Cinéma », n. 93, cit. Quella di

Suso Cecchi D'Amico si trova in *Senso di Luchino Visconti*
cit., pp. 95-96; 2ª ed., p. 72. L'altra di Visconti è tratta da
Leggere Visconti cit., p. 68. La testimonianza di Franco Zeffirelli si trova in F. ZEFFIRELLI, *«Senso» è nato alla Scala*,
«Cinema», n. 136 cit., pp. 356-357. L'ulteriore dichiarazione
di Visconti è pubblicata in *Realtà e metafore*, «Cinema Nuovo», n. 24 cit., p. 327. La citazione di Massimo Mila è tratta
dal suo articolo *Rinascita bruckneriana*, «L'Espresso» dell'11
novembre 1956, ora in M. MILA, *Cronache musicali
(1955-1959)*, Einaudi, Torino 1959, pp. 261-264. La citazione
di Franco Mannino è tratta da F. MANNINO, *Musica e spettacolo: esperienze con Luchino Visconti*, «Rassegna Musicale Curci», XXX, n. 3, dicembre 1977-XXXI, n. 1, gennaio 1978, pp.
61-72. La lettera di Luchino Visconti a Mannino è riportata
ivi, pp. 63-64.

CAPITOLO VIII: Il melodramma.

La citazione di Ermanno Contini è tratta dalla sua recensione di *Festival* su «Il Messaggero» dell'8 dicembre 1954, ripubblicata parzialmente in L. VISCONTI, *Il mio teatro*, cit., vol.
II, p. 11. Quella della rivista «Sipario» da I. MORMINO,
L'intelligenza bussa alla porta, «Sipario», X, n. 105, gennaio
1955, pp. 15-17.
La recensione di Icilio Ripamonti di *Come le foglie* si
trova sull'«Avanti!» del 27 ottobre 1954, parzialmente ripubblicata in L. VISCONTI, *Il mio teatro* cit., vol. II, pp. 13-16.
L'intervista di Henri Chapler a Luchino Visconti, apparsa
su «Arts» nel 1958, è tradotta in italiano in «Filmcritica»,
n. 76, aprile-maggio 1958, p. 85, e ripubblicata in *Leggere Visconti* cit., p. 68. La citazione di Jurij M. Lotman è tratta da
J. M. LOTMAN, *Semiotika kino i problemy kinoestetiki*, Tallin
1973 (trad. ital. di R. Archini in J. M. LOTMAN, *Introduzione
alla semiotica del cinema*, Officina Edizioni, Roma 1979, p.
40).
La lettera di Francesco Siciliani a Luchino Visconti, datata
31 gennaio 1949, è conservata negli Archivi del Teatro Comunale di Firenze e parzialmente pubblicata in *Visconti: il teatro*
cit., p. 130 (n. 387) e in L. VISCONTI, *Il mio teatro* cit., vol.

II, p. 22. A riguardo dello scambio di lettere tra Antonio Ghiringhelli e Luchino Visconti cfr. F. D'AMICO, *Il regista d'Opera*, in *Visconti: il teatro* cit., pp. 10-11; parte di questo carteggio è pubblicato ivi, pp. 130-132 (nn. 388 e 391). La lettera di Pasquale Di Costanzo a Luchino Visconti e la risposta di quest'ultimo, conservate fra le carte di proprietà della famiglia Visconti, esposte alla Mostra « Visconti: il teatro » cit., sono pubblicate nel Catalogo cit., pp. 130-131 (nn. 389-390). La testimonianza di Fedele D'Amico è tratta dal suo saggio *Il regista d'Opera* cit., p. 9.

Le citazioni di Franco Mannino a riguardo di *Mario e il mago* sono tratte dal suo articolo *Musica e spettacolo: esperienze con Luchino Visconti* cit., pp. 63 e 69. La recensione di Eugenio Montale è pubblicata sul « Corriere d'Informazione » del 27-28 febbraio 1956 e ripubblicata in L. VISCONTI, *Il mio teatro* cit., vol. II, pp. 88-91. Il contratto firmato da Thomas Mann il 27 agosto 1951, copia del quale è stata esposta alla Mostra « Visconti: il teatro » cit., è parzialmente pubblicato nel Catalogo cit., p. 145 (n. 484).

Le citazioni di Fedele D'Amico sono tratte dal suo saggio *Il regista d'Opera* cit., pp. 11-14 Il ricordo di Franco Zeffirelli si trova nel suo articolo *« Senso » è nato alla Scala* cit., p. 356. La dichiarazione di Luchino Visconti a riguardo di Maria Meneghini Callas è riportata in J. ARDOIN, *Callas*, New York, 1974 (trad. it. in « Il patalogo uno », Annuario dello spettacolo, Ubulibri-Il Formichiere, Milano 1979, p. 445). Sui rapporti fra Luchino Visconti e Maria Callas si veda anche quanto scrive la nipote di Visconti, Cristina Gastel Chiarelli, nel suo libro *Maria Callas - Vita, immagini, parole, musica*, Marsilio, Venezia 1981, pp. 56-71. La recensione di Teodoro Celli della *Vestale* è pubblicata sul « Corriere Lombardo » dell'8-9 dicembre 1954 e ripubblicata in L. VISCONTI, *Il mio teatro* cit., vol. II, pp. 25-26. Quella di Fedele D'Amico su « Il Contemporaneo » del 18 dicembre 1954, ristampata in F. D'AMICO, *I casi della musica*, Il Saggiatore, Milano 1962, pp. 74-76, e in L. VISCONTI, *Il mio teatro* cit., vol. II, pp. 30-32.

La recensione di Fedele D'Amico della *Sonnambula* è pubblicata su « Il Contemporaneo » del 26 marzo 1955, ristampata in F. D'AMICO, *I casi della musica* cit., pp. 81-84, e in L. VISCONTI, *Il mio teatro* cit., vol. II, pp. 43-47.

La recensione di Teodoro Celli della *Traviata* è pubblicata sul « Corriere Lombardo » del 30-31 maggio 1955 col titolo *Scala: Violetta è morta in cappotto e cappello. Più Visconti che Verdi la « Traviata » della Callas* e ripubblicata in L. VISCONTI, *Il mio teatro* cit., vol. II, pp. 54-59. Il suo articolo *È apparso alla Scala un mostro a due teste* è pubblicato su « Oggi » del 9 giugno 1955.

L'articolo di Luchino Visconti pubblicato sull'« Europeo » nel 1966 è il citato *Vent'anni di teatro*.

La lettera di Luchino Visconti a Franco Mannino del 29 ottobre 1966 è riprodotta da quest'ultimo nel suo articolo *Musica e spettacolo: esperienze con Luchino Visconti* cit., p. 71.

La *Disposizione scenica per l'opera « Aida » compilata e regolata secondo la messa in scena del Teatro alla Scala da Giulio Ricordi*, Ricordi, Milano, s.d. (ma 1872) è attentamente studiata e in parte riprodotta in L. ALBERTI, « *I progressi attuali [1872] del dramma musicale* », in *Il melodramma italiano dell'Ottocento*, Studi e ricerche per Massimo Mila, a cura di G. Pestelli, Einaudi, Torino 1977, pp. 125-155. Il saggio di Folco Portinari, « *Pari siamo* ». *Sulla struttura del libretto romantico* è pubblicato ivi, pp. 545-566.

La citazione di Luchino Visconti a riguardo del *Crogiuolo* è tratta dal suo articolo *Nota sulla « Morte di un commesso viaggiatore » e sul « Crogiuolo »*, « Il Contemporaneo », I, n. 9, 22 maggio 1954, ripubblicato in *Leggere Visconti* cit., pp. 47-48, e in L. VISCONTI, *Il mio teatro* cit., vol. II, pp. 64-66. La recensione di Vito Pandolfi del *Crogiuolo* è pubblicata su « Il Dramma », XXXI, n. 231, dicembre 1955, pp. 57-58. Quella di *Zio Vania*, ivi, XXXII, n. 232, gennaio 1956, pp. 48-49.

La recensione di Giorgio Prosperi della *Contessina Giulia* è pubblicata su « Il Tempo » del 12 gennaio 1957 e ripubblicata in L. VISCONTI, *Il mio teatro* cit., vol. II, pp. 99-101.

La testimonianza di Mario Garbuglia a riguardo di *Uno sguardo dal ponte* è tratta da una conversazione svoltasi a Roma il 26 gennaio 1978. La lettera aperta di Luchino Visconti ad Arthur Miller è pubblicata su « Il Contemporaneo » del 18 gennaio 1958 e ripubblicata in *Visconti: Il teatro* cit., pp. 157-158, e in L. VISCONTI, *Il mio teatro* cit., vol. II, pp. 168-169.

La recensione di Massimo Mila dell'*Anna Bolena* è pubblicata sull'«Espresso» del 21 aprile 1957 e ristampata in M. MILA, *Cronache musicali* cit., pp. 100-102. Quella dell'*Ifigenia in Tauride,* apparsa sull'«Espresso» del 9 giugno 1957 col titolo *Il lusso non si addice a Ifigenia,* è ristampata ivi, pp. 37-39, e in L. VISCONTI, *Il mio teatro* cit., vol. II, pp. 124-126. Sulla polemica Mila-D'Amico cfr. anche M. MI-LA, *Ifigenia senza crinolina,* «L'Espresso», 14 giugno 1959 (ora in M. MILA, *Cronache musicali* cit., pp. 40-43) e F. D'AMICO, *Gluck e la crinolina,* «Discoteca», 15 dicembre 1960 (ora in F. D'AMICO, *I casi della musica* cit., pp. 431-436). La recensione di Rossanda Rossanda è pubblicata su «Il Contemporaneo» del 29 giugno 1957, e ripubblicata in L. VISCONTI, *Il mio teatro* cit., pp. 126-128.

Le dichiarazioni di Suso Cecchi D'Amico a riguardo delle *Notti bianche* sono pubblicate in *Le notti bianche di Luchino Visconti,* a cura di R. Renzi, Cappelli, Bologna 1957, p. 71. Dal medesimo volume sono tratte le informazioni sulla genesi del film e le dichiarazioni di Mario Garbuglia (cfr. pp. 145-146) e di Giuseppe Rotunno (cfr. p. 155). La dichiarazione di Luchino Visconti è tratta da C. MANGINI, *I confini valicabili,* «Cinema Nuovo», VI, n. 114-115, 15 settembre 1957, p. 143, che contiene anche una dichiarazione di Suso Cecchi D'Amico.

CAPITOLO IX: Ritorno al realismo.

L'articolo di Roland Barthes, *Visconti et le réalisme au théâtre,* è pubblicato su «Théâtre Populaire», n. 20, 1° settembre 1956, e ristampato in *Luchino Visconti,* «Premier Plan» cit., pp. 73-74.

La recensione di Massimo Mila di *Maratona di danza* è pubblicata, col titolo *Un balletto neorealista,* su «L'Espresso» del 13 ottobre 1957 (ora in M. MILA, *Cronache musicali* cit., pp. 419-421) e ristampata in L. VISCONTI, *Il mio teatro,* cit., vol. II, pp. 156-158. Quella di Fedele D'Amico, ripubblicata ivi, pp. 158-160, è apparsa, col titolo *Berlino 1957,* I, *Il primitivo di Vogel e la «tranche de film» di Visconti e Henze,* su «Il Contemporaneo» del 19 ottobre 1957.

Sulle vicende censorie concernenti *Rocco e i suoi fratelli*, Guido Gerosa ha curato un dossier pubblicato su « Schermi », n. 28, dicembre 1960, pp. 338-353, parzialmente ripubblicato in *Leggere Visconti*, cit., pp. 176-181. Sull'« oscuramento » di alcune scene del film, pare che a suggerire il provvedimento sia stato lo stesso produttore Goffredo Lombardo per consentire a *Rocco* di uscire regolarmente sugli schermi italiani, come egli ha dichiarato nel corso di una conversazione svoltasi a Torino il 28 aprile 1981. La lettera aperta di Luchino Visconti al ministro Folchi, apparsa sull'« Unità » del 24 ottobre 1961, riprodotta in « Cinema Nuovo », X, n. 154, novembre-dicembre 1961, pp. 488-490, col titolo *La libertà dei convergenti*, è ripubblicata in *Leggere Visconti*, cit., pp. 50-52.

La citazione di Suso Cecchi D'Amico è tratta da una lettera da lei inviata a Gaetano Carancini, e da questi pubblicata in *Rocco e i suoi fratelli di Luchino Visconti*, a cura di G. Aristarco e G. Carancini, Cappelli, Bologna 1960, pp. 57-59; 2ª ed., ivi, 1978, pp. 43-44. La testimonianza di Vasco Pratolini è tratta da un'intervista da lui rilasciata a Caterina D'Amico de Carvalho (cfr. *Album Visconti*, cit., p. 157). La citazione di Pasquale Festa Campanile e di Massimo Franciosa è tratta da una lettera da essi inviata a Gaetano Carancini e da questi pubblicata in *Rocco e i suoi fratelli di Luchino Visconti* cit., pp. 59-63; 2ª ed., pp. 45-48. Le dichiarazioni di Luchino Visconti sul film, in fase di lavorazione, si trovano ivi, pp. 208-213; 2ª ed., pp. 49-54. L'intervista di Luchino Visconti a Tommaso Chiaretti è pubblicata su « Mondo Nuovo », n. 9, 28 febbraio 1960 e ripubblicata in *Visconti: il cinema* cit., pp. 53-59. L'articolo di Visconti *Oltre il fato dei Malavoglia* è pubblicato su « Vie Nuove » del 22 ottobre 1960 e più volte ripubblicato, con differenti titolazioni, in « Schermi » n. 28 cit., pp. 322-323; C. LIZZANI, *Storia del cinema italiano 1895-1961* cit., pp. 448-452; *Leggere Visconti* cit., pp. 48-50; *Visconti: il cinema* cit., pp. 60-64. La citazione di Guido Aristarco è tratta dal suo saggio *Esperienza culturale ed esperienza originale in Luchino Visconti*, in *Rocco e i suoi fratelli di Luchino Visconti* cit., pp. 13-47; 2ª ed., pp. 9-40. Il colloquio di Aristarco con Visconti, dal titolo *Ciro e i suoi fratelli*, è pubblicato in « Cinema Nuovo », IX, n. 147, settembre-ottobre 1960, pp. 401-405, e ripubblicato in *Leggere Vi-*

sconti cit., pp. 78-81. La dichiarazione di Giuseppe Rotunno è tratta da *Rocco e i suoi fratelli di Luchino Visconti* cit., p. 200 (manca nella 2ª ed.). L'intervista di Luchino Visconti a Lietta Tornabuoni è pubblicata in « Sipario », n. 230, giugno 1965, pp. 91-92, e ripubblicata in *Leggere Visconti*, cit., pp. 106-107.

La lettera di Giovanni Testori a Luchino Visconti a proposito dell'*Arialda*, datata 6 ottobre 1960, è conservata fra le carte di proprietà della famiglia Visconti. La citazione di Sandro De Feo è tratta dalla sua recensione dell'*Arialda* pubblicata su « L'Espresso » del 1° gennaio 1961 e parzialmente ripubblicata in L. VISCONTI, *Il mio teatro* , cit., pp. 240-241. La recensione di Nicola Chiaromonte è pubblicata su « Il Mondo » del 3 gennaio 1961 e parzialmente ripubblicata ivi, pp. 241-244.

La recensione di Robert Kanters di *Dommage qu'elle soit une p...* è pubblicata su « L'Express » del 6 aprile 1961 e parzialmente ripubblicata, in trad. it., in L. VISCONTI, *Il mio teatro* cit., pp. 256-258. La recensione di Erasmo Valente di *Salome* è pubblicata su « L'Unità » del 1° luglio 1961 e ripubblicata ivi, pp. 268-270.

La citazione di Gaio Fratini a proposito del *Lavoro* si trova in *Boccaccio '70 di De Sica, Fellini, Monicelli, Visconti*, a cura di C. Di Carlo e G. Fratini, Cappelli, Bologna 1962, p. 44. La lettera di Suso Cecchi D'Amico a Carlo Di Caro si trova ivi, p. 175. Le dichiarazioni di Luchino Visconti a Gaio Fratini ivi, p. 46. Le citazioni dalla sceneggiatura sono ivi, pp. 183-203. Il brano di *Marcia nuziale* è tratto da « Cinema Nuovo », II, n. 10 cit. p. 266.

Le informazioni sulla genesi del *Gattopardo* si trovano in *Il film « Il Gattopardo » e la regìa di Luchino Visconti*, a cura di S. Cecchi D'Amico, Cappelli, Bologna 1963. La citazione di Mario Garbuglia si trova ivi, pp. 158-159. Il dialogo di Luchino Visconti con Antonello Trombadori, ivi, pp. 23-30, ripubblicato in *Leggere Visconti* cit., pp. 94-97. La lettera di Palmiro Togliatti ad Antonello Trombadori, datata 2 aprile 1963, è riprodotta fotograficamente in *Album Visconti* cit., p. 197.

Il libretto di *Il diavolo in giardino*, Commedia storico pastorale in tre atti e quattro quadri di Luchino Visconti, Filippo

Sanjust, Enrico Medioli, musica di Franco Mannino, è pubblicato da Curci, Milano 1963. Il carteggio fra Luchino Visconti e Franco Mannino è in parte pubblicato in F. MANNINO, *Musica e spettacolo*: *esperienze con Luchino Visconti* cit., *passim*.

L'intervista di Luchino Visconti a Paolo Spriano è pubblicata su « L'Unità » dell'11 aprile 1963 e ripubblicata in *Leggere Visconti* cit., pp. 97-99.

La recensione di Pierre Marcabru di *Après la chute* è pubblicata su « Paris-Presse » del 23 gennaio 1965 e ripubblicata, in trad. it., in L. VISCONTI, *Il mio teatro* cit., pp. 321-322.

La dichiarazione di Luchino Visconti a proposito di Cecov è tratta da C. COSTANTINI, *L'ultimo Visconti* cit., p. 46. La citazione di Giovanni Calendoli è tratta dalla sua recensione del *Giardino dei ciliegi* pubblicata su « Il Dramma », XLI, n. 350-351, novembre-dicembre 1965, pp. 53-55. La dichiarazione di Visconti a proposito di *Après la chute* è tratta da C. COSTANTINI, *L'ultimo Visconti* cit., p. 49.

La recensione di Peter Heyworth di *Der Rosenkavalier* è pubblicata su « The Observer » del 24 aprile 1966 e parzialmente ripubblicata, in trad. it., in L. VISCONTI, *Il mio teatro* cit., vol. II, p. 366. Quella della *Traviata*, apparsa sul medesimo giornale il 23 aprile 1967, ivi, pp. 374-381.

La dichiarazione di Luchino Visconti a riguardo della *Monaca di Monza* è tratta da un'intervista da lui rilasciata a un redattore dell'agenzia giornalistica Adn-Kronos, riportata dall'« Avanti! » del 9 novembre 1967 e ripubblicata in L. VISCONTI, *Il mio teatro* cit., vol. II, pp. 399-400. La lettera di Giovanni Testori a Luchino Visconti, datata 10 luglio 1967, è conservata fra le carte di proprietà della famiglia Visconti.

La recensione di Karlheinz Roschitz del *Simon Boccanegra* è pubblicata su « Die Furche » del 5 aprile 1969 e ripubblicata, in trad. it., in L. VISCONTI, *Il mio teatro* cit., vol. II, pp. 408-410.

Le quattro interviste di Luchino Visconti a proposito dello *Straniero* sono pubblicate: quella a Raymond Millet, ripresa da Liliana Madeo in una corrispondenza da Parigi, su « La Stampa » del 13 marzo 1962 e ripubblicata in *Leggere Visconti* cit., pp. 91-92; quella ad Adriano Aprà, Jean-André Fieschi, Maurizio Ponzi e André Téchiné su « Filmcritica », n. 159-160, agosto-settembre 1965, pp. 437-443, e su « Cahiers du Cinéma », n. 171, ottobre 1965, pp. 44-46, ripubblicata in *Leggere Visconti* cit., pp. 109-114; quella a Nello Ajello su « L'Espresso » del 7 novembre 1965, parzialmente ripubblicata in *Leggere Visconti* cit., pp. 125-126; quella a Marialivia Serini su « L'Espresso » del 29 gennaio 1967, parzialmente ripubblicata in *Leggere Visconti* cit., p. 126. L'intervista di Luchino Visconti a Lietta Tornabuoni a proposito della *Contessa Tarnowska* è pubblicata su « L'Espresso » del 6 giugno 1965 e parzialmente ripubblicata in *Leggere Visconti* cit., pp. 107-108. Sui progetti cinematografici di Visconti in quel periodo cfr. *Album Visconti* cit., p. 212. Il soggetto *Macbeth 1967*, scritto in collaborazione con Suso Cecchi D'Amico, è pubblicato in « Bianco e Nero », XXXVII, n. 9-12 cit., pp. 54-72.

I dati relativi alla genesi di *Vaghe stelle dell'Orsa...* sono tratti da *Vaghe stelle dell'Orsa... di Luchino Visconti*, a cura di P. Bianchi, Cappelli, Bologna 1965. Il testo di Luchino Visconti, *Un dramma del non essere*, è pubblicato ivi, pp. 31-34, e ripubblicato in *Leggere Visconti* cit., pp. 52-54, e in *Visconti: il cinema* cit., pp. 71-74. L'intervista di Luchino Visconti a Lina Coletti è pubblicata su « L'Europeo » del 21 novembre 1974 e ripubblicata in *Leggere Visconti* cit., pp. 147-152. La registrazione del pubblico dibattito con Luchino Visconti, tenutosi al Circolo Monzese del Cinema il 30 novembre 1965, è pubblicata in « Cinema Nuovo », XV, n. 180, marzo-aprile 1966, pp. 108-116, e parzialmente ripubblicata in *Leggere Visconti* cit., pp. 117-124.

CAPITOLO X: Sotto il segno di Marcel Proust.

La dichiarazione di Luchino Visconti a Giancarlo Marmori è tratta da un'intervista pubblicata su « L'Espresso » del 21 dicembre 1969 e parzialmente ripubblicata in *Leggere Visconti* cit., p. 135. Quella a Giuliana Bianchi da un'intervista pubblicata su « Il Dramma », XLVII, n. 3, marzo 1971, pp. 55-58, ripubblicata in *Leggere Visconti* cit., pp. 143-146. Il progetto di Ennio Flaiano *Filmare Proust*, datato 1965, unitamente al trattamento e alla sceneggiatura, e al carteggio Flaiano-Nicole Stéphane e Bernard de Fallois relativo a questo suo lavoro, così come la « proposta Visconti-Flaiano » *La recherche du temps perdu* del 1969, sono conservati fra le carte di proprietà della signora Rosetta Flaiano. La citazione di Visconti è tratta dalla citata intervista a Giuliana Bianchi (cfr. *Leggere Visconti* cit., p. 144). La testimonianza di Mario Garbuglia è tratta dalla citata conversazione svoltasi a Roma il 26 gennaio 1978. L'altra citazione di Visconti, a proposito delle parti da assegnare ai vari attori, è tratta dalla citata intervista a Giuliana Bianchi (cfr. *Leggere Visconti* cit., p. 145). La sceneggiatura di Harold Pinter per il film di Joseph Losey è pubblicata in H. PINTER, *The Proust Screenplay (À la recherche du temps perdu)*, con la collab. di J. Losey e B. Bray, Grove Press, New York 1977.

I dati sulla genesi di *La caduta degli dei* si trovano in *La caduta degli dei (Götterdämmerung) di Luchino Visconti*, a cura di S. Roncoroni, Cappelli, Bologna 1969. L'intervista di Luchino Visconti a Liliana Madeo è pubblicata su « La Stampa » del 16 ottobre 1969 e parzialmente ripubblicata in *Leggere Visconti* cit., p. 134. La citazione di Visconti a proposito del libro di William L. Schirer è tratta da S. RONCORONI, *Dialogo con l'autore*, in *La caduta degli dei di Luchino Visconti* cit., pp. 30-31. La citazione dal trattamento del film è ivi, p. 41. Ivi anche, *passim*, le altre dichiarazioni di Visconti a Roncoroni.

La dichiarazione di Visconti a « Cinema Nuovo » è pubblicata sul n. 201 della rivista, settembre-ottobre 1969, pp. 334-335, e ripubblicata in *Leggere Visconti* cit., pp. 134-135.

L'intervista di Luchino Visconti a Liliana Madeo, a proposito di *Ludwig*, è pubblicata su « La Stampa » del 21 giugno 1972 e parzialmente ripubblicata in *Leggere Visconti* cit., p. 147.

I dati sulla genesi di *Morte a Venezia* si trovano in *Morte a Venezia di Luchino Visconti*, a cura di L. Micciché, Cappelli, Bologna 1971. L'intervista di Luchino Visconti a Lietta Tornabuoni è pubblicata su « La Stampa » del 3 marzo 1970 e parzialmente ripubblicata in *Leggere Visconti* cit., pp. 136-137. La lettera di Thomas Mann a Wolfgang Born, datata 18 marzo 1921, è pubblicata in *Tutte le opere di Thomas Mann*, vol. XIII, *Epistolario*, a cura di L. Mazzucchetti, Mondadori, Milano 1963, p. 249, e parzialmente ripubblicata in *Morte a Venezia di Luchino Visconti* cit., pp. 102-103. L'intervista di Visconti a Pietro Bianchi è pubblicata su « Il Giorno » del 9 febbraio 1971 e ripubblicata in *Leggere Visconti* cit., pp. 137-138. La dichiarazione di Franco Mannino si trova in *Morte a Venezia di Luchino Visconti* cit., p. 140. Quelle di Luchino Visconti, ivi, pp. 122 e 114.

L'intervista di Luchino Visconti a Liliana Madeo è quella citata, apparsa su « La Stampa » nel 1972 e parzialmente ripubblicata in *Leggere Visconti* cit., p. 147; quella a Costanzo Costantini dell'aprile 1973 è pubblicata in C. COSTANTINI, *L'ultimo Visconti* cit., pp. 15-53. I dati sulla genesi di *Ludwig* si trovano in *Ludwig di Luchino Visconti,* a cura di G. Ferrara, Cappelli, Bologna 1973. La frase di Luchino Visconti a riguardo del *Ludwig* « ridotto a un *carosello* » è riportata nella lettera, datata luglio 1980, inviata da Suso Cecchi D'Amico ed Enrico Medioli a Carlo Lizzani, Direttore della Mostra Internazionale del Cinema di Venezia, pubblicata sul Catalogo della Mostra, Venezia 1980, pp. 102-103. Alla medesima lettera appartiene il testo della Cecchi D'Amico e di Medioli. La citazione di Enrico Medioli è tratta dal suo articolo *Ludwig o della solitudine*, in *Ludwig di Luchino Visconti* cit., pp. 31-32. La dichiarazione di Luchino Visconti ad Aurelio Di Sovico è tratta da *Io, Luchino Visconti,* cit. Per l'accurata ricostruzione scenografica del film cfr. *König Ludwig II. und die Kunst*, a cura di M. Petzet, Prestel-Verlag, München 1968, catalogo dell'Esposizione tenutasi nel 1968 al Festsaalbau der Münchener Residenz.

La recensione di Giorgio Prosperi di *Tanto tempo fa* è pubblicata su « Il Tempo » del 4 maggio 1973 e parzialmente ripubblicata in L. VISCONTI, *Il mio teatro* cit., vol. II, pp. 418-420. Il testo della conferenza stampa di Harold Pinter è pubblicato su « Il Dramma », XLIX, n. 3-4, marzo-aprile 1973, pp. 102-103 (ripubblicato in L. VISCONTI, *Il mio teatro* cit., vol. II, pp. 425-428), seguito da una nota a firma R. J., p. 104. L'intervista di Luchino Visconti a Costanzo Costantini è pubblicata in C. COSTANTINI, *L'ultimo Visconti* cit., pp. 61-67.

La recensione di Duilio Courir di *Manon Lescaut* è pubblicata sul « Corriere della Sera » del 22 giugno 1973 e ripubblicata in L. VISCONTI, *Il mio teatro* cit., vol. II, pp. 429-434.

I dati sulla genesi di *Gruppo di famiglia in un interno* si trovano in *Gruppo di famiglia in un interno di Luchino Visconti*, a cura di G. Treves, Cappelli, Bologna 1975. La frase di Visconti è riportata da Enrico Medioli nel suo articolo *Come*

Aschenbach, è caduto in un inganno, ivi, p. 11. La dichiarazione di Visconti a Lina Coletti è tratta dalla citata intervista pubblicata su « L'Europeo » del 21 novembre 1974. La precisazione di Medioli si trova in *Come Aschenbach, è caduto in un inganno* cit., p. 14. L'intervista di Visconti a Costanzo Costantini del novembre 1974 è pubblicata in C. COSTANTINI, *L'ultimo Visconti* cit., pp. 69-75. Le dichiarazioni di Mario Garbuglia sono pubblicate in *Gruppo di famiglia in un interno di Luchino Visconti* cit., pp. 21-27. Quelle di Franco Mannino nel suo articolo *Musica e spettacolo: esperienze con Luchino Visconti* cit., p. 61.

La dichiarazione di Luchino Visconti a Costanzo Costantini a proposito del progetto di *Zelda* è pubblicata in C. COSTANTINI, *L'ultimo Visconti* cit., p. 69. Ivi, alle pp. 52-53, c'è l'accenno al « mistero della malattia » nella *Montagna incantata*. L'intervista di Visconti a Lina Coletti è quella citata.

La testimonianza di Suso Cecchi D'Amico a riguardo dell'*Innocente* è tratta dalla citata conversazione svoltasi a Roma il 27 gennaio 1978. Le dichiarazioni di Luchino Visconti durante la conferenza stampa per l'inizio della lavorazione dell'*Innocente*, svoltasi vicino Lucca ai primi d'ottobre 1975, sono pubblicate nella *brochure* ciclostilata edita da Rizzoli Film-Cineriz. L'intervista di Visconti a Costanzo Costantini è pubblicata in C. COSTANTINI, *L'ultimo Visconti* cit., pp. 77-83. Quella a Mauro De Lumière è pubblicata in « Spettacoli e Società », I, n. 7, 17 ottobre 1975, p. 6, e parzialmente ripubblicata in *Leggere Visconti* cit., p. 152. La testimonianza di Franco Mannino è tratta dal suo articolo *Musica e spettacolo: esperienze con Luchino Visconti* cit., p. 72.

BIBLIOGRAFIA

A. G. Bragaglia, *Processo a L. Visconti*, « Star », III, n. 12, 23 marzo 1946.

F. Rispoli, *Dostojewskij, Baty, Visconti*, « Film Rivista », n. 20, novembre 1946.

A. Fiocco, *Shakespeare, Dalì e Visconti*, « La Fiera Letteraria », n. 37, 5 dicembre 1948.

G. Calendoli, *La via di Visconti dall'ossessione al ritmo*, « Sipario », n. 33, gennaio 1949.

R. Renzi, *Mitologia e contemplazione in Visconti, Ford ed Eisenstein*, « Bianco e Nero », X, n. 2, febbraio 1949.

V. Marinucci, *L. Visconti più che regista: autore di spettacoli*, « Il Dramma », n. 84, 1° maggio 1949.

G. Viazzi, *L. Visconti*, « Sequenze », n. 4, novembre 1949.

A. Blasetti, *Visconti*, in *Cinema italiano oggi*, Bestetti, Roma 1950.

L. Lucignani, *Visconti o la tecnica del tecnico*, « Sipario », n. 49, maggio 1950.

J. Doniol-Valcroze, *L. Visconti*, « Raccords », n. 7, primavera 1951.

G. Prosperi, *Vita irrequieta di L. Visconti*, « La Settimana Incom Illustrata », VII, nn. 13, 14, 15, 31 marzo - 7, 14 aprile 1951.

L. Lucignani, *Visconti regista principe del teatro italiano*, « Teatro Scenario », n. 11, 1-15 giugno 1952.

L. Lucignani, *Goldoni, Visconti e il realismo*, « Teatro Scenario », n. 17-18, 15 settembre 1952.

G. GUERRIERI, *L. Visconti regista teatrale*, in *Panorama dell'arte italiana*, Torino 1952.

G. CINTIOLI, *Visconti e altre ragioni*, « Rivista del Cinema Italiano », II, n. 1-2, gennaio-febbraio 1953.

E. FERRIERI, *L. Visconti o dell'evidenza*, « Sipario », n. 84, aprile 1953.

G. BEZZOLA, *Renoir, Visconti, Antonioni*, « Cinema Nuovo », n. 18, 1° settembre 1953.

G. CASTELLANO, *Individuo e società in L. Visconti*, « Cinema », n. ser., n. 120, 1° novembre 1953.

G. C. CASTELLO, *Incontri e scontri fra cinema e teatro*, « Teatro Scenario », n. 21, 1-15 novembre 1953.

P. SPERI, *Verismo letterario e neorealismo*, « Cinema », n. ser. n. 129, 15 marzo 1954.

Ph. DEMONSABLON, *Note sur Visconti*, « Cahiers du Cinéma », n. 33, marzo 1954.

F. ROCCO, *L. Visconti*, « Ferrania », VIII, n. 4, aprile 1954.

J. F. LANE, *The Hurricane Visconti*, « Films and Filming », I, n. 3, dicembre 1954.

G. C. CASTELLO, *Ritratti critici di contemporanei: L. Visconti*, « Belfagor », X, n. 2, marzo 1955.

S. SANTARELLI, *Primi piani: Visconti*, « Rivista del Cinematografo », XXVIII, n. 4, aprile 1955.

AA.VV., *Dossier su L. Visconti*, in *Cinema della realtà*, a cura del Film Club Senese « Bianco e Nero » e del Centro Universitario Cinematografico, Siena 1955.

R. MANETTI, *Storia di un regista: L. Visconti*, « Il Nuovo Corriere », 13-20 luglio 1955.

P. BALDELLI, *Mito e realtà dei film di L. Visconti*, « Società », II, nn. 4 e 5, agosto e ottobre 1955.

G. LETO, *Da « Ossessione » a « Senso »: valore dell'opera di Visconti*, « Bianco e Nero », XVI, n. 11, novembre 1955.

E. MUZII, *Cechov e Visconti*, « Il Contemporaneo », II, n. 52, 31 dicembre 1955.

Senso di Luchino Visconti, a cura di G. B. Cavallaro, Cappelli, Bologna 1955 (2ª ed., ivi, 1977).

N. CHIAROMONTE, *Cechov e Visconti*, « Il Mondo », VIII, n. 1, 3 gennaio 1956.

W. ACHER, *Pour saluer Visconti*, « Cahiers du Cinéma », n. 57, marzo 1956.

J. F. LANE, *Visconti, the Last Decadent*, « Films and Filming », II, n. 10, luglio 1956.

R. BARTHES, *Visconti et le réalisme au théâtre*, « Théâtre Populaire », n. 20, settembre 1956.

R. GILSON, *L. Visconti, le maître mystérieux*, « Cinéma 56 », n. 12, ottobre-novembre 1956.

G. GUERRIERI, *L. Visconti*, « Lo Spettatore Critico », IV, n. 1, gennaio-febbraio 1957.

L. Visconti, a cura di M. Cantù, Circolo Monzese del Cinema, Monza 1957.

Le notti bianche di Luchino Visconti, a cura di R. Renzi, Cappelli, Bologna 1957.

Venti spettacoli di L. Visconti con Rina Morelli e Paolo Stoppa, a cura di M. Ramous, Cappelli, Bologna 1958.

G. ARISTARCO, *L. Visconti*, « Positif », nn. 28 e 29, aprile e maggio 1958.

H. W. HENZE, *Versuch über Visconti*, « Merkur », n. 10, ottobre 1958 (ora in H. W. HENZE, *Musik und Politik, Schriften und Gespräche 1955-1975*, München 1976). 1976.

AA. VV., *L. Visconti*, Cine Club dell'Uruguay, Montevideo 1958.

L. PESTALOZZA, *L. Visconti e il melodramma*, « Cinema Nuovo », n. 137, gennaio-febbraio 1959.

E. PATALAS, *L. Visconti. Meister der sozialen Analyse*, « Kirche und Film », n. 3, marzo 1960.

G. F. POGGI, *L. Visconti and the Italian Cinema*, « Film Quarterly », XIII, n. 3, primavera 1960.

D. Meccoli, *Visconti il terribile*, « La Fiera del Cinema », n. 9, settembre 1960.

R. Dal Sasso, *Il naturalismo di Visconti*, « Filmcritica », n. 102, ottobre 1960.

T. Chiaretti, *Cinema romanzesco e cinema della realtà*, « Cinema 60 », n. 5, novembre 1960.

Rocco e i suoi fratelli di Luchino Visconti, a cura di G. Aristarco e G. Carancini, Cappelli, Bologna 1960 (2ª ed. ridotta, ivi, 1978).

V. Pandolfi, *Il mondo espressivo di L. Visconti*, « Il Dramma », n. 299-300, agosto-settembre 1961.

S. Kessler, *Die Wahrheit in vielen Formen*, « Theater heute », n. 9, settembre 1961.

C. Molinari, *Sullo stile di L. Visconti: una proposta*, « La Biennale di Venezia », n. 42, 1961.

AA.VV., *L. Visconti*, « Premier Plan », n. 17, Lione, 1961.

J. Ardoin, *L. Visconti Master Magician*, « Musical America », novembre 1961.

F. W. Vobel, *Porträt Visconti*, « Filmstudio », n. 37, novembre 1962.

Boccaccio '70 di De Sica, Fellini, Monicelli, Visconti, a cura di C. Di Carlo e G. Fratini, Cappelli, Bologna 1962.

AA.VV., *Molti interrogativi a proposito de « Il Gattopardo »*, « Cinema 60 », n. 34, giugno 1963.

G. Riccioli, *Le magiche « evocazioni » di L. Visconti*, ib:dem.

G. Gambetti, *Note su L. Visconti da « Ossessione » al « Gattopardo »*, « Cineforum », n. 26, giugno 1963.

E. Comuzio, *Musiche e suoni nei film di Visconti*, ibidem.

L. Sciascia, *Da uomo classico a uomo decadente*, « Cinema Nuovo », n. 166, maggio-giugno 1963.

Il film « Il Gattopardo » e la regìa di L. Visconti, a cura di S. Cecchi D'Amico, Cappelli, Bologna 1963.

Dossier Visconti, « Cinéma 63 », n. 79, settembre-ottobre 1963.

AA.VV., *L. Visconti*, « Cinema », n. 32-33, Zurigo, inverno-primavera 1963.

AA.VV., *L. Visconti, l'histoire et l'esthétique*, « Etudes Cinématographiques », n. 26-27, Paris, luglio-settembre 1963.

C. BEYLIE, *L'oeuvre de L. Visconti*, « L'Avant-Scène du Cinéma » n. 32-33, dicembre 1963-gennaio 1964.

J. F. LANE, *A Case of Artistic Inflation*, « Sight and Sound », XXXII, n. 3, estate 1963.

G. FERRARA, *L. Visconti*, Seghers, Paris 1964 (2ª ed. aggiornata, ivi, 1970).

R. RENZI, *L. Visconti: morte o resurrezione?*, « Cinema Nuovo », n. 167, gennaio-febbraio 1964.

L. PESTALOZZA, *Regìa e opera*, « Sipario », n. 224, dicembre 1964.

AA.VV., *Menabò sul cinema italiano*, « Filmcritica », n. 158, giugno 1965.

M. ARGENTIERI, *Le due anime di Visconti*, « Cinema 60 », n. 56, agosto 1965.

G. ARISTARCO, *L. Visconti*, in *Vent'anni di cinema italiano*, Sindacato Nazionale Giornalisti Cinematografici Italiani, Roma 1965.

P. BALDELLI, *I film di L. Visconti*, Lacaita, Manduria 1965 (nuova ed. ampliata e aggiornata: *L. Visconti*, Mazzotta, Milano 1973).

Vaghe stelle dell'Orsa... di L. Visconti, a cura di P. Bianchi, Cappelli, Bologna 1965.

Y. GUILLAUME, *L. Visconti*, Éditions Universitaires, Paris 1966.

G. NOWELL-SMITH, *L. Visconti*, Secker e Warburg, London 1967 (2ª ed., aggiornata, ivi, 1973).

L. Visconti, « Kinemathek », n. 32, febbraio 1967.

M. SCHLAPPNER, *Der Sozialkritiker und die Literatur*, in *Filme und ihre Regisseure*, Bern-Stuttgart 1967.

G. PATRONI-GRIFFI, *Le famiglie di L. Visconti*, « Il Dramma », XLV, n. 9, giugno 1969.

La caduta degli Dei (Götterdämmerung) di L. Visconti, a cura di S. Roncoroni, Cappelli, Bologna 1969.

U. FINETTI, *Il tema della famiglia nell'opera di Visconti*, « Cinema Nuovo », n. 202, novembre-dicembre 1969.

A. FERRERO, *La terra trema*, Radar, Padova 1969.

AA.VV. *L'opera di L. Visconti*, a cura di M. Sperenzi, Atti del Convegno di studi, Fiesole 27-29 giugno 1966, Firenze 1969.

F. DORIGO, *Il linguaggio della psicanalisi e il cinema. Visconti: impegno sociale e psicologico*, « Rivista del Cinematografo », n. 1, gennaio 1970.

L. Visconti, « Cinema », n. 62, Adliswil, estate 1970.

D. NOVOTNA, *L. Visconti*, Orbis, Praha 1970.

Morte a Venezia di L. Visconti, a cura di L. Micciché, Cappelli, Bologna 1971.

C.-M. CLUNY, *L. Visconti*, in *Dossier du cinéma. Cinéastes*, II, Casterman, Tourray 1971.

R. MELE, *Morte a Venezia*, Edizioni K. Teatro, Salerno 1972.

Ludwig di L. Visconti, a cura di G. Ferrara, Cappelli, Bologna 1973.

J. MARX, *L. Visconti*, « Film Kultura », n. 1, Budapest, 1973.

L. SPAGNOLI, *Nel regno di Visconti*, « Il Mondo », 26 settembre e 3 ottobre 1974.

Gruppo di famiglia in un interno di L. Visconti, a cura di G. Treves, Cappelli, Bologna 1975.

G. DE CHIARA, *Il realismo di Visconti e la grande tradizione del teatro europeo*, « Avanti! », 19 marzo 1976.

G. ARISTARCO, *I due L. Visconti*, « Il Manifesto », 19 marzo 1976.

G. GAMBETTI, *Visconti e la rigenerazione del melodramma*, « Vita e Pensiero », LVIII, nn. -3, gennaio-giugno 1976.

J. McCOURT, *In memoriam: L. Visconti*, « Film Comment », XII, n. 3, maggio-giugno 1976.

F. GEVAUDAN, *Visconti le magnifique*, « Cinéma 76 », n. 211, luglio 1976.

C. Costantini, *L'ultimo Visconti*, Sugarco, Milano 1976.

Leggere Visconti, a cura di G. Callegari e N. Lodato, Amministrazione Provinciale di Pavia, Pavia 1976.

AA.VV., *L. Visconti*, Hanser, München 1976.

La controversia Visconti, a cura di F. Di Giammatteo, « Bianco e Nero », a. XXXVII, n. 9-12, settembre-dicembre 1976.

P. Bosisio, *L. Visconti*, « Belfagor », XXXII, n. 1, 31 gennaio 1977.

L. Visconti, *Ossessione*, a cura di E. Ungari e G.B. Cavallaro, nota introd. di R. Renzi, Cappelli, Bologna 1977.

L. Visconti, *La terra trema*, a cura di E. Ungari, C. Battistini e G.B. Cavallaro, introd. di F. Rosi, Cappelli, Bologna 1977.

Visconti: il teatro, Catalogo della mostra a cura di C. D'Amico de Carvalho, Teatro Municipale di Reggio Emilia, Reggio Emilia 1977.

Visconti: il cinema, Catalogo critico a cura di A. Ferrero, Ufficio Cinema del Comune di Modena, Modena 1977.

L. Visconti, *Bellissima*, a cura di E. Ungari, introd. di C. Zavattini, Cappelli, Bologna 1978.

Album Visconti, a cura di C. D'Amico de Carvalho, Sonzogno, Milano 1978.

L. Visconti, *Il mio teatro*, a cura di C. D'Amico de Carvalho e R. Renzi, 2 voll., Cappelli, Bologna 1979.

M. Stirling, *A Screen of Time. A Study of L. Visconti*, Harcourt Brace Jovanovich, New York-London 1979.

R. Prudente, *I proverbi di Verga nelle variazioni di Visconti*, « Cinema Nuovo », n. 267, ottobre 1980.

G. Servadio, *L. Visconti*, Mondadori, Milano 1980.

Visconti e il suo lavoro, Catalogo della Mostra, Milano, marzo-aprile 1981, Electa, Milano 1981.

INDICE DEI NOMI